세상의 모든 철학

지은이_ 로버트 C. 솔로몬, 캐슬린 M. 히긴스

로버트 C. 솔로몬은 오스틴에 있는 텍사스 대학의 철학교수로서, 퀸시 리 100주년을 기념하여 영예교수로 지명되었다. 그는 20권이 넘는 책들을 저술하였으며, 대표 저작으로 『헤겔에서 실존주의까지』, 『사랑에 관하여』 그리고 『정의에 대한 열정』 등이 있다.

캐슬린 M. 히긴스 역시 오스틴에 있는 텍사스 대학의 철학교수이다. 여러 책들을 저술하거나 편집하였다. 대표 저작으로는 『니체의 차라투스트라』와 『우리 인생의 음악』 등이 있다. 이 책은 이 두 저자의 여섯 번째 공저이다.

옮긴이_ 박창호

서강대학교 철학과를 졸업하고 파리 제10대학에서 철학 박사 학위를 받았다. 번역을 하며 서강대학교와 몇몇 대학에서 철학과 미학을 강의했고 현재 고(古)음악 및 세계 민속전통음악 평론가로 활동하고 있다. 옮긴 책으로 『그림으로 읽는 철학 오디세이』, 『라루스 작은 백과 사전』, 『어린 왕자』 등이 있고 쓴 책으로 『클래식의 원시림 고(古) 음악』, 『세계의 민속 전통 음악』 등이 있다.

세상의 모든 철학

글 로버트 C. 솔로몬, 캐슬린 M. 히긴스 | 옮긴이 박창호 | 처음 펴낸날 2007년 8월 10일 | 5쇄 펴낸날 2015년 8월 17일 | 펴낸곳 이론과실천 | 펴낸이 최금옥 | 등록 제10-1291호 | 주소 (121-822) 서울시 마포구 포은로8길 32 (망원동, 국일빌딩) 201호 | 전화 02-714-9800 | 팩시밀리 02-702-6655

978-89-313-6009-7 03100

*값 28,000원
*잘못된 책은 바꾸어 드립니다

세상의 모든 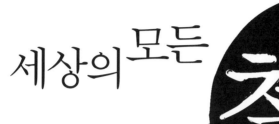철학

로버트 C. 솔로몬, 캐슬린 M. 히긴스 지음 | 박창호 옮김

오클랜드 대학의 동료와 친구들을 위하여
그들의 환대와 우정 그리고 대화에 감사하며

서문

철학의 핵심적인 생각들은 역사적 기록보다 몇 천 년 앞서 있다. 불사(不死)에 대한 생각은 적어도 몇 만 년 전의 네안데르탈인 시대까지 거슬러 올라갈 것이다. 그들의 묘지와 상징체계에서 명백히 나타나듯이, 그들은 사후의 삶에 대한 어떤 생각을 발전시켰던 것 같다. 선사시대에는 마술 역시 의심할 수 없는 철학적 토대였다. 마술은 보이지 않고 이해되지 않는 원인들에 호소한다. 추상적 개념이나 관념화된 형태들은 일 만 년 이전에 살았던 크로마뇽인들에게서까지 그 흔적을 찾아볼 수 있다. 인간을 희생 제물로 바치는 무시무시한 의식(儀式)은 세계에 대한 일련의 복잡한 신앙들을 이미 보여주는 것으로서, 이것 또한 적어도 크로마뇽인이 살던 시대까지 거슬러 올라가 그 흔적을 찾아볼 수 있다.

사람들은 언제 처음으로 신들을 달랠 생각을 했을까? 그들은 언제 처음으로 숨어 있는 힘을 믿게 되었으며, 삶의 진정한 본질 속에 담긴 불가사의를 생각하게 되었을까? 그들은 언제부터 세계의 창조에 관해 사색하기 시작하였으며 또 어떤 말로써 생각하였을까? 언제 그들은 자연의 '사실들'을 넘어서 사색과 정신성 그리고 경이로움으로 이동해

갔을까? 언제 이러한 믿음과 사색이 그리스인들이 철학이라고 불렀던, 툭하면 말싸움을 벌이는 학문으로 통합되기 시작했을까? 초기 고대세계의 그 많은 신들이 어떻게 하나의 신으로 변모되었을까? 기원전 1370년에 이집트의 파라오였던 아크나톤(아멘호테프 4세)은, 모세가 태어나기 몇 세기 전에 유일신에 대한 믿음을 선포하였다. 아브라함은 그보다 500년 전에 이미 그와 같은 유일신 신앙을 가지고 있었다는 이야기도 있다. 얼마나 많은 철학이 통일에 대한 요구, 그리고 우리 '너머'에 있는 것에 대한 관심과 씨름하였는가?

우리는 지금부터 단순하고도 직선적이긴 하지만 주제의 복합성과 다양성을 놓치지 않는, 간략한 철학의 역사를 쓰고자 한다. 독자들은 대략 500쪽이 넘는 책을 어떻게 '간략하다'고 할 수 있는지 의아해할 것이다. 내용을 좀더 개괄적으로 쓰면서 동시에 몇몇 철학자들과 비서구의 철학 전통들을 배제함으로써 책을 더 간략하게 만들 수는 있다. 그러나 우리가 그렇게 할 때 손상되는 것은, 저자로서의 우리의 자존심이 아니라 우리의 역사이다. 어떤 것이 빠뜨려도 괜찮을 만큼 충분히 중요하지 않다고 볼 수 있겠는가? 물론 우리는 많은 부분을 빼기로 결정했다. 그렇지만 주제의 풍요로움은 설득력이 있었다. 지나치게 단순화시키는 위험을 무릅쓰고라도, 우리는 대부분의 철학적 주제들을 포함시키려고 하였다. 그리고 독일의 한스 요하임 스퇴리히가 지은 '간략한 철학사'를 읽으면서 이 책이 750쪽에 달한다는 사실을 알고 우리는 용기를 얻었다.

물론 언제나 성공적이지는 못하였다 하더라도, 우리는 본문의 내용에 우리의 선입견을 개입시키지 않으려고 노력하였다. 우리는 철학 전반에 대해 조망하고자 하였지만, 그러면서도 명백히 '서구적인' 관점을 취하게 되는 것을 피하기 위한 가식적인 노력은 하지 않았다. 이에 대해 사과하는 것은 의미 없는 일이다. 또한 우리는 그런 관점을 취함으로써 독자들의 감정을 상하지 않도록 노력하였는데, 오늘날 이런 노력은 그렇게 쉬운 일이 아니다. 특히 신학과 종교를 다루는 장에서, 우리는 문제들에 대해 극히 신중하며 아울러 편파적이지 않도록 최선의 노력을 기울였다. 나머지에 관해서는, 독자들이 우리에게 약간의 신랄함과 비판을 허용할 것이라고 믿는다. 철학이 경이로운 학문일지라도,

너무 엄숙하게 다루어져서는 안 될 것이다.

다음에 적는 이들에게 특별히 감사를 드린다. 스티븐 필립스, 로저 에임스, 폴 우드러프, 해럴드 애트먼스패서, 베어드 캘리콧, 데이비드 홀, 해롤드 리보위츠, 저넷 매크러켄, 에릭 오름스비, 로버트 맥더못, 그레이엄 파크스, 토머스 생, 재클린 트리미어, 조르지 발라데즈, 루시우스 아우트로, 피터 크라우스 그리고 로버트 구딩-윌리엄스 등. 우리는 뉴질랜드 오클랜드 대학의 놀라운 우정과 편의 제공에 감사하며 또한 벨라지오에 있는 빌라 세르벨로니에서의 특별한 환대에 감사드린다. 오스틴에 있는 텍사스 대학의 많은 친구들이 북돋아준 용기와 자극에 감사한다. 처음에 이 저술의 계획에 서명한 안젤라 블랙번에게, 그리고 우리의 오랜 친구이자 옥스퍼드 대학의 훌륭한 편집자인 신시아 리드에게 특별히 감사드린다. 마지막으로 색인 작업을 해준 존 코르비노에게 감사한다.

1995년 2월
텍사스 오스틴

R. C. S.
K. M. H.

| 차례 |

| 인물로 보는 연표 |

아브라함	(B.C.E. 2000년 초)
모세	(B.C.E. 14~13세기)
다윗	(B.C.E. 1000년경~B.C.E. 962년)
조로아스터	(B.C.E. 628년경~B.C.E. 551년경)
탈레스	(B.C.E. 625?~547?년)
아낙시만드로스	(B.C.E. 610~B.C.E. 545년경)
피타고라스	(B.C.E. 581년경~B.C.E. 507년경)
싯다르타 고타마(부다)	(B.C.E. 563년경~B.C.E. 483년경)
크세노파네스	(B.C.E. 560년경~B.C.E. 478년경)
공자	(B.C.E. 551~B.C.E. 479년경)
아낙시메네스	(B.C.E. 545년경에 활약)
헤라클레이토스	(B.C.E. 540년경~B.C.E. 480년경)
노자	(B.C.E. 6세기)
파르메니데스	(B.C.E. 515년경~B.C.E. 450년)
아낙사고라스	(B.C.E. 500년경~B.C.E. 428년)
엠페도클레스	(B.C.E. 490년경~B.C.E. 430년)
프로타고라스	(B.C.E. 490년경~B.C.E. 420년)
제논	(B.C.E. 490년경~B.C.E. 430년경)
고르기아스	(B.C.E. 483년경~B.C.E. 376년)
묵자	(B.C.E. 470년경~B.C.E. 391년)
소크라테스	(B.C.E. 470년경~B.C.E. 399년)
데모크리토스	(B.C.E. 460년경~B.C.E. 약 370년)
히포크라테스	(B.C.E. 460년경~B.C.E. 377년)
플라톤	(B.C.E. 428년경~B.C.E. 348년 또는 347년)

장자	(B.C.E. 4세기)
아리스토텔레스	(B.C.E. 384~322년)
테오프라투스(파라켈수스)	(B.C.E. 372년경~B.C.E. 287년경)
맹자	(B.C.E. 372년경~B.C.E. 289년경)
피론	(B.C.E. 360년경~B.C.E. 272년경)
에피쿠로스	(B.C.E. 341~270년)
제논(스토아학파)	(B.C.E. 335년경~B.C.E. 263년)
디오게네스	(B.C.E. 약 320년에 사망)
크리시포스	(B.C.E. 280~206년)
순자	(B.C.E. 298년경~B.C.E. 230년경)
키케로	(B.C.E. 106~43년)
루크레티우스	(B.C.E. 100~90년경~B.C.E. 55~53년경)
예수 그리스도	(B.C.E. 약 6~C.E. 30년)
필론	(C.E. 1~2세기)
성 바울로	(C.E. 62년~68년 사이에 사망)
에픽테토스	(C.E. 55년경~C.E. 135년경)
마르쿠스 아우렐리우스	(121~180년)
갈레노스	(129~199년경)
플로티노스	(204~270년)
성 아우구스티누스	(354~430년)
히파티아	(370~415년)
마호메트	(570년경~632년)
알 킨디	(800년경~866년)
알 라지	(865~925년경)
알 파라비	(878년경~950년경)
세이 쇼나곤	(966년 또는 967년~1013년)
이븐 시나 또는 아비세나	(980~1037년)

성 안셀무스	(1033~1109년)
피에르 아벨라르두스	(1079~1144?년)
이븐 루슈드	(1126~1198년)
주희	(1130~1200년)
모세스 마이모니데스(모세스 벤 마이몬)	(1135~1204년)
도겐	(1200~1253년)
토마스 아퀴나스	(1225~1274년)
석사 에크하르트	(1260년경~1327?년)
둔스 스코투스	(1266?~1308년)
오컴의 윌리엄	(약 1285~1349?년)
마르실리오 피치노	(1433~1499년)
에라스무스	(1466?~1536년)
니콜로 마키아벨리	(1469~1527년)
왕양명	(1472~1529년)
토머스 모어	(1478~1535년)
요한 파우스트	(약 1480~1540년경)
마르틴 루터	(1483~1546년)
파라켈수스	(1493~1541년)
장 칼뱅	(1509~1564년)
아빌라의 테레사	(1515~1582년)
미셸 드 몽테뉴	(1533~1592년)
프란시스코 수아레스	(1548~1617년)
프랜시스 베이컨	(1561~1626년)
물라 사드라	(1571년경~1640년)
토머스 홉스	(1588~1679년)
르네 데카르트	(1596~1650년)
블레즈 파스칼	(1623~1662년)

바루흐 스피노자	(1632~1677년)
존 로크	(1632~1704년)
아이작 뉴튼	(1643~1727년)
고트프리트 빌헬름 폰 라이프니츠	(1646~1716년)
잠바티스타 비코	(1668~1744년)
조지 버클리 주교	(1685~1753년)
몽테스키외	(1689~1755년)
볼테르	(1694~1778년)
이스라엘 벤 알리에제르	(1700년경~1760년)
조너선 에드워즈	(1703~1758년)
벤저민 프랭클린	(1706~1790년)
데이비드 흄	(1711~1776년)
장 자크 루소	(1712~1778년)
애덤 스미스	(1723~1790년)
임마누엘 칸트	(1724~1804년)
모제스 멘델스존	(1729~1786년)
토머스 제퍼슨	(1743~1826년)
요한 헤르더	(1744~1803년)
제레미 벤담	(1748~1832년)
요한 볼프강 폰 괴테	(1749~1832년)
메리 울스턴크래프트	(1759~1797년)
프리드리히 실러	(1759~1805년)
요한 고틀리브 피히테	(1762~1814년)
게오르크 빌헬름 프리드리히 헤겔	(1770~1831년)
제임스 밀	(1773~1836년)
프리드리히 셸링	(1775~1854년)
아르투어 쇼펜하우어	(1788~1860년)

오귀스트 콩트	(1798~1857년)
랠프 왈도 에머슨	(1803~1882년)
존 스튜어트 밀	(1806~1873년)
해리엇 테일러	(1807~1858년)
찰스 다윈	(1809~1882년)
쇠렌 키에르케고르	(1813~1855년)
프레더릭 더글러스	(1817~1895년)
헨리 데이비드 소로	(1817~1862년)
카를 막스	(1818~1883년)
프리드리히 엥겔스	(1820~1895년)
표도르 도스토예프스키	(1821~1881년)
레오 톨스토이	(1828~1910년)
찰스 샌더스 퍼스	(1839~1914년)
윌리엄 제임스	(1842~1910년)
프리드리히 니체	(1844~1900년)
고틀로브 프레게	(1848~1925년)
조시아 로이스	(1855~1916년)
지크문트 프로이트	(1856~1939년)
에드문트 후설	(1859~1938년)
존 듀이	(1859~1952년)
앙리 베르그송	(1859~1941년)
앨프레드 노스 화이트헤드	(1861~1947년)
조지 산타야나	(1863~1952년)
미구엘 데 우나무노	(1864~1936년)
막스 베버	(1864~1920년)
베네데토 크로체	(1866~1952년)
W.E.B. 두 보이스	(1868~1963년)

마하트마 간디	(1869~1948년)
니시다 키타로	(1870~1945년)
버트런드 러셀	(1872~1970년)
고세 오로빈도	(1872~1950년)
막스 셸러	(1874~1928년)
니콜라이 베르댜예프	(1874~1948년)
알베르트 아인슈타인	(1879~1955년)
테야르 드 샤르댕	(1881~1955년)
카를 야스퍼스	(1883~1969년)
마오쩌둥	(1893~1976년)
루트비히 비트겐슈타인	(1889~1951년)
마르틴 하이데거	(1889~1976년)
길버트 라일	(1900~1976년)
니시타니 케이지	(1900년 출생)
장 폴 사르트르	(1905~1980년)
레오폴드 세다르 상고르	(1906년 출생)
모리스 메를로퐁티	(1908~1961년)
시몬 드 보부아르	(1908~1986년)
A.J. 에어	(1910~1989년)
J.L. 오스틴	(1911~1960년)
알베르 카뮈	(1913~1960)
프란츠 파농	(1925~1961년)
말콤 X	(1925~1965년)
미셸 푸코	(1926~1984년)
마틴 루터	(1929~1968년)

1

세계질서에 대한 탐구_
고대 철학

● '축(軸)의 시기'와 철학의 기원

　　기원전[1] 6세기와 4세기 사이에, 지구상의 몇몇 광대한 지역에서 중요한 발전이 이루어지고 있었다. 지중해의 북쪽, 남쪽 및 동쪽 지역에서, 또 중국과 인도에서, 그리고 그 사이에 있는 지역에서, 놀라운 재능을 가진 사상가들이 그들 사회가 지닌 기존의 믿음과 신화, 그리고 민간전승을 넘어 나아가는 도전을 시작하였다. 그들의 생각은 더욱 추상화되고 질문은 더욱 탐색적인 것이 되었다. 그들의 답은 더욱 야심적이고, 더욱 사변적이며, 더욱 엄청난 것이 되었다. 그들은 학생들과 제자들을 매료시켰다. 학파와 종파를 이루었으며 위대한 종교를 형성하였다. 그들은 '철학자들'로, 지혜를 추구하여 안이한 대답과 통속적인 선입관에 만족하지 않았다. 갑자기 그들을 어디서나 볼 수 있었다. 우리가 그들 이전 시대의 지적 세계에 대해 많이 알지는 못하지만, 또한 그들에 대해서도 마찬가지이지만 그들 이래로 세계가 완전히 달라졌음을 우리는 확신할 수 있다.

---

1 앞으로 그리스도교적이지 않은 많은 철학들과 철학자들에 대하여 논의할 것이므로, 우리는 이 책에서 '그리스도 기원'(B.C.) 대신 일반적으로 인정된 '서력 기원'(B.C.E.)을 사용할 것이다.

어떤 철학자들은 지중해의 동쪽 연안에서 나타났으며 또 그리스와 소아시아(오늘날의 터키)에서도 철학자들이 나타났다. 이 호기심 많고 때로는 심술궂은 작은 무리의 철학자들은 변덕스러운 신들의 관점에서 자연을 통속적으로 설명하는 것에 의문을 제기하였다. 그들은 현자들이었으며, 그들 자신의 지성을 신뢰하였고, 통속적인 의견에 대해 비판적이었으며, 그들을 따르는 사람들을 잘 설득할 수 있었다. 그들은 모든 사물의 궁극적 기원과 본성에 대한 예로부터의 질문을 새로운 방식으로 제기하였다. 비록 아무리 재미있다 하더라도 땅과 하늘의 결혼, 또 베누스가 바다에서 솟아오르고 제우스가 벼락을 내려치는 등의 친숙한 신화와 이야기에 그들은 더 이상 만족하지 않았다. 그들은 덜 인간적인(덜 신인동형론[神人同形論]적인) 이해방식을 위해서 통속적인 신의 개념을 거부하기 시작하였다. 그들은 '사물들이 존재하는 방식'에 관한 상식적인 생각에 도전하기 시작하였으며, '진정한' 실재(實在)와 사물들이 단순히 나타나는 방식을 구별하기 시작하였다.

한편, '어떻게 살아야 하는가?'라는 질문은 단지 특정한 사회에서 법과 관습에 신중하게 대처하고 복종하는 범위에서 벗어나, '무엇이 인간의 올바른 삶인가?'라는 매우 일반적인 질문의 범위로 옮겨가게 되었다. 이 물음에 대한 간단한 답은 지혜라는 개념에서 찾을 수 있었다. 그들은 지혜를 추구하고 사랑했고, 그래서 철학자(philein[사랑하다]과 sophia[지혜]가 더해져 philosophia[철학]이 됨)라고 불렸다. 그들은 기원전 6세기에서 5세기 사이에, 소아시아, 그리스, 이탈리아 등지에서 지적인 삶을 풍요롭게 만들었다. 그들 중 가장 위대한 철학자는 소크라테스(기원전 470~399년)로서, 그는 그의 가르침과 정치적 신념 때문에 처형되었다. 진정으로 선한 사람은 불행을 겪을 수 없을 것이라 그는 주장하였는데, 그의 죽음은 부분적으로는 자신의 신념을 극단적으로 그리고 극적으로 증명해 보이는 것 같았다. 그의 죽음과 더불어 철학은 그 후의 세대들, 즉 우선은 그리스의 사상가들에게, 이어서 로마의 사상가들과 유럽의 사상가들에게 하나의 강박관념이 되어버렸다.

대략 같은 시기에 고타마 싯다르타(기원전 563~483년)라는 이름의 불행한 한 젊은 귀족은, 도처에서 볼 수 있었던 엄청난 불행과 죽음의 고통에 맞서는 길을 찾아 인도 전역을 방황하고 있었다. 결국 그는 하나의 해답을 발견하였다. 폭력이 끊이지 않고 근본적인 변화를 맞이하고 있던 때에 그는 평화와 평온을 가르쳤다. 그는 '마치 꿈에서 깨어나는 것과 같은' 신비한 경험을 한 후에 '붓다', 즉 '깨달은 자' 혹은 '각성한 자'로 알려지게 되었다. 그의 사상은 '힌두교'의 사상에 도전하였고, 또한 인도와 동아시아의 대부분, 그리고 마침내는 전 세계를 변화시켰다.

현세의 부귀와 쾌락을 멀리한 채, 그는 오랜 구도자 전통을 따랐다. 붓다는 힌두교의 경전인 『베다』와 『우파니샤드』(베단타)의 오랜 명제들로부터 우주와 우리 자신의 일상적인 모습들이 하나의 환상에 불과하다는 견해를 발전시켰다. 몇 세기 동안 인도의 철학자들은 절대적 실재 혹은 브라만의 개념을 옹호해왔는데, 어떤 철학자들은 그것이 인간의 일상적인 경험과는 완전히 독립되어 있어 전혀 알려져 있지 않다고 주장하였다. 붓다는 확실히 당시의 그런 관점에 익숙했으며, 보통 자이나교의 창시자로 여겨지며 붓다의 동시대인이었던 마하비라 또한 그러하였다. 붓다는 자이나교도들처럼, 인간의 고통은 단지 세계의 실재와 개인적 자아에 대한 환상을 꿰뚫어 보고, 고통을 야기하는 욕망과 열정의 망상으로부터 자유로운 인격을 도야함으로써 극복될 수 있다고 주장하였다. 붓다의 추종자들은 그의 사상에 의존하여 지식, 자연, 자아와 자아의 열정, 인간의 육신과 질병, 언어와 실재에 대한 이해 방식 등에 관한 이론들을 풍부하게 발전시켰다. 그리고 자이나교도들과, 여러 세대와 여러 학파의 다양한 브라만 철학자들 또한 마찬가지였다.

한편, 중국에서는 공자(기원전 551~479년)라는 사람이 나타났다. 작은 나라의 정치가였던 그는 모든 시대에 걸쳐 가장 위대한 교육자들 중의 한 사람으로 알려지게 되었다. 사람들이 함께 일하고 살 수 있는 방법에 대한 그의 깊은 이해와 훌륭한 조언 덕분에 일단의 사람들이 그를 따랐다. 당시의 중국은 벌써 매우 발전된 정치문화를 갖고 있었다. 하지만 당시의 중국은 혼란스럽기도 하였는데, 공자의 가르침의 주된 목적은 조화로운 사회를 위한 길(道)을 정의(定義)하고 그것을 개발하는 것을 돕는 데 있었다. 이 시기의 중국은 정치적으로는 주(周) 왕조의 가문에 명목적으로 복속되어 있는 14개의 '가문'들이 천하를 통치하는 구조였다. 통일왕국의 유일한 대안은 파괴와 재난뿐이었다. 공자는 그러한 통일을 위한 철학적 기반을 제공하였다.

중국 문화의 기초는 가족이다. 그러나 가족과 오늘날 우리가 '전통적인 가족적 가치'라 부르는 것이, 공자의 시대에는(즉, 기원전 500년경에는!) 정치권력의 부패로 인해 심각한 혼란에 빠져 있었다. 따라서 공자의 철학은 적절한 지배와 통치, 가족과 공동체의 가치 같은 거의 전적으로 사회적이고 정치적인 문제들과 관련되어 있었다. 그래서 공자는 조화로운 관계, 위정자의 지도력과 통솔력, 타인들과 함께 잘 지내고 또 그들을 격려해주는 것, 자기반성과 자기혁신, 개인적인 덕을 배양하고 악을 피하는 것 등을 말하였다.

공자가 서양의 철학 동료들과는 달리 말하지 않은 것들에 대해서도 언급해둘 만하다. 공자는 인간관계에 대한 유추로서 언급한 것 외에는, 자연과 사물들의 본성에 관해서 말하지 않았다. 그는 특히 인간 이외의 실재가 갖는 궁극적 본성에 대해 전혀 관심을 두지 않았으며, 또 붓다와는 달리 우리가 '실재'로서 알고 있다고 생각하는 바가 단지 현상이거나 환영(幻影)일 가능성이 있다고 생각하지는 않았던 것 같다. 그는 신들에 관해서 말하지 않았는데, 개인적인 덕, 인간관계, 그리고 좋은 사회 등의 문제 외에는 거의 언급하지 않았다. 공자는 종교를 세울 의향이 없었으며 또한 추상적인 철학적 명민함으로 사람들을 압도하려는 야망도 가지고 있지 않았다. 그는 겸손하게 그렇지만 예언적으로 말하였다. "난해한 것을 추구하고 기이한 것을 실행하는 사람들이 있다. 다음 세대의 사람들은 그들에 대해 언급할 것이다. 하지만 그것은 내가 하고자 하는 바가 아니다." 그렇지만 공자는 사후에 존경을 받았고, 온갖 사회들이 그를 신처럼 숭배하기까지 하였으며, 유교 혹은 이와 비슷한 형태의 것들이 오늘날 전 세계의 삼분의 일에 해당하는 인구가 추종하는 철학이 되었다.

기원전 6세기의 중국에 노자(老子)라고 불리는 또 한 사람의 전설적인 현자가 있었다(혹은 여러 명의 현자일 수도 있다). 그는 평화와 깨달음의 길(道)에 관해 매우 다른 견해를 발전시켰다.[2] 그의 동시대인이었던 공자와 달리, 노자는 자연에 커다란 중요성을 부여하였는데, 그만큼 인간사회에 대해서는 덜 중요시하였다. 공자는 어떤 정열들은 '부자연스럽다'고 생각하였다. 예를 들어, 그러한 정열은 (본질적으로) 군자의 삶에는 적절치 못함을 뜻하는 것이었다. 노자는 자연에 대해 더욱 많은 믿음을 가지고 있었으며, 교육받지 못하고 교양을 갖추지 못한 사람들의 열정에 더 많은 신뢰를 갖고 있었다.[3] 공자에게 훌륭한 삶의 길은 선조들에 의해 세워진 전통에 대해 영예와 존경을 가지고서 참여하는 것이다. 반면 노자의 길은 더욱 신비스럽다. 그것은 말해질 수 없다. 쓰일 수도 없다. 그것은 어떤 처방이나 안내서 또는 철학 속에서 설명될 수 없다. (『도덕경』에는 이렇게 쓰여 있다. "도(道)는 그것을 따를 수가 있으면 이미 진정한 도가 아니요, 이름(名)은 그것이 이름으로 불릴 수 있으면 이미 진정한 이름이 아니다[道可道 非常道, 名可名 非常名]") 하지만 이것이 도를 발견하고자 시도할 수 없으며, 또한 도에 따라 살고자 노력할 수 없다는 뜻은 아니다.

중국 철학은 공자와 노자 사이에서 규정될 수 있다. 둘 다 조화야말로 사회와 개인 모두에게 이상적인 상태라고 강조하였다. 그리고 그들은 모두 인생에 대해 넓은 시야를 가질 것을 주장하였다. 인격이 삶의 목표지만, 그러나 개인은 고립된 개별 조건 속에서 정의(定義)될 수 없다. 유교철학자에게 개인적인 것은 곧 사회적인 것이다. 도교철학자에게 개인적인 것은 자연과의 일치이다. 자연과 사회가 갖는 상대적 가치들에 대해 서로 의견이 다르기는 하지만, 중국의 사상가들은 이와 같은 공통적인 문제의 틀을 공유하고 있었다.

(공자와 도교철학자들이 제기한) 자연-사회라는 문제 틀에 대한 논의는 동양과 서양 모두에서 영원한 철학적 논쟁의 원인이 되었다. 중국인들은 자연과 인간질서의 상관관계에 대해 심사숙고하였다. 고대의 히브리인들은 무엇이 '자연적인 것'인가에 대해 토론하였다. 그리고 그리스인들은 오늘날까지 계속되는 하나의 논의를 시작하였다. '무엇이

---

2 그리스 단어인 '디케'(dike)는 종종 '정의'로 번역되지만, 본질적으로는 '올바르게 사는 길'을 의미하며, 또한 원래는 단순히 '길'을 의미하였다.

3 우리는 이와 비슷한 논쟁이 18세기 유럽에서 장 자크 루소의 철학과 다른 도덕 감정 이론가들과 더불어 전개되는 것을 보게 된다.

자연적인 것이며 그리고 인간 본성 속에 있지 않은 것은 무엇인가? 하는 것이 그것이다. 중세의 교회와 이슬람교는 온통 이 논의에 사로잡혔다. 남태평양부터 아프리카의 많은 부분 그리고 남북 아메리카에 이르기까지 수많은 종족과 전통 사회들이 비슷한 논의와 토론에 참여하였다. 철학적인 점에서 가장 절충주의적인 나라인 일본은, 노자의 도교와 유교 그리고 불교를 통합하였고 자연, 사회 및 영혼에 관한 철학적 개념들을 조심스럽게 분리시켰으며 그리고 그들 고유의 삶에 대한 토착적인 철학을 발전시켰다.

유교와 도교 사이의 대화 혹은 더욱 크게 보아서, 한편으로 사회와 전통을 강조하는 입장과 다른 한편으로 자연을 강조하는 입장 사이의 대화는 그 자체가 특정한 사회적 개념과 문화적 이상의 산물이다. 그것은 자연 속 인간의 위치에 관한 문화적 개념, 자연과 문화의 차이, 곧 '자연적인 것'으로 간주되는 것과 그렇지 않은 것의 차이를 바탕으로 한다. 초기의 히브리인들은 어린 양을 그 어미의 젖으로 요리하는 것이 '자연스럽지' 않다고 주장하였다. 이것은 아마도 그들이 초기에는 육식에, 그들이 먹는 동물의 존엄성에 관한 약간의 감수성을 부여하였기 때문이었을 것이다. 고대의 히브리인들과 그 후 초기의 그리스도교인들이 어떤 성적 행위가 자연스러우며 또 어떤 것이 그렇지 않은가에 대해 논쟁을 벌였을 때, 그들은 이미 20세기 미국 대법원의 의제를 수립해둔 셈이다. 아리스토텔레스는 이자를 위해 돈을 빌려주는 행위(고리대금업)를 '비자연적인 것'으로 생각하였다. 반면 오늘날 대부분의 사업가들은 돈을 버는 것이 세상에서 가장 자연스러운 일이라고 생각할 것이다. 사람들은 자연적인 것이란 이 세계가 우리에게 준 것이라고만 생각하곤 한다. 사실상, '자연'은 철학에서 가장 많은 이의가 제기되고 논쟁이 되는 개념들 중의 하나이다.

중동 지역의 페르시아(오늘날의 이란)로 다시 돌아오면, 발흐의 자라투스트라 혹은 조로아스터(기원전 628년경~551년경)라는 인물이 하나의 포괄적인 도덕적 일신론을 지향하기 시작하였다. 우리는 자라투스트라가 고대의 히브리인들과 이집트 초기의 일신론자였던 아크나톤, 심지어는 『베다』로부터도 어느 정도까지 영향 받았는가를 추측할 수 있다. 그리고 엄밀히 말해서 그가 여러 신들을 믿고 있었기 때문에 진정한 일신론자는 아니라고 할 수도 있을 것이다. 그럼에도 그는 가장 강력한 신, 아후라 마즈다에 대한 배타적인 숭배를 주장하였다. (『구약성서』에서도 마찬가지로 다른 신들의 존재가 부정되지 않았음을 밝혀둘 만하다. 히브리 성서는 여호와 신의 우월성에 대해 매우 거칠게나마 분명히 밝혀두었는데, 여호와 신은 "그대는 내 앞에서 다른 신들을 가지지 말지어다" 라고 하였다.)

자라투스트라는 또한 세계의 형이상학적 힘들 사이의 갈등이라는 윤리의 의미를 강력하게 옹호하였다. 아후라 마즈다는 선한 편에 있으며, 완전한 어둠인 악에 대립한다. 자라투스트라에 따르면, 선과 악이 함께 우리 모두의 안에서 태어났다. 그는 오래전 북아프리카에서 성 아우구스티누스가 이 문제를 다루기 천 년 전에 무엇이 '악의 문제'로 불릴 수 있는가에 관해 고심하였다. 전능하신 신께서 어떻게 이 세상에 그렇게도 많은 고통과 악행을 허용할 수가 있단 말인가? 자라투스트라의 해답은 선과 악이 모두 신에 의해서 창조되었다는 것이다. 나중에 (자라투스트라의 영향을 받았지만 조로아스터교도들이 이단으로 간주하였던) 마니교도들을 거치면서, 이 도덕적 이원론은 선과 악 사이에 벌어지는 우주적 투쟁으로 변하였다. 그 후, 조로아스터교도들은 그들의 종교를 실제적인 정치적 힘으로 변모시켰으며, 그리하여 페르시아는 세계의 가장 강력한 제국들 중의 하나가 되었다.

고대의 히브리인들은 철학적인 능력을 갖고 있었지만, (예수 이전에는) 공자, 붓다, 소크라테스, 혹은 자라투스트라 같이 위대한 철학자를 배출하지 못하였다. 그럼에도 우리는 그들에 관한 그리고 그들에 의한 가장 영향력 있는 책들 중의 하나인 한 권의 완전한 책을 가지고 있다. 히브리 성서 혹은 『구약성서』(특히 「창세기」)는, 확실히 무엇보다도 하나의 종교적 저작이지만, 이것은 철학에서도 가장 중요한 책들 중의 하나이다. 그것은 또한 역사, 신화 그리고 누군가 말했듯이 과학이기도 하다. 고대의 히브리인들은 유일신에 대한 생각을 처음으로 창안한 민족이 아니었고, 또한 최초로 성문법을 만들었던 민족도 아니었으며, 혹은 자신들을 '선택된' 민족으로 믿은 최초의 민족도 아니었다. 이집트인이었던 아크나톤과 나중의 자라투스트라 역시 유일신을 믿었다. 함무라비 치하의 바빌로니아인들은 성문법전을 가지고 있었는데, 히브리인들은 이 법전의 내용을 자유로이 차용하였다. 그리고 거의 모든 종족과 사회의 구성원들은 스스로를 특별하게 생각했던 것 같다. 우리가 여전히 그렇게 생각하고 있듯이. 고대 히브리인들이 탁월한 성공을 거둔 것은 그들 자신의 이야기를 만들어내고 말하는 기술에서였다. 이 이야기는 신과 계약한 한 열성적인 민족이 그들 스스로 자초한 온갖 종류의 비극과 재난을 겪는 데 관한 것이다. 그렇지만 그들은 그런 비극과 재난을 견디내고 계속 번성하였다. 스스로 만든 긴 역사는 자신들의 작가들과 사상가들을 존중하며 이야기하는 삶을 사는 한 민족에게 생겨난 하나의 큰 이점이다.

이렇게 하여 넓은 의미의 철학이 태어나게 되었는데, 그것은 단 한번이 아니라 여러 번에 걸쳐 여러 지역에서 발생하였다. 하지만 우리는 마치 몇몇 밝은 빛(그리스의 '기적'과 그 이후의 두세 번의 기적)이 나타나기 전까지는 이 세계가 암흑에 싸여 있고 문명화되지 못했던 것처럼, 아주 익숙하고 자축적인 그림에 따라서 다른 모든 것을 배제한 채 알려진 약간의 혁신만을 찬양하려는 유혹을 피해야 한다. 우리는 어떤 민족이라도 그들이 자신들의 문화를 '야만인들'에 의해 둘러싸인 문명의 피난처로 찬양하는 것을 신중하게 받아들여야 한다. 그리스인들은 페르시아인들에 대해서 그렇게 말하였으며, 페르시아인들도 마찬가지로 응수하였다. 히브리인들은 다른 모든 민족을 '이방인'으로 무시하였으며, 그들 또한 나중에 이전의 유대인다운 정체성을 받아들이지 않았던 그리스도교도들에 의해 배척되었다. 중국 철학자 유잉시는 중국 변방 민족들에 대해서 비슷한 얘기를 하였다. 거기에는 세계에서 가장 세련된 사회들 중의 하나로서 오늘날 우리가 일본이라고 부르는 '야만적인' 민족도 포함되어 있었다. 이와 마찬가지로, 이집트인들은 남쪽의 누비아인들을 경멸하였으며, 로마인들은 북쪽의 민족들을 멸시하였다. 근대에 와서는, 영국인들은 프랑스인들을, 프랑스인들은 독일인들을, 독일인들은 폴란드인들을, 폴란드인들은 러시아인들을 무시하였으며, 러시아인들은 시베리아인들과 중국인들을 무시하였다. 한 문화가 '야만족'으로 규정한 이들은 종종 번영하는 문명이었으며 또한 유익한 사상의 원천이었다.

우리의 무지와 선입견이, 한때 전 세계에 걸쳐 다양한 철학학파들과 세련된 토론들이 번성했다는 가능성을 받아들이는 것을 방해한다. 많은 사회들이 복잡한 구전문화를 지니고 있었다. 그것은 글로써 한 세대에서 다른 세대로 지식을 전달하는 것보다 더욱 은밀하고 그리고 종종 더욱 효과적인 방법을 사용하였다. 얼굴을 맞대고 이야기를 나누는 것은 마음을 사로잡고 인간적이다. 읽고 쓰는 경우는 거의 드물었다. 글로 씌어진 단어는 마음에 와 닿기가 어렵고 '차가우면서' 거리가 있으며, 구전의 경우에 비해서 인간적인 감정이 섞이지 않았다. 구전 사회의 원로들은 그들의 지혜를 시와 노래로써 다음 세대에 전하였다. 그렇지만 그들의 문화가 사라지면서 그들의 사상들이(그리고 사실상 문명 전체가) 유실되어버렸다.

고대 그리스도 그렇게 '철학적'이 되기 전에는, 즉 철학자들이 그들의 사상을 글로써서 학생들에게 읽히기 전까지는 구전 문화였다. 『일리아스』와 『오디세이아』는 호메로스라는 이름의 작가 한 사람만의 작품이 아니었다. 이 작품들이 (독창적이지 않음은 분명하지만) 그와 같은 훌륭한 형태로 우리에게까지 전해진 것은 엄청난 행운이 아닐 수 없다. 스파르타의 많은 철학자들은 글보다도 오히려 노래로써 그들의 사상을 표현하였다. 이것은 아테네인들(특히 플라톤의 경우)의 읽고 쓰는 문화에 기인하였을 것이다. 하지만 그 때문에 아테네는 결국 세계 철학의 중심지로서 승리할 수 있었다. (소크라테스 역시 아무것도 쓰지 않았다. 우리는 플라톤 덕분에 그와 그의 사상에 대하여 많은 것을 알게 되었다[알게 되었다고 생각한다].)

그와 마찬가지로, 아프리카의 많은 지역에서도 세계에 대한 복잡하고도 정교한 사고방식을 지닌 종족들이 살고 있었다. 정말로 세계의 모든 지역의 시골마을이나 도시의 카페에서 사람들이 말하고 생각하는 것을 듣노라면, 모든 민족이 어떤 형태로든 철학을 '하지' 않았다고는 도저히 믿을 수가 없다. 그들은 의문을 갖는다. 별들은 무엇인가? 왜 사물들은 생겨나는가? 인생의 의미는 무엇인가? 우리는 왜 죽으며, 그리고 우리가 죽으면 어떤 일이 벌어지는가? 무엇이 정말로 선하며, 무엇이 악인가? 사람들을 따라다니는 그러한 문제들과 생각들이, 문자언어를 채택하여 원문이 보존되어서 미래의 세대들이 읽고 연구할 수 있었던 문화들에서만 나타났다고 가정할 이유는 없다.

한편 아메리카의 경우, 물론 나중에 '신대륙'으로 '발견'될 것이지만, 그 전에 이미 남미와 북미 모두에 사람들이 살고 있었다. 그리고 적도에 가까운 따뜻한 지역에서는 훌륭한 문명과 철학이 발전하고 있었다. 16세기 초에 유럽인들이 아메리카 대륙에 상륙했을 때 잉카, 마야, 그리고 아스텍 문명은 벌써 오래전부터 완벽한 형태로 운영되고 있었다. 아메리카의 토착민들은 역사적 문서들을 거의 보유하지 않았지만, '명백한 운명'(Manifest Destiny, 1840년대 미국의 영토 확장주의를 정당화한 말로, 1945년 미국이 텍사스를 병합하던 당시 『데모크라틱 리뷰』의 주필이던 J. L. 오설리번이 논설에서 "아메리카 대륙에 확대해야 할 우리의 명백한 운명은 해마다 증가하는 수백만 인구의 자유로운 발전을 위하여 신이 베풀어주신 것이다."라고 말한 데서 비롯되었다—옮긴이)이라는 신화가 그들 고국의 착취를 운명짓기 수천 년 전에 생태적으로 예민한 사유체계를 발전시켰을 것이다. 호주의 '원주민들'은 '꿈의 시간'이라는 그들의 철학적 개념에 따라 수만 년을 살아오고 있다. 그 시간은 그들의 조상들이 세계를 창조한 때로서 그들의 조상은 자연 속으로 사라지기 전 자신들의 인간 후세들에게 법과 의식을 가르쳤다.

말할 필요도 없이, 이러한 발전은 고대의 그리스인들과 중국인들에게 전혀 알려지지 않았다(지리적으로도 이런 일은 상상할 수 없는 일이다). 마찬가지로 그리스인들과 중국인들의 문화도 수백 세대 동안 유럽인들에게 알려지지 않았다. 하지만 왜 우리는 이러한 문화들이 잘 보존되고 자의식적으로 철학적이었던 문화들에 비해 덜 사유적이고 덜 '철학적'이며 상상력이 덜 풍부한 문화라고 생각해야 하는가? 우리가 (다소 주제넘은 일이지만) '우리 자신의' 철학 전통으로 여기는, 잘 알려진 초기의 지적 우여곡절을 찬미하는 것은 좋은 일이다. 하지만 우리가 찬미하는 것이 수많은 철학 전통들 가운데 하나일 뿐이라는 것, 혹은 아마도 수많은 모습을 지닌 보다 위대한 인간 기획의 한 부분임을 깨닫는 것 또한 중요하다.

● 그리스의 '기적'

　　기원전 6세기 훨씬 이전에, 지중해의 동쪽, 중동, 아시아, 그리고 아프리카에서는 이미 번성하는 문명들이 있었다. 그리스인들(헬레네인들)은 인도유럽어족에 속하는 유목민의 하나로서, 북쪽으로부터 남하하여 에게 해 지역에 이미 살고 있던 사람들을 내쫓고 그곳에 정착하였다. (거기서 쫓겨난 사람들은 크레타 섬으로 이동하여 위대한 문명을 세웠다. 그들의 언어는 완전히 유실되었지만, 그들이 심오하고 복잡한 철학을 가지고 있었음은 분명하다. 요컨대, 그들은 실내배관까지 갖추고 있었다.) 그리스는 (트로이를 포위공격한 직후인) 기원전 1200년경 거의 파괴되어서, 그 후 기원전 6세기까지 대부분 지역이 '문명화되지 않은' 상태로 남아 있었다.

　　그리스인들은 지중해의 전 지역과 교역하면서 다른 문화들로부터 자유로이 많은 것들을 빌려왔다. 페니키아인들로부터는 알파벳, 몇몇 기술들, 그리고 대담하고 새로운 종교적 관념들을 습득하였다. 이집트로부터는 우리가 오늘날 그리스 건축으로 부르는 것을 규정짓는 관념들을 획득하였고, 기하학의 기초, 그리고 그 외의 많은 것들을 얻었다. 바빌론(현재의 이라크)을 통해서는 천문학, 수학, 기하학, 또한 더욱 많은 종교적 사상들에 접하였다. 그리스는 '기적'이 아니다(고대 인도도 기적이 아니다). 그것은 역사의 우연한 행운이며, 이웃나라들이나 선행자들로부터 얻은 출처가 밝혀지지 않은 많은 학습들의 산물이다.

　　이러한 과정의 한 부분으로서, 이집트의 신(神) 오시리스는 그리스의 반신(半神)인 디오니소스가 되었고, 디오니소스의 강력한 신비의식은 기원전 6세기 때 전 그리스로 퍼졌다. '디오니소스적인' 신비사상에 따르면, 거인들(타이탄)이 땅을 다스렸다. 그들은 가이아에게서 태어났다. 가이아는 대지(大地)로서, 제신들의 왕이자 디오니소스의 아버지인 제우스신을 탄생시켰다. 디오니소스는 타이탄들에게 죽임을 당했으며, 타이탄들도 제우스신에 의해 죽임을 당하였다. 인간은 그들의 재로부터 생겼다. 그러므로 인간의 본성은 일부는 자연이고 일부는 신성(神性)이다. 이러한 점은, 무엇보다도 우리가 영원한 삶을 갖는다는 사실을 의미하는 것으로 간주되었다. 이것은 토머스 홉스의 말처럼, 이 세계의 삶은 종종 '고약하고 거칠며 짧다'는 달갑지 않은 생각과 달랐다. 그리스 철학이 아무리 '합리적'이라고 주장될지라도, 디오니소스적인 신비사상이 그 위에 기다란 그림자를 드리웠다.

　그리스 철학은 신화, 신비주의, 수학, 그리고 이 세상의 모든 것이 만족스럽지만은 않다는 혼란스러운 인식이 서로 뒤섞이며 발생하였다. 최초의 그리스 철학자들은 자신들이 부럽지만 동시에 극히 취약한 상황에 놓여 있음을 발견하였다. 그들의 문화는 풍요롭고 창조적이었지만, 질투에 찬 경쟁적인 적들에 둘러싸여 있었다. 위대한 문화들이 갑작스러운 침략을 받아 기존의 세계지도에서 실질적으로 없어져버리는 것은 결코 드문 일이 아니다. 전쟁에 의해 파괴되지 않으면 자연에 의해 폐허가 되곤 했다. 전염병은 조용한 군대처럼 도시들을 휩쓸었다. 삶은 예측할 수 없었고, 종종 비극적이었으며, 따라서 값진 것이면서도 동시에 한탄스러운 것이기도 하였다. ("태어나지 않는 것이 가장 좋고 그 다음으로 좋은 일은 빨리 죽는 것이다"고 쾌활한 인물이었던 실레노스는 주장하였다.)

　인간이 통제할 수 있는 것이 거의 없는 세상에서는, 자연스럽게 운명이란 개념이 중요한 역할을 하였다. 그렇지만 트로이의 그리스인들과 이어서 호메로스 시대의 그리스인들은 운명을 신들의 변덕스러운 결정에 귀속시켰던 반면, 기원전 6세기의 철학자들은 사물들을 지배하는 질서와 존재를 떠받치고 있는 지속적이고 이해 가능한 기초를 찾았다. 종교가 수천 년 동안, 아마도 수만 년 동안 '저 너머 세계'로의 길을 열었지만, 저 너머의 질서를 요구했던 것은 철학이었다. 거기에는 신들의 변덕과 열정 대신 원리들이 있어야 했다. 운명의 명백한 불확실성 대신에, 로고스, 즉 이성 혹은 운명을 지배하는 논리가 있어야 했다.

　최초의 그리스 철학자들은 소아시아의 밀레투스인들이었다. 밀레투스는 아테네인들에 의해서 세워진 커다란 도시로서, 나중에 리디아인들에게 정복당하였고 이어서 페르시아인들에게 함락되었다. 사실 페르시아 문화야말로 밀레투스인들에게 우주의 통일성, 수학의 아름다움, 그리고 종교적 관념 등에 접할 수 있게 해주었다. 조로아스터교의 교리가 그런 것들 중의 하나로, 이는 그리스인들에게 일신교, 영혼의 불멸, 선과 악의 이분법 등을 알려주었다. 초기의 그리스 철학자들은 우리가 앞으로 보게 되는 바와 같이, 우주에 관한 통일적인 이론(우주론)에 매우 큰 중요성을 부여하였으며, 수학의 특별한 지위를 크게 중요시하여 그것을 지식의 이상적인 형태로 보았다. 그들은 또한 사물을 설명할 수 있는 기초 원리들을 찾았다. 예를 들어 이 세계는 상호경쟁적인 요소들과 성질들(뜨거움과 차가움, 습함과 건조함) 사이의 '대립'적인 질서로 이루어져 있다는 근본적인 관념 같은 것이 그것이었다. 궁극적 실재는 몇몇 기초 원리에 의해서 이해될 수 있고, 그러한 원리들 속에서 인간의 삶과 운명이 영위되고 이해될 수 있으며 또한 그래야만 한다.

기원전 6세기 사상가들에 의해 이루어진 극적인 전환은 되돌아보면 실제로 그랬던 것보다 더욱 갑작스러운 것처럼 보인다. 사실 모든 인간의 노력이 그런 것처럼, 철학이 아무데서나 갑자기 일어날 수는 없으며, 철학자들의 경우도 마찬가지이다. 지중해 동쪽, 인도, 그리고 중국의 문명은 이미 번창하고 있었다. 이들 문명은 어지러운 변화의 한복판에 놓여 있었다. 그리고 이러한 전통과 변화의 결합은 진지하게 받아들여져야 하는 철학적 이념들을 싹틔우는 토양이었다. 수천 년 전부터 있어왔던 힌두교는 우화적인 이야기와 많은 민간 전승의 지혜로 풍부해졌을 뿐만 아니라 현자들의 사색과 세계의 운행 방식에 대한 깊은 성찰이라는 유산 또한 소유했다. ('힌두'라는 단어는 종교를 가리키는 말이 아니라 '인더스 강의 동쪽'이라는 장소를 가리키는 말이다.) 힌두교의 『베다』는 기원전 1400년경까지 거슬러 올라가며, 『베다』에 대한 주석으로서 『베다』 뒤에 이어지는(이런 점에서 '베단타' 혹은 주석서라고도 불린다) 『우파니샤드』는 기원전 800년경부터 시작되었다. 붓다가 나타날 무렵 인도에서는 자유로운 사상의 토론과 신비주의에 대한 경도(傾倒)가 널리 퍼져 있었고, 붓다는 이에 도전했다. 이러한 이국적인 사상들이 소아시아와 아테네의 번화한 항구들에까지 전파되지 않았을 것이라고 보기는 아주 어려운 일이다.

기원전 6세기 무렵, 그리스의 신화는 이미 다소 진부해졌으며 또 문제점들이 늘어났다. 신들과 그들의 다양한 희생자들 및 파트너들에 관한 이야기들은 모두 이제는 더 이상 진지하게 혹은 글자 그대로 받아들여지지 않았다. 이승과 환상의 틈새에서 '진리'에 관한 관념이 생겨나기 시작하였다. 크세노파네스(기원전 약 560~478년경)는 우리의 신들은 우리가 '만든 것'일 뿐이라고 불평하였다. "황소와 말 그리고 사자들이 인간처럼 손으로 그림을 그릴 수 있다면, 말은 신을 말의 모습으로, 황소는 신을 황소의 모습으로 그렸을 것이다. 즉 그들은 모두 신의 모습을 그들 자신처럼 그렸을 것이다." 어쨌든, 크세노파네스는 이어서 '어째서 우리가 행실이 안 좋고 도덕성이 박약한 어린애 같은 감정을 가진 존재들을 숭배해야 하는가?'라고 불만스레 물었다. 그래서 크세노파네스는 히브리 성서(혹은 『구약성서』)의 첫번째 책들이 만들어질 즈음, '결코 인간의 몸과 마음을 닮지 않은, 신들과 인간들 중에서 가장 위대한 하나의 신'에 대한 믿음을 권장하였다.

우리는 이 같은 의혹이 어느 정도까지 그리스 사회에 퍼져 있었는지는 알 수 없으나, 이런 의혹이 당시 세상에 퍼져 있었던 점은 아주 분명하다. 히브리인들에게는 일신론이 확실히 알려져 있었다고 볼 수 있다. 당시 히브리인들과 그리스인들 사이에는 상당히 많은 접촉이 있었기 때문이다. 일신론이 그리스인들의 마음에 들었음에 틀림없다. 그리스인들이 여러 신을 가지기는 했어도 일신론이 가진 통합의 의미가 그들 마음에 들었기 때문이다. 거의 기원전 3000년대까지 거슬러 올라가서 그 자취를 찾아볼 수 있는 유대교는 풍부한 철학과 철학적 논쟁들을 담고 있었다. 특히 예언자들(기원전 9~8세기)의 저작과, 『탈무드』와 『미슈나』(유대의 구전법 수록집)가 된 다방면의 저작과 법률들이 그러하였다. 솔로몬 왕(기원전 1000년)은 타락한 정치에도 불구하고 보석같이 귀한 지혜들을 남겨, 그 때문에 오랫동안 기억되게 된다. 이 시기에 새로운 법들과 새로운 예언자들이 탄생했는데, 예언자들은 자신들이 풍요 속에서 보았던 빈곤을 고발하였다. 철학적 토론은 고대 히브리인들의 삶에서 매우 기본적인 활동이 되었기 때문에, 그것을 '철학'이라고 부를 필요도 없었다. 초기의 히브리 철학자들은 확실히 그 후의 그리스도교 사상에 비해서 신학, 형이상학, 혹은 신앙의 인식론에 그리 많은 흥미를 가지고 있지 않았다. 유라시아 대륙의 다른 쪽 끝에 있었던 공자처럼, 그들은 어떻게 살 것인가 하는 문제들과 정의(正義) 및 좋은 사회에 관한 문제들에 대해 더 많은 관심을 갖고 있었다. 그들은 무엇보다도 우리가 어떻게 전능하고 언제나 예견할 수는 없는 신을 기쁘게 할 수 있는가를 물었다.

그리스와 가까이 있는 함무라비 왕 치하의 바빌로니아인들 역시 오래전에 인류 최초의 성문법전과 사법제도를 개발하였다. 이미 잘 알려져 있던 히브리의 십계명은 좀더 큰 법규집의 일부분이었을 것이다.북쪽으로는 리쿠르고스 치하의 스파르타에서 헌법이 만들어졌다. 물론 이 번창하던 진보적인 문명은 당시 그들보다 덜 진보적이던 아테네인들에게 밀리게 된다. 그리고 우리는 이미 지중해 남쪽에 있는 위대한 문명들의 중요성에 대해서도 언급하였는데, 특히 이집트와 누비아(오늘날의 에티오피아), 그리고 수단과 나일 강 유역의 더 먼 곳에도 그러한 문명들이 존재했을 것이다. 이 문화들은 정교하게 체계화된 천문학, 발달한 수학, 영혼의 본성에 관한 복잡하고 사려깊은 견해, 그리고 사후의 삶이라는 문제에 대한 강박관념 등을 갖고 있었다. 기하학에 관한 극히 중대한 관심과 영혼의 개념 등을 포함하여 그리스 철학의 많은 주요 사상들은 이집트로부터 수입되었다. 그리스의 '기적'이란 것이 실은 처음부터 그랬던 것이 아니라, 지금은 우리가 알 수 없는 시초와 과정을 거친 하나의 긴 이야기의 절정으로 보는 것이 타당할 것이다.

그러나 이 고대 이야기의 정점이자 중심적인 영웅은 소크라테스라는 인물이다. 어떤 의미로든지 그는 최초의 철학자는 아니었다. 그리스에는 그보다 앞서 거의 두 세기와 여러 세대에 걸쳐서 심오하고 설득력 있는 철학자들이 있었다. 또한 그가 당시 일상의 진부함을 뒤흔들어놓고, 또 서양인들의 의식 속에 '철학자'의 생생한 표상을 새겨넣을 정도로 그렇게 정력적으로 철학을 한 유일한 인물도 아니었다. 그러나 그의 업적이나 공덕이 어떤 것이든 그리고 아무리 많든, 그가 서양사상에서 유일한 위치를 차지하고 있는 것은 그의 행복하고도 비극적인 운명 때문이다. 기원전 399년에 소크라테스는 그가 가르치는 학생들의 '정신을 타락시킨' 죄로 재판에 회부되어서, 잘 알려져 있듯이 심판을 받아 처형되었다. 이것은 의심할 것 없이 아테네의 민주주의에서 가장 쓰리고 당혹스러운 순간들 중의 하나였다. 하지만 이 사건은 소크라테스를 '철학자'로만이 아니라 순교자, 즉 진리와 자신의 사명을 위한 순교자로 만들었다. 그는 실제로 처형을 피할 수 있도록 하겠다고 보장했던 배심원들에게 "철학을 포기하기보다는 차라리 죽겠다"고 말하였다. 소크라테스는 철학이 어떤 것이 되어야 하는지 그 모범을 마련하였으며, 이는 실로 가장 고매한 모범이었다.

　그렇지만 철학의 역사에서 가장 출중한 저술가들 중의 하나인 한 제자가 그를 기린 것은 소크라테스의 행운이었다. 플라톤은 훌륭한 학생으로 소크라테스의 열렬한 신봉자였다. 그는 또한 날카로운 경청자, 재치 있는 저널리스트, 능숙한 선전자, 완숙한 극작가, 그리고 타고난 천재적인 철학자였다. 플라톤은 우선 기록을 하고, 그 기록을 다듬고 수식을 가하여, 소크라테스의 재판이 벌어지는 상황에서 시작되는 소크라테스의 많은 대화를 글로 정리하였다. 그 결과 나온 대화편은 우리가 최초로 갖게 된 완전한 형태의 철학 저작이다. 그리고 이것은 훌륭하게 기록된 놀라운 저작이었다. 그 결과 모든 철학은 플라톤의 각주에 불과하다고 말해질 정도였다. 하지만 플라톤은 무대 뒤쪽에 남아 있었다. 대화록의 주인공은 소크라테스였다. 플라톤의 노력이 아니었다면 물론 소크라테스는 아무런 명성도 얻지 못하였을 것이며, 또한 그리스 역사에 관한 고문서 속의 하나의 각주에 불과하였을 것이다. 그렇지만 소크라테스가 아니었더라면, 우리는 아마도 플라톤이라는 위대한 철학자를 가지지 못하였을 것이다. 그리고 플라톤이 없었다면 아리스토텔레스를 갖지 못하였을 것인데, 우리는 그를 통해 소크라테스 이전의 철학자들에 관해 대부분 알게 되었다(『소크라테스 이전의 철학』). 우리가 아는 한 그리스 철학의 '기적'은 결코 일어나지 않았다.

　소크라테스는 그와 동시대에 살았던 공자와 붓다처럼, 거의 전적으로 좋은 삶의 개념, 즉 덕 있는 삶, 문명사회에서의 삶, 행복한 삶 등에 관심을 두었다. 소크라테스는 그들과는 매우 다른 사상을 지녔으며, 그리고 그리스의 많은 동시대인과 선행자들과도 매우 다른 생각들을 갖고 있었다. 소크라테스와 관련해서 생각할 때 실로 가장 두드러지는 점은 소크라테스를 지혜의 화신으로 보는 것이다. 우리에게 어떤 종류의 문제를 제기하는 이러한 사상은 오늘날에 이르기까지 철학자들의 견해를 갈라놓고 있다.

　소크라테스는 사유하고 가르치며 몸소 덕을 예증하는 데 일생을 바쳤다. 그는 당시의 우주론적인 큰 문제들에 관해서는 전혀 관심이 없었던 것 같고, 합당한 학문들로서의 수학과 기하학에 대해서는 최소한의 관심을 보였을 뿐이며, 아테네의 기성종교에 대해서는 형식상의 관심 혹은 존경만을 보였을 뿐이었다(이 점도 그가 고발된 죄목 중의 하나였다). 하지만 플라톤과 소크라테스 이전의 여러 세대에 걸친 철학자들은 분명 그러한 문제들에 날카로운 관심을 갖고 있었다. 따라서 고대 그리스 철학에 대한 간략하지만 정확한 전반적인 모습을 그리고자 한다면, 이러한 명백한 불연속성, 즉 이렇게 아주 다른 '철학'의 개념에 대해 설명을 해야 할 것이다. 소크라테스의 예에서 볼 수 있듯이, 철학이란 삶을 잘 영위하고 다른 사람들에게도 그렇게 하도록 가르치는(혹은 도와주는) 아주 개인적이고 사회적이면서 사교적이며 실천적인 관심일까? 아니면 소크라테스, 공자, 붓다 등은 거의 관심을 기울이지 않았던 것으로 보이는, 우주의 궁극적 본성을 이해하고자 하는 매우 추상적이고 종종 난해하기도 한 원형적 과학일까?

물론 이 두 문제는 반드시 서로 반대되거나 양립될 수 없는 것만은 아니다. 그리고 대부분의 위대한 철학자들, 특히 플라톤과 아리스토텔레스는 이 둘을 결합하기 위해 노력하였다. 그러나 이 두 입장 사이의 긴장은 여전히 풀리지 않았다. 철학이란 비인격적인 진리 탐구일까, 아니면 철학은 사실상 현자들, 즉 스스로 지혜를 몸소 예증하는 지혜로운 사람들의 더욱 오래된 학파들에 여전히 매여 있는 것일까? 소크라테스를 떠받드는 일이 철학의 역사에서 필수불가결한 것인가? 그리고 철학 자체가 저작을 통해서 철학을 정의(定義)하였던 영웅들(붓다, 공자, 소크라테스, 플라톤, 아리스토텔레스, 예수, 성 아우구스티누스, 이븐 루시드, 데카르트, 데이비드 흄, 임마누엘 칸트, 간디 등)의 역사에 불과한 것인가? 아니면 철학이란 사상의 발전과 개진으로 이루어진 사상의 역사, 즉 개별 인물들의 실제 존재는 기껏해야 하나의 흥미로운 우연일 뿐인 그런 역사일까? 그리스 철학의 역사를 탐구하고 있는 지금, 우리는 어느 정도로 소크라테스를 연구의 중심 주제로 삼아야 할까? 소크라테스는 두드러진 철학적 성과에 대해 얼마간의 영예를 받아 마땅한 역사적 인물이지만, 그럼에도 그는 궁극적으로는 철학의 진정한 역사 속에서 하나의 소동에 불과하다고, 어느 정도까지 치부해버릴 수 있단 말인가? 우리는 다음에서 이런 문제들을 가능한 공정하게 다루도록 노력할 것이다.

● 철학, 신화, 종교, 그리고 과학

  철학 특히 고대 그리스의 초기 철학을 소개할 때, 철학은 그리스 대중문화의 민속종
교였던 신화로부터 분리되면서 비로소 시작되었다고 말하는 것이 이제는 표준적이다.
그들의 종교는 (제우스, 헤라, 아폴로 그리고 아프로디테 등과 같은) 올림피아의 신들의 신전을
포함할 뿐만 아니라, 신화적인 영웅들과 거의 역사에 가까운 그리스의 여러 전설들도
담고 있다. 일반적으로 우리는 다른 민족의 신앙을 '신화'일 뿐인 것으로 본다. 하지만
그리스인들은 철학과 신화를 구분하는 분별심을 가지고서 그러한 구분을 자신들의 문
화에 적용시켰다.

  고도로 세련된 그리스 사회에는 신화 이야기를 문자 그대로 받아들이는 수준에서
부터 엉뚱하고 시적이며 우화적인 해석의 수준에 이르기까지 다양한 '신앙'이 있었다.
시적 감수성이 지혜에 중요한 것으로 간주되었는데, 지혜가 세속적인 진리들과는 혼동
되지 말아야 했기 때문이다. 신들의 존재는 어느 정도는 글자 그대로 믿어졌을 것이다.
(소크라테스를 처형으로 이끈 죄목들 중의 하나는 그가 '아테네 신들의 존재'를 믿지 않았다는 점이
다.) 그렇지만 대부분 사람들은 헤라클레스, 이아손과 아르고호의 일행들, 그리고 그와
비슷한 일들에 관한 역사적인 우화들이 유쾌한 회의주의의 수단으로서 가치를 지니는
것으로 생각하였다. 오이디푸스는 실존 인물이었던 같으며, 『오디세이아』와 『일리아
스』에 등장하는 주역들(적어도 주역 인물들)도 의심할 것 없이 실재하였던 것 같다.

  올림피아의 신들과 인간들 사이의 사건에 관해 얘기하고 있는 신화들을 통해서 그
리스인들은 무엇을 하고자 했을까? 전하는 바에 따르면, 여자들은 제우스신에 의해 다
양한 방식으로 구애받고 또 납치되었다. 그리고 제우스신은 백조, 황소, 구름의 모습으
로, 심지어는 어떤 여자의 남편 모습 그대로 나타나기도 하였다(이것 자체가 하나의 재미있
는 철학적 난제이다. 그로 인해 그녀는 남편에게 부정한 여인이 되었을까?). 신화 속의 주인공들
은 나무나 꽃들로 변신했으며 어떤 이들은 신들의 복수의 희생물이었다. 예를 들면, 프

로메테우스(인류에게 불을 준 죄로 독수리가 매일 그의 간을 쪼는 형벌을 받았다)와 시지프스(그가 바위를 산꼭대기까지 굴려 올려도 바위가 자신의 무게에 의해 산 밑으로 다시 굴러 떨어져 바위를 굴려 올리는 노고를 영원히 반복해야 하는 형벌을 받았다)가 그런 경우에 해당한다. 교육받은 그리스인들은 이런 신화들을 신학적인 교리가 아니라, 도덕적인 이야기(혹은 부도덕한 이야기)로 보았던 것 같다. 이런 점에서 우리는 덜 교육받은 사람들이 정말로 무엇을 믿었는지를 생각하게 된다. 최초의 철학자들은 미신과 싸웠을까(일반적으로 계몽주의 시대의 철학자들도 이러한 과정을 되풀이하였다고 보고 있다), 아니면 좀더 일반적인 기획에 관여했을까? 고대 그리스 사람들은 단지 이러한 관념과 이미지들을 가지고 유희하기를 즐겼으며, 철학자들은 그들을 따라 이러한 회의적인 관점을 좀더 분명하게 표현하였던 것 뿐이다.

서구 철학의 탄생을 이해하기 위해서는, 지나치게 남용된 철학과 신화의 구분에 주의를 기울이는 것이 중요하다. 당시의 철학자들은 자신들의 중요성과 독창성을 강조하기 위해 이러한 구분을 조장하였다. 물론 그리스의 세련된 철학은 대중적인(즉, '통속적'인) 신화로부터 나와서 그것을 대체했다고 말할 수 있다. 비사유적인 신화와 사유적인 철학의 차이는 한 시대의 종말과 또 다른 시대의 시작을 분명히 하는 것이라고 말할 수 있다. 전자는 신들을 강조하였으며 후자는 '자연주의적인' 설명을 옹호하였다. 신화는 신인동형설을 포함하고 있었다. 이것은 (우리가 생각하기에는) 생명 없는 자연의 힘들에 인간적 속성을 투사시키는 일이다. 그래서 고대의 이집트인들과 지중해 동쪽의 대부분 다른 문화들은 전형적으로 우주의 기원과 본성을 인간을 닮은 존재들의 행위로 설명하였다. 고대 그리스인들은 우주의 기원과 본성을 매우 인간적인 신들의 행동과 감정으로써 설명하였다. 그러나 탈레스(기원전 625년?~547년?) 및 소크라테스 이전의 다른 그리스 철학자들과 함께 진부한 이야기는 사라지고, 설명은 더욱 과학적이고 더욱 '자연주의적'이며 더욱 물질론적으로 되었다. 이 초기 그리스 사상가들은 사변적인 시와 배후에 있는 신들의 작용 대신 물질적 원인을 강조하고 냉정한 합리성을 찬양하였다.

하지만 이 단순화되고 자축(自祝)적인 견해는 정밀한 수준으로 제기되지는 못했다. 최초의 그리스 철학자들은 신화와 새로운 합리성 양쪽 모두에 깊이 빠져 있었다. 그리고

(예를 들어, 피타고라스, 파르메니데스, 플라톤 등에 의해 이루어진) 일부 위대한 철학적 발견들은 세계에 대한 물질론적인 설명을 단호히 거부하였다. 그들은 종종 그들의 생각을 수수께끼와 우화로 표현했으며, 현대의 과학교수보다는 신비스러운 시인처럼 보였다. 철학이 과학처럼 문자 그대로의 진리를 제공한다는 생각은 언제나 의심스럽다. (칸트와 헤겔 같은) 근대 철학자들도 은유와 비유에 능란하였다. 물론 과학 자체가 문자 그대로의 기술보다도 오히려 은유에 의거하느냐 아니냐는 철학사의 경계를 넘어서는 주제이다.

확실히 그리스 철학의 기원은 동시에 서양 과학의 기원이기도 하였지만, 철학은 (전적으로 그렇지는 않다 하더라도) 과학이 아니며 우주에 인격과 이성적인 설명을 부여하는 신화는 철학자들에게도 매력적이다. 오늘날까지 철학에서 시적이고 신화적인 사유가 지속되고 있는 것은 놀라운 일이 아니다.

다른 문화들에 대해서도 마찬가지의 관점을 적용시킬 수 있다. 우리처럼 과학을 진지하게 취급하지 않았고 아마도 지금도 그러한 문명들에 대해서는 특히 그렇다. 중국의 기술 전통은 서양의 전통보다 훨씬 더 오래되었다. (예를 들어, 중국인은 화약, 국수, 안경 등을 서양에 비해 몇 세기나 더 앞서 발명하였다.) 그러나 중국은 과학에 대해 언제나 실용적이고 실제적인 관점을 취하였으며, 특히 유교철학은 과학 이론보다는 사회적 조화를 더 중시하였다. 아시아에서 두드러진 과학기술의 역사는 흔히 이상화되었던 '진리의 탐구'보다는 건강한 사회적 실용주의에 더 많은 관련이 있었다. 도교는 자연의 중요성을 지나치게 강조하기 때문에 실질적으로 과학과는 아무런 관계를 갖지 못하며, 불교는 과학뿐만이 아니라 자연에 관한 지식의 발전이라는 생각조차 인류의 또 다른 커다란 환상에 불과하다고 본다.

특히 종교적 철학에서 신화 속의 신들과 실제로 살과 피로 이루어진 개인들 사이의 구분은 신성의 모호성이 요구하는 것보다 더욱 엄격하게 이루어져왔다. 그리스와 힌두교의 신들은 똑같이 모호하게도 인간적이면서 동시에 초인간적 혹은 비인간적이었다. 그들은 종종 하나의 형태에서 다른 형태로 변신하였다. 공자와 붓다는 모세, 예수 및 마호메트처럼 분명히 실존 인물들이었다. (노자 저작의 저작자는 한 개인이 아니며, 호메로스의 서사시처럼 몇몇 실존 인물들이었다.) 신의 현현(顯現, 나타남)으로 간주된 예수 같은 특이한 경우에서조차, 인간으로서의 예수와 신으로서의 구세주(Christ)라는 명백한 역설은 대부분 그리스도교 신학사를 통하여 지적 병폐의 원인이 되어왔다.

모호성과 유추는 중국 철학의 본질이다. 동시에 유교와 불교의 '신들'은 개별 인간이며, 구세주같이 현현한 신이나 혹은 우리에게 고귀한 진리를 가르치기 위해 일찍이 인간의 모습으로 천상에서 내려온 신들이 아니다. 그러므로 이 신들을 신인동형론적이라고 한다면 분명 어긋난다. 고대 중국의 유교와 불교 속에, 용과 같이 화려한 색깔의 생물체를 포함하여 나름의 신화가 확실히 포함되어 있었다 하더라도, 철학과 신화를 구분하는 기준 자체를 그대로 적용시킬 수는 없다. 붓다에 관한 이야기는 예수에 관한 이야기처럼, 역사적 의미보다 더 많은 상징적 의미를 지니고 있다.

초기 인도에 관한 이야기는 더욱 복잡하다. 힌두교는 적어도 그리스 신화에 못지않게 상상력이 풍부한 신들과 환상적인 피조물들로 가득 차 있다. 중심적인 신들의 삼위일체는 고전적인 힌두교 신화에서는 기본적인 현상이다. 이들은 곧 브라마(창조의 신), 비슈누(우주를 유지하는 신) 그리고 시바(파괴의 신)이다. 하지만 이들은 여러 신이 아닌 단 하나의 신이 갖는 여러 얼굴들이라고 한다. 힌두교의 신전은 그리스에서 발견되는 어떤 것보다도 더 크고 복잡한 반면에, 훨씬 더 명백한 통일성을 갖추고 있다. 이것은 서로 다른 개별 신들이기보다 신의 다원적인 형태들로, 이 점은 서양의 독자들에게 가장 충격적이다.

흔히 6개 혹은 그 이상의 팔을 지닌 모습을 묘사되는 시바 신은 우리를 당황케 만드는 복잡성의 시작에 불과하다. 보통 다양한 형태로 자신을 드러내는 신들은 상이한 성격으로 나타나면서 매우 다른 기능들을 수행하며, 따라서 서로 다른 많은 이름들을 갖는다. 예를 들어, 시바와 같은 종류의 신 파르바티는 동시에 어머니 신 암바, 파괴의 신 칼리, 그리고 시바 신의 힘의 원천인 샤크티 신이기도 하다. 인도의 신화들 역시 도시와 지역문화에 따라 다양한 형태를 갖고 있다. 그리고 인도의 신화와 문학도 매우 다양한 이야기들로 이루어져 있다. 이런 점은 특히 헤시오도스(기원전 8세기경의 그리스 시인)가 (실패하긴 하였지만) 통합하고 종합하고자 했던 그리스 신화의 초기 형태들과 매우 흡사하다. 하지만 많은 신화학자들이 인정하듯이, 힌두교에서는 사실상 그러한 시도를 생각할 수 없는 일이다.

고대 인도의 긴 역사에는 (그보다 훨씬 더 짧은 고대 그리스의 역사에서처럼) 특히 반(半) 역사적인 영웅들이 많다. 이들은 철학적으로도 모범적인 인물들이었다. 『마하바라타』(바라타 왕국의 위대한 서사시)에 붙여진 종교적 텍스트인 『바가바드기타』(군주의 노래)에 나오는 영웅 아르주나에 대해서는 특별히 언급할 필요가 있다. 아르주나는 전투가 시작되기 전에 주저한다. 그는 자신의 힘에 적대하는 세력과 싸우고 싶지 않았는데, 적군이 자신의 인척들로 이루어진 군대이기 때문이었다. (아르주나의 전차를 모는) 최고의 신 크리슈나는 아르주나에게 적이 자신의 가족이라 하더라도 싸우는 것이 그의 의무이며 마음을 신에 맡긴 채 사심 없이 이 전투를 치러야 한다고 말하였다.

이와 같은 도덕적 딜레마, 즉 자신의 가족을 죽이는 일이 의무가 되는 그러한 상황은 우리로서는 이해할 수 없을 정도로 혹독한 일로 보인다. 하지만 이와 비슷한 것을 우리는 히브리 성서나 그리스 신화, 그리고 모든 내전에서 볼 수 있다. 이와 같은 무시무시한 이야기들의 목적이 단지 (영화 「고질라」와 같은 식으로) 우리를 즐겁게 해주기 위한 것일까? 아니면 심오한 도덕적 의미를 지닌 이 이야기들은 인간의 경험과 도덕적 문제의 핵심으로 이끄는 깊은 철학적 딜레마 속으로 우리를 끌어들이는 것일까? 간디는 아르주나의 위기를 각 개인의 마음속에서 일어나는 선과 악의 싸움으로 보았다. 크리슈나가 자신의 신성을 아르주나에게 내보일 때, 우리의 일상 세계는 잘 돌아가고 있었다. 신화는 사실상 철학의 소재이다. 그것은 곧 사색에 불을 붙이는 연료 같은 것으로서 반드시 문학적 형태로 나타나는 것만은 아니다.

『바가바드기타』의 흥미진진한 이야기는 모든 점에서 철학적이라 할 수 있는 사려 깊은 해설을 제공하지만, 초기 서구인들이 애호하였던 있는 그대로의 자연주의적 설명에는 별로 관심을 보이지 않는다. 그러나 앞으로 보겠지만, 초기의 그리스 철학자들은 그렇게 융통성 없는 정신의 소유자들이 아니었다. 그들은 조잡하고도 실로 믿을 수 없는 신인동형설을 거부하였으나, 의도적인 애매함과, 오랜 신화가 보여준 세계에 대한 생기 넘치는 상상력에 의지하였다.

서구의 신화에 비해 힌두(인도) 신화에서 가장 명백한 매력은 상상력이 풍부한 유희성과 비교적 금기가 적다는 점이다. (제우스가 황소로 변하긴 하였지만 그것은 단지 일시적인 장난이었을 뿐이며, 그는 언제나 제우스로 남아 있었다.) 예를 들어, 사람들이 좋아하는 힌두 신화들 중의 하나에 따르면, 시바 신은 그의 아들인 가네샤(코끼리 머리를 가진 인도의 신─옮긴이)가 아주 어렸을 때 전장으로 떠났다. 몇 해 후 전장에서 돌아온 그는 아내가 잘생긴 젊은이와 함께 있는 것을 발견한다. 그 젊은이를 연적으로 여긴 시바 신은 그의 목을 참수하지만 곧 그가 자신의 아들이었다는 사실을 알게 된다. 이에 너무나 놀란 시바 신은 그가 바로 다음에 만나게 되는 동물의 머리를 아들에게 주어 목숨을 되살리겠다고 맹세하는데, 그 생명체가 바로 코끼리였다.

이러한 이야기들을 사실 그대로 받아들여야 할까? 아니면 이들은 단지 공상적인 이야기일까? 혹은 재미있는 형식의 깊은 성찰과, 초기 서구 철학에 비해 더 흥미롭기는 하지만 잘 이해는 안 되는 실재에 대한 해석을 보여주는 것일까? 우리의 생각으로는 실제로 놀라울 정도로 다양한 인도 신화의 상상력은 대부분의 인도 역사를 통해서 인도 철학을 지배하게 되는 것과 동일한 생각들을 표현하고 있다. 가장 재미있는 힌두의 이야기들 속에서조차, 우리는 삶의 재생과 지속이라는 지속적인 주제들을 찾아볼 수 있다. 그렇지만 무엇보다도 중요한 주제는 바로 '우주의 단일성'인데, 그럼에도 우주는 다양한 모습과 양태로 나타날 수 있다. 철학에서 이 유일한 절대적 실재는 '브라마'란 이름을 갖는다. 하지만 초기 신화에서, 다수의 신들이 실은 유일한 신의 다양한 현현인 점은 이와 상당히 동일한 논지를 표명한다. 신화에서 철학으로의 이행은 논리적 도약이라기보다는 오히려 좀더 산문적인 언어로의 전환이라 할 수 있다.

하지만 그러한 차이 때문에, 우리가 신화에서 벗어나 철학에 경도되는 것은 아니다. 양쪽 다 각각의 이점을 가지고 있다. 신화는 하나의 설화를(즉 하나의 이야기를) 포함하고 있는데, 신화 속의 기발한 인물들에도 불구하고 궁극적으로 중요한 것은 이야기 자체이다. 그리고 우리 자신을 신화 속의 인물로 상정하게 될 때 이야기는 특히 중요해진다. 철학은 이야기보다는 체계적 이론에 더 많이 관여한다. 그러나 철학이 역사적 설화를 떠나게 되면, 즉 철학이 신화의 무대를 완전히 벗어나게 되면 그 결과 종종 영원한 진리로 여겨지는 잘못 구성된 개념들만이 문맥에서 벗어나 덩그러니 남게 된다. 신화적인 설화는 모순과 심지어 부조리한 점들도 받아들일 수 있다. 이러한 신화의 특성은 신뢰와 일관성을 감소시키기는커녕 세계의 혼돈스러운 실상을 포착하는 매력을 더해줄 뿐이다. (미국의 시인 월트 휘트먼은 이 세계의 모순들을 한탄하거나 '해결'하려는 대신 오히려 그 모순들을 찬양한 지혜로운 사람이었다. 하지만 그가 그런 지혜를 가진 유일한 사람은 아니었다.) 반면에, 철학은 세계 속의 모순들과 부조리를 이 세계에 심히 위험스러운 것으로만 여긴다. 그리고 모든 문화의 대다수 철학자들은 그런 위험들을 피하려고 노심초사한다. 더욱이 (독일 철학자인 헤겔과 니체 그리고 선[禪] 사상의 위대한 철학자들 같이) 모순과 부조리를 인생과 철학의 본질적인 한 부분이라고 이해하는 철학자들조차 그렇다.

우리는 다음과 같은 니체의 말에 주목해야 할 것이다. 그는 우리에게 근대 철학이 스스로 인식하지 못한 채 만들어낸 신화인 '원인' '실체' '자유의지' '도덕성' 그리고 '신' 등을 주의하라고 경고한다. 철학도 자신의 고유한 신화적인 가설들을 갖고 있는데, 이것들은 신화 못지않게 비인격적이기 때문이다. 그렇다고 해서 우리가 이런 관념들을 포기해야 한다는 뜻은 아니다. 타인들의 생각은 신화로 치부하면서 그러한 철학적 관념들은 문자 그대로 쉽사리 받아들이는 우를 범하지는 말아야 한다는 것이다. 신화는 덕성의 교화가 목표이고 철학은 이해를 위한 것이지만, 또한 가장 훌륭한 신화나 철학은 모두 이 두 가지 목표를 다 갖고 있다는 사실을 우리는 명확히 알아야 한다.

마찬가지로, 종교와 철학의 관계에 대해서도 주의 깊게 고려해볼 필요가 있다. 일부 고대 그리스인들은 이 둘을 주의깊게 분리시켰다. 하지만 과거 2천 년 동안 서양 철학은 유대-그리스도 종교 전통에서 벗어날 수 없었다. 이러한 사실은 이 종교 전통을 공격하면서 일생을 보낸 철학자들의 경우에도 마찬가지였다. 겨우 200년 전부터 많은 미국인들과 일부 유럽인들이 이 둘의 분리를 상정하였지만, 다른 많은 문화들에서는 종교와 철학의 일치가 여전히 철저하게 유지되었다. 부족사회를 포함한 많은 사회들에서는 종교가 철학을 규정한다. 다른 사회들에서는 특히 유교와 불교 문화권의 사회들에서는 철학이 종교를 규정한다. 물론 유교와 불교는 둘 다 신이 없는 종교이다. 사람들은 신화와 철학 사이의 애매한 구분에 따라서, 혹은 비판적인 사고와 단순한 '독단'이라는 부정적인 구별에 의해서, 종교와 철학을 구별하려고 할지 모른다. 하지만 이것은 종교 사상의 역동성을 오해하는 것이다. 확실히 철학은 종교의 경계 안과 밖에서 중요한 역할을 수행할 수 있다. 하지만 그렇다고 해서 종교, 신학 및 (좀더 비종교적이며 비판적인 '종교철학'에 반대되는 것으로서의) 종교적인 철학이 철학의 경계 밖에 놓여 있다고 단정하는 것은 잘못이다.

또한 우리는 과학과 철학의 관계에 대해서도 주의 깊게 고려해보아야 한다. 철학을 종교로부터 구분하려고 노력하면서, 철학이 종교가 아니라면 과학이어야 하거나 아니면 적어도 과학적이어야 한다고 성급하게 단정해버리지 않도록 주의해야 한다. 삶에는 생각해보아야 할 많은 것들이 있다. 한 사람의 개인적이고도 사회적인 정체성, 타인과의 관계, 우리의 정치적 책임과 관심, 미(美) 혹은 예술작품의 매혹적인 복잡성, 그리고 자연의 경이로움도 있다. 그런데 이런 것들은 과학이나 종교를 필요로 하지 않는다. 철학이 과학이어야 한다는 근대적인 생각은 사실상 몇 백 년 전에 제기된 것으로서, 주로 유럽계몽주의 시대의 산물이었다. 하지만 과학과 과학적 방법(들)이 객관성 개념을 정의(定義)하는 데 사용될 때는, 이러한 가정은 종종 그렇듯이 철학의 철저한 검토를 받을 만하다. 확실히 과학에서 요구되는 비인격성과 초연함은 철학에서는 권장될 필요가 없다. 따라서 많은 동서양 철학자들이 철학은 하나의 기술, 기능, 훈련이거나 과학과는 다른 하나의 실천 혹은 적어도 과학보다 더 풍요로운 것이라고 강조하였던 것은 당연한 일이다.

실제로 과학을 숭배한 철학자들조차 과학의 한계를 인정하고 있다. 그래서 뉴턴 물리학의 열광적인 지지자이자 위대한 근대 철학자들 중의 한 사람인 임마누엘 칸트는 두 가지 사실, 즉 '저 하늘의 빛나는 별과 마음의 도덕 법칙이' 그를 '경외감'으로 가득 차게 했다고 선언하였다. 칸트는 또한 예술의 아름다움, 종교의 경건함, 수학의 경이로움, 이웃들의 존재와 포도주 한 잔의 가치를 과학적 가치와 더불어 인정하였다. 뉴턴 스스로는 결코 자신의 철학을 '자연'에 국한시키지 않았다. 그는 생애의 마지막 20년 동안 자신의 물리학을 보충하고 포용할 신학을 연구하였다. 프리드리히 니체는 (19세기의) 과학을 열렬히 지지하였다. 그는 과학적 '진리'란 우리의 경험에 대해 단지 편협한 단편(斷片)만을 기술할 뿐이라고 인정하였으며, '미적 진리'야말로 철학과 더욱 관련이 있고 또 더욱 중요하다고 생각하였다.

그럼에도 철학과 과학 사이를 이어주는 유익하고도 본질적인 것이 있다. 그것은 객관성과 합리성에 대한 공통적인 강조와 진리에 대한 공통된 추구 이상의 것이다. 하지만 (철학은 과학의 한 부분이거나 혹은 과학이 떨어뜨리는 부스러기나 줍는 과학의 문지기로 간주되어야 한다고 주장했던 철학자들이 활동하던 시기도 포함하여) 오랫동안 일부 철학자들은 철학적 문제는 과학과 구분되어야 한다고 매우 단호히 주장하였다. 이런 관점에서, 철학적 문제는 경험으로부터 어떠한 증거도 요구하지 않았으며 또는 최근의 과학적 연구도 필요로 하지 않았다. 또는 실로 그 어떤 증거나 연구도 필요치 않았다. 철학의 용어로 말하자면, 이러한 문제는 선험적으로 풀릴 수 있으며 오직 선험적으로만 풀릴 수 있을 것이다. 즉, 어떤 경험이나 실험으로부터도 독립하여 논리와 언어, 특수한 종류의 직관에 호소하는 것이다.

그렇지만 그 대부분의 경우에 결과는, 필연적으로 철학의 빈약함을 초래할 것이다. 순수한 사고와 외부의 도움이 필요 없는 생각을 통해서, 그리고 '오직 이성만을 통해서' 해결될 것 같지 않은 문제들은 '단지 경험적인 것' 혹은 '철학이 아닌 심리학'으로 간주되어 철학의 대상에서 제외될 것이다. 이런 철학 노선에 따라서 최근의 일부 영미 철학자들은, 예를 들어 뇌에 관해서는 전혀 모르면서도 정신과 육체의 관계에 대해 장황하게 논의하였다. 그런데 뇌에 관한 지식은 이 문제와 실제적인 연관을 갖는 것으로 보인다. 어떤 철학자들은 물리학자와 아무런 대화도 하지 않은 채 과학과 자연의 본성에 관해 토론을 벌이며, 그리고 아직도 많은 사람들이 프로이트에 관해 몇 줄 읽지도 않고서 인간의 본성에 관해 장황하게 논의하고 있다. 그렇지만 다행스럽게도 이런 상황은 변하고 있다.

우리가 알아야 할 점은, 철학이 과학과 연계되어 있다는 사실이다. 많은 철학자들이 제안했듯이, 철학은 과학의 어머니도 아니요, 또한 과학자들의 작업이 남긴 혼란스러운 용어들과 개념들을 정리하는 잡역부도 아니다. 어떤 주제를 탐구하더라도, 거기서 철학과 다른 학문들과의 경계를 명확히 그을 수는 없다. 이런 점은 (과학철학, 사회과학철학, 예술철학, 혹은 종교철학 같이) '무슨무슨 철학'이라 불리는 모든 영역에서 특히 그렇다. 또한 누구도 선험적인 것으로부터 경험적이고 지식적인 것을 명쾌하게 분리시킬 수 없다. 1932년 아인슈타인은 어머니의 비유를 이용하여 다음과 같이 강조하였다. "철학은 모든 과학을 낳고 거기에 자질을 부여한 어머니와 같다. 그러므로 우리는 어머니의 결핍과 빈곤함을 꾸짖어서는 안 된다. 우리는 오히려 돈키호테적인 이상(理想)이 그녀의 아이들 안에 살아남아서 그들이 속물 근성에 빠지지 않기를 바라야 한다."

철학은 신화와 종교에 연계되어 있는 것과 마찬가지로 과학에 연계되어 있다. 그렇다고 이것이 곧 그들이 서로 똑같은 것이라는 뜻은 아니다. 이와 같이 신화, 종교 및 과학 등과 철학 사이의 조심스러운 구분을 염두에 두고서야 비로소 철학의 시초에 접근할 수 있게 되었다. 서양에서 철학은 우주론, 혹은 더욱 정확히 말하자면 우주창조론, 즉 세계가 어떻게 현재의 모습을 가지게 되었는가에 관한 탐구 속에서 자라났다.

● 의미와 창조_ 우주창조론과 철학의 기원

이집트와 비옥한 초승달 지역(메소포타미아)에서처럼, 농업에 의존하던 그리스인들은 지리학과 기후학을 연구하고, 무엇이 대지의 여신 가이아로 하여금 자신의 풍부한 산물을 산출하도록 유혹할 수 있을 것인지에 대해 생각하게 되었다. 바다에서는 천문학이 항해에 효과적인 새로운 도구들을 제공하였다. 하늘의 복합성에 대한 원시적인 경이로움은 결과적으로 천문학에 관한 주의 깊은 탐구, (항상 의존한 것은 아니지만) 점성학에 의한 실용적인 예측, 신화와 종교에 관한 생각, 신성을 가진 하늘의 거주자들에 관한 사색 등으로 사람들을 이끌었다. 그와 같은 사색들로부터 아주 자연스럽게 우주창조론의 문제들이 제기되었다. 이 모든 것들이 어디서 왔을까? 그리고 어떻게 이 세계가 현재의 모습을 갖게 되었을까?

이러한 문제들이 과학에서 중심적인 것들이기는 하지만, 이들이 모든 과학 혹은 원시 과학의 문제들 가운데 최초의 것이라고 생각하는 것은 잘못이다. 최초의 우주창조론자들은 이 세계에 대한 설명뿐 아니라 의미와 교화를 추구하였다. 그들은 그들이 만나는 모든 것에 대해 물었다. 이것은 무엇을 위해 있는가? 이것의 목적은 무엇이며, 이것은 무엇의 징조인가? 그리스들인과 고대인들에게 우주의 기원 설명을 위한 탐구는 인간행위의 설명을 위한 탐구와 동일한 형태를 취하였다. 그것은 곧 작용원인에 관한 질문이었다. 즉 누가 이것을 하였으며, 왜 하였을까? 하나의 '원인'은 무엇보다도 하나의 의도, 즉 이해될 필요가 있는 근본적인 계획이다.

그리스인들은 호기심에 차 있었다기보다는 놀라며 낙담하고 있었다. 그들은 자신들이 이해하지 못하는 이 세계 속에서 안전함과 안락함을 느끼길 원했다. 그들은 부상과 질병, 고통스러운 비극과 상실, 그리고 궁극적으로 죽음에 대한 설명과 위안을 원했다. 죽음이라는 현상은 아주 오래전부터 사람들에게 신비스럽고 혼란스러운 충격을 가져다주었다. 선사시대의 네안데르탈인들은 죽은 사람을 묻으면서 그 초상화를 만들었다. 이것은 지중해의 철학자들이 영혼의 불멸에 관해 사색을 하기 시작한 때보다 십만년 전의 일이었다. 이와 같이 경이로운 외경심에서 철학은 탄생하였다. 자연인류학자들이 알려주듯이, 인간은 놀랄 만한 엄지손가락을 계발하고 직립하기 위하여 뇌를 크게 발전시켰을 것이다. 하지만 우리는 전적으로 명백한 자연의 은혜나 진화의 이점(利點)인 것만은 아닌 문제들을 처리하는 데도 뇌를 사용한다. 우리는 바로 뇌를 이용하여 이 세계를 경이로움으로 채운다.

처음으로 그러한 질문을 한 사람들이 어떤 상황에 놓여 있었는지를 우리가 상상하는 것은 불가능한 일이지만 동시에 중요한 일이다. 아이들이 질문을 하면, 부모들은 흔히 터무니없는 말로 대답하거나 아이들을 도서관으로 보내거나 아이들에게 놀러 나가라고 하거나 방청소를 시킨다. 하지만 최초의 인간이 질문을 했을 때는 대답해줄 사람이 아무도 없었다. 아직 책은 없었으며 기껏해야 성직자나 현자를 자청하는 이들이 있었을 뿐이다. 최초의 철학자들과 그 동시대인들은 '이 모든 것이 어디서 왔을까?'와 같은 질문을 하면서 무엇을 생각하였을까? 그 최초의 대답은 다음과 같은 유형이었을 것이다. "그것들은 거기에 그렇게 있을 뿐이야, 그게 전부야" 혹은 "그것들은 거기에 언제나 그렇게 있어왔어". 하지만 곧 이에 대한 답은 더욱 상상력이 풍부한 것이 되었으며 이러한 문제들은 더욱 진지하게 취급되었다. 초기의 철학자들은(만일 독자가 이런 명칭에 동의하지 않는다면, 예비 철학자들은) 우주가 원초적인 두 존재로부터 태어났으며 이 두 존재가 결합하여 하나의 우주 알을 낳았다고 주장하였다. 다른 이들은 이 원초적인 존재가 신들이며 그들의 말썽 많은 가족관계를 해결하기 위하여 이 세계를 만들었다고 주장하였다. 또 다른 문화에서도 이와 비슷하게 난폭한 가족관계를 창조의 원형으로 간주하였다.

그리스의 우주창조론에서 이 세계는 평평하고 둥근 원반이며, 우리가 하늘로 보는 둥근 주발이 그 위를 덮고 있다고 여겨졌다. 그 밑에 있는 세계는 나무 등걸을 닮은 하데스, 즉 '지하세계'에 뿌리를 두고 있었다. 지하세계의 맨 아래쪽 구렁은 '타르타로스'라고 불렸다. 그리고 지구 주위를 '거대한 바다'인 오케아노스가 둘러싸고 있는데, 이런 이미지는 아마도 이집트와 메소포타미아에서 빌려온 것 같다. 오케아노스는 신들까지 포함하는 모든 사물의 원천으로 간주되었다. 호메로스는 그의 작품 『일리아스』에서, 또 최초의 철학자로 기술되는 탈레스도 이런 이야기를 하고 있다. 그리스인들은 밤 혹은 어둠의 의미에 대해서도 사색하였다. 호메로스는 이를 무시무시한 인물로 의인화하였으며, 제우스신조차 이를 두려워하였다.

시인 헤시오도스에 의하면, 최초에는 카오스(혼돈)가 있었다. 이것은 (오늘날 보통 그렇게 믿고 있듯이) '절대적인 혼돈'이 아니라 오히려 형태 없음 혹은 엄밀히 말하자면 공백, 하늘과 땅 사이의 공백 같은 것이다. (아리스토텔레스는 '카오스'가 공간을 의미하는 것이라고 하였으며, 스토아학파의 철학자들은 대기로 간주했다.) 카오스와 더불어 가이아, 즉 대지가 생기고 (비 혹은 하늘의 정액이라 상상된) 에로스 혹은 사랑이 생겨났다. 카오스로부터 밤이 나오고 밤으로부터 에테르(불타고 있는 높은 대기층)와 낮이 나타났다. 대지로부터 하늘, 즉 우라노스가 생겼으며 대지와 하늘의 결합으로 바다인 오케아노스가 탄생하였다.

하늘과 대지의 관계는 분리와 결합의 이야기를 담고 있는 우주창조론을 해독하는 열쇠이다. 헤시오도스는 다음과 같이 쓰고 있다. "위대한 우라노스는 밤과 함께 와서는 사랑을 갈구하면서 가이아 위로 자신의 몸을 펼쳐서 그녀를 뒤덮었다."[4] 섹스와 신체 상해가 우주의 기원에 관한 고대의 생각들 속에 많이 나타난다. 그들의 결합 후에 하늘과 땅은 다시 분리된다. 그들의 결합에서 탄생한 모든 자식들은 그들 아버지의 미움을 산다. 그 결과 아버지는 자식들을 죽이려 한다. 그래서 아들 중의 하나가 '뾰족한 날이 달린 낫'으로 아버지를 거세하였으며, 그 '절단된 몸'으로부터 아프로디테가 태어났다. 이와 같은 이야기들은 호메로스(기원전 9세기)와 시인 헤시오도스(기원전 8세기)에 의해 자주 인용되었다. 헤시오도스는 이 이야기들을 종합하여 자신의 저서인 『신통기』(신들의 계보)에 다양한 형태로 기술된 신화에 일관성을 부여하고자 하였다.

이집트 신화에서 세트 신은 그의 아버지인 오시리스를 절단해 죽인다. 과부가 된 오시리스의 아내 이시스는 남편의 절단된 신체들을 다시 붙여서 그의 생명을 부활시킨다. 힌두의 『리그베다』에서는 창조의 신인 브라마가 두번째 존재를 창조하는데, 그 존재는 바로 그의 딸이다. '하늘'과 '땅'인 그들은 근친상간을 통해 다른 존재들을 낳는다.[5] 남태평양의 신화에서도 이와 같은 얘기를 볼 수 있다. 마오리족의 전설에 따르면, 파파(대지)는 여성의 형태를 가졌고 그녀의 아들인 타네에 의해 수태된다. 뉴멕시코의 주니족 인디언의 전설에 따르면, 모든 것의 창조주인 아워나월로나는 공간의 무한한 암흑으로

---

4 G. S. 커크(Kirk)와 J. E. 레이븐(Raven)의 공저인 《소크라테스 이전의 철학자들》(케임브리지, 케임브리지 대학 출판부, 1957)의 29쪽에 번역된 『다나이드』에서.

5 웬디 도니거 오플래허티(Wendy Doniger O'Flaherty)가 편집하고 번역한 《힌두의 신화들: 산스크리트로부터 번역된 원전》(메릴랜드 볼티모어, 펭귄 출판사, 1991년)의 25-26쪽을 보라. 여기서의 많은 분석들은 오플래허티의 논의에서 파생된 것들이다. 산스크리트어 학자라면 용서할 수 없는 일이겠지만, 우리는 우리가 (조심스럽게) 사용하는 산스크리트어를 영어식으로 표기하여 발음 구별 부호를 생략할 것이다. 그리스어에 대해서도 마찬가지이다. 이에 대해 식자공들은 말할 것도 없고, 우리의 독자들이 감사해할 것이다.

부터 태어나서는 물을 수태시켜 지모신(地母神)인 아위텔린 치타를 낳는다. 아워나월로나와 아위텔린 치타는 결합하여 지상의 만물을 잉태한다.

　고대의 어떤 우주창조론에서도 이 세계가 무로부터 생겼다는 생각은 보이지 않는다. 이 세계는 어떤 원초적인 창조자에 의해 만들어진다. 창조자의 첫번째 행위는 종종 자신을 창조하는(즉, 현시) 일이거나, 혹은 형태 없는 이전의 단일체나 카오스를 분할하는 일이다. 마오리족의 전설에서는 창조의 첫번째 단계는 땅(파파)과 하늘(랑기)을 분리하는 것이다. 힌두의 『우파니샤드』에 따르면, 창조 전의 세계는 "그냥 물이다." 하지만 창조는 이미 존재하는 에너지를 사용하여 생명에 형태를 부여한다. 숨결은 물에 운동을 부여하고 거기서 모든 것이 탄생하였다.

　이와 비슷하게 「창세기」에 따르면, 이 세계는 단 하나의 영원한 신의 작품이다. 창조는 신이 대낮을 밤으로부터 분리시키고 대지로부터 하늘을 분리시키면서 시작되었다. (이런 기본적인 이야기는 고대 그리스의 우주창조론에도 적용되는 것 같다. 땅의 이미지는 검고 끝없는 물로 나타나는데, 그 다음 물은 하늘의 물과 땅의 물로 분리된다고 탈레스는 주장하였다.) 유일한 창조주라는 이론은 원초적인 섹스와 싸움의 필요 없이 통일성을 유지할 수 있다는 커다란 이점을 가진다. 그렇지만 「창세기」의 창조 이야기는 다른 창조신화들에서 명백하게 느낄 수 있는 흥분이 많이 결여되어 있다고 주장할 수 있을 것이다. (아마도 이와 같은 이유에서 오늘날의 물리학자들은 우주 창조에 관한 빅뱅이론의 이미지가 아주 매력적이라고 느끼는 것 같다. 하지만 「창세기」의 창조 이야기는 의인화된 신들의 가족적 폭력에 의존하지 않고서도 강렬한 드라마를 유지하고 있다.)

　이와 비슷한 개념들이 중국에서도 나타났는데, 하지만 전혀 다른 의미를 지녔다는 사실을 지적할 필요가 있다. 그리스어로 코스모스(cosmos)는 통일성을 뜻하지만, 반면 (우주를 지칭하는) 같은 말의 중국어는 '만물'을 의미한다. 또한 이와 마찬가지로, 그리스어의 카오스(chaos)는 무정형(無定形)을 의미하지만, 이에 해당하는 중국어(혼돈[混沌])는 '만물의 질서의 총합'을 뜻한다. 카오스는 순수 무구한 자발성의 뜻을 내포하지만 무질서의 뜻은 내포하지 않는다. 그리스의 우주창조론에서 세계는 카오스(무정형)에 대한 코스모스(정형)의 승리로부터 생겨났다. 중국에서도 카오스는 패배했지만 이 패배는 하나의 위기로 간주되었다. 도가 사상가인 장자는 인간이 혼돈에 인간적 의미를 부여하자 혼돈이 죽어버린 이야기를 하고 있다. "북쪽 바다와 남쪽 바다의 임금인 숙과 홀이 혼돈을 일곱 가지 의미로 다루고자 매일 혼돈의 몸에 구멍을 파자 결국 혼돈은 죽고 말았다."

우주창조론 혹은 과거의 기원들에 관한 문제는 또한 미래의 문제와도 연결되어 있다. 유대-그리스도 전통에서는 단지 세계의 기원에 관한 것뿐만이 아니라 세계의 종말에 관한 관심과 논의가 많다. 그리스도교에서 세계의 종말은 역사에서 유일하게 가장 중요한 사건이다. 이와 대조적으로, 힌두의 우주창조론에서 세계는 종말로부터 다시 회귀하여 끊임없이 재창조된다. 신들도 시간이 다하면 죽는다. 하지만 그들도 다른 모든 것들처럼 다시 태어난다. 재탄생의 개별적 형태는 각각의 카르마(karma, 업)에 달려 있다. 카르마란 이전의 생에서 이루어진 성향들이다. 우주 자체 또한 마찬가지이다. 매번의 파괴 후에 다시 나타나는데, 이전의 창조에서 남은 잠재된 에너지로부터 탄생된다. 이와 같은 추상적인 우주론적 주제들은 직접적이고도 심대한 사회적 중요성을 지니고 있다. 힌두 신화는 이런 식으로 개인의 (건강, 병, 빈부 같은) 사회적 상황을 행운의 결과로 보지 않고, 실재 자체의 본성에 의해 직접적으로 결정된 것으로 본다. 따라서 개인이 다르마(dharma), 즉 각 개인의 특정한 사회적 역할이 요구하는 의무들을 완수하는 것이 우주의 질서를 유지하는 데 절대로 필요한 일이다.

이러한 고대의 창조신화들과 현대 과학의 아마도 문자 그대로의 개념들 사이에서, 어떻게 최초의 철학자들이 세계에 대한 우리의 이해에서 가장 기본적인 개념들을 구축하게 되었는가를 상상하는 것은 놀라운 일이다. 예를 들어, 시간에 관한 우리의 이해는 오랫동안 세밀한 개념들을 발전시켜온 결과이다. 물론 의식을 가진 많은 생물체들은 시간감각을 지니고 있다. 모든 인간사회는 단순히 낮과 밤을 재건 혹은 계절이나 해를 재건 간에, 시간을 표시하고 측정하는 방법을 갖고 있다. 많은 사회는 시간을 가리키는 이름을 갖고 있거나, 혹은 적어도 시간을 관장하는 존재를 갖고 있다(그리스 신화의 크로노스가 그 예이다). 그러나 이들 중 어떤 것도 시간 개념과 완전히 같은 것은 없다. 고대 철학의 주석자들은 때때로 그와 같은 철학 이전의 시간 개념들을 '단지 시적인' 것 혹은 객관성이 결여된 것으로 간주하며, 아리스토텔레스 이전에는 시간 개념이 분석 대상이 아니었다는 사실을 지적한다. '시간은 무엇인가?'라는 질문과 더불어 개인적 경험의 차원에서 이해되어야 할 하나의 연속적인 현상으로서의 시간 개념 자체는 서기 4세기의 성 아우구스티누스에서야 나타났다.

그리고 여전히 우리는 실제로 모든 사회들에서 발견되는 시간에 관한 매우 다양한 상상적인 개념들에 깊은 인상을 받게 된다. 예를 들어, 고대 아메리카 사회에서 시간은 역사적 시간, 신적인 시간 그리고 신화적 시간 등 세 부분으로 구성된 현상이었다. 오스트레일리아의 토착민 사회는 인간 창조 이전의 시기를 '꿈의 시간'으로 여겼다. 고대 중동지역의 순환적 시간, 혹은 '영원히 회귀하는 시간'이라는 개념을 고대 그리스인들이 채택하였으며 한참 뒤에 독일 철학자 니체도 이를 찬양하였다. 고대 힌두교도들은 시간은 (네 가지 구별된 단계로) 회귀할 뿐만 아니라 환상적으로 연장된다는 두드러진 시간 감각을 가지고 있었다. 유가(yuga, 힌두교 우주관에서 말하는 인류의 한 시기—옮긴이)라 불리는 시간의 한 주기는 432만 년으로, 이것의 1천 배가 바로 절대적 실재인 브라마의 하루와 같다고 하였다. 브라마 신이 100년(약 300조 년) 동안 생존한 후에 새로운 브라마(신)가 나타나서 새로운 시간의 주기가 시작된다. 이러한 계산의 규모에 비추어볼 때, 우리는 인간의 삶이 이러한 엄청난 시간 계산에 부합하는 존재들에 비해 얼마나 초라하고 무의미한가에 대해 새삼 놀랄 필요도 없다. 이와는 대조적으로 초기 그리스도교에서 시간은 정해진 시작과 끝이 있었다. 어쨌든 신이 영원하다고 하더라도 시작에서 끝까지 총시간은 일반적인 계산에 따르면 6천 년이 채 안 된다. 아우구스티누스의 경우처럼 개인의 영혼에 초점을 맞추게 되면, 시간은 충분히 길어질 것이다.

정확히 말해서 영혼이 우주론적인 혹은 우주창조론적인 관념은 아니지만, 아마도 여기서 (예비적으로) 영혼(혹은 프쉬케[psyche])에 대해 약간 얘기하는 것도 나쁘진 않을 것이다. 영혼은 말할 필요도 없이, 철학사에서 언제나 거듭해서 논의되는 주제들 중의 하나이다. 고대 그리스 철학에서 영혼은 별개의 것, 그리고 아주 비실체적인 것으로 간주되었다. 실로 영혼은 정서적인 것으로, 단지 몸속에 구현되었을 때에야 비로소 하나의 삶의 원천으로서 간주되었을 뿐이다. 다시 말하면 영혼은 그림자, 비실체적인 것, 단지 하나의 '숨'과 같은 것이다. 특히, 이와 비슷한 생각을 가졌던 이집트인들은 육체가 보존되었을 때만 사후의 삶 속으로 들어갈 수 있다고 주장하였다. 그들은 죽은 자의 육체를 보존하기 위해 엄청난 고통을 감수하였다(그리고 죽은 자의 시신과 더불어 그의 모든 의복, 사치품 및 하인들을 함께 매장하였다).

　　많은 고대 문화들의 생각 속에서 영혼 개념은 다소 '엷다.' 이것은 또한 초기 그리스도교도들이 육체의 부활을 매우 중요하게 생각했던 이유를 말해준다. 이와는 대조적으로, 고대 히브리인들은 그들의 관심을 개개인의 구체적 성격에 한정하고 추상적인 영혼에 대해서는 거의 말하지 않았다. 마찬가지로 중국인들도 개인의 영혼에 관해서는 단지 그의 성격과 사회적 신분을 염두에 두고서 언급할 뿐, 어떠한 추상적이고 형이상적인 개념도 남기지 않았다. 불교도들(그리고 많은 힌두교도들)에게 영혼이란 우주의 나머지 부분과 함께하는 어떤 것이거나 혹은 극복해야 할 하나의 환영이었다. 반면에 자이나교도들은 개인적인 영혼의 존재를 믿었으며, 심지어는 곤충들이나 벌레들조차 영원한 영혼을 지녔다고 믿었다. 이 문제에 관해 힌두교도들은 둘로 나뉘었는데, 하지만 그들 역시 환생 혹은 재탄생을 통해서 사후에도 영혼이 계속된다고 믿었다. (이 문제에 관한 힌두교도, 자이나교도 그리고 불교도 사이의 논쟁이 매우 흥미롭다는 사실은 말할 필요도 없다.) 헤라클레이토스는 가장 상상력이 풍부한 고대 그리스 철학자들 중의 한 사람이다. 그는 영혼이란 '불덩어리'이며 별과 같은 질료로 만들어졌다고 주장하였다. 그러나 이러한 관점이 너무 고상하다고 생각하기 전에 우리는 다음 사실을 염두에 두어야 한다. 헤라클레이토스는 별은 단지 하늘에 있는 자그마한 주머니에 불과하며 그리 실체적인 것이 못 된다고 생각했다.

● 『베다』와 베단타_ 고대 인도 철학

　　고대 인도 철학 하면 특히 '힌두교'로 불리는 것에 대해 언급하게 되는데, 이에 대해 좀더 정확하게 언급해두어야 한다. 엄밀히 말해서, 힌두교라 불리는 단일한 철학적 체계가 있었던 것이 아니며, 같은 이유로 단일한 종교가 있었던 것도 아니었다. 앞에서 말했듯이, '힌두'라는 말은 원래 아랍어로서 단순히 어떤 장소(인더스 강의 동쪽)를 가리키는 말이었다. '힌두교'는 오히려 매우 다양한 신앙들을 무차별적으로 가리키는 말이다. 이 다양한 신앙들 중에는, 신을 믿는 신앙과 그렇지 않은 신앙, 매우 정신적인 신앙과 그렇지 않은 신앙, 고대 인도의 신화에 뿌리박은 신앙과 그렇지 않은 신앙 등이 있다. 그리고 카스트 제도라는 하나의 특정한 사회제도를 가리키는 말이기도 하다. 그런데 이 카스트 제도는 종종 우주론과 더불어 정당화(혹은 합리화)되곤 하였다.

　　그렇지만 철학으로서의 힌두교는 일련의 저작물을 가리키는 것으로서 종교로서의 힌두교와 구분된다. 그 저작물은 무엇보다도 일반적으로 『베다』라고 알려져 있는 경전들을 말한다. 최초의 베다 경전인 『리그베다』는 대략 기원전 1500년경에 쓰여진 듯하다. 이는 모세 시대보다 몇 백 년 전이며 또한 호메로스 시대보다 600년 전의 일이다. 『베다』는 특히 시, 찬송, 신화, 우주창조론에 관한 집합적인 저작이다. 『베다』의 우주창조론은 우주의 '인격화된' 기원에 관한 고찰이다. 베다 경전들에 대한 나중의 주석서인 『우파니샤드』는 보통 베단타(혹은 『베다』의 '완결')로 알려져 있는데, 더 나아가 창조의 이야기를 브라마(절대적 실재)에 초점을 맞추어 설명한다. 그리고 보통 힌두교라 불리는 종교의식의 수행체계는 따라서 마땅히 브라만교로 불렸다. 종교의식을 수행하는 브라만들은 카스트의 최고계급에 속하였다.[6] 그러나 우리는 앞으로 브라만 철학을 베단타로 언급할

---

6 '브라만'은 인도의 카스트 제도에서 가장 높은 신분을 가진 행운의 구성원들로, 말하자면, 귀족이다. 따라서 그 어구상의 연관성도 명백하다. 그들은 절대자에 가장 가까운, 가장 지식을 많이 소유하고 있는 이들이다.

것이다.

베다 경전들은 '어떤 사물들이 왜 존재할까?'라는 우주창조론적인 질문을 던진다. 가장 오래된 베다 경전들은 그와 같은 궁극적인 질문들이 대답할 수 있는 것들인가 혹은 아닌가에 대해 회의주의적인 입장을 드러낸다. "세계는 어디에서 창조되었을까? 세계는 스스로 형성되었을 수도 있다. 가장 높은 천상에서 세계를 내려다보는 자만이 그것을 알 것이다. 아니면 그도 모를 수도 있다."[7] 또한 무에 관한 질문도 있는데, 창조 전의 세계는 어떠했으며(아마도 무조차도 없었을 것이다) 혹은 그런 이유로 이 세계는 그 자체가 하나의 환영일 뿐이고 그래서 아무것도 아니라고 언급하고 있다. 그런데 '우주 알'에 관한 이야기와 최초의 선조가 이 세계를 창조하고 세계 안의 모든 것을 창조하였다는 익숙한 이야기는 모두 인도에서 나왔다. 창조와 관련된 섹스에 관한 그림들은 노골적으로 묘사되어 있으며, 고대 세계의 대부분 우주창조론에서처럼 고대 인도의 우주창조론도 인간의 생식에 대한 좀더 직접적인 이해를 통해서 창조를 인간의 출산 같은 것으로 여기며 우주를 인격화하고 있다고 보아도 그리 틀리지 않을 것이다. 실제로 『리그베다』는 우주 자체를 우주적 인격체인 푸루샤(Purusha)로 간주하기까지 하였다. 그는 불멸의 존재이면서 동시에 이 세계의 구원을 위해 자신을 희생하는 존재이다. "푸루샤는 천 개의 머리와 천 개의 눈을 가졌고……불멸의 통치자이며……그들은 푸르샤를 분할하였는데……달은 그의 입으로부터, 태양은 그의 눈에서, 지구는 두 발에서 생겼다."[8]

'인격체'에 관한 기본적인 관심은 인도철학에 널리 퍼져 있으며 자아, 영혼 및 개개인의 진정한 본성과 관련해서 이러한 관심은 더욱 명백해진다. 몇 백 년 후에 힌두교에서 생겨나는 자이나교와 불교 또한 똑같은 관심에 사로잡혔다. 한편 개인적인 영혼인 지바(jiva)의 개념이 나타났다. 이는 개개인을 하나의 유일한 존재로 구분하는 개념이었다. 그러나 이 지바가 진짜로 있는 것인지 아니면 적어도 육체의 사후에도 계속 존속할 수

---

7 『리그베다』, 10.129, 웬디 도니거 오플래허티 번역(잉글랜드 하먼즈워스, 펭귄 출판사, 1981년), 26쪽.
8 앞의 책, 10.10, 33쪽.

있을 만큼 충분히 실재적인 것인지는 대단히 상상력 넘치는 논쟁거리였다. 자아는 또한 아트만(atman)으로도 불렸다. 이것은 좀더 일반적인 관점으로는 모든 (그리고 개개의) 인간 속에 존재하는 생의 원리로서 이해되어야 한다. 이렇게 하여 우리는 각각의, 그리고 모든 개인들을 아트만에 의해 생명력을 얻게 된 하나의 지바로 볼 수 있다. 아니면 아주 다르게, 지바는 헛된 자아이며 아트만이 진정한 자아라고 볼 수 있다. 그럼에도 『베다』는 지바와 아트만을 한 개인 안에서 우월성을 다투는 두 개의 자아로 생각해서는 안 된다고 명백히 밝히고 있다. 오히려 그것들은 '같은 나무에 매달려 있으면서, 언제나 하나로 결합되어 있는 두 마리의 동반자 새'[9]와 같다고 하였다. 그렇다 하더라도 이 둘의 관계는 분명 문제적이며, 그리고 자아의 진정한 본성이 지바인지 혹은 아트만인지 하는 것은 그 후 2300년에 걸쳐 계속해서 인도 철학의 중요한 문제들 중의 하나였다.

『우파니샤드』는 『베다』의 주제들을 명백히 철학적인 방향으로 발전시켰다. (많은 서양 문헌에서 그러는 것처럼, 『베다』에서는 '말씀'으로 언급되는) 존재의 궁극적인 원리는 앞서 언급했듯이 브라마 또는 절대적 존재로 알려지게 되었다. 고대 인도의 풍부한 신화처럼 베단타는 모호함과 모순으로 가득 차 있지만, 이것은 왜곡이 아니라 한 가지 사실을 강조하기 위함이었다.(그것이 강조하는 것이 고대 그리스 철학에 전적으로 반대되는 것은 아닐 것이다). 그것은 무한히 많은 형태를 갖기는 하지만 단 하나의 실재(브라마)만이 존재한다는 생각이다. 많은 신들이 있지만 그 신들은 모두 같은 신의 다양한 현현에 불과하다는 생각은 확실히 신과 같은 존재들을 본래부터 확고한 성격을 가진 것으로 생각하는 일신론자들이나 다신론자들에게는 당황스러운 것이다. 하지만 또한 인도 철학은 실재의 단일성뿐만 아니라 궁극적인 합리성이나 혹은 (비록 영원하지는 않더라도) 고유의 불변하는 존재성을 주장하는 사람들에게도 당황스럽고 일관성이 없는 것처럼 보일 것이다. 그러나 브라마가 언제나 변하고 있다는 점과, 신들조차도 300조 년마다 다시 태어난다는 점만

---

9 『주요 우파니샤드』(*The Principal Upanishads*), S. 라다크리슈난 번역(런던, 앨런앤드언윈 출판사, 1975년), 733쪽에 실린 『스베타스바타라 우파니샤드』 IV.6에서.

은 변함없는 사실이다.

그렇지만 이러한 사실 중 그 어느 것도 브라마가 무엇이며, 혹은 이와 관련해서 우리가 어떻게 브라마와 관계를 맺는지 말해주지 않는다. 우리는 어떻게 브라마를 알 수 있을까? 여기서 우리는 인도 철학에 관해 (서양에) 가장 잘 알려진 것들을 지적할 수 있다. 그것은 바로 신비주의와 요가라고 알려진 친숙한 일련의 몸단련법이다. 인도 철학이 가장 오래된 철학이기는 해도 그것을 단지 신비주의로만 생각하는 것은 커다란 잘못이다. 이런 생각에서 많은 세대의 서양 철학자들이 인도 철학 전체를 무시해왔다. 그렇지만 이에 대한 반동으로 인도 철학을 옹호하는 많은 이들이 인도 철학 내에서 신비주의가 중심적인 역할을 한 것을 부정하는 것도 똑같이 잘못이다.

가장 오래된 『베다』 경전들의 회의에 찬 의문들은 인도 철학 전체에 걸쳐 계속되었다. 하지만 그들은 지식의 가능성이 아니라, 브라마가 이성과 반성를 통해서만 이해될 수 있다는 생각을 회의적으로 보는 경향이 더 강했다. 브라마를 아는 것은 근본적으로 경험, 특히 초자연적인 경험으로 알려져 있는 모든 것을 포용하고 통합하는 형태의 경험을 통해서만 그러하다. 그러나 몇몇 준비되지 않은 그리스도인들에게 갑자기 들이닥쳤듯이, 그와 같은 경험은 쉽사리 가질 수 없는 것이다. 두드러진 예로서, 사도 바울로는 다마스쿠스로 가던 중에 그리스도나 성처녀 혹은 성배의 환영(幻影)을 보았다고 주장하였다. 그런 경험을 하기 위해서는 많은 준비가 필요했다. 우선 『베다』와 『우파니샤드』를 전부 공부하고 이해해야 하며, 또 명상과 요가 같은 금욕적인(극기) 훈련을 수행해야 한다. (요가는 실제로 인도에서 산스크리트어를 사용하던 시대보다 몇 세기 앞서 생겨났다. 요가라는 말은 인도 철학 내에서는 다소 혼동된 의미를 가졌다. 이는 기원전 2세기에 파탄잘리가 지은 『요가경』으로부터 유래하는 '요가' 철학이라는 정통적인 철학학파가 있었기 때문이다.) 브라마의 경험, 즉 '브라마비디야'(brahmavidya)를 얻기 위해서는 그에 '적합'해야만 한다. 하지만 이것은 일차적으로 건강이나 신체적 상태와 관련된 것이 아니요(하지만 이것들을 도외시하지는 않는다), 또한 요가의 고유한 목적인 이완도 아니다. 그것은 자기훈련, 곧 정신적인 자기훈련으로서 이를 수행하는 사람을 '더욱 깊은' 실재에 도달하게 하며 그렇게 수행하는 가운데 지복(至福)을 경험하게 한다.

이러한 지복의 경험은 거의 모든 인도 철학의 중심을 차지하는 주제로, 고대에는 특히 그러하였다. 하지만 그것은 여러 가지 이름을 지녔으며, 아주 다양한 이론들과 기술들을 통해 도달할 수 있다. 불교도들은 이것을 니르바나(Nirvana)라고 지칭하고, 자이나교도들은 '고통으로부터의 해방'이라고 말하며, 힌두교도들은 무크티(mukti)라고 한다. 이들은 각각 그것의 본성과 의미에 대해 매우 다른 해석을 내린다. 어떤 이들은 우리가 실재라고 부르는 것은 환각(삼사라[samsara] 혹은 '마야[maya]의 베일')에 불과하며, 브라마에 대한 초자연적인 경험을 통해서만 처음으로 진정한 실재를 볼 수 있다고 말한다. 다른 이들은 우리의 일상 세계는 충분히 실재적이긴 하지만 피상적인 실재일 뿐이라고 말한다. 실재는 많은 수준과 깊이를 가졌으며, 제일 깊은 바닥에 있는 실재가 바로 브라마이자 일자(一者)이다. 거의 모든 경우에서, 그러한 경험의 궁극적인 목표는 고통과 일상적인 관심사로부터 무관심한 상태가 되는 것이다. 더욱 형이상학적인 수준에서는, 그러한 '해방'이 모든 존재들이 구속되어 있는 죽음과 환생의 영원한 순환으로부터의 자유로서 나타난다.

브라마에 대한 경험은 또한 '이기심 없음(무욕)'이라는 의미로 기술되기도 한다. 예상하듯이, 이것은 인도 철학에서 심오한 잠재적 의미들을 지닌다. ('초월적'임에도 불구하고) 확실히 대중적으로 인기 있는 명상은 우리에게 느긋한 행복을 느끼게 해준다. 이런 상태에서는 이기적인 생각들이 (그리고 다른 모든 생각들도) 완전히 잊혀지거나 혹은 의식의 경계선으로 추방된다. 하지만 인도 철학자들이 이해하는 '이기심 없음(무욕)'은 더욱 심오한 의미를 지닌다. 그것은 우리가 일상적으로 자아라고 부르는 것은 실재하지 않는 하나의 환영이라는 사실을 인식한다는 뜻이다. 산스크리트어로 말하자면, 우리는 지바가 아닌 것이다. 우리는 아트만이며, 아트만이란 브라마의 한 양상으로 여겨진다. 그럼에도 브라마와 아트만의 관계는 정통적인 인도 학문에서는 주요 논쟁들 중의 하나로 남아 있다. 가장 오래된 『우파니샤드』에서는 가장 고귀한 신들 중의 하나가 아트만을 다음과 같이 기술하고 있다. "악, 늙음, 죽음, 슬픔, 굶주림과 목마름 등에서 해방된 자아의 욕구는 실재적이며, 또 그 생각도 실재적이다. 그러한 자아를 이해하고 찾아낸 자는 모든 세계와 욕구하는 모든 것을 획득할 것이다."[10] 나중의 베단타에서 강조한 점은 이보다 더 나아가 세계와 욕구로부터의 '해방'이었다. 아트만은 일상적인 삶 속에서의 우연하고도 일시적인 자아에 완전히 반대되는 것이다. 그것은 우리 모두의 안에 존재하는 생기를 띠게 하는 원리이다. 그것은 삶 자체이다.

● 최초의 (그리스) 철학자

최초의 서양 철학자는 누구일까? 질문의 범위를 고대 그리스의 바위 많은 해안가에 국한시킨다 하더라도 후보자가 아주 많기 때문에 그 답은 결코 분명하지 않다. 이 질문에 대한 일반적인 대답은 탈레스이다. 그는 기원전 7세기(기원전 625년?~547년?)에 밀레투스 지방에서 살았다. 사실상 우리는 그에 대해 거의 알지 못하며 그의 어떤 저작도 알려져 있지 않다. 우리가 그에 대해 그나마 알고 있는 것은 언제나 믿을 만하지는 않은 아리스토텔레스를 통해서이다. 탈레스는 이 세계가 물로 둘러싸여 있으며 궁극적으로는 물로부터 생겼다고 생각하였다. 그런데 이런 생각은 고대 그리스의 우주창조론과 인근의 다른 문화로부터 왔을 가능성이 매우 높다. 그러나 이런 생각이 우주론적인 논제로 바뀐 것은 아마도 아리스토텔레스 때문인 것 같다. 그는 자신의 목적을 위해서 탈레스의 이론을 그의 후계자들의 이론들과 흡사한 것으로 보고 싶어했다. 그래서 아리스토텔레스는 그것을 우주의 근원적인 '질료'에 관한 것으로서 개작했다.

탈레스는 만물이 물로써 만들어졌다고 분명히 말하지는 않았다. 그는 당시의 다른 많은 사상가들과 더불어 세계가 물에 의해 둘러싸여 있다고 주장하였지만, 이는 모든 것이 본질적으로 물이라는 물리학 이론이라고는 할 수 없는 것이었다. 하지만 탈레스는

---

10 『주요 우파니샤드』, S. 라다크리슈난 번역, 501쪽에 실린 『찬도기야 우파니샤드』 VIII 7.1에서.

자연의 모든 것을 신과 여신 및 다른 정령들과 연관시켜 설명했던 신화 전통과 결별하고서, 우리가 자연주의적인 조망이라 부를 수 있는 방식을 채택하였다. 이런 방법은 과학적 관점에서 세상을 보는 것이며, 또 자연현상을 다른 자연현상을 통해 직접적으로 설명하는 방식이었다. 따라서 또는 적어도 그가 보여주는 몇몇 특징에 의해서, 그는 최초의 철학자로 불릴 만하다.

그러나 그에게 이런 칭호가 부여되는 데 의문이 제기될 만한 이유는 충분하며, 이것은 또한 '철학'한다는 것이 무엇을 의미하는가 하는 문제를 제기한다. 철학이란 것이 세계의 질서를 이해하고 왜 사물들이 생기며 또 생겨야만 하는 것인지를 설명하려는 시도라면, 또한 철학이란 것이 예를 들어 인간이란 무엇이고 우리가 우주의 어디에 적합한 존재이며 우리가 죽으면 무슨 일이 일어나는지에 대해 이해하려는 노력이라면, 철학은 분명히 탈레스의 시대보다 몇 세기나 앞서 시작되었다고 할 수 있다. 이런 식으로 이해한다면, 철학이 시작된 시기는 고대의 시인들인 호메로스와 헤시오도스의 시대로 거슬러 올라가야 한다. 그리고 크레타 섬의 고대 미노스 문명의 시대까지 더 거슬러 올라가야 하며, 또한 계속해서 이집트, 수메르, 바빌론 및 다른 문명의 시대까지 거슬러 올라가야 할 것이다.

그렇지만 철학이란 것이 자연과학의 모델을 통해 이해되어야 하는 것이라면, 또한 신, 정령들에 의존하지 않고서 세계를 설명하려는 시도라면, 이 경우에도 최초의 철학자는 탈레스가 아니다. 탈레스는 "만물 속에 신들이 있다"는 자신의 말을 분명히 믿었다. 실로 몇 세기를 기다린 후에야, 만물이 어떤 의미에서는 살아 있는, 즉 '생명이 있는' 것이라고 보는 정령숭배자가 아닌 최초의 철학자들을 만날 수 있다. 사실, 고대의 위대한 과학자이자 철학자인 아리스토텔레스조차 정령숭배자였으며, 가장 흥미로운 생각들 중의 하나는 전체로서의 이 세계, 즉 우주는 궁극적으로 살아 있으며 신성하다는 것이었다. 하지만 우리는 어떤 것이 동물적 의미에서 살아 있다(지각하고 느끼고 움직이고 생식할 수 있다)는 주장과, 그보다 좀더 약한 의미에서 단순히 어떤 것이 '스스로 움직'인다고 해서 살아 있다고 하는 주장을 구별해야 한다. 그리스인들은 때때로 서로 다른 두 의미 사이의 경계를 왔다갔다하였다. 또한 그들은 다음과 같은 아주 다른 세 가지 정령숭배적인 주장 사이를 왔다갔다하기도 하였다. (1)모든 것은 (바위, 별 및 물조차도) 살아 있다. (2)생명은 모든 것에 침투되어 있다. (3)전체로서의 우주는 살아 있다. 그러므로 예를 들어 탈레스나 아리스토텔레스도 이 주장들 중의 어느 것을 의도했는지가 언제나 분명한 것은 아니다.

그러나 많은 현대의 철학자들은 철학에 대해 다른 관점을 지니고 있다. 그들은 철학은 실재의 본성에 관한 논증과 깊은 사고들로 구성되어 있다고 주장한다('형이상학'이라 불리는 철학적 기획). 이런 관점에서 본다면, '최초의 철학자'라는 타이틀은 파르메니데스에게 주어질 것이다. 그는 기원전 5세기(기원전 515~450년)에 살았던 매우 난해한 사상가였다. 파르메니데스는 그 이전 시대나 동시대의 사상가들보다 더욱 추상적이고도 불분명한 방식으로 논증하였다. 그는 스스로 자신의 노력을 '있는 그대로의 것(자연)'의 본성에 관한 '새로운 방식의 사고'라고 불렀다. 게다가 파르메니데스가 논쟁을 일삼은 점이 사태를 결정적으로 어렵게 만든다. 그는 자신의 주장들을 증명해 보이려 하였으며, 반론을 기대했고 실제로 반론을 끌어들였다.

파르메니데스는 존재의 본성과, 존재하는 것과 존재하지 않는 것에 대한 견해들을 옹호하였다. 그는 과학적인 선배들과는 달리 사물의 특정한 구성에는 관심이 없었다. 해서 사물들이 궁극적으로는 물로 만들어졌는지 아니면 다른 종류의 원소로 만들어졌는지에 대해서는 고민하지 않았다. 파르메니데스의 주장과 논증들은 완전히 다른 방식으로 제기된 추상적인 것들이었다. 예를 들어, 그는 이렇게 논증하였다. "당신이 말하고 생각할 수 있는 것들은 존재하는 것이어야 한다. 무(無)가 존재할 수 없는 반면 그것들은 존재할 수 있기 때문이다. 이에 대해 생각해보시오." 이것은 흔히 최초의 철학적 논쟁으로 간주되었으며, 그래서 파르메니데스는 최초의 형이상학자이자 최초의 진정한 철학자로 여겨졌다.

물론, 이런 결론을 제시할 수도 있다. 사람들은 말을 하는 한, 그리고 어쩌면 그 이전에도 논쟁을 해왔을 것이다. 그리고 적어도 어떤 의미에서는 가장 오래된 고대의 '사상가이자 시인'이라는 의미로서 사상가-시인과 예언자조차 존재의 수수께끼, 그들 자신의 존재, 신 혹은 신들의 존재, 선과 악, 피안의 세계, 사후의 삶 등에 관해서 관심을 가졌을 것이다. 더욱이 파르메니데스는 (고대 그리스나 중동 전역의 많은 철학자들이 그렇게 했듯이) 자신의 논증을 시의 형태로 표현하였다. 이런 논증의 형태는 플라톤에게는 철학적으로 받아들일 수 없는 것이었으며, 오늘날에도 그러하다. 또한 파르메니데스는 철학적 사고가 하나의 새로운(어떤 사람들은 이해할 수 없는 것이라고 말하겠지만) 차원인 추상으로 나아가는 길을 열어놓았다. 극단적인 추상과 논증이 진정한 철학의 특징이라면, 파르메니데스가 최초의 철학자인 것으로 보인다.

반면에, 우리가 찾는 것이 심오한 모호함이라면, '최초의 철학자'라는 명칭은 파르메니데스와 동시대에 살았던 사상가인 헤라클레이토스(기원전 540~480년)에게 주어진다. 헤라클레이토스의 '불분명한 말들'은 그 심오함과 난해함에서 사실상 어떤 철학도 견줄 수 없을 것이다(적어도 걸출한 철학계 선배로부터 많은 것을 빌려온 독일 철학자 마르틴 하이데거가 나타나기 전까지는 말이다). 다른 철학자들이 자연의 근본을 알려고 애썼던 한편, 헤라클레이토스는 "자연은 숨기기를 좋아한다"고 말하였다. 헤라클레이토스 자신이 수수께끼, 역설, 의미를 숨기고 있는 수수께끼 글자 맞추기 등을 좋아했다. 그의 주장은 언제나 동시대인들을 자극했는데, 그는 자연이 극소수의 사람들에게만 자신을 알려준다고 말하였다. 그는 이 세계를 뒷받침하는 질서가 있으며, 그것은 만물을 관통하는 로고스(logos)라고 가르쳤다. 그는 동료들에게 그들이 "그것을 듣기 전에도 듣고 난 후에도 결코 이해하지 못할 것"이라고 하였다.

또한 헤라클레이토스의 말은 명백해 보이면서도 다시 생각해보면 심오하고 모호한 수수께끼가 되는 것으로도 유명하다. "위로 가는 길이나 뒤로 가는 길은 똑같다"라는 말이 그 한 예이다. 그는 사후 삶의 문제에 관해서 별로 도움이 안 되는 다음과 같은 말을 하였다. "우리가 잠에서 깨어나서 보는 모든 것은 죽음이다." "인간은 죽음 후에 그를 기다리고 있는 것을 예상하거나 상상하지 못한다." 계속된 전쟁으로 인해 평화를 간절히 그리는 문명에 대해 그는 "전쟁은 모든 것의 아버지이며 왕이다"라고 주장하였다. 그러나 헤라클레이토스는 그의 동시대인이었던 파르메니데스와는 달리, 자신의 이러한 학설들에 대해 논쟁하지 않았다. 그는 자신이 믿는 것들에 대해서 분명 심사숙고하였음에도, 어떠한 이유도 제시하지 않았다. 그는 현인, 예언자, 지혜로운 사람, 신의 신탁이 아닌 인간의 신탁 형태로서 전통적인 역할을 하는 것에 만족하였다.

그렇지만 최초의 (그리스) 철학자라는 명칭을 대부분의 고등학교 학생들에게도 친숙한 인물에게 부여해야 한다면, 그는 바로 피타고라스(기원전 581~507년)일 것이다. 그는 헤라클레이토스와 파르메니데스 그리고 동시대의 탈레스와 그의 밀레투스 학파의 학생들보다 한 세대 이전의 사람이었다. 피타고라스는 기하학의 주요한 공리 하나를 만들어내고 증명하였다. 이 공리의 개요는, 직각삼각형에서 빗변의 제곱은 나머지 두 변의 제곱의 합과 같다는 것이다. 그는 수학에서 다른 중요한 발견들도 하였다. 그 중 하나가 '무리수', 즉 다른 정수로 균등히 나누어지지 않는 수의 발견이다. (이집트인들과 바빌로니아인들은 이미 무리수의 하나인 π[원주를 원의 직경으로 나눈 쉬를 계산하였는데, 그들의 계산 결과는 각각 3.16과 3.125였다.)

하지만 피타고라스는 우선 철학자였다. 이 매혹적인 철학자는 우주와 음악의 본성에 관한 이론을 가지고 있었으며, 영혼의 본성과 잘 사는 법에 대한 별난 이론을 가지고 있었다(이들 중 많은 부분이 이집트로부터 받아들인 것으로, 기하학에 관한 많은 지식들도 마찬가지였다). 플라톤은 『국가』에서 피타고라스를 찬양하여 이렇게 말하였다. "그는 충심으로 그를 사랑하는 제자들을 지도하고 이끌었다. 그것은 그가 그들에게 영감을 불어넣고 오늘날까지 피타고라스학파의 지지자들과 세상의 나머지 사람들을 구분하는 삶의 비법을 전수하였기 때문이다." 플라톤은 실제로 어떤 점에서는, 자인한 것은 아니지만 열렬한 피타고라스 숭배자였다.[11]

당시의 철학자들이 그리스 반도 주변에서 살았던 것과는 달리, 피타고라스는 그리

---

11 커크와 레이븐은, 피타고라스가 자연에 대한 합리적인 설명의 추구보다는 '종교적이거나 혹은 정서적인 충동'에 의해 마음이 움직였다고 주장한다(216쪽). 이러한 잘못된 대립은 서양 철학사 전체를 통해 내내 따라다녔다.

스에서 멀리 떨어진 현재의 이탈리아 남부 지역에서 살면서 활동하였다. 그의 기하학 연구는 세계와 우주에 대한 웅대한 견해의 작은 부분일 뿐이다. 이 견해에 따르면, 수학이 만물의 기본적인 질서를 규정한다고 하였다. 만물은 수에 의해 규정되어 있다. 물론 이 견해는 오늘날의 많은 물리학자들에게는 매우 공감이 가는 관점이겠는데, 이들은 수학이야말로 우주를 이해하는 열쇠라고 주장하고 있기 때문이다. 더 나아가 피타고라스는 자신의 비율에 관한 이론으로 음악의 본성과 천체의 움직임 등을 설명하였다. 그는 별들이 (신들에게만 들리는) 엄청난 소리를 만들어낸다고 추측하고, 이 소리를 '천체의 음악'이라고 불렀다. 피타고라스가 발전시킨 사상들 중에서 가장 중요한 것은 영혼에 관한 복합적인 통찰, 사후의 삶, 그리고 올바르게 사는 법 등이다.

그는 이집트와 아시아에서 배운 정신적이고 비교(秘敎)적인 다른 사상들을 많이 받아들여 발전시켰다. 여기에는 영혼의 윤회(아마도 플라톤은 피타고라스에게서 착상을 얻은 듯하다)도 포함되어 있었다. 그는 많은 추종자를 거느렸다. 그들 가운데는 많은 최초의 여성 철학자들이 정신적인 삶을 위한 그의 심오하고 수준 높은 지적 탐구에 함께 참여하였다. 하지만 그가 비교적인 (혹은 밀교적인) 인물이었기 때문에 (그리고 그를 따르는 추종자들이 그들의 비밀을 철저히 유지하였기 때문에), 우리는 그의 가르침에 대해 많이 알지는 못한다. 물론 숭배자 집단을 만드는 것이 철학자의 징표라고 여겨지지는 않으며, 이 최초의 철학자가 자신의 지혜를 좀더 널리 알려 사람들이 쉽게 접근할 수 있게 하려 하지 않았다는 점은 안타까운 일이다. 그렇지만 다음의 사실만으로도 피타고라스를 최초의 (그리스) 철학자로 부를 수 있는 강력한 논거로서 충분할 것이다. 그는 많은 사상가들 중에서 최초로 자신을 '철학자', 즉 '지혜를 사랑하는 자'로 불렀다(이렇게 믿을 만한 충분한 이유가 있다). 그리고 철학이 일종의 자기성찰이고 자기이해라면, 우리는 확실히 철학자들이 자신들을 어떻게 생각했는가에 대해 어느 정도 주의를 기울여야 한다.

지혜를 사랑하는 사람이라는 것이 꼭 지혜로운 사람이어야 한다는 것을 뜻하지는 않는다는 사실을 지적하는 것이 중요하다. 실제로 피타고라스는 자신이 현명한 사람이냐는 질문을 받았을 때 이렇게 답하였다. "아니오, 나는 단지 지혜를 사랑하는 사람일 뿐입니다." 철학자를 철학자이게 하는 것은 탐구, 탐색, 정신적 활동이지, 잘 요약해서 답하는 것은 아니다. 잘 요약된 답이란 너무도 쉽게 생각 없는 교설이나 아무데나 갖다 붙이는 표어로 바뀔 수 있는 것으로서 어떠한 사고나 이해도 요구하지 않는다. 바로 이런 이유에서, 우리는 고대의 사상가들 중 많은 사람들이 실제로 그들의 의견을 거의 문장으로 남기지 않았음에도 당당히 철학자로 간주할 수 있는 것이다. 아리스토텔레스의 저작과 다른 자료들을 통해서, 우리는 그들이 사유와 추론을 사랑하고, 사회 통념들과 기성의 믿음들을 액면 그대로 받아들이지 않고 이들을 넘어서거나 혹은 때로는 반대되는 사상들을 주장하였다는 사실을 잘 알고 있다. 또한 같은 이유에서, 우리는 이름이 잘 알려지지 않은 다른 많은 사상가들도 철학자로 인정해야 한다. 그들의 관습과 표현방식이 우리에게는 매우 생소하더라도, 그들의 노력이 그들 역시 탐구자였으며 활발히 연구에 참여했음을 말해주기 때문이다.

철학자와 철학자가 아닌 사람들의 유일한 차이는, 철학자는 삶의 우연성과 불확실성으로 야기되는 문제들과 너무 그럴듯한 답들에 대해 심사숙고한다는 점일 것이다. 철학자가 자신의 대답을 써두었는지, 혹은 그 문제에 대한 해답을 찾았는지, 그리고 그들의 답이 여전히 유효한지는 단지 이차적인 중요성을 가질 뿐이다. 최초의 철학자들은 사고의 경향을 만들어내고 그것의 중요성을 확증하였다. 이런 종류의 사고는 전혀 새롭고 종종 신비적이면서 진부한 통념에 반하였으며, 종종 '무용한' 것으로 느껴지곤 하는 것이었다. 그들은 그들의 기술(art)을 무엇보다 먼저 그들 서로 간이나 제자들 사이에서 실행하였다. 그들은 말하고 열심히 생각하였다. 그들이 자신의 사상에 대해 글을 쓰는 일은 아주 드물었다. 대학 문 위에는 '출판 아니면 소멸'이라는 표어가 걸려 있을지 모르지만, 이것은 직업적인 학자들이 스스로 만든 강박관념일 뿐이다. 그것은 철학이나 철학적인 것과는 아무런 상관이 없다.

피타고라스는 기원전 6세기에 살았다. 그러므로 보통 그는 고대 그리스 철학자들 중에서 제2세대로 간주된다. 그는 소아시아가 아니라 이탈리아에서 살았기 때문에, 다른 철학자들과의 접촉이 제한적이었다. 하지만 피타고라스는 그보다 젊은 동시대인인 헤라클레이토스를 만났다(헤라클레이토스는 거의 모든 사람들에게 그렇게 했듯이, 나중에 그에 대해 많은 험담을 하였다). 또한 피타고라스는 그리스의 대중 종교에 대한 상상력 풍부한 비평가였던 크세노파네스와도 동시대인이었다. 그렇지만 이제 이른바 제1세대의 철학자–과학자들에게로 거슬러 올라가야 할 때가 되었다. 비록 그들의 철학이 정확히 최초의 철학은 아니지만, 탈레스로부터 시작되는 제1세대에 관한 이야기는 최초의 철학의 하나로서 언급될 만하다. 이러한 자격규정은 탈레스와 그 뒤를 잇는 철학자들이 철학자보다는 과학자이기 때문은 아니다. 사실 초기 철학에서는 아무도 이런 역할을 구분하지 않았다. 그런 점에서, 초기 철학에서 종교 및 신화와 철학을 구분하려는 노력이 분명히 나타나기는 하였지만 별로 도움이 안 된다.

간략히 말해서, 탈레스 뒤에 아낙시만드로스(기원전 610~547년)가 나타났고, 그 다음에는 아낙시메네스가 뒤따랐으며, 다시 그의 뒤에 피타고라스, 헤라클레이토스, 파르메니데스, 그리고 모든 것을 혼란에 빠뜨린 그의 제자 제논이 나타났다. 그런 다음에 '원자론자들'인 엠페도클레스, 아낙사고라스 및 소크라테스의 동시대인이었던 데모크리토스가 나타났다. 소크라테스와 플라톤의 뒤를 아리스토텔레스가 이었다. 그는 당시의 학문을 요약하였으며 그 후 몇 세기에 걸쳐 도래할 대부분의 학문들을 규정하였다. 물론 그 외에도 수많은 다른 인물들이 있었지만, 이들은 그저 주석가들이거나 참견이나 하는 사람들로서 대부분 잊혀졌다. 그러나 (주로 아리스토텔레스가 창안했거나, 좀더 공정하게 말하면 그에 의해 보충된) 표준화된 철학사 기술에서 말하는 점진적 발전은 하나의 착각에 불과하다. 실제 철학은 꾸준한 발전을 보인 대신에 서로 모순되는 관점들, 흥미진진한 논쟁, 거친 추론, 그리고 심한 의견 차이 등으로 가득 찬 다채롭고 찢겨지고 서로 뒤엉킨 이미지의 태피스트리(다채로운 색실로 무늬를 짜넣은 직물—옮긴이) 같다. 헤겔은 지혜의 올빼미가 황혼 무렵에 조용히 난다고 말했지만, 우리는 공격적이고 겁이 없어 보이는 이 노래하는 새들이 새롭고도 낯선 새벽을 몰아오고 있음을 발견하게 된다.

● 소크라테스 이전의 철학자들 1_ 세계의 질료

    소크라테스 이전 그리스 철학자들의 발전을 다시 살펴보기 전에, 우선 그들을 당시의 시대적 상황에 비추어 보는 것이 중요하다. 그들 철학의 신조는 미지의 것들을 신적인 것이나 신화에 의존하는 대신 익숙한 말들로 설명하는 것이었다. '상식'에 대한 그들의 믿음이 때때로 '상식'에 반대되는 것처럼 보이지만, 철학의 역사에서 이런 일들은 아주 흔한 일임을 보게 될 것이다. 기원전 6세와 5세기의 그리스는 실제로 철학 외에도 여러 방면에서 혁신적이고도 생산적이었다. 그리고 가장 중요한 것은 과학기술의 폭발적인 발전이었다.

    근본적으로 부유한 영주와 농민들로 이루어진 토지를 바탕으로 하는 사회에 장인, 상인, 기술자 같은 새로운 계급이 생겨났다. (플라톤과 아리스토텔레스의 경우, 흔히 상인들을 예로서 거론하고 있다는 점을 지적할 만하다.) 많은 발명가들과 발명품들이 나타났다. 새로운 농경 및 항해 기구들이 나타났으며, 새로운 기술과 공예도 등장했다. 그리스인들은 이집트와 바빌론으로부터 기하학과 다른 수학 체계를 수입하여 항해와 지도제작에서 눈부신 발전을 이룩하였다. 그중 가장 중요한 것은, 분명 실제적이고 인간적인 관점에서 과학과 의학이 번성하였다는 점이다. 위대한 의사인 히포크라테스(기원전 460~377년)는 그 시대의 새로운 의식을 다음과 같이 요약하였다. "사람들은 단지 (질병을) 모르기 때문에 신성하다고 생각한다. 그러나 그들이 모르는 모든 것을 신성하다고 한다면, 신성한 것에는 끝이 없을 것이다."[12]

    이와 같이 기술혁신과 과학기술이 폭발하는 가운데 탈레스의 사색은 안식처를 발견했다. 새로운 사상, 새로운 발명, 상인들, 새로운 공예기술자들이 아테네와 그 식민지

---

12 벤저민 패링턴, 『그리스의 과학』(*Greek Science*, 하먼즈워스, 잉글랜드, 펭귄 출판사, 1944년), 81쪽에서 인용하였다.

인 밀레투스에서 명성을 만들어가고 있었다. (아테네인들은 트로이 전쟁에서 승리한 후 소아시아에 밀레투스를 세웠다. 기원전 6세기가 끝나도록 리디아인들과 페르시아인들은 이 지역을 되찾지 못했다.) 탈레스에 의해 창안되었다고 추정되는 과학적 사색은 지적 혹은 사회적 진공 상태에서 이루어진 것이 아니었다. 그와 유사한 (과학적인) 사상들이 지중해 동쪽지역에서 오랫동안 성행하고 있었다. 특히 철학적 사색은 테크네(techne, 기술)에 대한 당시 사회의 새로운 매혹을 반영하는 것이었다. 새로운 과학기술을 밑받침해주는 새로운 기술들은 새로운 문제들을 제기하였으며, 자연을 바라보는 새롭고 더욱 실제적인 방식을 자극하는 데 영감을 불어넣었다. 당시는 온갖 종류의 새로운 생각들과 실험들이 이어지던 흥미진진한 시대였다. 철학도 단지 그러한 것들 중의 하나였을 것이다.

소크라테스 이전 철학자들의 사색은 또한 정치적인 차원을 지니고 있었다. 그들이 남긴 저작들 속에서 이러한 사실을 분명하게 확인할 수는 없다. 철학자들은 그들의 마음이 천상으로 날아가게 하지는 않았다. 그들은 오히려 생각을 지상으로 돌렸다. 그리스 역사의 이 시기에 솔론은 아테네를 '근대화' 시키고 있었다. 민주주의를 확립하고, 자유 시민인 남성들과 노예에서 해방된 사람들(이들은 아테네 원주민이었으나 빚이나 불명예로 인해 강제로 노예가 된 사람들이다)에게 투표권을 주었다. 솔론 후에, 아테네는 다시 폭군정치로 돌아가고, 스파르타의 침입을 받아 유린당하며, 지방의 혁명으로 고통을 받는다. 민주주의가 다시 등장하지만, 우리가 믿고 싶어하는 것처럼 그 과정은 쉽거나 비폭력적이지 않았다. 최초 철학자들의 질서와 분별에 대한 열정을 이해하려면 그들을 당시의 폭력적인 사회 상황 속에 두고 보아야 한다.

우주를 물이라는 기본 원소로 설명하는 탈레스의 자연주의적인 방식이 우리에게는 특별히 전도유망하거나 심오해 보이는 것 같지는 않다. 하지만 이것은 이전의 설명방식과 달리 '과학적'이라고 부를 수 있는 방식으로, 곧 비(非)신인동형설적으로 세계를 설명하고 있다. 그리고 탈레스의 설명은 여러 신들 및 그들의 공훈에 관한 일반적으로 다채롭지만 아주 특별한 이야기들과는 달리, 세계에 대한 통일되고 단일한 전망을 보여준다. 세계가 물에 기초를 두고 있다는 사상도 하나의 극적인 착상이었다. 그러나 탈레스를 세계가 본질적으로 물로 만들어졌다고 주장한 사상가로 본 아리스토텔레스의 해석이 옳다면, 그는 우주창조론적인 문제에 깜짝 놀랄 만한 답을 제공한 셈이 된다. 이것은 또한 더 특정한 우주론적인 질문들을 위한 새로운 출발점을 제공하며, 결과적으로 물질과학이 어떻게 될 것인가에 대한 해답도 제공할 것이다. 어떤 종류의 사물들이 있을까? 아리스토텔레스에게도 그랬던 것처럼, 탈레스의 가설은 우리에게 소박하게 보일 수도 있다. 하지만 그것은 새로운 사고방식과 기원에 관한 새로운 종류의 탐구를 보여주는 것이었다. 그리고 당시의 시대조류에서는 받아들여지기 어려운 사고방식이었다. 오늘날 우리는 인체를 기본적인 구성물로 환원하면 대략 98퍼센트의 물로 구성되어 있음을 알고 있다. 과일이나 통나무 혹은 바위조차 충분한 압력을 가해 쥐어짜면 결국 어느 정도의 물을 배출한다. 우리는 통상적인 관찰을 통해서도 물이 기본적인 물질이라는 사상을 지지할 수 있다.

우리는 탈레스의 다른 사상들에 대해 많이 알지 못하지만, 그의 지성과 기행(奇行)에서 두드러진 평판을 받았음을 알고 있다. 소문에 의하면, 탈레스는 하늘을 처다보고 걷다가 우물에 빠졌다고 한다. 또한 기후에 대한 해박한 지식을 이용하여 올리브 수확량을 정확히 예측하였다는 이야기도 알고 있다. 그는 당시 이오니아 지방의 올리브 압착기 사업에 투자하고 시장을 매점하여 오늘날의 백만장자에 해당하는 부자가 되었다. 이러한 소소한 일화들은 서구 전통에서 철학자(그리고 철학)의 이상하고도 때로는 아이러니한 역할을 말해준다.

한편으로, 서구 전통은 카리스마적인 인격과 화려한 기행으로 가득하다. 그리고 다른 한편으로, 사상들 자체가 생명력을 가지고 있다는 점이 서구 철학의 특징이다. 사상들이 그 철학자의 깊은 관심사에 위배된다 할지라도 그 자체로 생명력을 유지한다. 이와는 대조적으로, 공자와 붓다에 관한 이야기들은 그들의 철학과 거의 분리될 수 없다. 유교(혹은 유가철학)와 불교(혹은 불가철학)가 어떤 의미로는 공자와 붓다에 관한 것인 데 반해, 그리스 철학은 탈레스와 그의 뒤를 잇는 철학자들 혹은 이들 중 가장 모범적인 철학자인 소크라테스라 하더라도 이들 철학자에 관한 것이 아니다. 애초부터 철학이란 사상에 관한 것이었으며, 몇 세기가 지난 후에도 사상들이 스스로 생명력을 지속하여 철학적 관심의 중심이 되고 있는 점은 놀라운 일이 아니다. 그래서 철학자들의 전기는 단지 뒷공론에 지나지 않는다.

서구의 철학 전통은 항상 스스로를 재해석하고 재창안하며 스스로에게 재도전하는 것이다.[13] 이런 전통에 속한 철학자들은 자주 전통을 전적으로 거부한다. 실로, 서구의 철학 전통이 갖는 더욱 매력적인 특이성은 많은 위대한 철학자들의 위대한 저작이 이전의 선배 철학자들이 말한 모든 것을 사실상 전적으로 부정하면서 시작하고 있다는 점이다. 그런 주장을 하는 많은 철학자들은 또한 자신이 철학 전체를 완성하고, 철학적 문제들을 정초하였으며(혹은 제거하였으며), 완전한 결론에 도달하였다고 선언하였다. 그렇지만 가장 위대하지만 잘못 생각하는 철학자가 대화의 중심에 남아 있더라도, 언제나 새로운 철학자들과 새로운 비평가들과 사물을 보는 새로운 방식들이 나타났다.

이런 점은 고대 철학에서도 마찬가지였다. 철학은 언제나 의문에 열려 있다. 이것이 서구 철학이 신화 및 종교와 구분되는 가장 극적이고 중요한 사항들 중의 하나이다. 서구 철학은 내놓고 도전과 수정을 청한다. 이것은 변증법과 비(非)독단주의[14]라는 두 가지 중요한 태도를 예견한다. 특히 탈레스는 그보다 젊은 동시대인으로 밀레투스에 살았던 아낙시만드로스로부터 비난받았다. 그는 세계가 물로 만들어졌다는 선배 철학자의 견해를 거부하고 다른 견해를 제안하였다. 그의 견해는 훨씬 더 복잡하고 체계적이어서 많은 학자들이 아낙시만드로스야말로 탈레스 대신 '최초의 철학자'라는 명칭을 받아야 할

---

13 물론 이런 점은 서구 전통에만 해당하는 것은 아니다. 비교해보면 수천년 동안 이어져온 인도 철학의 논의는 서양의 많은 논의들을 덧없어 보이게 한다. 중국에서는, 비록 철학적 논쟁이 공자와 초기의 도가철학자들에게까지 거슬러 올라가기는 하지만, 많은 권위적인 사회들에서처럼 논쟁 자체가 사회를 붕괴시키고 발전을 저해하는 것으로 간주되었다. 우리는 역설적으로, 언제나 스스로 재해석하고 새로이 창안하며 도전하는 미덕 그 자체가 철학의 논쟁적인 미덕들 중의 하나라고 결론내릴 수 있을지 모른다.

14 'dogmatic'의 어근이 'dogma'라는 사실을 조심스럽게 지적할 필요가 있다. 이는 종교 연구에서는 아주 다른 어떤 것을 의미하는데, 부정적이거나 완고함을 뜻하는 것이 전혀 아니다. 'Dialectical' 역시 잘못 사용되어왔다. 이것은 원래 '대화식'을 의미하며 엄격히 파고 따지는 것과 편견 없음을 의미했다. 그러나 그리스에서도, 그리고 나중에 마르크스주의 사상에서도 이것은 'dogmatic', 즉 완고함과 이념적으로 비타협적이라는 부정적인 뜻과 비슷해지게 되었다.

사람이라고 하였다.

아낙시만드로스는 전통적인 그리스의 우주론을 구성하는 데 기여하였다. 그는 자연의 구성성분을 흙, 물, 불, 바람 등 네 가지 원소로 구분하고, 그들의 (뜨겁고 차가우며 축축하고 마른) 다양한 속성들이 자연(physis)을 만들어내기 위해서 어떻게 서로 작용하고 대립하는가를 설명하였다. 이들 중 어느 것이 가장 기본적이고 근원적인 요소냐고 묻는 탈레스의 물음에 몰린 아낙시만드로스는 '어떤 것도 아니다'고 대답하였다. 우주의 궁극적인 원천과 만물의 기본적인 구성성분은 그 자체만으로는 우리에게 지각되지 않는 것이다. 그는 그것을 아페이론(apeiron)이라고 불렀다. 이 그리스 단어는 '무한한' 혹은 '무제한의'이라는 뜻을 가졌지만, 우리는 이를 '기본적인 질료'라 불러야 할 것이다. 과학사의 견지에서 본다면, 이것은 최초의 중요한 이론적 가설의 사례일 것이다. 이것은 그 자체는 지각될 수 없지만 지각할 수 있는 현상들을 설명하기 위해 존재하는 것으로 가정된 것이다. 그러나 탈레스의 물처럼 아낙시만드로스의 아페이론도 생기를 띠고 있으며 또한 정신적인 본질도 지녔다. 물론 보통의 그리스인들이 믿는 신들이 잠들어 있는 신전에 들어갈 수는 없지만 이 또한 신성하며 영원하다.

아낙시메네스 역시 밀레투스 학파로서 아낙시만드로스의 제자였다. 그렇지만 스승의 신비스럽고도 지각할 수 없는 아페이론을 비판하고 일상적인 경험의 질서로 되돌아오는 것이 그의 의무였다. 이어서 아낙시메네스는 공기가 모든 요소들 중에서 가장 본질적인 것으로서 압축되고 증발되며, 데워지고 차가워지며, 두터워지고 엷어진다고 주장하였다.

탈레스, 아낙시만드로스, 그리고 아낙시메네스는 모두 '밀레투스 학파'의 사상가들로서, 그리스의 고대 신화와 전설을 넘어 나아가는 중요한 발걸음을 내디뎠다. 그렇지만 우리는 이러한 변화를 너무 성급하게 '철학'이나 '합리성'과 같은 한쪽으로 치우친 개념들로써 기술하는 것에 신중해야 한다. 이들은 우리가 '철학'이라고 부르게 될 것을 위한 (또한 우리가 '과학'이라고 부르게 될 것을 위해서도) 무대를 마련하였다. 그러나 우리는 탈레스와 아낙시만드로스 및 아낙시메네스 학문의 배경에 의지해서야 비로소 그들의 후계자들, 특히 피타고라스, 헤라클레이토스, 파르메니데스 등의 좀더 급진적인 발전을 제대로 평가할 수 있다.

● 소크라테스 이전의 철학자들 2_ 기초 질서

탈레스, 아낙시만드로스 및 아낙시메네스는 우주에 대한 '자연주의적' 설명을 제공하였다. 즉, 이것은 세계의 현재 상태에 대한 설명에서 지각할 수 있는 요소를 (혹은 아낙시만드로스의 경우에는, 가정된 요소를) 강조하는 설명이었다. 그러나 이러한 설명들이 그들이 대체하고자 하던 신화들의 풍부하고 흥미진진한 설명뿐만 아니라, 곧 통용될 덜 현실적인 설명에 비해서도 얼마나 최소한의 것인지를 아는 것도 중요하다. 탈레스, 아낙시만드로스, 아낙시메네스는 그것이 물이건 공기건 아페이론이건 간에, 세계는 기본적인 어떤 종류의 질료로 만들어졌다고 생각한 점에서 모두 유물론자들이었다. 그런데 여기에 무엇이 결여되어 있을까?

이와는 대조적으로 피타고라스는 우주의 기본 구성요소는 수와 비율로서, 이것은 결코 '물질'이 아니며 오히려 형태와 관계라고 주장하였다. 이것은 우리의 철학적 관심을 끄는 질서 자체로, 물질적인 질서가 아니었다. (정령숭배가 계속되었으나) 밀레투스 학파의 유물론자들은 확실히 전통적인 초자연적 설명을 피하려고 하였다. 그러나 여기서 '자연적'이라는 말은 단지 '물질적'인 것만을 뜻하지는 않는다(물론 현대 화학의 생명이 없는 물질보다는 훨씬 덜 물질적이기는 하지만 말이다). 이것은 특히 피타고라스와 더불어 고대 (이어서 중세) 존재론의 중심문제로 부상하게 되었다. 이것은 추상적인 질서나 사물의 형상이 어떻게 세상의 무수한 실제 사물들 속에서 자신을 드러내는가 하는 문제이며, 또 종종 '다자 속의 일자의 문제'(혹은 때로 '일자와 다자의 문제')로 간단히 요약되는 관심사이다.

그리스인들이 곧 이해하게 되는 것처럼, 수학은 다른 모든 지식 형태들과는 달랐다.

수학은 우아함, 순수함, 그리고 다른 곳, 특히 번잡한 일상 속에서는 발견되지 않는 보편성과 확실성을 갖고 있었다. 수학과 기하학의 명제들(혹은 정리들)은 어디서나 확실하며 또한 증명될 수 있는 진리였다. 이집트나 페르시아의 직각삼각형은 아테네나 이탈리아의 직각삼각형과 완전히 똑같은 형태적 특성을 지녔다. 피타고라스 정리의 증명은 특정한 곳에서만이 아니라 어디서든지 유효하였다. 피타고라스 이래 수학의 우아함, 순수성 및 확실성은 철학자들의 이상이었다. 이 이상은 최고의 합리성에 대한 궁극적인 증명, 완전한 철학의 추상적 형태의 체계적인 표명 같은 것이었다.

우리가 음울하지만 기념비적인 헤라클레이토스의 철학의 가치를 알 수 있는 것도 밀레투스 학파의 유물론자들과의 대비를 통해서이다. 한편으로 헤라클레이토스는 고대의 철학자─과학자로 간주될 수 있다. 아직 자연적 요소를 받아들이고 있던 그는 그중 불이 근본적인 것이라고 선언하였다. 그는 많은 점에서 밀레투스 학파의 유물론자들이 물, 공기, 아페이론에 대해 이야기한 것과 같은 방식으로 불에 관해서 말하였다. 그는 번개를 신성하게 보았으며 불이야말로 그 근원적인 물질이라고 보았다. "불은 지구의 죽음으로 살며 우리의 삶은 불의 죽음으로 살아간다." 그러나 밀레투스 학파가 말하는 다른 원소들과 달리, 불은 헤라클레이토스의 사상에서 상징적인 역할을 하였다.

불은 맹렬하다. 불꽃은 연속적으로 변하며 깜빡인다. 헤라클레이토스에게 세계는 항시 변화하고 '흐름 속에 놓여 있다'. 명백한 부동성은 분명 하나의 환영이다. 이를 은유적으로 바꾸어 표현하면, 헤라클레이토스의 유명한 주장대로 우리는 같은 강물 속에 두 번 들어갈 수 없다. (실제로 그는 다음과 같이 말하였다. "같은 강물에 발을 두 번 담글 수는 없다."[15]) 하지만 그의 언어는 매우 은유적이어서 헤라클레이토스를 유물론자로 생각하기는 힘들다. 그는 좀더 거시적인 것을 주장하였다. 곧 우주에서 명백히 항구적인 것은 변화라는 것이 그것이다. 그렇지만 세계는 영원하다. "모든 것에 공통되는 우주는 신이나 인간에 의해 만들어진 것이 아니라 거기에 그렇게 영원히 있었으며, 또한 영원히 있으

---

15 단편(斷片) 12.

며 영원히 있을 것이다. 그리고 영원히 살아 있는 불이 얼마간 타다가 얼마간 꺼지고 할 것이다."[16]

더욱이 헤라클레이토스에 따르면, 세계는 하나이다. 만물은 처음에는 대립하지만 서로 연결되어 있으며, 세계의 수많은 사물 뒤에는 하나의 단일한 통일체인 로고스가 있다. 로고스는 명백히 대립하는 모든 것들을 결합하며, 이 결합은 혼돈에 질서를 부여하고 또한 변화에 법칙을 제공한다. 그리고 우리에게, 어쨌든 극소수의 사람들에게라도 그러한 결합과 질서와 법칙들을 이해할 수 있게 해준다. 물론 헤라클레이토스가 그의 철학 동료들을 향해 한 따끔한 경고들은 급소를 찌르는 것들이었다. 명백한 혼돈 아래에 하나의 질서가 있지만, 몇몇 뛰어난 눈을 가진 사람만이 그것을 올바르게 인식할 수 있다. 이렇게 보이지 않는 것을 가정하는 데서, 그가 아낙시만드로스와 연결되는 중요한 지점을 찾아볼 수 있다. 또한 헤라클레이토스가 유물론자 선배들의 계획을 얼마나 극적으로 바꾸어놓았는지도 알 수 있다. 그리고 세계가 실제로 드러나는 방식에서 우리의 일상적인 관점과 철학자들의 현명한 관점이 이렇게 큰 차이를 보인 적은 없었다.

바로 이런 점에서 우리는 다시 파르메니데스로 돌아오게 된다. 앞서 말했듯이, 어떤 사람들은 그를 최초의 철학자로, 그리고 그야말로 가장 위대한 철학자들 중의 한 사람으로 간주한다.[17] 파르메니데스와 그의 제자였던 엘레아의 제논은 철학의 초점을 논증의 기술, 즉 논리와 언어의 가장 기본 단위(예를 들어, '이다'나 '의' 같은)에 대한 분석 쪽으로 이동시켰다. 그렇게 함으로써 철학을 현자, 신비주의자, 사색가이기만 하던 사람들의 손에서 빼내어 하나의 학문, 즉 상당한 지성과 끈기로써만 습득할 수 있는 어려운 기술로 바꾸어놓았다. 몇몇 사람들은 파르메니데스와 제논이야말로 여러 세대 철학자들의 활동을 무의미한 수수께끼 풀기로 격하시키고 철학을 여러 가지 유희나 여가선용 정도로 만들어버린 사람들이라고 주장하였다. 그들은 논리의 매듭을 묶고 풀며 또 다른 새

---

16 단편 30.
17 커크와 레이븐은 '철학 발전의 최초의 계열'이 그에게서 시작된다고 생각한다.

로운 매듭들을 묶으면서, 실제 인간들의 실제적 문제를 해결하여 그에 대답하는 철학 본연의 책무를 잊어버렸다.

그렇지만 파르메니데스는 추상이라는 새로운 차원으로 철학의 강조점을 돌려놓았다. 그의 논증은 수수께끼 같은 역설이지만, 이는 모든 개념이나 범주, 그리고 존재에 관해서 가장 기본적이라고 가정되는 것들 위에 기초하고 있었다. 그러므로 그의 사상은 우리 언어의 가장 근본적인 양상인 동사 '존재하다'와 많은 관계가 있다.

모든 언어가 '존재하다'라는 동사나 그와 비슷한 말을 가진 것은 아니라는 사실은 일단 넘어가도록 하자. 또한 예를 들어 중국의 철학 전통 전체가 몇 천 년 동안 그와 같은 난제나 역설(물론 이런 관점에서, 어떤 철학자들은 중국 철학이 전혀 철학적이지 않다고 주장한다) 없이 지속되어왔다는 사실을 다시 지적하는 것은 피하도록 하자.[18] 중요한 점은 적어도 지금으로서는, 파르메니데스와 그의 가장 유명한 제자였던 제논이 철학이 진행되는 이야기에서 얼마나 놀라운 기여를 했는지 제대로 아는 것이다. 그들이 없었다면, 오늘날 우리가 생각하는 철학은 틀림없이 매우 달랐을 것이다.

파르메니데스의 선배들의 활동을 다시 살펴보면 몇몇 중심 주제들이 떠오른다. 첫째는, 결코 완수하지는 못했지만 우주에 대한 초자연적이고도 신화적인 설명으로부터 자유로워지려는 시도이다. 둘째는, 한편으로는 실재 혹은 진리가 있고 또 다른 한편에는 보통 사람들이 보는 현상으로서의 세계가 있는데, 이 둘을 구분하는 분별력이 증가하였다는 점이다. 셋째는, 자주 언급되지는 않았지만 이러한 사상가들의 단일성(혹은 통일성)에 대한 강박적인 주장으로서, 이는 밀레투스 학파에서 말하는 것처럼 단일한 근본적인 요소일 수도 있고, 혹은 헤라클레이토스의 경우처럼 로고스라는 만물의 근본적인 통일체일 수도 있다. (피타고라스는 이 문제에서 다른 이들보다도 좀더 명백한 입장을 보인다. 하지만 수학의 특이성, 정신의 순수성, 그리고 세계 속의 조화 등에 대한 그의 강조는 모두 확실히 이런 방향을 가리킨다.)

---

18 '존재'(being)를 의미하는 중국어는 유(有)이다. 어떤 것이 '있다'(is)고 말하는 것은 그것이 존재한다(exist)는 것이 아니라 오히려 그것이 가까이에 현존하거나 그것을 손에 넣을 수 있음을 의미한다.

넷째는, 다시 헤라클레이토스와 피타고라스의 경우에, 신화와 물질론 모두를 비물질적 형태의 질서로 바꾸어놓았다는 점이다. (소크라테스 이전의 철학자들 스스로는 물질적인 것과 비물질적인 것 사이의 이러한 차이를 알지 못했음을 지적하는 것은 중요하다.) 그리고 다섯째는, 수학에서 아주 분명하게 드러나는 이러한 우주적 질서와 로고스에 대한 끈질긴 요구이다. 하지만 운명에 대한 그리스인들의 믿음 또한 분명하다. 여섯번째는, 분명 사물들이 (예를 들어, 변형과 재배열에 의해) 변화될 수 있지만, 존재하는(존재하는 것으로 보이는) 무엇이든 영원해야 한다는 것이다. 무로부터의 창조나 무로 돌리는 파괴를 단순하게 설명하기는 어렵다.

마지막으로, 이성과 합리성 개념은 이런 역사를 통해서, 아마도 처음에는 사고와 대화에 대한 강조로서, 그러다가 점점 진리를 이해하는 특별한 재능이나 매개체라는 개념으로서 발전하였다. 이성은 점차 경험 및 일상적인 지식과 구분되었다. 이 일곱 가지의 주제들을 함께 고려해볼 때, 마침내 철학계는 우리가 '알고 있는' 세계가 진정한 세계가 아님을 충분히 논증할 수 있게 되었다.

파르메니데스가 동사 '존재하다'를 바탕으로 전개한 논증의 세부적 내용은 극히 복잡하고 모호하다. 그리고 그 의미는 아직까지 학자들 간의 격렬한 논쟁의 대상이다. 그의 전체 논증은 문법, 논리학, 형이상학 간의 엄청난 혼동에 근거하고 있다. 그런데 사실상 그때까지는 이들 분야 가운데 어느 것도 완전히 정립되어 있지 않았다. 하지만 일상적인 말로 하면 이는 이런 뜻이다. 어떤 것이 생각될 수 있다면 그것은 마땅히 존재해야 하며, 무(혹은 존재하지 않는 어떤 것과 아직까지 존재한 적이 없는 것, 또는 더 이상 존재하지 않는 것)에 대해 말하는 것은 아무런 의미도 없다. 그러므로 존재하는 모든 것은 영원한 것임에 틀림없으며, 그것은 무로부터 존재하게 될 수 없고 또 파괴될 수도 없다. (만물을 기초하는 실재의 영구적인 본성에 관한 이런 주장은 소크라테스 이전의 초기 철학에서부터 명백히 있어왔다.)

파르메니데스는 이런 논증으로부터 변화 같은 것은 있을 수 없다고 결론내렸다.[19] 존재하는 것은 이미 존재한다. 어떤 것도 존재하지 않는 것으로부터 생길 수 없다. 그는 한층 더 나아가, 시간은 존재할 수 없고 우리가 시간이 지나감을 느끼는 것은 하나의 환상이며 공간 역시 하나의 환상일 뿐이라고 결론지었다. 우리가 실재라고 부르는 것은 단지 '단어들의 기만적인 배열'일 뿐이다. 그러나 진정한 실재는 절대적으로 단일하고 변하지 않는 영원한 '일자'이다. (베단타 철학자들과 붓다도, 동일한 방식과 문맥은 아니지만 역시 단일성, 변화 및 항구성에 관해서 논증하였다.)[20] 이러한 실재는 우리가 그 속에서 살고 있는 실재가 아니다.

파르메니데스는 열렬히 합리성을 추구하고 엄격히 연역적 방법을 시도했음에도, 그의 철학적 시의 서두에서 이러한 통찰이 계시를 통한 마술에서 나온 것이라고 하였다. 그가 자신의 사상을 시 형식으로 쓴 점은 결국 고대 인도의 신비주의적인 초기 저술가들과 크게 다르지 않은 다소 신비주의적인 의도를 나타낸다고 할 수 있다. 파르메니데스의 철학적 시가 내리는 전반적으로 부정적인 결론은 이 결론의 진실성에 대한 그의 굳은 확신과 결합되어 있었다. 우리가 실제 그대로의 세계를 알 수 있다는 사실을 부정하는 것과 이러한 부정의 확실성을 결합시킨 것은 미래의 많은 철학자들에게 큰 감명을 주었다. 그들 가운데서 플라톤과 아리스토텔레스는 파르메니데스에 대해 커다란 존경심을 갖고 말하고 있다.

(그리스의 회의주의자인 피론에서 시작하여 오늘날 철학에서까지 계속되고 있는) 회의주의의 오랜 진화는, 자신의 입장에 대한 파르메니데스의 확고한 믿음에도 불구하고 바로 파르

---

19 시간에 관한 이러한 상상력 풍부한 현대적 시각의 예는 커트 보네거트(미국의 소설가)의 몇몇 초기 소설들 속에서 찾아볼 수 있다. 이 소설들 속에서 그는 트라팔라마도르라는 행성에서 온 한 외계인 종족을 소개한다. 트라팔라마도르인들은 한순간에 이 세계의 모든 것을 본다. 즉 이전도 이후도 없이, 단 하나의 영원한 현재 속에서 모든 것이 한꺼번에 일어나는 방식으로 세계를 본다는 것이다. 마찬가지로, 파르메니데스에게는 단 하나의 영원한 현재가 있을 뿐이다. 하지만 우리는 트라팔라마도르인들과는 달리, 그러한 사실을 인지할 수 있는 능력이 없다. 예를 들어, 커트 보네거트의 고전적인 작품인 『도살장 5』(뉴욕, 델 출판사, 1971년)를 보라.

20 이 책의 '『베다』와 베단타_ 고대 인도철학' 부분을 보라. 가장 오래된 『베다』는 이러한 테제들을 이미 제안하고 있다. 기원전 2세기의 불교철학자 나가라주나는 이러한 논증들을 상당히 정밀하게 기술하고 있다. 불교에서 아나트만(anatman)은 무를 지칭하는 것으로서, 이는 곧 영구적인 자아나 영혼은 없음을 인식하는 것이다. 아니티야(anitya)는 만물의 무상함을 가리키는 말이다. 그리고 두카(duhkha)는 환멸과 이에 필연적으로 따르는 고통을 지칭한다.

메니데스에서 그 연원을 찾을 수 있다. (우리를 당황케 하는 확고한 회의주의자의 모습은 앞으로 철학에서 종종 나타날 것이다.) 파르메니데스 역시 미래에 철학이 두 가지 방향으로 나아갈 것이라고 명시하였다. 연역적인 논증을 철학의 '활력소'로 여기는 '분석적인' 철학자들은 파르메니데스에게서 그들의 첫 동료를 찾게 된다. 그렇지만 서양 철학(동양 철학에서도 마찬가지로)에서 특권적이거나 비교(秘敎)적인 왕국, 즉 소수의 사람만이 접근가능한 '더욱 높은 의식의 상태'를 찾는 사람들 또한 파르메니데스에게서 그 연원을 찾을 것이다. 이렇게 철학에서는 '지혜에 대한 사랑'은 아주 전문적이고 사적인 영역에 속하는 것이라고 주장하는 사람들과 그런 사랑을 베스트셀러의 목록에 두려는 사람들 사이에 언제나 온건하지는 않은 긴장이 있어왔다. (우리는 후자에 속하는 몇몇 사람들을 곧 만나게 될 것이다.)

그러나 파르메니데스의 바로 뒤를 이은 철학자들은 그의 철학에 반응하는 여러 가지 방법을 보여주었을 뿐이다. 물론 그의 철학에 동의하는 것도 한 가지 방법이었다. 그의 제자였던 제논이 바로 이 경우에 속한다. 제논은 일련의 놀라운 논증을 창안하였다. 이는 시간과 변화라는 관념들이 사실 전적으로 무의미하다는 것을 '증명하기' 위함이었다. 이 논증들 중 가장 유명한 것들은 '귀류법'(reductio ad absurdum)이라는 논증 형식을 취하고 있는 일련의 역설들이다. 이들의 목적은 만일 시간과 변화가 실제로 존재한다고 가정하면, 결국은 부조리한 결론에 도달함을 보여주는 것이었다. 따라서 시간과 변화는 존재할 수 없다. 이런 역설들 중 가장 유명한 것은 화살의 역설이다. 화살이 활시위를 떠나 목표물을 향해 움직일 때, 화살은 목표물까지의 궤도의 어떤 부분을 통과해야 한다. 하지만 그렇게 하기 위해서는 그보다 더 작은 부분을 통과해야 하고, 또 그러기 위해서는 그보다 더욱 작은 부분을 통과해야 한다. 이런 일은 끝없이 계속될 것이다. 이렇게 해서 톰 스토파드의 연극 「도약자들」(Jumpers)에 나오는 철학교수처럼 다음과 같은 결론에 도달하게 된다. "화살은 결코 목표물에 도달하지 못하며 성 세바스티아누스(로마인들에 의해 화살에 맞아 순교한 그리스도교의 성인)는 두려움 때문에 죽었다." 우리는 그와 같은 '증명'에 필연적으로 수반되는 책략과 술책에 매달릴 필요는 없다. 이에 관해서는 다음의 사실을 언급하는 것만으로 충분하다. 이 역설들은 기원전 4세기의 많은 총명한 철학자들을 당황케 했으며, (성공하지는 못했지만) 많은 사람들이 이 역설에 반박하고자 하였다.

● 소크라테스 이전의 철학자들 3_ 다원론자들

파르메니데스와 그의 논증을 다루는 또 다른 방법은 그를 무시해버리는 것으로서, 이러한 접근법에 대해서는 곧 살펴볼 것이다. 그러나 좀더 철학적으로 파르메니데스를 다루는 방법은 그를 공격하는 것이었다. 이 전략은 논박의 방식보다는 그의 논증의 전제들을 약화시키고 더 나아가 밀레투스 학파의 과학적 우주론을 발전시키는 방식으로 추구되었다. 그런 전제들 중의 하나는, 파르메니데스가 단순히 소크라테스 이전의 초기 철학자들로부터 채택한 것으로서, 그의 논증들이 지닌 단일성(혹은 통일성)의 의미를 악화시키는 결과를 초래하였다. 특히 다음에 언급하는 세 명의 철학자들은 우주가 본질적으로 일자라는 사상을 공격하였다. 이 사상은 일원론으로 불리는데, 그 발생 시기는 소크라테스 이전 가장 오래된 시기까지 거슬러 올라간다(이 이론은 일신론적 종교들과, 이 종교들에 앞서며 이들을 둘러싸고 있는 우주론들과 명백한 유사성을 지닌다). 엠페도클레스, 아낙사고라스, 그리고 데모크리토스는 모두 일원론과는 거리가 먼 다원론자들이었다. 이들은 세계가 어떤 하나의 요소에 기초를 두었다거나 혹은 어떤 하나의 질서에 의해 통일되었다고 생각하지 않았다. 엠페도클레스는 (아낙시만드로스와 헤라클레이토스도 그랬던 것처럼) 세계는 갈등의 구조로 이루어졌다고 보았다. 더욱이 세계를 정초하는 요소나 질서는 없으며, 단지 사랑과 투쟁의 힘 사이의 끊임없는 갈등만이 있다고 하였다.

소크라테스 이전 철학자들에 대한 대부분의 설명에서 엠페도클레스는 간단히 다루어진다. 그의 온건한 다원론은 파르메니데스의 정교한 논증에 맞서기에는 너무도 명백하게 부적절하였기 때문이다. 그러나 일단 철학적 명민함에 한정하지 않고 시선을 넓혀

보면, 엠페도클레스는 가장 복합적이고 다양한 색채를 지녔으며, 주목할 만한 고대의 인물이었다는 사실을 알 수 있다. 그는 유능한 정치인이었고 화려한 웅변가이자 수사학자였으며 의사, 시인, 상상력이 풍부한 역사가, 설득력 있는 종교적 사상가였다. 하지만 대단한 형이상학자는 아니었기 때문에, 아리스토텔레스는 거의 그에게 주의를 기울이지 않았다. 그 결과 그는 그리스 철학의 주요 계보에서는 다소 무시되었다.

아낙사고라스는 순수한 우주론의 견지에서 본다면 훨씬 더 전도유망했던 것 같다. 그는 (비록 그가 창안하거나 끝까지 연구하지는 않았다 하더라도) 후기 그리스의 우주론에서 가장 중요한 점들을 확립하였다. 다원론자로서 그는 사물들에는 다양한 종류가 있다고 주장하였다. 실제로 각 사물은 그 자신의 종류에 속한다. 소크라테스 이전의 철학자들 중에서 앞의 모든 철학자들에 반대하여, 아낙사고라스는 수많은 종류의 물질만큼 수많은 원소들이 있다고 하였다. 즉, 흙, 공기, 불, 물뿐만이 아니라 종이, 살(肉), 과육, 나무, 포도주, 뼈, 청동 등 실제로 끝없이 나열할 수 있는 원소들이 있다고 하였다. 그리고 무로부터는 아무것도 생겨날 수 없기 때문에 이 모든 원소들 각각은 언제나 존재해왔음이 틀림없다.

또한 아낙사고라스에 따르면, 하나의 사물은 하나의 원소가 아니다. 한 사람은 하나의 원소가 아니라 여러 요소들의 매우 복잡한 혼합체이다. 그렇지만 하나의 원소 역시 나눠질 수 있으며 무한히 분할될 수 있다. 그리하여, 아낙사고라스는 기묘하게도 다음과 같이 주장하였다. '모든 것 속에는 모든 것이 있다.' 즉 모든 원소들이 다른 모든 원소들 속에 산재해 있다. 이 문장의 의미를 알기 위해서는 고대의 독자건 현대의 독자건 엄청난 지적 훈련이 필요했다.

여하튼 아낙사고라스는 정신(혹은 누스[nous])이 하나의 조직하는 작용원인이라는 생각을 가지고 희롱했다. 이러한 관점은 이후의 철학사에서 몇 백 년 동안 많은 관심을 끌었다. 하지만 그는 정신이 무엇인가에 대해 거의 생각하지 않았다(하지만 당시에는 어떤 그리스 사람도 근대 철학의 주요 부분인 특정한 의미의 '정신' 개념을 사용하지 않았다). 같은 시대에 불교(혹은 불교철학)가 '내재성(혹은 본성)' 같은 개념을 발전시키고 있었을 뿐이다.

더욱이 조직하는 작용원인이라는 정신 개념을 가진 아낙사고라스는 자연스럽게 우주를 질서라는 관점만이 아니라 우주의 목적이나 목표라는 관점에서도 생각하기 시작하였다. 그는 여기서도 1세기 후의 아리스토텔레스가 그랬던 것처럼, 이러한 자신의 통찰을 끝까지 밀고 나가지 않았던 것 같다. 이 사상 역시 아직 때를 맞이하지 못한 것이었다(이는 19세기 독일 철학에 와서야 다른 모든 것 위에 군림하게 된다).

　만물의 분할 가능성에 대한 이러한 강조는 다른 두 철학자들에게 영감을 불어넣었다. 잘 알려지지 않은 레우키포스와 그의 제자인 데모크리토스가 그들이었다. 그들은 더욱 작은 '질료' 개념을 추구하여 마침내 현대의 가장 중요한 개념, 즉 원자(atom)에까지 이르렀다.

　데모크리토스는 가장 극단적인 다원론자였다. 세계는 수많은 다양한 '입자들'로 이루어져 있다. 이 입자들은 크기와 모양에서 서로 다르지만 사물의 근본 요소라는 공통된 특징을 지니고 있다. 그것들은 더 이상 잘라지거나 분할될 수 없다. ('atom'이라는 단어가 어원학적으로 이런 의미를 갖고 있다. 이 단어는 a[=아니다]와 tom[=자르다]의 합성어이기 때문이다.) 이렇게 데모크리토스는 무한한 분할 가능성에 대한 아낙사고라스의 주장에 대해 직접적으로 반대의견을 제시하면서 맞섰다. 실재의 기본 단위는 원자이며 이것은 분할될 수 없다. 그는 파르메니데스에게도 직접적으로 반대의견을 제시하면서 실제로 무, 즉 허공이 존재하며 원자들이 이 빈 공간 속에서 움직이고 결합한다고 하였다.

　물론 원자들이 움직인다는 사상은 파르메니데스의 사상에 직접적으로 모순된다. 하지만 그렇다고 해서 파르메니데스와 데모크리토스가 궁극적으로는 한 가지 점에서 일치한다는 사실을 놓쳐서는 안 된다. 그것은 바로 영원하고 변하지 않는 일자에 관한 생각이다. 하지만 데모크리토스에게는 실제로 무한한 형태의 일자가 있으며, 그 각각이 원자였다. 각각의 원자는 불변하며 창조되거나 파괴될 수 없다. 원자 내부에는 공간이 없으며, 그러므로 잘라지거나 분할될 수 없다. 우주를 하나의 전체로 보고, 그것이 분리되었으나 독자적인 파편들로 이루어져 있다고 해석하는 이러한 근본적인 움직임을 우리는 재차 보게 될 것이다. (물론 그래서 우리는 이미 추론이 어떻게 우주에 대한 훨씬 더 기발한 관점의 해석을 자극하였는가를 또한 보았다.)

데모크리토스와 더불어, 세계를 정령과 신화로부터 끌어내는 시도가 완수되었다. 그의 우주 개념은 전적으로 물질적이었다. 거기에는 어떠한 강요된 질서나 지성도 없으며, 로고스나 목적 및 정신 같은 것도 전혀 없다. 우리의 삶을 지배하는 운명, 세계를 지배하는 신들과 같은 오래된 관념들, 그리고 죽은 뒤에도 살아남는 영혼이나 프시케와 같은 관념들까지, 이 모두가 사라져버렸다. 데모크리토스와 더불어, 정령과 생기가 전혀 없는, 세계에 대한 온전한 '유물론적' 이론이라 부를 수 있는 것이 등장했다. 소크라테스 이전의 대부분 철학자들에게는 실로 신비의 대상이던 인간의 영혼조차, 데모크리토스에게는 하나의 물질적인 원자로서, 그러한 우주에서 특별한 중요성을 갖지 못했다.

소크라테스 이전의 철학 역사를 과학의 발전으로 보면, 사물의 궁극적인 본성에 관한 최초의 희미한 사색에서부터 신들과 신화, 인간의 영혼, 그리고 종교의 신비 등에 관한 모든 이야기들을 귀신을 몰아내듯 물리친 야심찬 이론에 이르기까지 철학의 진전을 곧바로 알아볼 수 있다. 이러한 발전에서 얻은 것이 많기는 하지만 잃은 것이 무엇인가를 묻는 것은 중요한 일이다. 그런 세계에서는 전혀 이해할 수 없는 방식으로 (우리는 모르거나 알 수 없지만) 우리의 운명이 정해지고, 우리의 영혼은 죽은 후에도 지속되어서 아마도 생전에 시작한 여정을 계속하기는 하지만, 과연 지성에 의해 지배되는 세계가 얼마나 더 안락할 수 있을까?

이와 같은 관념들이 흔들렸을 때 많은 사상가들이 (그리고 대부분의 일반 사람들도) 엄청난 상실감을 느꼈다는 점은 그리 놀랄 일이 아니다. 그리스도교가 지평선 위에 가물거리며 나타나기도 전, 그리고 고대 아테네의 세 위대한 철학자들이 무대 위에 등장하기도 전, 이미 막 생겨난 철학의 빈약함이 하나의 관심사였다. 19세기의 독일에서 이러한 향수(鄕愁)는 강박관념 같은 것이 되었다. 헤겔, 니체 및 하이데거 같은 철학자들이 모두 이런 감정을 공유했다. 이런 점에서 이들 셋 중 가장 극단적인 하이데거는 실제로 우리의 철학하는 능력은 기원전 5세기 직후에 상실되고 말았다고 선언하기까지 하였다.

그러나 특히 데모크리토스의 우주론은 또 다른 전복적인 측면을 지녔다. 이것은 현대 철학에 심각한 분열을 야기했다. 원자는 색깔이 없고 맛이 없으며 냄새가 없다. 그리고 다른 중요한 의미에서 이것은 일상적 삶 속에서 우리가 경험하는 세계가 있는 그대로의 세계가 아님을 의미하였다. 데모크리토스는 우리가 사물에서 지각하는 특성들이 원자들 자체 안에 있을 수 없으며 그것은 단지 공간적 특성이라는 명제에 대해 물고 늘어졌다. 이것은 곧 색깔, 맛, 질감, 그리고 기타 등등으로 지각되는 특성들은 전혀 실재의 진정한 특성들이 아니며, 단지 지각하는 사람과의 상호작용에 의한 것임을 의미한다. 우리는 여기서 17세기의 존 로크에서 절정에 달하는 '일차적 성질'과 '이차적 성질'을 구분하는 오랜 전통이 시작되고 있음을 알 수 있다. 일차적 성질은 사물에 귀속되는 성질이고, 이차적 성질은 '우리 안에' 있다(하지만 데모크리토스가 꼭 이런 식으로 구분하지는 않았다). 이 새로운 철학에 주의를 기울이는 사람들을 곤란케 하는 점은 이제 실재 자체는 맛이나 색깔이 없는 것 같았으며, 이론에 대한 열광에 의해 철학적 정신 속에서 그 모습이 가려졌다는 사실이었다.

데모크리토스와 더불어 그리스 과학은 절정에 도달하였다. 우리는 이것이 고대의 원자론으로부터 근대의 과학적인 철학으로 나아가는 작은 걸음이라고 생각할 수 있다. 하지만 엉뚱하게도 그 후에 곧 아리스토텔레스와 더불어 그리스 과학이 집대성되면서, 일반적인 과학 지식으로 향하는 추진력이 갑자기 멈추어버린 것 같았다. 세계는 통일되고 영원하여 변화하지 않지만 우리는 그것을 결코 알 수 없다고 주장하는 파르메니데스와, 세계는 맛이 없고 색깔이 없는 수많은 원자들의 집합이라고 주장하는 데모크리토스 중에서 어느 한쪽을 선택하는 문제는, 철학자들의 사변에 귀 기울이는 것 말고도 할 일이 많은 일반 사람들에게는 그리 흥미로운 일이 아니었다. 이리하여 철학은 다른 방향을 취하게 되었으며, 그 후 1,500년 동안 과학 천재들이 무시되거나 순교를 당했음에도 과학은 변방으로 소외되었다.

가장 위대한 그리스의 과학자는 아리스토텔레스(기원전 384~322년)였다. 그는 소크라테스 이전의 철학자들의 시도와 진보를 되돌아보았다. 그는 거기에 자신의 업적을 더하였고 과학 전체를 개괄하고 요약하였다. 특히 그 덕분에 우리는 고대 그리스 철학자들에 관해 많은 것을 알게 되었지만, 역시 그 덕분에 우리가 현재의 과학을 가질 수 있었다는 것은 이론(異論)의 여지가 있다. 그 자신이 창안한 자연과학에 대한 대부분 견해들은 족히 천 년 이상 어떤 도전도 받지 않고 결정적인 것으로서 자리를 지켰다. 한편으로 그는 아마도 지금까지 살았던 가장 위대한 과학자였을 것이다. 다른 한편으로 그는 과학의 발전에 큰 장애가 되기도 하였다. 명철한 그는 13세기에서 16세기까지 전능한 중세 교회의 교리에 중요한 인물로 군림하여, 근대에 이르기까지 더 이상의 과학적 이론들이 시도되지 못하게 하였다.

하지만 우리의 이야기를 계속 해나가도록 하자. 파르메니데스로 다시 돌아가서 우리는 결코 세계를 알 수 없다는 그의 논증을 살펴보자. 그렇다면, 우리는 무엇을 알 수 있단 말인가? 철학이 우리에게 그런 뜻밖의 최종적인 결론만을 가져다준다면, 우리는 도대체 철학으로 무엇을 할 수 있단 말인가? 가능성은 하나이다. 철학은 이후 2천 년 동안 전제들을 공격하기, 논리를 비판하고 세련화하기, '존재'와 '있다'의 용어를 분명히 하고 또 다른 대상에 적용시켜 추정하기, 결론을 재해석하기, 결론을 재확인하기, 논증을 재구성하기, 논증을 신학적으로 해석하기, 신학을 존재론으로 변환하기, 존재론을 재정의하여 언어의 의미론으로 바꾸기, 의미론을 재정의하여 다시 상식적인 언어로 되돌려놓기, 그런 다음 상식에 도전하거나 상식을 웃음거리로 만들고 이를 다시 역설로 만들어버리기, 논리를 더욱 세련화하기, 새롭고 더욱 곤혹스러운 역설 만들어내기 등을 하면서 보냈다.

● 소피스트의 등장

파르메니데스와 그의 논증을 빠져나갈 수 있는 다른 방법은 이미 언급했듯이 그를 무시하는 것이다. 새로운 세대의 철학자들이 이런 방법을 채택했다. 그 결론이 (그리고 결론에 대한 대답들이) 얼마나 부조리한지 알았던 그들은 그에 대해 답할 마음이 전혀 없었다. 우리가 진정한 세계를 결코 알 수 없으며, 우리가 일상적으로 경험하는 세계가 어떤 의미에서는 하나의 환영이라는 제안은 철학자들로 하여금 매우 극적인 방법으로 상식에 대항하게끔 만들었다. 그러한 수수께끼와 역설들은 하나의 지적인 도전일 수도 있지만, 또한 그저 어깨를 한 번 으쓱하게 하고 말 수도 있는 것이다. 그러나 그것들은 모든 종류의 논증과 자유스럽고 젊은 정신들이 독단적으로 받아들여진 견해를 경계할 여지를 열어두었다.

이런 일부 젊은 철학자들을 소피스트(sophistes, 이 말은 '지혜의 실천자'를 뜻한다)라고 하는데, 이들은 파르메니데스의 철학을 흠잡고 풍자적으로 흉내 내는 새로운 논증술을 사용하였다. 다른 이들은 우리가 일찍이 알고 있던 지식에 대해 회의를 불러일으켰으며, 파르메니데스의 논증을 사용하여 종교와 도덕성에서 급진적인 사상들을 진전시켰다. 그런 사상들은 인간의 모든 지식과 가치들은 '상대적'일 뿐이며 궁극적으로 '실재'가 아니라는 뜻을 포함하고 있었다. 윤리학에서도 이와 비슷한 논증이 행해졌다. 우리의 이상은 사실상 통치자들의 이상에 불과하며, 정의(正義)란 권력을 가진 자들의 이익에 불과하다는 것이었다. 또 다른 소피스트들은 단순히 새로운 논증술을 스스로 익히면서, 열렬하고 야심에 차 있는 아테네 젊은이들에게 새로운 민주주의 체제 하에서 어떻게 논증에 이기고, 점수를 따며, 상대를 꼼짝 못하게 만들고, 대중을 감동시키며, 정치 경력을 쌓는지를 가르쳤다.

바꾸어 말하면, 소피스트와 더불어 철학은 전적으로 실천적인 것, 즉 세상에서 자신의 길을 살아가는 방법이 되어버렸다. 세계의 기원과 궁극적인 실재의 본성에 대한 논의는 지겨울 만큼 충분했다. 모호한 언설과 불가능한 논증도 마찬가지였다. 자, 이제는 삶으로 내려가서 철학을 사용하여 출세하고 너무 경멸스럽지 않을 만큼 인생을 좀 즐기도록 하자.

여러 소피스트 중에서 고르기아스를 언급할 필요가 있다. 그는 파르메니데스의 논증을 모방하여 다음과 같은 다소 놀라운 결론을 '증명'하였다.

1. 아무것도 존재하지 않는다.

2. 어떤 것이 존재한다면, 그것을 알 수 없을 것이다.

3. 어떤 것이 지성에 의해 알 수 있는 것이라면, 그것에 대해 아무것도 말할 수 없을 것이다.

어떤 이는 고르기아스가 이런 터무니없는 일련의 명제와 그것을 위한 논증을 진지하게 받아들였다고 생각할 수 있을 것이다. 또 어떤 이는 아마도 그가 정신이 나간 사람이 틀림없다고 결론지을지 모른다. 그와 달리, 이 일련의 명제와 논증을 해결해야 할 또 다른 난제로 받아들일 수도 있다. 하지만 이들 명제와 논증은 아마도 의도적인 풍자적 모방으로서, 그리고 부조리한 결론 자체가 아니라 이 모든 '증명'이 실은 무의미할 뿐이라는 또 다른 논제의 논증으로 해석하는 것이 훨씬 더 타당한 것으로 보인다. 아주 난해하고 불가해하거나 모호한 전제들이 주어지면, 아주 영리하고 총명한 철학자는 어떤 것이라도 '증명'할 수 있다.

이런 관점에서 본다면, 이른바 증명과 논증은 실로 설득의 도구이자 속임수에 불과한 수사학의 다른 형태에 불과할 것이다. 이렇게 이해된 증명과 논증은 실제로 상대방을 자신의 견해에 따르도록 설득하는 의미로 작용할 수 있다. 하지만 그것들은 또한 우리를 왕도로부터 벗어나게 할 수도 있다. 파르메니데스는 스스로를 풍자적으로 모방했으며, 엘레아의 제논은 모든 시대에 걸쳐 가장 위대한 철학적 사기꾼이었다. 예를 들어 시간의 본성 같은 아주 불가사의한 문제와 잘 이해되지 않는 개념들(예를 들어, 무한대와 무한소의 개념들)이 주어진다면, 우리는 온갖 종류의 무의미한 것들을 '증명'할 수 있다. 그리고 상식과 감각의 증거와는 구분되는, 사물들이 실제로 존재하는 방식이 문제라면 무엇이 이런 논증에 대항할 수 있는지 알기 어렵다. 그것은 분명 상식이나 경험은 아닐 것이다. 그리고 그것이 그와 똑같이 상식을 벗어난 또 다른 논증일뿐 일 수도 있다. (20세기 비트겐슈타인의 진단에 따르면, 철학을 위한 유일한 구제책은 오히려 철학이다.) 하지만 우리의 경험 너머에 있는 세계에 관한 상호 모순되는 주장들의 충돌 속에서, 어떠한 궁극적인 증명이나 논증이란 없으며, 단지 다소 기술적으로 제시된 수사학이나 의견들이 있을 뿐이다.

그러나 고르기아스의 논증은 또 다른 문제를 제기하였다. 이것은 다른 철학자들의 저작을 고려하게 될 때 다소 중요한 것이다. 철학자의 텍스트들을 이해하려면 그의 의도에 대해 얼마나 알아야 할까? 파르메니데스가 자신의 논증에 관해 매우 진지했던 반면, 고르기아스는 자신의 '증명들'을 비꼬아서 썼는지 아닌지 하는 문제가 중요할까? (혹은 파르메니데스가 그저 즐긴 반면, 정신병 발작 직전의 고르기아스는 자신의 저작에 전적으로 성실했다고 할 수 있을까?) 물론 대부분의 경우에 우리는 철학자들에 관해 확실히 알고 있지만 언제나 그렇지만은 않다. 어떤 지식과는 무관하게 사상과 그 가치의 독립성을 주장한다면, 그가 아무리 의도적으로 명제를 부조리하게 만들더라도 뛰어난 논증을 보여주는 철학자는 후세대에게 하나의 도전이 될 수 있을지 모른다.

누가 그 철학적 명제와 논증을 분명히 언급하였는가는 중요한 문제일까? 프로타고라스는 이 문제를 중요하게 생각하였는데, 그는 아마도 독창적이고 어쨌든 가장 고상한 소피스트였던 것 같다. '인간이 만물의 척도'라고 말한 사람이 바로 프로타고라스였다. 이 말은 때로 고대의 인문주의적 진술로 인용된다. 이것은 곧 인간의 필요, 인간적 개념, 인간의 관심사 등에 주의를 기울일 것을 주장한다. 따라서 이 말은 유용한 것을 믿어야 한다는 견해, 즉 일종의 실용주의에 대한 권유로 여겨졌다. 이것은 또한 신적 전망이란 없으며 따라서 사실상 신은 없다는 말이었다(이는 당시에 불경스러운 것으로 간주되었다).

그렇지만 이 금언은 일종의 회의주의, 즉 실재에 대한 모든 주장을 의심할 만한 충분하고도 반박할 수 없는 이유를 지적하는 것으로 훨씬 더 자주 사용되었다. 이 익숙한 해석을 더 밀고 나가면, 중요한 것은 지식의 원천이나 주체로서의 인간 존재에 대한 관심이 아니라, 인간의 모든 지식들의 한계에 대한 관심이다. 우리의 지식은 오감에 의해 한정되며 인간 존재의 편견과 선입견에 의해 결정되는 지성 능력에 의해 제한된다. 우리는 실재가 무엇인지 모른다. 바꾸어 말하면 우리는 단지 우리에게 나타나는 것을 알 뿐이다. 이런 점에서 '인간이 척도다'라는 말은 인간은 자신의 고유한 관점에 한정되어 있음을 의미하며, 이런 한정된 관점을 갖는 우리는 사물 자체를 알지 못한다.

그러나 프로타고라스를 덜 회의적으로 해석하는 방법이 있다. 그의 진술을 의심이 아니라 오히려 확신에 관한 것으로 보는 해석이다. 이 해석에 따르면 우리는 이 세계를 인간적인 견지에서 바라보기 때문에 이 세계를 안다. 이 견해가 함축하는 내용은 그 후 2천 년 동안 풀리지 않았지만, 지금으로서는 소피스트인 프로타고라스의 철학이 논증 자체를 위한 좁은 의미로서의 '궤변'으로 읽힐 필요는 없다고 말하는 것으로 충분할 것이다. 이것은 지식의 본성에 관한 예리한 통찰력을 지닌 관점으로 해석될 수 있다. 파르메니데스에 대한 대답으로서, 이것은 '이 모든 것을 다시 제자리로 회복시키면서' 궁극적인 실재와 인간의 지식에 대한 관심을 복귀시켰다.

또한 어떤 사람들은 프로타고라스를 '상대주의'의 아버지로 간주한다. 상대주의란 모든 지식은 원천, 맥락, 문화, 민족, 개인 등에 따라 '상대적'이라는 견해이다. 그러나 어떤 의미에서는, 상대주의란 명백하게도 하나의 순진하고 해가 없는 짐이다. 이는 지식은 본질적으로 그 지식을 이해하는 사람을 필요로 한다고 말하는 것일 뿐이다. 이는 분명 지식의 가능성을 막지는 않으며, 또한 진리란 알 수 없다고 말하는 것도 아니다. 그러나 더 나아가서 이렇게 주장할 수도 있다. 모든 지자(知者, 아는 사람)는 (아마도 신적인 능력을 지닌 지자는 여기서 제외될 것이지만) 자체의 한계를 지녔기 때문에, 어떤 (보통의) 지자도 자신의 고유한 조망을 통해서만 세계를 이해할 뿐이다. 이것은 우리가 실재를 알 수 있다는 의미로 여겨지며, 결코 지식의 가능성을 배제하지 않는다. 또한 이것은 진리 개념을 위태롭게 하지도 않는다. 이러한 견해에서 진리란 모든 사람이 자신의 고유한 견지에서 진실로 아는 (혹은 아는 데 실패한) 것이다.

우리는 좀더 문제적인 견해를 가질 수도 있다. 관점에 따라 진리를 아는 것은 필연적으로 전체적인 진리보다 덜 안다는 것이며, 그런 의미에서 실제로 진실을 아는 것이 아니라는 주장이 그것이다. 더 나아가 이렇게 주장할 수도 있다. 우리는 결코 자신의 관점 밖이나 너머로 벗어날 수 없기 때문에, 진리에 대한 우리의 특정한 '파악'을 떠나 정말로 어떤 진리가 있는지 아닌지를 알 수 없다. 더욱이, 여기서 프로타고라스는 '인간'의 의미를 그냥 단순한 인간이 아니라 특수하고 개별적이며 그들 각자가 차이를 갖는(서로 다른 문화권의 사람들은 실로 아주 많이 다를 수 있다) 인간을 의도하고 말하였으나, 이를 넘어서 이 견해를 밀고 나갈 수 있을 것이다. 그러면 진리는 인간의 이해뿐만이 아니라, 각각의 모든 인간에 따라서 '상대적인' 것이 된다.

우리는 이렇게 주장할 수도 있다. 이렇게 많은 개인들의 관점이 근본적으로 서로 다르다고 가정할 어떤 이유도 없으며, 또한 박식한 학자의 지식이 평균 이하 학생의 조야한 의견보다 더 '낮지' 않다고 결론내릴 이유도 없다. 프로타고라스는 이러한 결론처럼 그렇게 과격한 논증을 의도하지 않았지만, 그는 많은 철학자들에 의해 무책임하고 받아들이기 어려운 사상가로 도외시되었다. 진실을 말하자면, '상대주의'는 충분히 존중할 만한 명제이지만, 정당하게 통용된 경우는 드물었다고 할 수 있겠다(플라톤의 저작인 대화편[소크라테스의 제자인 플라톤이 스승이 행했던 대화체의 여러 논의를 기록한 책의 제목으로, 『에우티프론』, 『소크라테스의 변론』, 『크리톤』, 『파이돈』, 『향연』 등의 여러 편으로 구성되어 있다―옮긴이]에서 소크라테스가 프로타고라스를 언급하면서 가장 훌륭하다는 평가를 했지만 말이다). 소피스트 프로타고라스는 궤변의 가해자라기보다는 희생자였다.

소피스트 가운데 다른 몇 사람들에 대해서 언급해둘 만하다. 이는 단지 그들 역시 나중에 자주 철학적으로 남용되었기 때문이다. 트라시마코스는 플라톤의 『국가』 제1권에서 나오는 인물로, 정의(正義)란 사실상 권력을 가진 자들이 자신들의 이익을 위해 생각해낸 것에 불과하다고 주장한 실존 인물이었다. 그리고 플라톤이 묘사한 바와 같이 그의 논증 방식이 날카롭지 못했던 것 같다. 이어서 칼리클레스를 들 수 있다. 그는 힘의 자연스러운 표현을 주장하였으며, 인간사의 다른 이상들의 역할에 대해서는 오히려 냉소적이었다. (종종 근대 철학자 프리드리히 니체가 그와 닮았다고 한다.) 당시의 또 다른 철학자이자 시인으로서 크리티아스라는 귀족을 들 수 있다. 크리티아스는 스파르타의 전제군주가 되었다. 그리고 다소 사색적인 시구를 창작했으며, 수천 명의 아테네의 민주주의자들을 살해했거나 살해한 것으로 의심받는다. 그의 최후는 불행했다. 플라톤이 바로 그의 사촌이었다.

아테네 역사에 실재했던 한 인물도 언급할 만하다. 바로 평판이 나빴던 알키비아데스이다. 그는 두드러진 미남에다 재능이 있었으며, 배신을 잘하는 인물이었다. 그는 자신이 민주주의의 적이라고 거침없이 말하였으며 아테네를 두 번이나 배신하였다. (한번은 스파르타인들에 붙었으며 나중에는 자신의 고향인 아테네에 대항하여 페르시아인들에게 붙었다.) 그는 유명한 연애쟁이로 이성의 마음을 사로잡았으며, 간통을 하고 불경스러운 욕을 해대었다. 그는 소크라테스로부터 상을 받은 학생들 가운데 하나이기도 하였다.

그리스의 민주주의는 단번에 이루어진 것이 아니었다는 사실을 기억해야 한다. 시민들의 단 한 번의 자발적인 봉기로 그러한 제도가 생겨날 수는 없었다(그리고 어떤 왕이나 전제군주의 명령만으로 하나의 제도가 존재할 수 없다는 것도 확실하다). 고대의 도리아인들이 기원전 1200년경 그리스 반도를 침입했을 때 이미 그리스는 민회를 통해 통치되고 있었다. 그리스의 다른 대부분 도시국가들이 이국의 군대에 정복되는 동안에도 독립국가로 남아 있을 수 있었던 아테네는 민중 통치의 전통을 오래 이어갔다. 한동안 솔론이 아테네를 다스렸지만, 기원전 5세기가 바뀌던 바로 그 무렵에 민회에 의해 통치되는 민주주의가 설립되는 진정한 혁명이 일어났다. 그렇지만 당시의 '민주주의'는 상대적으로 적은 수의 (남성) 시민들에게만 한정되어 있었다. 그들은 대부분 부유하고 오래된 귀족 가문에 속하는 사람들이었다.

기원전 463년에, 급진적인 민주주의자들에 의해 더 낮은 계층으로 선거권이 확대되는 운동이 이루어졌다. 페리클레스(그는 아테네의 '황금시대' 동안 '지도적인 시민'의 자격으로서 통치하였다)의 통치 아래서는 민회 의원 수가 1만 8천 명에 이르렀으며, 무작위로 표결되어 선출된 500인회가 나라를 다스렸다. 장군들조차 선출되었으며, 재판도 501명 이상의 배심원에 의해 이루어졌다(이렇게 많은 배심원 수는 뇌물공세와 이면공작을 거의 불가능하게 만들었다). 그러나 민주주의에 대한 도전도 없지 않았다. 부유한 귀족가문들은 권력과 특권의 상실에 분개하였으며, 그들은 항상 취약하기 마련인 민주주의의 기초를 뒤흔들 비밀단체들을 조직하였다. 소피스트의 시대에 아테네는 기원전 430~429년에 전염병의 창궐로 큰 피해를 입었는데, 이때 (페리클레스를 포함하여) 아테네 시민의 4분의 1이 죽었다. 그리고 계속되는 스파르타와의 펠로폰네소스 전쟁으로 국가가 황폐화되었다. 소피스트

중 가장 현명하고 영리했던 소크라테스는 젊음에 넘치는 알키비아데스가 포함된 바로 이 비밀단체들의 젊은이들에게 호소하였다.

● 소크라테스

　　서양의 철학자들은 늘 소크라테스를 영웅으로 생각해왔다. 실로 그는 항상 우리의 철학적 이상으로 간주되어왔다. 그는 진리의 탐구에서 굽힐 줄을 몰랐고, 논쟁에서는 사실상 그를 이길 사람이 없었으며, 마침내는 자신의 이상을 위해 목숨을 버렸다. 이 모든 것이 사실일 것이다. 하지만 그의 정치학과 그 자신이 가담하였던 정치적 상황을 알지 못하고서 소크라테스와 그의 철학을 이해하기는 불가능하다. 그는 결코 현실로부터 동떨어진 이론적인 철학자, 무심하고 사회에 무관심한 철학 교사가 아니었다. 하지만 우리는 지금까지 그렇게 알고서 그를 찬양하거나 조소해왔다. 그는 사명을 가진 사람이었으며, 그가 항상 말했듯이 그의 가장 중요한 사명은 '자신의 영혼을 구원하는 것'이었지만 동시에 정치적 사명 또한 갖고 있었다. 그의 사명에는 민주주의에 대한 반대도 포함되어 있었지만, 그는 통치의 '전문가'가 아닌 사람들에 의해 통치되는 모든 형태의 정부에도 똑같이 반대하였다.

　　플라톤에 따르면, 소크라테스는 적어도 완전한 국가, 즉 철학자들에 의해 통치되는 '공화국'에 대한 이상을 마음속에 그리고 있었다. 사실상 소크라테스가 알고 있던 아테네는 그의 이상과는 거리가 멀었다. 아테네는 '서른 명의 참주들'에 의해 다스려졌다. 그들은 공포정치를 펴면서 동료시민들을 조직적으로 처형하였다. 이 서른 명의 우두머리는 크리티아스로, 소크라테스의 제자들 중의 하나였다. 서른 명에 의한 참주정치가 전복되고 크리티아스가 살해되면서 재건된 민주주의는 소크라테스에게 복수에 찬 눈길을 돌렸다. 사면법이 과거의 정치적 범죄에 대한 기소를 금했지만, 그때도 지금처럼 방법은 얼마든지 있었다. 소크라테스는 '아테네의 신들을 믿지 않고 청년들을 타락시킨'

죄로 고발되었다. 이러한 혐의는 날조되고 터무니없는 것처럼 보인다. 하지만 그것은 당시의 정치 상황을 고려하지 않은 결과이다.

소크라테스는 재판에 회부되었다. 그러나 그 재판의 배심원들은 오랫동안 소크라테스로부터 모욕과 공격을 받아온 바로 그 시민들이었다. (이때 소크라테스는 이미 70세의 나이였다.) (플라톤의 「소크라테스의 변론」에 충실히 기록되어 있는 것처럼) 소크라테스의 해명과 자기변호는 명쾌하고, 오만하며, 풍자적이고, 요점에서 벗어나 있었다. 실제 짓지도 않은 죄를 변호할 수 있는 사람은 없을 것이기 때문이었다. 소크라테스는 뻔뻔하게(그리스 젊은이들에게 새로운 사상과 철학을 가르친 공로에 대해—옮긴이) 배심원들에게 연금을 달라고 하였으나, 그들은 그에게 사형선고를 내리는 것으로 답하였다. 배심원들이 그들의 시선을 정의(正義)가 아니라 역사에 두었더라면, 틀림없이 그를 유형에 처하였을 것이다. 하지만 소크라테스는 빈정거리는 연설로 자신의 운명을 결정지었고, 마침내 기원전 399년에 처형되었다.

이것은 철학의 역사에서 참으로 충격적인 사건이었다. 소크라테스가 '청년들의 정신을 타락시켰다'는 이유로 처형되었을 때, 아테네는 그리스에서 가장 민주적인 도시국가였으며, 소크라테스는 이미 최고 철학자의 한 사람으로 명성을 얻고 있었다. 그는 언제나 자신의 고결한 이상을 옹호하고 또 그것들을 예증하는 고독한 사상가의 이상을 예시하였다. 소크라테스는 무엇보다도 덕이야말로 모든 것 중에서도 가장 가치 있는 것이고, 진리는 우리의 일상적 경험의 '그림자들' 너머에 놓여 있으며, 철학의 고유한 임무는 우리가 아는 것이 얼마나 적은가를 보여주는 일이라고 가르쳤다. 사람들은 소크라테스가 그러한 덕을 몸소 예증하기 위해서, 그리고 그가 그렇게 오랫동안 가르쳐온 사상들을 배신하지 않기 위하여 죽었다고 말하기도 한다.

물론 이 말이 맞을 수도 있고 틀릴 수도 있다. 소크라테스는 덕망 높은 사람으로서 죽었을지 모르지만, 지금은 대부분 잊혔으나 그의 정치적 관계가 당시의 상황에 영향을 미쳤음에 틀림없다. 그리고 그는 자신의 개인적 이익, 즉 '자기 영혼의 선(혹은 행복)을 위하여' 죽는다고 하였다. 그는 야심적이고도 재능이 넘치는 인물이었다.

소크라테스는 자신의 사상들을 주제별로 정리하려고 하지 않았으며, 철학적 체계 같은 것이 있었는지도 분명치 않다. 여러 가지 점에서 그는 『구약성서』에 나오는 예언자들과 같은 전통 속에 놓여 있다고 말할 수 있다. 그래서 그는 종종 예수에 비교되었다. 그는 현자였고, 지혜로운 사람이었으며, '쇠파리(끈질긴 토론자)'였다. 그는 그의 철학을 개인적으로 그리고 아테네의 장터에서 대중들에게 공개적으로 토론하면서 자신의 덕을 예증하고 당국을 공격하였다. 우리가 그에 대해 아는 것은 다른 사람들이 그에 대해 기록한 것을 통해서인데, 그것은 주로 그의 '방법', 즉 꼬치꼬치 캐묻는 대화법에 관한 것이었다. 이러한 대화 속에서 그는 여러 관점들을 차례로 반박해 나가는데, 이것이 바로 그의 변증법(산파술로 불리는 그의 논증대화법—옮긴이)이다.

그러나 우리가 알고 있듯이 소크라테스는 기원전 5세기에 화려한 논증법을 가진 아테네의 수많은 쇠파리들 중의 한 사람이었을 뿐이다. 그는 다른 소피스트처럼 논리뿐만 아니라 수사적인 수법과 왜곡에서도 뛰어났으며, 그 많은 부분을 솜씨 좋은 파르메니데스와 지나치게 영리한 제논으로부터 빌려왔다. 소크라테스는 자명해 보이는 이치를 모순에 빠뜨려 무너뜨리는 방법을 알고 있었고, 평범한 말을 모순에 빠지게 할 줄 알았으며, 한 논증의 가장 날카로운 비판이 거꾸로 그 논증을 제시한 이에게 향하도록 만들면서 비트는 방법도 알고 있었다. 그는 어떤 일반화에 반대하기 위해 필요한 경우 '반례'를 만들어낼 줄도 알았다. 그리고 대답하기 곤란한 어려운 질문을 하고 도발적인 이론을 만들어낼 줄 알았으며, 또 논증의 가장 훌륭한 부분을 풍자적으로 모방하여 그것이 터무니없거나 그릇된 의미를 가지게 만들 줄 알았다.

그러나 소크라테스가 자신이 던진 질문들에 대해 사람들에게 좀처럼 대답해주지는 않았지만, 그의 목적이 단지 다른 사람들의 주장과 논의를 무너뜨리는 것은 아니었다. 그는 사람들로 하여금 어쩔 수 없이 스스로 해답을 찾게끔 만들었으며, 일부 소피스트와는 달리 소크라테스는 이 질문들에 대한 대답이 실제로 있다고 확신했던 것 같다.

우리는 이미 소피스트가 논증을 비틀고 우회하여 허를 찌르며 능숙한 수사법을 통해서 논지를 입증했음을 언급하였다. 비록 그들이 오늘날 '사기꾼'이라거나 그들의 논의가 '궤변'일 뿐이라는 평판을 듣지만, 사실 그들은 충분히 가르칠 만했다고 할 수 있다. 사실 그들은 덕을 가르칠 것을 주장하였다. 소크라테스는 이에 동의하지 않았다. 덕이란 가르칠 수 있는 것이 아니라고 말하였다. 그렇지만 덕의 중요성에 대해 그들과 의견을 같이 하였으며 그들의 방법을 흉내내었다. 이들은 함께 소크라테스 이전 철학의 추상적이고도 때때로 당황스러운 난해함에 대해 그리고 특히 파르메니데스와 제논에 의해 조장된, 자신들의 철학에 대한 절대적인 신뢰에 대해 유익한 교정수단을 제공하였다. 반어적으로, '궤변'은 그 후 줄곧 소크라테스와는 상이한 것으로 여겨져 왔으며, 플라톤은 그를 모든 철학자들의 영웅으로 그리고 소피스트를 응징하는 사람으로 묘사하였다. 실제로 플라톤은 많은 소피스트를 소크라테스의 희생자로서, 그의 '대화 상대자', 즉 주연배우인 그를 돋보이게 하는 조연급 사람들로 치부하였다. 이들이 최고의 대사를 하는 경우는 거의 드물었고, 그것은 언제나 소크라테스만의 몫이었다.

그러나 실제로는 소크라테스는 소피스트를 반대하지 않았다. 그보다는 그들 자신의 수사학적 논증으로써 그들을 이겼다. 그는 그들이 너무 급하게 지식을 주장한다고 그들을 비난하였다. 그들이 그의 엄격한 변증법의 시험에 통과하지 못하면 선생으로서 그들을 질타했다. 소크라테스는 지식의 기준을 높이 (아마도 도달하기에 불가능할 정도로 높이) 잡았다. 따라서 그는 항상 자신의 무지를 인정하였으며, 무엇보다도 다른 사람들의 무지를 드러냄으로써 그들을 능가하였다. 그는 최고의 소피스트였다. 그는 또한 어떤 것은 믿기도 하였다. 그리고 (운 없게도) 그는 역사상 대중과 가장 좋은 관계를 가졌다.

소크라테스의 제자인 플라톤(기원전 428~348년 혹은 347년)은 스승의 활동과 가르침을 기록했다. 우리를 위해서는 (그리고 소크라테스의 명성을 위해서도) 다행하게도, 플라톤은 헌신적인 제자이자 충실한 기록자였으며 훌륭한 저술가였다. 플라톤은 후기 저작에서 자신의 의견들과 사상들을 어느 정도 더하기 시작하였다. 오늘날까지도 우리가 소크라테스에 관해 알고 있는 것이 어느 정도로 소크라테스이고 또 어느 정도로 실로 플라톤인지에 대해 활발하지만 해답을 찾을 길 없는 토론이 계속되고 있다. 하지만 플라톤의 초기 저작으로부터 그 원래의 모습을 수집할 수 있다는 가정 위에서 생각해보면(그런데 역사가 크세노폰과 다른 저술가들의 기술은 사실에 대한 충실성이 덜하다), 철학이 조용한 철학 연구실보다 오히려 올림픽 경기장을 닮은 아테네의 아고라(혹은 장터)의 거리를 택했을 때, 철학의 역사에서 가장 생생한 에피소드가 어떤 것이어야 했을지 상상할 수 있을 것이다. 소크라테스의 정치학과 그의 죽음을 배경에 두고서, 그의 학생들과 궁극적으로 그렇게 많은 사상가들이 그의 시대로부터 오늘날에 이르기까지 어째서 그를 '철학자'로 여겼는지 이해하도록 해보자.

소크라테스에게 논의의 여지가 없이 주어진 '최초의 철학자'라는 칭호는 물론 시간적으로 그가 제일 처음이란 것이 아니라 그의 위상을 언급하고 있다. 정말로 (그보다 더 젊은 동시대인인 데모크리토스를 포함하여) 그 이전의 모든 철학자들이 집단적으로 소크라테스 이전 철학자로 불리는 이유는 철학에서 그가 차지하는 독특한 지위를 완전히 인정받고 있기 때문이다. 표준적인 철학의 관점에서 보면, 그들은 사실상 선사시대에 속하는 사람들로 취급되었다. 그렇지만 소크라테스 이전의 사상가들을 철학자로 평가하는 데 종종 사용되는 기본적인 기준들, 즉 체계적인 사유, 논쟁적인 중심 명제(어떤 형식으로 글로 씌어진 것이 좀더 바람직할 것이다), 문학적이고 일상적인 대화의 압박으로부터의 자유, 우주론과 우주창조론이라는 궁극적인 문제들에 관한 관심 등에 비추어본다면 소크라테스는 이 모든 기준에서 탈락할 것으로 보인다.

소크라테스의 대화들은 단 한 줄의 사유도 보여주지 않으며, 철학 이론들에 관해서도 마찬가지이다. 거기에는 단지 모방할 수 없는 소크라테스의 스타일과 인격만이 드러날 뿐이다. 학자들은 소크라테스가 어떤 일관된 명제를 주장했는지 혹은 단지 주위 사람들의 논증을 논파하면서 되묻기만 했는지에 관해서 오늘날까지 토론을 벌이고 있다. 소크라테스는 글로 남기지는 않았으나, 자신의 철학을 가지고서 학생들과 동시대의 다른 철학자들과 열띤 대화를 나누었다. 그는 재능이 있고 종종 논증에서 내적 성찰을 보여주기는 했지만, 곧바로 철학적 명제로 다뤄질 수 있는 것을 거의 제시하지 않았다. 그리고 그는 선배 철학자들을 그리도 흥분시켰던 문제들에 거의 아무런 관심을 보이지 않은 것 같다.

그럼에도 플라톤과 크세노폰의 저작 속에는 그의 가르침에 관해서 풍부하게 언급되어 있다.[21] 소크라테스는 아주 특별한 덕(virtue) 개념이 핵심인 이론을 옹호하였다. 덕은 한 개인에게 가장 좋은 것이며, 덕 중에서 첫째가는 것은 철학적이거나 지적인 덕이다. 소크라테스의 죽음은 이런 의미의 덕을 나타낸다고 말할 수 있다. 나중에 아리스토텔레스가 주장했던 것처럼, 철학의 첫번째 덕은 철학을 하도록 요구하는 것이다. 그러나 소크라테스는 또한 '자신의 영혼을 구원하기 위하여' 자신의 생을 포기했다고 주장하였다. 바로 여기서 우리는 다음 2천 년 동안 윤리학자들을 괴롭히게 될 철학의 원석덩어리들 중 하나를 발견하게 된다. 과연 이것은 소크라테스가 끊임없이 말했듯이 이기적인 것, 즉 그 자신의 이익(그의 영혼의 이익)을 추구하기 위한 것이었을까? 아니면, 한 사람의 영혼의 궁극적인 덕을 위한 행동(죽는 것)이었을까? 혹은 이 딜레마는, 이것이 의존하는 것에 반대되듯이, 거짓된 것일까?

우리가 자아의 경계라고 부르는 것에 대해서 소크라테스는 아주 모호하였다. 소크라테스는 내부의 목소리, 즉 자신의 분수를 지키게끔 해주는 다이몬을 갖고 있다고 주장하였다.[22] 이 수호신은 그에게 계속해서 그가 얼마나 무지하며, 얼마나 무식한지를 말해주었으며, 또한 오로지 앎(지식)만이 그의 영혼을 구원할 것이라고 말해주었다. 그럼에도 델피의 신탁은 소크라테스에게 그가 세상에서 가장 현명한 사람이라고 말했다. 이두 목소리를 함께 고려해볼 때, 다음과 같은 결론을 이끌어낼 수 있다. 지혜는 우리가 어

---

21 크세노폰의 증언은 의심스러운 것으로 남아 있다. 그레고리 블래스토스가 편집한 『소크라테스의 철학』(*The Philosophy of Socrates*, 뉴욕, 더블데이 출판사, 1971년)에서 그레고리 블래스토스가 쓴 '소크라테스의 역설'의 1-4쪽을 보라. 아리스토파네스는 소크라테스가 『구름』이라고 말한 풍자적인 희곡을 썼지만, 이것은 패러디보다는 장난스런 속임수에 더 가까웠으며 역사적인 소크라테스나 그의 철학을 이해하는 데는 그리 도움이 되지 않았다. 블래스토스 편집, 『소크라테스의 철학』, 50-77쪽에 실린 케네스 J. 도버가 쓴 '공상에 잠긴 소크라테스'를 보라.

22 대화편 『향연』에서, 소크라테스는 자신의 철학을 마치 그 지역의 어떤 뮤즈가 자신에게 받아쓰게 한 것일 뿐인 것으로 소개하고 있다. 이것은 아마도 플라톤이 만들어낸 극적인 표현방식이겠지만, 또한 소크라테스 자신이 종종 말하곤 하던 '가장 심오한 진리들은 우리에게 그 모습을 드러낸다'는 좀더 깊은 진실을 가리키는 것이기도 했다. 우리는 '그것들을 이해할 수' 없다. 줄리언 제인스는 『의식의 기원』(*The Origins of Consciousness in the Breakdown of the Bicameral Mind*, 보스턴, 휴턴, 1976년/김득룡 · 박주용 옮김, 서울, 한길사, 2006년)에서 이 감질나게 하는 논제를, 우리가 '반성적 의식'이라고 부르는 것이 30세기 전에는 우리 자신의 것이기보다는 '내면의 목소리'로서 경험되었을 것이라며 받아들인다.

떤 것에 대해서도 많이 알지 못한다는 사실을 엄격히 깨닫는 데서부터 시작한다. 비교적으로 말한다면, 소크라테스는 동료 시민들, 특히 자신들이 많이 알고 있다고 믿는 교육받지 못한 민주주의자들을 사실상 저능아로 생각하였다. 그는 그들에게 이런 사실을 확인시켜주는 것 역시 자신의 임무라고 생각하였다. 그들에게 '덕이 무엇인가?' '지식이 무엇인가?' '정의(正義)란 무엇인가?'와 같은 질문을 던지면서, 그는 이런 철학적 물음들의 어려움과 동료 민주주의자들의 명청함을 교묘히 드러내보였다.

여기서 소크라테스 철학의 실질적인 세부사항에 관해 별로 언급하지 않은 것은 이상하게 보일 것이다. 재차 말하자면, 그 이유는 그가 자신의 철학에 대한 주장을 거의 하지 않았기 때문이다. 그는 인생에서 가장 중요한 일은 우리의 영혼을 구제하는 일이고, 좋은 영혼의 표지는 덕이며, 인생의 가장 중요한 목적은 지식, 즉 지혜를 얻는 일이라고 가르쳤다. 그렇지만 그는 덕은 가르칠 수 없다고 주장하였다. 실제로 그는 거의 자신의 학생들의 '마음을 움직이려고' 하지 않았다. 그는 영혼의 불멸을 믿었을 뿐만 아니라 영혼의 재생도 믿었다. 아마도 이 점에서 그는 피타고라스의 영향을 받았던 것 같다. 그는 확실히 자신의 이상과 이성의 힘을 믿었다. 소크라테스는 실생활에서와 같이 대화편 전체를 통해서 자신의 무지와 덕을 계속해서 강조하였음에도 그의 철학을 통틀어서 수정처럼 분명한 명제 하나는 덕은 곧 지식이라는 것이었다. 하지만 소크라테스는 이를 제외하고는 어떤 실증적인 주장도 하지 않았다.

예를 들어, 그의 영혼 개념은 잘 알려진 대로 확정적이지 않고 열려 있다. 그것은 명백하게 종교적이지도 않고, 또 어떤 형이상학적이거나 신학적인 이론을 전제하지 않는 것 같다. 또한 영혼을 생기 있는 '숨(호흡)'으로 보는 전통적 관점처럼, 어떤 자연적이거나 물질적인 연관성도 포함하지 않는다. 사실은 그가 영혼의 불멸을 주장하며 동의를 구하였다는 사실조차 분명치 않으며, 그는 다만 「소크라테스의 변론」에서 만일 영혼이 불멸하다면 얼마나 좋은 일이겠냐고 말했을 뿐이다. 자신의 영혼을 위해 사는 일(그리고 죽는 일)은 순전히 개인적인 성격과 성실성에 관련된 문제이며 미래의 보상에 대한 어떤 기대와도 상관이 없다. 소크라테스의 관심은 엄밀히 윤리적인 것이며, 거기에는 그의 선배들을 매혹시켰던 우주론의 흔적은 전혀 보이지 않는다.

또한 소크라테스의 다양한 대화들로부터 나온 매우 중요한 덕의 개념은 (그리고 덕에 대한 분석 역시) 기껏해야 정리되지 않은 일련의 예들과 반례들에서 나온 것일 뿐이다. 이런 예들에서 소크라테스는 좋은 사람이 되고 좋은 인생을 사는 데 덕이 필수적임을 끊임없이 주장한다. 덕에 관한 '이론'이라고 부를 만한 것이 거의 없거나, 혹은 바로 그런 이유 때문에 무엇이 덕이며 또 무엇이 덕이 아닌지도 명쾌하지 않다. 소크라테스는 세부적인 사항에 관해서는 말하지 않았다. 그에게 완전히 패배당한 사람이 애타게 가르침을 구할 때도 소크라테스는 그런 말을 하지 않았다. 소크라테스는 스스로 답을 찾으라고 강조하여 그로부터 우리가 얻을 수 있는 것이 거의 없다. 어떤 입장을 주장하는 것처럼 보일 때도, 그는 때로 같은 대화 안에서 그 주장을 뒤집거나 그 주장에 모순되는 말을 하였다.

예를 들어 대화편 『크리톤』에서, 소크라테스는 그를 탈출시키고자 하는 친구 크리톤과 열렬히 논쟁한다. 비록 그가 특수한 정황에서 잘못 고발되고 부당한 선고를 받았지만, 감옥을 탈출하여 아테네의 법을 어기는 것이 정당한 일일까? 그는 법이 부당하고 그에게 불리하게 돌아가더라도 시민은 국가의 법에 절대적으로 복종해야 한다고 주장하는 것 같다. 하지만 그 몇 년 전에 소크라테스가 참주들이 한 (선량한) 시민을 체포하라고 명령했을 때 소크라테스는 그것을 거부하였다. 당시에는 그러한 생각을 갖지 않았던 것 같다.

마찬가지로 소크라테스는 예를 들어 한 대화편이나 책(예를 들어, 『라케스』나 『국가』의 제1권)에서 논의된 용기나 정의(正義)에 관한 정의(定義)를 반박하고서는, 또 다른 대화편이나 책(예를 들어, 『프로타고라스』 혹은 『국가』 제10권)에서는 그와 비슷한 정의를 제안한다. 어떤 대화에서는 플라톤의 용어로 보통 '형상(形相)론'이라 불리는 것을 논증한 것으로 보이지만, 다른 데서는 이 이론에 대하여 심히 의혹을 표현하면서 반대의견들을 날카롭게 제기하였다.

학자들은 아마도 이러한 명백한 모순들을 분류하고 분석할 수 있을 것이다. 모든 대화에서 소크라테스의 놀라운 인격이 드러난다. 소크라테스에게서 경탄할 만한 점은 어떤 주장이라도 설득하는 타고난 능력이 아니라, 그 자신과 그가 사용한 논증 방식이 지닌 매력이었다. 소크라테스는 실로 철학을 몸소 실천하였으며 철학적으로 살았다. 그리고 그가 어떤 이론을 믿든 안 믿든 그는 철학자란 어떠해야 하는가를 보여주었다.

그러나 소크라테스가 철학의 미래에 미친 영향을 두 가지 면, 즉 그의 성격과 그의 논증 방식으로 구분할 수 있다. 그는 매우 개인적이고 의젓했다. 대화와 논의를 좋아하였으며, 상대방을 걸고 넘어져 이기는 것을 즐겼고, 논의를 좀더 진행하도록 유인하여 약간의 용기를 주고서는 다시 걸고 넘어졌다. 이러한 소크라테스의 모습은 말로 하는 쿵푸 선생 같다. 그는 인내심을 가지고 (그의 학생인) 젊은 전사(戰士)들에게 감명을 주기도 했다. 또한 재미있고 매우 반어적이었으며 장난을 좋아하였다. 그리고 세속적이었고, 열정적이었으며, 열광적이었다. 그의 매력은 아테네의 젊은이들 사이에서 전설이 되었다. 그리고 물론 그는 언제나 이야기를 하고 있었다.

하지만 소크라테스 역시 하나의 방법을 갖고 있었다. 이는 그의 철학과 마찬가지로 특히 플라톤의 후기 대화편에서 드러난다. 후기 대화편에서 소크라테스는 유명인사보다는 '순수 철학자'의 모습을 보여준다. (여기서 화자가 '소크라테스인가 플라톤인가' 하는 문제는 실로 중요하며, 이런 물음은 헛수고일 뿐이다.) 이 방법이 지난 몇 세기에 있었던 소크라테스에 대한 수많은 논평들의 주된 초점이 되었는데, '반어법'으로 기술될 수 있는 것이었다. 이는 사실 그가 그 누구보다도 더 명백하게 알고 있음에도 알지 못한다고 주장하기 때문이었다. 혹은 어쩌면 이 방법을 반대심문이나 당혹스럽게 만들기(아포리아)라고 부르는 것이 나을지도 모른다. 소크라테스는 우선 '정의(定義)'를 구하고 그런 다음 그 모든 정의를 사실상 거부한다. 하지만 소크라테스에게 '정의'란 단지 ('정의[正義]', '덕', '용기' 같은) 단어들이 어떻게 쓰이는가 하는 사전적 의미만을 뜻하지는 않는다. 그는 정의, 덕, 용기 같은 것을 그것의 가장 순수한 형태 속에서 추구하였다. 이리하여 소크라테스는 그의 '변증법'(혹은 단순하게는 엄격한 대화법)을 통해 모든 부적절한 정의(定義)를 제거하고서 남은 것이 진실한 것이라고 하였던 것 같다. 그런 다음 이러한 진실한 정의는 우리를 정의, 덕, 용기의 이데아 그 자체로 향하게 만들 것이다. 따라서 소크라테스는 인간의 통상적인 경험 너머에 있는 이데아를 믿었던 것 같다.

이런 이데아가 덕을 정의하고 한 사람의 영혼의 가치를 결정한다. 더욱 놀랍게도, 소크라테스는 우리의 영혼이 우리가 태어날 때부터 이러한 이데아를 안다고 주장하였다. 하지만 이 이데아는 단지 '우리 안에' 있는 것이 아니다. 그것은 오직 현명한 사람들인 철학자들만이 이해할 수 있는 이데아의 세계에 속한다. 바로 이런 이유에서 철학자만이 궁극적으로 통치에 적합하며, 무지한 사람들은 자신들에게 자격이 없음을 마땅히 깨달아야 한다.

소크라테스의 방법과 그것이 함축하는 의미는 그 이전의 고대 그리스 철학까지, 즉 항상 변화하고 단지 겉으로 드러나 보이는 세계 너머에 변하지 않는 세계, 다시 말해 이데아의 세계가 존재한다는 믿음과 희망으로까지 거슬러 올라간다(바꿔 말하면 이것은 피타고라스와 파르메니데스의 거친 우주론으로까지 거슬러 올라감을 의미한다). 하지만 소크라테스는 그들의 사상에 거의 무관심했던 것 같으며,[23] 모든 소피스트들이 그랬듯이 절대적 지식에 대한 어떤 주장에 대해서도 적대적이었다. 소크라테스 이전의 사상들이 끼친 영향을 알기 위해서는, 우리는 소크라테스를 지나 플라톤으로 넘어가야 할 것이다. 하지만 거기서 우리는 더욱 복잡해진 문제들을 발견할 뿐이다.[24]

● 플라톤_ 형이상학자 혹은 숭고한 해학가?

---

23 그렇지만 이것은 플라톤에 관해서는 분명 맞지 않는 말이다. 플라톤은 두 사상가에 대하여 깊은 호감을 갖고 있었으며, 그러므로 소크라테스 또한 그들에 대해 관심을 갖고 있지 않았다고는 믿기 어려운 일이다.
24 물론 그렇게 고무적인 것은 아닌, 소크라테스에 대한 또 다른 반응들도 있었다. 소크라테스의 또 다른 제자였던 안티스테네스는 빈곤과 매우 금욕적인(자기부정적인) 개인의 도덕성을 역설하였다. 그는 견유학파(Cynic, 이 말은 개를 뜻하는 그리스어 'cyne'에서 유래하였다)였다. 또 다른 견유학파였던 디오게네스에 대하여 플라톤은 이렇게 말했다고 한다. "그는 미쳐버린 소크라테스이다."

플라톤은 철학에서 가장 위대한 저술가이자 천재적인 극작가였다. 물론 그는 그의 많은 작품이 살아남는 행운을 누렸다. (그러나 이 행운은 그의 철학 저술들에만 해당된다. 철학에 헌신하기로 마음먹으면서 플라톤은 자신이 쓴 희곡들을 없애버렸다.) 플라톤은 아카데메이아라는 학교를 세우기도 했는데, 자신의 저술과 사상을 (또한 소크라테스의 가르침을) 보존하기 위함이었다.

그 이전이나 이후의 어떤 철학자와 비교하더라도, 플라톤은 사실상 더욱 훌륭하고 감동적이고 재미있고 심오하였다. 각각 『국가』과 『향연』에서 간략하게 발췌한 다음의 내용들을 살펴보자.

소크라테스 : 그러면, 트라시마쿠스여, 이리 와서 처음부터 우리에게 대답하게. 완전한 정의보다 완전한 불의로부터 더 많은 이득을 얻으리라고 자네가 말하였나?

트라시마쿠스 : 저는 확실히 그렇게 말했으며, 그 이유도 선생님께 말하였습니다.

소크라테스 : 좋네, 그렇다면, 이 점에 대해서는 어떻게 생각하나? 자네는 그 둘 중 하나는 덕이라고 부르고 다른 하나는 악덕이라고 부른다는 점을?

트라시마쿠스 : 물론입니다.

소크라테스 : 즉, 정의를 덕이라 부르고, 불의를 악덕으로 부른다는 말인가?

트라시마쿠스 : 친애하는 이여, 제가 불의는 이득이 되고 정의는 그렇지 않다고 말하기 때문에 그렇다는 것입니까?

소크라테스 : 그렇다면 어떻게 된다는 것인가?

트라시마쿠스 : 그 반대입니다.

소크라테스 : 그러면 자네는 악덕을 정당하다고 하는 것인가?

트라시마쿠스 : 아닙니다, 하지만 그것은 확실히 고상한 어리석음일 겁니다.

소크라테스 : 그렇다면 자네는 부정함을 비열하다고 하나?

트라시마쿠스 : 아닙니다, 저는 그것을 좋은 판단이라고 합니다.

소크라테스 : 그렇다면, 트라시마쿠스여, 자네는 부당한 사람을 좋은 사람으로 그리고 지식이 있는 사람으로 간주한다는 말인가?

트라시마쿠스 : 그렇습니다, 그들은 불의를 끝까지 유지할 수 있으며, 도시와 자치구의 사람들을 그들의 권력 아래 진압할 수 있습니다. 어쩌면 선생님은 제가 날치기를 의미하고 있는 것으로 생각하시나요? 만일 그들이 발각되지 않는다면, 그러한 행위 역시 이익이 안 되는 것은 아닙니다. 하지만 그것들은 제가 말하고 있는 것에 비해서 언급할 가치가 없습니다.

소크라테스 : 자네가 무슨 말을 하는지 모르지는 않지만, 이 점은 나를 놀라게 만드네. 자네는 불의를 덕과 지혜 아래에 포함시키고, 정의를 그 반대쪽에 포함시키는 것인가?

트라시마쿠스 : 확실히 그렇습니다.

소크라테스 : 그런 점이 이것을 더욱 어렵게 만들고 있네, 친구여, 그래서 지금 말하는 것을 알기가 쉽지 않네. 자네가 불의로부터 더욱 이득을 얻을 수 있다고 선언했지만, 일부 사람들이 그러는 것처럼 자네는 그것이 악덕 또는 수치라는 데 동의했네. 우리는 이것을 일반적인 견해에 따라 토의할 수 있었을 것이네. 그런데 자네는 분명 악덕은 좋고 강하다고 말할 것이며, 우리가 정의(正義)에 적용하던 모든 속성들을 그것에다 적용할 것이네. 왜냐하면 자네는 그것을 덕과 지혜 아래에 포함시킬 만큼 대담하기 때문이네.

트라시마쿠스 : 선생님의 추측이 옳습니다.

소크라테스 : 그렇지만 자네가 말하는 것이 무엇을 의미하는지 내가 확신하는 한에는, 우리는 우리의 논의를 계속해서 이 문제에 대해 들여다보는 것을 피해서는 안될 것이네. 트라시마쿠스여, 자네가 지금 농담을 하는 것이 아니라 진실이라고 믿는 것을 말하고 있다고 나는 생각하네.

트라시마쿠스 : 제가 그것을 믿거나 말거나 선생님께 무슨 차이가 있다는 것입니까? 선생님께서는 제 주장을 반박하고 있는 것이 아닙니까?

소크라테스 : 아무런 차이도 없네…….

• 『국가』에서

소크라테스 : 욕구를 가진 사람이라면 누구든지 그가 가지지 않은 것을 바라고, 현재의 자신보다 더 나은 자신이기를 바라며, 또 자신이 필요한 것을 욕구하기 마련입니다. 왜냐하면 그런 것들이 바로 욕구와 사랑의 대상들이기 때문이네.

아가톤 : 확실히 그렇습니다.

소크라테스 : 그렇다면 우리가 동의한 점들에 관해서 다시 살펴보도록 하세.

아가톤 : 예.

소크라테스 : 그리고 그런 점들에 덧붙여 큐피드가 사랑하는 것이 무엇인지에 관한 자네의 연설에서 자네가 말한 바에 대해 잘 기억해두게. 자네가 원한다면, 자네에게 그것을 일깨워주겠네. 내 생각에 자네는 이렇게 말했던 것 같네. 즉, 신들의 다툼이 아름다운 것에 대한 사랑으로 진정되었는데, 추한 것에 대한 사랑은 없기 때문이라고 말했네.

아가톤 : 그랬습니다.

소크라테스 : 그리고 그 말이 적절하네, 친구여, 하지만 만일 그렇다면 사랑이란 것은 아름다움에 대한 욕구이어야만 하고, 결코 추함에 대한 욕구가 될 수 없다는 말인가?

아가톤 : 예.

소크라테스 : 그리고 우리는 역시 우리가 필요하고 가지지 못한 것만을 사랑한다는 데 동의하였네.

아가톤 : 예.

소크라테스 : 그렇다면, 사랑이란 아름다움을 필요로 할 뿐 아름다움을 갖고 있는 것은 아니네.

아가톤 : 확실히 그렇습니다.

소크라테스 : 그렇다네! 만일 어떤 것이 아름다움을 필요로 하지만 아름다움을 전혀 갖고 있지 않다면, 자네는 그것을 여전히 아름답다고 말할 수 있겠나?

아가톤 : 분명히 그렇지 않습니다.

소크라테스 : 만일 사실이 이렇다면, 사랑은 아름다운 것이라는 점에 자네는 여전히 동의할 수 있는가?

아가톤 : 소크라테스, 사실을 말하자면, 그 연설에서 제가 무엇에 대해 얘기했는지 저도 모르겠습니다.

소크라테스 : 아가톤이여, 어쨌든 자네의 연설은 아름다웠네. 자, 그러면 얘기를 좀 더 진행시켜보세. 선한 것들은 또한 언제나 아름답다고 자네는 생각하지 않나?

• 『향연』에서

소크라테스의 숙명이 모든 대화에 그 그림자를 드리우고 있다. 그는 모든 의견교환에서 신랄함을 드러내고, 모든 논의에서 위엄을 보여준다. 소크라테스가 우선 극적인 주인공으로, 그리고 철학의 대변자로서 성공적으로 묘사되어서, 소크라테스가 명확히 표현하고 주장한 것으로 여겨지는 사상들이 실은 플라톤 자신의 것인데도 플라톤은 계속해서 소크라테스를 이용하여 자신의 생각을 표현하였다.

이 점은 잘 알려진 다음과 같은 의문을 제기하였다. 플라톤이 정말로 소크라테스의 충실한 제자였는지, 아니면 스승 소크라테스를 단지 수사학적이고 철학적인 대변인으로 이용하고 있는지를 어떻게 알 수 있을까? 우리는 언제 이 두 가지에 동의할 수 있을까, 그리고 언제 제시되고 있는 명제들이 온전히 플라톤의 것이라고 생각해야 할까? 문제를 더욱 복잡하게 만드는 것은 대화의 형식에서 오는 난점이다. 저자(플라톤)가 대화 속 화자에게 무엇이든 동의한다는 보장이 없다는 것이다. 예를 들어, 『향연』에서 플라톤은 6명 이상의 화자들을 선보이는데, 이들의 주장은 서로 모순된다. 그리고 소크라테스를 포함하여, 그 화자들 중의 어떤 이에게 플라톤 자신이 동의하고 있는지가 분명치 않다. (나중의 몇몇 대화에서는 소크라테스가 완전히 사라져버린다.)

플라톤의 철학은 우선 의심할 수 없는 소크라테스의 가치에 대한 인정과 전적인 찬양으로 시작되었다. 특히 소크라테스의 최후의 날들, 즉 재판, 투옥, 그리고 처형에 관해서는 각각 『소크라테스의 변론』, 『크리톤』 및 『파이돈』에서 기술하고 있다. 플라톤은 또한 많은 대화를 기록하고 있다. 거기서 소크라테스는 아리스토파네스, 알키비아데스, 파르메니데스, 제논, 프로타고라스, 고르기아스 등을 포함하여 당시에 가장 똑똑하던 사람들(그리고 그다지 똑똑하지 못한 몇몇 사람들)과 토론을 벌인다. 플라톤은 여러 논증들에 대한 소크라테스의 반박을 통하여 자신의 견해를 제시하기 시작한다. 아마도 다음과 같이 말하는 것이 바람직할 것이다. 플라톤의 초기 대화들은 특히 윤리와 선한 인간이 되는 것과 덕의 정의에 관한 것으로, 여기서는 소크라테스의 견해에 대해 정당한 평가를 내리고 있기는 하지만 매우 미화시키고 있는 것이 분명하다. 반면 지식과 우주론적 문제들에 더욱 많이 관련되어 있는 후기의 대화들은 플라톤의 사상임이 거의 확실하다.

우주론에 대한 플라톤의 관심은 세계를 수로 보는 피타고라스의 관점, 세계를 유동(流動)과 로고스로 간주하는 헤라클레이토스의 견해, 그리고 영원불변하며 알 수 없는 실재에 대한 파르메니데스의 통찰을 포함하고 있다. 소크라테스가 살짝 암시한 것이기는 하지만, 플라톤 철학의 중심사상은 형상론이었다. 이 이론은 '두 개의 세계'를 상정하는 우주론을 제기하였다. 하나의 세계는 변화하고 비항구적인 우리의 일상세계이며, 다른 하나의 세계는 이상적인 '형상' 혹은 에이도스(eidos)가 살고 있는 이데아의 세계이다. 첫번째 세계는 '생성의 세계'로서, 헤라클레이토스가 주장하였듯이 유동하는 세계이며, 후자의 세계는 파르메니데스가 요구했던 영원불변하는 세계이다. 플라톤의 새로운 통찰이 매우 매력적인 이유는 무엇보다도 이 두 세계가 파르메니데스와 몇몇 소피스트들이 주장하듯이 서로 관련이 없는 것이 아니라 상호 연관되어 있다고 본 까닭이었다. 우리가 살고 있는 생성의 세계는 존재의 세계, 즉 이상적인 형상의 세계에 의해 규정된다(이상적인 형상의 세계가 생성의 세계에 관여한다). 이렇게 하여, 일상세계를 근저에서 지탱하고 있는 불변하는 로고스는 형상들의 이상으로 이해될 수 있는데, 로고스는 일상세계의 끊임없는 변화에도 불구하고 일상세계를 규정한다. 더욱이 이 이상적인 형상들의 세계는 파르메니데스의 경우처럼 알 수 없는 세계가 아니다. 플라톤에 따르면, 우리는 이성을 통하여 이 세계를 적어도 어렴풋이 알아볼 수는 있다.

이상 세계를 어렴풋하게나마 알아볼 수 있는 즉각적인 예들은 수학과 기하학의 분야에서 찾아볼 수 있다. 삼각형과 관련된 어떤 정리에 관한 기하학적인 증명을 예로 들어보자. 우리가 칠판이나 종이 위에 그리는 삼각형은 완벽한 삼각형이 아니다. 사실상 선들은 명료하지 않고 휘어져 있으며 모서리들이 정확히 들어맞지 않는다는 점에서, 이것은 진정한 삼각형이 아니다. 그렇지만 이렇게 대충 그린 삼각형을 통해서도 삼각형의 본질적인 것들을 알 수 있다. 어떻게 이것이 가능할까?

피타고라스는 이미 자신의 이론에서 세계의 본질은 수와 비율에서 발견될 수 있다고 주장하였다. 가장 실재적인 것은 사물들의 질료가 아니라 그 형상이라고 피타고라스는 제안하였다. 따라서 개별 존재들과 그 관계는 일시적일지라도, 수학과 기하학을 연구하는 것은 곧 실재의 본질적 구조를 연구하는 일이다. 그러므로 이렇게 말할 수 있을 것이다. 우리는 수학과 기하학의 연구를 통해서 세계의 일상적인 흐름(流動)을 '꿰뚫어 볼' 수 있으며, 불변하는 본질적인 것을 볼 수 있다. 또한 우리는 불완전하게 그려진 삼각형을 '꿰뚫어 봄'으로써 '삼각형 그 자체'의 관념이나 형상에 도달할 수 있다. 우리가 증명하는 것은 우리가 대충 그린 삼각형에 대한 정리(定理)가 아니라, 그것이 삼각형 그 자체를 예시하는 한, 모든 삼각형들에 대한 정리이다. 물론 대충 그려진 삼각형도, 그것이 실로 삼각형에 대한 하나의 표상인 한에는, 삼각형의 정리에 합치한다. 하지만 이는 그것이 삼각형인 이유는 그것이 다른 어떤 것, 즉 이 세상에 있지 않는 삼각형 그 자체의 표상이라는 사실 덕분이라는 말이다. 그렇지만 우리는 명백히 삼각형 그 자체, 즉 삼각형의 이상적인 형상을 알 수 있다. 우리는 우리의 추론을 통하여 그것을 이해할 수 있다.

이와 마찬가지로, 이 세상의 모든 사물들은 더 좋든 더 나쁘든 이상적인 형상들의 표상들이다. (플라톤의 저작에 등장하는 인물과는 거리가 먼) 역사적 인물로서의 소크라테스로 돌아가보면, (그가 실제로 믿었든 안 믿었든 간에) 그가 어떤 의미에서 형상론을 예견했는지 우리는 알 수 있다. 그가 덕의 '정의'(定義)를 찾을 때 실은 덕의 이상적인 형상, 즉 '덕 그 자체'를 찾고 있었던 것이다. 그가 용기나 정의나 지혜의 정의를 찾았을 때도 실제로 찾고 있었던 것은 그것들의 이상적인 형상이었다. 그리고 '선'을 추구했을 때도 그가 실제로 추구했던 것은 모든 선한 것, 선한 행동, 선한 존재 너머에 있는 그 형상이었다. 이렇게 하여 우리는 강도 높은 교차 검증과 다양하게 시도된 정의를 통한 추론이라는 소크라테스의 방법이 왜 그렇게 중요한지를 이해할 수 있다. 또한 소크라테스가 왜 그렇게 반어적으로 자신이 무지하다고 단호히 말했으며, 왜 이들 정의나 그러한 계시들을 제시하는 덕은 가르칠 수 있는 게 아니라고 주장했는지 이해할 수 있다. 우리는 이러한 문제들을 깊이 연구해야 하며, 또 스스로 이런 형상들을 '보아야' 한다. 소크라테스가 형상에 관한 정의를 내렸든 아니든, 그가 덕의 이상적 형상을 생각하고 있었던 것만은 확실한 것 같다. 이런 이유에서 그는 죽음 앞에서도 그렇게 흔들리지 않는 자신감을 보일 수 있었던 것이다.

아마도 형상과 형상을 보는 철학자를 현혹시키는 그것의 능력을 보여주는 이미지로 가장 주목할 만한 것은 플라톤이 그의 역작인 『국가』 제7권에서 제시하는 것이다. 여기서 그는 '동굴의 비유'를 자세히 언급하고 있다. 이것은 존재의 세계와 생성의 세계(즉, 형상과 이 세계의 사물) 사이의 관계에 관한 비유이며, 동시에 철학자가 직면하고 있는 위험들에 대한 경고이기도 하다. 플라톤은 여기서 암암리에 일반 대중에게 이 형상을 설명하거나 보여주려 했던 스승 소크라테스를 언급하고 있다.

동굴의 비유는 동굴 속에서 족쇄에 채워진 채 동굴의 벽을 바라보고 있는 죄수들의 이미지로부터 시작한다. 그들이 바라보면서 실재라고 여기는 것은 벽 위에 비친 그림자일 뿐이다. 소크라테스는 계속해서 (이 비유를 얘기하면서) 우리 모두가 실재로 여기는 것이 궁극적으로는 그림자로 이루어진 것일 뿐이라고 설명한다. 하지만 이 그림자가 비실재라는 것은 아니다. 그것은 실재의 그림자이지만, 그것보다 훨씬 더 실재적인 것의 그림자이다. 그러므로 여기서는 파르메니데스의 경우처럼, 실재와 환영이 구분되지 않는다. 그보다는 좀더 실재적이고 좀 덜 실재적인 것 사이의 구분, 상위 세계와 하위 세계 사이의 구분이 있을 뿐이다.

이제 죄수들 중의 한 사람인 철학자가 족쇄를 끊고 고개를 돌려 처음으로 동굴의 벽에 그림자를 던지는 진정한 사물과 그림자를 드리우게 만드는 밝은 태양을 보게 되었다고 하자. 그는 이 눈부심에 현혹되지 않을까? 그는 곧바로 자신이 지금 보고 있는 실재와 비교하여 일상의 실재의 그림자들이 얼마나 불완전한가를 알아보지 않을까? 또한 언제나 불완전하고 혼동된 관념들과 일상적인 남녀의 행동에 비해 완전한 형상을 가진 덕과 정의 그리고 용기를 보면서 철학자는 눈이 부실 것이다. 그때 그의 열망은 얼마나 '더 높아' 질 것인가. 그리고 만일 철학자가 다시 동굴로 돌아가 동료들에게 그들의 세계가 얼마나 초라하며, 또 그들이 이상적으로 여기는 것들이 얼마나 부적절한 것들인가를 설명해주려 하면, 그들은 오히려 그를 죽이려들지 않을까? 이 비유가 소크라테스의 운명을 언급한 것임에 틀림없지만 형상에 관한 암시는 더욱 보편적이고 심오한 의미를 갖는다.

형상론은 플라톤의 철학을 매우 추상적이고 우주론적으로 보이게 한다. 사실 플라톤의 철학은 우선 정치철학이며, 『국가』는 정치적으로 매우 논쟁적인 저작이다. 하지만 이는 정치적이지만도 않다. 그리스의 도시국가를 옹호하고 재정의하는 일은 전혀 새로운 우주론, 즉 사실상 제우스와 그 외 신들을 대체하는 새로운 종교를 요구하는 것이었다. (소크라테스의 죄목은 아테네의 신들을 거부하고 '새로운 신들' 을 도입했다는 것이었다.)

플라톤이 묘사한 국가는 물론 도시국가 아테네와 많은 공통점을 갖고 있었지만, 또한 당황스러운 몇 가지 차이점들도 보여주었다. 그 가운데 많은 것들이 오늘날 우리가 보기에도 극단적이었다. 우선 그것은 민주주의가 아니었다. 이 점에 관해 플라톤과 소크라테스는 확실히 의견이 일치하고 있다. 국가의 통치는 가장 지식이 많고 덕에 대한 통찰력을 가진 사람들이 맡게 되는데, 이는 곧 철학자를 의미한다. 플라톤은 『국가』에서 철학자-왕이라는 이미지를 선보였는데, 이것은 그때나 지금이나 많은 조롱을 받았다. (정신 나간 철학자에 대한 농담이 적어도 탈레스 때부터 도처에 있었다.)

플라톤의 『국가』는 묘하게도 권위적이고 위계적이며 평등주의적인 특징을 차례로 갖고 있다. 그것은 타고난 재능과 교육에 기초한 '자연적인' 귀족정치이다. 그리고 온건한 독재체제로서, 여기서는 '나라를 지키는 사람들'을 포함하여 누구든지 각자 본분을 알고 있다. 그것은 개인과 개인의 이익을 충족시키는 사회가 아니라 오히려 개인과 개인의 이익을 공통의 선에 종속시키는 사회이다. 예를 들어, 플라톤은 예술에 대한 검열을 제창했다. 예술이 지니는 자극적인 영향력은 사람들에게 적절한 사회적 태도와 행동을 주입시키는 역할에 한정되어야 한다고 그는 주장하였다. 그러한 사회에서는 누구도 자신의 고유한 재산을 소유할 수 없으며, 자신의 아이조차 마음대로 기를 수 없고 대신에 국가가 아이들을 교육시킨다. 하지만 여기서는 여자들에게 남자들과 똑같은 힘이 부여되는데, 이는 당시로서는 매우 과감한 발상이었다. 가장 낮은 계급의 시민의 복지가 가장 높은 계급의 시민의 복지와 똑같이 중요시되었다. 통치자들조차 어떠한 특권도 누릴 수 없으며, 또한 그들에게 주어진 엄청난 책임을 생각해볼 때 행복을 기대할 수도 없다. 행복이란 특권계급의 시민들을 위한 것이 아니라 도시국가 전체를 위한 것이라고 플라톤은 말한다.

좋은 사회에 관한 이와 같은 비민주적인 전망과, 선량하지만 괴벽스러운 '쇠파리'인 소크라테스의 거의 성자 같은 이미지를 조화시키기는 어려운 일이다. 그러나 『국가』는 상상의 국가에 관한 정치적 모델만은 아니다. 그것은 또한 우리 자신과 세계에 대한 새로운 사고방식을 제창하고 있다. 우리는 마땅히 『국가』의 권위적이고 불평등적인 측면을 거부해야겠지만, 『국가』의 세계관을 간과해서는 안 된다. (사실 플라톤 자신도 이런 식의 공화국을 거부하였으며, 후기의 대화편인 『법률』에서 이와는 아주 다른 개념의 정치학을 옹호하였다.) 또한 절대적인 이데아라는 또 다른 세계를 믿는 극단적인 형이상학을 거부해야겠지만, 그렇다고 해서 이상적인 덕의 추구와 얼마간 철학을 통해 덕을 기르는 중요성을 흘려버려서는 안 된다. 하지만 플라톤은 소크라테스에 이어서, 유토피아적인 도시국가와 다소 믿기 어려운 형이상학 이상의 어떤 것을 우리에게 약속하고 있다. 또한 그는 영혼에 관해 영감이 넘치게 묘사하여, 세계를 전혀 새로운 방식으로 보게 한다.

앞서 언급했듯이, 호메로스에서부터 데모크리토스까지 그리스인들은 최소한의 범위 내에서 영혼을 '믿었다'. 그들은 '숨'(이것이 프시케의 원래 의미이다)이라 불리는 것이 신체를 움직이게 하는 데 필요하며, 죽음과 더불어 신체를 떠난다고 보았다. 하지만 이에 따르면, 신체가 영혼을 필요로 하는 만큼 영혼도 신체를 필요로 한다. 영혼이 없이는 신체도 죽은 것이며, 신체가 없이는 영혼도 아무런 의미나 가치도 없는 비참한 그림자에 불과하다. 그러나 소크라테스는 영혼이 도덕적인 중요성을 지녔다고 보았다. 또한 영혼은 신체보다 더욱 중요했다. 소크라테스는 영혼이 어떤 중요한 의미에서 신체보다 더 오래 산다고 믿었다. (이런 점에서, 그는 [피타고라스에게서 빌린 사상은 아니더라도] 피타고라스와 닮았으며, 영혼의 불멸과 윤회에 관한 피타고라스의 이론들과도 닮았다.)

소크라테스는 『소크라테스의 변론』에서, 사후의 삶에서 방해나 마음의 혼란 없이 사유하는 철학의 즐거움을 공상한다. 마치 죽음을 하나의 휴가로 보는 듯하며, 치유로까지 생각하는 것 같다.[25] 플라톤의 후기 통찰은 우리가 영혼의 개념을 이해하는 데 도움을 준다. 영혼은 우리의 다른 부분과 달리, (부분적으로) 영원한 세계인 존재의 세계에 속해 있다. 그러므로 영혼이 신체를 잃는 것은 부분적인 유실일 뿐이다(혹은 보는 관점에 따라서는 전혀 잃은 것이 없다). 소크라테스에 따르면, 바로 이런 이유에서 진실로 선한 사람에게는 신체적인 상해나 죽음조차 궁극적으로는 고통으로 느껴지지 않는다.

더욱이 영혼이 (부분적으로) 존재의 세계에 속한다면, 그것은 이미 형상에 대한 지식을 포함하고 있을 것이다. 그러므로 덕, 아름다움, 선에 관한 우리의 지식은 배움에 의존하는 것이 아니며 또한 가르칠 수도 없다. 우리는 이러한 지식을 가지고 태어난다. 그것은 '생래적'이다(말 그대로, 우리 '안에 타고났다'). 소크라테스는 『파이돈』에서 다음과 같이 말하였다. "어떤 것을 절대적으로 알기 위해서는, 우리는 마땅히 우리의 신체로부터 자유로워야 하며 영혼의 눈만으로 현실의 실재를 보아야 한다." 이리하여 영혼은 지적이고도 도덕적인 삶을 위한 견인차가 된다. 문자 그대로 말하자면, 영혼은 우리 인생에서 걱정해야 할 진정한 가치를 지니는 것이다.

소크라테스의 대화 중에서 가장 기억할 만하고 유명한 것 가운데 하나는 『향연』이

---

[25] 그가 죽어가면서 한 말은 의술의 신인 "아스클레피오스에게 수탉 한 마리를 빚졌" 다는 것이었다.

다. 저녁 식사 후에 벌이는 가공의 즐거운 주연에서, 소크라테스와 몇몇 시인들 그리고 극작가들은 에로스(eros), 즉 에로틱한 사랑의 가치에 관해 토론과 논쟁을 벌인다. 주연에 참여한 사람들 중에는 희극작가인 아리스토파네스도 있었다. 아마도 플라톤은 아리스토파네스의 작품 『구름』에서 소크라테스가 한방 먹은 데 대해 앙갚음을 하고 싶었던 것 같다. (예를 들어, 아리스토파네스는 딸꾹질로 고생한다.) 그곳에는 파우사니아스도 있었고, 젊고 유능한 비극작가이자 그날 저녁 주연의 주인인 아가톤도 있었다. 아마도 가장 극적인 장면은 나중에 매우 취한 모습으로 나타난 알키비아데스가 소크라테스에게 호되게 당하는 모습일 것이다. 소크라테스는 『향연』에서 사랑이란 단지 아름다운 신체나 혹은 아름다운 사람에 대한 욕구만은 아니며, 아름다움 자체에 대한 사랑이라고 주장하였다. 물론 '아름다움 자체'는 형상의 하나이다. 그리고 그것이 진실하게 사랑하는 사람을 지식을 사랑하는 사람, 즉 철학자로 만든다고 하였다.

　『향연』에서의 사랑에 대한 강조는 플라톤 사상의 중요한 한 특징을 반영하고 있다. 아름다움과 질서에 대한 미학적 관심은 플라톤 철학 전체를 이해하는 핵심이다. 아름다움이란 육체를 가진 인간이 가장 용이하게 인식할 수 있는 형상이다. 그리고 아름다움을 일별하는 것은 종종 사람들로 하여금 철학을 추구하게 만드는 최초의 동기가 되곤 하였다. 더욱이 플라톤에게 덕은 아름다움과 유사하다. 덕은 영혼을 조화롭게 만들며, 마찬가지로 아름다움은 얼굴이나 어떤 장면의 요소들을 질서 지운다. 플라톤의 이상적인 국가조차 각 부분들이 조화롭게 구성되어 있다는 미학적 관념을 내포하고 있다. 아리스토텔레스의 철학에서도 윤리적 정치적 이상들을 공식화하는 데서 계속해서 미적 개념들이 중심을 이루며, 이러한 양상은 이후의 철학에서도 다양한 관점으로 다시 나타난다. 하지만 직선적인 고대 그리스인들(혹은 고대 중국인들)에게는 이러한 양상이 거의 나타나지 않았다.

　『향연』은 특별히 언급할 만한 여러 특징을 지니고 있다. 우선 비교적 초기의 이 대화에서는 플라톤의 사상 전체가 소크라테스에 의해 표현되지는 않았으며, 대화의 결론역시 소크라테스 혼자만의 견해가 아니었다. 아리스토파네스는 소크라테스한테 조롱을 많이 당하긴 하였지만, 사랑의 기원에 관해서 특히 기억할 만한 날카로운 견해를 멋지게 피력하고 있다. (이것은 원래는 둘이 합쳐져 있던 인간이 제우스에 의해 오늘날과 같은 모습으로 반으로 나누어졌다는 옛날 이야기인데, 그 이후로 인간은 '자신의 다른 반쪽을 찾으려는 노력'을 하게 되었고 이것이 바로 사랑이라는 것이다.) 다른 사람들은 좀더 익살스럽고 실제적인 사랑의 특성들을 지적하고 있다.

대화의 끝부분에서, 알키비아데스가 난입하여 소크라테스를 조롱하고 남의 마음을 괴롭히는 사람이라고 매도한다. 하지만 알키비아데스 역시 소크라테스의 가르침과 곧바로 모순되는 한 가지 중요한 점을 보여준다. 그는 자신의 행동을 통하여(하지만 실제로 주장하지는 않았다) 사랑이란 형상이 아니라 매우 구체적인 개인을 지향하며, 더 나아가 아름다움과 개인의 미덕은 사랑과는 아무런 특별한 연관도 없다는 것을 보여주었다. (소크라테스는 덕 있는 사람이었는지는 모르지만 못생긴 것으로 유명하였다. 반면, 알키비아데스는 매우 잘 생겼지만 도덕적으로는 악명이 높았다.) 에로스에 대한 플라톤의 견해는 소크라테스가 말한 이상적인 특징들을 예시하는 것이었던 것 같다. 하지만 그것은 또한 소크라테스는 무시한 형이상학적이고 신화적이며 강박적인 성격을 지니고 있었다.

『향연』은 또한 소크라테스가 자신이 무지한 사람이 아니라고 명백히 밝히고 있는 유일한 대화이다. 그는 자신이 확실히 알고 있는 한 가지가 사랑이라고 주장하였다. 물론 이는 그가 이미 (지혜를) 사랑하는 사람이었기 때문이지만, 그렇다고 해서 그가 지혜를 가진 사람이라는 뜻은 아니다. 그럼에도 소크라테스는 자신이 사랑에 관해 알고 있는 것을 스스로 발견한 것이라고 주장하지도 않을 것이다. 그는 오히려 그의 지식을 디오티마라는 이름의 뮤즈 덕택으로 돌렸다. (디오티마가 실재했는지 아닌지보다는 그녀가 여성이라는 사실이 더 흥미로운 일이다. 그리스의 철학자들이 여성으로부터 철학적 조언을 취하는 일은 거의 없었기 때문이다.[26])

결국, 『향연』은 그 통찰력 덕분에, 무엇보다도 재미있고 익살스러운 작품이라 하겠다.[27] 이 작품은 철학이 참기 어렵도록 진지하지 않아도 심오할 수 있다는 점을 결정적으로 보여주었다. 불행하게도, 그러한 교훈은 실제로 그렇게 이해되지 못했으며, 사람들은 플라톤에게 바쳐진 대부분의 찬사에서 그가 철학자들 가운데 가장 탁월한 해학가이며 아울러 위대한 형이상학자였다는 사실을 짐작하지 못할 것이다.

● 철학자 등의 철학자_ 아리스토텔레스

아리스토텔레스는 플라톤의 제자로서 자신이 거부한 스승의 형상론과 자연스럽게 관계되었다. 그는 소크라테스의 '학생의 학생'으로서 또한 스승의 덕 개념에 특별한 관심을 가졌으며, 여기서 스승의 이론에 진심으로 동의하였다. 하지만 이 동의는 '덕 그 자체'라는 초월적인 개념, 즉 이상적인 형상으로서의 덕의 개념으로까지 확장될 수 없었다. 아리스토텔레스에 따르면, 덕이란 한 개인의 인격과 기질의 어떤 구체적인 특성으로서, 어떤 의미로든 덕을 구체적으로 예시하는 사람들과 분리되는 추상적인 개념이나 이상적인 것이 아니다.

그리하여 우리는 아리스토텔레스의 사상 속에서 굳건히 지상에 발을 딛고 있는 '일원론적인 세계'의 철학을 발견하게 된다. 그의 목표는 플라톤처럼 인간의 본성과 자연 전반에 관한 적절한 이론을 발전시키기 위하여 소크라테스 이전 철학자들의 독창성과 모호함을 헤치고 자신의 길을 찾는 것이었다. 소크라테스처럼, 그도 덕의 배양에 집중적인 관심을 보였다. 비록 소크라테스의 사상에 반대하고 다른 소피스트들의 입장에 동의하였지만, 아리스토텔레스는 덕을 가르칠 수 있다고 주장하였다. 그렇다고 해서, 이것이 곧 철학에 관한 강의나 책으로 덕을 가르칠 수 있다는 뜻은 아니다. 한 개인은 덕으로써 길러져야 하며, 그 덕이 제2의 천성이 되게끔 훈련받아야 한다. 어떤 철학자나 철

---

26 여기서 피타고라스는 또 다시 예외였는데, 그는 여성들이 함께 연구하는 것을 허용하였으며 여성들이 철학자가 되는 것은 그들의 권리라고 하였다.

27 대화록의 다소 거친 유머는 특히 새로운 번역본인 플라톤, 『향연』, 알렉산더 니해머스와 폴 우드러프 번역(인디애나폴리스, 해킷 출판사, 1989년)에서 맛볼 수 있다.

학책도 그런 일을 할 수는 없다. 아리스토텔레스의 사상에서는 언제나 그렇듯이, 근본적인 노선은 개인의 차원으로 내려온다. 여기에 형상의 이론, 이 세상이 아닌 다른 세상의 이론, 영혼이 회귀하는 이론이 들어설 자리와 필요성은 없다.

그렇지만 아리스토텔레스보다 더 깊이 우주론과 자연과학에 발을 들여놓은 철학자는 없었다. 그는 소크라테스 이전의 우주론과 우주창조론들을 연구하였을 뿐만 아니라 그것들을 요약하고 재해석하였다. 이미 지적했듯이, 우리는 실로 대부분의 경우 아리스토텔레스를 통하여 그들의 업적과 그들의 존재 자체를 알게 되었다. 그리고 아리스토텔레스는 과거의 과학을 자신의 사상에 통합하였을 뿐만 아니라, 미래에 나타날 거의 모든 과학들, 실제로 아주 먼 미래에 나타날 과학까지 탐구하였다. 그의 많은 견해들은 사실상 그 후 15세기 동안 거의 도전을 받지 않았으며, 또한 그 대부분이 그 다음 300년 동안에도 그대로 받아들여졌다. 그는 우주론자, 천문학자, 기상학자, 물리학자, 지질학자, 생물학자, 심리학자였으며 최초의 중요한 논리학자였다. 아주 흥미롭게도 그가 유일하게 다루지 않은 학문은 수학이었다.

더욱이 아리스토텔레스는 시인, 문학이론가, 수사학자, 정객, 정치이론가, 정치가, 그리고 정치가의 개인교사(특히 곧 '대왕'이 될 젊은 알렉산드로스의 가정교사)였다. (아리스토텔레스의 아버지는 알렉산드로스의 아버지인 마케도니아의 필리포스 왕의 궁정의사였다. 아리스토텔레스는 알렉산드로스의 가정교사로서 대리로 거의 플라톤이 주장한 철학자—왕이 되었다.) 게다가 아리스토텔레스는 사실상 거의 모든 분야에서 당시의 가장 뛰어난 지식인이었다. 여기서 단지 아리스토텔레스의 여러 이론과 업적의 목록을 작성하는 것만으로도 이 책의 페이지를 채울 수 있겠지만, 우리는 그보다 좀더 신중한 입장을 취하려고 한다. 플라톤의 경우처럼, 우리가 하고 있는 길고 복잡한 철학의 역사에 관한 이야기에 어울리는 정도로만 언급하고자 한다.

우리가 강조하려고 하는 것은, 한편으로는 아리스토텔레스의 형이상학의 두 가지 주제들이다. 이것들은 이후 오랫동안 특별한 권능과 영향력을 행사하였다. 다른 한편으로는 그의 윤리학으로, 이것은 오늘날까지도 여전히 윤리학 분야에서 가장 위대한 공헌들 중의 하나로 남아 있다. 하지만 그는 종교에 관해서는 이런 식의 저작을 남기지 않았는데, 아마도 종교에 관한 그의 견해가 당시로서는 매우 급진적이어서 그에게 위험했기 때문일 것이다. (분명 당시에는 소크라테스의 비극적 운명의 그림자가 여전히 남아 있었기 때문이다.) 우리의 첫번째 주요 관심사는 플라톤의 형상론에 대한 아리스토텔레스의 공격에 관한 것과, 이와 더불어 소크라테스 이전 사상가들의 우주론, 특히 헤라클레이토스와 파르메니데스의 우주론적 견해에 대한 그의 응답이다.

소크라테스 이전 사상가들과는 달리, 아리스토텔레스에게는 변화하는 현실을 받아들이는 것이 문제되지 않았다. 동시에, 그는 만일 이 세계에 대한 지식이 가능하려면 어떤 근본적인 '질료'가 있어야 한다는 점에 동의하였다. 그는 소크라테스 이전의 고대 사상가들이 그랬던 것처럼, 어떤 근본적인 요소(물, 공기, 불, 아페이론)를 선택해야 한다고 생각하지 않았다. 또한 형상과 질료 가운데 어느 것에 우선권을 두느냐 하는 문제에서도 마찬가지였다. 그는 사물들은 분명 둘 다를 요구한다고 말하였다. 하지만 그에게는 피타고라스와 플라톤의 경우처럼 형상과 질료를 분리시킬 어떤 필요나 납득할 만한 이유도 없었다.

철학의 역사가 플라톤과 아리스토텔레스를 숙명적인 대결 관계로 기술해왔지만, 아리스토텔레스는 그의 스승이자 20년 동안의 벗인 플라톤과 전면적으로 결별할 생각이 결코 없었다. 사물들의 형상이 무엇보다도 중요하다는 점에 대해 아리스토텔레스는 플라톤의 의견에 동의하였다. 하지만 그는 사물의 형상은 역시 그 사물 안에 있으며, 그 사물 너머 어딘가에 있는 것이 아니라고 주장하였다. 그는 플라톤보다는 훨씬 더 과학자의 면모를 지녔다. 철학자와 과학자라는 명칭이 갖는 일상적인 의미에서 보았을 때, 그는 종종 철학자의 면모보다는 오히려 과학자로서의 면모가 더 두드러졌다. 그러므로 그의 학문적 방향은 매우 달랐다. 플라톤의 아카데메이아의 출입문 위에 붙어 있는 표어는 이곳을 드나드는 이들 모두에게 우선 기하학을 공부하도록 가르쳤다. 반면에, 아리스토텔레스의 리케움(Lyceum, 아리스토텔레스가 철학과 학문을 가르치던 사설학원의 이름—옮긴이)은 과학적인 전시물, 암석과 동식물 화석 같은 수집품들로 채워져 있었다고 한다. 고대의 철학자들과는 달리, 그는 감각을 신뢰하여 감각을 사용하여 관찰하고 표본을 모으며 실험하였다. 물론 경우에 따라서 그는 실제적인 실험보다 이성에 더 많은 신뢰를 두었음에 틀림없다. (이는 갈릴레오가 이성적인 추론과 달리, 즉 검증되지 않은 아리스토텔레스의 예상과는 반대로 큰 돌멩이가 작은 돌멩이보다 더 빨리 떨어지는 것이 아니라는 사실을 보여주기 수세기 전이었다.)

아리스토텔레스는 스승인 플라톤처럼 사물들의 본질을 추구하였는데, 이것은 결국 이성의 작업이었다. 그러므로 아리스토텔레스는 논리학, 범주화와 해석, '변증론'(혹은 논쟁), 그리고 수사법 등의 영역에서 이성과 추론의 방법으로 많은 철학적 분석을 하였다. 하지만 아리스토텔레스는 이성을 형상이라는 용어로 설명하는 것은 '공허한 낱말들과 시적인 은유'로 후퇴하는 것이라고 말하였다.

그렇지만 아리스토텔레스의 철학은 또한 '저 너머에 도달하는' 것을 포함하고 있다. 이것은 감각적 경험을 넘어서는 것이 아니라 사물들의 현실적 상태를 넘어서는 것을 말한다. 그가 강조하는 것은 사물의 현실태가 아니라 잠재태(사물이 그렇게 될 수 있고 그렇게 될 것)이다. 이미 지적했듯이, 아리스토텔레스는 세계의 변화라는 명백한 사실을 외면하지 않았다. 오히려 변화를 포용했으며, 그의 철학은 어떤 종류의 변화, 즉 자기실현, 성장, 발전에 특별한 지위를 부여하였다. 그는 무엇보다도 생물학자였다. 아리스토텔레스는 『시학』에서 그리스 비극을 설명하면서도 생물학을 끌어오고 있다. 아리스토텔레스의 '유기체적인' 예술 모델에서는 극의 요소들이 신체 기관들처럼 함께 작동해야만 한다.

아리스토텔레스의 지위와 자연주의적인 설명에 대한 주장도, 그가 탈레스가 제창했던 것과 같은 '만물 속의 신들'이라는 낡은 애니미즘에 매달리지 않도록 하지는 못하였다. 하지만 이러한 '신들'은 궁극적으로는 사물 자체의 생동하는 원리였다. 이것은 사물 자신의 형상으로서, 아리스토텔레스가 사물의 목적이라 부르는 것을 포함하고 있다. 하나의 씨앗은 그것을 구성하는 물질과 그것의 현재 모습과 특징만을 통해서는 충분히 이해될 수 없다. 하나의 씨앗은 그것이 어떤 종류의 식물로 성장해가리라는 잠재적 가능성에 의해서 이해되어야 한다. 그리고 이 점을 이해하기 위하여는, 그것이 청사진과 같은 내적인 원리를 갖고 있어서 이것이 그러한 발전을 이끈다는 사실을 이해해야 한다. 물론 아리스토텔레스는 우리가 디옥시리보핵산, 즉 DNA라고 부르는 물질을 알지 못했으며, '유전자'라는 더 근원적인 개념도 알지 못하였다. 하지만 특정 종류의 씨앗은 특정 종류의 식물로만 자라고, 동물들은 그들과 같은 종류의 새끼들을 낳으며, 그리고 인간의 아이들은 그들 부모의 모습을 닮고 또 종종 놀라울 정도로 행동 또한 닮는다.

그러므로 아리스토텔레스 철학의 중심사상(이는 이를 그렇게 강조하지는 않았던 플라톤과 사실상 같은 입장을 견지한다)은 목적론으로, 이는 사물들의 목적성을 뜻한다. 확실히 돌들은 다소 단순하고 아둔한 목적, 특히 한 곳에 가만히 있기 위해서 혹은 우연한 기회에 땅으로 떨어지기 위해서라는 존재의 목적을 갖는다. (돌들이 고의로 그렇게 하기로 결정했다고 생각할 수 없다는 점은 너무도 당연하며, 또 아리스토텔레스가 바위들이 의식을 가졌을 거라고는 진지하게 받아들이지 않았을 것이다.) 식물과 동물은 더욱 더 복잡한 목적들을 지녔으며, 식물과 동물의 부분들은 더욱 더 복잡한 작용(기능)을 지녔다(그들의 공통된 목적은 삶을 유지하는 일이다).

물론 사람들은 온갖 종류의 목적들을 위하여 행동하지만, 궁극적인 목적, 즉 인생의 목적이 단순히 특정한 사람들이나 혹은 모든 인간사회가 원한다고 생각하는 것으로 이해되어야 하는 것은 결코 아니다. 이 점에서 소크라테스의 의도를 다시 살펴보게 되는데, 그는 사람들에게 그들이 원하는 많은 것들이 궁극적으로는 그럴 만한 가치가 없음을, 적어도 그 정도의 가치를 가지지는 않는다는 점을 보여주고자 했다. 아리스토텔레스에 따르면 인생에는 하나의 목적이 있는데, 그것을 주창한 이가 바로 소크라테스였다는 사실은 그리 놀라운 일이 아니다. 그 목적이란 이성적인 동물로서 각자의 능력을 실현하고 이성에 부합되는 덕성스러운 삶을 사는 것이다.

하지만 아리스토텔레스의 윤리학으로 들어가기 전에, 그의 놀라운 형이상학의 가치를 인식하는 것이 중요하다. 그의 형이상학은 플라톤의 형상론과 경쟁하면서, 그 후 적어도 60세대 동안이나 철학계를 지배하였다. 그의 철학에서 기본적인 원리는 목적론이다. 이것은 철학의 강조점을 우주의 기원을 설명하고자 하는 우주창조론에 두는 대신, 우주의 본성과 우주 내의 만물에 대한 의문에 두었다. 실제로 아리스토텔레스의 철학에는 우주창조론이 없다. 그는 우주가 영원히 존재해왔으며 따라서 우주에는 시초가 없다고 하였다. 하지만 그는 사물의 잠재태와, 이 잠재태를 규정하고 이끌 내적 원리에 대해 설명해야 할 필요성을 느꼈다.

플라톤에게 개별 사물들을 규정하는 형상은 그 개별 사물들과 완전히 구분되었던 반면, 아리스토텔레스에게 사물들의 형상은 바로 사물의 가능성을 인도하는 내적 원리이다. 그리고 플라톤은 때로 무한히 많은 개체들에 '관여하는' 하나의 형상이 있다고 말했던(이것은 소크라테스 이전 시대에 '일자와 다자혹은 다자 속의 일자' 문제로 불리곤 하던 것이다) 반면, 아리스토텔레스는 궁극적으로 존재하는 것은 이 말, 이 나무, 이 사람 같이 개별적인 사물뿐이라고 주장하였다. 아리스토텔레스는 형상의 세계 같은 초현실은 없으며, 이 세계의 개별 사물들만이 존재할 뿐이라고 주장하였다.

아리스토텔레스는 이러한 개별 사물들을 실체라는 특별한 이름으로 불렀다. 예를 들어, 소크라테스 같은 개별 인간은 하나의 실체이다. 한 마리의 말, 한 그루의 나무, 한 마리의 개도 모두 하나의 실체이다. 소크라테스나 말, 나무, 혹은 개를 이해하기 위해서 소크라테스, 말, 나무, 개 이외에 (형상 같은) 다른 것을 일별해야 할 필요는 없다. 나무는 잎, 등걸, 가지 그리고 뿌리를 가지고 있다. 하지만 이 모든 부분이 합쳐져서 전체적이고 완전한 하나의 개체를 이룬다. 여기서 다시 생물학적인 패러다임이 명백하게 드러난다.

아리스토텔레스가 강조한 두 가지 점, 즉 그 자체로서 완전한 개별 사물들의 존재와 사물은 특징 혹은 특성을 지닌다는 명백해 보이는 사상이 갖는 중요성을 인식하는 것이 중요하다. 소크라테스 이전 사상가들은 사물들이 기본 원소들로 이루어져 있다고 믿었지만, 사물들이 어떻게 변화하는지, 즉 어떻게 한 상태에서 다른 상태로 변할 수 있는지 하는 문제는 수수께끼였다. 이는 실로 명백한 모순이었다. 아리스토텔레스는 이러한 문제를 피해갔다. 그의 설명에 따르면, 실체는 고유성을 가진 토대이다. 난로가 더 이상 뜨겁지 않고 차다거나, 소크라테스가 한때는 머리카락이 있었지만 지금은 대머리라고 하더라도, 그 실체 자체는 사라지지 않는다.

한 사물의 모든 특성들이 똑같은 중요성을 지니는 것은 아니다. 어떤 특성들은 본질적인 것으로서, 그 실체를 실체답게 만드는 결정적인 특성이다. 다른 특성들은 '우연한' 특성들로서, 우발적이고 비본질적인 특성들이다. 소크라테스가 머리카락을 잃었어도, 그는 여전히 소크라테스이다. 하지만 소크라테스가 개구리(특별히 자기 생각을 분명하게 표현하고 덕 있는 소크라테스 개구리가 아니라 완전히 평범하게 개굴거리는 개구리)가 되었다면, 그 개구리는 소크라테스가 아닐 것이다. 한 사물의 본질은 그 사물일 수 없는 것은 제외되고 그 사물을 그것답게 만드는 특성들로 이루어져 있다. 예를 들어, 소크라테스의 본질은 그가 사람이며 철학자라는 사실을 포함하고 있다. 이와는 대조적으로, 소크라테스의 머리카락이 없어진 것은 다만 소크라테스의 우연한 특성일 뿐이며 그의 진정한 본성과는 관련이 없다. 개별자들의 실체와 본질에 대해서 이렇게 현실적으로 이야기하는 것이 아리스토텔레스 철학의 핵심이며, 해서 플라톤의 신비스러운 형상에 호소할 필요가 없다.

소크라테스 이전 사상가들을 뒤돌아보면, 그리스 사상가들의 사유가 사물과 실재의 본성에 대한 초기의 사색들로부터 얼마나 멀리 나아갔는가를 이해할 수 있다. 초기 유물론자들의 생경한 환원주의와 원자론자들의 유연한 다원론에 응답하여, 아리스토텔레스는 이 세계를 그 원천으로, 또 상식적인 풍요로움으로 되돌려놓았다. 하지만 그는 소크라테스 이전 철학자들이 제공했던 통찰력을 희생시키지 않았다. 그는 우주의 궁극적인 '질료'에 관한 그들의 다양한 제안들을 취하였고, 그들의 발전을 평가하였으며, 세계에 대한 그들의 해석이 지나치게 편협하다는 점에도 주목하였다. 어떤 이들은 질료를 지나치게 강조하고 형상의 중요성을 간과하였다. 파르메니데스와 제논의 난감한 논증들에 답하여, 아리스토텔레스는 헤라클레이토스의 입장을 지지하면서 변화하는 실재의 개념을 유지하였다. 파르메니데스가 동사 'to be'의 두 가지 서로 다른 의미를 혼동하고 있다고 아리스토텔레스는 주장한다. 첫번째 의미는 존재를 가리키며, 두번째 의미는 "술어로서의 '이다'(is)"로서, 이것은 어떤 실체가 하나의 특성이나 특징을 지님을 단언하는 것이다. 확실히 어떤 것도 무로부터는 생겨날 수 없다. 하지만 존재를 나타내는 '있다(is)'는 수없이 많이 다르게 적용되는 술어 '이다(is)'와 양립할 수 있다. 그러므로 존재하는 어떤 것이 지금은 차가울지 모르지만 나중에 뜨겁게 될 수 있다. 지금은 떡갈나무의 열매에 불과한 것이라도 나중에 떡갈나무가 될 수 있다. 여기에는 존재와 더불어 생성이 있다. 생성도 존재와 똑같이 실제적이며 전혀 역설적인 것이 아니다.

헤라클레이토스는 만물을 지탱하는 기초를 로고스라고 가정하였다. 아리스토텔레스는 로고스 대신 '운동과 정지의 원리'를 가정하였는데, 이것은 각각의 존재자 안에 있는 변화의 원리(그 자신은 변화하지 않는다)이다. 그러나 적어도 아리스토텔레스의 한 가지 생각은 헤라클레이토스의 로고스와 상통하는 것 같다. 신의 개념으로서 모든 운동의 궁극적인 원리인 '최초의 원동자'가 바로 그것이다. 이전의 어떤 그리스 사상가보다 아리스토텔레스와 더불어 우리는 신인동형설에서 완전히 벗어난 신의 개념을 얻을 수 있다. 이것은 하나의 인격이라기보다는 하나의 원리이다. 크세노파네스는 대중적인 그리스 종교의 신인동형적인 만신전(萬神殿)을 대체하기 위하여 일자의 개념을 제안하였다. 파르메니데스의 견해는 분명히 종교적인 방식으로 해석될 수 있으며, 플라톤은 소크라테스의 견해를 더욱 발전시켜 종종 신학적으로 해석되는 개념을 만들어내었다. 하지만 아리스토텔레스는 나중에 (찬양되지 않는) '철학자의 신'으로 불리게 될 개념을 선보였다.

아리스토텔레스의 신을 하나의 물질적 원리로만 생각해서는 안 된다. 이것은 우주를 처음으로 움직이게 하는 '최초의 원인'으로서, 18세기의 '이신론(理神論)자들'의 신과 같다. 신은 존재에게 불현듯 나타났다가 사라져버리는 것이 아니었다. 아리스토텔레스의 사상에서 항상 그렇듯이, 이러한 개념은 무엇보다도 목적론적이다. 모든 활동은 하나의 목적(텔로스, telos), 즉 그 최종적인 이상을 갖는다. 이것은 존재의 세계 밖에 있는 것이 아니며, 활동 자체의 내부에 존재한다. 그럼에도 과거를 돌이켜볼 때, 아리스토텔레스는 그 후의 그리스도교적인 신의 개념에 아주 훌륭한 근거를 제공한 것으로 해석될 수 있다. 우주 자체의 궁극적인 목적, 즉 그 자체 내에 존재하며 질료와는 별개의 유일한 형상은 바로 신이다. 신은 부동의 원동자로서, 별들과 행성들이 궤도를 유지하며 우주

속에서 삶을 유지하도록 하였다. 신은 그 자신 안에서 영원하고 완전한 존재이다. 그는 전적인 현실태이고 궁극적인 목적이며, 만물이 그를 향해 움직이고 그리고 그들의 가능성을 실현하는(실현하고자 하는) 목적이자 동경의 대상이다. 한편 신은 완전히 구현된 현실태로서 '그 자체를 사유하는 사유', 곧 순수한 사유의 현실태이다. 그러한 신성(神性)과 그리스도교의 신의 공통점이 무엇인지는 오늘날까지도 논쟁이 계속되고 있는 어려운 문제이다.

단순히 세계를 움직이게 만든 제1 원인으로서의 순전히 물질적인 개념의 신과 세계의 궁극적인 목적으로 이해되는 목적론적인 신과의 차이는, '원인'에 관한 아리스토텔레스의 중심개념을 더욱 복잡하게 만든다. 사실상 '원인'이라는 말이 물리학 이론의 초석이 되어 있고 오늘날 바로 목적론적 개념을 배제하기 위해 종종 사용되는 한, 이 말이 오해를 불러일으키고 부적절하다고 할 수 있을 것이다. 예를 들어, 생물학에서는 전형적으로 인과적 설명으로 목적론적인 설명을 대신하고자 한다. 진화와 자연선택의 이론은 신의 의지의 표현이자 자연의 어떤 목적을 향한 의도로 보는 전통적인 창조론들을 대체하기 위한 것이었다. 그래서 마찬가지로, 어떤 사람이 그 자신의 이유로 자신의 행동을 선택하였다는 점을 부정할 때, 그가 어떤 방식으로 반응하도록 '원인지어졌다'('강요되었다')고 말할 수 있다.

아리스토텔레스는 네 가지 서로 다른 '원인들'을 구분하지만, 아리스토텔레스에게 '원인'이란 하나의 설명적인 원리로서 '이유(reason)'이자 '왜냐하면(because)'이다. 우리가 일반적으로 말하는 원인은, 즉 다소 즉각적이고 대체로 물리적인 원인은 이들 네 가지 원인들 중의 하나일 뿐이다. 네 개의 원인들은 다음과 같다. 사물을 구성하거나 움직이게 하는 물질인 질료인, 사물의 형태, 청사진, 본질, 발전을 인도하고 설명해주는 내적 원리로서의 형상인, '그것을 위한' 목적 곧 텔로스인 목적인, 그리고 마지막으로 우리가 일반적으로 원인이라고 부르는 것으로서 움직이게 하거나 멈추게 하는 즉각적인 계기 또는 '추진력'으로서의 동력인.

좀더 최근의 인과율의 역사에서, 특히 근대 과학의 혁명과 더불어 어떤 사건의 '원인'은 일반적으로 사건의 발생을 가장 잘 설명해주는, 사건 바로 전에 일어난 조건의 변화로 이해된다. 8번 공이 당구대의 모서리 포켓으로 굴러가게 된 원인은 5번 공에 의해 타격을 받았기 때문이다. 가축들이 날뛰게 된 원인은 개가 가축 우리 속을 제멋대로 돌아다니기 때문이다. 그녀가 실패한 원인은 조언자의 무능한 조언 때문이다. (혹은 다소 미덥지 못하지만, 비에 흠뻑 젖은 사람은 억수로 퍼붓는 비의 원인이 우산을 가지고 오는 걸 잊은 까닭이라고 불평한다.)

이와 달리 아리스토텔레스의 질료인은, "담요가 불에 타게 된 원인은 그것이 가연성이 높은 물질로 만들어졌기 때문이다"와 같은 경우에서 간간이 원인으로서 언급되고 있을 뿐이다. 형상인은 아마도 "그 계획은 바로 그러한 구상에 따라 세워졌다"라는 설명과 같은 예외적인 경우를 제외하고는 현대적 의미에서 언급되는 경우는 훨씬 더 드물다. 숫자로 점을 치는 사람들도 ("13은 불운한 숫자인데, 당신은 13번째 줄에 있었습니다"라고 말하는 경우와 같이) 형상인을 언급할 것이지만, '인과적인' 설명으로서의 이러한 설명은 의심스러울 뿐이다.

목적인은 과학에서는 더 이상 받아들여질 수 없다. 그리고 아마도 바로 이 점에서 아리스토텔레스의 생각이 근대의 사고와 가장 두드러지게 다르며, 이는 단지 용어만의 문제가 아니다. 우리는 진화론이 온전한 (동력인의) 인과적 설명을 위해 목적론적 설명을 버렸다고 언급하였다. 생물학의 거의 모든 분야가 그와 동일한 경향을 보일 것이다. 문외한은 식물이 빛을 더 많이 받기 위하여 태양을 향해 잎을 돌린다고 말할 것이다. 하지만 유능한 식물학자는 줄기세포 속의 수분이 증가하여 그 결과 식물이 어떤 방향으로 비틀린다고 지적할 것이다. 문외한은 "심장의 목적은 온 몸에 피를 펌프질해 보내는 것이다"라고 말한다. 하지만 생리학자는 심장이란 전기적으로 자극받는 근육질의 기관에 불과하며, 그것이 수축할 때 피가 온몸으로 펌프질된다고 주장할 것이다. 문외한은 (혹은 텔레비전의 자연에 관한 시리즈물의 해설자는) 영양들은 자신을 보호하기 위하여, 짝짓기를 하기 위하여, 그리고 암컷의 관심을 끌기 위하여 가지 달린 뿔을 갖고 있다고 말할 것이다. 하지만 실제적인 생물학자들은 이렇게 주장할 것이다. 영양들의 뿔이 우연히 발전된 이래 현재는 보호용으로 사용될 수 있고, 암컷들은 우연히 뿔 달린 수컷들에 더 매력을 느끼게 되었으며, 그 결과 더 많은 수컷들이 더 큰 뿔의 유전자를 갖고 태어나게 되었고 암컷들은 더 큰 뿔의 수컷들에 이끌리도록 타고나게 되었다.

(물론 아리스토텔레스는 이러한 진화론적 논점을 거부할 것이다. 그에 의하면, 종들은 진화하지 않는다. 각각의 종은 영원하며, 하나의 종이 자연선택이라는 우연에 의해 존재하게 되었다는 생각이 아리스토텔레스에게는 헛소리로 들릴 것이다.)

생명체와 관계되지 않는 설명에서는 더 이상 논쟁의 여지가 없다. 오늘날에는 어떤 과학도 아리스토텔레스가 그랬던 것처럼, 바위가 자신에게 적절한 위치로 가려고 굴러 떨어지려 하고, 행성과 별들이 욕구에 의해 움직이며, 또는 자철광석이 문자 그대로 금속조각들을 '끌어당긴다'고 주장하지는 않을 것이다. 하지만 오늘날에는 인간의 행동을 '목적인'으로, 즉 목적론적으로 설명하는 것도 의심스러워 보인다. 자의식이 강한 과학적 심리학자들은 인간의 모든 행동은 자극-반응, 즉 원인과 결과의 문제라고 주장한다. 욕구는 그것의 목적(즉, 무엇을 원하느냐)으로서가 아니라 행동을 야기하는 심리적 상태로서 재해석되었다. 실제로 현대 '심리철학'의 강력한 움직임에 따르면, 욕구란 전혀 실재적인 것이 아니며 아리스토텔레스의 원시적인 설명에 남아 있는 '통속적인 심리학'일 뿐이라고 한다. 이들 이론가들은 미래에는 모든 행동이 신경학적 상태와 사건발생의 관점에서 설명될 수 있다고 주장한다. 이것은 다른 말로 하면 아리스토텔레스의 동력인의 관점에 다름 아니다.

아리스토텔레스의 목적론에서, 전문가들도 형상인과 목적인을 구분하기가 어렵다는 점은 당혹스러운 독자들에게 용기를 북돋워줄 것이다. 어떤 행위의 목적 혹은 텔로스는 곧 그 행위에 대한 정의(定義)라고 할 수 있다. 다른 말로 하면 그것의 형상인이라는 말이다. 고기 잡는 행위를 생각해보자. 고기잡이의 정의는 '고기를 잡으려는 행위'이다. 하지만 고기잡이의 목적도 고기를 잡는 것이다. 대부분 혹은 적어도 많은 인간의 행위는 그 행위의 목표에 의해 정의될 수 있고, 따라서 형상인은 곧 목적인이 될 수 있다. 이런 점에서 수학은 우리에게 무한히 많은 형상인의 예들을 보여준다. 이 점이 바로 아리스토텔레스가 피타고라스를 형상인을 발견한 철학자라고 언급하고 있는 이유이다. 그리고 플라톤의 형상은 바로 사물들의 구성에 참여하는 사물의 '형상'이다.

질료인의 발견은, 매우 당연하게도 탈레스, 아낙시만드로스, 아낙시메네스 및 헤라클레이토스 등 소크라테스 이전 고대 철학자들의 덕택으로 돌릴 수 있겠다. 이미 언급했듯이, 이것은 이들 철학자들에 대한 정당한 진술은 아닐 것이다. 하지만 이런 주장을 통해서 아리스토텔레스가 그 이전 모든 철학의 역사를, 자신에게 이르기까지 발견들의 연속으로 해석할 수 있게 해준다. 목적론과 목적인에 대한 강조가 그로 하여금 플라톤이 인간의 모든 행위와 더불어 (우주 그 자체를 포함한) 자연 일반을 궁극적인 목적의 관점에서 이야기하고 설명한 것을 많은 부분 통합할 수 있게 해주었다. 이러한 영감이 넘치는 설명은 비록 '비과학적'이기는 하지만, 철학자든 아니든 모든 사람들을 감동시켜왔으며 오늘날에도 여전히 그러하다.

마지막으로 아리스토텔레스의 윤리학으로 들어가기 전에, 우리는 다시 한 번 철학의 역사에서 반복적으로 등장하는 인간 영혼의 문제로 돌아와야 할 것 같다. 우리가 지적했듯이 고대 그리스나 이집트의 사유에서 영혼은 인간의 몸속에서 구현되지 않는 한 어떤 중요한 의미도 가질 수 없는, 다소 불쌍한 존재이다. 몇몇 그리스 철학자들, 특히 데모크리토스에게 영혼이란 전혀 의미 없는 것으로서, 그저 또 다른 원자이거나 원자들의 집합에 불과한 것이었다. 하지만 피타고라스와 디오니소스의 의식에서 영혼은 새로운 의미를 갖게 된다. 영혼은 여전히 신체를 필요로 하지만 윤회를 통해서 새로운 신체를 갖게 된다. 그리고 피타고라스, 소크라테스, 플라톤과 더불어, 영혼은 지성과 덕이 머무는 자리가 되었다. 영혼은 형상들의 세계의 일부분이 되었으며 자신의 영원한 권리를 갖게 되었다. 그러나 아리스토텔레스는 형상들의 세계를 거부하였다. 그렇다면 그는 영혼에 대해 어떤 생각을 했을까?

우선 아리스토텔레스는 인간 존재뿐만 아니라 모든 생명체들에 대해 영혼을 하나의 형상으로 보았다. 특히 동물은 형상을 갖고 있었다. (그들을 구성하는 물질만이 아니라) 그들의 형상이 그들을 생명체이게 한다. 물론 그들의 형상은 다양한 기능들을 갖고 있는

데, 여기에는 먹는 것, 숨 쉬는 것, 움직이고 느끼는 것 등이 포함된다. 하지만 아리스토텔레스는 주저없이 동물의 형상을 '영혼' 또는 아니마(anima)로 불렀다. 또한 식물도 형상을 가졌는데, 그 기능이 동물에 비해 좀더 제한되어 있기는 하였다. (훌륭하게도 아리스토텔레스는 폭넓은 현장 경험을 통해서 동물과 식물을 나누는 경계가 쉽게 분별되지 않는다는 사실을 인정하였다.) 하지만 식물도 생명체로 기능하는 능력을 가진 한 영혼을 가졌다.

인간 존재 또한 그들이 형상을 가진 한, 영혼을 갖고 있으며 인간 존재는 각기 모두 형상을 갖는다. 하지만 플라톤의 이론에서처럼, 영혼과 형상은 인간 존재들로부터 구분되거나 분리되어 있지 않다. 인간들의 형상은 그들 안에 있다. 형상은 사람들의 본질을 규정하며, 인간의 본질은 합리성이다. 그러므로 우리가 사유하는 한 우리는 영혼을 갖고 있으며, 그리고 우리가 사유할 때 특히 자신이 사유하고 있다는 사실에 대해 사유할 때 우리는 불멸한다.

이것은 피타고라스와 플라톤의 천상의 존재 세계가 이야기하는 더욱 극적인 불멸성만큼 만족할 만한 것은 아니다. 또한 이것은 영원히 중단 없이 철학을 추구한다는 소크라테스의 환상적인 불멸성만큼 고무적이지는 않다. 하지만 우리가 아리스토텔레스에게 기대할 수 있는 바는, 그가 궁극적으로 영혼을 신체로부터, 형상을 질료로부터, 생물학을 심리학과 신학으로부터, 이 세계를 어떤 다른 세계로부터 분리하는 것을 거부하였다는 점이다. 영혼 자체는 실체가 아니다(즉, 독립적으로 존재하는 것이 아니다). 그것은 실체의 형상일 뿐이다. 그러므로 우리는 (예를 들어, 우리가 철학을 하는 순간 같이) 우리가 불멸하는 순간들에 만족해야 한다.

아리스토텔레스의 목적론은 그의 윤리학과 정치학에 실천적으로 적용되었다. 엄밀히 말해서 윤리와 정치는 서로 떨어질 수 없다. 아리스토텔레스 윤리학의 핵심인 좋은 삶은 그의 정치학의 핵심인 좋은 사회에의 참여를 요구한다. 하지만 여기서 우리는 좀더 우울한 정치적 반성을 위해서 잠시 멈추어야 한다. 아리스토텔레스가 말하는 좋은 사회의 구성은 우리가 받아들일 수 없는 것이다. 아테네의 풍요는 비도덕적인 노예제도를 바탕으로 이루어졌기 때문이다.

아리스토텔레스 시대의 아테네에는 4만 명 정도의 남성시민이 있었다. 그들 중 일부는 실로 유한계급으로서 노동을 경멸하였으며, 이렇게 자유로운 이들은 하루 종일 철학자, 정치가, 시인 및 발명가 노릇을 할 수 있었다. 또한 유능한 상인들로 이루어진 중간계급이 성장하고 있었으며, 그리고 필요에 의해서 대규모 군대가 있었다. 하지만 대부분 여성들의 활동은 가사에 국한되어 있었고, 가장 중요한 산업인 농업을 포함하여 대부분의 일은 노예들에 의해 이루어졌다. 당시의 아테네에는 자유시민의 수보다 노예의 수가 적어도 세배나 더 많았는데, 군사적 승리 덕택에 언제나 많은 수의 노예들을 확보할 수 있었다. 아리스토텔레스의 아테네는 이렇게 노예제도에 의존하고 있었다.

이런 사회 상황 속에서, 아리스토텔레스는 굉장한 특권을 누리는 계급의 사람들의 덕과 안녕과 우선적으로 관련되는 윤리론을 발전시켰다. 그리고 그의 정치학은 그 모든 장점(예를 들어, 그는 플라톤보다 훨씬 더 민주적이었다)에도 불구하고, 사실상 노예제도를 옹호하는 것으로 시작하고 있다. 그러나 윤리학과 정치학 양쪽 모두에서, 아리스토텔레스는 할 말이 많았다. 이쪽의 견해들은 그의 과학과 형이상학의 경우처럼, 단지 역사적인 호기심의 대상만은 아니었다. 그 견해들은 현재의 실제적인 적용을 위해서 우리가 진지하게 고려해볼 만한 대상이다. 그러므로 도덕적으로 옹호할 수 없는 구조를 가진 사회의 윤리학을 그 사회구조로부터 떼어내어 깊이 연구할 필요가 있다. 이것이 곧 우리가 여기서 하려는 바이다.

아리스토텔레스의 윤리학은, 엄밀히 말해서 목적론적이다. 그것은 '인간 존재의 목적'에 의해 규정된다. 사람들은 목적을 갖고 있다. 우리는 즉각적인 목적들을 갖고 있지만(저 버스를 타야 하고, 직업에서 승진도 해야 하고, 산의 정상에 올라야 한다), 또한 궁극적인 자연적 목적도 갖고 있다. 아리스토텔레스는 이 후자의 목적은 일반적으로 '행복' 혹은 더 정확히 말해서 '잘 지내는 일'이라고 말한다. (행복에 해당하는 그리스어 단어인 에우다이모니아[eudaimonia]는 종종 '잘 지내는' 혹은 '번창하는'이라는 뜻으로 번역된다.) 따라서 아리스토텔레스의 『니코마코스 윤리학』은 행복의 진정한 본성에 대한, 그리고 그것의 본질적인 구성요소들(특히, 이성과 덕)에 대한 분석이다. 아리스토텔레스는 행복이란 실로 좋은 삶,

즉 삶의 적절한 '목적'을 완수하거나 인간의 자연적인 '목적'을 성취하는 삶을 가리키는 것일 뿐이라고 하였다. 진정한 문제는, 어떤 종류의 삶이 그런 삶이냐 하는 것이다.

어떤 사람들은 그것이 인생을 즐기는 쾌락적 삶이라고 생각한다. 아리스토텔레스는 이러한 관점을 곧바로 물리친다. 어떤 쾌락들은 저속하고 모욕적이며, 더욱 중요한 것은 쾌락이란 단지 만족스런 행위에 따라오는 것일 뿐이라는 점이다. 따라서 쾌락은 어떤 행위의 목적이나 목표가 아니다. 사람은 잘 살 수 있고, 따라서 스스로 즐길 수 있다. 하지만 사람은 쾌락을 얻기 위하여 잘 사는 것은 아니다.

어떤 사람들은 좋은 삶이란 많은 재산을 가진 부유한 삶이라고 생각한다. 아리스토텔레스는 이에 답하여 부유함은 단지 행복의 수단일 뿐이지, 행복 그 자체는 아니라고 하였다.

또 다른 사람들은 좋은 삶이란 명예나 권력 혹은 성공을 이룬 삶이라고 믿는다. 하지만 이런 것들은 행복이 될 수 없다고 아리스토텔레스는 말한다. 그것들은 타인들의 일시적 기분에 의해 좌우되기 때문이다. 그래서 행복은, 정확히 이해하자면 자기충족적이고 그 자체로 완전한 것이어야 한다.

아리스토텔레스는 '어떤 철학자들은' 선(좋음)을 형상으로 규정하고 있다고 은근히 암시한다. 하지만 아리스토텔레스는 이들 중 어느 것도 취하지 않았다. 여기서 그는 다시 한 번 플라톤의 이론을 반박하고 있다.

결국 아리스토텔레스는 이성과 조화를 이루는 덕성스러운 행위로 이루어진 삶으로 행복을 규정한다. 이러한 규정의 각 부분은 주의 깊은 관심을 받을 만하다. 우선 좋은 삶이란 능동적인 삶, 즉 활동으로 가득 찬 삶이라고 할 수 있다. 좋은 삶이란 친구로 가득한 삶이며, 우정에 관한 논의(그의 윤리학 전체를 통해 단일한 주제로서는 가장 긴 논의이다)에서 아리스토텔레스는 "누구든지 친구가 없는 삶을 선택하지는 않을 것이다"고 하였다. 그것은 공동체에 참여하는 삶이다. 그것은 성취의 삶이며, 또한 철학적 명상을 실행하는 삶이다. 아무런 행위나 그런 결과를 가져오는 것은 아니다. 아리스토텔레스와 그의 동료 아테네인들에게 좋은 삶이란 단지 분주하기만 한 삶은 아니다. 실로 분주함과, 특히 사업은 그것이 어떤 종류의 일이라 하더라도 좋은 삶에는 완전히 반대되는 것들이다.[28] (여기서 아리스토텔레스는 상인의 관점을 섞고 있는데, 그들은 훌륭한 기술과 사회에 대한 기여로 포상을 받지만, 그럼에도 그들에게는 그가 좋은 삶이라고 규정하는 삶을 이끌 여가시간이 없다.)

아리스토텔레스가 권장하는 가장 중요한 활동은 덕을 표현하는 행위이다. 덕을 가리키는 그리스어 아레테(arete)는 '탁월함'으로도 번역될 수 있다. 덕이란 출중한 인물의 성격을 이루는 특징들 중의 하나이다. 물론 이런 의미에서 덕의 종류에는 많은 것들이 있을 것이다. 씨름에서의 강인함, 경주에서의 스피드, 토론에서의 명민함, 노래에서의 훌륭한 목소리 등. 그러나 아리스토텔레스의 관심을 끄는 덕은 더 일반적인 덕이다. 즉, 한 사람을 빼어난 운동가, 예술가, 의사가 아니라 하나의 훌륭한 인간으로 만드는 덕이다. 그러한 일반적인 덕이란 용기, 절제, 정의감, 유머 감각, 진실성, 우정 어린 태도, 그리고 일반적으로 말해서 그냥 같이 살기에 편안하고 흥미로운 사람이 됨을 말한다. 그런데 그런 덕들의 목록에서 특별히 '도덕적'인 것은 없다는 사실을 주목하자. 그리고 아리스토텔레스나 다른 어떤 그리스인들도 오늘날 윤리학의 핵심 주제와 같은 특정한 의미의 '도덕성'을 갖고 있지 않았다는 점은 특기할 만하다.

아리스토텔레스에 따르면, 덕과 덕성스러운 삶을 규정하는 것은 이성이다. 하지만 여기서 우리는 어느 정도 주의를 기울이면서 나아가야 한다. 이성이 덕을 규정할 수도 있겠지만, 이성을 통한 추론으로 덕을 배우거나 훈련할 수 있는 것은 아니다. 우리는 마땅히 덕성스럽게 길러져야 한다. 이것은 보통 우리가 적절하게 행동했을 때 응분의 보상을 받는 것과 행동을 잘못했을 때 벌을 받는 것을 포함한다. 하지만 어렸을 때의 우리에게는 왜 이런 행동이 옳거나 혹은 나쁜지에 대한 합리적인 설명이 주어지지 않는다. 우리는 우선 올바르게 행동하기를 배운다. 그런 다음 나중에, 아리스토텔레스와 더불어 윤리학을 연구할 때 비로소 왜 마땅히 그렇게 행동해야 하는가 하는 이유를 합리적인 용어로써 설명하는 것을 배우게 된다.

---

28 아리스토텔레스는 상인들과 대금업자들을 '기생충'으로 불렀으며, 물론 노동은 노예들의 몫이었다.

더욱이 덕성스러운 사람은 보통 자신의 덕성스러운 행동에 대해 추론하고 숙고하는 데 시간이 걸리지 않는다. 용감한 사람은 즉각적으로 용감하게 행동하며, 관대한 사람은 필요할 때 즉각적으로 돈을 내놓는다. 그러한 행동들에 대해 멈추어 생각하는 것, 또 사람이 용감하거나 관대해야 할까 혹은 그러지 말아야 할까 하는 문제에 대해 망설이는 것 등은 이미 그가 덜 용감하거나 덜 관대함을 가리킨다. 게다가 덕성스러운 사람은 덕성스러움을 즐긴다. 그는 해야만 하는 것과 하고 싶은 것 사이에 갈등이 없으며, 덕과 자신의 이익 사이에도 긴장이 없다. 아리스토텔레스 윤리학의 이런 특징들은 우리 대부분이 윤리학과 도덕성에 관해 생각하도록 교육받아온 방식과는 전혀 다르다. 우리의 경우 의무는 종종 우리 자신의 이익에 반하며, 사람으로서 마땅히 해야 하는 바를 행하는 것은 왕왕 즐거움에 의해서가 아니라 유혹을 극복하는 정도에 따라 가능하다.

이것이 곧 올바르게 행동하는 것은 합리성의 문제가 아니라고 말하는 것은 아니다. 합리성의 역할은 우리가 생각하는 것보다 더욱 미묘한 문제이다. 합리성은 무엇보다도 덕 자체의 본성을 규정한다. 아리스토텔레스의 합리성은 비율의 의미를 내포하고 있는데, 모든 덕은 '양 극단 사이의 중용'이라고 그는 주장한다. 덕은 사람의 행동에서 최적의 균형과 정도를 의미한다. 그것은 아리스토텔레스의 철학 체계에서 아름다움이 대칭과 질서를 의미하는 것과 마찬가지이다. 예를 들어, 용기는 겁과 비겁함이라는 한쪽 극단과 무모함과 만용이라는 다른 쪽 극단 사이의 중용이다.

합리성은 또한 우리가 덕을 이해하는 방식을 언급한다. 완전히 성숙한 인간이 된다는 것은, 잘 훈련된 강아지처럼 단지 올바르고 덕성스럽게 행동하는 것만을 뜻하지 않는다. 그것은 오히려 자신이 하고 있는 것을 이해하고 인식하는 일이며, 또 그것에 대해 타인들에게 얘기하고 설명할 수 있어야 하는 것이다. (아리스토텔레스보다 2세기 앞서서, 공자는 중국에서 윤리학에 관해 이와 놀랍게도 비슷한 방식의 이야기를 발전시켰다.) 아리스토텔레스에게 합리성이란 충만한 인간의 삶이라는 목적에 적합한 행동의 기술과 그러한 삶에 대한 이해를 동시에 의미한다. 상인들에 대한 복합적인 감정에도 불구하고, 아리스토텔레스는 여기서 테크네의 중요성을 주장하며, 상인들의 전문 지식에 대한 일반적인 열광을 윤리학의 좀더 일반적인 관심사에 적용시킨다. 이와 똑같은 생각이 예술에 관한 논의에서도 잘 이용되고 있다. 비극에 관한 아리스토텔레스의 영향력 있는 논문인 『시학』은 그가 관찰한 연극의 기술에 관해 언급하고 있다. 이 연극의 기술은 관객의 '연민과 두려움'을 유발시키고 '카타르시스'(정화 혹은 순화)를 성취하는 데 효과적이었다. 합리성은 실제적인 기술이자 동시에 숙고함이다. 그것은 적절한 감정적 반응이자 지성적인 이해이다.

어떤 사람이 올바르게 성장한 뒤에야 철학적 연구로서의 윤리학에 이를 수 있다면, 이것은 곧 윤리학의 철학적 연구 자체가 우리에게 큰 도움이 되지 않음을 의미한다. 그는 운을 타고 나서 좋은 가문에서 태어나 좋은 스승들과 좋은 친구들과 더불어 성장해야 한다. 또한 건강이 좋아야 하며, 적절한 부와 도시국가 내에서 세력을 가진 좋은 가문의 이름과 지성을 가지고 있어야 한다. 그리고 만일 철학을 한다면, 적절한 과학적 기초를 가져야 한다. 하지만 만일 그렇지 못하다면, 이룰 수 있는 것이 많지 않다.

이런 의미에서, 아리스토텔레스는 뻔뻔스러운 엘리트주의자이다. 그는 오직 '최고의 사람들'인 (또한 가장 운이 좋은) 귀족들만을 위한 윤리학을 썼다. 아마도 소크라테스는 그의 다른 제자로 냉소적인 견유학파의 일원인 안티스테네스가 주창한 것과 같은, 가난한 삶의 행복을 가르치지는 않았다. 행복, 즉 좋은 삶이란 쾌락, 권력 그리고 부유함의 삶은 아닐지 모르지만, 그럼에도 이것들은 행복을 위한 예비조건이다. 아리스토텔레스는 그러한 삶이 부당한 것이라고 여기지 않았으며, 또한 우리가 생각하듯이 사회적 불평등이 사회에 방해가 된다고 생각하지도 않았다. 그는 그가 살던 사회의 관점에 따라, 인간은 많은 운명의 시련에 취약하다고 믿었다. 비록 그의 윤리학이 한 사람의 삶을 '통제 하에' 두는 체계를 마련하고 있지만, 그는 최고의 인간적 노력조차 운명에 의해 좌지우지된다고 믿었다. 이런 숙명론은 (아테네의 비극에서 특히 명백하게 드러나지만) 현대의 일부 서구사회가 갖는 전체적으로 낙관적인 모습과는 두드러지게 대조적이다. '한 사람의 삶을 통제한다'는 사상에는 책임감과 오만함이 뒤섞여 있다.

윤리학을 이해하는 데서 특정한 덕들의 본성과 이성의 역할은 우리가 여기서 다루는 범위를 넘어선다. 하지만 아리스토텔레스의 윤리학에서 그 자신이 해결하지 못했던 것으로 보이는 하나의 중요한 난제를 지적해두는 것이 좋겠다. 우리는 이 분석을 시작하면서, 행복한 삶이란 활동적인 삶이라고 말하였다. 또한 이런 활동들 중의 하나로서, 아리스토텔레스에 따르면 사실상 가장 중요하고도 '신성한' 활동은 관조(사유, 반성, 철학)라고 언급하였다. 실제로, 아리스토텔레스는 무엇보다도 관조하는 삶을 찬양하였다. 관조하는 삶은 가장 거룩한 삶이며 그리고 이미 지적했듯이 우리에게 즐거이 기대할 수 있는 종류의 유일한 불멸성을 주기 때문이라고 그는 말한다. 그렇지만 관조하는 삶이라는 사상은 사회적으로나 정치적으로나 능동적인 삶에 대한 또 다른 사상과는 어울리지 않는다. 그리고 아리스토텔레스는 학문을 하는 철학자에서부터 알렉산드로스의 대리로서의 철학자—왕에 이르기까지 다양한 활동을 하면서, 이 두 가지 사상 모두에 이끌렸던 것 같다.[29]

더 나아가, 아리스토텔레스가 기술하는 사회적으로나 정치적으로나 조화로운 삶이란 것은 당시의 그리스 도시국가에 대한 정확한 서술인 동시에 향수(鄕愁)의 문제이기도 하였다. 전쟁에 의한 황폐화, 아테네와 다른 모든 그리스 도시국가들이 알렉산드로스의 제국으로 편입된 것, 정직과 충성심과 가족적 가치 등 전통적인 규범의 몰락, 이 모든 것들이 그리스의 영광을 기울게 했다. 후에 (철학자이자 고전학자였던) 니체가 주장했듯이 소크라테스, 플라톤 및 아리스토텔레스는 모두 '데카당파들', 즉 이미 빠르게 쇠퇴하고 있던 사회의 대변인들이었다. 그와 같은 상황에서, 아리스토텔레스의 추종자들이 그의 윤리학에서 허겁지겁 움켜쥔 부분이 관조하는 삶이라는 이상론(理想論)임은 놀라운 일이 아니다. 그리스 철학에서 인간 본성의 가장 본질적이고도 신성하기까지 한 특성으로 고양되었던 사심없는 이성이라는 이상은 사실상 이후 전 세기에 걸쳐 서양의 전통을 지배하게 되었다. 이것은 종종 혼란스럽고 불행한 세계로부터 도피하는 주된 수단을 제공해

---

29 이 점은 아리스토텔레스가 윤리학에 대하여 서로 다른 두 논문, 즉 좀더 많이 읽히는 『니코마코스 윤리학』과 덜 알려진 『에우데모스 윤리학』을 썼다는 사실에 의해 혼란스러워진다. 전자에서는 덕을 실천하는 삶이 강조되어 있으며, 후자에서는 관조적인 삶을 강조하고 있다.

주곤 했다. 그런데 이것은 동양에서 말하는 '해탈'과 같은 것이다.

플라톤이 죽은 뒤에, 아리스토텔레스는 아카데미를 떠나 마케도니아로 갔다. 그 후에 다시 아테네로 돌아와 기원전 335년에 리케움을 세웠다.[30] 그러나 12년 후 알렉산드로스가 (33세의 나이로) 죽고 나자, 아리스토텔레스는 자신이 아테네에서 인기가 없다는 사실을 알게 되었다. 소크라테스를 침묵시키는 데 이용되었던 '불경죄'라는 죄목이 다시 한 번 거론되었다. 아리스토텔레스는 소크라테스와는 달리 "아테네인이 철학에 대해 두 번씩이나 죄를 범하지 않도록" 도피하였는데, 그것은 현명한 결정이었다.

● 플라톤(과 아리스토텔레스)에 대한 각주

앨프레드 노스 화이트헤드의 유명한 주장에 따르면, 서양 철학 전통 전체는 플라톤의 각주에 불과한 것이다. 좀더 관대하게 말하자면, 플라톤과 아리스토텔레스의 논쟁을 정교하게 확장한 것이라고 말할 수 있다. 플라톤은 사변적이고 암시적이며 시적이다. 그의 알려진 저작들(대부분 주인공인 소크라테스와의 대화 형태로 남아 있다)은 연극과 철학에 관한 것들이다. 궁극적 이상은 극소수의 사람들만이 어렴풋이 알아볼 수 있는 커다란 비밀처럼 반쯤 감추어진 채로 남아 있다. 이와는 대조적으로 아리스토텔레스는 철저한 과학자로서, (지금은 유실되었지만) 그가 대화록을 썼을지는 몰라도, 우리가 아는 그의 저작은 다소 무미건조하고, 명쾌하면서 조심스러우며, 완전히 분석적이어서 사변적인 경우는 드물다. 물론 우리는 플라톤에게서 많은 암시적인 분석과 논의를 볼 수 있으며, 아리스토텔레스에게서도 굉장한 철학적 통찰을 찾아볼 수 있다. 하지만 방식과 본질이라는 점에서 이들의 차이는 서양의 전통 전체에 걸쳐 서로 뒤섞여 있는 서로 다른 두 기질을

---

30 페리파토스(peripatos)는 정원의 포장된 보도를 말하는데, 여기서 아리스토텔레스와 그의 학파에 '소요학파' (Peripatetics)라는 이름이 붙게 되었다. 아리스토텔레스는 이 정원의 길을 거닐면서 제자들을 가르쳤다고 한다.

보여준다.

예를 들어, 그리스도교 철학에서 아우구스티누스는 플라톤을 따랐고 아퀴나스는 아리스토텔레스를 따랐는데, 아퀴나스는 그를 그냥 '그 철학자'라고 불렀다. 근대에 와서는 자신들을 '합리론자'로 불렀던 철학자들이 이성에 호소하는 자신들의 입장에서 종종 플라톤을 되돌아보았는데, 이때 이성은 단순한 경험 '너머'를 볼 수 있고 절대적인 것을 추구할 수 있는 능력으로 간주되었다. 한편 자신들을 '경험론자'로 불렀던 철학자들은 비록 그를 따르지는 않았지만 종종 과학자 아리스토텔레스와 비슷하였다. 그는 주의 깊은 관찰자로서, 경험과 상식의 증거에 의거하지 않는 사상을 의심하였으며, 언제든지 자신의 사상을 수정할 준비가 된 열린 자세를 갖고 있었다. 19세기 독일의 관념론자들과 20세기의 많은 유럽 철학자들은 플라톤의 철학을 거부하였음에도 그의 사변적인 감수성에는 공감하였다. 반면 20세기의 '분석' 철학은 엄밀성, 완전함, 투명성을 추구한다는 점에서 명백히 아리스토텔레스를 따르고 있다.

따라서 철학자들은 자기에게 맞는 서로 다른 이미지들을 채택하였다. 바티칸의 시스티나 예배당에 벽화를 그린 르네상스 시대의 화가인 라파엘로가 이러한 점을 멋지게 표현하고 있다. 플라톤은 손가락으로 위쪽을 가리키고, 그의 정신은 하늘에 있다. 아리스토텔레스는 손을 땅 쪽으로 향하여, 지상세계를 지향하는 그의 기질을 암시하고, 또 사변으로 비약할 수 없음을 보여준다. 이들은 서양에서 가장 위대한 두 철학자이다. 이들은 사제지간이었고, 친한 친구였으며, 사실상 철학의 본성에 관해서 뿌리 깊이 서로 다른 의견을 보였다. 기원전 4세기의 아테네라는 한정된 맥락 속에서조차, 철학은 단독적인 기획, 즉 단독적인 '담화'이거나 단독적인 '수련'일 뿐이었다. 오늘날 자신의 대담한 사상, 폭넓은 견해, 감수성, 기발함 등을 자랑스러워하는 철학자들이 있다. 하지만 유감스럽게도 너무도 많은 철학들이 언제나 호감을 주지는 않으며, 철학을 하는 '적절한' 방식에 관해서 독선적인 입장을 피력하곤 한다. 플라톤과 아리스토텔레스가 우리에게 가르쳐주는 바는 우선 서로 다른 기질의 역할과 자신의 철학 스타일을 발견하는 것이 필요하다는 점일 것이다. 앞으로도 많은 철학이 나타날 것이며, 그 가운데 일부만이 '각주'가 될 수 있을 것이다.

● 험난한 시대_ 스토아 철학, 회의주의, 에피쿠로스의 철학

아리스토텔레스 이후 철학은 여러 학파간에 경쟁하는 시기를 맞이하였다. 그러한 경쟁은 플라톤의 아카데메이아와 아리스토텔레스의 리케움 사이뿐만 아니라, 새로 생겨난 경쟁적인 학파들 사이에서도 있었다. 철학이 '이론적'이기는 하지만, 많은 철학들이 우선 '어떻게 살아야 할까'라는 인간의 기본문제에 관심을 가졌다. 많은 플라톤 추종자들이 수와 기하학의 본성(또한 그의 형상론)에 대한 주목할 만한 탐구를 시도하였으며, 아리스토텔레스의 제자들은 논리학과 과학에 관한 그들의 다양한 관심을 추구하였다. 여기서 우리는 이들의 발전을 더듬어가지는 않을 것이다. 대신, 그리스 도시국가의 붕괴, 야심적인 군주들 사이의 무의미한 전쟁들, 이집트에서의 박해와 학살, 로마의 침략으로 인한 그리스의 황폐화 및 대제국의 두드러진 퇴폐와 쇠퇴 등을 포함하여 점차 거칠어지고 있던 당시의 상황에 대응하여 철학자들이 취했던 서로 아주 다른 방향들에 관심을 집중할 것이다.

플라톤의 아카데메이아는 5, 600년 이상 동안이나 지속되었으며 철학에서 중요한 역할을 하였다. 그러나 플라톤과 아리스토텔레스의 철학이 지닌 놀라운 폭과 그러한 철학의 폭에 자양분이 된 도시국가 세계는 알렉산드로스의 승리 및 죽음과 더불어 갑작스러운 종말을 맞이하였다. '정치적인' 철학도 종말을 맞이하였다. 그리스의 많은 과학이 알렉산드리아와 페르가뭄 같은 남쪽 나라의 항구로 이전되었다. 아리스토텔레스의 사후에 뒤이은 철학자들은 놀랍게도 그의 영향으로부터 자유스러워졌다. 반면 플라톤의 영향을 받은 '아카데메이아 출신의 철학자들'은 여전히 철학에서 힘을 발휘하고 있었다. 스토아학파와 에피쿠로스학파의 철학자들은 좀더 물질적인 세계 개념을 위하여 아리스토텔레스와 플라톤을 모두 거부하였다. (하지만 그들은 이 두 사람에게 많은 사상적인 빚을 지고 있었다.) 그리고 우주론은 그들의 일차적인 관심사가 아니었다. 알렉산드로스와 아리스토텔레스의 죽음(각각 기원전 323년과 기원전 322년) 후에, '(그리스문화를 따르는) 헬레니즘' 세계는 대부분 윤리학의 문제에 몰두하였다.[31] 학파의 번성 역시 괄목할 만한 현상으로서, 이러한 현상은 중세 전체에 걸쳐 철학을 지배하였으며 현대의 철학에까지 영향을 미쳤다. 따라서 철학은 팀 스포츠 같은 것이 되었으며 동시에 좋은 삶에 대한 추구가 되었다. 그리스 로마 시대 철학이 점차 '통속적인' 일이 되어버렸다는 사실은 지적해둘 만하다.

헬레니즘 시대의 또 다른 두드러진 특징은 세계주의와 보편주의였다. 이것은 부분적으로는 그리스의 강제적인 통일과 이집트와 페르시아의 정복에 기인하였다. 헬레니즘 세계는 (다소) 단일한 세계로서, 그 다음에 오는 로마제국과 비슷하였다. 나일 강 입구에 있는 이집트의 도시 알렉산드리아에 대해서는 특별히 언급할 필요가 있다. 알렉산드로스의 사후에, 알렉산드로스 휘하 장군들 중의 하나인 프톨레마이오스가 이집트를 통치하였다. 당시의 이집트는 문화와 철학의 중심지로 번성하고 있었다. 알렉산드리아의 기념비적인 도서관 덕분에 그리스의 고전작품들(히브리인들의 원전들 또한)이 보존되고 연구되었다. 알렉산드리아는 프톨레마이오스 1세의 치하에서 그리스 문화의 주요 요새가 되었지만, 기원전 2세기 말경 프톨레마이오스 9세(그리스인들은 '뚱뚱한 배'라는 별칭으로 불렀다)의 치하에서는 일련의 박해와 학살로 인해 과학자, 시인 및 학자들이 지중해 연안으로 흩어지게 되었다. 그리고 마침내 로마가 그리스와 그리스 문화를 정복하였으며, 이집트 또한 정복하였다.

알렉산드리아에서는, 동방에서 온 종교들이 뒤섞이면서 그리스인들의 사고에 영향을 주었으며 그 뒤에는 로마인들의 사고에도 영향을 주었다. 알렉산드리아는 그리스인들과 유대인들이 만나는 곳이었다. 철학자 필론(기원전 15년~서기 45년, 그리스어를 사용한

---

31 '헬레니즘'이란 말은 역사적으로는 알렉산드로스 대왕 이후의 시기를 가리키지만, 철학적으로는 아리스토텔레스 이후의 시기를 가리키기도 한다. '헬레네스'(Hellenes)라는 말은 고대 그리스인들이 스스로를 지칭하는 이름이었다.

알렉산드리아의 유대인 철학자)은 그리스 고전철학과 히브리 예언자들의 가르침인 『구약성서』를 결합하여 그리스도의 길을 준비한 최초의 사람들 중 하나이다. 그리스어로 된 성서는 알렉산드리아에서 만들어졌다. 한 열광적인 철학자는 플라톤이 모세와 동일한 철학을 가졌다고 주장하기까지 하였다. 이렇게 문화들이 합류하면서 많은 형이상학들이 나타났는데, 이들은 나중에 다시 중세 신학으로 출현하였다.

아테네로 되돌아가보면, 헬레니즘 철학은 많은 학파들을 융성하게 만들었다. 여기에는 에피쿠로스 학파도 포함되어 있다. 에피쿠로스(기원전 341~270년)는 데모크리토스의 추종자로서 별로 신통치 않은 원자론자이자 에피쿠로스주의(쾌락주의)의 창시자였다. 에피쿠로스는 지독한 파티광으로 평판이 자자했는데, 물론 그는 이러한 평판에 대해 한탄하였을 것이다. 오늘날 쾌락주의자란 감각들에서 특별한 기쁨을 얻는 사람으로서, 사치를 극단적으로 즐기는 사람을 의미한다. 어떤 것도 맨 처음의 것으로부터 더 나아갈 수가 없었다. 사실 에피쿠로스는 오히려 남의 눈에 띄는 것을 싫어하는 사람이었으며, 그의 학파 사람들은 일반적으로 당시의 열띤 논쟁을 피하였다. 그들이 진정으로 믿었던 것은 마음의 평화였다. 에피쿠로스는 쾌락의 추구와 감각의 기쁨은 완전히 '자연스러운' 것이라고 생각하였다. (그는 냉소적인 견유학파의 몇몇 철학자들처럼 그것을 경멸하고 비난하지 않았지만, 그것들을 부추기지도 않았으며, 또 그것을 인생의 목적으로 장려하지는 않았다.) 그의 주된 관심사는 불안으로부터의 자유, 즉 아타락시아(ataraxia, 평정심)이었다. 에피쿠로스는 현자는 가장 나쁜 상황에서도 삶에서 두려워하는 것이 없다고 하였다. 그리고 정말로 지혜로운 사람은 고문을 받을 때조차 행복할 수 있다고 주장하였다. 고통은 결코 영원히 지속되지는 않는다고 하였다.

에피쿠로스에 따르면, 죽음이란 전적으로 아무것도 아니며, 단지 신체와 영혼을 구성하고 있던 원자들의 분해일 뿐이다. 죽음이 그런 것이라면, 그것을 두려워할 아무런 이유도 없다. 죽은 후에 자신들의 행위 때문에 신들에 의해 심판과 처벌을 받는 데 두려움을 갖는 사람들에게, 에피쿠로스는 신들은 우리에게 전혀 관심이 없다고 안심시켰다. 그렇지만 에피쿠로스가 인생에 대해 뒤틀린 생각을 가진 그저 냉소적인 인간이라고 결론지어서는 안 된다. 그와는 정반대로, 그는 쾌락은 편안하며 우리는 쾌락을 즐겨야 한다고 주장하였다. 그는 덕을 옹호하였지만, (소크라테스처럼) 인생의 가장 높은 목표로 여기지는 않았다. 덕이란 마음의 평화를 얻는 또 다른 수단일 뿐이다. 덕성스러운 사람은 적이 더 적을 것이고, 고소당하고 체포당하는 것을 걱정하지 않으며, 일반적으로 걱정의 원인을 그만큼 덜 가지고 있다.

에피쿠로스는 무엇보다도 우정을 좋은 삶을 위한 열쇠라고 추천하였다고 한다. 이점은 그보다 40년 전에 그러한 주장을 한 아리스토텔레스와 많이 닮았다. 사실 고대의 윤리학에서 오늘날의 윤리학으로의 변화 중에서 눈에 잘 띄지는 않지만 가장 빛나는 것들 중의 하나는, 좋은 삶에 대한 논의에서 우정에 부여된 중요성이 감소했다는 사실이다. 오늘날의 철학은 도덕성, 공공의 선, 그리고 계약의 신성함에 대해 많은 이야기를 한다. 훨씬 더 통속적인 철학자들은 재산과 권력에 대해 이야기한다. 그들이 우정의 중요성에 대해 얘기하는 경우는 매우 드물다. 사람들은 현대의 철학자들은 우정을 당연한 것으로 생각하고 철학의 관심사가 될 만한 가치를 지니는 것으로 여기지 않는 경향이 있다고 주장하지만, 이것은 의미심장하기까지하다. 에피쿠로스에게 우정이란 품위 있는 삶의 중심 가치이며, 아마도 무엇보다도 이런 점에서 그는 철학자로 인정받고 존경받았다. 나중에 에피쿠로스주의(쾌락주의)는 로마에서 플라톤과 아리스토텔레스의 철학을 능가하는 가장 영향력 있는 두 가지 철학 중의 하나가 되었다. (다른 하나는 스토아학파의 철학으로서, 이에 대해 간단히 살펴볼 것이다.)

기원전 1세기에 글을 썼던 로마의 철학자 루크레티우스는 가장 헌신적이고도 유명한 에피쿠로스 추종자가 되었다. (그의 저작만이 남아 있기 때문이다.) 그의 『자연의 길』(De Rerum Natura)은 우선 유물론적 형이상학에 관한 논문으로 읽히곤 한다. 하지만 그의 좀 더 깊은 의도는 아타락시아의 '안정되고, 기분 좋으며, 에피쿠로스주의적인 평정'을 다시 정의하고 옹호하려는 것이었는데, 이것은 특히 미신과 신들에 대한 불필요한 두려움에 대항하기 위함이었다. 에피쿠로스나 루크레티우스는 모두 신들의 존재를 부정하지는 않았다. 실제로 에피쿠로스는 신들의 존재를 우리가 쉽게 지각할 수 있는 하나의 현실로 간주하였으며, 루크레티우스는 신들이 꿈속에 우리를 방문하러 온다고까지 선언하였다. 하지만 그들의 생각에 따르면, 신들의 진정한 삶은 잔잔하고 평온하며, 어떤 종류의 근심으로부터도 자유롭고, (따라서) 인간의 행위에 의해 동요되지 않고 인간사에 무관심하다. 아타락시아는 참견하기 좋아하는 제우스와 헤라(로마식으로 말하면, 주피터와 주노)와는 달리 진실로 신들의 성스러운 삶이다.

두번째의 중요한 헬레니즘 학파인 스토아학파는 그리스 로마 철학에서 단일 철학으로는 가장 성공적이었고 가장 오래 지속되었다. 일부 스토아 철학자들은 아리스토텔레스 직후에 등장했는데, 특히 스토아학파의 제논(기원전 335~263년, 파르메니데스의 제자였던 엘레아 학파의 제논과 혼동하지 말아야 한다)과 그 뒤를 이어 나타난 크리시포스(기원전 280~206년)가 있다. 이후의 스토아 철학자들은 로마제국의 전성기와 붕괴기에 활동했다. '인생은 험난하다'라는 그들의 주제는 노예였던 스토아 철학자 에픽테토스(서기 55~135년) 같이 몰락한 사람들에게 영향을 주었을 뿐만 아니라 권력의 절정에 있던 사람들에게도 영향을 끼쳤다. 실제로 스토아 철학자의 한 사람이었던 마르쿠스 아우렐리우스(서기 121~180년)는 로마의 황제였다.

스토아학파의 특징은 이성에 대한 거의 광적인 믿음이었다. 특히 그들은 이성과 감정 사이의 해묵은 대립을 강화시켰다.[32] 플라톤은 영혼의 서로 다른 부분들(욕구하는 영혼, '활동적인' 영혼, 신적인 혹은 이성적인 영혼 등)을 구분하였으며, 아리스토텔레스 역시 이성과 감정을 명확히 구분하였다. 하지만 소크라테스는 자신의 추종자들에게 감정이 이성을 흐리지 않도록 경고했지만, 플라톤은 영혼의 세 부분들 사이의 이상적인 조화를 권장하였다. 아리스토텔레스는 이성과 마찬가지로 감정을 덕과 성격과 좋은 삶에 중요한 부분으로 여겼다. (화가 날 상황에서도 화를 내지 않는 사람은 '바보'일 거라고 그는 말했다.) 하지만 스토아학파에서는 이성과 감정이 결별한다.

---

[32] 이성 대 감정에 관한 논의는 적어도 소크라테스 이전 철학자들에게까지 거슬러 올라간다. (예를 들어, 커크와 레이븐이 쓴 책의 216쪽에 있는 피타고라스에 대한 글을 보라.) 실로 우리는 합리성과 감정의 변증법을 주요 주제로 삼아 철학사를 다시 쓸 수도 있을 것이다. (우리는 이 책에서는 이러한 유혹을 참았다.)

스토아학파는 감정은 비이성적인 판단의 형태로서 우리를 실망시키고 불행하게 만드는 것이라고 주장하였다. 이보다 몇 세기 전, 멀리 떨어진 동방의 붓다는 "그대의 욕망을 최소화하면 그대의 고통도 최소화될 것"이라고 가르쳤다. 에픽테토스도 그와 비슷하게 "모든 일이 네가 바라는 대로 되기를 요구하지 말라. 일이 되어가는 대로 놓아두면 잘 지내게 될 것"이라고 선언한다.[33]

스토아 철학자들은 자신들이 혼란한 세계에 둘러싸여 있음을 발견하였다. 그 세계는 허망함, 잔혹함, 어리석음이 최고조에 달한 사회였다. 그렇지만 세계가 아무리 비이성적이고 부조리하게 보일지라도, 그들은 이성적인 우주를 믿었다. 인간 이성의 힘 또한 믿었다. 이성은 '신적인 섬광'으로서, 우리로 하여금 인간 관심사의 잔혹하고도 하찮은 어리석음을 꿰뚫어보아 더 큰 합리성을 인식하게 만든다.

크리시포스는 아리스토텔레스의 원인 개념을 다시 언급하면서, 우리는 오직 그가 주요한 원인(형상인 혹은 목적인)으로 불렀던 것에 관심을 두어야 한다고 주장하였다. 즉, 우리의 세계에 대한 결정들은 우리 안에서, 우리의 성격 안에서 찾아야 한다는 것이다. 우리 외부에 있는 우연한 원인(동력인)들은 무시해야 한다. 일반적으로 말해서 스토아 철학자들은 '자연에 순응하여' 살아야 한다고 가르쳤지만, 반면 자연은 '이성에 따르는' 것으로 보이지 않았으며, 우리의 느낌에 따르는 것도 아니었다. 실로 스토아학파의 철학적 이상은 '아파테이아'(apatheia, 부동심)로 요약될 수 있다. 이리하여 그들은 인간의 허영심과 자만심을 물리쳤다. 그들은 분노는 무의미하고 자기파괴적일 수밖에 없고, 사랑과 우정조차도 위험할 수 있으며, 현자는 집착하지 않고 비극이나 죽음을 두려워하지 말아야 한다고 가르쳤다.

실용적인 로마인들은 좀더 정신적인 그리스인들보다 철학을 덜 좋아해서, 철학자들이 철학하기에 좋은 시대는 아니었다. 세네카의 비극적 운명이 좋은 예이다. 그는 로마의 지도적인 철학자들 중의 한 사람이었다. 세네카는 위험한 시대의 정치가였다. 그는

---

33 에픽테토스의 『교본』(Enchiridion), 제 VIII권.

광기에 찬 황제인 칼리굴라 밑에서 오로지 건강이 좋지 않다는 이유로 간신히 처형을 면하였다. 그리고 그는 클라우디우스 황제와는 심각한 갈등을 일으켰다(신성에 대한 그의 주장을 세네카가 혹독하게 조롱하였다). 그러나 부패하고 제 역할을 하지 못했던 많은 황제들 중에서 비교적 문화적 교양을 지녔던 네로 황제 밑에서 봉직하다가 (역모의 의심을 받아) 자살을 명령받아 자살하고 만다. 로마의 스토아학파 철학은 이러한 비극과 불의에 대처하고자 했으며, 따라서 이 철학에서 지속적으로 중요하게 다룬 주제들 중의 하나는 이성을 통하여 인생의 부조리로부터 벗어나는 것이었다.

스토아 철학은 극단적인 철학이지만, 어렵고 혼란한 시대에는 많은 영혼에 봉사할 수 있는 철학이었다. 그리하여 로마와 로마제국 전역에서 큰 인기를 얻었다. 실제로 스토아학파의 금욕주의의 옹호와 비이상적으로 보이는 세계 속에서의 더 큰 합리성에 대한 통찰은 초기 그리스도교인들에 의해 채택되어 그리스도교 철학의 본질적인 부분이 되었다.

마지막으로, 이보다 더 극단적인 철학인 회의주의가 나타났다. 이 철학은 피론(기원전 360~272년)에서 로마의 섹스투스 엠피리쿠스(서기 3세기)에 이르기까지 지속되었다. 피론은 어떤 것도 믿지 않는 것이야말로 평온으로 가는 길이라고 가르쳤다. (그가 아타락시아를 이상으로 삼은 사상을 인도로부터 가져왔을 것이라는 점은 지적해둘 만하다.) 여러 세대의 회의주의자들이 그랬던 것처럼, 에피쿠로스도 확실히 그의 영향을 받았다. 피론에 대해 전해지는 이야기들이 있다. 그가 절벽에서 거의 떨어질 뻔했다거나, 말과 마차가 다니는 길로 들어갔다거나, 음식을 별나게 그리고 아무렇게나 먹었다거나 하는 이야기로서, 친구들과 제자들의 주의 깊은 보살핌을 받고서야 살아남을 수 있었다고 한다. (그가 대략 90세까지 살았던 것으로 보아, 이런 이야기들은 거의 거짓임이 확실하다.) 말할 필요도 없이, 피론은 자신의 철학을 애써 기록하려 하지 않았다. (실제적으로 철학자가 자가당착에 빠지는 데는 한계가 있기 마련이다.) 그렇다면 그렇게 헛된 일의 목적은 무엇이었을까?

그러나 섹스투스 엠피리쿠스는 웅변적이지는 않아도 정열적인 문필가였고, 설득력 있는 변증론자였으며, 훌륭한 의사로 알려져 있다. 그는 거의 어떤 사상을 주장하지는 않았지만, 누구에게나 가차없는 의문을 제기했다. (소크라테스가 그랬던 것처럼, 회의주의자들은 논쟁에서 어떤 것도 주장하지 않으면서 다른 사람들에게 정당화와 증명을 요구하는 입장이 유리함을 알았다.) 초기의 회의주의자들은 플라톤의 옛 아카데미 시대 때부터 스토아 철학자들에게 반대였으며(이들을 '독단론적'이라고 여겼다), 이성에 대한 믿음을 포함하여 어떤 종류의 믿음도 불만과 불협화음의 원천이라고 주장하였다. 현대 회의주의의 움직임과 달리, 고대의 회의주의자들은 거의 전적으로 윤리학 문제에 몰두하였으며, 지식의 가능성과 그 정당화의 문제에는 관심을 두지 않았다.

확신의 본성과 정당화에 대해 어떤 주장을 하든, 회의주의는 무엇보다도 삶에 대한 철학이다. 그것은 거칠고 비극적이며 부조리한 세계에 대응하는 방법으로서, 어떻게 살아가야 하는가 하는 문제에 우선 관심을 두었다. 확신을 유보해야 한다(epoché, 에포케)는 회의주의자들의 주장은 무엇보다도 치유의 형태를 띠고 있다. 이것은 자신을 대상으로부터 떼어놓아 아타락시아를 얻는 길, 즉 불안으로부터 평온과 자유를 찾는 길이다. 그러므로 이것은 오늘날 유행하는 회의주의와는 아주 달랐다. 오늘날의 회의주의는 대학생활이나 책에서 확신의 정당화에 관한 골치 아프고 분명하게 해결할 수 없는 역설이 되고 있지만, 이러한 문제들의 실제적 적용에는 거의 관심이 없다. 반면, 고대의 회의주의자들에게 의혹은 오히려 지혜로서, 삶의 이성적인 방법이었다. 단순히 지적인 회의주의 사상이, 특히 독단적인 정치적 혹은 종교적 신념과 결부되면 위선적이고 부조리한 사상이 되고 만다.

특히 스토아 철학에 반대하는 회의주의의 전통은 플라톤 아카데미의 '새로운' 시기를 이끌었던 이들에게 많은 빚을 지고 있다. 기원전 3세기 초에 활동을 시작한 이들은 스토아학파의 인식론을 공격하는 데 온힘을 기울였다. 그들의 공격수단은 소크라테스의 회의론, 곧 우리는 어떤 것도 모르고 또 알 수 없다는 그의 주장을 응용한 것이었다. 아카데미는 플라톤의 형이상학을 따르는 것만큼 소크라테스의 방법도 따랐다.

아마도 이렇게 새로운 소크라테스의 방법을 지지한 가장 유명한 인물은 로마의 정치가이자 웅변가인 마르쿠스 툴리우스 키케로(기원전 106~43년)였다. 그는 에피쿠로스학파를 조롱한 것과 달리 스토아학파에서 감탄할 만한 것을 많이 보았지만(그래서 때로는 빌려오기도 했다), 공식적인 논쟁에서의 그의 역할을 고려해볼 때,[34] 그는 회의주의자들이 찬양하는 서로 다른 관점들의 대결이 매력적이고도 아주 실용적이라고 느꼈다. 당연히 그는 수사학의 대가가 되었으며, 또 오늘날 우리가 '응용윤리학'이라고 부를 수 있는 것 으로써 정치와 상업의 일상적인 문제들에 접근하였다. (지붕이 새는 집을 팔 때, 이 사실을 구매자에게 알릴 의무가 있을까?) 그도 다른 회의론자들처럼 '체계'적인 철학을 정식화하기 보다 다른 이들의 견해가 그들 자신의 지적 기반에 모순됨을 조롱하였다. 하지만 이것은 진지한 조롱이었다. 따라서 그는 결의론(決疑論, 특정한 상황에서 특정한 주장을 하기에 적합 한 원리들의 모음)의 창시자들 중의 한 사람으로서, 이 결의론은 이와 비슷한 초기의 '궤 변론'처럼 오랫동안 부당하게 나쁜 평판을 들었다.

그럼에도 가장 훌륭한 소크라테스적인 아카데미의 전통에 입각하여, 그들은 지식 을 궁극적인 이상으로 내세웠다(그리고 기원전의 마지막 세기에, 플라톤의 '형상'은 오랫동안의 부활을 시작하게 되었다). '아카데미학파'는 스토아학파를 (그리고 에피쿠로스학파를) '독단 적'이라고 여겼다. 실로 스토아학파와 에피쿠로스학파는 내부적인 견해 차이에도 이론 의 일관성을 훌륭하게 유지했다. 그렇지만 이 '독단' 역시 더 큰 의미의 확신과, 자족함 과 운명의 역설적 결합이라는 위안의 원천을 제공해주었다. 그리고 마르쿠스 아우렐리 우스 황제의 스토아 철학에서 우리는 초기 그리스도교의 본질적인 요소가 된 많은 것들 을 발견할 수 있다.

그 다음으로 회의주의에 대해 목청을 높여 반대한 이로 그리스의 의사였던 갈레노 스(서기 129~199년)를 들 수 있다. (회의주의자 섹스투스 엠피리쿠스 역시 의사이자 철학자였다.) 의학과 의학이론에서의 많은 공적에 더하여, 갈레노스는 거리낌 없는 비평가였다. 그는 선생이 학생들에게 교육에 토대가 되는 것을 제공하지 않는다면, 어떻게 가르칠 수 있

---

34 당시 그는 로마의 학생들에게 서기 63년 그의 경쟁자인 카틸리네(Catiline)를 신랄하게 고발한 것으로 잘 알려 져 있었는데, 거기서 그는 자신을 로마를 구할 사람으로 소개하고 있다.

겠는가, 즉 그런 선생을 어떻게 선생이라고 알 수 있을까 하고 불평하였다. 하지만 그는 감정과 성격의 의지적인 측면을 강조하는 스토아학파의 견해에도 도전하였다. 감정은 선택보다는 훨씬 더 생리학적인 문제이기 때문에, 어떤 사람의 감정에 대해 책임을 묻는 것은 그릇된 것이라고 그는 주장하였다. 예를 들어, 어린아이를 볼 때, 우리는 성격이 얼마나 일찍 형성되는지 놀라지 않을 수 없다. 한 사람이 얼마나 많은 선택을 할 수 있으며, 또 그가 어떻게 살아야 하고, 또는 어떤 사람이 될 것인가에는 분명한 한계가 있다. 우리는 아주 현란한 철학들에서, 상식과 실용주의에 대한 이러한 목소리를 들을 수 있다. 철학은 이러한 공방 속에서 (또한 이렇게 목소리를 높인 외침 속에서) 성장한다.

● 고대 인도의 신비주의와 논리학_ 나가르주나와 니야야 철학

스토아 철학과 회의주의는 절망적인 상황에 대한 절망적인 철학적 답변이었다. 로마제국의 식민지 개척이 유럽(영국까지), 아시아(사실상 인도까지), 그리고 아프리카(이집트에서 알제리까지) 대륙의 가장 먼 지역까지 확장됨과 동시에, 제국의 중앙정부는 추문과 부패로 인해 와해되고 있었다. 네로와 칼리굴라 같은 황제들은 역사상 가장 제정신이 아닌 통치자들이었다. 마르쿠스 아우렐리우스 황제는 스토아 철학자로서, 성인(聖人)에 비할 만한 인물이었다. 물론 그도 살해당했다. 제국은 내부적으로 그리고 많은 국경 지역에서 약화되고 있었다. 반란들은 가차없이 진압되었다. 그러나 서기 4세기경 이교도 로마는 그리스도교 국가가 되었으며, 5세기 말경에는 '야만인들'에 의해 정복당해 사라져 버리고 말았다.

물론 어떤 문화가 야만인으로 여기는 이들이 또 다른 하나의 문명일 수 있다. 하지만 100만 명 이상의 인구를 가진 문화와 권위의 중심지였던 영원한 도시 로마와, 5~6세기경 많은 사람들이 사망하여 4만 명 정도의 인구밖에 없었던 폐허를 비교할 수는 없었다. 게르만족, 색슨족, 켈트족, 프랑크족은 앞으로 서구 문명의 중심 자리를 차지하겠지

만, 지금으로서는 실로 파괴자일 뿐이었다. 북유럽의 토르 신(神)의 망치는 당시 로마의 훌륭한 삶은 말할 것도 없고, 로마의 철학, 예술 및 문학을 대신하기에는 아직 섬세하지 못하였다.

그러나 문명은 죽지 않았다. 쇠퇴하지도 않았다. 다만 동쪽으로 이동했을 뿐이었다. 그리스도교 국가인 로마제국은 비잔티움(지금의 이스탄불)에 살아남아 번성하였으며, 곧 이슬람이 그들 셈족의 제국을 아프리카를 가로질러 중동 전역으로 확장시켰다. 서구 철학의 다음 장(章)들은 모두 중동지역의 비인도유럽어(히브리어와 아랍어)로 기술될 것이다. 하지만 이들은 형식적인 성문화(成文化)를 그리스로부터 이어받았다(제2부 참조).

그러나 더 먼 동양인 인도의 철학은 번성했으며 또 오래전부터 번성해왔다. 고대 인도에서는 시인들과 철학자들이 베다 경전의 통찰과 정교한 철학적 이론들과 논의들을 산스크리트어로 발전시켜왔다.[35] 이 언어는 라틴어 및 그리스어와 매우 닮았다(그래서 이 언어들을 모두 인도-유럽 어족이라고 부른다). 산스크리트어는 『베다』 경전들과 『우파니샤드』 경전들 그리고 인도의 모든 고전철학에 사용된 언어였다. '힌두교'는 혹은 더 정확히 말해서 베단타는 플라톤 시대 이전에 이미 엄청나게 복잡한 철학을 발전시켰다. 붓다는 기원전 6세기에 나타났으며, 자이나교 또한 적어도 그만큼 오래되었다. 불교와 자이나교 모두 영혼과 인간의 본성에(자이나교의 경우에는 인간이 아닌 것들의 본성에도) 관하여 심오하고도 흥미를 자아내는 설명을 공식화시켰다. 힌두교의 대학자들,[36] 불교학자 및 자이나교의 현자들과 학자들은 기원전 2세기경의 인도에서 풍요로운 철학 세계를 탄생시켰다. (자이나교 학자들은 주입할 학문적인 체계를 가져서는 안 된다고 주장했기 때문에, '아마도주의[maybe-ism]'라 불리는 철학을 옹호하였다. 이런 이유에서 이들은 고대 인도철학에 대해 가장 믿을 만한 내용들을 전해준다.)

알렉산드로스의 제국이 몰락한 다음 시기는 인도의 정치, 문화 및 철학의 황금시대

---

35 다시 한번 우리는 영어식 산스크리트어 표기에서 구별을 위한 부호를 생략할 것이다.

36 '푼다타'(Pundata)는 '학자들'을 뜻하는 산스크리트어이다.

였다. 이 시기는 기원전 320년의 마우리아 왕조에서 시작하여 서기 320년에서 550년 사이에 걸치는 고전 시대에 그 절정을 맞이하였다.

한편 중국에서는 주 왕조(기원전 1120~256년)에서 공자(기원전 551~479년)가 나타났으며, 이어서 공자와는 아주 다른 제자들인 맹자(기원전 371~289년)와 순자(기원전 298~230년)가 등장했다. 또한 도가사상가들과 다른 학파들의 사상들도 번성하였다(제2부 참조). 그 후 5,600년 동안 '동방'에서는 철학의 생산성이 양과 독창성 양면에서 서구 철학을 능가하였다.[37]

이러한 일부 철학적 주제는 (브라만교, 불교, 자이나교, 유교 및 도교 사상들을 포함하여) 제2부에서 서구의 철학 사상들, 즉 유대교, 그리스도교 및 이슬람교 등과 비교하여 논의될 것이다. 그렇지만 고대 동방세계의 철학이 순전히 혹은 원래는 종교적인 철학이라고 치부하는 것은 잘못된 생각일 것이다. 많은 서구철학자들이 그랬던 것처럼, 실제로 인도와 중국에서는 철학과 종교가 전혀 구분될 수 없다는 점은 사실이다. 하지만 중국에서 종교라 불리는 많은 것들은 서구적인(유대-그리스도교적인) 기준에서 보았을 때는 극히 세속적이며, 인도의 종교적 관심사들은 서양에서 실재와 인간의 앎의 본성에 관한 형이상학적이고도 인식론적인 사변을 상당히 촉진시켰다.

서구의 독자들에게 가장 충격적인 점은 인도에서 신비주의와 논리가 강력하게 결합되어 있다는 점일 것이다. (이 둘이 모두 철학에 포함되는 것으로 간주되는 한) 이 둘은 보통 서로 아주 동떨어진 것이라고 여겨졌으며, 실로 서로 완전히 반대되는 것으로 여겨졌다.[38] 하지만 인도에서는 여러 형태의 신비주의가 3개의 주요 종교인 힌두교, 불교, 자이나교 모두에서 핵심적인 문제가 된다. 실제로 '철학'을 가리키는 산스크리트어는 '본다'(darsana)라는 뜻을 갖는다. 세 전통 모두, 한편으로는 이러한 신비주의적인 경험을 지

---

37 그렇지만 트라우마를 가진 서양과 계몽된 동양 사이의 이러한 대조를 지나치게 강조해서는 안 될 것이다. 예를 들면, 기원전 475년과 기원전 221년 사이의 시기를 중국에서는 보통 '전국시대'로 지칭한다. 그리고 이어지는 한(漢) 왕조에서 유교가 공식적으로 성립되는 것은 분명히 부분적으로는 그 이전 시대의 혼돈에 대한 반작용에 기인하는 것이었다. 서기 220년 중국은 또 다시 혼돈으로 빠져들어, 581년까지 지속된 일련의 왕위계승과 반란들로 고통을 겪었다.

지하기 위하여, 그리고 다른 한편으로는 그러한 경험들의 가능성이나 총체성을 지나치게 지성화하거나 혹은 일상 세계의 사물과 상식의 범주에 과도하게 결부시킴으로써 그러한 경험의 가치를 떨어뜨리려는 사람들에 대항하기 위하여 강력한 논리학과 논의들을 발전시켰다.

베단타는 무수한 모호성과 모순 속에서 단 하나의 요점, 즉 무한히 많은 현현에도 불구하고 절대적 실재(브라마)는 유일하다는 점을 주장하였다. 대략 가장 초기의 『우파니샤드』(기원전 800년)로부터 최근 시대의 재해석에 이르기까지 발전해온 베단타는[39] 우선 이러한 최초의 단일성을 이해하고 정교하게 만드는 일에 착수하였는데, 이 단일성은 오직 신비적인 현현 속에서만 궁극적으로 '보일' 수 있다. 하지만 명백히 형이상학적인 이러한 관심사(그리고 그에 동반되는 인식에 관한 난제)와 더불어 하나의 중요한 관심사는 좋은 삶, 최선의 삶이다. 이것은 그리스인들이 행복(eudaimonia)으로 불렀던 것이고, 또한 로마인들이 최고선(summum bonum)이라고 불렀던 것이며, 산스크리트어로 '최고의 개인적 선'(parama-purusha-artha)으로 불렸던 것이기도 하다. 일상의 기쁨과 고통에 극히 냉담하고 무심한 인도 철학, 특히 힌두교의 일반적인 관점은 진리 문제와 그리 멀지 않다. 베단타 철학의 목표인 브라마의 경험은 바로 개인의 최고선을 성취하는 것으로서, 이는 궁극적인 기쁨(mukti)을 발견하고 불필요한 고통으로부터 자신을 자유롭게 만드는 일이다.[40]

이러한 목적을 위해 가장 먼저 해야 할 중요한 일은 망상으로부터 자신을 자유롭게 만드는 일이다. 이 망상이란 바로 세계 내에서의 자신의 특별한 개인적인 위치에 관한 망상이다. '브라마비디야'(brahmavidya, 브라마를 봄)의 신비적인 경험이 이러한 통찰의 본질이지만, 많은 브라만교의 대학자들에 따르면 이를 위한 토대는 건전한 논리적 지식

---

38 물론 중세의 그리스도교에서는 많은 교묘한 논리들이 종교적 신앙을 지지하는 데 동원되었지만, 신앙은 신비주의와는 다른 것이다.

39 예를 들어, 1950년 사망한 스리 오로빈도의 철학에서(제4부를 보라).

40 이런 문제들에 관해서는 이 책에 인용된 인도 철학에 대한 다른 모든 참고 도서들처럼, 우리는 (숙명적으로) 스테판 H. 필립스에 빚지고 있다. 오해된 것이 있다면 모두 우리 자신의 책임이다.

에 의해 가장 잘 준비될 수 있다. 논리적인 분석 혹은 '분별'(samkhya)을 통해서, 사람을 미혹하는 일상적인 상식의 범주들이 궁극적으로는 혼동되고 모순된 것임을 보여줄 수 있다. 이렇게 인도의 논리학자들은 버트란트 러셀과 브리티시 라즈보다 2500년 앞서 논리적 모순의 복잡한 세계를 탐구하였다. 놀랍게도 이는 파르메니데스와 제논이 실로 혼란스러운 이 분야에 비슷하게 처음으로 손을 대기 시작한 때와 같은 시대였다.

여기서 이러한 논리적 난제와 역설을 탐구하는 일은 우리의 주제를 훨씬 넘어서는 일이겠지만, 베단타 철학의 중심 학설에 대해 논리학이 갖는 역할과 관계에 대해서는 간단히 알아볼 수 있을 것이다. (헤라클레이토스와 몇몇 다른 소크라테스 이전 철학자들에서 그랬던 것처럼) 베단타 철학에서 브라마는 모든 것의 토대이자 가치이며 본질이다. 따라서 이러한 궁극적인 단일성은 대립하는 것들(뜨거움과 차가움, 마른 것과 젖은 것, 의식과 세계)의 우연한 일치인데, 이는 우리로서는 이해할 수 없는 점이다. 브라마는 '모든 이름과 형태를 초월'하고, ('야훼'처럼) 이름 지을 수 없는 것의 이름이며, 또한 이해되거나 분석될 수 없는 것을 언급한다. (그래서 브라마는 언제나 '이것이 아니고 저것이 아니며' 하는 식으로 서술된다.) 하지만 브라마는 명상과 신비주의 속에서 경험될 수 있으며, 궁극적으로는 자신의 진정한 자아(atman, 아트만)와 동일한 것이다. 이리하여 브라마에 대한 인식은 가장 중요한 것으로서, 이는 바로 모든 사람의 최고의 개인적 선이다. 이런 선을 추구하는 데 장애가 되는 것 중 하나는 특히 학식 있는 사람들에게 나타나는 것으로서, 이해라는 망상이다. 일부 가장 흥미로운 인도철학자들에게는 역설을 이용하는 것이 이러한 망상을 푸는 열쇠였다.

이러한 역설의 기법을 적용한 가장 유명한 유일무이한 철학자는 불교철학자인 나가르주나(Nagarjuna, 용수[龍樹], 서기 150~200년경 활동)였다. 그는 인도의 소크라테스라고 불려야 마땅한데, 철학의 역사상 가장 날카로운 '변증론자들' 중의 한 사람이었다. 불교에서나 브라만교에서는 일상적인 자아에 대한 망상들을 지성적으로 날카롭게 식별하고 분석하는 데 대해 호의적인 강한 지적 흐름이 있었다. 붓다는 그러한 지적인 접근에 대해 강한 의혹을 갖고 있었다. 그는 다음과 같은 유명한 질문을 던졌다. "너의 집이 불타고 있을 때, 불의 본성에 관해 이야기하는 것이 현명한 일일까? 아니다, 불을 끄는 것이 현명한 일이다."[41]

나가르주나는 자신의 지성으로써 지성 자체를 반대하였다. 예를 들어, 그는 모든 정당화의 시도는 또 다른 정당화를 요구하며, 이렇게 하여 논증은 끝없이 퇴행하는 결과를 맞게 되는데, 이는 곧 어떤 정당화도 이루지 못함을 의미한다고 논증하였다. 그는 20세기의 철학자들이 지칭이론이라 부르는 문제를 정교하게 이론화였으며, '비존재(무)'의 본성에 대한 이론을 다듬기도 했다. 그는 어떤 용어들(예를 들어, '무')은 어떤 것을 언급하는 것 같지 않다는 단순해 보이는 사실이 갖는 깊은 함축적 의미를 구별해내었다. 그는 또한 운동에 관한 문제들을 지적하였는데, 이것은 부분적으로는 언어상의 비슷한 문법구조 때문에 그리스 철학자들 또한 곤혹스럽게 만든 문제였다. ("현재 움직이고 있는 것에 속하는 움직임이 있다는 사실이 정말로 어떻게 일어날 수 있을까?"[42]) 이와 같이 나가르주나의 몇몇 논증들은 파르메니데스와 제논의 논증들과 유사하였다.

지식인들의 다양한 입장들 속에 내재하는 부조리들을 지적하면서, 나가르주나는 순수한 경험에 따르는 방법을 명백히 하였다(그렇다고 해서, 지식이 없거나 무식하다는 얘기가 아니다). 지적인 이해 대신에 불교의 가르침을 실천하기를 강조하면서, 그는 자신이 붓다의 진정한 메시지로 여기는 것을 표명하였다. 그리고 단독적으로 자신의 명민함 속에서 지혜의 현시를 보았는데, 이것은 붓다의 본질적인 '완전함들' 중의 하나로서, 곧 지혜를 깨달은 자, 즉 불교의 성인이라는 표시이다.

지적 사변을 무력하게 만드는 나가르주나의 노력에도 불구하고, 불교 논리학은 세기가 지날수록 점점 더 풍요로워졌다. 베단타 철학도 브라마에 대한 철학적 설명에서의 비슷한 역설들을 밝혀내면서 논리학을 발전시켰다. 그 다음 천년 동안은 사실상 인도 철학의 축제 시기였다. 이 축제는 때로는 투쟁적이었으며, 때로는 화려했다. 특히 니야야

---

41 스테판 H. 필립스가 『인도의 고전 형이상학』(*Classical Indian Metaphysics*, 라 살 III, 오픈코트 출판사, 1995년)에서 인용한 『마즈히마 니카야』(*Majjhima-Nikaya*)에서.
42 필립스가 번역한 『마즈히마 니카야』에서.

(Nyaya, '논리')로 불리는 전통은 많은 브라만 철학자들과 회의주의자들의 '환영주의'에 대한 효과적인 균형추가 되었다. 니야야 이카스(Nyaya yikas, 논사들)는 일상 세계가 하나의 환영이라는 개념을 거부하였다. 그 결과 이들은 대부분 힌두교도들이 받아들이고 있는 종교적 지향과 신비주의의 강조에 의혹을 제기하였다. 이러한 의혹은 그 후 불교와 힌두교 모두에서 17세기 동안 지속된 논쟁을 야기하였다. 우리는 이러한 논쟁의 일부 결과를 제2부에서 살펴볼 것이다.

2

신과 철학자들_
종교적인 중세 철학

철학과 종교의 관계는 언제나 은밀하고도 미묘한 것이었다. 전적으로 좁은 의미에서 본다면, 종교는 철학을 수천 년 앞설 것이다. 즉, 철학을 근본적으로 비판적이고 '자연주의적'인 것으로, 그리고 종교를 그저 초자연적인 것에 대한 믿음으로 본다면 말이다. 하지만 실은 종교적 믿음이란 언제나 의심과 논쟁으로 둘러싸여져 있었고 또 그것들에 의해 침투되어 있었다. 그리고 철학도 거의 언제나 세계의 좀더 크고, 초자연적이거나 초인간적인 양상에 눈을 돌려왔다. 어느 시기에는 철학을 과학과 거의 동일시하는 경향이 철학과 종교를 첨예하게 대립하게 했다. 하지만 많은 위대한 과학자와 철학자들, 예를 들어 피타고라스와 아이작 뉴턴은 이러한 대립을 받아들이지 않았다.

철학과 종교의 차이는 종종 이성과 신앙의 구분으로 다루어진다. 하지만 이 구분 역시 자세히 살펴보면 곧 와해된다. 중세 시대 대부분에 걸치는 논리학의 역사는 신학적인 문제들에 의해 촉진되었고 또 종종 이런 문제들에 그 기초를 두고 있다. 이 문제들은 가장 정교하고 정밀한 추론능력을 요구하였다. 많은 위대한 철학자들은 이성과 신앙을 화해시키기 위해 노력하였다. 이는 신앙이 이성적이거나 혹은 이성적일 수 있음을, 또는 어쨌든 이성과 신앙이 함께 작용하여 우리에게 좀더 확실한 세계의 모습을 제시해줌을 보여주기 위함이었다.

철학과 종교의 이런 구분은, 이성과 신앙의 개념 구분과 더불어 다소 서구적인 개념이다. 인도의 사상은 신화적으로 표명된 것이든 극히 정교하게 논리적으로 표명된 것이든 그러한 구분을 인정하지 않으며, 이성과 신앙에 관한 이같이 좁은 개념에 대해서는 거의 언급하지 않는다. (예를 들어, 나가르주나 같은) 인도의 신비주의자들은 세계에서 가장 날카로운 논리학자들이었다. 유교나 도교 또한 세계의 위대한 종교로 꼽히지만, 서양의 종교에서 그러는 것처럼 신앙에 대해서 말하지는 않는다(대신, 조화에 대해 말한다). 대부분의 문화들에서, 이성에 의해 문제를 깊이 사고하는 것과 신앙이나 권능에 따라서 어떤 교설을 받아들이는 것 사이의 차이는 그리 구별되지 않는다. 사람들이 전통에 따라서 이야기하고 생각하는 곳에서는 비판적 탐구가 권장되기보다는 오히려 집단적인 참여와 합의가 요구된다. 이런 경우 '신앙의 도약'과 같은 서구적 개념을 발생시키는 아주 개인적인 딜레마나 선택은 발견되지 않는다.

'서양'의 주요한 세 종교(이들 모두가 아주 최근까지는 '동양'으로 여겨지던 지역에서 성립하였다)를 다루기 전에, 우리는 물론 세계의 다른 위대한 종교들과 그 종교철학에 관해 언급해야 한다. 유대교, 그리스도교, 이슬람교는 서기 4세기에 그리스도교가 로마에서 합법화될 때부터 근대 초기에 '신과학'이 성과를 이루기까지, 수많은 서양 철학의 용어들을 일러주고 규정하였다. 이는 많은 현대의 형이상학의 경우도 마찬가지였다. 하지만 다른 종교들 역시 서구 세계의 사상에 그 흔적을 남겼다. 서구의 관점에서, 서양 철학의 종교적이고 형이상학적인 차원을 당연한 것으로 여기고 세계의 다른 곳(물론 이곳 미국도 마찬가지)의 아주 다른 형태의 철학과 종교를 부정하고 무시하는 것은 매우 안이한 생각이다.

중동지역에서 발생한 이 세 종교들과는 대조적으로, 다른 종교 전통(예를 들어, 아시아의 전통)들은 매우 다른 관심사를 지녔다. 고대 중국과 인도의 철학적 세계관은 이들이 모든 기록들에서 세계의 주요 '종교'로 인용되고 있지만, 유일신에 대한 인간의 관계에 초점을 두고 있지는 않다. (다양한 '신성'의 존재와 신적 형상을 서구의 유일신 개념과 곧바로 동일시해서는 안 된다.) 따라서 그러한 종교들에서 접근가능성과 계시에 관한 유대-그리스도-이슬람교의 주된 문제들은 거의 부적절하다. 많은 아시아의 전통들(특히 불교와 유교)이 그들의 주요한 원전과 경전들을 갖고 있기는 하지만 말이다. 이러한 동양의 전통들은 그리스인들과 로마인들처럼 그 대신에 이 세상을 살아가는 적절한 방법에 초점을 맞추고 있다고 말할 수도 있을 것이다. 하지만 세속적인 것과 성스러운 것 사이의 구별은 서구적인 사고방식이지 동양적인 사고방식이 아니라는 점을 우리는 이미 언급하였다. 예를 들어 유교에서는, 하늘과 땅의 구별이 주제로 다뤄지기는 하지만 근본적으로 서로 다른 존재 질서들 사이의 이분법을 말하지는 않는다. 그리고 그것이 완전히 이해될 수 있는 한, 종교와 일상적인 윤리 사이의 이분법을 언급하지 않는다. 따라서 우리는 종교 일반의 본질과, 아시아의 몇 가지 두드러진 종교들에 대해 이론적인 언급을 하면서 시작하도록 하겠다.

● 종교와 정신성_ 세 개의 철학적 주제

아주 대담하기까지 할 전체적 조망을 시도하면서, 우리는 세계의 종교들, 그리고 그들의 철학들이 세 가지 중심적인 주제를 공통적으로 갖고 있다고 제안하고자 한다. 하지만 그렇다고 해서 이것들이 모든 전통들 내에서 똑같이 취급되거나 혹은 그런 점에서 어떤 하나의 전통 내에서만 취급되는 일은 없어야 할 것이다. 첫번째 주제는 의심할 것 없이 우리가 다른 존재들과 이 세계를 공유하고 있다는 선사시대의 원시적인 느낌이다. 이른바 '원시' 종교들에서 이러한 존재들은 우리 주위에 있는, 주의 깊게 관찰되고 아마도 창조 설화 속에 들어 있는 친숙한 생명체들일 것이다. 이들은 그 지방에 사는 동물들, 즉 새, 뱀, 거미, 혹은 어쩌면 쉽게 알아볼 수 있는 가까운 산의 모습 같은 것일 수 있다. 그것은 땅의 정령일 수 있으며 혹은 그 지역의 식물과 나무들의 영양물이나 어쩌면 치료력일 수도 있다. 예를 들어, 호주 원주민의 신화에서 인간을 만든 창조주는 큰 구렁이이다.

고대 이집트인들은 여러 생명체들 중에서 고양이에게 신과 같은 지위를 부여하였다. 힌두교도들은 모든 종류의 생명체들 속에, 즉 아주 친숙한 암소에서부터 좀더 이국적인 원숭이에 이르기까지 신성이 들어 있다고 인정하였다. 이들은 매우 많은 신들 또한 인정하였다. 그 가운데 많은 신들이 일상 세계 속에서 살고 있으며, '다른 세상에 속하는' 존재로 생각되지 않았다.

이 다른 존재들은 환상적인 신화적 창조물일 수도 있고, 혹은 의인화된 자연적 힘이거나 '어머니'인 대지 자체일 수도 있다. 믿음은 감정이입으로 시작되는데, 이것은 인간의 본질적인 (하지만 인간에게만 특유한 것은 아닌) 특징이다. 우리는 우리 내부에서 인식하는 느낌과 생각을 다른 사람들에게서 인식하거나 혹은 그들에게 투사한다. 물론 그것이 인식인지 투사인지 논쟁거리가 될 수 있는 문제인데, 이런 점은 우리 서로 간이나 우리의 강아지나 고양이 같은 동물들에게 일상적으로 쏟는 감정과 생각에서도 마찬가지이다. 하지만 감정이입과 더불어 다른 존재들을 우리와 매우 비슷하다고 이해하는 자연스러운 경향이 따라온다. 일부 따분한 철학자들과 과학자들은 그러한 감정이입은 오로지 인간들 사이에서만 적합하다고 주장할지 모른다(비록 그들을 위해서일지라도). 하지만 대부분의 사람들과 그리고 대부분의 철학자들도 세계가 생기에 찬 거주자들로 가득차 있다고 생각한다.

이러한 다른 거주자가, 캐기 좋아하고 잘 알려지다시피 인간의 일에 너무 간섭하는 성향을 가진, 신성하지만 눈에 보이지 않는 이웃인 올림피아의 신들일 수도 있다. 혹은 우리 존재가 모든 것을 포용하고 초월적인 유일신에게 빚지고 있다면, 인간이 아닌 주요 거주자는 단 하나만 있을 것이며, 초점은 전적으로 단일한 존재에 맞춰질 것이다. 그 초월적인 세계는 (그리고 이 세계 또한) 더 나아가 천사, 악마, 뮤즈, 모든 종류의 정령들이 사는 세계가 될 것이다. 그리고 사실상 모든 전통에서 그렇듯이, 우리는 우리의 조상들과 함께 어떤 방식으로든지 이 세계를 공유하고 있다. 조상들이 하늘에서 우리를 내려다보는 것으로 여겨지거나 혹은 파푸아뉴기니의 카룰리족의 경우처럼 우리 주변의 새들 같이 우리에게 노래한다고 믿어지거나 간에, 우리는 혼자가 아니며 또한 계속해서 선조들의 주시와 보호를 받는다는 매력적인 생각을 부정할 수가 없다. 많은 아프리카 문화들에서 선조들은 거의 감지할 수 있는 존재로 여겨진다. 유교에서는 선조들의 현재적 의미가 매우 세속적인 이 종교의 중심 주제이다. 선조들의 존재는 우리 존재를 풍요롭게 만들고 우리에게 잘 사는 지혜를 제공한다.

두번째 주요한 주제는 서양적인 한 마디 말로 하면 정의(justice)이다. 이것은 곧 세계가 우리와 우리의 노력에 영향을 받으며 또 우리는 세계로부터 우리가 끼친 영향에 대한 응분의 대가를 받는다는 개념이다. 많은 문화들에서 선조라는 존재는 정당한 교환, 빚과 복수에 관한 전통을 성립시키는 근거가 된다. 실제로 고대 노르웨이의 전설과 고대 그리스의 신화에서는 신들 사이에서도 그러한 연관성과 가능성이 유지되었다. 유대-그리스도-이슬람교 전통에서 정의란 전능하고 인간을 사랑하며 때로 분노에 찬 신에 의해 보장된다. 힌두교에서는 카르마(karma)의 법칙에 의해 정의가 발생한다. 간단히 말하자면 카르마란 준 것만큼 받는다는 것이다. 즉 선행과 악행에 각각 같은 방법으로 보상이 뒤따르며, 또한 한 사람의 행위는 일시적인 것이 아니라 초시간적으로 영향을 미친다. 물론 정의에 관한 이런 관심사의 한 측면은, 신들이 변덕스럽거나 우리를 '시험'하려고 하기 때문이든 아니면 사태의 좀더 큰 틀에서 보았을 때 우리의 행동과 개인적 삶은 별로 중요하지 않거나 혹은 전혀 중요하지 않기 때문이든, 언제나 합당한 보상을 기대하는 데 대한 경고이다. 그러나 대부분의 종교들은 정의에 관한 이러한 원시적인 믿음의 배경에 반대되는 입장에서 살펴보아야 한다.

정의라는 주제는 또한 사회 질서에 대한 요구를 암시한다. 모든 종교는 그것이 아무리 속세를 초월한 것이라 하더라도, 그것을 추종하는 이들의 삶에서 세속적이고 정치적인 다른 쪽 측면을 갖는다. 이집트의 파라오들과 대부분의 왕족들은 신적인 통치권을 주장했다. 히브리인들과 그들의 신 사이의 최초의 관계는 모세의 율법이었으며, 이슬람교도들이 그들을 이어받아 그랬듯이 이들은 일상적인 삶의 세부적인 사항을 신의 의지에 따라서 살았다. 그리스도가 "카이사르의 것은 카이사르에게 돌려주어라"고 하였지만, 그리스도교는 거리낌 없이 카이사르의 역할을 떠맡아 스스로를 국교로 주장하였다.

도교사상가들은 일반적으로 정치적 권위를 인정하지 않았지만(이 자체가 이미 하나의 정치적인 태도를 보여준다), 유교에서는 적절한 정치적 질서야말로 단순한 함축적 의미로서가 아니라 가장 중심적인 주제였다.

바꾸어 말하면, 모든 종교는 다른 것들보다 좀더 잘 받아들일 만하고 다른 것들보다 더 유리한 점을 지닌 어떤 정치적 질서들을 찾았다고 말할 수 있겠다. 예를 들어, 그리스도 시대에 유대교의 바리사이파와 사두가이파 사이에 있었던 긴장은 정치적 성격을 갖고 있지 않았다. 그리스인들은 신들의 (다소 복잡한) 축복만으로 트로이를 기습하였다. 히브리인들은 자신들이 선택된 민족임을 이용하여 오늘날에는 침략과 학살로 인정될 수밖에 없는 행위들을 정당화하였다. 그리고 그리스도교들이나 이슬람교도들도 마찬가지의 만행을 저질렀는데, 11세기에서 13세기까지 네 번에 걸쳐 행해진 기념비적인 '십자군 원정'에서 그 절정을 이루었다. 하지만 정신의 문제에 관한 다른 미묘한 논의에서 그러한 정치적 의제를 알아보는 것이 필요하기는 하겠지만, 또한 거기에 너무 많은 무게를 주지 않고 종교적인 철학 사상의 힘을 그 본래의 권리로서 완전히 인정하는 것도 마찬가지로 중요하다. 대체로 권력을 가진 이들에게 불리한 이러한 사상들 가운데 하나가 평등에 관한 주장이다. 이것은 곧 신이나 법 앞에서 모든 백성은 평등하다는 사상이다. 이것은 유대교에서 중요한 요소였으며, 나중에 그리스도교와 이슬람교에서도 그러하였다. 정말로 이것은 정의에 관한 서구적 이상의 핵심을 의미하는 것이 되었다.

다른 쪽 극단에 있는 힌두교의 카스트 제도는 무엇보다도 하나의 종교적 개념이지 사회적이거나 정치적인 개념이 아니다. 카르마의 법칙에 따라서 우리 각자는 적절한 삶의 위치에 따라 공정하게 태어난다. 즉 부유하게 혹은 가난하게, 유복하게 혹은 불운하게, 건강하게 혹은 아프거나 불구로 말이다. 그리고 우리가 인간으로 태어나느냐 (혹은 다시 태어나느냐) 그렇지 못하느냐 하는 것 역시 카르마의 문제이다. 불교도들과 자이나교도들은 '자연적인' 불평등에 관해 이의를 제기할 수 없는 힌두교의 이런 가혹한 주장에 대항하였다. 이들은 모든 것을 포용하는 평등주의를 제자리에 갖다놓다. (예를 들어, 자이나교도들은 감각을 지닌 모든 존재들이 인간과 동등한 권리를 갖는다고 강조한 결과 모기조차 내려치지 않으려 하였다.) 이와 비슷하게, 초기의 그리스도교들은 오만한 유대교 바리사이파와 로마의 귀족적인 위계질서에 대항하여 항거하였다. 하지만 그들도 곧 그와 비슷한 위계질서를 내포하는 교회를 세웠다. 유교는 사회조직의 위계질서에 대항하여 싸우지 않았지만, 법 아래 모든 사람이 동등하다는 사상을 옹호하였다.[43]

마지막 세번째 주제는 실제로 모든 종교들이 내포하고 있는 것으로서, 개인의 본질이 죽음 후에도 지속될 가능성이다. 이것은 아마도 다시 사는 것을 말하는 것일 게다. 예를 들어, 소크라테스는 이런 가능성을 명백하게 포용하였다. 고대 그리스 종교에서는 이런 사상이 다소 애매한 상태로 남아 있기는 하였지만 말이다. 몇몇 고대의 히브리인들과 사실상 모든 그리스도교도들, 이슬람교도들, 그리고 힌두교도들은 육신의 생물학적 죽음 후에도 영혼의 형태로 살아남는다고 믿었다. 가장 직설적인 형태의 이런 믿음에서는, 개인의 자아가 육신의 죽음 후에도 살아남는다고 생각하였다. 그러나 생기에 찬 육신 없이는 개인의 자아라는 관념은 다소 추상적으로 보이며, 지속되는 존재의 매개체 문제를 사변적으로 만들어버린다. 고대 이집트인들에서부터 현대의 그리스도교에 이르기까지, 이러한 기대에 찬 추측이 엄청난 수의 기발한 이론들을 만들어내었다. 이집트인들은 모든 장신구, 도구, 장난감들과 함께 원래의 육체를 보존하여, 죽은 자가 다시 삶으로 돌아오기를 기대하였다. 나이지리아의 요루바족은 사람이 세 개의 영혼과 하나의 육체가 서로 연결된 것이라고 믿는다. 죽은 후에도 그 사람은 선령으로서 계속 살아남는다. 하지만 그는 동시에 살아 있는 후손으로 다시 나타날 수 있다(이 후손은 다시 살아 돌아온 선조의 모습과 닮는다). 그리스도교도들은 영생하는 존재의 본성에 대해 오랫동안 사색해왔으며, 육체의 궁극적인 부활에 관한 교의는 죽음 후에도 불멸하는 영혼이 어떤 육신 속에 적절히 살게 된다고 암시하고 있다.

그러나 어떤 전통들은 인간의 특유한 영혼이 지속된다는 점을 그렇게 집요하게 강

---

43 그렇지만 우리가 중국에 대해 이야기할 때는, 평등과 불평등 개념의 의미가 다르다는 사실을 지적해야 할 것이다. 왜냐하면 유교 전통은 인간 사회를 계약을 기반으로 하는 시민 단위가 아니라 가족 단위를 모델로 삼았다.

조하지는 않았다. 파푸아뉴기니의 카룰리족은 죽은 자의 정신은 새로 다시 태어난다고 믿는다. 힌두교도들은 다른 많은 사람들이 믿는 것처럼, 영혼이 다른 인간으로나 혹은 동물로나 여러 가지 형태로 나타난다고 믿는다. 그래서 윤회는 영혼이나 정신의 본성에 대해 그리고 그 지속적인 존재 가능성에 관해 온갖 종류의 매혹적인 질문들을 야기하였다. 죽음에서 살아나 다른 존재 속으로 들어가는 영혼과 자아 혹은 인간의 본질은 무엇일까? 우리가 우리 자신이라고 생각하는 것 중에서 얼마나 많은 부분이 이러한 변형에서 살아남을 수 있을까? 만일 우리가 나비, 암소, 다른 인종, 다른 성(性), 다른 문화권의 아이로 다시 태어난다면, 우리는 어떤 의미에서 여전히 우리 자신으로서 존재하는 것일까? 실제로 어떤 의미에서 한 사람이 그의 손자의 유전자와 기억 속에도 살아남는다는 것일까? 대부분의 유대인들에게는, 유전자와 기억 속에서 지속되는 존재로 충분하다.

본질이 지속되는 삶에 대한 사상은 또 다른 형태를 취할 수도 있다. 예를 들면, 불교도들에게 개인의 자아는 하나의 환영이며, 그러므로 지속적인 삶이라는 개념은 오직 문제를 혼동하고 있는 것으로 볼 수 있을 뿐이다. 우리는 죽을 때 개인성의 환영을 벗고서 우리의 원천인 무로 되돌아간다. 더욱이 많은 전통들에서는 지속적으로 존재하는 것이 축복으로만 여겨지지 않았다. 지옥에서의 영원한 삶은 그리스도교도들에게 결코 행복한 약속이 아니며, 또 불교도와 자이나교도들 그리고 힌두교도들에게 죽음이란 이 종교들이 선언하는 재탄생의 순환에서 해방되는 이상적인 결과이고 영원히 존재하는 것은 그렇지가 못하다. 그럼에도 네안데르탈인에게나 복잡한 현대인들에게나 믿기 어려운 일은, 우리가 잘 알고 있는 자아, 즉 우리와 타인의 자아가 전적으로 죽음과 더불어 사라져버린다는 사실이다. 우리의 자아가 존재하지 않는 상태를 상상하기는 어려운 일이며, 이는 많은 전통의 사람들로 하여금 우리의 자아가 계속 존재한다고 생각하는 것이 더 있음직하고 또한 일반적으로 유쾌한 일이라는 결론에 이르게 했다.

그러나 한 개인의 본질이라는 사상이 함축하는 가장 중요한 의미는 사후 삶의 가능성에 관한 것이 아니라, 오히려 사는 동안에 자아의 본질적인 변화가 가능한가에 관한 것이다. 다른 여러 종교들에서는 이러한 삶의 변형이 서로 다른 방법으로 이루어진다.

'구원'이나 '계몽'의 방법, 또는 기도, 집단적인 노래, 명상을 통해서 말이다. 일상적인 삶을 영위하는 자아는 여러 문화적 사회적 전통들에 의해 형성된 것으로서, 이런 자아를 꼭 진정한 자아라고는 할 수 없다. 흔히 이기적이 되는 자아는 자신의 개인적인 야망과 이익에 사로잡히기 쉽고, 때로 우리가 의심하는 것처럼 왜곡되고 기만되어 스스로 평화로울 수 없는 자아이다. 그리하여 소크라테스는 철학을 통하여, 예수는 고행을 통하여, 그리고 붓다는 깨달음을 통해서 자기 자신의 변화를 추구하였다. 몇몇 종교들에서는, 이와 같은 변화를 달성하는 것이 삶 자체의 목적이 된다. 또 어떤 종교들에서는 그러한 변화가, 사도 바울로가 다마스쿠스로 가는 길에 개종을 한 것처럼 한순간에 일어나기도 한다. 또 다른 종교들에서는 그러한 변화가 티베트 불교 승려들처럼 일생동안의 의식수행과 실천을 통해 이루어지는데, 이들의 자기훈련은 전설적이다. 그 외의 다른 종교들에서 진정한 자아란 선조들과 혼연일체가 되는 것을 포함해서 오직 집단 속에 철저히 몰입하는 것일 뿐이다. 하지만 종교와 철학이 지칭하는 자아가 반드시 일상적인 자아일 필요는 없으며, 이 본질적인 자아를 발견하고 실현하려는 노력은 종교와 철학의 주요 목적 중의 하나이다.

우리는 앞의 셋과 이들이 여러 가지로 변형된 주제들을 '정신성'이라는 단 하나의 제목 아래 묶을 수도 있다. 이는 종종 여러 종교 전통들이 자신들의 것이라고 주장하는 용어이기도 하다. 때로 이 용어는 초월적인 신을 믿는 사람들에게만 제한적으로 사용되었다. 다른 사람들은 이 용어를 어떤 내적인 감정이나 감동을 지칭하는 제한적인 용도로만 사용하였다. 또 다른 사람들은 이 용어가 종교적 삶에 관한 오직 사회적인 차원을 언급하는 것이라고 주장한다. 그러나 진실을 말하자면, 정신과 정령을 생각하는 방식은 여러 가지가 있으며, 영혼에 관해서 그리고 우리와 이 세상을 함께 나누고 있는 아마도 보이지 않을 뿐인 존재들에 관해서도 여러 개념들이 있을 수 있다. 정신적인 것은 초월적인 저 너머 세계를 가리킬 수도 있지만 그렇지 않을 수도 있다. 이것은 또한 우리의 선조들이 정하고 그들의 은혜로 우리가 물려받은 사회 질서에 관한 분명하고도 깊은 의미를 언급할 수도 있다. 이것이 또한 종교이다(이는 지나치게 교과서적인 의미의 종교이다.

이는 많은 영적 세계들을 지나치게 체계화해서 균질화하려는 경향이 있다). 하지만 정신성이 갖는 이런 여러 모습을 염두에 두고서, 이제 아시아의 특히 정신적인 철학들을 살펴보도록 하자.

● 동양의 지혜 1_ 힌두교, 자이나교, 불교

　　인도의 세 가지 토착 종교인 힌두교, 자이나교, 불교는 명백한 유사점을 매우 많이 공유하고 있다. 여기에는 이들이 서양의 일신론적인 종교들과 구별되는 두드러진 특징들도 포함된다. 비교적인 관점에서 실로 가장 놀라운 점은, 남아시아의 종교들이 적어도 신성에 관한 많은 개념들에서 엄밀성과 교조성이 명백히 결여되어 있다는 점이다. 특히 힌두교에서는 강제성을 띤 서양의 일신론("그대들은 다른 어떤 신도 갖지 말아야 할 것이로다.") 같은 것이 없다. 신성에 관한 개념들은 매우 다양하고 풍부한 상상력을 지녔으며, 서양의 세 종교를 특징짓는 엄숙함과는 대조적으로, 동양의 신 개념들은 종종 놀라울 정도로 장난기 넘치고 익살스럽다. 여러 다른 영역들에서 (그리고 많은 경우 각 마을마다) 그들이 애호하는 고유의 신들이 있다. 그런데 일반적으로 불교는 신성으로 가득 차 있기는 하지만 신이 없는 종교이다.

　　그러나 인도에는 복잡한 일신교적 전통이 있다. 그 신의 지위는 많은 논란을 불러일으켰으며, 힌두교도들에게는 결코 인정을 받지 못하였다. 베다 경전에 나오는 일신론(예를 들면, 불이일원론적[不二一元論的] 베단타 철학으로 불리는 '환상이론가'들의 학파) 내에서도 철학적 문헌에서는 신의 지위조차 문제시되고 있다. 이 종교 전체는 이러한 교리에 의존하고 있지 않다. (실로, 신조차 하나의 환상에 불과하다고 판명된다.) 제1부에서 우리가 주장했듯이, 힌두교는 일군의 특유한 교의들이라는 그런 의미에서는 종교가 아니다. 힌두교는 오히려 철학, 민속신화, 관행, 의식(儀式) 및 사회구조의 다양한 집합으로서, 이들 중 많은 부분이 베다 경전에 기초를 두고 있다. 몇몇 베단타 철학의 학자들은 브라마를 하나의 신으로 간주하지만 다른 학파에서는 그렇지 않다. 하지만 오랜 다툼과 논쟁의 역사에도 불구하고, 힌두교도들은 대체로 전도를 하거나 경쟁을 하지 않았다. 물론 그렇다고 해서 (세계의 대부분 지역에서처럼) 인도 내 여러 종파들 사이에 상호 학살이 빈번하게 일어난다는 사실을 부정하지는 않는다. 하지만 이슬람교와 유럽인들이 도착하기 전까지는 힌두교의 많은 신화들과 철학들은 평화롭게 공존했으며 불교나 자이나교 및 다른 지역 종교들과 종종 뒤섞였다.

우리는 서양(즉, 소아시아 및 '중동')의 종교들과 동양(특히 인도와 '극동')의 종교들 사이의 차이와, 또한 아시아 종교들 내에서의 유사성을 과장할 수도 있다. 예를 들어, 신비주의가 인도의 세 가지 주요 종교들에서 중요한 역할을 하고 있지만, 동양의 종교 모두가 신비주의적이지는 않다. (중국의 경우, 도교에서 신비주의는 훨씬 더 작은 역할을 할 뿐이며, 유교에서는 거의 아무런 역할을 하지 않는다.) 인도 철학에서, 베다 경전은 인도의 세 가지 주요 종교 모두의 출발점으로 남아 있긴 하지만, 불교와 자이나교는 궁극적으로 베다에 대한 힌두교의 해석을 거부하며 특히 베다가 정당화하려고 했던 혐오스러운 카스트 제도도 거부한다. 마찬가지로, 불교도들은 대체로 대부분 힌두사상의 핵심인 브라마 개념과 자아(아트만) 개념 모두를 거부한다.

힌두교와 불교 내에서도, 이런 문제들에 관해서 현저한 대립과 불일치가 있다. 엄청나게 많은 신들, 그리고 다른 신들과 신적인 창조물들이 있지만 힌두교를 다신교로 요약하는 것은 잘못된 일이다. 전통적인 힌두의 신화는 모든 신들을 어떤 의미에서는 하나의 신의 현현(顯現)으로 보는 생각을 중시한다. 그리고 어떤 베단타 철학자들은 더 나아가 브라마가 유일한 신이라는 주장을 더욱 정교한 이론으로 발전시켰는데, 브라마가 실로 유일한 실체적 존재라고 하였다. 다른 철학자들(예를 들면, 니야야학파)은 중세 그리스도교 철학에서 가장 잘 알려진 것과 비슷한 (그리고 오랫동안 예견된) 방식으로 신의 존재를 창조주로서 증명하려고 하였다. 불교도들은 모든 종류의 신에 관한 사상을 거부하지만, 여기서도 의견의 대립과 불일치의 여지가 많다.

세 종교 모두는 삶의 고통(dukkha)과 그로부터의 '면제'나 '해탈'(불교의 니르바나

[nirvana]와 힌두교와 자이나교의 모크샤(moksha])을 중심주제로 갖고 있다. 그러나 해탈에 대한 여러 다른 종파들의 견해는 엄청나게 다양하다. 불교의 어떤 종파들에서는 그러한 해탈에 도달하는 깨달음을 위하여 몇 년 동안에 걸치는 고된 훈련과 수양을 요구한다. 이와는 대조적으로 몇몇 형태의 힌두교에서는 오히려 "너 자신을 위하는 어떤 일이라도 하라"고 권장한다. 우리는 이 세 종교 모두가 영혼이나 자아의 본성에 깊은 관심을 갖는다는 점을 알았다. 하지만 이 세 종교 모두가 받아들이는 사상으로서, 우선 자아를 포함하고 규정하는 카르마라고 불리는 독특한 형태의 인과율을 들 수 있으며, 이어서 카르마의 결과로 나타나는 윤회를 통해 이루어지는 지속적인 삶에 대한 다양한 형태의 믿음을 들 수 있다.

그러나 서양은 인도의 철학과 종교에서 고통으로서의 삶이라는 측면만 지나치게 강조하였다. 삶이 고통인 한에는, 그로부터 탈출하려는 욕망을 쉽사리 이해할 수 있다. 삶이 한번이 아니고 반복해서 일어난다는 믿음은 오직 해탈에 대한 갈망을 그만큼 더 긴요하고 풀기 힘든 것으로 만들었다. 그럼에도 고통이 아니라 해탈이 더욱 강조된다.

불교의 첫번째 '고결한 진리'는 고통에 관한 진실이지만, 사람들이 애호하는 붓다에 대한 묘사는 평화롭고 춤을 추기까지하는 모습을 보여주는 것이다. 자이나교도들은 가능한 한 고통을 막고자 애썼다. 카르마의 철학과 무자비한 카스트 제도가 결합한 결과, 힌두교에서는 고통이 우선적으로 강조되고 있다. 하지만 인도 철학에서 종종 과소평가되는 점은 기쁨, 환희, 즐거움의 중심적인 역할이다. 특히 힌두교는 세상을 일종의 놀이마당으로 보고 있으며, 신들의 장난기 넘치는 광대짓은 이러한 태도를 잘 예증해준다. 신비적 경험들은 전형적으로 환희(bliss)라는 용어로 기술되며, 불교적인 평온함은 결코 단순히 '탈출'이라는 부정적인 용어로 이해되지는 않는다. 고통에 대한 이러한 인도적인 관용이 그리스도교의 눈에 다소 심하게 보인다면, 마찬가지로 인도의 철학과 종교에서의 장난기 역시 다소 이상하다고 해야 할 것이다. 우리의 영혼에 관한 문제이기는 해도, 철학과 종교가 반드시 '진지'해야 할 필요는 없다.

이렇게 아주 다채로운 종교적 믿음들을 아주 단순화할 수 있다면, 힌두교에서 시작하여 특히 베단타에 대한 불교도들과 자이나교도들의 반응을 추적하는 것이 가장 좋은 방법일 것이다. 이들 종교들과 철학들 간의 유사성과 차이점들은 다음의 네 가지 문제들과 관련하여 발생한다. (1) 자아, 영혼에 관한 문제(아트만, 지바, 아나트만) (2) 최고의 선과 유일신 브라마와의 관계 (3) 고통과 카르마의 문제 (4) 해방(그리고 해방의 경험)의 문제 등.

첫번째 문제에 관해서는, 물질적인 개별적 자아는 우리가 '영혼'이라고 부를 수 있는 궁극적인 자아가 아니라는 점에 대해 상당한 동의가 이루어져 있다. 그런데 대부분의 베단타 철학자들은 진정한 자아란 우리 모두를 포괄하는 초개인적인 존재인 브라마라고 주장하는 반면, 자이나교도들은 진정한 자아란 그럼에도 개인적인 자아라고 주장하며, 한편 불교도들은 무아(無我), 즉 아나트만이라는 개념을 위하여 모든 자아를 거부한다. 하지만 적어도 몇몇 인도 철학자들(차르바카[Carvaka] 철학)은 여전히 유물론적 입장만을 고집한다. 그들은 자아란 단지 개별적인 물질적 자아로서, 언젠가는 죽고 사라져버릴 자연적인 유기체일 뿐이며, 죽음이 자아의 끝이라고 주장하였다.

최고의 선에 관한 문제에 대한 대답은 자아가 어떻게 이해되는가에 달려 있다. 베단타 철학에서 최고의 선(파라마-푸르사-아르타[parama-purusa-artha])은 스스로를 인식하는 것으로서, 즉 스스로를 아트만으로 인식하는 것이다. 개별적인 존재인 지바와 우리 모두에게 내재하는 존재의 원리로서의 아트만 사이에는 중대한 구분이 이루어졌다. 지바는 보통 '영혼'으로 번역되지만, 지바가 어떤 의미에서도 특정한 생명체로부터 독립되어 있는지 어떤지, 또 개인의 죽음 뒤에도 살아남는지 어떤지에 대해 베단타 철학 내에서도 이견이 분분하였다. 지바는 보통 특정한 개인의 신체적 용모, 기억, 생각, 활동 및 감정들의 특별한 집합으로 간주되었다. 그 개인이 죽으면, 지바도 존재하기를 멈춘다. 어떤 경우에도 지바는 '진정한' 자아, 즉 지속되는 자아로 여겨질 수는 없다. 그런 역할은 아트만에게만 속한다. 그러므로 최고선은 자기인식적인 존재로서, 어떤 사람의 개인적인 자아가 아니라 모든 것을 포용하는 더 큰 자아인 아트만이다. 아트만은 분명히 개인적인 자아는 아니다. 그러나 지바와 아트만은 적어도 죽을 때까지는 살아 있는 개인(푸루샤[purusha]) 안에 함께 묶여 있다.

개인이 죽은 후에도 아트만은 여전히 살아남아 있다. 아트만은 삶의 원리로서 남아 계속해서 다른 존재들 속에서 현현한다. 더욱 어렵고 논쟁을 불러일으키는 문제는 분명히 개별적인 개인인 지바에게 무슨 일이 일어나는가 하는 문제이다. 인도의 유물론자들은 죽음이 지바의 끝이라고 간주하였지만, (대부분 베단타 학자들을 포함하여) 대부분 힌두교도들은 개인은 살아남으며 결국에는 다른 사람으로, 다른 카스트 신분으로, 또 경우에 따라서는 다른 종의 생명체로 다시 태어난다고 믿었다. 이러한 윤회를 풀어줄 열쇠는 분명히 개인으로 남아 있는 지바도 아니고, 더 일반적인 존재로 남게 되는 아트만도 아니다. 그것은 오히려 카르마로서, 이것은 한 개인이 일생동안 해온 행동들과 활동들의 '잔여물'로 생각될 수 있다. 재탄생과 환생을 푸는 열쇠는 바로 카르마인 것이다.

베단타 철학에서 스스로를 아트만으로 인식하는 일은 동시에 자신의 진정한 자아를 브라마로 인식하는 일이다. 개별적인 개인은 실제로 일자의 한 모습으로서, 그것은 이 일자의 무수한 현현의 하나일 뿐이다. 하지만 이러한 중심사상은 많은 해석의 여지를 남긴다. 예를 들면 브라마가 그러한 현현을 만들어내는 신으로 간주되어야 하는지 혹은 오히려 그러한 현현들과 동일한 것인지 아니면 그 현현들과 너무나도 다른 어떤 것인지에 대해 해석이 분분하다. 이 문제는 또한 개인과 실재에 대한 서로 매우 다른 개념들을 야기한다. 예를 들어, 불이일원론적인 베단타 철학은 동시에 일신론과 무신론으로 여겨질 수 있다. 이 철학이 신을 포함하여 모든 것이 환영(마야)이라는 신비주의적인 인식을 발전시키기 위한 버팀목으로서 신에 대한 헌신을 권장하였기 때문이다. 따라서 한 사람의 최고선은 일상적인 필요와 욕구의 세계를 환영으로 '보는' 것이며, 자아에 대한 영적인 자각(바크티[bhakti])을 삶의 완성으로 보는 것이다. 그러나 니야야학파는 이 세계를 진정한 세계로 보고 신을 비인격적인 형이상학적 원리로 보았다. 이것은 아리스토텔레스의 '최초의 원동자'와 다르지 않다. 따라서 한 사람의 최고선은 세계를 거부하는 것과 무관하며, 또한 어떠한 개인적 의미의 신적 참여도 필요로 하지 않는다. 차르바카 철학은 영혼과 사후의 삶에 대한 사상과 더불어 신에 대한 사상도 배제하였다. 그러므로 그들의 결론은 사람은 가능한 한 삶을 즐겨야 한다는 것이다.

힌두교도, 불교도 및 자이나교도 모두 환생을 통한 삶의 지속을 어떤 형태로든 받아들이고 있으며, 이 셋 모두가 개별적인 물질적 자아와 물질적 세계의 궁극적 실재에 대하여 진지한 의혹을 품고 있다. 하지만 자아의 본성에 관한 서로 다른 그들의 관점으로 인해 최고선의 개념도 서로 달라진다. 대부분 힌두교도들은 자신을 더 큰 전체적 자아인 브라마의 일부분이 아니라 그와 동일하다고 믿는다. 따라서 그들의 최고선은 이 더 큰 자아(브라마가 신이건 아니건 간에)를 인식하는 일이며, 개별적인 자아에 대한 '환영'을 거부하는 일이다.

이와는 대조적으로, 불교도들은 아트만과 브라마를 포함하여 어떤 자아의 개념도 거부한다. 이로부터 그들은 해탈은 자아의 소멸이지, 자아를 더 큰 어떤 것과 동일시하는 것이 아니라고 보았다. 많은 불교도들은 여전히 일자의 개념을 가지고 있지만, 이것은 엄밀히 비인격적인 일자로서 아트만이 아니다(아나트만).[44] 그러나 자이나교도들은 인간과 모든 생명체에는 개별적인 자아나 영혼이 있다는 믿음을 견지해왔다. 이런 이유에서 그들에게는 모든 생명체를 존중하는 것이 극히 중요한 일이다. (많은 힌두교도들처럼 그들 역시 인간의 영혼은 동물로 환생한다고 믿었다.) 자이나교도들에 의하면, 죽음 후에 그리고 해탈 후에 영혼은 어떤 고전적인 주석가의 말과 같이 '풍선처럼' 자유스럽게 떠다닌다고 한다.

이런 점은 우리를 나머지 두 문제인 카르마와 해탈이라는 주제로 이끈다. 카르마는 인도철학에서 가장 잘 알려져 있지만 또 가장 자주 오해되는 개념들 중의 하나이다. 카르마는 세 종교 모두에게 중심적인 사상이지만, 그 근원을 베다에 두고 있다. 힌두교, 불교 및 자이나교는 종종 서양에서는 행동과 '좋은 일들'의 중요성을 거의 강조하지 않는 체념의 종교로 간주되었다. 사실상 의식(儀式)들과 다양한 관행에 대한 관심과 더불어 행위의 문제는 세 종교 모두에서 중심적인 것이다. 가장 중요한 행위는, 특히 불교와 자이나교에서는 하지 않음, 즉 남을 해치지 않음이다. 어떤 자이나교도들은 공기 중의 아

---

44 불교승려는 피자 굽는 사람에게 이렇게 말한다. "모든 것을 가지고 하나를 만들어주시오."

주 작은 곤충들을 죽이지 않기 위하여 숨조차 쉬지 않기를 갈망한다(혹은 그들은 마스크를 착용한다). 하지만 특히 힌두교에서는 사람이 일생동안 행한 것에 대한 보상이나 벌을 나중에 혹은 다음 생에서 받게 된다고 믿는다. 그러나 이 '사후의 삶'은 천당이나 지옥은 아니며(그와 같은 개념들이 힌두교사상에서 완전히 없지는 않지만), 오히려 환생을 가리킨다. 모든 행위는 어떤 결과를 만들어내고, 한 사람의 총체적 행동의 성과는 그 사람의 카르마를 규정한다. 좋고 나쁜 행동들에는 각각 어떤 보상과 벌이, 경우에 따라서는 즉각적으로 뒤따른다는 점은 인생에서 명백한 사실이다. 하지만 '나쁜' 카르마가 나쁜 결과만을 보여주는 것만은 아니다. 그것은 또한 그 안에서 한 사람이 윤회하는 인과율에 따르는 우주의 연결망을 변화시킨다. 이렇게 하여 한 사람은 더 품위가 떨어지거나 혹은 더 저급한 삶을 살게 되는 고통을 받을 뿐만 아니라, 삶의 시련과 또 그 자체가 고통인 계속적인 환생을 지칭하는 삼사라(samsara)가 연장되기도 한다.

카르마는 종종 숙명의 한 형태로 논의되곤 하였다(고대 그리스에서 그리고 위대한 그리스 극작가들의 비극 속에서 나타나는 운명이라는 개념과 매우 흡사하다). 그러나 카르마의 개념은 더 옛날의 『바가바드기타』 시대까지 거슬러 올라가면, 자유의지와 책임이라는 개념들도 포함한다. 그렇지만 이것(카르마의 개념)은 '초연한' 행동이라는 힌두교적인 이상(理想)에 의해 엄청나게 복잡해진다. 초연한 행동이란, 즉 비이기적이고 자신을 위한 관심을 버리는 행동이다. 이렇게 하여 자유란 서양에서의 전형적인 해석처럼 구속받지 않는 개인적인 작용원인으로 이해되는 것이 아니다. 불교 역시 이 점에 관해서 서구 사상과 다른데, '사심 없는' (혹은 '무관심한') 행동에 특별한 주의를 기울인다.

카르마 이론은 한 사람이 타인들에게 고의적으로 덕과 동정을 베풂으로써 카르마에 영향을 줄 수도 있다는 믿음을 포함하고 있다. 힌두교에서 의무(다르마(dharma))는 덕을 가리키며, 우리를 특별히 밝은 삶과 해방으로 이끈다. 서구인들은 힌두교 사회가 사람들에게 특히 시민으로서의 의무와 가족적인 의무를 얼마나 많이 강조하였는가에 대해 종종 과소평가하였다. (이러한 점은 천상의 지혜를 지닌 주(主)이신 브리하스파티에 관한 신화에 잘 반영되어 있다. 그는 신들의 왕인 인드라에게 훌륭한 통치력과 행복한 결혼을 이루는 것에 관해 두 번에 걸쳐 내명을 내렸다.) 20세기 인도의 위대한 지도자인 마하트마 간디는 베다 경전에 기초를 두고 있는 이 다르마의 개념 위에 자신의 급진적인 해방철학을 세웠다. 그러나 그의 해방 개념은 사회 전체를 포함하고 있다.

힌두교는 해방을 위한 어떠한 단일한 방법도 규정하고 있지 않는데, 우리는 이 주제에 관해서 가장 많은 의견의 불일치와 반론들을 보게 된다. 어떤 이론가들, 특히 니야야 학파에게는 해탈이란 이해를 통해서 온다. 반면에 『요가경』에 따르면, 해탈로 가는 길은 정신적 단련, 명상 및 신비적인 통찰 같은 방법이다. (여기서 요가는 하나의 철학이며, 그저 이완운동에 불과한 것이 아니다.)

깨달음과 해탈은 극단적인 초연함으로부터 오는데, 무아지경, 감정으로부터의 완전한 해탈, '내적 침묵' 등이 그런 형태들이다. 『우파니샤드』(최초의 경전은 기원전 800년까지 거슬러 올라간다)로부터 유래된 힌두사상에서 해탈이란 부분적으로는 적어도 의식의 변화를 위한 실행과 밀접하게 관련되어 있다. 이것은 세계를 다르게 보는 방법, 철저히 사심 없는 상태를 경험하는 일, 하나의 '광대한 경험'(삼매경[samadhi])을 포함한다. 20세기 인도의 현자인 오로빈도는 이런 형태의 바크티(bhakti)를 "신과 간통하는 것 같은 완전한 경험"이라고 기술하였다.

불교는 고대 인도의 세 종교들 중에서 가장 '새로운' 것으로서, 고통과 자아 그리고 해탈에 대한 그들의 정교한 사변에 관해서는 특별한 주의를 기울일 만하다. 고타마 싯다르타, 즉 붓다는 주위에 널려 있는 끔찍한 고통에 대해 깊은 관심을 가졌으며, 사회적 개혁을 주장하였다. 그는 카스트 제도를 고발하였고, 힌두교의 사제직이 갖는 지나친 권한을 비인간적이고 파괴적인 제도라고 비난하였다. 그러나 붓다의 기본철학은 우선 개인의 내면적인 변화에 관심을 두고 있다. 이런 변화는 불교에서 말하는 사성제(四聖諦, 네 가지 고결한 진리)에 대한 통찰에 의해 달성된다.

1. 모든 삶은 고통이다.
2. 고통은 이기적인 욕망에서 생긴다.

3. 이기적인 욕망은 제거될 수 있다.

4. 이기적인 욕망의 제거는 정도(正道)를 따라가는 데서 이루어진다.

해방 혹은 깨달음의 올바른 길을 불교의 팔정도(八正道)라고 부르는데, 그 내용은 다음과 같다.

올바로 봄(正見)

올바른 생각(正思惟)

올바른 말(正語)

올바른 행동(正業)

올바른 노력(正精進)

올바른 삶(正命)

올바른 마음(正念)

올바른 명상(正定)

불교의 목적은 자아가 있다는 현혹된 믿음과 아울러 이와 함께 따라오는 모든 것들, 즉 욕망과 환멸, 야망과 실망, 자부심과 수치심으로부터 자신을 해방시키는 것이며, 깨달음과 니르바나(nirvana, 열반)라고 불리는 고통의 종식을 획득하는 것이다. 비록 니르바나가 대체로 고통을 멈추는 것으로서, 이기적인 관점으로 부정적으로 기술되지만, 환희라는 더욱 긍정적인 의미로 이해될 수 있다. 하지만 이런 긍정적 의미는 불교의 목적을 서양적인 이상인 '행복'과 같은 어떤 것으로 규정짓는 잘못을 저지를 수 있다. 불교의 삶 개념은 우선 고통과 이 고통으로부터의 구원과 관련되어 있다. 하지만 그리스인들이 말하곤 하는 '풍요로움'은 그 자체가 불교적인 사상이 아니다.

불교도들은 모든 삶은 영원하지 않다는 사실을 대부분의 힌두교도들보다 더 두드러지게 믿었다. 실재란 일시적인 존재들의 연속과 같은 것이며 따라서 지속하는 실체란 없다. 이러한 존재의 비항구성에 관한 이론은 사성제에서 기술된 것처럼 우리가 처해 있는 비참한 상황을 설명하는 데 도움을 준다. 우리는 그 자체가 비항구적인 대상들을 갈구하며, 그 결과 우리가 원하는 것을 결코 얻을 수 (혹은 지킬 수) 없다. 하지만 우리가 원하는 사물들이 단지 일시적인 존재라는 사실을 인식할 때까지, 우리는 그것들을 인생의 목적으로서 진지하게 추구할 것이며, 그런 추구의 노력 속에서 우리 자신과 남들을 해치게 될 것이다.

이와는 반대되는 경향을 우리는 유대-그리스도-이슬람교의 전통 속에서 발견할 수 있다. 그것은 곧 종교를 현세에서건 내세에서건 우리가 원하는 것을 얻는 수단으로 택하는 일이다. ("신을 믿는 일은 당신을 행복하고 더욱 안전하게 만들 것입니다." "믿음은 그대를 성공하게 만들 것입니다." "순교는 당신을 기쁨의 정원인 천국으로 인도할 것입니다." "예수는 당신이 저캐딜락을 가지기를 원합니다!") 그럼에도 아시아의 종교를 근본적으로 금욕적인 것으로 취급하는 것은 잘못일 것이다. 힌두교에서 다르마와 모크샤(moksha)는 네 개의 프루샤르타스(purusharthas), 즉 자연적인 인간의 목적들 중의 둘일 뿐이다. 나머지 둘은 부유함 및 다른 물질적 이익(artha)과 쾌락 및 정서적 충족(kama)이다. 특히 유교에서 희망의 세 가지큰 기둥은 번영, 자손, 장수이다. 불교도들은 어떻게든 물질적 안락을 피하려 하지는 않지만, 이러한 망상적인 '필요'와 해방의 욕구를 엄밀히 구분한다. 세속적 욕구와 정신적요구의 만남은 동양과 서양의 차이가 아니라, 오히려 사실상 모든 종교 전통에서 보이는아주 재미있는 단층선으로, 이러한 단층선은 종종 '정신성'이라는 말에 의해 가려진다.

불교도들은 모든 것이 지속된다는 환상이 우리로 하여금 우리의 자아가 실재성을갖고 있다고 믿게 만든다고 말한다. 하지만 실제로는 어떤 항구적인 자아나 영혼은 없다. 인간이란 다만 신체, 감정, 생각, 기질, 의식 등이 일시적으로 결합된 구성체일 뿐이다. 이러한 구성체를 지탱하는 구성체 이외에 '자아'라든가 영혼 같은 실체는 어떤 것도존재하지 않는다. 더욱이 더 큰 영원한 자아인 아트만조차 존재하지 않는다. 거기에는아트만도 자아도 없고 단지 아나트만이 있을 뿐이다. 자아와 욕망의 모든 대상들이 항구적으로 존재하는 것이 아니라는 사실을 인지하는 것은 통찰과 고통의 종식으로 나아가는 한걸음이다. 유대-그리스도-이슬람교 전통에서 (그리고 몇몇 그리스 철학에서도) 영혼은 본질적인 자아이며, 중요한 점은 어떤 욕망들이 추구하기에 정당한 것인가 하는 문제이다. (특히 스토아학파의 철학자들은 그와 같은 욕망을 거부하였는데, 이런 점에서 이들은 불교도들을 많이 닮았다. 그리고 불교도들이 이들로부터 아주 멀리 떨어진 동양에서 살기는 하였지만 그들로부터 영향을 받았을지도 모른다.)

모든 불교도들이 어떤 기본적인 믿음을 공유하고 있긴 하였지만, 불교는 서로 다른 사상을 가진 많은 학파들을 발전시켰다. 불교가 동북아시아로 퍼져나가는 과정에서 학파들은 더욱 다양해졌다. 그것은 불교가 유교 및 도교와 통합된 일본과 중국뿐만이 아니라, 티베트와 네팔, 인도네시아와 인도차이나까지 확장되었기 때문이다. 이런 확장의 초기에 벌써, 인도와 그 주변에 주로 퍼진 남방불교도들과 북방불교도들(중국, 티베트, 네팔, 일본, 한국) 사이에 심각한 분리가 이루어졌다. 남방불교도들은 개인적인 깨달음, 모든 개별적인 인격의 소멸 및 비개인적인 환희에 집중했다. 그들은 깨달음이란 극단적인 금욕과 고립된 수도원 생활 속에서만 찾을 수 있다고 믿었으며, 그러므로 깨달음이란 매우 적은 수의 인류에만 제한적으로 가능하다고 믿었다.

이와는 대조적으로, 북방불교도들은 타인들에 대한 동정과 관심이 우선이라고 주장하였다. 그들은 모든 사람들이 마땅히 고통과 정신적 무지로부터 벗어나야만 하며, 수도원 밖 일상적인 사바세계에서 일상적인 삶을 살고 있는 사람들을 돕기 위하여 이미 깨달음을 얻은 사람들은 마땅히 '현실로 돌아와 머물러야' 한다고 하였다. 그들은 붓다는 깨달음의 환희를 얻은 후에 사바세계를 벗어나 열반의 세계로 들어갈 수 있었지만 타인들에 대한 동정심 때문에 이 세상에 머물고 계신 것이라고 주장하였다. 붓다의 이런 예를 따르는 사람이 바로 보살(bodhisattva, 보디사트바, 즉 지혜를 깨달은 자)이다. 보살들은 깨달음에 도달했을 때 니르바나의 상태에 들어가지 않는다. 그 대신, 이 세상에 남아 활동하면서 자신들의 통찰을 타인들과 나눔으로써 그들의 고통을 종식시키는 데 도움을 준다. 이렇게 하여, 자비심은 (북방) 불교도들의 중심적인 덕목이 되었다. 이 점은 많은 유대-그리스도교 세계에서도 마찬가지였다.

동양의 지혜 2_ 공자와 유교

공자도 붓다처럼 주위 사람들과 사회의 비참한 상태를 보고 그에 대처하게 되었으나, 그는 어떤 형태의 철학적인 도피나 초월을 규정하지는 않았다. 그는 오히려 인간적인 개선을 위해 사회에 참여하는 방식을 택하였다. 그의 철학은 사회를 조화로운 공동체로 이끌게 될 윤리적이고 사회적인 행동에 초점을 맞추고 있다. '조화'라는 은유는 (플라톤의 경우처럼) 여기서 특별히 중요한 의미를 갖는다. 공자는 종종 음악의 조화를 사회적이고 개인적인 복리에 대한 직관적인 비유로 사용하였다. 현명한 통치자인 현자는 사회를 오케스트라를 다루듯이 조화롭게 다룰 것이다. 하지만 사회의 조화는 개인의 덕에 달려 있다. (이런 점에서, 다시 플라톤과 아리스토텔레스를 비교해보고 싶어진다.) 따라서 공자의 철학은 크게 보아 덕을 권장하는 사상이다.

모든 사회를 위한 가장 중요한 단일한 덕목은 훌륭한 지도력이다. 훌륭한 지도력은 통치자 개인의 인격 개발을 요구하며, 이어서 통치자는 그의 백성들에게 덕을 고무시켜야 한다. 유교의 자아실현에 대한 요구는 이러한 사회적 문맥 속에서 이해되어야 한다. 이것은 개인적인 깨달음이나 개인적인 완성이 아니다. 이것은 철두철미 하나의 사회적인 관심이며, 유교는 언제나 사회적 관계를, 무엇보다도 가족의 관계를 강조한다. 유교 사상 안에서 사회 전체는 하나의 거대하게 확장된 가족으로서, 이 점은 중국 같은 거대한 사회에 대해서도 마찬가지이다.

그러나 유교철학이 전적으로 사회적 사상만으로 이루어진 것은 아니다. 서구철학이 언어에 매료되기 오래전에, 중국 철학자들은 세계를 보는 방법을 결정하는 데서 언어의 결정적이고 중심적인 역할을 인식하였다. 소크라테스 이전의 그리스인들이 '실재란 무엇인가?'와 '왜 어떤 것이 없지 않고 있는가?'와 같은 질문을 처음으로 묻고 있었던 반면, 중국의 고전철학자들은 세계를 이해하고 세계에 영향을 주려는 우리의 노력 속에서 언어가 하는 역할을 인식하고 있었다. 중국의 고전철학자들은 무엇이 실제로 존재하는가를 묻는 대신에 오히려 '우리는 그것을 어떻게 불러야 하는가?'를 물었다. 우리는 언어를 통해서 우리 주위의 세계를, 특히 사회를 규정하고 평가한다. 예를 들면, (서구사회에서는) 영어로 어떤 사람을 '독립적'이라고 하는 것은 그의 사회적 관계를 기술하는 것뿐만이 아니라 그를 칭찬하는 것이기도 하다. 중국어에서 독립이라는 개념은 이해할 수 없는 말일 수 있다. 사회적 유대관계가 없는 사람이거나 혹은 타인과 공동체 일반에 대해 자신이 많이 의존하고 있다는 사실을 인식하지 못하는 사람은 '반사회적'으로 불릴 것이며, 이는 그 사람에 대한 심각한 비판을 의미한다. 여기서의 차이는 가치 자체의 차이가 아니라, 언어의 본성 자체에서 유래한 것이다. 공자에 의하면, '언어를 바로잡는 일'은 어떤 사회에서건 좋은 사회가 되기 위해서는 근본적으로 중요한 일이다. 말은 그 안에 붙박여 있는 이상을 가지고 있다. 예를 들어 어떤 사람을 '지도자'라고 부르는 것은 그 사람의 사회 내에서의 역할을 기술하는 것이라기보다는 오히려 그의 행위를 특징 짓는 가치와 행동을 규정하는 것이라고 할 수 있다. 바꾸어 말하면, 사물들은 그 이름에 부합되게 만들어져 있는 것이다. 공자는 단지 우리가 오늘날 '광고 속의 정직'이라고 말하는 것에 주의하여 말을 사용해야 한다는 뜻으로 말하지 않았다. 그가 또한 말하고자 하는 의미는 인간은 실제에서 말 자체에 내포된 이상을 위하여 살아야 한다는 것이다. 언어를 사용하는 데서 주의하는 것은 세계를 돌보는 가장 중요한 길이다.

조화로운 사회라는 문맥 속에서 개인의 성격과 덕을 강조하는 일은 유교를 이해하는 데 극히 중요하지만, 이것은 또한 서양과의 중요한 연결점을 제공하기도 한다. 2세기 후의 그리스에서 아리스토텔레스는 그와 비슷한 윤리적 개념을 발전시켰다. 여기서 개인의 덕이 가장 중요한 사항이지만 이는 조화롭게 기능하는 도시국가 안에서 해야 할 개인의 역할을 가정하는 것이기도 하였다. 예를 들어, 덕에 부여한 일차적인 중요성은 유대교에서 법에 부여한 일차적인 중요성과 대비되는데, 그렇다고 해서 이 점이 곧 유대교에는 강한 덕성 개념이 없다거나 혹은 그리스와 중국의 철학이 법의 중요성을 인식하지 못했다는 것은 아니다. 하지만 서로 다른 강조점에 의해 포착되는 사회와 개인에 대한 이들 두 관점의 차이는 의미심장하다. 특히, 유대교 율법이 그들에게 율법과 처벌을 명령한 전능한 신을 전제하고 있다는 사실에서 그러하다. 그리스인들과 중국인들 모두 윤리학의 유일한 목적이 조화로운 사회를 촉진하는 것으로 보았으며, 이는 어떤 외부적인 판단이나 입법자가 완전히 배제된 것이었다. 공자는 하늘의 의지를 참조하였다. 하지만 이것은 보통 인간이 자신의 주위 상황에 영향을 줄 수는 있지만 그것들을 조정하고 그 성공과 실패를 보장할 수는 없다는 사실을 상기시키는 것으로 해석된다. (이런 점에서도 유교는 인간의 취약한 운명을 강조한 그리스 사상과 비교되고 대조될 수 있다.) 이렇게 하여 유교도들의 가장 고귀한 성취는 사회와 우주의 조화에 '조율되는' 것이며, 그것을 반드시 '조정할 수' 있어야만 하는 것은 아니다.

마찬가지로 덕과 자기실현에 대한 강조는 언제나 사회의 조화를 위한 가치라는 견지에서 이해되어야 하며, 개인적 성취의 의미로서 우선적으로 이해되어서는 안 된다. 이에 비해서 유대교, 그리스도교, 이슬람교는 한편으로는 신의 율법과 이에 대한 복종에 더욱 많이 연관되어 있음에도, 더욱 개인적인 성향을 띠고 있으며 개인 영혼의 행복에 더욱 관심을 갖고 있다(특히 그리스도교가 그렇다). 유교에서는 서구적인 의미의 원자론적인 '영혼'이란 것은 없는데, 개인은 자신의 사회적 역할과 관계로부터 분리될 수 없기 때문이다. 공자가 '군자'를 언급할 때, 그는 여전히 어떤 개인이 아니라 오히려 훌륭한 개인적 덕에 대해 말하고 있다. 이런 덕은 그것에 의해 사회가 변화되고 조화로울 수 있는 수단이 된다.

유교의 관점은 인간의 경험에 중심을 두고 있으며, 경험을 구체화된 것으로서 이해한다. 이것은 추상적인 정신이나 비물질적인 영혼의 견지에서 이해되는 것이 아니다. 일상세계의 흐름에 부응하기 위해서는 우리의 신체적인 본성이 더욱 지적인 의식만큼이나 중요하다. 무예(武藝)와 같이 규율을 갖춘 신체적 단련은 자신의 정신적 다스림을 성취하는 수단으로 여겨진다. 이것은 규칙적인 호흡, 산란한 마음 비우기, 그리고 감정의 균형유지와 같은 방법에 의해 이루어진다. 아시아의 다른 전통들에서처럼, 유교에서도 마음과 신체는 반대되는 것이 아니라 상보(相補)적인 것으로 간주된다. 사실상 신체단련은 한 사람의 정신적 예민성을 높이는 수단으로 여겨졌으며, 또한 훨씬 더 직관적일 수 있는 방법으로 정신을 예민하게 하고 마음을 깨끗하게 만드는 수단으로 여겨졌다.

　　유교의 중심적인 덕은 다른 모든 덕들을 그 안에 내포하는 덕인 인(仁)이다. 이것은 '인간성' 혹은 '인간다움' 등으로 번역될 수 있다. 이 개념 안에는 사랑과 관대함에 대한 이상도 포함되어 있다. 그리고 때로 인은 보통 '덕'을 가리키는 데 사용된다. 공자는 인이 인간에 내재하는 것이라고 믿었지만, 인간의 의의(意義)는 그가 어떤 사람인가에 있는 것이 아니라 어떤 행동을 하느냐에 있다고 그는 역설하였다. 아리스토텔레스의 용어로 말하면, 덕은 현실적이어야 하며 잠재적인 것이어서만은 안 된다. 덕은 곧 성취이다. 덕은 갈고 닦아야 하며 발전되어야 한다. 어린이는 효, 즉 부모에 대한 존경심에 따른 행동 등을 보면서 인을 기른다. 젊은 성인(成人)에게 인은 더욱 일반적인 사회적인 존경과 충으로 나타난다. 따라서 인을 표명하는 중요한 것 하나가 예(禮) 혹은 예식(禮式)이다. 하지만 예를 겉치레의 행위, 즉 단순하고 공허한 예식으로 이해해서는 안 된다. 마땅히 예식은 마음을 집중하고 진심에서 우러나는 것으로서, 신체적인 행동과 정신적인 집중의 진정한 결합이어야 한다. 예식을 치르는 절차와 음악은 특히 중요하다. 이것들은 그 공동체를 신체적 정신적으로 동시에 이끌며, 또한 우리가 그에 의해 인을 배우고 실천하며 배양하게 되는 전례(典禮)를 제공해준다. 음악과 사회적 통합의 결합은 '조화'라는 놀라운 접합점을 제공한다.

　　예식 혹은 예는 의례적인 형식의 외형적 준수 이상의 것을 포함하기 때문에, 한 사람이 처한 상황에서 적절히 행동한다는 실제적인 의미와 더불어 그 사람의 행동의 품위도 포함한다. 유교 사회는 엘리트 사회로서 플라톤이 생각했던 사회와 매우 비슷하다. 유교는 강력한 지도력을 가진, 문화적으로 규정된 위계질서를 받아들이기 때문이다. 따라서 무엇이 적절한가는 한 사람의 사회적 위치에 의해서 대부분 규정되며, 주어진 개인의 역할이 상대적으로 지배에 속하느냐 복종에 속하느냐 하는 것은 그 개인의 교육수준과 공동체 내 지위에 달려 있다. 많은 경우에서 나이가 더 많은 사람이 영향력 있는 역할을 갖는데, 이는 그들이 (보통) 젊은이들보다 더 현명하다고 인정되기 때문이다. 그러나 군사 활동에서는 젊은이들이 더 주요한 역할을 담당하는데, 이는 그들이 육체적으로 더 강하기 때문이다. 그럼에도 존경은 중요한 덕으로 남아 있다. 유교의 덕은 아리스토 텔레스의 덕처럼, 한 사람의 처신의 적절함에 대한 내적 감각을 포함하고 있다. 이것이 중용이다. (아리스토텔레스도 이와 비슷하게 덕을 양 극단 사이의 중간에 대한 세련된 감각이라고 기술하고 있다.)

유교에 대한 이 간단한 요약 속에서 유대-그리스도-이슬람교 전통 속에서는 주요 한 문제인 신앙이나 계시, 고통의 원인이나 구원으로서의 신, 우주의 창조나 심판의 날 등에 대해서 전혀 언급되지 않았다. 유교도 이들 서양 종교들처럼 일련의 경전들, 즉 공 자 이전의 고전적인 경전들(『역경』[易經], 『시경』[詩經], 『사기』[史記], 『예기』[禮記], 『악경』[樂經], 그리고 공자의 조국이었던 노나라의 역사를 기술한 『춘추』[春秋]), 그리고 유교의 4대 경전(『논 어』[論語], 『맹자』[孟子], 『대학』[大學], 『중용』[中庸]) 및 이들 경전에 대한 많은 주석서들에 의해 서 규정될 수도 있다. 그렇지만 이 경전들이 신의 계시로 간주되지는 않았다. 공자 자신 도 예언자나 신이 아니었다. 유교는 우주론에 대해 사실상 어떤 말도 하지 않았다. 그리 고 신도 공자도 백성을 심판하거나 심판할 자리에 있지 않았다. 오히려 사람들이 매일 그들이 사회적 정황 속에서 인을 실천하였는지 그렇게 하지 못했는지에 대해서 스스로 를 심판하였다.

공자의 뒤를 이은 후계자들이 모두 그의 철학이 강조한 점들과 소홀히 다룬 문제들 에 만족하지는 않았다. 묵자(墨子, 기원전 470?~391년?)는 공자시대의 마지막 즈음에 태어 난 사람으로서, 공자가 기성 제도를 (이들이 그 타락한 상태를 회복될 수 있는 한) 지지했다고 비판하였다. 묵자는 전통적으로 물려받은 제도, 의식 및 학문 등은 그 자체가 불만스러 운 것들인데, 그 이유는 그것들이 공동체의 자원과 에너지를 고갈시키고 사회 안의 힘 없는 집단에 대해서 귀족체제의 우월한 지위를 보장하기 때문이라고 주장하였다. 묵자 에게 의식과 예식은 낭비적이고 중요하지도 않다. 묵가 사상가들은 실제적인 결과와 '효용'에 대한 안목을 지닌 오늘날의 '공리주의자들'과 비슷하다고 말할 수 있다. 좋은 사회라는 윤리적 이상은 오직 보편적 사랑에 의해서만 달성될 수 있는데, 묵자는 이 이 론을 몸소 실천하여 보여주었다.

모든 것을 포용하는 사랑(겸애[兼愛])을 장려한 학파로서는 다소 놀랍게도, 묵가 사상가들은 뛰어난 군사조직을 발전시켰다. 그러나 묵자와 그의 학파가 전쟁에 반대하고 군사력을 오직 자기방어를 보장하기 위한 것으로만 보았다는 사실을 알면 이 명백한 역설은 풀린다. (이는 오늘날 실제로 의미 있는 견해인지 분명치 않다.) 묵자는 군사력에 의한 전쟁 억제론의 창시자이다. 만일 우리가 적대세력의 모든 움직임에 대해 반격할 수 있음을 증명한다면, 적대세력은 어떤 전쟁 동기도 찾지 못할 것이라고 묵자는 믿었다. 그러므로 묵자의 군사작전은 우선 마음의 평화라는 목적을 위해 개발되었다. 묵자는 더욱 이상적으로 모든 것을 포용하는 사랑이야말로 평화를 안전하게 지켜준다고 주장하였다. 사람들이 자국과 타국을 구별하지 않는다면, 다른 나라를 공격할 이유가 결코 없을 것이다. 묵가 사상가들도 유가 사상가들처럼 언어와 논리에 대해 날카로운 관심을 보였다. 즉 우리가 영토나 특정한 땅에 대해 어떻게 생각하고 말하는가에 따라 그 땅에 대한 우리의 행동이 결정된다는 것이다. 예를 들어, '중국' 혹은 '영국'에 대한 우리의 개념에 의해 형성된 의미와 그러한 개념에 포함되어 있는 의미는 분명 수많은 행동들과 태도들을 규정한다. 이렇게 하여 중국의 철학적 관심과 더불어 사회적 군사적인 관심은 이름과 명제의 통합에 집중된다.

묵자는 모든 것을 포용하는 사랑에 어떤 구속력이 존재한다면, 사람들은 더욱 더 그것의 이상에 어울리는 행위를 하게 될 것이라고 할 만큼 실용적인 입장을 가졌다. 따라서 그는 인격적인 신과 정령들에 관한 민속적인 지혜를 강조하였다. 묵자는 겸애란 신의 의지이며, 신은 그의 의지에 도전하는 사람을 벌할 것이라고 하였다. 또한 중앙집권적인 만능의 국가는 보편적 사랑의 표준을 강화할 것이라고 주장하였다. 그는 사랑이 모든 것을 제자리에 갖다놓을 것이라고 하였다. 하지만 이런 상태를 유지하기 위하여 힘은 피할 수 없는 전제조건이라고 주장하였다.

공자 학파는 묵자의 보편적 사랑에 반대하면서, 부모에 대한 사랑이 타인에 대한 사랑보다 더 크다는 점은 너무나 당연하다고 주장하였다. 맹자(기원전 372~289년)는 진정한 실천의 필요성을 인정하면서, 사랑이 피상적인 것이 되지 않기 위해서는 사랑에 차등이 있다는 점을 인정해야 한다고 하였다. 인류에 대한 더 넓은 사랑은 자신의 가족에 대한 더욱 강력한 사랑의 연장이라는 것이다. 인간의 본성은 선하다고 주장하는 맹자는 타인들과의 관계에서 자비로울 수 있는 인류의 능력에 대해 낙관적이었다. 사회 속에서 선이 실현되려면 훈련과 헌신이 매우 중요하다고 생각했지만, 맹자는 군자가 되고자 하는 사람이면 누구나 지혜와 도덕적 선에 도달할 수 있다고 여겼다. 지혜와 동정심은 모든 사람에게 가능한 것들이라고 그는 생각하였다.

그러나 공자 학파는 인간의 본성이 천성적으로 착하다는 점에 관해 완전한 의견일치를 보지 못하였다. 순자(기원전 약 298~약 230년)는 오히려 그 반대가 옳다고 주장하였다. 그의 관점으로는, 인간은 본성적으로 악하며 개인적인 이득과 쾌락을 추구하는 내적 경향을 갖고 있다. 그러나 다행히도 인간은 지성적이기도 한데, 지성으로써 내적으로 선을 키울 수 있다. 순자는 공자의 가르침을 유지하면서도 주위 사람들, 특히 자신의 가족 구성원들에 대한 예법에 따르는 적절한 행위가 중요하다고 강조하였다. 순자에 따르면, 도덕성이란 자연 속에 근거를 두고 있는 것이 아니다. 오히려 그것은 인간 지성이 만들어낸 것이며, 더욱 자연적인 우리의 이기적인 욕망 앞에서 우리가 사회적으로 상호 협력하도록 구성된 것이다.

좀더 현대적인 용어로 말해서, 순자의 주장은 혈족관계와 사회적 관계는 사회적으로 구축된 것이지, 자연에 근거하는 것이 아니라는 것이다. 그러한 구성체가 자의적이고 사소한 것이라고 보고 '단순한 협약'이라고 생각하는 많은 서양 철학자들과는 대조적으로, 순자는 인간관계가 사회적으로 구성되었다는 사실이 그러한 관계의 중요성을 가리키는 것이라고 생각하였다. 그러므로 문화와 자연의 상대적인 이점들에 관한 토론에서 순자는 자연에 반하는 문화라는 입장을 일관되게 견지한다. 자연은 도야에 의해서만 가치 있게 될 수 있다. 이런 점에서 순자의 입장은 중국 철학에서 두번째로 중요한 흐름인 도교의 가르침에 대해 강한 반대를 표명하고 있다.

● 동양의 지혜 3_ 노자, 장자, 도교

유교와 도교는 중국의 사상과 종교에서 두 가지 주된 흐름이다. 그러나 우리는 이 두 전통이 서로 경쟁하면서 2천년 이상을 흘러보냈다고 생각해서는 안 된다. 두 전통은 모두 그 후에 나타난 사상들에 중요한 영향을 끼쳤다. 특히 송 왕조(960~1279년) 시대의 신유가(新儒家) 사상가들 이래로 그러하였다. 이들은 피상적으로는 도교와 불교의 영향을 거부하였지만, 실제로는 이 두 전통으로부터 상당히 많은 사상을 빌려와 자신들의 사상에 통합시켰다.

그럼에도 공자와 노자, 이 두 전통에서 각각 가장 훌륭한 현자들인 이들은 개인과 사회의 적절한 관계, 그리고 한 사람이 추구해야 할 덕에 대해서 서로 다른 개념들을 가지고 있었다. 공자는 플라톤처럼 개인의 활동을 사회적 조직의 틀 위에 두었다. 노자(老子, 서양의 장 자크 루소를 닮았다)[45]는 개인의 활동을 자연의 지도 위에 두었는데, 이것은 어떤 관점에서는 사회의 교화된 관습과는 대조되는 것으로 이해되었다.

노자가 실존인물이었는지, 그리고 그가 살았던 시대가 언제인지 오늘날까지도 논란이 되고 있지만, 도가(道家, 철학에서는 유교를 유가, 불교를 불가로 부르는 것처럼 도교를 도가라 부르기도 하는데, 이는 이 세 사상을 종교로 보기보다는 하나의 사상 내지는 철학 전통으로 보기 때문이다—옮긴이) 전통은 노자가 살던 시대보다 앞서 있었던 것 같다. 원래의 도가사상가들은 은둔적인 개인들로서, 사회에서 해로운 경향들을 발견하였으며 사람은 재산을 모으는 대신 자신의 내적 생명을 보호해야 한다고 믿었다. 이런 전통 속에서 등장한 노자는 바람직한 사회의 조화를 인정하였지만, 현자가 사회를 통치한다면 더욱 조화되리라

---

45 풍우란에 따르면, '노자' 는 문자 그대로 '노대가' 를 뜻한다(풍우란, 『중국철학소사』[A Short History of Chinese Philosophy], 더크 보드 편집, 뉴욕, 더프리프레스 출판사, 1948년, 93쪽). 이 이름을 가진 역사적으로 실재하는 인물(아마도 리 탄이라는 이름의 현자일 것이다)은 아마도 우리가 『노자』로 알고 있는 작품의 저자가 아닐 것이다. 하지만 전통적으로 『노자』라는 책의 저자(혹은 저자들)를 노자로 지칭해왔다.

고 생각하였다. 더 정확하게 말하자면, 통치자는 오히려 통치하지 말아야 한다. 현명한 통치자란 가능한 한 적게 통치하는 사람이기 때문이다. 서양에서는 오랫동안 유지되었던 현자의 전통이 유대-그리스도-이슬람교 전통의 예언자들과 그리스의 철학자들(예를 들면, 그리스에서는 현자의 전통이 헤라클레이토스의 사상 속에 살아 있었다)에 의해서 대개 가려졌다. 예언자들은 정확하게는 현자라기보다는 신의 대변자들이었다. 그리스 철학자들은 현명하였지만 이성적으로만 그러하였다. 그러나 도가사상가들에게는 현자의 전통이란 것이 매우 중요하게 남아 있었다. 그리고 자연의 지시를 받는 '내적 지혜'가 서양의 신의 말씀이나 이성, 그리고 유교에서 이상적인 것으로 옹호하던 군자의 가르침을 대신하였다.

노자의 철학은 우선 지혜를 얻는 방법에 초점을 두었다. 노자는 우리의 내적 인격을 자연의 리듬인 도(道), 즉 우주가 운행되는 방식에 조화시키는 과정이라고 믿었다. 공자는 사회에 강조점을 두었다. 노자는 인간 공동체의 자연적 맥락을, 그리고 자신의 천성과 조화를 이루는 개인의 자연스러운 행위를 강조하였다. 노자에 따르면 단순성, 즉 인위성을 피하는 것이 지혜로 가는 길이다. 도가적인 관점에서는 '선'과 '악'과 같은 전통적인 도덕적 개념들조차 도와 조화를 이루어 사는 일에 방해가 된다. 이러한 개념들은 더러 완고하게 이해되어 그것이 분명하게 드러나기보다는 오히려 애매해지게 되었다. 특히 이 개념들은 도의 미묘한 변화를 반영하는 데 실패하였다.

노자에 따르면, 가장 위대한 덕은 자연스럽게 아무런 저항을 느끼지 않고 행동하는 것이다(때때로 무위[無爲]로 번역된다). 역설적으로 이상적인 지도자는 지도하지 않는다. 노자는 '도가 넘치'는 데서 나타나는 해악을 날카롭게 인지하고 있었다. 특히 정부의 정책과 법적 제한이 관련되는 데서 그런 현상이 두드러진다는 사실을 노자는 알고 있었다. 마찬가지로, 이상적인 교사는 가르치지 않는다. 덕성스러운 사람은 자신을 주장하기 위해 행동하지 않는다. 현명한 개인은 모든 논쟁을 피하면서 '자연스럽게 행동하며', 자신의 내부에 존재하는 자연의 원리에 맞추어 자연스럽게 행위한다. 그러한 개인은 수동적인 자세를 택하며, 이것이 우주의 운행이 (보편적인 도가) 자신의 개입 없이 자기 내부에서 행해지게 한다. 이러한 방법 속에서 개인은 자신의 자연적 힘인 덕을 발휘하게 된다. (노자의 책 『노자』는 『도덕경』[道德經]으로도 알려져 있다.)

도가의 관점에서는 자연과 인간이 서로 얽혀 있으며 또 상호작용한다. 도교에서는 자연과 문화, 자연과 교육 사이에 결코 투쟁이란 없다. 이러한 투쟁이 서양 철학에서는 엄청난 역할을 수행하였다. 인간의 상황은 우리를 둘러싸고 있는 역동적인 세계의 상황과 연관되어 있으며, 궁극적으로 인간은 그를 둘러싸고 있는 세계로부터 분리될 수 없는 이 세계의 일부이다. 인간은 환경이 적대적이거나 복종시켜야 할 대상인 그런 독립적인 존재가 아니다. 현명하다는 것은 자연과의 이러한 통합을 실현하는 것이며 또한 세계가 운행하는 리듬인 도에 합치되도록 사는 것을 말한다.

도가 운행하는 리듬은 나선적이고 순환적이며 어떤 주어진 시간에 명백한 모든 조건은 시간에 따라 달라지며, 결국에는 제자리로 다시 돌아오게 된다. ('영원한 회귀'라는 순환 개념은 고대 그리스 사상의 일부이기도 했는데, 이는 서양 철학이 시작됨과 더불어 호감을 상실하였다.) 도가사상가들에 따르면, 어떤 상태가 그 극단에 도달하게 되면 그 반대의 상태가 나타난다. 예를 들어, 욕망을 지나치게 추구하면 그 결과는 필연적으로 실패로 끝나고 만다. 그러므로 잘 살기 위해서는 과도한 행위를 피해야 하며 자신의 목적에 반대되는 것에도 그 정당한 지위를 인정해야 한다.

삶과 죽음은 단지 이러한 우주의 리듬을 표명하는 설명적인 개념들일 뿐이며, 그래서 삶이나 죽음 어느 것도 지나치게 강조해서는 안 된다. 그럼에도 도가사상가들은 이런 연관 속에서 어떤 의미를 좀더 적절히 강조해야 하느냐 하는 점에서 서로 의견이 갈라진다. 철학적인 도가사상은 죽음에 대해서나 모든 자연적인 사건들에 대해서나 평정을 강조하는 데 반해, (특정한 실행을 위해 도가철학을 이용하는 사람들인) 종교적 도가사상가들은 자연에 대한 통찰을 실제적으로 이용하여 장수(長壽)를 보장받고자 한다.

변화나 흐름이 존재의 자연적인 조건이라는 도가의 주장은 많은 그리스 철학을 지탱하는 전제(즉, 진정한 실재는 변하지 않는다)에 비추어보면 터무니없는 주장이다. 그러나 흐름 내부의 특정한 구성에서는 중대한 의미가 있다. 『역경』(이 고대 중국의 고전은 유가 사상가들에게도 중요한 경전이 되었다)은 도가사상가들에게 실재의 더 큰 흐름 안에서 일어나는 변화의 계기들을 알 수 있는 징표로 보였다.

우리는 또한 흐름과 변화에 대한 도가의 주장을, 모든 성스러운 것들이 갖는 영원성에 대한 유대-그리스도-이슬람교 전통의 주장에 대비시킬 수 있을 것이다. 도교는 영원성에 대한 어떤 개념도 갖고 있지 않는데, 도의 근본적인 운행 양식이 (한 그루 나무의 씨앗처럼) 항상 일시적이며 항상 특유하다는 의미에서 그렇다. 실제로 도는 종종 '항상성'(常)으로 기술된다. 이것은 '영원한 것'이나 '불변하는 것'과는 다르다. 도가 사상가들은 정신적인 인간 존재가 자연의 일부인 이상 시간을 통해서 유동한다고 여긴다. 이와는 대조적으로, 유대-그리스도-이슬람교 전통에서 인간은 자연의 일부가 아니고 시간의 바깥에 있을 때 성스러워지는 경향이 있다(『신약성서』의 방식으로 말하자면, "세계 안에 있지만 세계에 속하지 않은"). 특히 그리스도교의 영혼은 우리 내부에 있는 불변하는 영원성의 한 단편이다. 도가의 영혼은 시냇물의 물 한방울과 좀더 비슷하다.

변화의 순환에 대한 도가의 관심은 음(陰)과 양(陽)이라는 상보적인 개념 속에 잘 반영되어 있다. 이것은 문자 그대로 '어두운 쪽'과 '밝은 쪽'으로서, 이는 변화 내부의 상반되는 요소들 사이의 작용을 기술하는 데 사용될 수 있다. 어떤 성질의 결핍(음)은 족함(양)으로, 그런 다음에는 과도함으로 바뀐다. 그리고 여기에 다시 쇠함과 결핍이 뒤따르게 된다. 달이 차고 이지러지는 양상은 중국의 사상가들에게는 매우 명백한 중요성을 지니므로(대부분의 중국인들이 농업에 종사하였기 때문이다.) 음과 양의 상보성은 결국 중국 철학 전반에 걸쳐 표준적인 개념이 되었으며 대표적이고 중심적인 지혜가 되었다.

초기 도가사상에서 중요한 현자는 노자만이 아니었다. 장자(莊子, 기원전 4세기)는 맹자와 동시대인이었다. 만일 역사적인 인물로서의 노자를 그의 이름이 제목으로 붙은 영향력 있는 저작과 구분한다면, 아마도 장자도 노자만큼 중요한 인물이었다. (『장자』라는 제목으로 알려진 작품은 아마도 장자 자신이 전부 쓴 것은 아닌 것 같으며 후세에 그의 작품을 편집한 주석가들이 장자의 몇몇 후계자들의 저작들도 여기에 포함시켰던 것 같다.) 장자는 무정부주의자로서 모든 정부를 믿지 않았다. 장자에 따르면, 정부는 인간 행복의 장애물로서, 인간의 행복은 자신 안에 있는 본성을 자연스럽게 표출하려는 개인의 자유에 달려 있다.

장자는 행복을 방해하는 많은 장애를 공략하는 노력 속에서 스토아학파(이들은 곧 로마세계에 그 모습을 드러낼 것이다)의 학설과 닮은 숙명론적인 이론들을 발전시켰다. 특히 장자는 행복을 방해하는 많은 감정들은 자연의 도를 이해함으로써 해소될 수 있다고 주장하였다. 예를 들어, 죽음이 도의 순환적 움직임의 일부라고 인식한다면 사랑하는 사람의 죽음 앞에서 느끼는 우리의 비통함은 감소되거나 제거될 것이다. 장자는 스토아학파처럼 우리가 외부의 사물에 의존하고 있는 만큼 또 터무니없는 기대를 가지는 만큼 취약하다고 믿었다. 지혜는 그러한 의존과 기대를 최소화하는 데 방침을 두고 있다.

스토아학파는 분별심을 연마함으로써 평정을 이루고자 했다. 예를 들면 우리가 영향을 줄 수 있는 것과 그렇지 못한 것의 구별 같은 것 말이다. 이와 대조적으로, 장자는 가장 높은 행복은 오직 분별을 초월함으로써만 얻을 수 있다고 주장하였다. 분별을 극복하는 첫 단계는 모든 관점들이 지니는 부분성과 상대성을 인식하는 일이다. 우리가 실로 우리의 관점이 한계를 가진다고 인식한다면, 우리는 타인의 관점에 대하여 우리의 관점을 옹호하지 않게 되고, 결국 어떤 제한된 관점에도 동의하지 않을 것이다. 대신 우리는 오직 도의 원리에 동의할 것이다. 궁극적으로 '현자'는 자아와 도 사이의 구별을 '잊는다'. 이 신비적인 상황 속에서 현자는 공간적으로나 시간적으로나 엄청난 충만을 경험한다(이는 인도의 '깨달음'과 비슷하다). 현자의 개인적 자아는 죽을 것이지만, 현자가 동의한 도의 원리는 살아남을 것이다.

● 페르시아의 마음 깊이_ 조로아스터교

서양의 주요한 세 전통들의 특정한 관심들은 그들이 공유하는 역사를 통해서 서로 연결되어 있었다. 바빌론과 이집트에서, 그리스와 로마에서 그들의 고대 세계와 위대한 문명들은 서로 얽혀 있었던 것이다. 그러나 서양의 일신교의 선구적인 형태는 페르시아에서 발전하였다. 그것은 조로아스터교(배화교)의 철학 속에서였다. 조로아스터교는 철학적으로 특별한 관심을 끈다. 왜냐하면 그 철학적 문제들이 갖는 독창적인 면은 전능하고도 유일한 창조주 신이라는 개념과 연관되어 있었기 때문이다.

이슬람교가 도래하기 오래전에 예언자인 자라투스트라, 혹은 조로아스터(기원전 628~551년)는 페르시아에서 주요한 종교 전통을 창시하였다. 그의 동시대인들이 데바스(devas)와 아후라(ahura)라는 두 종류의 신을 숭배하던 것과 달리, 조로아스터는 데바스 숭배를 배척하고 유일신 아후라, 즉 아후라 마즈다(Ahura Mazda)를 숭배하였으며, 또한 이 유일신에게 세상을 창조하는 자격을 부여하였다.

자라투스트라는 하나의 신만을 숭배하였기 때문에 전통적으로 일신론자로 간주되었다. 그럼에도 그는 아후라 마즈다에 의해 창조된 그보다 좀더 하위의 신들의 실재를 인정하였으며 그 신들이 아후라 마즈다와 결합된 채로 존재한다고 보았다. 이 신들은 자연의 특정한 양상들과 연관되었으며 조로아스터교도들(자라투스트라를 따르는 사람들)은 이들 신들과 자연의 그러한 양상들을 함께 숭배하였다. 물론 자연의 숭배는 가장 오래된 종교 형태들 중의 하나이며 같은 시대에 그리스와 중동에서도 자연 숭배는 명백한 현상이었다. 종종 신인동형론적인 이런 자연숭배는 더욱 추상적인 정신적 종교들과 공존하였다. 이러한 점은 조로아스터교도 마찬가지였다. 조로아스터교도들은 아후라 마즈다를 최고의 신으로 숭배하면서도, 불을 (그리고 불의 창조자인 태양을) 숭배하는 일을 하나의 의무로 여겼다. 그 결과 조로아스터교도들은 때로 '불의 숭배자들'로 불렸다.

일신교와 다신교, 자연주의와 초자연주의 사이의 이러한 절충은 유대교, 그리스도교, 이슬람교의 신학을 상당히 자극하게 될 많은 복잡한 문제들을 앞서 논의하고 있었다. 신은 자신과는 독립되어 있는 세계를 창조하였을까, 혹은 세계 자체도 역시 신으로 간주되어야 할까? 하위 신들의 만신전은 조로아스터교도들에게 매개적인 해결책을 제공하였다. 그 이유는 이 신들이 신에게 속하면서 동시에 자연의 일부이기도 하였기 때문이다.

아직은 조야한 이러한 위계질서가 후세의 많은 철학적 사유, 특히 만물 속 신의 존재를 현실의 다양한 질서로 설명하는 신플라톤주의의 '유출' 이론의 바탕을 형성하게 된다. 이들은 때로 문제를 피타고라스학파에 준하는 추상적인 용어로써 공식화하였다. 어떻게 신의 단일성으로부터 다양성이, 즉 하나로부터 다수가 나오게 되었던 것일까? 더욱 구체적이고 인간적인 용어로 말하자면, 창조 자체의 본성은 아마도 서구 전통에게는 가장 당황스러운 형이상학적 문제를 제기한다. 신은 우주를 창조하기 전에는 무엇을 하였을까? 신은 어떻게 우주를 창조하였을까? 왜 우주를 창조하였을까? 그리고 특히 왜 그는 히브리인들의 성서에 나오는 표현처럼 '그의 모습대로' 사람을 창조하였을까? 신과 사람들 간의 관계는 어떤 것일까?

자라투스트라는 창조에서의 하위 신들의 역할을 이용하여 그가 후세의 서양 종교 전통들에 전하게 되는 중요한 문제를 해결하였다. 이것은 바로 악의 문제이다. 선하고 전능한 신이 이 세계를 창조하였다면 어떻게 악이 존재할 수 있으며, 또한 어떻게 이성이 이 딜레마를 해결할 수 있을까 하는 것이다. 악은 두 정령들 간의 싸움의 결과인데, 첫번째 정령은 아후라 마즈다가 창조하였다고 자라투스트라는 설명하였다. 이 정령들 중의 하나는 선한 정령이며, 다른 하나는 파괴적인 정령이다. 세계는 이 둘, 즉 선과 악 사이에 벌어지는 전투의 현현이다.

자라투스트라는 오늘날에는 친숙한, 인간이 도덕적 자유 선택권을 갖고 있다는 논증으로써 악의 문제에 답하고 있다. 이는 좋은 정령 혹은 나쁜 정령 중 한쪽과 동맹을 맺는 선택이다. 종교로서의 조로아스터교는 신자들을 끌어들이면서 모든 사고와 말과 행동에서 좋은 정령에 헌신할 것을 장려하였다. 좋은 정령과의 이러한 동맹은 보상을 받게 될 것이라고 자라투스트라는 약속하였다. 또한 그가 또 다른 교설, 즉 이 세상이 끝날 때 자라투스트라가 좋은 정령과 동맹을 맺은 사람들을 영원히 축복받은 존재로 인도한다는, 다시 말해 결국 선이 승리하리라는 교설을 확신시켜준 데 대해 후세의 전통들은 많은 매력을 느꼈다.

● 아테네에서 예루살렘까지_ 유대교, 그리스도교, 이슬람교

　서양세계의 세 주요 종교인 유대교, 그리스도교 및 이슬람교는 하나의 가족이라고 생각할 수 있다. 세 종교 모두 중동이라는 같은 지역에서 성장했으며, 세 종교 모두 예루살렘이라는 하나의 도시에 그 구심점을 두고 있다. 세 종교 모두 아브라함을 공통된 선조로 주장한다. 그리고 모든 것들 중에서 가장 중요한 것은, 이 세 종교 모두가 심오한 일신교로서 단 하나의 신만을 믿는다는 점이다. 그리스도교는 유대교에서 직접 생겨났으며 유대교의 경전을 『구약성서』로 통합하였다. 이슬람교는 유대교와 그리스도교 둘 다를 자신의 선조로 인정하며 유대의 예언자들과 예수를 마호메트의 선구자로 받아들인다.

　철학적으로 이 세 종교는 많은 중요 관심사들을 공유하고 있다. 이 점은 단지 그들의 일신교적인 특성과 중첩되는 역사와 관련해서만은 아니다. 역사적으로 보아, 전능한 유일신 사상이 얼마나 혁명적이었으며 또 철학적으로 얼마나 위력적이었는지를 이해하는 것이 중요하다. 철학적으로, 전능한 유일신 사상은 보편성을 함축하고 있었다. 이것은 곧 일련의 규범과 믿음이 이 지역이나 저 지역 혹은 이 도시국가나 저 도시국가에 적용될 뿐 아니라 어디서나 그리고 누구에게나 적용되리라는 것을 의미한다.

　그런데 이집트의 한 파라오는 커다란 반대에도 불구하고 유일신 사상을 옹호하였다. 아멘호테프 4세는 기원전 14세기에 태양신 아톤(Aton)의 이름을 따서 자신의 이름을 '아크나톤'으로 바꾸었다. 고대 히브리인들이 언제 항구적으로 유일신 개념을 채택하게 되었는지는 불분명하지만, 그 후 한동안 다수의 경쟁적인 신들을 인정하는 기간이 지속되었다. 이들은 이 신들 중 하나를 애호하였으며 그 신은 이에 대한 보답으로 그들을 그의[46] '선택을 받은 민족'으로 만들었다. 아크나톤과 고대의 히브리인들 이전에도 많은 사회들이 다수의 신들을 인정하였다. 신들은 그들을 믿는 사람들에게 예언을 해주거나 친근하지 않았음에도, 각 도시는 자신들이 애호하는 신이나 신들을 갖고 있었다. 신들은 종종 서로들 간에 무자비하였으며 그들의 적인 인간들에게는 특히 그러하였다. 신들은 제물을 요구하였으며 인신(人身) 제물을 포함하는 제물은 사실상 모든 중동지역의 종교에서 통상적인 것이었다. (아브라함과 이삭의 이야기는 부분적으로는 인신 제물을 요구하지 않는 신을 창안한 히브리인들의 혁신을 위한 기초가 되었다. 그 후 인신 제물은 동물을 제물로 바치는 것으로 대체되었을 것이다.)[47]

다양한 사회들이 교역과 전쟁을 통해서 그리고 다른 통로를 통해서 서로 섞이면서, 다양한 신들에 대한 인식, 확인, 개념화에서 상당한 수렴이 이루어졌다. 그럼에도 종교적 다원론과 다신교가 상당한 다양성을 보장하였다. 그러나 일신교는 믿음과 사상의 수렴을 요구하였다. 신은 여러 세기에 걸쳐서 많은 (심지어 '무수히 많은') 이름으로 알려졌으며, 아마도 인도의 신들처럼 많은 모습으로 현현하기도 하였을 것이다. 하지만 유일신을 무엇이라고 불러야 하는가에 대해 의견의 서로 달랐으나(고대 히브리인들은 때로 신이 어떤 이름으로도 불러서는 안 된다고 주장했는데, 이에 의해 사정은 좀더 복잡해졌다), 단 하나의 이름을 가져야 한다는 논리에 의해 다소간에 의견의 일치를 볼 수밖에 없었다. 예를 들면 '신', '여호와', '야훼' 및 '알라'라는 이름들은 일반적으로 어떤 실제적인 차이도 없다고 인정되고 있다. 이들은 단 하나의 동일한 신에 대한 다른 이름들에 불과하다. 하지만 그런 용어들이 무엇을 지칭하는가에 대해서는(신앙과 숭배의 단일한 원천이자 대상인 전능한 존재의 본성에 대해서는) 여전히 의견이 대립하여 논쟁이 계속되고 있다. 예를 들어, 히브리인들의 『구약성서』에 나오는 신과 『신약성서』의 복음서들에 나오는 신이 아주 다른 신이라는 데는 충분한 근거가 있다.

그렇지만 유대교, 그리스도교 및 이슬람교에 가장 긴요한 철학적 문제들은 이 세 종

---

46 우리는 신을 지칭하는 '그'(He)가 남성명사라는 문제와 관련된 논의에 대해 아주 잘 알고 있으며 그에 대해 민감하게 느끼고 있다. 그리고 유대교, 그리스도교, 이슬람교 이전의 많은 종교들은 모계적인 형태를 취하고 있었는데, 이 세 종교는 이에 대해 반대하였다. 하지만 이들 종교들에 관하여 이들의 전통적인 개념에서 얘기하는 한, 우리는 남성명사를 사용할 것이다.

47 예수가 그의 아버지에 의해 희생되는 충격적인 특징은 히브리인들이 어린이를 희생물로 바치는 것을 혐오하였다는 배경에 반한다.

교 모두 유일하고도 사랑에 차 있는 동일한 창조주 신을 숭배하고 있다는 데서 유래한다. 이 세 종교 전통은 신의 본성에 대해서는 동의하지 않으며, 물론 그에 대해 생각하고, 그에게 다가가며, 그를 숭배하거나 혹은 그의 의지를 만족시키는 적절한 방법에 대해서도 항상 동의하는 것은 아니다. 신의 본성에 대한 사색은 궁극적으로 기원후 초기부터 15세기까지 서양 철학의 지배적인 관심사였다. (그리고 그러한 사색의 형태와 영향은 아직도 많은 철학들의 관심사이다.)

가장 피해갈 수 없는 문제들 중의 하나는 우리가 일찍이 다뤘던 문제이며 또 이 세 종교에 대한 철학적 저작들 속에 침투되어 있는 문제로서, 이것은 바로 우주를 창조하기에 충분히 강력하며 그리고 자신이 선택한 민족을 사랑하는 신이라는 개념에서 유래하였다. 이것은 바로 악의 문제이며, 조로아스터교에서처럼 만일 선의를 지녔고 전능한 신이 이 세상을 창조하였고 보살피는 것이 사실이라면 어떻게 불필요한 고통과 죽음이 존재할 수 있느냐 하는 문제이다. 신이 선하지 않고 또 만약 그가 어떤 의미에서건 사람들을 사랑하고 보살피는 신이 아니라면, 넘쳐나는 고통과 피할 수 없는 죽음이 신학적 문제를 제기하지는 않았을 것이다. 비록 어떤 특정한 경우에 문제의 신들이 어째서 갑자기 희생자를 공격하게 되었는지 물을 수는 있지만, 사람들은 실로 올림피아의 신들의 손에 사지가 절단되고 죽임을 당하는 것을 당연한 일로 받아들였다. 힌두교의 시바신은 파괴의 신으로 분명히 명시되어 있다. 따라서 그의 파괴에는 어떠한 철학적 모순이나 신학상의 문제도 없다. 마찬가지로 캐롤라인 군도의 악의 여신 케이브가 파괴를 야기하는 데 대해서는 더 이상의 설명이 필요 없었다. 케이브는 그저 케이브일 뿐이었다.

그러나 히브리인들의 역사에서 신의 이성(혹은 선의[善意])에 관한 질문은 피할 수 없었다. 히브리의 신이 자신이 '선택한' 민족을 노예로 팔려가도록 허락했을 때, 또 예루살렘과 그 신전들이 파괴되도록 허용했을 때, 히브리인들은 심오하고도 심히 혼란스러운 선택의 문제에 봉착하였다. 그들은 다음의 두 가지 결론 중에서 하나를 선택할 수밖에 없었다. 즉, 신이 그들과 맺은 서약을 파기하고 그들을 버렸거나, 아니면 그들 자신이 신과 맺은 서약을 파기하고 신의 신뢰를 배반하였거나. 이런 질문은 피할 수 없었다. 왜

신이 그랬을까? 예수조차 이렇게 물었다. "당신은 왜 저를 버리시나이까?" 히브리인들의 철학과 이후의 많은 유대의 역사가 그들 스스로를 비난하는, 이 물음에 대한 그들의 답 속에서 발견될 수 있다. 이리하여 예언자들은 종종 이스라엘의 적대세력을 찬미하였다. 이것은 (비록 그런 비난이 종종 있었지만) 그들이 불충해서가 아니라 이스라엘 민족의 엄청난 불운에 대해 비난받아야 하는 것은 신이 아니라 이스라엘 민족이라고 매우 단호히 주장하였기 때문이다. 3천년 후, 20세기 중반의 독일에서 있었던 쇼아(Shoah, 히브리어로 '절멸', '파국'이라는 뜻을 갖고 있는 단어로, 제2차 세계대전 때 나치 독일군에 의해 자행된 유대인 학살을 가리키는 말―옮긴이) 혹은 나치의 '대학살' 이후 동일한 의문이 되풀이되었다.[48] 유대의 역사는 재난으로 가득 차 있었는데, 재난 때마다 종교적 위기가 뒤따랐다. 매번의 정치적 위기와 외국의 침략은 신이 자신의 백성을 보호하리라는 믿음을 뒤흔들어놓았다.

만일 신 혹은 알라가 백성을 사랑하지 않거나 또는 백성을 돌보지 않는 신이었다면, 애당초 종교적이거나 철학적인 문제는 없었을 것이다(물론, 고통 자체는 여전히 인간의 심오한 관심사이기는 하지만 말이다). 다른 한편으로, 만일 그가 덜 전능한 신이라면 신이 고통을 멈추기를 원하였지만 어떤 이유에서 그렇게 할 수 없었다고 사람들은 생각할 것이다. 악의 문제를 우회하는 한 가지 방법은 두번째로 강력한 존재인 사탄, 즉 악마로 알려진 존재를 도입하는 것이다. 하지만 만약 이 악의에 찬 존재가 신의 의지에 맞설 만큼 충분히 강하다면, 서양의 위대한 세 종교의 신들은 전능하지 않을 뿐 아니라 유일한 신도 아닐 것이다. 반대로 만일 사탄이 신의 의지에 맞설 만큼 강하지 못하다면, 그때는 다시 원래의 질문으로 돌아가야 한다. 인간을 사랑하는 신이 어떻게 악이 일어나도록 허용할 수 있을까?

유대교, 그리스도교, 이슬람교의 신자들은 이러한 생각, 즉 인간을 사랑하고 전능한

---

48 종종 나치에 의한 대량학살을 '홀로코스트'(Holocaust)라고 하기는 하지만, 이 말은 부적절하고 오해를 유발한다. 홀로코스트란 신에게 통째로 구워진 동물을 희생물로 바치는 의식으로, 히틀러가 한 일을 가리키는 데는 적절하지 않다. 쇼아는 '대재앙'이라는 뜻의 히브리어인데, 아마도 이 말이 '홀로코스트'보다 더 적합할 것이다.

신이 그의 창조물들이 고통받도록 허용한다는 생각으로 인해 당황했으며 또 고통스러워하였다. 어떤 의미에서 이것은 서양의 종교철학을 좌우해온 바로 그 문제이다. 철학자가 신의 존재를 믿지 않는다면(이는 치명적이지는 않지만 왕왕 위험에 처하게 되는 입장이었다), 이런 문제는 제기될 필요가 없다. 어떤 사람이 (그리스와 노르웨이의 신들처럼) 서로 다투고 경쟁하는 다수의 신을 믿는다면, 그는 줄곧 무고한 (혹은 그렇게 무고하지 않은) 방관자로 남아 있던 사람들이 해를 입는 것을 쉽게 이해할 수 있을 것이다. 우리가 신 개념을 타협적으로 생각하거나 혹은 그냥 단순히 그런 문제를 생각하지 않는다면, 악의 문제는 그 긴박성을 잃을 것이다. 하지만 서양 철학의 결정적인 특징들 중의 하나는 절대적이고 타협할 수 없는 신에 대한 믿음(혹은 믿음들)과 관련이 있는데, 이러한 믿음들은 실제로 세기마다, 종교마다, 종파마다, 그리고 물론 유대교, 그리스도교, 이슬람교 사이에서 상당히 달랐다. 하지만 어떤 특정한 사항들이 있든, 여전히 남는 문제가 있다. 전능하고, 인간을 사랑하는 신이 어떻게 그렇게 많은 고통을 허용할 수 있을까?

아마도 훨씬 더 기본적인 질문은 '신의 본성은 무엇일까?'이다. 많은 '원시' 종교들에는 아주 친숙하고 잘 알려져 있으며 사람들이 잘 이해하고 있는 그 지역의 동물들, 즉 어떤 특권적인 동물들이 그 지역의 신이기도 했다. 혹은 그들의 현존을 감각적으로 지각할 수 있고 그들의 인격을 가까이 알 수 있는 그 지역의 지도자가 신이기도 하였다. 그러한 종교들에서 신적인 것의 '본성'에 관한 물음들은 아주 직설적이다. 그래서 신들이 불멸성이나 마술적인 힘과 같은 추가적인 몇 가지 축복을 받기는 했으나 인간과 아주 비슷한 존재들일 경우 그들의 '본성'은 아주 친숙한 것이 된다. 이러한 신의 본성은 일상적인 심리학적 지식과 평범한 인간 집단 사이의 역동적인 관계에 기초를 두고 있다. 상상력 넘치는 사람들이 그러는 것처럼, 우리는 다양한 형태의 '만일 ~하면 어떻게 될까'라는 공상들을 더하기만 하면 된다. 그러나 신에 대한 접근이 어려워지고 신의 본성이 덜 친숙해질수록, 그의 본성을 알고자 하는 물음들은 더욱 더 답하기 곤란한 문제가 되었다. 우리 신앙의 기초를 무엇에다 두어야 할까?

유대교, 그리스도교 및 이슬람교는 신이 자신을 인간에게 드러내었다(계시하였다)는 사실을 믿는다는 점에서 비슷한데, 그의 계시는 성스러운 경전(혹은 원전)에 기록되어 있다. 이런 이유 때문에, 이 세 종교 모두 때로 '성문화된' 종교로 기술된다. 경전들 속의 성스러운 원문들은 종교적인 믿음을 표현하고 형성하는 데 중요한 역할을 한다. 많은 종교에서 신들은 오직 그들의 행동을 통해서 (혹은 그들의 행동이 가져오는 결과를 통해서) 침묵하거나 '말한다'. 유대-그리스도-이슬람교 전통에서 신은 그의 백성들에게 (다소) 직접적으로 말한다. 그는 자신의 본성을 경전 속에 계시한다. 하지만 이 역시 깊은 철학적 문제들, 특히 해석과 권위의 문제들을 야기한다. 이 원문을 어떻게 읽고 해석해야 할까? 누가 그 원문들을 이해하고 그 원문들이 의미하는 바를 말할 수 있을까?

성서(여기서 '성서[Scripture]'란 모든 종교의 성스러운 경전을 말한다―옮긴이)의 중요성이 세 종교 모두에 공통의 문제를 제기하고 있다. 누가 성서를 해석하는 권위를 지녔는가? 누구든지 해석할 수 있단 말인가? 해석자는 특별히 훈련을 받아야 할까? 해석자는 특별한 재능이나 감수성을 타고나야만 할까? 이런 문제들은 다음의 의문을 낳는다. "이성이라는 것이 있다면, 인간의 이성은 해석에서 어떤 역할을 해야 할까?" 성서의 문자 그대로의 의미와 다르게 해석할 때, 우리는 성서가 우리에게 이야기하고자 하는 것을 이해하는 것일까? 만일 어떤 개념 혹은 주장이 문자 그대로 이해되지 않는다면, 우리가 그것들을 재해석하도록 허락되는 것일까? 성서를 읽기 위해서 신앙이나 어떤 특별한 태도 혹은 전망이 전제되어야만 할까? 진리를 이해하는 데서 이성과 계시 중에서 어느 것이 상대적으로 더 중요할까? 계시라는 개념은 그보다 더 세속적이고 합리주의적인 ('이성적인') 사유의 전통과 양립될까? 예를 들면, 성서에 기술된 기적을 과학적으로 설명하거나, 이 사람들이 왜 무슨 동기로 어느 특정한 시점에 이 명제를 믿게 되었는가에 대해 사회역사학적으로 설명하는 일이 가능할까? 누가 성서를 썼느냐고 묻는 것이 의미 있는 (혹은 허용되는) 일일까? 성서를 이해하는 데서 성서를 써내려간 사람들과 그들의 문화적이고 정치적인 상황을 이해하는 것이 필요할까? 이로부터 좀더 일반적인 의문이 제기된다. "그 철학을 이해하는 데 그 철학자를 알거나 이해하는 것이 필요할까(혹은 관련이 있을까)?"

더욱이 성서 그 자체가 모순되어 보이는 것이 문제가 될까? 이는 아마도 서로 다른 사람들이 기록한 서로 다른 책들이 함께 뒤섞인 결과일 것이다. 성서는 번역될 수 있을까? 혹은 성서를 기록한 원래의 언어 자체는 (이슬람교의 『꾸란』이 그랬던 것으로 여겨지는 것처럼) 신성한 것일까? 그리스도교의 성서는 사실상 세계의 거의 모든 언어로 번역되었는데, 흔히 영어판(킹 제임스 판)이나 독일어판(루터 판)에서 번역되었다. 이 두 판은 라틴어판에서 번역되었고, 라틴어판은 그리스어판에서 번역되었으며, 또한 그리스어판은 히브리어판에서 번역되었고, 히브리어판은 아람어(아랍인들이 사용했던 셈어족의 하나―옮긴이)판에서 번역되었다. 이 모든 판들이 똑같이 원본에 '충실한' 번역들일까, 아니면 이는 실로 문제가 있는 것일까?

때때로 모든 문화는 (아마도 모든 공동체도) '그들 고유의' 성서를 만드는 것 같다. 각 문화는 어떤 구절들을 자신들의 고유한 방식으로 해석하고 신을 자신의 방식대로 생각한다. 이렇게 서로 다른 해석들이 모두 타당할까? 어떤 것들은 다른 것들보다 더 '정확'할까? 아니면 그런 해석들이 신에 대한 적절한 믿음을 고양시키는 한 모두가 똑같이 타당할까? 성서를 해석 없이 읽는 것이 가능할까? 성서 해석에서 전문가들(랍비, 승려, 성직자, 이슬람의 종교지도자)의 역할은 무엇일까? 더 역사적으로 보아, 신과 그의 길을 이해하는 데서 예언자들의 역할은 무엇일까? 성서에 대한 이런저런 해석을 유일하게 가능한 해석으로서 정당화할 수 있을까? 그래서 그저 단순한 '해석'은 전혀 아닌 것일까? 이 모든 의문들은 과연 보통 사람들의 이해력으로 성서에 접근할 수 있느냐 하는 문제로 귀결된다. 보통 사람이 성서나 『꾸란』을 읽고 신의 메시지를 이해할 수 있을까, 아니면 그는 전문가의 도움을 받아야 할까?

지중해 지역에서 중동지역으로, 아테네에서 예루살렘으로 길을 더듬어오면서, 우리는 '서양' 철학의 두번째 원천을 탐구할 수 있게 되었다. 서양 철학 전체를 그리스 철학(특히 플라톤과 아리스토텔레스의 철학)과 유대―그리스도―이슬람교(특히 그리스도교) 철학의 종합으로 요약하는 것이 지나친 단순화이긴 하지만, 서양 철학의 주된 관점으로부터 그렇게 멀어지는 것은 아니다. (물론, 유대교는 서양 철학의 몇몇 주요한 특징적 요소들을 마련하였다. 일신교 개념만이 아니라 강력한 율법 개념에서도 그러하다. 이슬람교는 서양 철학에 극히 중요하였지만 종종 무시되었던 역할을 수행하였다. 이슬람교는 고대 그리스 철학을 발전시켰을 뿐만 아니라 보전하기까지 했다.)

그리스 철학이 이성과 합리성에 아주 높은 우위를 두는 데 반해, 우리가 논의하려고 하는 이 세 위대한 종교는 신앙도 똑같이 강조하는 경향을 가졌다. 또한 이 종교 전통들은 자신의 문제들을 비역사적으로 고려하는 경향을 지닌 그리스인들과는 대조적인 입장을 지녔다. 유대교, 그리스도교 및 이슬람교가 신이 영원하다고 주장하기는 하지만, 이들 모두는 그들 백성의 시간적인 역사와 고유한 예언자들에 관한 이야기들에 매우 커다란 중요성을 두고 있다. 이렇게 하여 히브리인들의 역사, 예수의 생애, 마호메트의 이야기는 그들 종교의 중심적인 관심사가 된다. 그러므로 이 세 위대한 종교에 대한 고찰은 철학적인 문제 못지않게 역사적인 문제에 의해 좌우될 것이다. 유대교, 그리스도교 및 이슬람교에서 철학은 아마도 보편성이라는 매력을 지닌 하나의 구체적인 문화적 표현이 된다. 그것은 '유대교 신자, 그리스도교 신자, 이슬람교 신자라는 것은 무엇을 의미할까?'와 같은 문제들에 좀더 즉각적으로 초점을 맞춘다.

그럼에도 추상적인 철학이(실제로 가장 추상적인 철학이) 이들 종교 전통의 사유에 필연적으로 스며들게 된다. 존재(Being)와 생성(Becoming)이라는 커다란 추상개념들은 그리스 철학에서는 아주 주변적인 문제였다(하지만 파르메니데스와 특히 플라톤과 아리스토텔레스는 예외였다). 그리스와 로마 철학의 문제들은 특히 소크라테스 이래, 세계 속의 질서를 발견하는 것과 많은 관련이 있었다. 하지만 철학에서 전능하지만 그리 알려지지 않은 신비한 신의 존재와 본성이 주요한 문제가 될 때는, 존재와 생성 같은 형이상학적인 추상개념들이 자연스럽게 논의의 전면으로 부상하였다. 따라서 영원하지만 역사적으로 현존하는 신의 신비를 이해하려는 노력 속에서 유대교, 그리스도교 및 이슬람교는 플라톤과 아리스토텔레스 철학의 좀더 형이상학적인 부분과 쉽게 연결되었다.

● 히브리인들과 유대교의 기원

　　서양의 철학 전통이 그리스의 사상에 많은 빚을 지고 있지만, 그것은 히브리(나중에는 '유대'라는 말로 지칭되었는데, 이것은 유대 왕국에서 유래한 이름이다)의 전통과도 상호 영향을 주고받으면서 풍부해졌다. 유대사상은 그리스철학에 비해 종교에 의해 훨씬 더 많은 자극을 받았다. 그리스인들은 그들의 옛 종교로부터 새로운 철학을 분리시키기 위해 자의식 과잉의 노력을 경주하였지만, 유대인들은 철학과 종교를 함께 지키기 위해서 똑같이 그렇게 했다.

　　유대의 종교가 유일신 개념에 의해 정의된 까닭에 유대의 철학은 신의 본성, 그의 창조의 본성 그리고 그가 그의 백성에게 부여한 율법의 의미 등에 주된 관심을 갖고 있다. 유일신 개념은 통합이라는 이상을 가진 그리스인들에게 아주 매력적이었으며, 실재의 기초가 되는 신이 영원히 존재한다는 사상은 그리스 형이상학의 가장 기본적인 가정들과 잘 들어맞았다. 하지만 둘 사이에는 굉장한 차이가 있었지만, 그리스와 로마의 '비종교적(혹은 이교적)' 전통의 영향에도 불구하고 그리스와 로마는 결국 중동지역, 특히 팔레스타인 지역에서 발생한 종교 사상에 흡수되었다.

　　그 지역의 다른 종교들과는 달리(하지만 조로아스터교는 확실한 예외이다), 히브리인의 종교는 아주 명백한 일신교였다. 그것은 많은 신들에 대항하는 단 하나의 신만을 인정하였다. 초기 히브리 성서에서, 유대의 신은 다른 민족의 신들과 경쟁하는 신으로 나타난다. 히브리인들이 다른 문화의 사회들과 싸워 이겼을 때는, 그들의 신이 다른 신들을 물리쳤다고 확신할 수 있었다. 하지만 전쟁에서 지고 적들이 승리했을 때는 그들의 신과 다른 신들과의 경쟁관계는 뒤바뀌었다. 다른 신들은 '거짓된 신'으로 선언되었으며, 결국에는 전혀 존재하지도 않았다고 언명되었다. 유대의 일신론은 오직 단 하나의 신만이 존재하며, 또한 그는 모든 다른 신들보다 위에 있을 뿐만 아니라 그들을 대신하여 존재한다고 결론지었다.

히브리 백성과 그들의 신 사이의 관계는 하나의 중요한 의미에서, 유대교 철학의 모든 것이라고 볼 수 있다. "들어라, 이스라엘이여, 우리의 신 우리의 주께서는 유일하시도다"라는 구절은 유대교의 기본 사상을 요약하는 말이다. 하지만 이 중심적이고 아주 중요한 개념은 적어도 두 가지 파생적인 개념을 포함한다. 이 두 개념은 유대교의 역사와 철학적 성향 모두를 설명하는 데 도움을 준다. 그 하나는 어떤 다른 민족들보다도 신의 총애를 받는 '선택된 민족'으로서 유대인이 갖는 예외성이라는 개념이다. 그리고 이에 대한 보답으로 신, 특히 신의 율법에 대한 복종이 요구되었다. 신의 율법은 히브리와 나중의 유대의 종교 사상에 중심이 되었다. 비록 히타이트 민족, 시리아 민족, 특히 함무라비 법전을 가졌던 바빌로니아 민족 등을 포함하여 여러 고대 문화들이 확장된 법체계를 발전시켰음에도, 이런 방식은 어떤 다른 민족들에서도 찾아볼 수 없는 그런 것이었다.

고대 히브리 철학은 크게 보아 유일신의 존재, 신의 총애를 받거나 '선택된' 민족의 지위, 그리고 신의 율법의 중요성이라는 세 가지 핵심적인 개념에 의해 정의되었다. 아마도 두번째 개념은, (고대든 현대든) 거의 모든 사회가 자신의 사회를 어느 정도 '선택된' 사회, 특권을 지닌 사회로 생각하는 경향을 가졌다고 하더라도, 국수주의적이고 지나치게 인종적 배타주의를 드러낸다는 점에서 철학을 위해서는 배제시켜야 할 것이다. 많은 민족들이 전장에 나갈 때 신은 자신들의 편에 서 있다고 가정하였다. 그러나 첫번째와 세번째 개념, 즉 유일신과 그의 율법은 고대 히브리 철학을 규정할 뿐만 아니라 사실상 서양의 역사와 철학의 전 과정을 위한 틀을 제공하고 있다.

유대교가 개인의 존엄성을 강조하고는 있지만 이것이 하나의 민족 종교로 시작하였다는 사실을 기억해야 한다. 개인은 어쨌든 공동체의 구성원인 한에서만 의미와 존엄성을 갖는다. 많은 고대사회에서처럼, 유대사회의 공동체가 형성되는 일은 우연히 이루어진 것이 아니다. 유대교는 신의 약속에 따라 '선택된' 민족으로서의 지위를 갖게 된 일의 기원을 그들의 조상인 아브라함(기원전 약 2000년경)에 두고 있다. 아브라함은 우르(수메리아) 지역에서 팔레스타인 지역으로 이주해왔던 것 같다. 신은 아브라함에게 약속하기를 아브라함의 자손들은 위대한 민족이 될 거라고 하였다. 이 점은 유대교에 배타적이고 인종차별적이기까지 한 성격을 부여하였는데, 이런 성격은 초기 그리스도교에 의해 단호히 배격되었다. 이러한 고대의 관점에 따르면, 유대교는 하나의 철학이나 일련의 믿음을 지지하는 것이라기보다는 구성원의 자격 문제이다. 그 결과, 유대 철학은 복잡한 신학이나 믿음의 문제보다는 유대 공동체에서의 구성원 자격의 의미와 그 함축성에 더 집중하였다.

종교는 대체로 공동체의 구성원 지격으로 규정되기 때문에, 유대교는 유교의 어떤 측면과 피상적으로나마 닮아 있다. 사회적 연대의 도구이자 그 표현이기도 한 의식(儀式)은 유대교에서 극히 중요한 사항이다. 하지만 역사적인 연대의 특정 날짜와 관련이 있는 유대의 의식들은 유대 민족의 삶 속에 역사적 사건들을 재현한다. 신은 영원할지 모르겠지만, 그의 백성은 역사적이다. 실제로 유대 철학은 유대 역사와 더불어, 아니 오히려 유대 역사의 의미와 더불어 시작되었다고 말할 수 있다. 유대 사상들은 수천 년 동안 주의 깊게 보존되어온 승리와 재난에 관한 기억들 속에 깊이 새겨져 있다. 그리고 그 사상들은 유대 민족과 그들의 신과의 지속적인 관계와 관련이 있다.

예를 들면, 가장 성스러운 행사들 중의 하나인 유월절(이스라엘 민족이 모세의 도움으로 노예로 붙잡혀 있던 이집트로부터 벗어나는 사건을 기념하는 종교적 축제—옮긴이) 주간은 유대인 노예들이 기원전 13세기에 이집트를 떠나 '약속의 땅' 인 가나안이 있는 팔레스타인을 향해 떠났던 사건(출애굽)을 매년 기념하고 있다. 출애굽 기간 동안 모세는 시나이 산에 올라가 신으로부터 율법을 받는다. 축일은 의식(儀式)적인 저녁 식사인 세데르로 시작한다. 이 의식에는 유대인들이 이집트에서 겪은 일들과 이집트로부터 탈출해 나온 일의 다양한 국면을 상징하는 음식들에 관한 기도가 포함된다. 이 의식의 거행은 그들의 종교를 강화시키는 방식으로 그들의 역사를 강조한다. 최근에 거행되는 쇼아 혹은 '대학살' 의 공포에 대한 유대인의 기념의식을 우리는 같은 방식으로 이해할 수 있다.

신과 그의 선택된 백성 사이의 관계는 히브리 성서의 중심적인 주제이기도 하다. 히브리 성서의 첫 경전인 「창세기」는 신을 전능한 창조주로 묘사하고 있다. 그는 연속되는 여섯 '날'에 걸쳐 여러 다른 생명체들을 단계적으로 창조하고 마지막으로 '자신의 모습으로' 인간을 창조하였다. 이것은 이 세계를 이전 세계와 이전 조건들의 결과로 보는 중동지역의 일반적인 경향으로부터 나온 사상이다. 그리스인들조차 이 세계가 무(無)에서 생겨났다는 사상을 전혀 이해할 수 없었다. 반면에 유대교는 신이 무(ex nihilo)에서 이 세상을 창조하였다는 사상을 견지한다. 말할 필요도 없이, 「창세기」에 대한 적절한 해석에 관해서는 무수한 논쟁이 있어왔다. 이런 논쟁은 진화론이라는 근본적으로 새로운 사상이 등장하기 오래전에 이미 시작되었다. 하지만 히브리 성서에서 그리고 그 이후에 가장 많이 논의되고 논쟁되었던 문제는 신과 그의 창조물 중의 하나인 인간과의 관계이다. 인간이 '신의 모습으로' 창조되었다는 주장은 무엇을 의미하는가? 이런 주장이 옳다면, 왜 신은 다른 사람들에 비해 어떤 특정한 사람들을 더 애호하는 것 같을까? 예를 들어, 아브라함은 이미 인구가 많고 문명화된 지역의 사람들 중에서 신이 유일하게 총애했던 사람이었으며, 또한 아브라함의 아들인 이삭은 히브리 성서에 따르면, 같은 아브라함의 아들인 이스마일 대신 아브라함의 후계자로 신이 선택한 사람이었다. (이슬람교를 믿는 아랍사람들은 이스마일을 자신들의 조상으로 간주하며, 『꾸란』은 이스마일을 아브라함의 총애를 받는 아들로 묘사하고 있다. 이러한 차이는 이 세계에 가장 극심한 증오로 가득 찬 하나의 갈등을 야기하였다. 적대적인 이들 두 이웃은 각각 자신들만이 '선택된' 민족이며, 따라서 '그들의' 신으로부터 특별한 우선권과 특별한 보호를 받고 있다고 주장하고 있다.)

선택된 민족이라는 개념이 어떤 항구적인 조국도 가지지 못해서 지중해 동쪽 연안의 거칠고 인간에게 적대적인 땅에 정착하려는 꿈을 지닌 민족에게서 형성되었다는 것은 그냥 지나칠 일만은 아니다. 다윗과 솔로몬이 다스렸던 시대의 예루살렘이 히브리의 서로 다른 열두 부족을 포함하는 강력한 왕국의 수도였던 시기도 있었다. 이스라엘은 한동안 굳건한 나라들 중의 하나였다. 솔로몬 왕은 수도를 아름답게 꾸미는 데 많은 주의를 기울였으며, 그의 노력은 화려한 사원의 건설에서 그 절정에 달하였다. 사원의 건설은 유대 역사에서 핵심적인 문제인데, 사원이 수차례 파괴되고 재건되었기 때문이다. 히브리 성서에 기록된 기간 동안, 고대 히브리인들은 여러 번에 걸쳐 정복당하였고 노예화되었으며 또 자신의 땅에서 추방당하였다. 이러한 비극적인 역사의 조명 속에서 (유대인들이 더 이상 하나의 단일한 민족으로 함께 할 수 없었을 때 그들이 직면했던 불행은 말할 것도 없이) 우리는 이 민족과 그들의 신 사이를 묶어주었던 그들 특유한 사상체계를 이해해야 한다.

히브리 성서는 신학에는 거의 의존하지 않았으며, 오히려 신의 인격을 마치 소설에서처럼 명확히 묘사하고 있다고 말할 수 있다. 히브리인들의 신은, 그 자신이 인정하듯이 질투심 많은 신이다. 그는 때로 분노하는 신이다. 가장 커다란 철학적 논제(숙명에 관한 그리스적인 관점을 적지 않게 생각나게 하는 논제이다)는 히브리의 전능하고 백성을 보호하는 신이 지극히 예측불가능하고 성정이 조급하며 변덕스럽기까지 하다는 사실이다. 그는 쉽사리 분노해서, 히브리인들에게 닥친 재난들은 그의 존재를 입증하는 것이었다. 한편으로 히브리인들은 그들의 강력한 신의 보호를 받았다. 그러나 다른 한편으로 이러한 보호는 결코 전적으로 의지할 만한 것이 아니었다. 신의 보호의 부재는 설명되어야 하는 문제였다.

유대교의 핵심과 그 지속성은 이런 커다란 공포에 의하여 이해될 수 있다. 유대인들은 율법이라는 커다란 멍에를 스스로 진다고 주장되어왔다. 사실상 삶의 모든 측면에 관한 엄격한 유대의 율법을 그리스도교 측에서 비판한 것은 이상한 일이 아니다. 하지만 진실을 말하자면, 이른바 '서약'은 곧 신의 율법에 복종하겠다는 히브리인들의 약속으로서 그들에게 상당한 확신을 가져다주었는데, 이것은 어떤 보장 같은 것이었다. 그들이 율법에 복종한다면, 신은 그들을 보호할 것이다.

그렇지만 재난이 닥쳤을 때(그런 재난은 종종 일어났다) 유대인들은 신에 대한 그들의 믿음에 의혹을 갖는 대신 오히려 그들 자신을 질책하였다. 예언자들은 이스라엘에 반대하는 힘을 쌓아두었다가 자랑이라도 하듯이 이스라엘을 나무랐다. 그들은 재난은 신이 자신의 백성을 포기하는 것이 아니라 오히려 그의 지속적인 관심을 나타내는 증거라고 하였다. 신은 그러한 신호를 통해서 율법을 어기는 유대민족에 대한 그의 불쾌함을 표현하고 있는 것이다. 신이 그들을 포기했다는 해석은 히브리인들에게는 생각할 수도 없는 일이었다. 히브리인들은 인간에게 죄가 있다는 생각을 선호하였으며, 따라서 죄에 철학적 형식을 부여했다고 말할 수 있다.

유대교와 유대 철학에서 율법보다 더 중요한 특성은 없다. 율법은 신에 의해 직접적으로 계시된 것으로 생각되었다. 그것은 단지 그들의 사회를 함께 유지하기 위하여 인간이 창안해낸 하나의 법전이나 계약으로 여겨져서는 안 된다. 또한 통치하는 자의 권력도구나 발명품으로 생각되어서도 안 된다. 실로 그것은 하나의 책무가 아니라 오히려 하나의 특권이자 축복으로 생각되어야 한다. 그들에게 신이 율법을 계시한 것은 정확히 말해서 유대 민족을 '선택' 하였다는 것이다.

십계명은 유대 율법의 핵심에 놓여 있다. 성서에 따르면, 십계명은 오늘날 가자 지구로 알려진 지역에 있는 시나이 산에서 모세에게 주어졌다고 한다. 십계명에 포함된 준수사항들은 다음과 같다. 유일신 이외에 어떤 신도 갖지 말 것, 신의 출현을 요구하기 위하여 어떤 새겨진 이미지를 만들거나 어떤 주술적인 이름에도 호소하지 말 것, 일주일마다 노동을 하지 않는 안식일을 지킬 것, 부모의 권위에 복종할 것, 살인, 간음, 도둑질, 법정에서의 거짓 증언 등을 하지 말 것, 남의 아내를 빼앗지 말 것 등.

십계명으로부터 파생된 추가적인 율법은 (그가 노예라 할지라도) 다른 사람들을 존중하는 마음으로 대해야 하며 결코 이용하려는 목적으로 대하지 말아야 한다고 규정하고 있다. 특히, 불행한 처지에 놓인 사람들에게는 도움을 주어야 한다고 규정하고 있다. 율법의 정의가 명령하기를 더욱 안정된 지위에 있는 사람들은 궁핍한 사람들에게 도움을 주려고 노력해야 한다고 하였다.[49]

이렇게 하여 율법의 준수는 동정심과 존중심의 강조와 연관되었다. 이것은 자신보다 지위가 높은 사람에 대해서만이 아니라 모든 사람에게 그래야만 하는 것이었다. 각 개인은 존엄성과 가치를 지녔으며 그러므로 존중을 받을 가치가 있다. 그리고 모든 사람은 율법 앞에서 동등하며 율법에 똑같이 맡겨져 있어야만 한다.

---

49 앤서니 필립스는 『구약성서』의 예언자들이 자주 그들의 공동체가 불우한 사람들을 동정심을 갖고 대하지 않았음을 고발하였다고 언급하였다. 그와 같은 행위는 그들의 신앙고백과 헌신적인 종교의식에 어긋나는 것이었다. 앤서니 필립스의 『기원전의 하느님』(God B.C., 옥스퍼드, 옥스퍼드 대학출판부, 1977년)을 보라.

율법이 유대 철학을 규정하지만, 유대의 역사를 규정하는 것은 율법의 폭력으로 보인다. 유대의 성서에 따르면, 신이 창조한 완벽한 질서가 최초의 인간에 의해 훼손되었다. 「창세기」는 이 세계의 악의 기원을 인간의 죄로 설명하였다. 죄의 개념은 서양의 종교철학에서 중심적인 역할을 하게 되었다. 죄는 무엇보다도 신의 율법에 대한 인간의 도전으로서 이해될 수 있다. 신과의 관계에서 인간이 저지르는 이러한 위반은 떳떳하지 못하고 부적절한 인간의 행위에 의해서 야기된다. 모든 문화는 인간의 잘못된 행위에 대한 어떤 개념들을 갖고 있지만, 유대교의 '죄'는 특별한 종류의 잘못을 의미하는 것으로서, 이것은 곧 신의 율법을 위반하는 것이다.

신이 아담과 이브를 최초의 인간 부부로 창조한 후에, 선악과(善惡果)라는 나무 과일을 먹지 말라고 경고하였다. 뱀이 이브로 하여금 그 금지된 과일을 먹도록 유혹하면서, 그것을 먹는 사람은 누구든지 신과 같아진다고 하였다. 이브는 그 과일을 먹었으며 또 아담에게도 주었고, 아담 또한 이브처럼 그 과일을 먹었다.

이 이야기는 인간의 악행에 대해 말하고 있으며, 종종 우화적으로 이해되어왔다. 원초적인 순진함이 지식의 무서운 무게로 바뀌었으며 인간이 지식으로 선과 악을 선택할 수 있는 능력을 가진다는 생각은 유대-그리스도-이슬람교 전통이 도덕적 구도와 악의 문제에 접근하는 방식을 요약적으로 보여준다. 도덕성에 대한 요구에 의해, 이와 더불어 심사숙고에 대한 요구에 의해, 그리고 철학의 요구가 또한 덧붙여지면서 낙원에서의 원초적인 환희에 구름이 드리워지고 말았다. 그러나 인간의 호기심, 알려고 하는 마음의 유혹은 순진한 상태에서도 이미 명백하게 드러나고 있다. 이렇게 죄에 대한 궁극적 책임의 문제는 처음부터 유대-그리스도-이슬람교의 전통 속에 들어가 있다. 인간이 이런 식으로 필연적으로 호기심에 끌릴 수밖에 없는 천성을 가지게끔 신이 고의적으로 인간을 창조하였을까?

또한 사탄(뱀)이 개입되는 것은 일신론이 다른 유사(類似) 신들을 (비록 신보다는 힘이 훨씬 약하지만) 인정하고 있는 데서 아직 완전히 벗어나 있지 않다는 사실을 암시하고 있음을 주의하자. 이 유사 신들은 조로아스터교에서처럼, 이 세상에서 인간이 겪는 고통과 불행들을 신의 탓으로 돌리지 않고서도 설명하는 데 도움을 준다.

　　신은 아담과 이브의 불복종에 대해 분노로써 대답하였다. 이는 히브리 성서의 신의 한 특성, 즉 쉽게 분노하는 성질을 보여준다. 그들이 저지른 죄의 대가로 아담과 이브는 이전에 살던 낙원에서 추방되었다. 이제 그들은 병, 고통, 죽음이 지배하는 세계로 들어가게 되었다. '신의 모습으로' 만들어진 이들의 이전 천성은 손상되고 말았는데, 이들이 자신의 의지에 따라 신에게 불복종함으로써 그렇게 된 것이었다.

　　그로부터 인간은 더 이상 천성적으로 신과 같은 (선한) 행위를 하는 성향을 갖지 못하게 된다(하지만 원래의 이야기는 이 타고난 성향 속에 이미 심각한 결함이 존재함을 암시하고 있다). 그들의 행위는 이제 선택의 문제, 그것도 종종 선과 악 사이의 선택의 문제가 되어버렸다. 따라서 유대교의 철학적 저작은 대부분 아주 실천적인 성격을 띠며, 또 올바른 선택을 위해서 합당한 이성을 자세히 설명하는 데 몰두하였다.

　　원죄, '타락'에 대한 「창세기」의 고찰은 유대인들에게 악의 문제에 대한 해답을 제공하였다. 「창세기」는 인간의 선택을 통해서 악이 이 세계로 들어왔다고 하였다. 나중에 유대 사상은 자주 「창세기」에서 그 단서를 취하여, 고통과 불행을 인간의 도덕적 태만과 특히 신의 율법에 대한 위반의 결과로 설명하려고 하였다. 예를 들면, 솔로몬 왕의 통치 후에 따라온 정치적 붕괴를 신의 율법을 지키지 못한 유대 민족의 실패로 설명하는데, 예언자들의 논점이 바로 이러하다.

　　물론 예언자들도 철학자들이긴 하지만 그들은 일반적인, 관념적인 사상가들은 아니었으며 무엇보다도 신의 대변자였다. 그들은 또한 문화비평가로서, 솔로몬 왕의 죽음 후에 뒤따른 정치적 참화를 죄와 불의(不義), 그리고 신의 율법에 대한 조직적인 위반의 결과로 해석하였다. 아름답고 번영하는 도시를 건설하려는 솔로몬 왕의 노력은 세금징수에 의해 지탱되어 백성들의 부담을 가중시켰다. 빈부의 격차가 심화되었고 저항과 폭동 뒤에 외세의 침략이 뒤따랐다. 팔레스타인은 서로 앙숙인 두 개의 나라로 나뉘어졌으며 예루살렘은 솔로몬 왕이 죽은 직후에 이집트의 파라오에 의해 점령되었다. 예루살렘의 부(富)가 이집트로 흡수되면서 동요와 자기의혹의 오랜 시기가 시작되었다.

예언자들의 시대는 남쪽의 유대왕국에서 진행된 경제적 불평등에 대한 반응으로 시작되었다. 그들은 참회와 덕을 설교하였으며, 사회가 죄악에 물든 상태가 계속된다면 재난이 닥칠 것이라고 예언하였다. 유대인들에게 일련의 불행한 재난이 닥쳐오리라는 예언자들의 예견은 대개 사람들의 주목을 받지 못했다. 이집트가 예루살렘을 침략하고 유대 나라가 두 개로 분할된 후, 북쪽의 왕국은 기원전 773년에 아시리아인들에 의해 점령되어 20만 명의 유대인들이 노예로 잡혀갔다. 남쪽 왕국의 수도인 예루살렘은 오랫동안의 포위로 인한 불확실한 시기를 거치고서야 겨우 살아남을 수 있었다. 기원전 586년 예루살렘이 바빌로니아인들에게 점령당했을 때는 최악의 상황에 달하였다. 이때 예루살렘은 불태워지고 신전은 파괴되었다. 지도층 시민들은 추방되었고 이스라엘은 바빌로니아 제국으로 흡수되어버렸다.

다시 유대의 종교 지도자들이 이러한 사건들에 부여한 해석은 이스라엘이 스스로 저지른 죄악에 의해 벌을 받았다는 것이었다. 특히 외국 신들에 대한 숭배와 가난한 사람들에 대한 몰인정이 그 대표적인 죄악이었다. 부당하고도 율법을 어기는 이스라엘인들의 행위로 인해, 신은 곧 그들에 대한 보호를 철회하였다. 고대의 유대 사상은 죄악의 결과를 사후세계에서의 응분의 대가로 묘사하지 않고 지상의 재난으로 묘사하고 있다는 점은 강조할 만하다. 유대교는 일반적으로 개인의 불멸성이라는 사상을 권장하지 않으며 오늘날에도 그러하다.[50]

바빌론 유수(幽囚) 동안에 예언자들은, 유대인들이 이 오랜 위기 속에서도 충실하게 신의 편에 남아 있다면 신이 그들을 이집트로부터 탈출시켰던 것처럼 다시 유대인들을

---

[50] 많은 유대인들은 고대 그리스인들처럼, 죽은 자는 지하의 어두운 곳인 저승(Sheol)으로 간다고 믿었다. 하지만 그리스 철학에서 그런 것처럼, 거기에 살아남은 영혼은 기껏해야 이전 자아들의 애처로운 그림자에 지나지 않는다. 「전도서」는 개인의 불멸에 관한 사상을 악의 문제에 대한 하나의 해결책으로 도입하고 있지만 이를 단지 신화적으로만 다루고 있으며, 일반적으로 대다수 유대인들은 개인의 불멸에 관한 사상을 받아들이지 않았다. 몇몇 종파들, 특히 예수 시대의 바리사이파는 이 사상을 포용하였으며, 비록 이 사상이 유대의 공식적인 교육의 일부분이 아니었음에도 사후의 삶에 대한 사상은 의심할 것 없이 예수와 사도 바울로의 가르침이 있기 훨씬 전부터 언제나 많은 유대인들의 관심을 끌었다.

도울 것이라고 선언하였다. 구속 아래 행해진 그와 같은 신앙에 대한 '시험'은 유대교의 역사에서 수없이 반복되었으며, 또한 그리스도교와 이슬람교의 역사에서도 그러하였다. 결국 신은 예언자들의 예언을 실현하는 것처럼 보인다. 바빌론을 정복한 페르시아의 키루스 대왕은 바빌론에 잡혀 있던 유대인들이 예루살렘으로 돌아가는 것을 허용하였다. 그는 바빌로니아인들이 유대 사원에서 훔쳐온 재물들 가운데 남은 것을 예루살렘으로 돌려보냈다. 사원은 다시 세워졌으며, 이것은 유대 종교의 파괴불가능성을 강력하게 상징하였다.

하지만 이 파괴불가능성은 계속해서 수많은 시험에 직면하였으며, 서기 70년에 로마에 항거하면서 사원은 다시 한 번 파괴되었다. 디아스포라(Diaspora), 즉 지중해 및 다른 지역으로 유대인들이 뿔뿔이 흩어지기 시작한 것은 바로 이때부터라고 대부분 학자들은 생각한다. 또 다시 정치적 재난에 종교적 해석이 주어졌다. 불행은 인간의 유죄성과 유대인들의 신앙에 대한 태만에서 비롯되었다. 그들은 율법을 지키지 않았으며, 그들의 불공정한 행위가 또다시 재난을 가져왔다. 이때 유대인들의 의식 속에 책임 개념과 그 결과가 깊이 자리 잡았다.

당연한 것으로 여겨지는 그 책임과 결과 사이의 상응 관계는 의문에 붙여질 수밖에 없었다. 유대 문학 자체 내에서도 죄와 재앙의 연관성에 대해서 매우 극적인 방식으로 이의가 제기되었다. 「욥기」(바빌로니아 유수 시기인 기원전 400년경에 씌어진 것 같다)는 신의 모든 율법에 충실히 복종했음에도 무서운 벌을 받은 욥이라는 선량한 사람에 대한 이야기를 말해준다. 사탄이 신을 비웃으면서 신에게 욥은 단지 신이 자기에게 잘해주기 때문에 올바르게 행동한다고 하였다. 신은 욥을 '시험'하기로 마음 먹고서, 사탄이 욥과 그의 가족에게 가장 험난한 재앙이 들이닥치게 하도록 허락하였다. 욥은 이 모든 시련에도 불구하고 그가 항상 그랬던 것처럼 경건한 생활을 계속하였지만 때때로 신에게 도와달라고 호소하였다. 그의 친구들은 그가 은밀히 죄를 지은 것이 틀림없으며 또 그의 불행은 그 죄에 대한 벌이라고 생각하였다. 그러나 욥은 자신이 무고하다는 것을 알고 있었으며 독자들 또한 그러하다. 그의 고통이 명백히 부당한 것임에도 욥은 신에 대한 믿음을 단언하였다.

신은 결국 욥을 이전의 행복했던 상태로 돌려놓았으나, 그의 방법이 인간에게 이해될 수 있는 것이어야 할 필요는 없으며 이 세상의 명백한 불의에도 불구하고 신앙이 필요함을 주장한다. 이것은 도저히 풀리지 않는 악의 문제를 남겨놓는다. 왜 정당한 사람이 고통을 받아야 하는가? 이 이야기에서 신은 의심할 것 없이 욥의 고통에 대해 책임이 있다. 이것은 신이 '이해할 수 없게' 행하는 경우를 보여주는 것일까? 이것은 명백히 부당한 처벌이 아닐까? 이 이야기는 완벽하게 선량한 사람이 그럼에도 전능하고 사랑이 넘치는 신이 보는 앞에서, 그의 손 안에서 고통을 받는다는 것이 과연 가능한 일인지를 묻는다. 여기서 악의 문제는 가장 극단적인 형태로 제시되어 있다.

「욥기」는 유대 민족에게 닥친 수많은 정치적 재난처럼 유대 철학에 도발적인 충격을 던졌는데, 이 점은 그 후 수세기에 걸친 논쟁과 수많은 해설을 불러일으켰다. 뒤따르는 그리스도교와 이슬람교처럼, 유대교도 하나의 '(책으로) 성문화된 종교'였으며 또 지금도 그러하다. 따라서 유대의 전통에서 학구적 태도와 논증은 높은 가치를 지니며, 유대 철학에 본질적이다. (소크라테스의 철학처럼) 실로 지속적인 의견의 불일치와 변증론이 주로 유대 철학을 규정한다. 그리고 이런 특성들이 유대 사상이 수천 년 동안이나 살아 있으면서 탄력성을 유지할 수 있었던 위대한 힘들 중의 하나이다.

● 그리스의 유대인_ 알렉산드리아의 필론

유대교는 성문화된 종교이기 때문에, 성서의 적절한 해석에 관한 문제들에 봉착하였다. 그 문제들은 다음과 같은 것들이다. 누가 성서를 해석할 능력이 있을까? 누구나 성서를 해석할 수 있을까? 적절한 해석은 신의 계시에 달려 있을까? 만약 그렇다면, 진정한 계시가 나타나는 때를 어떻게 알 수 있을까? 유대교의 학문과 논쟁 그리고 그리스 철학 사이에, 성서 해석에서 이성이 하는 역할에 관해 특히 중요한 난처한 문제가 발생하였다. 이성이 해석을 위한 기본 바탕을 제공할까? 성서에 대한 적절한 해석이 이성과 상충되는 가르침일 수 있을까? 만일 그렇다면, 그렇게 판명된 결과에 관한 논쟁을 어떻게 해결해야 할까? 신앙이 이성에 양보해야 할까, 아니면 이성이 신앙에 양보해야 할까? 유대교의 역사는 무엇보다도 신앙이 더 본질적이라는 결론으로 향하였다. 그렇지만 랍비(유대교의 율법 학자—옮긴이)들과 그리스 철학자들의 논증은 이성의 중요한 역할을 보여주었다.

기원전 마지막 세기의 한 그리스 철학자가 유대 종교를 접했을 때 이 철학자의 머릿속에 자연스럽게 이런 문제들이 떠올랐다. 필론(기원전 20년경~서기 40년)은 적절한 성서 해석 방법을 위해 그리스 사상을 도입한 최초의 유대 사상가들 중 하나였다. 그는 특히 신앙과 이성의 문제에 관심을 가졌다. 필론은 그리스어를 쓰는 알렉산드리아의 유대인으로서 헬레니즘 철학(즉, 알렉산드로스 대왕이 지중해 연안을 정복한 경로를 따라 그리스인들이 퍼져나간 후에 지중해 연안에서 발전한 그리스 철학)을 교육받았다. 필론은 그가 물려받은 두 전통 사이의 갈등에 특히 민감하였다. 유대인인 그는 일신교를 믿었으며 헬레니즘 문화에 동화되는 것에 저항하였다. 반면에 그가 교육받아온 문화와 철학은 두드러지게 그리스적이었다. 이 문제, 즉 유대인으로서 정체성을 유지하느냐 지배적인 문화에 동화되느냐 하는 문제는 철학의 역사에서 가장 긴 논쟁의 하나를 촉진하였으며, 이는 곧바로 자기정체성의 문제로 나아갔다.

필론의 철학적 해답은 유대 사상을 그리스적 용어로 체계화하고 이것을 이성적인 논증과 조화시키는 것이었다. 유대의 철학과 역사는 우리가 보았듯이, 그와 같은 철학적 성찰보다는 훨씬 더 많은 이야기들로 구성되어 있다. 하지만 탈레스와 밀레투스 학파와 더불어 '철학'이 등장하기 전에는 그리스 사상도 그와 비슷하였다. 호메로스는 오랫동안 우화적으로 해석되었으며, 필론 이전 알렉산드리아의 유대인들 역시 우화적 해석, 특히 「창세기」에 대한 우화적 해석의 전통을 발전시켰다. 필론은 이런 방법들을 활용하여, 성서의 이야기들을 인간 조건의 본성과 신에 대한 인간의 관계에 대한 신화적 진술로 해석하였다. 그는 성서 이야기 속의 인물들을 추상적 개념을 표상하는 것으로 보려는 경향이 있었다. 예를 들면, 아담은 이성을, 이브는 감각을, 뱀은 욕망을 각각 표상한다고 해석하였다. 필론은 최초의 죄(원죄)를 욕망의 힘에 대한 이야기로 해석하였다. 우선 욕망이 감각을 유혹하지만, 일단 감각이 굴복당하면 이성도 추락할 수 있다.

　　필론은 나아가 그리스 철학자들도 성서를 통해 자신을 계시했던 신과 동일한 신으로부터 영감을 받았다고 하였다. 그러므로 이성적인 논증과 성서 모두에서 진리를 발견할 수 있다. 그것은 동일한 진리로서, 신이 계시한 말씀이다. 따라서 필론은 성서의 우의적인 해석이 그리스 사상과 관련되면서 통찰력을 가져다주었다는 사실을 보여주려 하였다. 그는 유대인을 유일하게 '선택된' 민족으로 구별하는 성서의 기적적인 양상들은 소극적으로 다루면서 대신에 신의 권능은 자연의 원리들을 통해서 나타난다고 강조하였다. 이것은 그리스인들의 구미에 맞았으며, 하나의 전통을 다른 전통과 대립시키는 일도 아니었다. 히브리 철학에 보편주의적인 해석을 부여하는 이런 움직임은 또한 그리스도교의 발전을 위해서도 지극히 중요한 일이었다.

　　필론은 피타고라스학파의 많은 통찰들을 배워와서, 신을 모든 다양성의 기초를 이루는 일자로 기술하였다. 그러나 특히 그는 플라톤 사상과 초기의 스토아 사상으로부터 자신의 사상을 이끌어냈다. 플라톤학파와 더불어 필론은 물질세계가 단지 더 높고 초월적인 세계의 반영에 불과하다고 주장하였다. 필론에 따르면, 플라톤이 (더 높은 세계에 있는) 형상이라고 불렀던 것이 실은 신의 사유였다. 스토아학파처럼 필론은 신이 온 세계에 스며들어 있어, 모든 인간의 내부에는 신적인 섬광이 내재한다고 보았다. 비록 신 자신은 초월적인 존재이지만 그럼에도 로고스(세계를 기초 짓는 구조)를 통해 물질세계와 연결되어 있으며, 바로 이런 의미에서 우리 안에 내재한다. 로고스는 신의 이미지로 판명되고, 이어서 인간은 로고스의 이미지대로 만들어졌다. (그리스도교의 「요한의 복음서」도 이와 비슷한 주장을 하면서 시작한다. "한처음, 천지가 창조되기 전부터 말씀이 계셨다."[한글공동번역]) 인간은 신의 이미지를 신과 함께 공유하기 때문에, 비록 인간의 지식이 유한하기는 하지만 인간의 정신은 신을 알고 사랑할 수 있다. 자연 세계의 모든 요소들을 함께 유지시켜주는 것 역시 로고스이다. 필론 역시 (예를 들어, 불타는 가시덤불을 통해 모세 앞에 나타난 것처럼) 이 세계에 신이 직접 현현하는 것도 로고스라는 용어로 설명하였다.

필론에 따르면, 플라톤의 철학은 인간을 위한 최고선을 정확하게 묘사하였다. 플라톤이 이야기하는 소크라테스는 형상을 한번 힐끗 보기만 해도 놀라운 통찰을 얻을 수 있다고 기술하고 있다. 유대교는 이와 비슷하게 유대교도가 신에 관한 신비적인 일견(一見)을 지향해야 한다고 주장하였다. 정신은 자연스럽게 올바른 길로 이끌어진다는 플라톤의 견해 역시 옳다. 그러나 필론에 따르면, 신의 본질이란 정신의 힘이 파악할 수 있는 한계를 넘어서 있다. 그리하여 필론이 생각하는, 인간이 아는 신의 개념은 부정을 통한 (via negativa) 방식을 취한다. 다른 말로 하면, 인간의 능력이 한정되어 있음을 고려할 때 우리는 (부정할 수 없는 명확한 서술을 제시하는 것이 아니라) 신에 속하지 않는 것을 규정함으로써 신의 본성의 의미에 도달할 수 있다. 필론은 특히 신은 그리스인들의 신처럼 제한된 능력을 지니고 도덕적으로 결함이 있는 그런 존재가 아니라고 주장한다.

필론은 그리스 사상과 유대 신학을 종합하려 하였으나 이성과 계시된 신앙 사이에는 여전히 갈등이 있을 수 있다고 인정하였다. 그러한 갈등은 계시를 지지하는 쪽으로 해결되어야 한다고 필론은 주장하였다. 그는 신앙에 의해 영감을 받은 가장 심오한 진리들을 이성은 파악할 수 없다고 하였다. 그 예로서, 이성은 신의 통일성을 이해할 수 없다. 또한 이성은 신의 본질이 인간의 이성에 의한 기술(記述)을 초월하고 있다는 사실도 이해할 수 없다. 이렇게 필론은 이성을 찬양하면서도 그것이 한계를 가지고 있으며, 신비적인 황홀경의 체험이 철학적 신학적 사변보다 궁극적으로는 더 중요하다고 주장하였다. 그렇지만 필론은 여기에서도 플라톤을 자신의 동맹자로 보았다. 둘 다 정확한 합리성의 가치를 인정하였으나, 플라톤과 필론이 인간의 궁극적인 목표로 보았던 것은 실재 세계에 대한 통찰이었다.

마지막으로, 육체는 덕에 방해가 된다고 주장하면서 영혼과 육체를 결정적으로 구분하는 점에서도 필론은 플라톤을 따르고 있다. 필론은 육체는 죽을 수밖에 없다고 기술하였고 때로 오직 영혼만이 덕을 가질 수 있다고 하였다. 육체에 대한 멸시와 연관된 영혼의 내적 삶에 대한 필론의 주장은 그와 동시대인이던 초기 그리스도교도들과 연결된다. 초기 그리스도교도들처럼 (그리고 어느 정도 공자처럼) 필론은 내적인 덕을 강조하였으며, 그에 맞는 내적 태도 없이 치러지는 외부적 의식(儀式)은 가치가 없다고 하였다. 그렇지만 그렇다고 해서 의식 자체가 중요하지 않다고 결론 내리지는 않았다. 그러는 대신에 올바른 태도로써 의식을 치르는 것이 중요하다고 강조하였다. 아마도 그가 강조한 내용들이 당시 팔레스타인의 유대교보다는 초기 그리스도교에 더 잘 맞았기 때문에, 필론은 당시의 유대민족보다는 나중의 그리스도교도들에게 더 많은 영향을 주었다.

● 그리스도교의 탄생

그리스도교는 예수, 즉 '구세주'(Christ, 희랍어에서 온 말로 '성유를 바른 자'라는 뜻)를 중심으로 발전하였다. 예수는 당시에는 로마제국의 일부였던 팔레스타인 지역에서 약 기원전 6년에서 서기 30년까지 살았다. 예수가 태어난 당시의 유대교는 여러 교파로 나뉘어 있었다. 그들 중 『신약성서』에 언급되어 있는 바리사이파와 사두가이파는 서로 다른 이유에서이기는 하지만 로마의 통치를 지지하였다. 사두가이파는 헬레니즘 사상에 동화된 성직자 가문들로서, 상대적으로 높은 자신들의 사회적 지위를 유지하려는 바람에서 로마의 지배를 받아들였다. 이와는 대조적으로 바리사이파(말 그대로, '분리된 자들')는 로마의 통치를 유대민족의 죄악에 대한 징벌로 보았다. 그들은 극적인 의식 관행들, 특히 정화의식의 관행을 채택하였으며, 다른 교파들보다 자신들이 더 종교적이고 더 유대적이라고 보았다. 그러나 그럼으로써, 그들은 실은 유대교의 전통적인 믿음에서 이탈하였는데, 예를 들어 사후세계에 대한 비전통적인 관념을 받아들였던 것이다. 그런데 이것은 아마도 로마 통치 아래에 있는 자신들의 현세적 삶의 정치적 불리함을 보상하기 위해서였던 것 같다. 바리사이파는 특히 나중의 유대 사상에 영향을 주었다. 그들은 구전(口傳)의 전통을 통해 발전해온 많은 해석들을 성문화함으로써 히브리 성서 내의 율법을 보충하였기 때문이다. 그들은 이러한 전통적인 해석들도 기록된 율법만큼 구속력이 있다고 생각하였다. 또한 바리사이파는 서기 70년에 예루살렘의 사원이 파괴된 이후, 유대인들의 민족의식을 고무시킨 종교 지도자들이었다.

바리사이파는 보수적이었지만, 다른 교파들 특히 열심당(Zealot, 이교 국가인 로마와 그 국가가 신봉하는 다신교에 대해 조금도 타협하지 않고 배척한 것으로 유명한 유대교 분파—옮긴이)은 로마에 대한 반란을 열렬히 조장하였다. 그리고 또 다른 교파들은 여전히 고립된 수도자 공동체 속에서 살고 있었다. 그들 중 에세네파는 주로 사해지역에 살고 있었다. (역사가들의 연구에 의하면 에세네파는 사해 문서와 관련이 있었다. 이 문서의 파편들은 약 600여 개의 고대 사본으로 구성되어 있다. 이것들은 동굴 안 돌 항아리 속에 보전되어 있었는데, 1947년부터 사해의 북서쪽 해안에서 발견되기 시작하였다. 사해 문서는 광범위한 유대의 종교와 문학 저작들을 포함하고 있으며, 일부 학자들은 에세네 교단의 일원이라고 믿고 있는 쿰란의 종교공동체에 관한 문서들도 포함하고 있다.) 에세네파는 특별한 식이요법을 준수하였으며 의식(儀式)적인 목욕을 많이 행하였고 성적인 금욕도 행하였다(하지만 후손을 보기 위한 부부관계는 허용하였다). 에세네파의 생활방식은 농업과 공동체 생활을 바탕으로 하고 있었으며, 종교적 삶은 명상에 집중되어 있었다. 그들은 정치와 무관한 평화주의자들이었지만, 지상에 새로운 왕국을 건설할 메시아(구세주)의 도래를 기대하였다. (평화주의에도 불구하고 그들은 서기 70년 경 예루살렘의 방어에 가담하였으며 그 결과 사실상 일소되고 말았다.)

이러한 여러 교파 사이의 경쟁관계는 로마와 계속되는 마찰과 더불어 기원후 최초의 세기 동안 예루살렘을 피가 뒤끓고 혼란스럽게 만들었다. 이러한 혼란에 더하여, 예언자 비슷한 수많은 인물들이 불길하고도 말세적인 약속에 관한 다양한 메시지를 퍼뜨리고 있었다. 대망을 품은 이들 중 몇몇 예언자는 예수가 태어난 유대인 공동체에서 두드러졌다. 그들 중 한 사람인 세례자 요한은 예수의 사촌이었다. (꿀과 메뚜기를 먹는 그의 기이한 식사법은 그가 에세네파 일원이었을지도 모른다는 생각을 하게 한다.) 그는 '종말이 가까이 있다'고 설교하면서 사람들에게 죄를 회개하라고 촉구하였다. 그는 회개의 징표인 물에 의한 정화를 의미하는 세례 의식을 행했다. 예수는 서른 살의 나이에 요한으로부터 요르단 강에서 세례를 받았다. 그리고 세례 관행은 그리스도교 속으로 흡수되어 신앙의 확인과 물속으로의 상징적인 침수를 의미하는 입회예식으로 행해졌다. 세례를 받기에 적절한 나이와 세례예식의 정확한 의미는 그리스도교 내에서 개신교에 의한 종교개혁 전후에 걸쳐 논쟁적인 문제가 되었다. (성인의 세례는 신앙에 대한 확인을 가리켰지만 영아의 세례는 그 의미가 명백하지 않았다.)

요한은 메시아(구세주)의 도래를 명확히 알린 예언자들 중의 하나였다. ('메시아'라는 말 역시 '성유를 바른 자'를 뜻하는데, 그리스어의 '그리스도'와 같은 의미이다. 메시아는 '성령의 성유를 바른 자'라는 뜻이 될 것이다.) 따라서 요한은 그리스도교 성서에서는 예수의 도래를 알리는 예고자로 소개되어 있다. 요한의 대부분 제자들은 그리스도교도가 되었다. 요한 자신은 당시 갈릴리 지방의 로마 통치자였던 헤롯에 의해 투옥되어 처형당하였다. (헤롯은 그의 무희인 살로메에게 자신을 즐겁게 해준 대가로 무엇을 원하느냐고 물었다. 그녀의 어머니의 잔인한 제안에 따라, 그녀는 '세례자 요한의 머리'를 요구하였다.)

예수도 요한처럼 제자들에게 묵시록적인 예감을 자극하였다. 당시에 퍼져 있던 표준적인 이야기에 따르면, 메시아는 예수가 태어난 다윗의 집안에서 태어날 것이었다. 그리고 대부분의 유대인들은 메시아가 전사(戰士)이자 정치적 지도자이기를 기대하였다. 알려진 예수의 기적들은 메시아로서의 그의 지위를 확인하는 것으로 여겨졌다. 그의 가르침은 새로운 신의 왕국이 곧 시작될 것이라고 선포하였는데, 이것은 메시아에 대한 민중의 기대를 자극하였다.

히브리 성서에 묘사된 것처럼 종종 거칠고 인간을 벌하는 신과는 대조적으로, 예수는 신의 분노 대신에 신의 자비와 용서를 역설하였다. 하지만 예수 역시 가혹해지기도 했으며 때로 예견할 수 없는 신의 정의(正義)에 대해 이의를 제기하지는 않았다. (예를 들면, 예수 역시 신앙과 덕을 설교하였지만, 그는 신이 주는 '은총'이라는 개념을 장려하였다. 하지만 신은 어떤 인간의 행위에 의해서도 구속받지는 않을 것이다.) 그러나 예수가 유대교적 접근을 거부하였음에도, 그의 많은 가르침은 이미 유대의 중심사상이던 주제들을 포용하고 있었다. 사랑에 대한 그의 강조는 유대 전통 속에 이미 확립되어 있던 하나의 해석으로 소개되었다. 다음의 경우에서처럼 예수 역시 유대 사상의 표준적인 주제들을 따랐다. 불행한 자를 돕는 행위의 중요성을 강조하였으며 부를 향한 욕망이 마음을 영적인 순결에서 벗어나 산만해지게 한다고 하였다. 그는 결코 정통적이라고 할 수 없는 교리를 가르쳤다. 유대 율법은 진심으로 신을 사랑하고 자신의 이웃을 자기 자신처럼 사랑하는 것으로 요약할 수 있다는 교리가 그것이었다. 그리스도교도들은 사랑에 대한 이러한 강조를 사랑의 율법이라는 하나의 새로운 율법으로서 역설하였다. 이것은 외형적인 의식(儀式)과 문자 그대로의 율법에 복종하는 것과 반대되는 내적 성향에 기초를 두고 있다. 하지만 이런 구분은 과장될 수도 있다. 예수는 자신의 영적 순결을 지나치게 내보이면서도 다른 사람들에게는 냉담한 태도를 갖는 사람들을 비판하였다. 이 역시 유대의 전통적인 주제인데, 특히 예언자들의 가르침 속에 명백히 나타나 있다. 신이 준 율법과 신의 사랑은 결코 서로 멀리 떨어져 있었던 것이 아니다.

유대교 내 하나의 전통으로 출현한 그리스도교는 유대교의 다른 많은 종교적 교리들 또한 흡수하였다. 그리스도교도들도 유대인들처럼 무에서 이 세계를 창조한 단 하나의 신이 있다고 믿었다. 마찬가지로 그리스도교도들도 신의 엄청난 권능을 강조하였으며 인간의 존엄성에 대한 유대교의 강조를 그대로 반복하였다. 그러나 그리스도교는 원래 유대교의 것인 이 주제들을 나름대로 다듬었다. 이 새로운 종교는 유일신을 포용함에도 신이 세 개의 위격(位格), 즉 성삼위일체라고 주장하였다. 이 세 위격 중 하나인 성부(聖父)의 성격은 유대교의 신이 갖는 성격과 매우 비슷한 것으로서, 그의 권능과 창조적 역할이 강조되었다.

두번째 위격인 성자(聖子)는 예수라는 인물 속에 표명된 신으로서, 예수는 인간의 몸으로 태어난 신으로 믿어졌다. 인간으로 태어나서 결국에는 죽도록 선택된 인간–신이라는 커다란 신비는 성육신(Incarnation)으로 알려져 있다. 이 교리는 신이 인간과는 다르다는 점과 특히 신이 무한한 권능을 갖고 있다는 점을 여러 세기 동안 강조해온 유대교에게는 특히 충격이었다. 신비의 개념은 바로 영원한 신이 고통 받고 피 흘리고 죽을 수 있는 완벽히 자연적인 인간과 같은 존재가 될 수 있다는 것이다. 오랜 세기 동안 영원한 것을 일시적인 것과 분명히 구분해왔으며 이런 구분 속에서 초월적인 것은 일상적인 것과는 대조를 이룬다고 보았던 철학으로서는 이것이 충격적인 주장이었다. 이 사상은 19세기의 철학자들과 신학자들의 역작에 커다란 동기를 부여하였다.

신의 세번째 위격은 성령(聖靈)으로서, 이것은 종종 인간들 사이에 거주하는 신의 내재성으로 설명되었다. 이 셋 중에서도 가장 추상적인 개념인 성령의 위격은 그럼에도 그리스도교의 신학 전통에 따르면 창조에서 가장 중요한 부분을 담당하였다. 특히 이 개념은 종교개혁 전후에 수많은 철학자들의 상상력을 자극했다.

삼위일체설은 또한 신이 유일하다고 보는 견해에 많은 긴장을 야기하였다. 많은 그리스도교 사상가들에게 이러한 긴장은 두 교리가 어떻게 양립할 수 있는가를 보여주는 일관성 있는 설명을 제시해야 하는 철학적 도전을 나타내는 것이었다. 많은 그리스도교 신학들은 이 난해하고 추상적인 수수께끼를 푸는 일에 전력하였다. 어떤 의미에서 하나의 신이 셋이 될 수 있단 말인가? 영원하면서 동시에 (성자의 위격 안에서는) 일정한 시간 동안만 살 수 있는 신은 누구이며 또 무엇인가? 삼위일체설의 교리에 의해 생긴 긴장들은 때로 여러 교파들 사이에서, 실은 누적된 증오와 탐욕으로 인한 것이었지만 명목상으로는 신학의 이름으로 치러진 싸움을 야기하는 구실이 되었다. 그리고 11세기에 이것은 그리스도교 전체를 둘로 쪼개는 계기가 되었다.

동정녀 마리아 탄생설이라는 그리스도교 교리는 삼위일체 내 예수의 역할을 명확히 규정하며 이와 동시에 예수가 날 때부터 초자연적인 운명을 타고났음을 암시한다. 이 교리는 또한 에세네파의 전통이 구체화된 것으로, 성육신 문제에 대한 바리사이파의 혐오감이 점점 더해졌다. 동정녀 탄생에 관한 이 교리에 따르면, 예수의 어머니인 마리아는 인간의 아버지 없이 직접 예수를 잉태하였다. 신은 (성령의 위격 안에서) 문자 그대로 예수의 아버지였다. 그리하여 예수는 인간이지만 잉태에서부터 완전한 신이었다. 동정녀 마리아 탄생설 교리는 또한 문자 그대로 예수를 '신의 아들'로 간주하는 해석을 뒷받침한다.

그리스도교는 유대교와 조로아스터교처럼 악, 즉 신이 지켜보는(오늘날 식으로 하자면, 사랑하는) 이 세상에 널리 퍼져 있는 고통의 문제에 특히 관심을 가졌다. 그리스도교도들도 유대교도들처럼 악이 널리 퍼져 있는 것이 인간의 죄악 때문이라고 설명하였다. 그러므로 그리스도교도들은 「창세기」와 더불어 아담과 이브의 타락을 인간 세계에 고통을 가져온 원인으로 받아들였다. 예수가 무죄였음에도 로마 관헌들에 의해 십자가에 못 박히기까지 인류는 '타락한' 상태에 머물러 있었다고 주장함으로써, 그리스도교는 이러한 고통에 관한 이론에 특별히 기여하고 있다. 그리스도교도들은 예수가 십자가형을 받은 것을, 예수가 인류의 죄를 짊어졌고 그 죄를 대신 속죄하기 위하여 인류를 대신하여 고통을 당하였다고 해석한다. 이것은 죄와 자기책임이라는 오랜 유대교 전통의 맥락에서 보았을 때, 아주 두드러지는 심오한 사상이다. 또한 정의(正義)와 대속(代贖)의 일상적인 뜻으로 보아서는 지극히 이해하기 어려운 개념이기도 하다.

그리스도교 복음서들에 의하면, 예수가 십자가에 못 박힌 지 3일 후 죽음에서 깨어나 제자들 앞에 여러 번에 걸쳐 나타났다고 한다. 그리스도교도들은 예수가 십자가에 못 박힌 것과 부활한 것이 인류의 구원을 위해서 매우 중요하다고 생각한다. 그러므로 예수의 존재는 옛날에 신이 그들에게 하였던 약속의 완수와, 인류와 신 사이에 언제나 밀접하게 맺어져왔던 관계의 절정을 상징한다. 신은 예수 속에서 문자 그대로 자신의 백성과 함께 삶을 공유하는 신이 된다. 아담과 이브의 죄악으로 그에 대해 내린 징벌의 일부인 죽음이 세계로 들어왔으며 인간은 낙원과 영원한 삶으로부터 추방되었다. 이제 예수의 희생은 인류에게 구원의 길을 열어놓았는데, 이것은 오늘날에는 신과 결합된 영원한 삶으로 이해되고 있다. 그리하여 그리스도교도들은 예수가 십자가에 못 박힌 것을 신과 인간의 관계를 바로잡는 것으로 보았다.

예수의 부활은 또한 죽음에 대한 승리라는 사상을 나타내는 것이기도 하다. 이리하여, 유대인들 사이에서는 사후의 삶에 대한 믿음이 공식적인 교리였던 적이 결코 없었지만, 예수의 부활은 그리스도교 교리의 기본 신조가 되었다. 부활한 예수는 추종자들에게 그들 역시 죽음을 정복하게 될 것이라고 약속하였다. 예수가 다시 지상으로 돌아올 때, 그의 '재림'은 곧 세계의 종말과 최후의 심판을 의미하는 징표가 될 것이다. 그때는 죽은 자들의 육체가 그들의 영혼과 다시 결합할 것이며, 모든 사람들은 영원히 천국에 들어가거나 혹은 들어가지 못할 것이다.

이는 그리스도교의 기원에 관한 이야기로서, 이러한 '설화적인 숭배'의 바탕 위에 나머지 모든 그리스도교 철학이 세워진다. 하지만 그리스도교도 유대교처럼 '성문화된' 종교이며, 그리스도교의 힘은 부분적으로 성서의 중심적 역할과, 성서에 대한 서로 다른 해석들의 역동적인 상호작용에 있다. 그리스도교의 성서는 『구약성서』로 정리된 히브리 성서와 그리스도의 삶에 관한 네 가지 서로 다른 이야기를 담고 있는 『신약성서』를 모두 포함한다. 마태오, 마르코, 루카, 요한의 네 복음사가들이 그리스도의 삶에 관한 이야기를 썼다. 이들 복음사가들이 전통적으로 예수의 열두 사도, 즉 열두 명의 제자들에 속한다고 여겨지지만, 학자들은 복음서들의 이야기들이 사도들의 생애 이후에 기록되었으며 따라서 많은 전설과 민화들을 흡수하였다고 확신하고 있다.

『신약성서』의 「사도행전」은 사도들의 행위, 즉 초기 그리스도교도들의 경험, 특히 사도 베드로와 사도 바울로의 경험을 담고 있다. 『신약성서』의 편지들은 초창기 그리스도교 운동의 중심적인 종교지도자들의 편지들이며, 「요한계시록」은 『신약성서』의 나머지를 구성하고 있다. 「요한계시록」은 '요한'이라는 이름의 저자가 쓴 공상적인 예언서로, 전통적으로는 사도 요한을 가리키는 것으로 간주되었다.[51] 『신약성서』 전체(오늘날의 그리스도교도들이 알고 있는 『신약성서』)는 서기 382년에 (그리스어판으로) 공식적으로 확정되었다.

그리스도교도 유대교처럼 많은 종교의식을 갖고 있다(이 종교의식들의 특정한 성격에 관해서는 많은 논란이 있어왔지만 말이다). 또 그리스도교 역시 유대교처럼 일 년 중 특정한 때를 종교적으로 중요한 특정 사건들과 연관시킨다. 하지만 유대교가 유대 민족의 역사에서 중요한 사건들에 초점을 맞추었던 것과는 달리, 그리스도교는 그 대신에 예수의 생애에서 일어난 중요한 사건들에 초점을 맞추었다. 이 사건들은 전형적으로 신의 본성

---

51 「요한계시록」은 아마도 사도 요한보다 나중에 살았던 어떤 사람이 쓴 것이다. 그러나 최근에 몇몇 학자들은 '요한'이 쓴 것으로 알려진 『신약성서』의 모든 부분이 요한과 가까웠던 어떤 그리스도교 공동체로부터 유래했을지 모른다고 추측한다.

에 관한 추상적 상징을 내포하고 있다.

그러한 종교의식들 중 가장 중심적인 것은 성찬식, 즉 예수가 십자가에 못 박히기 전날 밤 제자들과 함께 했던 최후의 만찬(유대교에서는 유월절의 첫날밤 축제)을 기념하면서 빵을 먹는 예식이다. 예수는 자신의 손에 빵을 들고서 "이 빵을 먹으라, 이것은 바로 나의 육신이노라"고 하였으며 포도주를 들고서 "이 포도주를 마셔라, 이것은 바로 나의 피이노라"고 하였다고 전해진다. 하지만 유대교의 유월절 의식에서 먹는 음식들은 과거의 시련과 고난을 유대인들에게 상기시키기 위한 것이었지만, 이것은 그런 유의 상기를 위함이 아니었다. 초기 그리스도교도들은 성찬식을 문자 그대로 예수의 육신과 피로 해석하였으며, 이러한 해석은 가톨릭교에서는 여전히 유지되고 있다. 가톨릭교는 성찬식 또는 영성체를, 이 의식에 참여하는 사람들이 (특별한 의식의 시간에 경험되는) 그리스도의 최후의 만찬에 신비적으로 참석하는 것으로 여긴다. 그러므로 미사의 의식은 최후의 만찬의 실제적인 재현으로 간주된다. 이것은 빵과 포도주가 문자 그대로 그리스도의 육신과 피로 변하는 성변화(聖變化)를 의미한다.

이와 같은 종교적 경험은 대부분의 그리스도교 사상에서 중요한 것으로 여겨진다. 이와 더불어, 빵을 먹고 포도주를 마시는 일상적인 몸짓에 심오한 중요성을 부여하는 상징적인 의미 또한 마찬가지이다. 그리스도교의 의식과 그 상징은 많은 종교에서처럼, 깊은 철학적 사상뿐만 아니라 가장 신비한 은유도 포함하고 있다. 이러한 사상과 신비 속으로 깊이 들어가보지 못한 사람들에게는, 이후 1500년에 걸쳐 이루어진 흉포하기까지 한 격렬한 신학 논쟁을 이해하기 어려울 것이다.

● 초기 그리스도교_ 사도 바울로

초기 그리스도교는 다양한 도전과, 철학적 함축성을 가진 다양한 실천적인 관심사에 직면하였다. 그 중 하나는 그리스도교가 통치자인 로마인들에게는 정권을 전복시킬 수 있는 즉각적인 위협으로 인식되었다는 점이다. 그 결과 초기에는 많은 그리스도교도들이 박해와 죽임을 당하였다. 그렇지만 초기 그리스도교도들의 많은 관심사는 박해받는 집단의 일원으로 간주될 수 있느냐 없느냐 하는 문제와 관련되어 있었다. 그리스도교가 (다소) 유대인들에게만 한정되었을까, 아니면 다른 사람들에게도 열려 있었을까? 그리스도교도들의 삶에서 히브리 율법이 갖는 역할은 무엇인가? 실제로 그리스도교는 유대교 내 하나의 교파로 시작되었다. 많은 유대인 그리스도교도들은 계속해서 유대교 사원에서 예배를 했으며, 자신들의 새로운 믿음과 유대교 의식 사이에서 어떤 갈등도 느끼지 않았다. 하지만 그리스도교의 매력에 더 많은 신자들이 이끌리기 시작하면서 여러 인종집단 사이에서 긴장이 발생하였다. 그리고 새천년의 첫 반세기경에 그리스도교는 자신의 문을 여는 데 그치지 않고 새로운 구성원들을 적극적으로 모으기 시작하였다. 세계의 모든 사람들이 잠재적인 신자들이었다.

이런 초기 그리스도교의 시기에 가장 중요한 인물이자 가장 영향력을 가진 철학자는 (성) 바울로(서기 62년에서 68년 사이에 죽었다)였다. 그는 초기 그리스도교 지도자들 중에서 교육을 가장 잘 받은 사람이었다. 바울로는 필론처럼 헬레니즘 문화에 동화된 유대인이었다. 어른이 되어서 처음에는 그리스도교도들을 열렬히 박해하였지만, 그리스도교로 개종한 후에는 똑같이 열렬한 옹호자가 되었다. 그 자신의 말에 따르면, 그 일은 그가 다마스쿠스로 가는 길에 겪은 극적인 경험을 통해서 이루어졌다. 그는 어떤 가난한 그리스도교도들을 박해하기 위해서 그곳으로 가는 중이었다. 바울로는 자신이 말에서 굴러 떨어졌고 일시적으로 눈이 멀었는데, 그때 "왜 너는 나를 박해하느냐?"라고 묻는 음성을 들었다고 한다. 이렇게 '빛을 보게 된' 그는 그리스도교로 개종하였다.

바울로의 영향력이 얼마나 넓은 범위까지 미쳤는가 하는 점은, 그가 개인적으로 예수를 알지는 못했지만 그를 사도들 중의 한 사람으로 여기는 사실에서 명백해진다. 바울로는 사도의 자격에 대해 새롭게 이해하게 만들었다. 그가 다마스쿠스로 가는 길에서 겪었던 것과 같은, 예수에 대한 그와 같은 압도적인 경험의 가능성에 비추어 보건대 예수를 개인적으로 아는 것은 중요하지 않다고 그는 주장하였다. 그리스도교에 대해 유대 율법이 갖는 관련성에 대한 논쟁에서 주요한 역할을 한 그는 자신이 '이교도들', 즉 비유대인 백성들에 대한 특별한 소명을 갖고 있다고 생각하였다. 그는 그리스도교의 보편주의적 견해를 고취시켰다. 이 새로운 종교는 유대인들과 그리스인들 사이에 어떤 차별도 하지 말아야 한다고 주장하였다. 거기에는 '선택된 민족'에 대한 어떤 특별한 규정도 없었다. 그리스도교에 대한 바울로의 보편주의적인 접근은 아마도 그가 받은 헬레니즘 정신에 입각한 교육과 밀접한 관련이 있을 것이다. 그는 당시 로마제국에 등장했던 스토아 철학의 사상을 알았던 것 같다. 예를 들어, 그는 모든 인간에 내재하는 자연스러운 양심의 법을 이야기하면서, 스토아 철학의 자연 개념에 호소하였다.

바울로는 초기 그리스도교도들이 예수의 이야기를 해석하는 방법에 지대한 영향을 주었다. 그는 예수를 히브리 성서의 예언자들이 예언한 바로 그 구세주로 간주하였다. 예수의 출현은 새로운 시대가 도래하였다는 사실의 징표였다. 예수를 세계의 창조주인 아버지 신의 아들로 해석한 사람이 바로 바울로였다. 바울로의 생각으로는, 삼위일체의 세번째 위격인 성령은 그리스도교 공동체 구성원들의 마음속에 은총을 고지(告知)함으로써 그리스도교 공동체와 결합된다. 은총은 신의 축복으로서, 이것은 개인들의 정신적 삶을 격려하고 도덕적으로 살려는 그들의 노력을 돕는다.

그렇지만 그리스도교로 개종하는 많은 사람들에게 가장 심오한 설득력을 지녔던 것으로 보이는 점은, 죄의 문제에 대한 그리스도교적인 답과 신에 의해 '구원' 받을 사람들의 영광스러운 사후의 삶에 대한 약속이었다. 바울로는 예수가 십자가에 못 박힌 것을 인간의 죄에 대한 속죄(atonement, 'atone'은 '보상'을 의미함)로 해석하였다. 아담의 모든 후예들에게 죄가 많음을 강조하고 그 죄를 대신 속죄하기 위하여 예수의 죽음이 필요하였다는 것은 바로 바울로의 가르침이었다. 예수는 아마도 자신을 그런 말로 소개하지는 않았을 것이다. 적어도 네 개의 복음서에 기술된 예수의 생애에 대한 묘사는 이러한 말로써 호소하지 않았다. 누가 구원을 받을지 신이 결정한다는 사상 역시 바울로가 도입한 개념이었다. 바울로의 편지에 의하면, 그리스도는 인류를 (산 자와 죽은 자 모두를) 심판하기 위하여 종국에는 '영광에 찬' 귀환을 할 것이다. 바울로는 그를 따르던 대부분의 초기 그리스도교도들이 그랬던 것처럼, 예수의 재림이 비교적 빨리 올 것으로 기대하였다.

모세의 계율은 그리스도교도들에게도 여전히 구속력이 있었을까? 바울로의 보편주의는 이 문제에서 상당한 의미를 지녔다. 흔히 그랬던 것처럼, 일반적인 문제가 어떤 특별한 쟁점으로 인해 격론으로 변하였다. 할례는 유대 계율이 요구하는 것으로서, 어떤 그리스도교도들은 만일 그리스인들이 그리스도교도가 되기를 원한다면 할례를 받아야 한다고 주장하였다. 다른 사람들은 이런 생각을 거부하여, 할례를 특히 어른들에게는 불필요하고 잔인한 일로 간주하였다. 바울로는 그리스도교도가 되기 위해서 할례가 필요한 것은 아니라고 선언하여 이 문제를 해결하였다(물론 많은 남성 개종자들이 안도의 한숨을 쉬었을 것이다).

이 결정이 함축하는 것은 모세의 율법이 그리스도교를 지배하지는 않는다는 점이었다. 예수의 죽음과 부활이 유대 율법을 대신하여 종교적 삶의 기초로서 역할을 다하였다. 바울로에 따르면, 새로운 신앙은 전통적 유대교의 계율적인 규정들에 의해 인도되는 신앙이 아니라 사랑에 의해 인도되어야 하는 신앙이었다. 이러한 점이 또한 개종을 촉진하였는데, 이는 유대교의 일부 교파들(특히 바리사이파)이 주장하는 것과 같은 명백한 분리주의에 반대되는 것이었다. 사람들의 개종을 촉진하는 그리스도교의 이러한 경향은 복음전도라고 불렸다. 이는 오늘날까지 이 종교의 (유일한 것은 아니지만) 두드러진 특징으로 남아 있다.

바울로의 결정은 십계명 중 상당한 수의 계율들을 전복시키는 결과를 초래하였다. 하지만 거부된 교리들의 숫자가 곧 히브리 율법에 대한 전면적인 거부를 알리는 것은 아님을 강조하는 것은 중요하다. 십계명의 모든 계율은 유대교도와 마찬가지로 그리스도교도에게도 똑같이 유효하고 구속력이 있는 계율로 남아 있다. 여기에는 물론 '사람을 죽이지 말라', '도둑질하지 말라' 그리고 '너의 아버지와 어머니를 공경하라' 같은 계율도 포함되어 있다. 그렇지만 정결한 음식만을 먹어야 하는 코셰르(kosher, 의식적인 목적에 적합한 음식물에 대한 규정─옮긴이)와 '우상숭배'에 대한 금지와 같은 히브리 율법이 제한

하는 많은 것들이 바뀌었다. 음식 계율의 한 가지 목적은 히브리 민족을 하나의 민족으로 통합하고 다른 민족들로부터 구분하기 위함이었다. 하지만 초기의 그리스도교도들에게는 그들의 종교를 다른 민족들에게도 개방해야 할 많은 이유가 있었다. '우상숭배'에 대한 금지는 신은 그려질 수 없다는 사상에 기초를 두고 있었다. 그러나 예수 그리스도가 인간으로서의 신이었으므로, 모든 이미지를 '우상'이나 신성모독으로 간주할 이유가 없었으며, 그 결과 그리스도교 예술이 번성하였다.

최초의 그리스도교 공의회는 할례에 관한 바울로의 결정을 지지하였으며, 이것은 또한 헬레니즘적인 그리스도교 공동체에게는 하나의 승리를 의미하는 것이었다. 할례의 중요성을 근원에서부터 뒤흔든 이 결정은 (유대교를 포함하여) 당시의 다른 종교들에 비해 초기 그리스도교에서 여성의 역할이 상대적으로 중요했던 사실과도 잘 부합했다. 그렇지만 교회가 더욱 조직화되면서 여성의 역할은 점차 쇠퇴하였다. 더욱이 바울로 자신은 여성의 권리를 지지하는 사람이 전혀 아니었다. 여성은 남편에게 복종해야 한다고 그는 주장하였다. 그는 또한 여성의 성이 열등하고 위험하며 악하기까지 하다고 말하는 경향이 있었다. 모든 그리스도교들에게 성을 완전히 억제할 수 없다면 적당히 조절하라고 그는 권고하였다. 아마도 이것은 성욕에 대한 경멸 때문이라기보다는 일부 그리스도교도의 성찬식이 흥청거리는 자리로 타락했다는, 널리 퍼져 있던 소문들에 대처하기 위함이었을 것이다.

바울로는 이제 그리스도교가 유대 율법을 대신한다는 주장에 근거하여 할례에 관한 결정을 내렸다. 이리하여 바울로는 비유대 세계도 이 새로운 종교에 더욱 쉽게 접근할 수 있도록 만들었다. 그리고 비유대적이고 헬레니즘적인 그리스도교 공동체의 전망이 그리스도교를 지배할 수 있게끔 하였다. 그리스도교의 믿음과 실천이 점차 유대의 믿음과 실천과 완전히 구별되게 되었으며, 그 결과 그리스도교는 그 자체의 권리를 주장할 수 있는 종교로 여겨지기에 이르렀다.

● 신플라톤주의와 그리스도교

　그리스 사상은 이후의 그리스도교 사상에 지대한 영향을 끼쳤다. 그러나 그리스 사상에 대한 그리스도교도들의 인식은 신플라톤주의라고 불렸던 이후의 플라톤 해석자들의 운동에 의해 매개되었다. 신플라톤주의는 그리스도교에 대한 영향에 덧붙여, 이슬람 사상에도 심대한 영향을 미쳤는데, 앞으로 이러한 사실을 살펴볼 것이다.

　가장 영향력 있는 신플라톤주의 사상가는 플로티노스(204~270년)였다. 플로티노스는 플라톤의 사상 속 종교적 흐름을 강조하였다. 이 점은 후에 플라톤의 형이상학과 그리스도교 신학 사이의 융합을 용이하게 만들었다. 예를 들면, 그는 플라톤의 선의 형상을 일종의 인격으로 해석하였는데, 이것은 후에 선을 그리스도교적인 신으로 해석하는 결과를 가져왔다. 플로티노스에 따르면, 선이란 최고의 정신으로서 이 세계를 창조한 분할할 수 없는 하나의 통일체이다. 이 최고정신은 지성으로서 스스로를 관조하며, 창조는 그의 사유로부터 넘쳐 흘러 생겨나는 것이다. 다른 말로 하면, 창조란 신의 사유로부터 유출(流出)되는 것이거나 유래하는 것이다. 그러므로 플로티노스의 이론을 종종 유출설이라고 한다.

　플라톤이 물질세계를 (동굴의 비유에서 동굴의 그림자에 비유하면서) 더 저급한 현실로 펌하한 것과는 대조적으로, 플로티노스는 물질세계 자체가 정신적이라고 보았다. 이것은 완전히 영적인 정신에 대한 그의 사유를 나타낸다. 그렇지만 유출에는 하나의 위계질서가 구성되어 있으며 존재의 한 위격은 다른 위격으로부터 생긴다고 플로티노스는 믿었다. 정신은 존재의 가장 고고한 형태로서, 신의 정신으로부터 직접 나온 것이다. 정신은 플라톤의 형상을 밝혀주며 신의 정신이 관조하는 대상이다. 영혼은 정신으로부터 나오고, 지상의 삶을 저 너머의 세계에 도달하도록 안내하며, 물질에 영혼을 불어넣는다. 물질은 단지 가장 낮은 단계의 유출일 뿐이다.

　20세기에 유출설은 그다지 호소력이 없을 것이다. 그러나 그리스도교의 초기에는 이 이론이 엄청난 호소력을 지녔다. 왜냐하면 몇몇 중요한 철학적이고도 종교적인 기능을 수행하였기 때문이다. 물질계와 신계(神界)를 구분한 플라톤은 그 둘 사이의 관계에 대해서 충분한 설명을 하지는 않았다. (그의 주장은 일상적인 사물들이 형상과 '관련되어 있다'는 것이었다.) 유출설은 그 두 세계가 어떻게 서로 연관되어 있는가를 설명하려고 하였다. 엄격히 유물론적인 입장(즉, 물질이 실재하는 모든 것의 근본이 되는 기초라고 보는 입장)에서 본다면, 이 유출설은 사물들의 본성을 충분히 설명할 수 없는 것처럼 보인다. 하지만 만일 우리가 플로티노스가 생각한 정신적 전망을 받아들인다면, 세계를 설명하는 데서 신비를 배제하지 않는 한 그의 설명은 매력적일 뿐만 아니라 건설적이기까지 하다.

유출설은 피타고라스학파가 제기했던 문제 역시 해결하였다. "단일성이 모든 것에 앞선다면 어떻게 다수성(多數性)이 존재할 수 있겠는가?" 동일한 방식으로 우리는 다음과 같이 질문할 수 있을 것이다. "어떻게 생성의 세계가 존재로부터 나왔단 말인가?" 창조주 신이라는 일신론적인 맥락에서, 이 물음은 종교적인 중요성을 띠게 된다. 신이 영원하고 완벽한 단일체로 생각된다면, 신은 왜 자신과 구별되는 이 일시적인 세계를 창조하였을까?

플로티노스는 이 세상을 존재케 하는 창조는 신의 정신이 갖는 본질적인 양상으로서 일자(신)의 사유 자체라고 주장하였다. 일자는 예술가처럼 자신을 표현하기 위하여 그 자체의 본성에 의해 창조하도록 되어 있다. 그렇지만 플로티노스의 생각 속에서 창조주와 창조는 명확히 구분되지 않는다. 더욱이 존재의 각 수준들은 서로 중첩되고 상호 침투되어 있다. 인간의 영혼은 이미 더 높은 존재 수준에 자신의 원형을 갖고 있으며, 영적인 훈련은 사람에게 영적인 직관을 개발시킬 수 있게 해준다. 이것은 정신을 좀더 높은 존재 수준들과 조화롭게 통합해준다. 따라서 영혼을 위한 궁극적인 목표는 일자(신)와의 신비스러운 합일인데, 이 일자는 인간의 영혼에 완전히 그 모습을 드러내게 된다. 플로티노스는 인간과 일자(신) 사이의 이 최적의 관계를, 한 사람의 인격 전체가 지식뿐만이 아니라 사랑을 통해서도 일자에 결합되는 것으로 보았다.

극단적인 추상성에도 불구하고, 플로티노스의 철학은 단순하고도 놀랄 만큼 긍정적인 영적 메시지를 전하고 있다. 인간의 영혼은 어떤 의미에서는 이미 신적이며 그리고 일상적인 물질세계조차 영적이다. 이 세상에 악은 없으며, 그러므로 악의 '문제'도 없다. 최악의 경우 우리는 선의 부재를 만날 뿐이며, 이 선의 부재는 인간의 헌신을 통하여 고쳐질 수 있는 결함에 불과하다.

● 성 아우구스티누스와 정신의 내적인 삶

성 아우구스티누스(354~430년)는 결국 악은 선의 결여라는 플로티노스의 메시지를 후세의 그리스도교들에게 전하였다. 하지만 그는 오랫동안에 걸쳐 악의 문제를 아주 당혹스럽게 보았다. 아우구스티누스는 북아프리카의 히포라는 도시로부터 60마일 떨어진 곳(현재의 알제리아 해안)에서 태어났다. 그의 어머니는 그리스도교인이었지만, 그의 아버지는 그렇지 않았다. 아우구스티누스는 나중에 어머니를 따라 그리스도교로 개종하고 자신의 아버지도 개종시켰다. 『고백록』이라는 제목의 그의 자서전에서, 아우구스티누스는 그의 젊은 시절을 단정치 못한 관능 속에서 살았던 시기로 묘사하고 있다. 이때 그는 사생아를 두기도 하였다. 적어도 부분적으로는 자신의 방종에 절망하여 아우구스티누스는 악의 문제에 대한 해결책을 찾기 시작하였다. 자라투스트라, 붓다, 그리고 욥 및 많은 다른 사람들처럼, 아우구스티누스는 이 세계의 악(특히, 인간에 의해 고의적으로 저질러지는 악)의 문제를 해명하고자 전념하였다.

그 첫번째 해결책으로서, 그는 마니(216~276/7년)의 추종자들인 마니교도들에게 이끌렸다. 마니교파는 많은 그노시스(Gnosis, 영지[靈知])학파들 중의 하나로서, 그노시스라는 이름이 붙여진 이유는 그들이 비교(秘敎)적인 지식을 통해서 속죄를 이룰 수 있다고 설교하였기 때문이다. 그러한 비교적인 지식은 소수 구성원을 가진 집단에 국한되거나 혹은 교파의 지도자에게 직접 계시되었다. 마니는 그리스도교의 요소와 조로아스터교의 요소를 결합하여 양쪽 사람들을 한꺼번에 매료시키고자 하였다. 가장 잘 알려진 그의 첫번째 교리는 이 세계는 똑같은 힘을 가진 두 가지 신적 원리, 즉 선과 악 사이의 거대한 투쟁의 현시라는 것이다. 이들의 전쟁 과정에서, 선한 신(빛의 신)의 파편들이 악한 신(어둠의 신)의 파편들과 뒤섞이게 되었다.

물질세계로부터 선의 파편들을 해방시키는 일이 인간의 의무였다. 마니에게 계시된 비밀스러운 지식(혹은 그노시스)이란 바로 이 선함을 어떻게 해방시키느냐 하는 것이었다. 마니의 설교를 듣고서 선을 해방시키는 것을 배운 사람들은 선택된 사람들로서 이들은 속죄를 받을 것이었다. 자신들을 선택된 사람들로 여겼던 이들은 금욕적인 삶을 추구하고 엄격한 식이요법을 실천하였으며 유혹으로부터 벗어나려고 노력하였다. 마니는 그의 추종자들에게는 메시아(구세주)로 여겨졌지만, 많은 비판자들에게는 그렇지가 않았다. 마니교는 전략적으로 그것이 들어가는 모든 지역에서 그곳의 문화적 요소들을 채용하였지만(예를 들어, 페르시아에서는 그것이 조로아스터교의 일종으로 비춰졌다), 마니교는 다양한 정통 종교들(조로아스터교, 유대교 및 그리스도교)이 섞여 하나의 이교(異敎)가 되었다는 의심스러운 특징을 지니고 있었다.

아우구스티누스는 마니교의 교리가 인간의 악에 대한 설명으로서 매력적이라고 생각하였다. 이러한 설명에 따르면, 악한 신의 파편들이 인간의 영혼에 들어와 인간의 영혼을 지배하기 때문에 악이 존재한다는 것이다. 이런 숙명으로부터 자신을 보호하는 유일한 방법은 선택된 자들의 금욕적인 실천을 받아들이고 선한 행위에 전념하는 길뿐이다. 그러나 아우구스티누스는 이내 마니교에 환멸을 느끼게 되었다. 그는 마니교의 주교에게 자신이 모색하던 종교적 질문들을 던졌으나 이 주교의 단순하기 그지없는 학식에 실망하였다. 젊은 아우구스티누스는 큰 노력을 요하는 만만찮은 지성을 지니고 있었다. 그는 안 그래도 애매하기 짝이 없는 교리에 관하여 문제를 회피해가는 대답에는 만족할 수가 없었다.

몇 년 동안 아우구스티누스는 신플라톤주의를 가르치고 탐구하는 데 전념하였다. 그는 플라톤과 플로티노스의 저작들에 상당한 주의를 기울였다. 33세의 나이에 그리스도교로 개종한 후, 그는 그리스도교의 교리와 플라톤 및 플로티노스의 철학을 통합하는 노력에 전력을 기울였다. 아우구스티누스는 플로티노스로부터 진정한 실재는 정신적이며 모든 존재는 신으로부터 나왔다는 관점을 받아들였다. 아우구스티누스는 유출의 여러 수준들에 대한 플로티노스의 구분을 그리스도교의 삼위일체 교리로 파악하였다. 플라톤으로부터는 관조의 삶이 지식과 행복을 위한 유일한 길이라는 관점을 받아들였지만, 플라톤이 이런 관점을 발전시킨 비종교적인 틀은 거부하였다. 그리고 그리스도교로부터 훌륭한 삶을 위한 적절한 안내자는 바로 성서라는 관점을 포용하였다.

아우구스티누스가 (그리스도교 사상뿐만이 아니라) 서구철학에 한 하나의 위대한 공헌은 한 사람의 내면적 삶을 강조한 점이었다. 데카르트의 것으로 알려진 '나는 생각한다, 고로 존재한다' 라는 유명한 명제는 사실 12세기 전 아우구스티누스에게서 이미 나타났다. 시간에 관한 '내적인' 혹은 '주관적인' 경험을 치밀하게 기술하고 소개한 사람은, 그 어떤 다른 철학자보다도 바로 아우구스티누스였다. (영혼은 영원할지도 모른다. 하지만 영혼이 구원받거나 타락하는 것은 시간 속에서이다.) 『고백록』은 서양의 저작 가운데서 자아에 대한 가장 대담하고도 솔직한 하나의 탐구로 남아 있다. 여기서 인간의 이성에 관한 많은 관심이 발견되지만, 진정한 관심은 영혼의 정열들에 있었다. 영혼의 정열들은 무엇보다도 사랑과 신앙을 포함하지만, 우리가 우리 안에서 발견하는 모든 것들, 즉 욕망, 충동, (육욕, 교만, '호기심'과 같은) 악덕들 역시 포함하고 있다.

아우구스티누스는 신과 인간 영혼의 관계를 종교의 중심적인 관심사로 보았다. 영혼은 '신의 형상대로' 창조되었기 때문에, 자기인식은 신을 알 수 있는 수단이 된다. 이렇게 하여 우리는 아우구스티누스와 더불어 철학에서 가장 극적인 전환의 하나인 '내면으로의' 전환을 이루게 된다. (비록 오랜 세월 전에 이와 비슷한 전환이 불교에서 일어났다는 사실을 지적해두어야겠지만 말이다.) 세계에 대한 지식, 특히 신에 대한 지식은 더 이상 관찰과 이성의 문제로만 여겨질 수는 없으며 동시에 감정의 문제이기도 하였다. 고대 그리스 철학자들은 기회 있을 때마다 감정들에 대해 얘기하였지만, 그들은 감정을 '내적인 경험'으로 생각하지는 않았다. 유대인들과 많은 초기 그리스도교도들은 신앙에 대해 얘기하면서 신앙을 하나의 마음가짐으로 취급하였지만(이것은 내면성을 향한 주요한 진전이었다),

그들은 우리가 '풍요로운 내면의 삶'이라고 부르는 것에 대해서는 생각하지 못했다. 소크라테스는 영혼에 관해서 말하였지만, 그가 생각한 영혼은 단지 덕의 원천일 뿐이지 심오한 경험의 주체는 아니었다.

아우구스티누스의 『고백록』과 더불어 개인적이고도 내면적인 정신의 삶이 서양사상계 무대의 중앙을 차지하게 되었다. 그는 인간 실존의 궁극적 목표는 외경과 숭배 속에서 신을 관조하는 일이라고 하였다. 그는 이것이 그리고 이것만이 우리를 행복하게 만든다고 주장하였다. 이와 같은 내면적 삶이라는 개념으로부터 그리스도교의 새로운 강력한 개념이 전개될 것이었다. 종교개혁은 내면의 정신적 삶을 한층 더 강조하였으며, 근대 철학 역시 주관성과 경험을 강조하였다. 이러한 경향은 데카르트와 그의 추종자들에게서 그 절정을 맞이하였다. 실로 지식의 경험적인 혹은 '내면적인' 토대는 여러 세대의 근대 철학자들에게 공통된 전제가 되었다. 아우구스티누스가 죽고 1500년 후에, 자신들을 '낭만주의 철학자'로 불렀던 독일철학자들은 그러한 내면적 경험을 '절대적인 것'으로까지 끌어올렸다.[52]

아우구스티누스가 인간 지식을 보는 관점에서는, 신은 창조주일 뿐만 아니라 우주의 능동적인 작용원인이기도 하다. 신은 인간의 영혼을 조명(illumination)하며, 신의 정신이 품은 관념들은 인간의 영혼과 공유된다. 아우구스티누스는 플라톤에 대한 신플라톤주의적인 해석을 포용하였다. 형상(신적인 정신의 이데아)들은 신을 통해서만 인간에게 이해될 수 있다. 그러므로 '분유(分有)'는 플라톤의 경우보다 더 단도직입적으로 설명된다. 신의 조명은 플라톤의 비물질적인 형상을 좀더 직접적으로 영혼에게 드러낸다. 왜냐하면 신이 이성적 능력과 이것을 통해 알게 된 진리 모두의 원천이기 때문에 우리는 인간의 이성을 신뢰할 수 있다고 아우구스티누스는 주장하였다. 그는 고대 그리스인들이 성서가 제공하는 진리까지는 도달하지 못하였지만 그들의 성찰은 이성의 진정한 산물

---

52 역사가 로버트 스톤이 '정서적 개인주의'라고 불렀던, 우리의 개인적인 내면 감정에 대한 강조는 이러한 역사적 흐름에 대한 우리 자신의 해석이다.

이라고 해석하였다.

아우구스티누스에 의하면, 성서를 통한 그러한 계시는 신의 계획과 그 계획 속의 우리의 위치를 완전히 이해하는 데 절대로 필요한 것이라고 하였다. 그럼에도 자연 세계에 대한 우리의 경험이 우리를 종교적 진리로 나아가게 할 수 있다. 아우구스티누스는 신의 존재를 알 수 있는 많은 자연주의적 근거들을 이론화하였다. 그는 창조의 질서정연한 구도와 아름다움에, 피조물들의 불완전함(이것은 완전한 창조주를 암시한다)과 피조물들의 운동(이러한 운동의 시동자를 암시한다)에 호소하였다. 그러나 합리적인 논증보다 더 설득력이 있는 것은 아우구스티누스가 자신의 내부에서 느꼈던 허기진 갈망, 즉 신의 은총에 대한 갈망이었다. 이 은총은 오직 신과 함께 하나가 되는 것으로만 충족될 수 있을 뿐이다. 이성을 통해서 그리고 동시에 그러한 감정적인 경험을 통해서 우리는 우리가 파악하는 진실이 불완전하다는 사실을 알게 된다. 하지만 우리의 한계에 대한 이러한 지각으로부터 우리는 항구적이고 영원한 진리가 곧 신이라는 인식을 조금씩 갖게 된다.

아우구스티누스는 철학은 이성의 기술을 수반하는 활동이자, 지혜와 삶의 궁극적인 진리에 접근하는 것이라고 보았다. 이러한 이중적인 철학 개념을 가지고서, 그는 논리학의 추상적인 문제들을 추구하고 그리스도교 교리가 불가피하게 야기한 모순들을 해결하는 큰 호사를 누렸다. 하지만 그는 그러한 활동들이 그의 진정한 탐구와 발견, 명료화, 그리고 이상적인 신앙적 삶의 실천들을 만족시키기에 충분하다고 믿지는 않았다. 그렇지만 이런 역설들 중의 적어도 하나는 전혀 학문적이거나 단순히 논리적인 문제가 아니었는데, 그것은 바로 악의 문제였다.

무엇보다도 먼저 아우구스티누스는 신이 악을 존재하게 만든 것이 아니라는 사실을 증명하고자 노력하였다. 악이란 단지 선의 부재라는 플로티노스의 이론을 받아들이면서, 아우구스티누스는 그러므로 신은 악의 원인이 아니라고 주장하였다. 악은 창조된 것이 아니라 어떤 다른 것의 결핍이다. 악은 무질서와 닮았는데, 악은 곧 질서의 부재를 말하며 존재하는 실재물이 아니다. 하나의 방은 무질서해질 수 있지만, 그 이유는 '무질서'가 방으로 들어갔기 때문이 아니다. '무질서'란 단지 어지럽혀진 질서를 가리키는 용어일 뿐이다. 마찬가지로, 악은 신이 창조한 질서의 혼란일 뿐이며, 신의 창조물 자체는 아니다.

신은 세계를 창조하면서 인간과 다른 모든 피조물들을 완벽하게 만들어내었다. 신은 그들에게 그들의 자연적이고도 (인간의 경우) 초자연적인 목표를 추구하게끔 만들어진 천성을 부여하였다. 아우구스티누스에 따르면, 그의 선배 그리스 철학자들은 인간의 자연적인 목적들에 관해서는 아주 적절히 기술하였지만, 인간의 초자연적인 운명에 대해서는 잘못 알고 있었거나 혹은 불분명하였다. 신이 인간들에게 그들의 초자연적인 목표(즉, 은총의 상태에서 신과의 신비스러운 합일)를 추구할 수 있게끔 마련된 천성을 부여하였다는 사실을 그들은 알지 못하였던 것이다.

아우구스티누스는 고통을 야기하는 자연재해들을 달리 보는 대신, 우리가 창조를 위한 신의 전체 계획 속에서 자연재해들의 궁극적인 의미를 볼 수 없을 뿐이라고 하였다. 우리가 그러한 계획을 인식할 수 있다면, 신의 창조가 완전히 선하다는 사실을 알 수 있을 것이다. 그렇지만 우주에 관한 신의 계획 중 주요한 한 부분은, 신이 인간들에게 자신의 본성을 은밀히 공유하게끔 허용하였다는 점이다. 인간에게 자유의지라는 커다란 은총을 내린 것이 바로 그것이었다. 어김없이 신의 계획을 따르는 창조의 다른 양상들과는 달리, 인간은 자신의 행동을 스스로 결정하게끔 허용되었다. 신의 창조에서 완벽함의 절정은, 신을 믿는 것과 신의 계획을 실현하면서 신에게 귀의하는 것을 자유롭게 선택하도록 인간에게 허용하였다는 점이다. 인간이 선택의 자유를 가지고 있는 한, 신이 인간들에게 죄를 짓게 했다고 말할 수 없다. 죄의 가능성은 자유의지의 필연적인 특징이다. 그러므로 신은 인간적으로 야기된 악을 허용하지만, 신 자신이 악의 원인은 아니다.

「창세기」는 인간이 일관되게 선을 선택하는 데 실패한 이야기를 하고 있다. 아담과 이브의 원죄는 모든 인류를 더 저급한 존재의 지위로 타락시켰다. 아담과 이브의 후손들에게 전달된 이 저급한 지위의 한 양상은 특히 육체와 관련된 유혹과 '타락'에 굴복하는 경향이다. 이것은 이 세계에 악을 야기하는 인간의 성향을 더욱 악화시켰다. 그럼에도 아우구스티누스는 "육체의 타락은 영혼을 타락시키며, 그것은 원죄의 원인이 아니라 오히려 원죄에 대한 벌이다……죄 많은 영혼이야말로 육체를 타락케 했다"고 주장하였다. 유혹은 인간의 죄와 선택의 결과이지, 그것의 원초적 이유는 아니다.

그렇지만 아우구스티누스는 인간이 타락하리라고 신이 미리 알고 있었기 때문에 신에게 인간의 죄에 대한 책임이 있다고 하는 반대주장에 대해 고찰하였다. 예를 들어, 신은 전능하고 인간의 죄를 예견하기 때문에 인간의 죄에 대한 책임이 신에게 있으며, 그러므로 신은 그 죄를 예방할 수 있었다고 주장할 수도 있을 것이다. 신이 인간의 죄를 예견하지 못했다면, 신은 전지(全知)하지 못할 것이다(최소한 그리스도교적 개념의 신은 아닐 것이다). 아우구스티누스는 신은 인간의 죄를 예견하고 있다고 결론내렸다. 실로 신은 시간에 구애받지 않기 때문에, 초시간적인 조망 속에서 모든 시간을 본다. 그러므로 신은 인간이 여태껏 해왔거나 혹은 앞으로 하게 될 모든 잘못된 선택을 (그리고 바로 지금 하고 있는 선택 또한) 볼 수 있다. 그럼에도 신이 인간의 이러한 자유로운 선택들을 알고 있다고 해서 그것이 곧 신이 그런 선택을 하게 만들었다는 뜻은 아니다. 신은 인간의 전 역사를 알지만, 인간의 역사가 그렇게 펼쳐지도록 강제하는 인형극의 인형조정자 같은 존재가 아니다.

결코 신이 인간으로 하여금 죄를 짓게끔 야기하지는 않았으며, 오히려 신은 인간에게 인간의 추락된 지위 속에서도 악을 극복할 능력을 주었다. 이런 상황에서 인간은 자신의 본성에 의지하여 신을 향해 나아갈 수 없다. 죄의 특성들 중의 하나는 우리 천성의 기본적인 경향들을 왜곡하는 것인데, 이것은 부주의한 운전으로 차가 진로에서 이탈하는 것과 같다. 그렇지만 신은 은총을 받아들이려는 자에게는 은총을 아낌 없이 베풀며, 은총이 신의 안내 역할을 할 것이다. 아우구스티누스는 모든 사람이 은총을 받아들일 것이라고는 생각하지 않았다. 어떤 사람들은 은총을 받아들이고 또 어떤 사람들은 은총을 받아들이지 않으므로 그 결과 많은 사람들이 은총 및 그것과 함께 오는 구원을 받지 못할 것이었다. 이런 관점은 그 후에도 어떤 사람들은 구원받게끔 운명지어져 있으며 다른 어떤 사람들은 벌을 받게 운명지어져 있는데, 이 점은 그들이 무엇을 하느냐 하는 것과 혹은 무엇을 믿느냐 하는 것과는 아무런 상관이 없다고 하는 칼뱅파의 가혹한 교리로 공식화되었다.

　　그러나 아우구스티누스는 신의 은총이 지니는, 지켜주는 힘 역시 강조하였다. 이 힘은 그리스도교도들로 하여금 유혹에서 벗어나게 하여 그들을 자신들의 초자연적인 운명으로 이끄는 길로 인도하였다. 아우구스티누스는 가장 큰 위험과 유혹은 바로 인간의 자기결정에 대한 고집이라고 하였다. 그리고 인간의 자유의지에 대해서 강조하였음에도, 아우구스티누스는 그에 대한 유일한 해결책은 신을 열렬하게 순순히 받아들이는 것이라고 주장하였다. 악을 선택한 것은 인간이지만, 그러한 잘못된 선택은 종종 무지와 오만함과 악의에 의해 저질러진다. 구원을 보장받기 위한 능동적인 노력을 역설했던 동시대인들에 대해서, 아우구스티누스는 인간이 취할 수 있는 최선의 태도는 신앙이며 신앙은 누구에게나 가능한 것이라고 주장하였다. 신은 결코 악의 근원이 아니며 인간에게 악을 극복할 수 있는 수단을 제공하였다.

● 그리스도교의 최초의 대분열

　　성 바울로가 1세기에 예루살렘에서 가톨릭('보편') 교회를 설립한 이래, 그리스도교는 하나의 통합된 종교가 되고자 하였다. 하지만 그리스도교는 최초의 몇 세기 동안 지중해 지역과 유럽까지 전파되면서 각 지역의 다양한 관습과 양식에 적응해야 하였다. 그리스도교는 하나의 숭배의식으로 (혹은 여러 종류의 숭배의식들로서) 시작되었으며 시간이 지나면서 서로 다른 그리스도교 문화, 교파, 철학들 사이에서 차이점들이 점점 더 드러나게 되었다. 서기 첫 천년 동안에 그리스도교는 라틴어 세계와 그리스어 세계 사이에서 점점 더 그 차이를 드러내게 되어, 결국은 서로 다른 교회로 나눠지는 결과를 가져왔다. 서기 1054년에 일어난 그리스도교 내의 균열은 동서교회의 분리, 즉 대분열로 알려져 있다. 그러나 이 분열의 연도는 다소 자의적으로 정해진 것에 불과하다. 그러한 균열은 11세기부터 13세기까지 점진적으로 진행되었으며, 그 근원은 훨씬 더 이전 시기로까지 거슬러 올라간다.

　서기 첫 3세기 동안 내내 그리스도교는 로마제국 내에서 불법적인 종교였으며, 그리스도교도들은 종종 박해를 받았다. 313년에 콘스탄티누스 황제가 그리스도교를 합법화하였으며, 자신도 나중에 그리스도교로 개종하였다. 그에 대한 보상으로 교회 지도자들은 콘스탄티누스 황제의 지위를 사도의 반열에 올렸으며, 또 그리스도교 전체의 공의회를 소집할 권한을 주었다. 이것은 곧 그리스도교 교리에 관한 논쟁을 해결할 수 있는 자격을 지니는 것이었다. 콘스탄티누스 황제가 그리스도교를 채택할 당시 그리스도교 교회는 세 개의 대교구, 곧 로마 교구, 알렉산드리아 교구, 안티오크 교구로 구성되어 있었다. 각 교구는 주교에 의해 관장되었다. 로마 대교구는 그 중에서도 가장 큰 영향력을 지녔었는데, 로마가 제국의 수도이고 베드로와 바울로가 자랑스럽게도 로마에서 설교하고 순교했기 때문이다.

　그러나 콘스탄티누스 황제가 330년에 비잔티움(나중에 콘스탄티노플로 불렸고 현재는 이스탄불)을 동로마제국의 수도로 선언함으로써 대교구들 사이의 관계에 새로운 분규를 더하였다. 그는 콘스탄티노플을 '새로운 로마' 로 공표하였고 비잔티움의 주교를 대주교의 지위로 승격시켰다. 이 새로운 로마의 교구는 이전에 로마와 안티오크의 주교들에 의해 관장되었던 지역까지 확장되었다. 더욱이 곧 뒤따라 열린 그리스도교 공의회는 콘스탄티노플의 대교구 지위를 인정하여, 대주교와 교황, 즉 로마의 주교 사이의 상대적인 중요성이 점점 더 논쟁거리가 되었다.

　정치적 긴장이 동서 교회의 분열이라는 결과를 초래하였다. 이러한 분열은 문화적 차이에 의해 더욱 촉진되었다. 동방의 그리스도교는 서방과 아주 다르게 발전하였다. 이러한 차이는 교회가 더욱 조직화되면서 두드러졌다. 동로마제국 내에서는 교리에 대한 교육이 광범위하게 퍼졌으며, 신자와 성직자 모두 신학 토론에 열렬히 가담하였다. 종교적 문제들에 관한 의견의 차이들이 허용되었으며, 서방교회에서처럼 정통 신앙이 특별히 교리적으로 정식화되는 일은 결코 없었다. 동방교회에서 개인의 신앙은, 많은 예술품들이 사용되고 전체 회중이 참여하는 전례에 참석하는 것보다는 덜 중요하게 여겨졌다. 그럼에도 교리는 가장 높이 존중되었으며 형이상학적인 사변은 정교하였다.

　이와는 대조적으로, 서방교회는 매우 다른 (그리고 힘든) 상황에 놓여 있었다. 처음부터 서방교회는 다양한 종교와 교파들과의 경쟁에 직면하였다. 그 결과, 합법적으로 이해된 올바른 믿음을 매우 중요시하였다. 신학적 성찰은 그렇게 권장되거나 허용되지 않았다. 472년 북쪽으로부터의 침략으로 인한 로마제국의 붕괴로 성직자들이 더욱 두드러지게 정치적 역할을 담당하게 되었다. 교회가 유일하게 살아남은 기관이어서, 교회의 지도자들이 침략자들과 협상하고 지역 정부의 행정을 관리하였다.

　로마 멸망 후 유일하게 형식을 갖춘 교육은 교회에 의해 이루어졌다. 이 교육은 거의 성직자 양성을 위한 목적으로만 행해졌다. 성직자는 또한 서방교회의 예배의식을 수행하는 유일무이한 권한을 갖고 있었다. 신자들의 참여는 미미하였다. 이윽고 대부분 신자들이 서방교회의 예배의식을 진행하는 데 사용되는 라틴어를 더 이상 이해할 수 없게 되었다. 따라서 서방교회는 때로 정치적인 일에도 관여하는 엘리트 성직자에 의해 운영되었다. 교회 자체는 교황의 지도력 아래서 더욱 더 위계적인 질서를 갖추게 되었으며, 교황은 그리스도교 교리에 관한 틀림없는 최고의 권위로서 이해되었다.

　서로 다른 언어를 사용하고 이와 같이 서로 다른 세계관을 갖게 되면서 동방교회와 서방교회는 서로 아주 다른 단체가 되었다. 양쪽 그리스도교 문화의 중심지였던 두 도시 로마와 콘스탄티노플 역시 서로 아주 달라졌다. 콘스탄티노플은 그리스도교 세계에서 가장 부유하고 문명화된 도시가 되었고, 반면 로마는 전쟁과 침략으로 인해 황폐화되었다.

　교리적이고 철학적인 차이들이 궁극적인 분열을 가져온 최초의 원인이 아니었지만, 그러한 차이들은 교리문제에서 누가 정당한 종교적 권위를 갖는가에 대해 교회 지도자들 사이에서 정치적 투쟁이 벌어지는 계기가 되었다. 예를 들어, 니케아 신조는 325년 소집된 전체 공의회에서 채택된 그리스도교 교리에 관한 교회의 공식적인 언명(言明)이었다. 원래의 신조는 성령은 '성부로부터 나온다'고 언명하였지만, 서방교회는 이것을 수정하여 성령은 '성부와 성자로부터 나온다'고 하였다. '성자'라는 표현이 동방교회와 서방교회 사이에 커다란 논쟁점이 되었다.

서방교회는 이것이 이 교리에 해가 없는 언명이라고 주장하였다. 교회의 교부들은 오랫동안 이 교리를 믿어왔으며 이를 이미 전제하고 있었기 때문에 일부러 드러내어 언명하지 않았을 뿐이라는 것이었다. 이와는 대조적으로, 동방교회는 이러한 추가적인 언명은 삼위일체의 세 위격 사이의 미묘한 균형을 혼란스럽게 만드는 일이라고 주장하였다. 동방교회는 신의 모든 특성들은 단일체로서의 신에 해당되는 것이었지만 세 위격이 갖는 특별히 서로 다른 특성들은 예외라고 신의 세 위격에 대한 개념을 이해하였다. 그리하여 신의 영원성은 세 위격 모두에 똑같이 해당하는 것이었다. 동방교회의 관점에서는, 성부로부터 나온 성령은 근본적인 인과율로 작용하는 성부의 고유한 역할이 갖는 특성의 일부였다. 그러나 성자 역시 이런 역할을 지녔다면, 이 역할로써 세 위격을 구별하지는 못할 것이며 또한 세 위격을 통합하는 데도 합당하지 않을 것이다. 신의 단일성이나 삼위일체에 대해 이단적인 부정을 하지는 않았지만, 당시 서방교회의 교리는 어쨌든 혼돈의 징후를 보여주었다.

그와는 대조적으로, 서방교회는 성자의 존재를 신의 단일성에 대한 위협이 아닌 단일성에 대한 언명으로 간주하였다. 아우구스티누스를 포함하여 몇몇 서방의 신학자들은 성령을 성부와 성자의 결합을 만들어내는 것으로 기술하였다. 그래서 서방교회는 성령의 역할이 바로 수정된 교리에 의해 명시된 것과 같다고 주장하였다. "우리는 성령의 존재를 믿습니다……성부와 성자로부터 나온 것이라고." 그러므로 동방교회와 서방교회는 교리적으로 서로 싸우고 있었는데, 각자가 상대 교회의 미심쩍은 교리와는 달리 자기네의 교리야말로 신의 단일성을 단언하고 있다고 주장하였다.

권위의 문제 역시 동방교회와 서방교회 사이 갈등의 중심문제였다. 서방교회는 교회 전체의 공의회의 권위를 받아들였지만, 이 권위는 교황과 협의되어야 한다고 주장하였다. 그리하여 교황이 공의회까지 확대된 권위로써 니케아 신조를 그리스도교 교리에 대한 중요한 진술로 만든 이래, 교황 역시 신조를 수정할 수 있는 권한을 갖게 되었다. 따라서 공의회에 의한 인증이 더 이상 필요 없었다. 그러나 동방교회는 공의회만이 의심할 수 없는 신학적 권위를 갖는다고 주장하면서 니케아 신조는 그러한 공의회에서 나온 것이므로, 또 다른 공의회에 의하지 않고는 변경될 수 없다고 하였다. 그러므로 서방교회나 교황도 신조를 변경하거나 새로운 사항을 추가할 수 없는 것이다. 이 논쟁이 어느 정도까지 형이상학적인 교리의 미묘한 차이에 의해 유발되었는지, 또 교리 싸움이 어느 정도까지 그저 정치적인 이유 때문이었는지는 명확하지 않지만, 그 정치적 결과는 명백한 것이었다.

동방교회는 아우구스티누스의 견해 또한 서방교회만큼 기꺼이 받아들이지 않았다. 아우구스티누스는 성령이 성부와 더불어 성자로부터도 나온다는 사상을 지지하기 위하여 서방교회가 이용했던 신학적 근거를 마련한 사람들 중의 하나였다. 그는 서방교회의 중심적인 교부로 간주되었다. 그의 중요성에 대해서 이의를 제기하지는 않았지만, 동방교회는 아우구스티누스의 신학적 추론에 거의 영향을 받지 않았다. 이런저런 점들에서, 서로의 종교적 실천과 주요 대변자들에 대한 상호 인식과 의사소통의 부재가 주요한 갈등의 원천이 되었다.

그리하여 또한 의식 절차에서의 차이가 동방교회와 서방교회 사이에 논쟁을 불러일으켰다. 그러한 차이는 성찬식에서 사용되는 빵의 종류, 토요일마다 단식을 실천하는 것, 이미 결혼한 남자가 신부(神父)가 되는 것 등의 정당성에 관한 것이었다. 이와 같은 세부사항들이 일련의 상호 비난에 기름을 붓는 역할을 하였다. 비잔틴 교회의 우두머리인 대주교와 서방교회의 믿을 수 있는 추기경 사이에 오간 많은 과격한 내용의 편지들에서 이러한 상호 비난이 이루어졌다. 로마의 교황은 직인을 찍은 파문 교서를 콘스탄티노플의 대주교와 다른 고위 성직자들에게 보냈다. 그 결과 민중의 폭동이 일어났다. 동로마 황제는 이 공격적인 파문 교서를 불태우라고 명령함으로써 민중 폭동을 통제하고자 하였다. 대주교에 대한 파문이 콘스탄티노플 교회의 교황이나 대부분 성직자들의 지위에 영향을 미치지는 못했지만, 비통함과 오해가 양쪽 교회에 불을 질렀다. 대주교는 동방교회 전체가 파문되었다는 소문을 부추겼으며, 결국 두 교회는 분열되어 각자의 길을 가게 되었다. 그리스도교의 단일성이라는 당당한 이미지는 산산이 깨어져 버렸다.

● 이슬람교의 발흥

　　그러는 동안, 새로운 종교가 동방교회와 서방교회 양쪽 지역을 휩쓸고 있었다. 예전에 메카의 상인이던 마호메트(570~632년)는 이슬람교의 창시자이자 중심적인 예언자였다. '이슬람'은 '평화와 복종'의 뜻을 가진 '살람'(salaam)에서 유래한 말이다. 이 말은 신에게 복종하는 데서 따라오는 평화를 지칭한다. 사십대의 마호메트는 종교적 은둔을 위하여 산 속으로 들어가서 신의 계시를 경험하였다. 그는 천사 가브리엘로부터 '신의 계시를 이야기하라'는 명령을 받았고, 이슬람교도들은 그가 말한 '이야기들'을 신의 계시로 여겼다. 『꾸란』은 이러한 계시를 옮겨적은 것이다. 『꾸란』에 적힌 말들은 매우 신성시되어서 그 위에 쓰인 글자들조차 신성하였다. 따라서 아랍어로 쓰인 『꾸란』을 번역한다는 것은 본질적으로 부적절한 일이며, 단지 '해석'으로 취급될 뿐이다. 그리고 모든 기도는 아랍어로 행해진다.

　　이슬람교 이전에 아랍세계는 진니(jinn)라 불리는 수많은 정령들을 숭배했다. 알라는 메카에서 숭배되던 많은 신들 중의 하나였을 뿐이다. 하지만 마호메트가 나타나 알라를 유일신으로 경배하라고 가르쳤다. 그는 유일신 알라를 그리스도교도들과 유대인들이 숭배하는 신과 동일한 신이라고 하였다. 그는 또한 유대의 예언자들과 예수의 종교적 중요성을 받아들였으며, 그의 추종자들도 그렇게 하였다. 그러나 이슬람교도들은 마호메트 자신이야말로 최후의 가장 위대한 예언자라고 믿었다. 그의 사명은 진정한 일신교를 회복시키고, 신의 자비를 선포하여, 다양한 아랍 부족들을 공통의 신앙으로 뭉쳐진 단일한 국가로 통합하는 일이었다.

　　아랍인들은 『꾸란』에 의해 '선택된 민족'으로 간주되었다. 이들의 조상은 유대민족들도 똑같이 자신들의 조상이라고 선포한 아브라함까지 거슬러 올라간다. 그럼에도 이슬람교는 동일한 신을 믿는 모든 사람들에게, 곧 아랍인과 더불어 그리스도교도들과 유대인들에게도 열려 있었다. 그 결과 이러한 보편성의 주장이 아랍인의 종교로서의 특정한 개념과 어떻게 균형을 이룰 수 있는가에 대해 논쟁이 제기되었다. 이러한 논쟁들은 초기 그리스도교에서 일어났던 논쟁, 즉 그리스도교 운동을 유대교의 한 교파로 이해할 것인가 아니면 비유대인들도 똑같은 조건으로 포용하는 보편적인 교리로 이해할 것인가 하는 논쟁에 비견되는 것이었다.

이슬람교의 매력은 그 단순성에 있으며 또 그것이 일상적인 삶 속에 침투되어 있다는 사실에 있다. 이슬람교가 요구하는 주된 요구는 단 한 번의 확인이다. 이슬람교도는 자신의 일생 동안 최소한 한번 '알라 신 이외의 신은 없으며 마호메트는 그의 예언자이다' 라는 사실을 인정해야 한다. 이 요구는 이슬람교도의 기본 의무인 이슬람의 다섯 기둥(가르침)들 중의 하나이다. 나머지 넷은 다음과 같다. 지속적인 기도(정통 이슬람교도들은 하루에 다섯 번 메카를 향해 기도해야 하는 것으로 해석한다), 자선 베풀기(일 년에 한 번씩 가난한 사람들에게 일정 분량의 재산을 증여하고, 또 명백히 도움이 필요한 상황에 너그럽게 응하는 것으로 해석한다), 라마단의 준수(음력의 어느 한 달 동안 독실한 이슬람교도들은 낮 동안에 먹거나 마실 수 없다), 그리고 (육체적으로나 재정적으로나 가능한 경우에) 마지막으로 일생에 한번 메카를 순례하는 일.

철학적으로, 이슬람교의 가르침 속에는 사회적 경제적인 의미가 강한 정의(正義)가 깔려 있다. 이는 자선을 강조한 세번째 가르침에 의해 명백해진다. 이슬람교의 많은 신학적 사변은 신이 완벽하게 정의롭다는 공리로부터 출발한다. 그러나 여기서 정의란 두 가지 보충적인 의미를 갖고 있다. 하나는 자선에 의해 예증된 동정심이고, 다른 하나는 응보(應報)이다. 옳은 일을 한 사람이 상을 받아야 하듯이, 나쁜 짓을 한 사람은 마땅히 벌을 받아야 한다.

지하드(jihad, 성전[聖戰])의 이슬람교적인 개념 역시 정의의 뜻으로 이해된다. 성전이 악의 무자비한 표출에 대한 저항으로 간주되는 한에는 그러하다. 이슬람교에 따르면, 전쟁은 오직 저질러진 악에 대한 방어와 교정을 위해서만 합법적일 수 있다. 지하드의 개념은 또한 내면적인 삶까지 확장되어서, 이 '신을 위한 투쟁' 은 이슬람교도의 내면적인 투쟁을 포함한다. 내면적인 투쟁이란 이슬람교도 자신의 삶과 사회에 대해 더 큰 종교적 인식을 획득하려는 노력을 말한다. 신의 정의에 대한 확신은 악의 문제에 대한 이슬람교적인 해결을 위한 열쇠이다. 사람들은 자신의 행동에 책임을 져야 하며, 인간은 자유의지를 가졌기 때문에, 신은 나쁜 짓을 한 사람에게만 벌을 준다. 더욱이 개인들은 불멸하는 영혼을 지녔으므로 죽은 뒤에 천당이나 지옥에 간다고 이슬람교도들은 믿었다. 그래서 현생에서 벌 받지 않은 범죄와 보상받지 못한 선행은 사후에 정당하게 취급될 것이라고 믿었다.

창조주로서의 신의 역할은 이슬람교 사상에서도 중요하다. 창조란 신의 의지적 행위의 직접적인 결과이다. 이슬람교는 물질세계를 더 실재적이고 더 높은 차원의 세계보다 열등하다고 보았던 플라톤의 세계관으로부터 벗어나 있다. 이슬람교는 물질세계도 실재적이고 선하다고 본다. 휴스턴 스미스(Huston Smith)는 (그의 『인간의 종교들』[Religions of Man]에서) 이슬람의 강력한 과학 전통은 자연 세계의 가치에 대한 이러한 믿음을 직접적으로 반영하는 것이라고 하였다.

마호메트는 그의 추종자들과 함께 622년 메디나로 옮겨갔다. 거기서 그들은 움마(umma)라고 불리는 종교적 공동체를 시작하였다. 이 사건을 히즈라(hijrah)로 불렀는데, 이슬람 달력은 이 사건이 일어난 해를 원년으로 삼고 있다. 경전은 제1의 권위를 지녔으며, 예언자의 말씀(하디스[hadith]로 불렸다)도 상당한 무게를 지녔다. 하지만 경전을 해석하는 데서 누가 더 권위가 있을까? 즉, 개인인가 아니면 종교적 공동체인가? 이 물음이 초기의 논쟁에 기름을 끼얹었으며, 마호메트가 죽으면서 종교 공동체 지도자의 지위에 관한 논쟁이 상존하면서 이 문제는 더욱 복잡해졌다. 예를 들어, 어떤 사람들은 지도적 지위가 한 가문의 구성원으로부터 다른 구성원에게 세습적으로 전수되어야 한다고 믿었다. 이슬람교의 보편성을 강조하는 다른 사람들은 이에 반대되는 주장을 폈다. 현대의 이슬람교 내에서 가장 극심한 차이를 보이는 일부 교파들(예를 들면, 수니파와 시아파)은 바로 이런 논쟁의 맥을 잇고 있다고 볼 수 있다.

이 문제가 지니는 더욱 철학적인 양상은 신의 지위와 비교되는 『꾸란』의 지위에 관련되어 있다. 「요한의 복음서」에 의거한 그리스도교의 가르침에 따르면, 예수는 '신의 말씀'(로고스)이며 따라서 그는 성부와 똑같이 영원하다고 하였다. 이슬람교의 신학자들은 신의 말씀인 『꾸란』이 신과 비슷하게 영원한가에 대해 서로 의견이 달랐다. 어떤 이들은 신의 유일함을 강조하면서 신 안의 서로 다른 위격의 개념(그리스도교적 개념)을 부정하였다. 그들은 신과 『꾸란』을 구별하여, 자연 세계 내에 존재하는 『꾸란』은 신의 창조물의 일부라고 주장하였다(비록 『꾸란』이 신의 영원한 특성을 알게끔 도와준다고 하더라도 말이다). 이와 반대되는 견해는 『꾸란』을 신의 본질을 지닌 것으로 생각하였다. 이 견해에 따르면, 비록 종이 위에 씌어진 『꾸란』의 말들은 명백한 의미에서는 창조된 것이지만, 『꾸란』의 의미는 창조된 것이 아니며 또한 영원하다.

이슬람교의 세계관은 근본적으로 평등주의이다. 하지만 보편적 동등성의 교리는 해석의 문제와 해석 전거에 대한 비판의 문제를 제기하였다. 누구든지 똑같이 『꾸란』을 이해할까? 이슬람교의 어떤 교파들에서 나온 두드러진 관점에 따르면, 『꾸란』은 여러 층위의 의미를 갖고 있다. 대중적인 층위는 문자 그대로의 의미가 모든 독자들에게 명백하게 드러나며 이성과 상식을 통해 얼마든지 접근할 수 있다. 이런 수준을 넘어서 있는 더 깊은 비교(秘敎)적인 층위는 적절하게 훈련받고 교리를 이미 알고 있는 사람들만이 접근이 가능하다. 그러므로 여러 층위의 의미가 있다는 것을 믿는 사람들은 『꾸란』의 더 깊은 의미에 관한 특히 성스러운 개인들의 권위를 당연하게 받아들인다.

예를 들어, 시아파는 다양한 의미의 수준을 믿으며 『꾸란』의 궁극적인 의미는 미묘한 것이라고 믿는다. 그들은 『꾸란』의 비교적인 층위에 대해서 이맘(imam, 이슬람교도 공동체의 우두머리)으로 알려진 사람들이 갖는 권위를 받아들인다. 이맘들은 마호메트의 공덕을 이어가는 성인들로 믿어지며, 이렇게 하여 각각의 새로운 세대는 예언자의 '빛'과 직접적인 접촉을 보장받는다. 이맘은 세습적인 혈통을 대표한다. 현재 이슬람교를 주관하는 이맘은 자신의 자손들 중 하나를 계승자로 지명한다. 그러나 시아파 자체는, 그들이 오류를 범하지 않는 사람이든 아니든 혹은 칼리프나 정치적 최고통치자보다 더 높은 권위를 가졌든 아니든 여러 명의 이맘에 의해 나뉘어져 있다. 어떤 시아파교도들은 또한 최후의 이맘은 보류된 채 숨어 있으며, 그가 미래에 메시아로 다시 나타나 정의와 심판을 불러와 『꾸란』의 궁극적 의미를 보여줄 것이라고 믿는다.

대부분의 이슬람교도들은 수니파 이슬람교도들로서, 수니파의 이름은 '전통의 길'이라는 뜻을 지니고 예언자의 실천을 지칭하는 수나(Sunnah)라는 단어에서 차용되었다. 이러한 것들이 이슬람 공동체의 통합을 보장한다고 그들은 믿는다. 따라서 수니파 이슬람교도들은 비전통적인 형태의 신앙 형태(시아파에게 좀더 흔하다)에 반대한다. 수니파 이슬람교도들은 어떤 특정한 개인도 마호메트의 공덕을 종교적으로 계승하거나 계속 이어갈 수 있다고 믿지 않는다. 그리고 그들은 칼리프를 종교적 권위의 중심으로 받아들인다. 그들은 또한 정교하고 미묘한 『꾸란』 읽기를 의심하는 경향이 있다. 시아파교도들이 이슬람 율법에 관한 문제를 해결하기 위해 이맘에게 호소하는 반면, 수니파 교도들은 공동체의 합의된 의견을 권위 있는 해석으로 받아들인다. 하지만 실제에서 수니파 공동체는 합의된 의견으로 받아들여지게 될 해석을 제공하기 위하여 적법한 학자들에게 문의한다.

수니파 전통과 시아파 전통 사이의 분열을 초래한 차이는 칼리프의 계승에 관한 논쟁에서 시작되었다. 시아파는 마호메트의 사촌이자 사위인 알리가 예언자의 권위의 정당한 계승자였다고 주장한다. 사실 알리는 처음에는 칼리프의 지위를 무시하였는데, 나중에 그가 결국 칼리프가 되었을 때는 많은 사람들이 그의 권위를 받아들이기를 거부하였다. 알리는 살해되고 그의 적들 중의 한 사람이 자신이 다마스쿠스의 칼리프이며 중요한 권위자라고 선언하였다. 알리의 아들인 후세인이 이끄는, 알리의 정당성을 지지하는 사람들은 다마스쿠스의 두번째 칼리프에 도전하였지만, 서기 680년에 있었던 카르발라의 대학살 때 모두 살해되었다. 수니파 이슬람 전통은 다마스쿠스의 칼리프를 정당한 계승자로 받아들였고, 다마스쿠스의 칼리프들이 거의 한 세기 동안 통치하였다. 그러나 시아파교도들은 알리의 후손들의 주장을 옹호하였다. 그들은 카르발라의 대학살을 매년 재현하면서 기념하고 있다. 그들은 이 행사를 통해 그 잔혹한 사건을 확인하고, 마호메트의 자손들이 희생되었음을 이성적으로나 감정적으로나 결코 잊지 않을 것이다.

수피교는 이슬람교 내의 두드러진 신비적 전통으로서, 수피교도 『꾸란』이 다양한 수준의 의미를 지녔다고 주장한다. 하지만 수피교는 『꾸란』의 비교적(秘敎的) 층위의 의미에 신성한 사람들과 그의 제자들만이 제한적으로 접근할 수 있다고는 믿지 않는다. 그들은 신의 은총으로 누구나가 비교적인 층위의 의미를 이해할 수 있다고 믿는다. 따라서 수피교의 신비주의적 수행은 신에게 완전히 흡수되는 이상적인 조건에 도달하는 길을 찾기 위하여 다양한 단계의 자기완성을 위해 노력한다. 이슬람 율법에 복종하는 일은 정신적 수련의 기본적인 단계이다. 다음 단계에서는 세계의 사물들을 거부하고 의도적으로 가난을 받아들이며 욕망을 억제한다. 세번째 단계는 영지(靈知)를 획득하는 단계로서, 자신의 자아를 제거하는 것을 포함한다. 수피교도는 이 단계에서 황홀경의 순간을 경험한다. 여기서 그는 신과 합일하며 진리를 완전히 알게 된다. 그러한 순간이야말로 수피 수련의 궁극적 목표이다.

수피교도들은 전적으로 정신적인 자신들의 추구를 사랑이라는 말로 설명한다. 그들은 신이 자기 존재의 유출인 사랑으로써 이 세계를 창조했다고 믿는다. 수피교도들이 추구하는 신과의 합일 역시 사랑에 의해 유발된다. 실로 인간의 사랑과 관계들은 궁극적으로 신과의 합일을 지향하고 있다(이는 유럽의 르네상스 시대에 정형화된 '플라토닉 러브'와 매우 흡사하다). 수피교의 시(詩)는 자주 이러한 합일의 경험에 대한 영혼의 갈구라는 형태를 취하며, 이러한 갈구는 종종 성적인 언어로써 표현되었다.

● 신비주의

이슬람 전통만이 신비주의 교파를 가진 것은 아니다. 다른 전통들 역시 의식의 변환과 신에 접근하는 특별한 경험을 믿고 있다.

예를 들어 힌두교에서의 요가수행은 그 실천자가 신과의 합일이라는 궁극적인 목적을 위하여 정신과 육체를 통제할 수 있는 기술을 사용한다. 그와 비슷하게, 불교도들도 마음이 일상의 시야에 가려져서 생기는 환영을 극복하기 위한 수단으로 엄격한 명상을 이용한다. 유대교와 그리스도교 역시 신비주의적인 해석자들의 오랜 역사를 지녔다. 그들은 진정한 통찰은 더 높은 수준의 실재에 접근하는 데서 생긴다고 주장하였으며, 그런 접근은 보통 훈련과 입문수련을 통해 이루어진다. (우리는 유대교의 신비주의 전통에 대해 잠깐 언급할 것이다.) 예를 들어, 그리스도교 전통에는 초기 영지주의자들의 비교단체들이 포함되는데, 이들은 통찰력이 비밀스러운 지식에의 입문 정도에, 그리고 에스파냐의 신비주의자인 아빌라의 테레사(1515~82년) 같은 특별한 사람들의 개인적인 경험과 이야기에 달려 있다고 믿었다. 그녀는 결국 가톨릭교회에 의해 성녀로 공인되었다. 테레사는 그녀의 신비적인 경험들을 자서전인 『삶』(Life)에 적어두었다. (그녀는 십대 후반에 아우구스티누스의 『고백록』을 읽고서 '회심'을 경험했다고 하였다.) 생생하고 종종 성적 이미지를 사용하는 그녀의 이야기는 수피교의 그것과 닮았다. 테레사는 또한 『내면의 성』(The Interior Castle)이라는 책에서 대저택의 방들의 이미지를 사용하여 신비적인 경험의 다양한 단계에 대해서 설명하였다.

대부분의 신비주의 전통들이 교회의 정통성 안에서 잘 유지되었으며 그중 어떤 것들(유대교의 하시딕[Hassidic] 공동체, 즉 하시딤[Hassidim])은 종교적으로도 아주 보수적이었다. 그럼에도 신비주의가 개인적인 노력과 경험에 의존하고 있다는 사실이 종교 조직 내의 권위에 대해서 철학적 문제를, 그리고 때로는 실천적인 문제를 제기하였다. 개인적인 신앙과 신비주의자들이 글로 쓴 이야기가 정통 종교의 교리와 어떻게 연관되는가? 만일 양쪽이 서로 마찰을 일으킨다면, 그때는 어떤 철학적 해결책이 있을까? 이러한 문제는 종종 정치적으로 해결되었다. 신비주의자에 대한 박해가 이루어지거나 혹은 이교도들에게 그 책임이 전가되었다. 신비주의자라는 사실은 위험했으며, 특히 그가 공공에게 잘 알려진 사람일 경우에는 더욱 그렇다. 이슬람의 신비주의자인 알 할라즈는 922년에 암살되었는데, 그 이유는 종교적 체험의 절정에서 '나는 신이다'라고 외쳤기 때문이다. 그가 일찍이 이 외침은 신과 합일하는 경험을 표현한 것이라고 밝혔음에도, 그의 동시대인들에게는 신을 모독하는 불경스러운 말로 들렸던 것이다.

신비주의자들은 자신들의 신비적인 경험을 기술하는 데 어려움을 겪곤 한다. 그러한 경험은 평범한 경험과는 다르고, 세속적인 범주의 일상 언어로서는 신비적 경험을 기술하는 데 불충분하기 때문이다. 그러므로 신비주의자들은 보통 간접적인 수단에 의지하여, 신비적 체험을 암시하기 위하여 은유법, 과장법 및 역설적인 진술 등을 활용하였다. 신비주의자들이 종교당국과 마찰을 일으킬 때면, 그들이 특별한 의도로 언급한 진술을 종교당국이 왕왕 문자 그대로 혹은 일상적인 의미로 해석하는 데서 문제가 시작되었다.

'석사' 에크하르트(1260~1327년, 파리에서 석사학위를 받아 항상 이렇게 불렸다―옮긴이)는 독일의 도미니쿠스 수도회의 수사로서 이단 혐의를 받았고 교황은 그의 28개 진술에 대해 유죄 판결을 내렸다. (다행히도 이러한 일은 에크하르트의 사후에, 그의 다양한 진술 철회를 적당히 인정하면서 이루어졌다.) 문제는 그의 진술들이 일반적인 관점에서 볼 때, 정통 교리들을 부정하는 것처럼 들렸다는 것이다. 에크하르트는 때로 창조는 신과 전혀 구분되지 않는 것이라고 하였으며, 몇몇 사람들에게 자신이 (신이 자연세계와 동일하다고 믿는) 범신론자라고 하기도 했다. 에크하르트는 다른 진술들에서 신과 창조를 강조해서 구분하였다. 하지만 항상 그렇듯이 그에 대한 비난은 문맥을 떠나 진술 자체에만 초점이 맞추어져 있었다. 에크하르트는 또한 신은 영원한 존재인 자신의 '현재'에 이 세계를 창조하였다고 주장하였다. 이 주장은 어떤 사람들에게는 그가 창조를 신과 함께 영원하다고 보는 것처럼 들렸으며, 이러한 주장은 정통적인 가르침에 어긋나는 것이었다. 비슷하게, 에크하르트는 영혼이 지니고 있는 지성은 창조되지 않았다고 하였다(하지만 결국 그는 이 진술을 철회하고서, 지성 그 자체는 창조되지 않았지만 영혼과 더불어 존재하게 되었다고 주장하였다).

종교당국은 알 할라즈가 외친 것과 유사한 방식으로 기술한 에크하르트의 신비적 경험에 많이 놀랐을 것이다. "우리는 완전히 신으로 변형되고 변화되었다." 에크하르트는 이러한 변형을 성변화에 비유하였다. 미사 중에 빵이 그리스도의 몸이 되는 것과 같은 것이다. (에크하르트는 다시 이 주장을 철회하였다.) 신과의 합일 상태를 기술하려는 에크하르트의 노력이 교회의 지도자들에게는 계속해서 교리를 부정하는 것으로 들려 충격을 주었다. 하지만 이는 에크하르트가 의도한 결과가 아니었다.

● 페르시아와 소요학파의 전통

우리는 『꾸란』의 의미에 관해서 이슬람교 내에 두 가지 접근방법이 있다는 것을 언급하였다. 하나는 종교적 권위에 호소하고, 다른 하나는 신비적 경험에 호소하는 것이었다. 세번째 그룹의 이슬람 신학자들은 『꾸란』을 해석하는 데서 이성의 중심적인 역할을 옹호한다. 이성의 역할은 유대교와 그리스도교의 신학 토론에서와 마찬가지로 이슬람교 신학에서도 문젯거리였다. 어떤 이슬람교도들은 우리 인간의 능력을 초월하는 알라신을 이해하려는 노력에 인간의 이성이 적합한지에 대해 의문을 품었다. 다른 이슬람교도들은 종교적 문제에 이성을 적용하는 일이 적절한 일이라고 보았다. 이성 자체가 신으로부터 받은 선물이기 때문이다. 필론과 같은 또 다른 사람들은, 이성과 계시는 둘 다 중요한데 이 둘이 서로 갈등할 때는 이성보다 계시를 따라야 한다고 하였다. 이성의 역할에 대한 논의는 이슬람 사상가들의 전통 가운데서도 소요학파에게 특히 중요하였다. 이 전통은 이슬람교를 넘어서 서양세계에도 영향을 끼쳤다.

아랍인들이 페르시아와 비잔틴제국을 침략하였을 때, 그들은 피정복민들에게 자신들의 언어와 종교를 강요하였다. 그러나 그러한 강요의 결과는 두 가지 방향으로 영향을 미쳤다. 아랍인들은 철학적 담론에 관한 그리스, 유대, 그리고 그리스도교의 전통들을 접하고서 그들 자신의 비슷한 전통을 발전시키기 시작하였다. 이슬람교는 바그다드에 중심을 두었으며, 아랍어는 학자들의 주된 언어가 되었다. 대략 750년에서 900년 사이의 시기에, 많은 그리스의 저작들이 아랍어로 번역되었다. 여기에는 플라톤, 아리스토텔레스 및 플로티노스의 저작들도 포함되었다. 어떤 용어들은 그리스어에서 직접 옮겨왔는데, 그 중 팔사파(falsafah) 같은 용어는 그리스어의 필로소피아(philosophia, 철학)를 그대로 옮긴 것이다.

아랍의 철학자들도 아리스토텔레스처럼 그들이 그리스의 전통으로부터 배운 것을 포함하여 모든 지식을 체계화하려고 노력하였다. 아직은 젊은 아랍 철학 전통의 첫번째 의제는 진리를 확인하는 데서 특히 계시와 비교하여 이성의 역할을 수립하는 것이었다. 이 문제에 대해 그리스철학자들의 가르침을 적용하려는 일단의 철학 전통을 소요학파라 불렀다. 이들은 아리스토텔레스에 크게 의존하고 있었기 때문이다. 사람들은 아리스토텔레스의 추종자들을 '소요학파'로 불렀는데, 이것은 강의를 할 때 이리저리 걷는 아리스토텔레스의 습관에 따라 붙여진 이름이었다. 그러나 소요학파의 몇몇 사람들은 플로티노스의 영향도 강하게 받아서, 아리스토텔레스에 대한 자신들의 해석을 유출의 개념으로 정리하였다.

페르시아의 철학자 알 킨디(800~866년)는 그 좋은 예이다. 그는 아리스토텔레스를 따라서 철학의 목적을 사물들의 진정한 본성을 인과적 설명을 통해 발견하는 것이라고 생각하였다. 자연주의적인 설명이 자연에 대한 진리를 추구하는 반면에, '제1 철학' 혹은 형이상학은 그보다 더 높은 차원에 있는 신의 영역에 관여하였다. 알 킨디에 따르면, 신이야말로 진리의 유일한 작인이다. 인간 행위의 작용은 이차적이고도 비유적이다. 알 킨디는 또한 창조가 존재할 수 있게 만드는 힘으로서 신의 지성보다는 신의 의지를 더 강조하였다. 알 킨디는 신이 이 세계를 창조하였다고 추론하였고, 따라서 우주는 신과 더불어 영원하다는 플로티노스의 사상을 거부하였다. 그렇지만 알 킨디는 창조가 일련의 유출로 이루어졌고, 모든 지성은 신의 단일성으로부터 유래하였다는 플로티노스의 사상은 받아들였다.

알 킨디가 받아들인 플로티노스의 유출설은 인간 정신에 관한 그의 개념에 지대한 영향을 미쳤다. 지식의 가능성은 자발적이고 능동적인 지력에 의존한다는 아리스토텔레스의 제안을 해석하는 데 그는 이 이론을 끌어들였다. 알 킨디는 생산적이거나 혹은 '능동적인' 지력을 더 높은 지성으로 해석하여, 인간의 정신이 이것에 의존해서 어떤 것을 알게 된다고 하였다. 이 능동적인 지성은 각 인간의 특정한 영혼과는 구분되는데, 그럼에도 모든 사람들 속에서 작용한다. 실제로 이 지성은 인간 사유 전체를 만드는 창조자이다. 다른 소요학파의 사상가들도 이러한 견해를 받아들였다. 이 견해는 아우구스티누스의 것과 흡사하였다. 아우구스티누스는 지식은 정신 자체의 원천만을 통해서는 얻어질 수 없으며 그러한 정신의 원천 또한 신의 조명에 의존하고 있다고 하였다.

그리스도교 전통의 일부 신학자들처럼, 알 킨디는 신의 신성을 완전히 이해하는 것이 불가능하다고 믿었다. 이런 식으로 알 킨디의 신에 관한 기술은 주로 부정의 말로써 표현되었는데, 이것은 필론의 '부정을 통해서'와 같은 것이었다. 그러나 대부분의 경우 알 킨디의 종교적 믿음은 정통 교리의 그것에 들어맞는 것이었으며, 그는 이성이 한계를 지닌다는 사실을 허용하고자 하였다. 예를 들어, 그에게는 기적도 문제될 게 없었다. 그는 기적을 신앙의 차원에서 받아들였다. 그는 스토아학파처럼 숙명에 대해 깊은 경의감을 갖고 있었다.

이와는 대조적으로, 라틴어권에서는 '라제스'로 알려진 페르시아 철학자인 알 라지(865~925년)는 아랍 전통 안에서 이와 반대되는 의견을 가지고 있었다. 알 라지는 철학을 지식과 행위를 모두 포함하는 총체적인 삶의 길로 간주하였다. 때때로 그는 철학적 삶을 '신과 같은' 것으로 기술하였다. 어쨌든 그에게 철학은 단순한 취미, 심심풀이, 삶의 다른 부분이 계속 진행되는 동안에 푸는 일련의 수수께끼 같은 것이 아니었다. 그는 자서전인 『철학적 삶』에서 철학에 관한 자신의 개인적 견해를 적절하게 옹호하였다.

알 라지는 아리스토텔레스는 특별히 존경하지 않았지만 스스로 플라톤의 제자로 생각하였다. 그는 이성이야말로 진리를 결정하는 궁극적인 수단이라고, 이성이 계시와 마찰을 일으킨다면 계시를 포기해야 한다고 확신하였다. 이런 견해는 보통 사람도 진리를 확인할 수 있다는 자신의 주장과 더불어, 예언자들이 특별한 통찰력을 지녔다고 여기는 정통 이슬람교의 가르침과 정면으로 반하는 것이었다. 더욱이 알 라지는 알 킨디의 창조 개념을 논박하면서 물질은 영원하다고 주장하였다. 그의 견해에 따르면, 세계는 신에 의해 창조되었지만 신은 무로부터 세계를 창조하지는 않았다. 그는 오히려 이미 거기에 존재하고 있는 물질을 구체적인 것으로 인정하였다.

알 파라비(878~950년)는 터키 출신으로, 알 라지에 비해 훨씬 더 전통적인 사상가였으며 또 아리스토텔레스를 따르는 철학자였다. 그의 대부분 저작은 아리스토텔레스에 관한 주석의 형태로 이루어졌지만, 그의 저작 속 철학적 관심은 단순한 주석을 넘어서 있었다. 알 파라비는 플라톤의 사상과 아리스토텔레스의 사상을 조화시키려고 노력하였으며 그들의 가르침을 자신의 전통과 연관시키려 하였다. 예를 들어, 그의 가장 중요한 독창적인 철학적 기여는 '본질'과 '실존'에 관한 아리스토텔레스의 개념에 관한 것이었다. 알 파라비는 아리스토텔레스의 이 두 개념을 이용하여 필연적인 존재자(존재하지 않을 수 없는 존재자)의 본질(혹은 기초짓는 구조)과 우연한 존재자(원인들에 의존하며 따라서 원인에 의해 달라질 수 있는 존재자)의 본질을 구별하였다. 필연적인 존재자의 실존은 그 본질 속에 이미 함축되어 있다. 그러므로 이성만으로도 필연적인 존재자의 실존을 확인할 수 있다.

알 파라비도 알 라지처럼, 이성이야말로 인간이 진리를 아는 데 제일의 수단이라고 믿었다. 하지만 알 파라비는 예언 역시 중요하다고 옹호하였으며 알 라지가 예언의 중요성을 축소시켰다고 비판하였다. 알 파라비는 모든 사회의 이상적인 통치자는 신의 계시를 받은 사람이어야만 한다고 하였다. 그는 수피교도들처럼, 갈고 닦은 높은 정신성에 의해 신의 계시를 완전히 알 수 있다고 믿었다.

알 파라비는 세계의 물질이 신의 창조에 앞서 존재하고 있었다고 믿었던 알 라지의 사상도 공격하였다. 하지만 알 파라비는 창조에 관한 알 킨디의 신플라톤주의적인 견해를 받아들였다. 그는 모든 창조는 제일 원인인 신으로부터 유출되었으며, 인간의 정신은 더 높은 외부의 지성이 제공하는 조명 덕분에 이러한 창조를 알게 되었다고 믿었다. 더 낮은 차원의 유출은 더 높은 차원의 유출들에 비해 덜 완전하지만 더 높은 차원의 유출들을 반영하며, 그래서 궁극적으로는 이 모든 유출들이 신의 완벽함을 반영한다.

라틴어권에서는 '아비세나'(980~1037년)로 알려진 이븐 시나는 서양 철학자들에게 가장 큰 영향을 주었던 소요학파의 철학자였다. 그는 다른 학문분야의 학자로서도 유명하였다. 그의 의학개론은 르네상스 시대까지 의학 분야에서 가장 영향력 있는 저작이었다. 주로 아리스토텔레스와 알 파라비의 저작들로부터 이끌어낸 이븐 시나의 철학은 인간과 신의 관계의 본성에 관한 전통적인 문제들을 추구하였다. 이븐 시나도 알 파라비처럼 사물의 본질과 실존에 대한 아리스토텔레스의 구분을 이용하였다. 그는 대부분의 경우 이 두 개념은 구분가능하다고 보았다. 이것을 다른 말로 하면, 우리는 어떤 사물에 관해 그 사물의 실존 여부를 반드시 알 필요도 없이 그 사물의 기본 구조를 알 수 있다는 뜻이다. (미키 마우스나 산타클로즈처럼) 어떤 본질들은 그 실존자(현실의 미키 마우스나 산타클로즈)가 본질과 일치한다고 반드시 믿을 필요 없이 우리에게 알려질 수 있다.

그러나 신의 경우, 실존은 신의 본질의 일부분이다. 신은 완벽한 단일체이기 때문에 실존은 신의 존재에 부가되는 어떤 특성이 될 수 없기 때문이다. 실존은 단지 신의 존재의 부분일 뿐이다. 이러한 사실로 미루어 볼 때 신은 필연적인 존재이다. 이와는 반대로 다른 모든 존재들은 우연한 존재들이며, 그것들은 그들의 실존을 그들 바깥의 어떤 것에 의존하며 그것은 궁극적으로 신이다. 이러한 논의는 나중에 서양에서 특히 안셀무스와 토마스 아퀴나스와 같은 신학자들에 의해 여러 가지 방법으로 공식화되었다.

알 파라비를 따라서 (그리고 궁극적으로는 플라톤과 플로티노스 및 아리스토텔레스를 따라서), 이븐 시나는 신은 이 세계를 유출을 통해 창조하였다고 논하였다. 이븐 시나는 신은 순수한 사유이며, 창조는 신의 근본적인 활동인 신의 사유의 결과라고 믿었다. 신의 사유력(思惟力)에서 최초의 지성이 유출되고, 여기서 다시 다른 것들이 유출되며, 이러한 유출 과정이 계속된다. 이븐 시나도 그의 선배들처럼 신의 사유력으로부터의 유출이 하나의 위계질서를 구성하며, 우리의 세계는 그 중 가장 낮은 수준이라고 주장하였다. 이러한 관점은 신을 일상적인 인간사의 세계와는 구별되는 초월적인 존재로 제시하는 것이었다. 그럼에도 이븐 시나는 신의 모든 창조물들은 신의 사랑에 의해 세상에 존재하게 되었으며, 그러므로 그들의 실존은 신에 의존한다고 믿었다. 이븐 시나의 저작들 중에서 신비적이고 비교(秘教)적인 논문들이 창조자에 대한 피조물들의 사랑이라는 이 주제를 다루고 있다.

유출설이 원래 신플라톤주의에서 나온 것이긴 하지만, 이브 시나는 신플라톤주의의 일부 관점들을 버렸다. 예를 들면, 그는 물질이 정신적 실재가 흐릿하게 유출된 것이라고 생각하지는 않았다. 그 대신, 그는 물질을 사물들의 영원한 토대로 보았다. 독실한 이슬람교도였던 이븐 시나는 정통 교리의 가르침을 받아들였지만, 그럼에도 종교적 진리에 대한 통속적인 개념들을 철학적인 용어로 옮기고자 하였다. 그러나 이븐 시나의 창조 개념은 자연주의적이었다. 그래서 그는 신이 섭리나 기적의 개입을 통해 이 세상을 통치하는 것으로 생각하지는 않았으며, 오히려 그가 창조한 자연의 필연적인 질서에 의하여 세상을 다스린다고 생각하였다. 이 세계는 필연적인 법칙에 의해 움직이기 때문에, 자유의지는 존재하지 않고 또 존재할 수도 없다. 인간의 행동들은 자유스럽지 않다. 그럼에도 이븐 시나는 인간의 영혼이 불멸한다고 주장하였다.

라틴어권에서는 '아베로에스'(1126~98년)로 알려진 이븐 루시드는 이슬람교도들의 침입(8세기 초) 후에 에스파냐에서 발전한 이슬람 사회의 출신이었다. 이븐 루시드는 이븐 시나처럼 의학과 법학을 포함하여 많은 학문 영역에서 이름을 떨쳤다. 그는 생애 대부분을 유복하게 보냈지만, 비정통적인 교도로 공격을 받아 유배지에서 죽었다. 이븐 루시드의 많은 철학 저작은 아리스토텔레스에 대한 주석의 형태를 취하고 있지만, 그럼에도 그의 많은 주석들은 선배들의 해석에 대한 비판과 자신의 철학적 견해를 발전시킨 것을 포함하고 있었다. 그는 아리스토텔레스를 굉장히 숭배하였는데, 다음과 같이 논평할 정도였다. "그는 궁극적으로 완벽한 인간이 어떠한가를 보여주기 위하여 자연이 고안해낸 모범적인 규범이라고 나는 생각한다."[53]

이븐 루시드의 목표는 신플라톤주의 해석의 함정으로부터 아리스토텔레스의 철학을 구해내는 것이었다. 예를 들어, 이븐 루시드는 창조가 일자인 신으로부터 유출되어 나왔다는 견해를 공격하였다. 창조는 영원한 것이라고 그는 믿었다. 더욱이 그의 생각으로는, 신은 멀리 떨어져 있지 않으며 오히려 이 세계에 능동적으로 참여하고 있고 우리는 그의 특정한 창조에 대하여 알 수 있다고 하였다. 신플라톤주의적인 구도를 거부한 이븐 루시드는 그 이전의 어떤 소요학파의 선배들보다도 더 사실적으로 아리스토텔레스의 저작들을 읽었다.

---

53 데이비드 노울즈, 『중세 사상의 발전』(*The Evolution of Medieval Thought*, 런던, 롱먼 출판사, 1962년) 200쪽에 인용된 이븐 루시드의 '아리스토텔레스의 『영혼에 관하여』(*De anima*)에 대한 주석'.

그러나 이븐 루시드는 이븐 시나처럼 영혼의 불멸성에 관한 이슬람교의 전통 교리를 받아들였다. 그렇지만 죽음에 이르러 한 사람의 영혼은 보편적인 능동적 지성과 결합한다고 믿었다. (그가 신플라톤학파의 중심사상인 유출설을 거부하였음에도, 보편적인 능동적 지성이라는 신플라톤주의적인 관념은 그의 이론의 일부를 이루었다.) 그러므로 불멸성이란 개인의 영혼이 살아남는 것과 같은 것이 아니다. 이븐 루시드는 이와 비슷하게 자유의지도 거부하였다.

이븐 루시드는 이성뿐만 아니라 경전의 문제들에 관한 논쟁도 옹호하였다. 그는 『꾸란』 자체는 지성적 사변(思辨)을 고무시킨다고 주장하였다. 이성과 계시는 양립가능하다고 믿었지만, 그럼에도 그는 이 둘을 화해시키기 위한 노력은 하지 않았고, 대신 진리는 다양한 수준으로 존재한다고 주장하였다. 『꾸란』이 모든 종류의 개인들에게 진리를 제공하지만, 서로 다른 기질의 사람들에게 서로 다른 방법으로 그렇게 한다고 생각하였다. 일상적인 사람들에게는 문자 그대로의 말로 충분하지만, 교육을 받은 사람들은 자신들을 설득시킬 수 있는 논의를 요구한다. 지극히 지성적인 사람은 합리적인 증명도 요구할 것이다. 이러한 입장은 '이중 진리' 이론으로 불렸다.

이븐 루시드는 이 이중 진리 이론을 페르시아의 알 가잘리(1058~1111년)를 공격하는 데 사용하였다. 알 가잘리는 철학 자체에 대한 엄밀한 철학적 공격을 개발했으며 신비적인 앎의 방법을 더욱 옹호하고자 하였다. 이븐 루시드는 철학적 담론이 모든 사람에게 적합한 것은 아니라고 인정하였지만, 비교(秘敎)적인 진리 역시 그런 교육을 적절하게 받은 사람들에게만 전달되어야 한다고 주장하였다. 그는 심오한 철학적 진리들이 교육받지 못하고 비판적이지도 않은 대중의 방식으로서 경험만을 통해서 소개되거나 이해될 수 있다고 생각하는 점에서 알 가잘리는 오류를 범하고 있다고 하였다.

● 디아스포라, 변증법, 유대교 내의 신비주의

예루살렘의 첫 성전이 파괴되고 이스라엘의 많은 유대인들이 추방된 이래로, 상당 수 유대인들이 팔레스타인 밖의 지역에서 살아왔다. 이 숫자는 두번째로 사원이 파괴된 후 더욱 증가하였다. 디아스포라가 유대인들을 서로 멀리 분리시켜놓았다. 그럼에도 그들은 공통의 율법으로 통합되어 있었다.

유대교의 중요한 기초는 종교적 진리와 적절한 삶의 길을 확인하는 수단으로서의 성서의 중심적인 역할이다. 히브리 성서는 유대의 근본적인 경전이다. 미슈나는 기원전 200년경에 편집된 경전이다. 이는 유대 율법의 해석에 대한 오랜 구전 전통으로부터 만들어진 것으로 성서에 대한 랍비들의 성찰로 구성되어 있다. 미슈나와 미슈나에 대한 몇 세기에 걸친 성찰에는 『탈무드』(Talmud, '가르침' 혹은 '연구'를 의미함)도 포함되어 있다. 이것은 성서의 해석과 실제적인 적용에 관한 내용으로 이루어져 있다. 미슈나는 두 개의 판본으로 남아 있다. 하나는 4세기에 팔레스타인에서 완성되었고, 다른 하나는 5세기 말에 바빌론에서 완성되었다. 그러나 전통적인 유대인들은 후자의 판본을 유대 율법과 의식(儀式)을 확립하는 기본 문서로 받아들이고 있다. 『탈무드』역시 도덕적 교훈과 우화 그리고 여러 이야기들을 담고 있다. 이것은 유대 윤리학의 가르침을 덜 형식주의적인 방식으로 제시하고 있다.

『탈무드』가 철학으로서 가장 영감을 주는 측면은 이 저작 자체의 성격이다. 많은 종교적 논문이나 경전과는 달리, 이것은 단 하나의 권위 있는 주석이나 해석이 아니다. 그리고 비인간적인 책도 아니다. 여기에는 과거에 이를 읽었던 독자들의 '지문'(指紋)이 담겨 있다. 『탈무드』는 고대의 그리스인들이 '변증론' 혹은 대화로 불렀던 기술을 보여주는 모범적인 예이다. 모든 해석과 논평에는 차례로 다시 주석이 붙어서, 그 결과 『탈무드』는 다소 여러 세대의 학생들이 빈칸에 논평을 적어놓은 교과서처럼 보인다. 신의 율법이 절대적이긴 하지만, 그에 대한 해석은 언제나 도전과 수정이 가능하다. 이런 의미에서 『탈무드』는 아마도 공조하는 변증론적인 철학의 이상적인 형태를 보여준다. 그 자체 위에 세워져 있으며 단일한 공통의 기초로부터 지속되고 발전하는 그런 철학 말이다.

그러나 율법서로서의 『탈무드』는 하나의 완결된 체계를 보여준다. 이 체계는 당면한 율법의 문제에 대해 랍비들이 성서적인 가르침을 적용시키는 것과 이로부터 추정할 수 있는 것을 바탕으로 세워진 것이다. 그러므로 철학적 사유의 더욱 세속적인 전통들의 동향은 『탈무드』의 학문적 지식에는 거의 영향을 주지 못하였다. 『탈무드』는 몇 세기 동안 유대인들의 학문적 지식의 핵심이 되었다. 3세기경부터 시작된 이러한 동향은 종종 미드라시(Midrash)의 형태를 취하였다. 이것은 더욱 섬세한 의미와 함축적인 뜻을 드러내기 위한 방법적인 성서 해석들로 구성되었다. 그와 같은 해석들은 나중에 중세 때까지 일반화되어 있었다.

그렇지만 성서도 미슈나도 『탈무드』도 나중에 신학으로 알려진 분야의 저작과는 다른 것이었다. 유대교에서는, 신이라는 이름조차 신성하여 말할 수가 없었다. 그러므로 신의 은밀한 본성과 그의 방법에 대해 너무 깊이 탐구하는 것은 적절치 못한 것으로 간주되었다. 그러한 문제들이 제기되기 시작한 것은 유대의 역사와 그리스의 철학이 만나게 되었을 때부터였다. 이미 보았듯이, 필론은 그리스 사상과 연결된 합리성과 유대 종교의 진리 사이의 양립가능성을 증명하는 데 관심을 가졌다. 하지만 그러한 사변은 유대교 체계에 내재하는 관심에 의해서가 아니라 주로 유대교가 외국의 신앙들과 만나게 되면서 촉발되었다. 전체적으로 보아, 유대교 사상은 유대민족이 처한 변화된 상황 속의 삶에 토라(Torah, 모세가 쓴 것으로 알려져 있는 모세 5경, 즉 『구약성서』의 처음 다섯 경전인 「창세기」·「출애굽기」·「레위기」·「민수기」·「신명기」를 가리키며 보통 유대의 율법을 가리키는 말로도 쓰인다—옮긴이)의 율법을 어떻게 적용하는가와 관련이 있다.

다른 종교 전통들처럼, 유대교도 신비주의적인 경향을 발전시켰다. 유대교의 신비주의는 비교(秘敎)적인 가르침의 중요성을 강조하였다. 이런 비교적 가르침은 오직 어떤 자격을 갖춘 개인들에게만 주어질 수 있거나 혹은 주어져야만 했다. 유대교 신비주의의

한 가지 전제는 그리스도교와 이슬람교의 신비주의와 마찬가지로 성서는 여러 차원으로 이해될 수 있다는 것이다. 즉, 어떤 더 높은 차원의 해석들은 오직 적절한 훈련과 교육을 받은 사람들만 접근이 가능하다. 유대교의 신비주의자들은 자주 성서의 '내적 가르침'에 관심을 갖는다.

그들은 또한 카발라(cabbala 혹은 kabbalah, 유대교의 비의적 신비주의)도 이용하였다. 이것은 중세에 나타나기 시작한 신비주의 전통의 텍스트를 포함하고 있다. '카발라'는 말 그대로 '전통'이라는 뜻이다. 오랫동안 『조하르』(Zohar, 13세기에 쓰였다)가 카발라의 주요 저작이었는데, 이는 오늘날의 (하시딤 공동체와 같은) 일부 유대인 공동체에서는 여전히 중요한 경전으로 남아 있다. 『조하르』라는 제목은 문자 그대로 '영광의 책'을 뜻한다. 이것은 모든 점에서 신의 영광을 지칭하는 것이 분명하다. 『조하르』는 재탄생, 추방, 그리고 속죄 등의 이미지들을 강조하며, 유대의 역사를 보편적 인간과 우주적 진행에 대한 상징으로 다룬다.

카발라 사상은 열 가지 유출에 관한 이론(세피로트로 불린다)을 통해 토라 경전에 대한 해석을 발전시켰다. 이 해석에서 신은 존재하는 모든 것의 궁극적인 원천으로 생각되었다. 존재의 원천으로서의 신에 대해 어떤 것도 말할 수 없지만, 신은 유출이라는 신의 속성으로 자신을 드러낸다. 이러한 유출들의 역동성과 상호연결성은 창조에 반영된다.

삶은 신 존재의 계시이며, 또한 유출들처럼 신과 함께 하나이다. 카발라의 많은 사상은 유출들과 창조된 세계 및 그 특징들 사이의 정확한 관계를 상세히 밝히는 데 관심을 둔다. 특히 카발라 학자들은 한 수준의 행위는 다른 수준의 행위에 영향을 미친다고 믿는다. 또한 실재 전체가 서로 긴밀하게 연결되어 있다는 믿음으로, 카발라 학자들은 지구 차원에서 일어나는 사건들이 초자연적인 중요성을 지니는 것으로 해석한다. 인간적 차원의 사건들이 갖는 내적 중요성이 검토되고, 성서처럼 창조는 내적 의미의 원천으로서 '읽힌다'.

카발라 사상은 특히 신적인 언어에 관심을 두었다. 이 신적인 언어는 신적인 에너지와 긴밀하게 연결되어 있다. 신적인 언어는 인간에게 히브리 성서에 쓰인 말과 글로 나타난다. 성서는 이런 방법에 의해 많은 층위의 의미들을 보유한다. 성서는 문자 그대로의 층위에 더하여 숨겨진 층위의 의미로도 읽혀질 수 있다. 숨겨진 수준에서는 말과 글이 농축된 에너지를 함유하고 있으며, 완전히 번역될 수 없는 의미들로 가득 차 있다. 카발라 학자들은 성서 속에 감추어진 이러한 미묘한 수준의 의미들에 관심을 두었다. 그들은 성서의 언어를 해석하는 과정에서, 단어들이 숫자적인 말로 표현되어 있는 복잡한 수비학(數秘學, 히브리 알파벳의 자음을 숫자로 사용하는 방식에 기초를 두었다)을 발전시켰다. 동일한 수적 '무게'를 지닌 말들은 상호 중요한 관계를 맺고 있는 것으로 이해되었으며, 토라 경전의 말들에 관한 명상을 통해 그 말들이 지닌 은밀한 의미를 드러내고 궁극적으로 '무한한 신의 빛'을 드러낸다.

신의 이름은 가장 강력하게 농축된 신의 권능과 연관된다. 유대교의 전통에서는 신의 이름을 말할 수 없다. 그것은 간접적으로 '네 글자'(Tetragrammaton, 신을 나타내는 히브리의 네 글자인 'YHWH' [야훼를 가리킨다)로 나타낼 수 있었다. 그러나 어떤 카발라 학자들은 토라 경전 전체를 신의 이름에 대한 복잡한 진술이라고 설명하고 있으며, '신의 이름'을 존재에 질서를 부여하는 신의 율법 전체를 포함하는 것으로서 이해하였다.

카발라 학자들은 신의 율법을 나타내는 토라 경전이 신과 더불어 하나라고 보았다. 따라서 어떤 의미에서 토라 경전은 신처럼 영원한 것이다. 이렇게 하여, 이슬람교에서 있었던 『꾸란』의 지위에 관한 토론에 해당하는 것이 유대교 신학에서도 똑같이 일어났다. 토라 경전은 단지 고대의 책이 아니라 하나의 살아 있는 유기체로 간주되었다. 그것은 살아 있는 신이 육체를 통해 자신을 드러내는 것과 같은 것이다. 그러므로 토라 경전은 '생명의 나무'로 기술되었으며, 몇몇 카발라 학자들은 이것을 신을 드러내 보이는 아주 복합적인 유출로 이해하였다.

이와 같은 신비주의 전통들은 상대적으로 분리된 유대인 공동체에서 번성하였다. 예를 들어, 이스라엘 벤 알리제르('베슈트'로 불림, 1700~1760년)가 창시한 동유럽의 하시딤 운동은 유대인 게토에서 번성하였다. 외부적 사건들이 갖는 내적 의미의 강조와 모든 사물에 신이 존재한다는 사실은 혹독한 정치적 상황에 놓여 있던 구성원들에게 실로 위안의 원천이 되었을 것이다. 하지만 일부 유대 사상가들은 그들의 종교적 신앙과, 디아스포라를 통해 그들이 이주해간 지역에서 접하게 되는 세속적인 철학 전통의 융합에 관심을 가졌다.

역사적으로 가장 중요한 유대 사상가는 모세 마이모니데스(1135~1204년)였다. 마이모니데스는 에스파냐에서 태어난 유대인으로, 13세에 코르도바로 도망칠 수밖에 없었다. 결국 이집트에 정착한 그는 의사이자 랍비였다. 마이모니데스의 위대한 업적들 중의 하나는, 몇 세기에 걸쳐 랍비들이 히브리 성서에 대해 성찰한 내용을 담고 있는 미슈나를 체계적으로 정리한 일이었다. 그는 간혹 소요학파의 한 사람으로 간주되었다.

아랍어가 중세의 학술 언어였기 때문에 이슬람 전통에 속하지 않는 일부 학자들도 그들의 철학 저작을 아랍어로 썼는데, 마이모니데스도 그런 사람들 중의 하나였다. 그가 살던 시대의 대부분 아랍과 페르시아의 철학자들처럼, 마이모니데스도 아리스토텔레스의 철학을 그의 학문의 기초로 삼았다. 아리스토텔레스가 그에게 미친 영향은 그의 유명한 저작인 『길 잃은 자를 위한 안내서』 속에 명백히 나타나 있다. 마이모니데스는 이 저작에서 종교와 이성을 조화시키려고 노력하였다. 그는 철학은 마땅히 계시에 종속되어야 하지만, 그럼에도 계시를 통해 알려진 진리들을 옹호하기 위하여 이성이 사용될 수 있다고 하였다.

특히, 마이모니데스는 과학 지식이 종교를 포기하게끔 만들어서는 안 된다고 하였다. 특별히 흥미로운 그의 논증들 중의 하나는, 아리스토텔레스가 주장했듯이, '무(無)로부터'의 신의 창조가 세계의 항존성과 양립가능하다는 것이다. 마이모니데스는 신이 시간의 어떤 순간에 세계를 창조하였다는 생각은 우리가 시간에 얽매여 있는 상황으로부터 유래하였음을 논증하였다. 신의 존재는 우리의 경험을 조건지우는 시간에 의해 제한받지 않는다. 그러므로 신의 창조를 그의 영원한 본성의 일부로 간주하고 또 신을 영원한 창조자로 생각하는 것도 타당한 일로서, 신은 다름 아닌 자신의 권능으로부터 우주를 창조하였다. 이 사상은 신플라톤주의의 구상과 어느 정도 닮았다. 신플라톤주의에 따르면, 세계는 신 자신의 본성으로부터의 직접적이고 필연적인 유출을 통해 창조되었다.

마이모니데스 역시 당시에 통용되던 '능동적 지성'에 관한 아랍적인 신플라톤주의의 개념을 받아들였다. 이 능동적 지성이란 인간에게 지식이 가능케 하는 것으로서, 인간의 개별적인 지성은 수동적일 뿐이다. 마이모니데스도 이븐 루시드처럼 영혼의 개인적인 불멸성을 부정하였지만 초개인적인 능동적 지성은 불멸한다고 믿었다. 인간이 얻는 모든 지식은 우리의 공통적인 지성의 일부분이 되며, 그러므로 비록 우리 자신들이 (개별자들로서) 죽음에서 살아남을 수 없다 하더라도 우리의 지식은 인류 안에 계속 살아 있게 될 것이다.

마이모니데스는 그의 몇몇 아랍인 선배들과는 달리, 인간은 자유의지를 가졌다고 주장하였다. 유대의 전통에 속하는 그는 특히 윤리학에 관심을 가졌으며 확고한 믿음을 지녔다. 도덕적인 선함은 가장 중요한 인간의 열망이며, 따라서 철학의 궁극적인 목표라고 마이모니데스는 말하였다. 1세기 후에, 토마스 아퀴나스는 마이모니데스의 저작에서 그리스도교의 가르침과 양립가능한 많은 점들을 발견한다. 그는 자신의 신학 체계에 마이모니데스의 많은 사상을 채용하게 된다.

유대의 신앙과 비유대적인 철학 전통을 조화시키려는 마이모니데스의 이러한 노력은 디아스포라 기간 동안 내내 유대인들이 관심을 가졌던, 유대인들이 이웃의 비유대 문화들과 어떻게 관계를 맺어야 하는가와 같은 기본적인 문제에 대한 하나의 접근을 보여준다. 정통적인 유대인들은 이 문제에 대해, 종교적 축일과 안식일(Sabbath, 유대교에서는 토요일, 그리스도교에서는 일요일)과 연관해서뿐만 아니라, 일상적인 생활의 구체적인 행동에서도 전통적인 규범과 의식(儀式)에 엄격히 따라야 한다고 답하고 있다. 근대에 와서는 보수적인 유대인들도 근대의 상황에서 유대 율법을 좀더 융통성 있게 적용시키는 것을 허용한다. 하지만 의식 절차를 지키고 진정한 유대 전통을 유지하는 것이 중요하다고 그들은 강조하였다.

최근의 몇 세기 동안에는, 개혁 유대교가 이 문제에 대한 세번째의 접근방법으로서 발전하였다. 개혁 유대교는 대부분 동화주의자(同化主義者)들에 의해 발전되었다. 그들은 전통적인 형식 절차들을 거부하고 주변사회의 세속적인 생활방식을 채용하였다. 횔

썬 더 보수적인 유대인 집단들은 개혁 유대교를 좀처럼 유대적인 것으로 보려고 하지 않는다. 하지만 개혁파 유대인들은 과거에 유대인들에게는 금지되었던 더 큰 사회 속에서의 역할을 맡기 위해서, 자신들의 접근이 여전히 과거의 유산에 매여 있는 유대인들에게 하나의 방법이 될 수 있다고 보는 경향이 있다.

● 생각하는 신_ 안셀무스, 아벨라르두스, 아퀴나스, 스콜라 철학

하지만 이제 다시 중세로 돌아와서, 이번에는 당시의 그리스도교 사상을 고찰해보자. '소요학파'가 대부분의 경우 중세 이슬람교의 철학 전통을 가리키는 것과 마찬가지로, 스콜라 철학은 1050~1350년의 중세 서양의 그리스도교 사상을 가리키는 일반적 용어이다. 더 구체적으로 말하자면 이것은 당시 서구의 '학파들'에서 지배적이던 철학적 사변의 방법을 지칭하는 것으로서, 아리스토텔레스의 논리학을 근거로 하고 그 추론에 변증론을 이용하는 방법이다. 스콜라 철학 저작들의 전형적인 형태는 당시의 대부분 철학 저작에서 명백히 드러나는 것처럼, 일련의 질문들이 담겨 있고 각각의 질문에 대한 논증과 결론이 뒤따른다. 이런 기본적인 방법을 공유하는 것 외에도, 스콜라 철학자들은 공통적으로 가톨릭 신앙의 근본적인 전제들과 인간의 이성이 계시를 통해 배운 진리들을 확장하는 데 이용될 수 있다는 믿음을 수용한다. 이성에 관한 그들의 견해는 성서를 통해 계시된 바로 그 신이 인간에게 이성의 능력을 주었으며 이 이성의 능력으로 인간은 진리를 알 수 있다는 아우구스티누스의 믿음으로부터 영향을 받았다.

스콜라 철학 초기의 가장 주목할 만한 인물은 성 안셀무스(1033~1109년)였다. 안셀무스는 아우구스티누스를 자신의 사상의 원천으로 인정하였지만, 그와 달리 플라톤의 형상론과 신플라톤주의의 유출설에 열광하지 않았다. 안셀무스의 철학은 신앙의 신비를 탐구하기 위한 것이었다. 그는 신, 삼위일체, 성변화, 부활 및 자유의지 등에 관한 그리스도교의 가르침에 대해 절대적인 신뢰를 가졌다. 그럼에도 그것들을 더 충분히 알기

위하여 그는 이성을 이용하였다. 그의 좌우명은 '이해를 추구하는 신앙'이었다. 또한 그는 우리가 신앙의 신비를 받아들이지 않는 한, 우리는 이해할 수 없을 것이라고 하였다. 그의 가장 유명한 격언들 중의 하나는 "나는 이해하기 위해 믿는다"(Credo ut intelligam) 였다.

따라서 안셀무스는 지성뿐만 아니라 감성으로써 자신의 주요한 문제에 접근하였다. 안셀무스는 스콜라 철학자로서 자신의 탐구에 변증론과 격렬한 논쟁을 이용하였다. 그는 적어도 계시를 통해 인정된 몇몇 진리들 역시 엄격한 논리적 논증에 의해서 증명될 수 있다고 하였다. 이성은 또한 그러한 증명에 적합하지 않은 진리들에 대해서도 그 가능성과 필연성을 확립할 수 있다. 안셀무스의 가장 유명한 논증은 (나중에 칸트가 그렇게 불렀던 것처럼) 신의 존재에 관한 존재론적 증명이다. '존재론적' 증명은 어떤 것의 개념 자체가 그것의 존재를 수반함을 보여주는 것으로 이루어진다. (우리가 보았듯이, 이븐 시나 역시 이런 형식의 증명을 이용하였다.) 안셀무스의 증명은 전통적으로 신의 존재를 증명하는 한 '방식'으로 간주되었지만, 그는 한동안 자신의 증명을 비신앙자들을 설득하는 수단으로 이용하려 하지 않았다. 그는 자신의 증명이 이미 신앙을 가진 사람들에게 신의 본성을 더욱 분명하게 드러내줄 뿐이라고 주장하였다.

안셀무스는 자신의 존재론적 증명에서 신의 정의 자체가 신의 존재를 포함하고 있다고 하였다. 안셀무스에 따르면, 신은 '그보다 더 위대한 어떤 것도 생각할 수 없는 것'이라고 하였다. 신의 존재를 믿지 않는 사람들조차 '신'의 의미를 바로 이렇게 이해한다. 신은 정의(定義)상 생각할 수 있는 가장 완벽한 존재이다. 그 결과 그렇게 이해된 신은 마땅히 존재해야만 한다. 신이 단지 하나의 가능성, 지칭대상이 없는 영광스러운 관념에 불과하다면, 신은 생각할 수 있는 가장 완벽한 존재가 아니게 된다. 즉, 우리는 여전히 더욱 완벽한 존재를 생각할 수 있는데, 그러한 존재는 그 관념을 완벽하게 공유하면서 또한 존재하기도 할 것이다. 일단 우리가 신의 개념을 생각할 수 있는 가장 완벽한 존재로 받아들이게 되면, 우리는 논리적으로도 신의 존재를 수용하게 된다.

피에르 아벨라르두스 (1079~1144년?)는 스콜라 철학의 시기에 가장 뛰어난 논리학자였다. 그는 현란하면서 그리 겸손하지 않았던 변증론의 대가였으며, 비정통적으로 신학에 논리학을 적용하여 교회로부터 두 번씩이나 비난을 받았다. 그는 그리스인들은 그들의 형이상학 속에서 이미 그리스도교에 가까웠으며, 그의 적지 않은 그리스도교도 선배들처럼 죄는 신의 율법과 마찰을 일으키는 행동의 문제라기보다는 악한 의도의 문제라고 주장하였다. 아벨라르두스는 의도를 매우 강조하면서, 형식적인 원리들보다 오히려 선택과 자유의지를 윤리학의 중심에 두었다.

그렇지만 아마도 아벨라르두스는 그가 가르치던 학생인 엘로이즈와의 사랑 이야기로 가장 유명할 것이다. 이미 유명한 학자가 된 직후에 그는 젊은 여성을 가르치는 가정교사로 고용되었는데, 두 사람은 곧 사랑에 빠졌다. 결혼이 신학을 가르치는 그의 화려한 경력을 망칠 수 있기 때문에 엘로이즈는 결혼해서는 안 된다고 그를 설득하였다. 두 사람이 비밀스럽게 결혼을 하자 아벨라르두스를 가정교사로 고용했던 엘로이즈의 보호자인 삼촌은 그녀가 정절을 잃은 데 대한 보복을 하기 위하여 그에게 자객을 보냈다. 그들에게 거세당한 아벨라르두스는 아내 엘로이즈를 설득하여 그가 수도서약을 했던 수녀원으로 보낸다. 그 후 이들 사이에 오간 편지들은 에로틱한 사랑의 역사에서 가장 감동적인 연애편지 가운데 하나였다.

그러나 철학자로서 아벨라르두스는 주로 논리학에, 혹은 더 정확히 말하자면 오늘날 우리가 언어철학이라고 부르는 분야에 관심을 가졌다. 오늘날의 많은 철학자들이 그러는 것처럼, 대부분의 신학적 철학적 혼동은 언어에 관한 혼동, 즉 단어들의 의미들에 관한 혼동의 결과라고 그는 믿었다. 그의 철학적 평판은 이름에 관한 이론 혹은 유명론(唯名論)과 관련이 있다. 그는 무엇보다도 말은 단지 이름, 즉 기호일 뿐이라고 주장하였다. 단어들은 사물들을 가리키거나 '의미한다'. (지칭된 사물들은 '의미된 것들'이다.) 하지만 어떤 종류의 단어가 이름인가? 실은 모든 단어들이 다 어떤 존재를 지칭하는 것은 아니기 때문이다. 아벨라르두스는 특히 플라톤과 아리스토텔레스까지 거슬러 올라가는 많은 토론이 있었던 '보편자 문제', 종류를 지칭하는 말들(구성원의 수적 제한이 없는 집단이나 개체들로서, 예를 들면, '고양이들'), 성질들(수많은 서로 다른 대상들이 똑같은 성질을 공유할

수 있다는 점에서 보편적이며, 예를 들면, '붉은'), 그리고 이상적인 형태들(예를 들면, '삼각형')
등의 문제에 관심을 가졌다. 문제는 보통 이러한 단어들이 실제로 진정한 실재를 지칭하
느냐, 즉 이 단어들이 고양이, 붉은 색깔, 혹은 완전한 삼각형(플라톤이 말하는 삼각형의 형
상)의 본질을 실제로 가리키느냐 하는 것이다.

실재론자들로 불리는 논리학자들은 고유한 실재가 있다고 주장하였다. 유명론자들
로 불리는 다른 사람들은 보편적 실재는 오직 우리 마음속에만 존재한다고 주장하였다.
이와는 대조적으로, 아벨라르두스는 개별자들만이 존재한다는 혁신적인 견해를 취하였
다. 그는 보편자들의 존재를 부정하고 사물이 사물일 수 있도록 하는 본질을 갖고 있다
는 실재론자들의 주장도 거부한다. 플라톤의 형상이나 혹은 고양이의 본질 같은 것은 존
재하지 않으며, 단지 많은 고양이들이 존재할 뿐이다. 붉은 색깔은 없고, 단지 수많은 붉
은 사물들만이 있을 뿐이다. 플라톤의 삼각형의 형상은 없고, 단지 삼각형들만이 있을
뿐이다.

아벨라르두스는 더 나아가 하나의 사물이 그 사물일 수 있는 것은 그 사물의 모든
성질 때문이라고 주장하였다. 한 사물의 성질은 아리스토텔레스가 주장한 것처럼, 본질
적인 성질과 우연한 성질로 나누어질 수 없으며, 어떤 특정한 성질도 다른 성질들보다
그 사물에 더 본질적이라고 말할 수 없다. 사물들 사이의 유사성은 실제적으로는 유용할
것이라고 아벨라르두스는 인정하지만, 그러한 유사성은 이 사물들이 하나의 형상이나
보편적 범주를 공유하기 때문에 생겨난 결과는 아니다. 말은 우리를 속여 우리로 하여금
보편자의 용어로 생각하게 만들지만, 보편자는 실재적이지 않다. 그것은 단지 우리가
언어를 사용할 때 우리가 가정하는 구성적 개념일 뿐이다.

아벨라르두스는 말과 실재 사이의 이러한 날카로운 구별을 그의 성서 해석에 적용시
켰다. 그는 종교당국들 사이의 명백한 갈등은 그들이 똑같은 말을 서로 다른 의미로 사용
하고 있다는 사실을 앎으로써 해결될 수 있으리라고 하였다. 아벨라르두스는 '신학'이
라는 용어를 최초로 근대적인 의미로 사용하였는데, 이것은 종교적 신비들에 관한 합리
적인 연구를 가리키는 것이었다. (아벨라르두스 이전에 '신학'은 특히 종교에 대한 신비적 접근

만을 가리켰다.) 이제는 천년이나 된 논의에 들어가면서, 아벨라르두스는 계시에 대한 이성의 적용을 옹호하였으며, 신앙이 이성에 의해 옹호되지 않는다면 그것은 단지 억견(臆見)에 불과하다고 주장하였다. 그는 이성이 종교적 진리를 통찰할 수 있는 능력을 제공한다고 믿었기 때문에, 고대의 그리스인들이 탄복할 만큼 그리스도교의 가르침과 같은 방향으로 나아갔으며, 삼위일체의 본성까지 어느 정도 얼핏 보았을 것이라고 하였다.

토마스 아퀴나스(1225~74년)는 스콜라 철학의 최고 인물이다. 가톨릭교회는 도미니쿠스 수도회의 수사인 그를 교회의 가장 중요한 박사들 중의 한 사람으로 여겼다. 그의 가장 중요하고도 영향력 있는 철학 저작들은 여러 권으로 이루어진 『이단 논박 대전』(Summa Contra Gentilis)과 (미완성의) 『신학대전』(Summa Theoologica)이다. 『신학대전』은 초보 성직자들을 위해 쓰인 체계적 신학 소개서이지만, 가톨릭 철학의 결정적인 개설서이기도 하다. 『이단 논박 대전』의 공격 대상은 아랍철학자들의 자연주의적 경향이다. 그러나 어떤 의미에서 그의 저작은 자연주의자들의 몇몇 전제들을 인정하였다. 토마스의 목표는 그리스도교 신앙의 기초는 이성이며 자연에 내재된 법칙은 이성적이라는 사실을 보여주는 데 있었다.

토마스는 알베르투스의 학생이었다. 알베르투스는 그의 동시대인들에게 그리스와 아랍 및 유대 사상을 알리려고 노력하였다. 토마스는 그의 이런 노력을 이어갔다. 토마스는 위대한 종합가였으며 마이모니데스와 이븐 시나를 포함하여 많은 사상가들의 저작에서 그들의 사상을 끌어왔다. 그는 이성과 철학적 탐구가 그리스도교 신앙과 양립가능하다는 사실을 보여주는 데 관심을 가져, 이성과 계시는 각각의 고유한 영역이 있다고 주장하였다. 이성은 자연 세계에 대한 진리를 배우는 데 적합한 도구였다. 그러나 계시는 초자연적인 세계에 관여하며, 그리고 자연 세계가 실재의 전부는 아니었다. 자연 세계의 진정한 위치는 오직 초자연적인 것을 참조함으로써만 알려질 수 있을 뿐이다.

토마스는 특히 아리스토텔레스의 영향을 많이 받았다. 그는 (당시의 많은 동시대인들과 더불어) 아리스토텔레스의 중요성을 너무도 당연하게 생각했기 때문에 아리스토텔레스를 단지 '그 철학자'라고만 지칭하였다. 아리스토텔레스의 논리학 저작들은 한동안 라틴어 번역으로 입수할 수 있었지만, 몇몇 신학자들과 교황청 당국은 최근에 번역된 그의 형이상학적이고 자연주의적인 철학 저작들에 반대하고 있었다. 특히 그들은 세계는 영원하며 세계의 지속적인 존재는 신에 의존하지 않는다는 아리스토텔레스의 견해를 거부하였다. 그들은 더 일반적인 입장에서, 그의 전망이 부적절한 자연주의적 성격을 띠고 있는 것으로 간주하였다. 아리스토텔레스의 '신'은 인격적이고 정신적인 존재 대신에 추상적이고 자연적인 현상(제1 원동자)을 상정하고 있기 때문이었다. 아리스토텔레스가 플라톤과 다른 점은 신학적으로 의심쩍게 보이기도 했다. 중세의 그리스도교도들은 오랫동안 여러 가지 면에서 플라톤이 그리스도교의 이상을 '예견'했다고 보았기 때문이다.

이성의 영역과 계시의 영역을 구분함으로써 토마스는 그리스도교의 세계관 내에서 아리스토텔레스의 분명한 위치를 규정할 수 있었다. 아리스토텔레스의 철학은 오직 이성과 자연 세계에만 관여하였다. 토마스는 그러한 분야에서는 아리스토텔레스의 철학이 진리를 적절히 일목요연하게 정리하고 있다고 믿었다. 토마스가 아리스토텔레스의 철학에 의존한 결과 그리스도교 사상 내에서 자연 세계와 그에 대한 인간의 지식을 상대적으로 높이 볼 여지를 마련하였다. 이 점은 초기 그리스도교 사상의 플라톤적인 틀과는 대조되는 것으로서, 초기 그리스도교 사상은 형상이 머무는 천상의 실재 세계에 비교하여 자연 세계의 비실재성을 강조하였다.

토마스는 자연 세계가 실재하고 또 우리가 알 수 있는 세계라고 소개했을 뿐만 아니라, 신의 율법을 반영하는 세계이기도 하다고 생각하였다. 신은 자신이 창조한 피창조물들에게 특별한 천성을 부여하였으며, 창조는 사물들의 다양한 천성들을 특별한 질서 속에 상호 연관시켜놓았다. 그러므로 신은 그 자신의 신적인 법을 이용하여 자연의 법칙들을 규정하였다. 일상적인 경험의 대상인 이 세계의 지성적인 구조를 이성을 통하여 인식하는 인간은 신의 정신 속을 들여다볼 수 있는 통찰력도 얻게 된다. 토마스의 이런 설명은 아직 과학이 완전히 수세에 몰려 있을 때 과학 연구를 촉진하는 주요한 계기가 되었다.

자연 세계를 통하여 신의 법이 작용하는 것을 보면서, 토마스는 (존재한 모든 것들에 관한) 형이상학 전체가 신을 알기를 지향한다고 주장하였다. 토마스는 이성이 단지 자연 세계를 관조함으로써 이러한 방향으로 이끌어질 것이라고 믿었다. 토마스는 신의 존재를 증명한 것으로 유명한데, 이 증명은 우연한 존재들(바꾸어 말하면, 존재하거나 움직이기 위해서 자신 아닌 다른 것에 의존하는 존재들)에 대한 이성적 분석에 기초를 두고 있었다. 일반적으로, 그의 논증들은 우주론적 증명의 형태를 취하고 있으며, 이것은 실제 존재로부터 궁극적인 설명을 이끌어내는 추론이다. 예를 들어, 우연한 사물들의 운동은 그들을 움직인 다른 사물들에 인과적으로 의존하고 있다. 아리스토텔레스와 더불어, 그러한 역행을 무한히 계속한다는 것은 이해할 수 없는 것이라고 믿는 토마스는 이런 깨달음이 우리의 정신으로 하여금 제1 원동자를 구하게 한다고 확신하였다. 토마스에 따르면, 정신이 마땅히 존재해야 하는 이 최초의 원동자로 결론짓는 것은 바로 신이다. 신의 존재에 대한 그의 다섯 가지 증명(그의 ˈ다섯 가지 방법ˈ 으로도 불린다)에서 그는 비슷한 형식을 취한다. 결국 결론은 모두 자연계 사물들의 우연한 존재는 그들을 초월하는 어떤 것, 즉 신에 의존한다는 것이다.

　　그런 추론에서 인간의 정신은 초자연적인 것을 지향하며, 토마스의 사상체계 내에서는 이성과 계시의 국면이 절대적으로 구분되는 것은 아니다. 실로 그는 우리가 물질세계에 현시된 것을 통해 정신적 실재를 알게 된다고 믿었다. 그럼에도 그는 신의 영역을 통찰할 수 있는 방법으로서 이성이 한계를 갖는다고 강조하였다. 생각은 어떤 이미지를 그리는 것인데, 마음이 만들어내는 이미지들은 이 세계에 대한 감각적 경험으로부터 파생된다. 그러므로 우리가 신을 상상하려고 할 때, 그렇게 거짓되고 궁극적으로는 적절하지 않은 시간적이고 공간적인 이미지들만을 상상할 뿐이다. 하지만 철학이 신학을 도울 수는 있다. 그렇지만 주로 신이 무엇인가를 이해하도록 하는 대신, 신이 아닌 것이 무엇인가를 이해하도록 도와줄 뿐이다. 계시는 인간이 초자연적인 것에 대한 어떤 적절한 인식, 즉 하늘에 계신 신에 대한 전망을 가지는 데 필요하다. 은총은 개인의 의지가 이런 목표를 지향하게끔 도와주는데, 인간의 지성은 이 목표에 대해 오직 어렴풋한 인식만 갖고 있을 뿐이다.

토마스는 과학과 일상적인 이성에 관해서 경험론자였다. 이는 그가 자연 세계란 우선 감각적인 지각을 통해서 인간에게 알려진다고 생각했다는 점에서 그렇다.[54] 토마스는 관념들이 생래적(生來的)이라는 입장을 부정하였지만, 동시에 감각지각이 정신적 수동성을 수반한다는 것도 부정하였다. 아우구스티누스 및 이븐 시나와 토마스 사이의 중요한 차이점들 중 하나는, 아우구스티누스 및 이븐 시나가 정신을 신의 조명에 의해 외부적으로 제공된 관념과 형상을 수동적으로 받아들이는 수납자라고 생각했다는 점에 있다.[55] 토마스는 인간의 정신 자체는 능동적이라고 하였다. 신은 정신에게 외부적인 조명을 제공하지 않았다. 그 대신, 정신에게 내적 활동의 원리인 본성(nature)을 주었다. 이 점에서 정신은 창조의 나머지 같은 것이다. 신은 그가 만든 모든 종류의 사물에 본성을 부여하였는데, 본성이란 그 사물 고유의 자연적 작용원인을 말한다. 그러므로 이와 같은 신이 부여한 원리에 따르면, 정신은 수동적이 아니고 오히려 능동적이다.

능동적인 본성이란 개념은 토마스의 철학 내에서의 많은 움직임을 용이하게 만들었다. 예를 들어, 인간의 지식은 인간 정신의 본성에 의해 가능하다. 이것은 감각에 의해 제시된 이미지들을 능동적으로 분석하고 그것들의 본성 혹은 본질을 결정하려 노력한다. 따라서 인간의 도덕성 또한 단순히 자유의 문제도 아니고 자연적인 결정론의 문제도 아니다. 대신, 인간의 도덕성은 신이 부여한 인간 존재의 특별한 본성에 달려 있다. 도덕성은 우선 인간의 계산, 감정, 그리고 욕망 등의 부침(浮沈)에 달려 있는 것이 아니라, 오히려 우리 속에 주입되어 있으며 이성을 통해서 발견할 수 있는 도덕적 원리인 자연 법칙에 의존한다.

---

54 그렇지만 토마스의 경험론은 후세의 흄의 경험론만큼 철저하지는 않았다. 흄은 인과율에 대하여 회의적이었다. 우리의 경험은 하나의 사건이 다른 사건을 야기한다는 우리의 가정을 보증하지 않는다고 그는 주장하였다. 흄의 견해로는, 우리는 원인이 아닌 단지 연속만을 경험한다는 것이다. 이와는 달리, 토마스는 인과율을 확실한 개념으로 간주하였으며, 우리의 정신이 경험적인 체험을 통하여 이러한 개념에 도달하였다고 주장하였다.

55 비록 토마스의 철학이 가톨릭 신학에서는 지배적이었지만, 몇몇 그의 견해들은 모순적이다. 아우구스티누스주의자들에 의한 토마스 철학의 수용에 대한 논의에 관해서는 폴 비뇨, 『중세시대의 철학: 입문』(*Philosophy in the Middle Ages: An Introduction*), E. C. 홀 번역(뉴욕, 메리디언 출판사, 1959년), 130쪽 이후를 보라.

● 후기 스콜라 철학_ 둔스 스코투스와 오컴의 윌리엄

14세기에는 상당히 많은 반론들이 일어났으며, 아마도 다음 세기에 확실히 따라오게 될 사회적 붕괴의 때 이른 조짐도 보였던 것 같다. 그러나 후기 스콜라 철학의 특징을 가장 잘 보여주는 것은 언어와 논리에 대한 강조일 것이다. 이와 더불어 아퀴나스가 그렇게 확신에 차서 요약하였던 자연적 이성의 확실성에 대한 회의가 높아졌다. 종종 밀도 높은 논증이 이루어졌으며 텍스트의 신뢰성은 자주 문제시되었다. 이와 더불어 선배들과 반대자들의 논증에 대해서도 거의 강박관념에 가까울 정도의 주의를 기울였다. 그렇지만 후기 스콜라 철학에서 분명해진 것은 종교사상이 당혹스러울 정도로 복잡해졌다는 점이었다. 이와 더불어 아우구스티누스와 아퀴나스의 사상에서 이성과 신앙의 협동으로 제시되었던 것에 대한 귀찮은 장애물들이 새로이 나타났다. 그 결과, 때로 오랫동안 유지되어왔던 철학과 종교의 결혼이 이 시기에 파탄이 나기 시작하였다고 말하곤 하는데, 이것은 갑작스러운 이혼이라기보다는 천천히 진행된 분리라고 보아야 할 것이다.

둔스 스코투스(1266?~1308년)와 오컴의 윌리엄(1285~1349?년)은 둘 다 브리튼(잉글랜드, 스코틀랜드 및 웨일즈를 모두 포함하는 영국 섬 전체를 가리키는 말—옮긴이)의 프란체스코 수도회 수도사들(이들은 각각 스코틀랜드와 잉글랜드 출신이다)로서, 도미니쿠스 수도회 수도사인 토마스 아퀴나스의 사상에 동의하지 않았다. 그러나 그들은 토마스 아퀴나스와 더불어 그리스도교와 아리스토텔레스를 조화시키려고 노력하였다. 둘 중 더 보수적이었던 스코투스는 안셀무스의 방식대로 무한히 완벽한 신 개념으로부터 신의 존재를 '증명' 하는 전통을 계속 유지하였다. 하지만 스코투스에게는 이 유명한 논증이 단지 언어나 정의(定義)의 문제에 불과한 것으로 보이지 않았다는 점이 극히 중요한 문제였다. 아퀴나스로부터 떠난 스코투스는 자연적 이성과 신적인 것에 대한 지식 사이의 은근슬쩍한 연결을 거부하였다. 스코투스는 믿음의 근본적인 토대인 증거에 대한 근대적인 주장을 초기 스콜라 철학자들의 확신에 찬 언어의 틀로 표현하였다.

스코투스의 형이상학적이고 언어학적인 정교한 분석들의 세부사항은 이 책에서 논의할 수준을 훨씬 넘어선다. 사실상, 특히 스코투스에 의해서 '스콜라 철학'이라는 용어가 미궁 같은 난해한 학문을 나타내는 말이 되었으며 또한 그와 같은 결벽증적인 논리를 못 견뎌했던 초기 근대사상가들의 조롱거리가 되었던 것이다. 하지만 간단히 말해서, 스코투스가 관련된 논쟁은 플라톤 이래 (그리고 이전부터) 계속되어온 논쟁과 유사하다. 이 논쟁은 곧 특성, 유형, 형상, '보편자'를, 이들을 구체적으로 예시하는 특정 사물들의 존재로부터 분리하는 것에 관한 것이다. 스코투스는 어떤 특정한 사물의 개별적인 정체성은 오직 그것의 '질료'에 달려 있는 반면, 그 사물의 형상은 같은 종류의 무한히 많은 다른 사물들과 공유된다는 아퀴나스의 생각을 거부하였다. 스코투스에 따르면, 어떤 사물의 개별 정체성은 그 사물의 형상의 한 부분이기도 하다. 스코투스는 어떤 사물의 '공통적인 본성'(그것의 본질[quiddity 또는 whatness])과 그 사물의 '개별적인 차이'를 서로 구별하였다.

일자와 다자에 대한 고대의 문제에 더하여, 정체성과 차이에 관한 더욱 근대적인 질문들이 스코투스의 복잡한 논의 속에서 처음으로 그 모습을 드러내게 되었다. 그와 유사한 페르시아의 철학자들처럼, 그도 본질과 실존의 구별을 이용하여 신과 인간 정신 사이의 관계에 대한 설명을 체계적으로 발전시켰다. 스코투스에 따르면 하나의 진리, 즉 신의 존재를 받아들이는 것만으로는 충분하지 못하였다. 이성은, 최초의 원리에서 출발하여 그 결과까지 이르는 진리들의 위계질서에 대한 이해를 요구하였다.

하지만 스코투스는 신앙과 이성에 대한 끝없는 토론에서 '이성'에만 전적으로 의지한 것은 결코 아니었다. 그가 그의 복잡한 사유로부터 이끌어낸 가장 극적인 결론은 신앙에 대한 새로운 강조의 필요성이었다. 실제로 그는 인간의 덕성은 지혜가 아닌 사랑으로 측정되어야 한다고 강조하여 주장하였다. 그 이전의 아우구스티누스처럼 (그리고 그 후의 데카르트처럼), 그는 정신과 정념의 작용, 또 자아에 대한 우리의 느낌과 앎 등의 문제에 관심을 가졌다. 그 결과 스코투스는 의지, 특히 신의 의지의 본성에 관한 논의에 열중했다.

모든 철학에서 흔히 그렇듯이, 의지의 중요성을 강조하는 이론(주의설[主意說])들은 의지와 이성 사이의 거리를 과장해서 비이성주의 쪽으로 흐르게 되는 경향이 있다. 그러나 스코투스는 의지를 이성으로부터 구별하면서도, 또한 기호(嗜好)나 욕구로부터도 구별하였다. 우리의 행동은 우리의 지능에 의해서 전적으로 결정되는 것은 아니며, 또한 우리의 기호나 욕구에 의해서 전적으로 결정되는 것도 아니다. 이것은 종종 스코투스의 '비지성주의'로 불리지만, 그렇다고 이 이론이 이성을 공격하는 것으로 여겨져서는 안 된다. 이와 비슷하게, 신의 지성과 반대되는 것으로서의 신의 의지에 대해 스코투스가 강조하는 것은, 신이 순수한 사유를 통해서 세계를 창조한다는 토마스의 아주 아리스토 텔레스적인 이론을 거부하는 것으로서 이해되어야 한다. 스코투스는 지식보다는 오히려 신의 사랑을 강조하였다. 그는 지식의 일차적 중요성에 의문을 제기하였으며, 이 점에서 그가 스콜라 철학 내에서 커져가던 회의주의에 속하는 것으로 여겨졌을 것이다. 그러나 그 자신은 회의적이지 않았다. 실제로 그는 종교적 문제에서 회의주의를 철저히 공격하였다.

스코투스는 종종 (우리가 아벨라르두스의 유명론과 대조적으로 논의했던 의미에서) 실재론 자로 이해되었다. 그는 인간의 정신은 진정한 본질들('quiddities'), 즉 보편자를 개별자를 통하여 알게 된다고 하였다. (실은 그의 입장은 훨씬 더 미묘하였다.) 그렇지만 오컴의 윌리엄 은 유명론에 가까웠다. 그는 반실재론자로서, 그와 같은 보편자들의 실존을 받아들이지 않았으며, 아벨라르두스처럼 말의 다수성(多數性)으로부터 낯선 대상들(본질들이나 보편 자들)의 다수성을 추론해내는 것을 거부하였다. "복수성(複數性)이란 필연성 없이 가정될 수는 없다"고 그는 주장하였다. 특히 개별자들에 공통되지만 개별자들과 구별되는 보편 자들의 존재를 받아들일 필요가 없다. 오직 개별자와 개별 사물만이 있을 뿐이다. (이 토 론의 '스콜라 철학적인' 성격이 그 지지자들의 열광을 꺾어놓지는 못했다. 언젠가 버트런드 러셀이 재미있는 질문을 던졌다. "실재론이 진리인데도 모든 사람이 유명론자이다. 혹은 그 반대일 수도 있 다. 어느 쪽이든 그것으로 이 세상에서 뭐가 달라진다는 말인가?" 중세 그리스도교 사상 안에서 이런 논쟁들이 불러일으키는 흥미진진함은 이 논쟁들이 함축하는 종교적 의미로 이해될 수 있다. 그럼에도 무신론자인 러셀은 이 논쟁에 참여했다.)

　　오컴은 오히려 급진적인 경험론자였다. 그는 뒤에 등장하는 영국의 경험론을 명백히 예견하였으며, 이 경험론은 그에게 큰 빛을 지고 있다. 오컴은 토마스의 철학을 광범위하게 해체하였으며, 때로 최초의 '근대사상가'로 불렸다(자신이 그렇게 부르지는 않았다). 그는 신학과 아리스토텔레스의 '목적인'을 포기하였다. 그는 지금도 '오컴의 면도날'로 알려진 절제(단순성)의 원리로 유명하다. 간단히 말해서, 이것은 간단히 설명할 수 있는 것을 더 복잡하게 하지 말아야 한다는 주장이다. 오컴에게는 적을수록 좋은 것이다.

　　오컴 역시 스코투스처럼 의지, 특히 신의 의지의 본성에 관심을 가졌다. 그도 스코투스처럼 신의 지성보다는 오히려 신의 의지를 강조하였으며, 신은 어떤 것도 할 수 있는데 그것이 (논리적으로 모순되지 않는 한) 기적적인 일이라도 마찬가지라고 주장하였다. 이렇게 그는 비록 자연의 법칙이 세워져 있더라도 신의 권능은 절대적이라는 이론을 옹호하였다. 신은 이 세계를 지금과는 다른 세계로 만들 의지를 가질 수 있었기 때문이다. 그러므로 자연의 법칙은 (사물들이 실제로 존재하는 방식에서) 우연한 것이지만, 신의 의지는 과거에나 현재에나 완전히 자유롭다. 바로 이 추상적인 개념은 도덕들이 '자연' 법칙에 기초를 두고 있는 한, 인간의 도덕에 깊은 함축성을 지닌다. 자연은 (우리의 본성을 포함하여) 다르게 될 수도 있었다. 그러므로 자연은 도덕적 의무의 궁극적인 토대가 아니다. (아리스토텔레스의 경우처럼) 인간의 본성 대신 오히려 신의 율법이야말로 우리의 절대적인 의무를 구성한다.

　　오컴의 면도칼은 결국 철학의 많은 수염을 잘라내었다. 하지만 스콜라 철학의 쇠퇴에 곧이은 우여곡절들 속에서, 그리고 당면한 사회문제와의 더 많은 관련성에 대한 요구 속에서 좀처럼 이를 따라가지 못하였다. 하지만 오컴의 원리는 근대 과학에서 중요성을 갖게 된다.

● 본질을 찾아서_ 연금술사들

후기 스콜라 철학이 지닌 하나의 미덕은 매우 다른 전통들을 통합하고자 시도한 점이었다. 종합을 위한 아주 특별한 시도는 연금술이었다. 이것은 많은 문화들에서 발전해 온 인간적 차원의 실재와 우주적 차원의 실재 사이의 가상적인 상관관계를 연구하고 개발하는 학문이었다. 연금술의 궁극적인 목표는 인간의 조건을 바꾸는 일이다. 이것은 아마도 불멸성을 획득하거나 혹은 더 높은 정신적 차원으로 들어가거나 아니면 적어도 한 사람의 물질적 복지를 개선시키는 것으로 이루어질 수 있을 것이다.

고대 중국에서는, 예를 들어 기원전 4세기경 이래 현자들과 지혜로운 사람들이 비약을 사용하여 불멸성을 얻고자 하였다. 인도에서도 텍스트의 증거를 통해 연금술이 신비주의적인 열망과 서로 연결되어 있음을 알 수 있다(이것이 나중에 서구의 실천가들 사이에서도 나타나게 되었다).[56] 아랍과 헬레니즘 세계의 연금술사들은 특히 금보다 못한 물질들로 금을 만드는 데 흥미를 갖고 있었으며 유감스럽게도 보통 연금술은 이러한 한정된 목적과 연관되곤 한다.

단지 실용적인 차원일지라도, 연금술은 화학의 발전을 위한 하나의 추진력 혹은 토대를 마련하였다. 실로 (점성술과 천문학의 경우처럼) 연금술과 화학 사이에는 분명한 구별이 없었으며, 연금술은 많은 중요한 화학적 및 약학적인 발견들을 촉진하였다. 연금술이 물질을 실험하는 과정에서 생겨난, 현재 우리가 '화학약품'이라 부르는 부산물들 중에서 '주정'(酒精, 에틸알코올)은 원래 한 사람의 본질을 정화시키기 위한 증류용액이었다. 연금술사들의 목적이 실현되지는 않았지만, 생명수(오드비[eau de vie]는 프랑스어로서

---

56 18세기에 서양의 '연금술사'들은 주로 정신적 변환에 관심을 가졌다. 20세기에는 카를 융이 연금술의 이미지와 꿈의 이미지 사이의 상관관계를 관찰하였으며, 인간의 영혼에 관심을 갖는 많은 사람들 사이에서 연금술 텍스트에 관한 흥미를 부활시켰다. 그는 그러한 텍스트들은 우리에게 인류의 집단적 무의식에 대한 통찰을 가져다줄 수 있다고 주장하였다(융의 심리학 이론에 대한 더 깊은 논의는 제4부의 '참호 속의 자라투스트라_ 합리성의 한계'를 보라).

포도주나 포도주를 만들다 남은 찌꺼기를 증류하여 만든 알코올 농도 40도의 증류주를 가리킨다—옮긴이)는 환영할 만한 실용적인 결과였다. 이것이 오늘날 우리가 '칵테일' 용으로 소비하는 알코올 음료이다.

서양의 연금술 전통은 그 뿌리가 아랍어로 쓰인 텍스트까지 거슬러 올라간다. '에메랄드 서판' (書板)으로 불린 이 텍스트는 헤르메스 트리스메기스투스(Hermes Trismegistus, '트리스메기투스' 는 '세 배로 위대한' 이라는 뜻)의 저작으로 알려져 있다.[57] 이 텍스트는 서로 다른 차원의 실재들 사이의 상응(호응)을 인정하는 것으로 시작한다. "그것이 위에 있는 것처럼 아래에도 있다." 연금술 텍스트의 용어는 상징적이고도 문학적인 해석을 자극했다. 금을 만드는 일은 '위대한 작업' 으로 기술되었다. 금으로의 급속한 변환을 일으키는 물질은 '현자의 돌' 이라 불렸다. 그리스도교 당국은 결국 연금술을 위협적인 것으로 보기는 하였지만, 교회 자체는 서양에서 연금술의 전통이 성장하는 데 도움을 주었다. 즉 수도원에서는 연금술 텍스트들을 정성들여 필사했기 때문이다. 실제로 토마스의 스승이었던 알베르투스는 연금술을 아주 진지하게 다루었으며, 과학자였던 수사 브루노(1548~1600년)와 아이작 뉴턴도 마찬가지였다.

서양 전통에서 가장 중요한 연금술사 및 합성가 중의 한 사람인 마르실리오 피치노(1433~99년)는 피렌체의 성직자였다. 피치노는 헤르메스 트리스메기스투스의 것으로 알려진 저작과 플라톤의 몇몇 작품을 라틴어로 번역하였으며, 이 둘의 사상과 플로티노스의 사상까지 종합한 세계관을 창안하였다. 피치노는 창조를 신으로부터의 유출로 보는 신플라톤주의의 관점과, 우주를 서로 영향을 줄 수 있는 차원들의 위계질서로 본 연금술의 우주론을 결합시켰다. 따라서 피치노는 점성술을 진지하게 다루었다. 피치노는 인간을 우주적 위계질서의 중심에 두었으며, 이런 사상을 인본주의 관점의 토대로서 옹호하였다. 인본주의란 바로 인간은 특별한, 우주적이기까지 한 존엄성을 지녔다는 관점이다.

---

[57] 이 텍스트는 더 큰 연구서인 『창조의 비밀에 관한 책』(The Book of the Secret of Creation)에 나오는데, 이 책은 서기 1세기에 살았던 티아냐의 아폴로니우스가 쓴 것으로 알려져 있다. 그렇지만 현재 남아 있는 판본은 6세기 혹은 7세기에 만들어진 책에서 유래한 것이다.

피치노는 이상적 삶에 대한 자신의 개념을 구성하는 데 플라톤의 이데아를 모델로 삼았는데, 특히 『향연』에 나오는 소크라테스의 연설로부터 모델을 구하였다. 그는 우리의 목표는 더 높은 수준의 진리로 올라가는 것이며, 궁극적으로는 신을 일견하기에 이르는 것이다. 관조는 이 목표를 성취할 수 있는 수단이다. 동시에 관조는 적절한 도덕적인 전망을 보장한다. 플라톤이 가르쳤듯이, 관조는 우선 가장 아름다운 것을 지향한다. 사랑이란 아름다움에 대한 자연스러운 반응이다. 신은 자신이 아름답게 창조한 이 세계를 사랑한다. 그리고 신의 피창조물 역시 아름다움을 접하게 되면 사랑에 따라 움직인다. 특히, 다른 인간에 대한 사랑은 우리의 상승을 도울 수 있다. 우리가 다른 인간의 선량함과 아름다움에 사랑으로써 응답할 때, 그것은 궁극적으로는 신을 사랑하는 것이 되기 때문이다. 피치노의 우정, 혹은 플라토닉 러브에 관한 이론은 타인과의 영적 교류를 통해 우리가 신과의 영적 교류를 경험하는 것을 의미한다. 따라서 가장 세속적인 수준의 관계조차 궁극적인 관계를 반영한다.

피치노는 인간의 정신이 더 높은 수준의 아름다움으로 상승하도록 촉발시키는 데서 예술의 역할을 특히 강조하였다. 피치노의 견해에 따르면, 예술은 플라톤이 생각했던 것처럼, 더 높은 실재로부터 우리의 주의를 흐트러뜨리지 않는다. 대신, 예술은 우리가 주위 사물들의 형상적 특징을 인식하는 데 도움을 주는데, 이것은 이미 한 단계 더 높은 진리로 나아가는 발걸음인 것이다. 피치노는 고대의 텍스트들에 대한 신플라톤학과의 우화적인 해석을 강조하였다. 이 점은 르네상스 시대의 예술가들에게 강한 영향을 끼쳤다.

요한 파우스트(약 1480~약 1540년)는 연금술의 역사에서 좀더 모호한 인물이다. 그의 이름은 지식과 힘을 얻기 위하여 자신의 영혼을 악마에게 팔았던 독일의 마술사 이야기와 영원히 연관되어 있다. 역사적으로 실재하는 인물이 그런 계약을 했는지는 모르겠지만, 어쨌든 그가 요술, 점성술, 그리고 남색과 연금술을 실제로 행하였던 것으로 보인다. 외설적인 『파우스트편』(Faustbuch, 1587년 출간)은 중세의 현자들과 마술사들에 관해 이야기하고 있으며, 메피스토펠레스라는 이름을 가진 악마에 대한 이야기도 담고 있다.

크리스토퍼 말로, 요한 볼프강 폰 괴테, 헥토르 베를리오즈, 프란츠 리스트 및 토마스 만 등이 악마와 계약을 맺은 파우스트의 전설을 자신의 예술작품에서 이용하였다. 비관적인 역사학자인 오스발트 슈펭글러(1880~1936년) 역시 파우스트의 이야기가 근대 서양 역사의 본질을 파악하고 있다고 하였다. 그는 여기서 '쇠퇴'를 보았는데, 이것이 곧 지식과 힘을 얻기 위해서는 어떤 다른 가치도 희생시킬 수 있는 서양 사회의 본질을 보여주기 때문이다.

파라켈수스(필리푸스 아우레올루스 테오프라스투스 봄바스트 폰 호헨하임, 1493~1541년)의 주된 관심사는 의학이었다. 그는 10년 동안 방황하면서, 실제적인 연금술에 관해 아랍과 유럽의 거장들로부터 교육을 받았다. 그는 자신이 배운 것을 의학 이론을 만드는 데 이용하였다. 파라켈수스의 논의들 중 가장 많은 논쟁을 불러일으킨 것은 자연은 '자연의 힘으로' 스스로를 치유시킨다는 점이었다(이는 오늘날의 몇몇 동종요법 운동들에서도 다시 나타나는 논지이다). 연금술에 대한 파라켈수스의 관심은 자연은 인간에게 이롭게 사용할 수 있는 힘들로 가득 차 있는데, 만일 인류가 그 힘을 끌어내는 방법을 알아내기만 한다면 그 힘을 이용할 수 있을 것이라는 확신에서 나온다. 파라켈수스는 질병이 죄에 대한 벌이라는 견해를 반박하였다. 그는 질병 그 자체는 '자연스러운' 것이라고 주장하였으며, 치료를 위해 (자연적인 치유력과 더불어) 화학의 사용을 장려하였다.

파라켈수스는 자연적 치유력을 방해한다고 생각한 많은 의학 시술들을 반대하였다. 이 때문에 그가 자신이 대학에서 하는 의학 강의에 지역 사람들을 모두 초청하는 공지를 했을 때처럼 엘리트 의료시설들에서 그의 평판이 좋지 못하게 되었다. 그의 의학 기술 역시 상당한 시기의 대상이었는데, 이것은 그가 자신을 너무 높이 평가한 까닭에 더욱 심해졌을 것이다. (그는 스스로 '파라켈수스'[Paracelsus], 즉 서기 1세기의 유명한 로마 의사인 '셀수스[Celsus]보다 위'라는 뜻을 가진 이름을 썼다.) 파라켈수스는 외과치료에 관한 유명한 저작인 『대외과서』(1536년 발간)를 썼으며, 매독에 관한 가장 훌륭한 임상 기록을 하고 매독에 관한 가장 효과적인 치료법을 발전시켰다. 이 치료법은 20세기에 이르기까지 효과를 발휘하였다. 파라켈수스는 종종 그의 동시대인이었던 마르틴 루터에 비교된다. 사람들은 루터를 '반란자'로 두려워하였다. 종교당국은 그를 경계하며 그의 행동을 감시하였다. 그는 미심쩍은 상황에서 죽었다. 하지만 철학에서는 아니지만, 약학의 발전에서 그의 영향은 여전했다.

● 서양 밖에서의 철학적 종합

이 시기에 여러 전통들을 종합하고자 하는 갈망이 서양에만 있었던 것은 아니었다. 몇 세기에 걸쳐 일어난 중국의 신유학(성리학) 운동은 도교와 불교의 사상을 유교에 동화시키려고 하였다. 이 운동에서 가장 주목할 인물은 주희(朱熹, 1130~1200년)로서 그는 토마스보다 단지 1세기 전에 살았다. 주희는 사회적 조화에 관한 유교의 관심을 자연에 대한 도교의 관심 그리고 깨우침에 대한 불교의 관심과 통합하려고 하였다. 그럼에도 주희는 근본적으로 유교학자였다. 깨우침에 관한 그의 개념은 유교적인 현자의 그것으로서, 유교적 현자의 정신성은 인간사회라는 문맥 내에서 계발되고 실행되는 것이지, 도교도들이나 몇몇 불교도들의 방법처럼 사회로부터 격리된 상태에서 이루어지는 것이 아니었다. (주희는 정신과 자연을 융합시켜 자연을 '공허한' 것으로 만든 불교도들을 비판하였다.)

도교의 영향은 유기적인 자연이라는 주희의 관점에서 명백히 드러난다. 이 관점에 따르면, 모든 사물들은 연결되어 있다. 사물과 인간은 각각 고유한 본성을 갖고 있다. 이것을 이(理)라고 하며, 같은 종류의 모든 사물에 공통되는 것이다. 또한 사물과 인간의 특정한 물질적 생명력을 기(氣)라고 한다. (이와 기는 논리적으로는 엄밀히 다르지만, 서로 의존한다. 주희는 우리의 영혼이 우리의 육체 속에 우연히 존재할 뿐이라는 플라톤의 견해를 추천하지는 않을 것이다.) 이와 동시에, 태극(太極)은 모든 이를 포함하는 것으로서 만물 속에 존재한다. (현대의 중국 철학자인 풍우란은 주희가 이해하는 태극을 플라톤의 선의 이데아에 비유하였다.) 태극은 만물이 그 위에서 서로 관계를 맺는 토대이다. 궁극적으로 만물은 동일한 원리 속에 동참한다.

태극은 또한 인간이 깨달음을 얻을 수 있는 기반이기도 하다. 우리의 물질적 본성은 우리 안에 있는 태극을 흐리게 만든다. 하지만 깨달음의 목표는 태극을 통찰하는 것이다. 주희는 이런 인식을 인간성을 드높이는 인(仁)의 본질로 간주하였다. 우리가 이기적인 욕망에 사로잡힐 때 악이 발생하지만, 태극에 대한 통찰은 그러한 이기심을 극복할 수 있게 해준다. 우리는 좀더 동정적이고 좀더 윤리적인 사람이 될 수 있는데, 우리는 한 존재가 다른 존재나 사물들과 결합됨을 이해할 수 있기 때문이다.

주희의 견해로는, 진정 행복한 사람은 현자이다. 현자는 어떤 상황 속에서도 안락을 느끼고 가치를 발견한다. 그는 어떤 상황에서건 똑같이 태극을 인식할 수 있기 때문이다. 이러한 목표를 향한 개인의 수양은 '가까이 있는 사물들'에 대한 주의와 성찰을 통해서 성취될 수 있다. 우리가 주위에서 보는 그러한 사물들과 사건들을 성찰함으로써 우리는 그것들의 본성, 즉 이(理)에 대한 통찰을 얻는다. 이런 방식으로 수양하는 일은 점진적인 과정이다. 하지만 이러한 수양은 궁극적으로 깨달음과 지혜로움을 얻기 위한 전제조건이다. (주희는 일부 성리학자들이 주장하는 '돈오'[頓悟, 갑작스러운 깨달음]에 반대하여 이러한 점진적인 자기개발을 강조하였다. 그럼에도 이러한 점진적인 수양과정이 전체, 즉 태극을 통찰하는 문턱을 넘는 순간에 이르게 한다고 그는 주장하였다.)

한편 12세기의 페르시아에서는 알 수라와르디가 여러 전통들을 종합한 자신의 고유한 사상을 발전시키고 있었다. 그 전통들은 바로 이슬람, 신플라톤주의 및 조로아스터교였다. 알 수라와르디는 '조명(照明)의 지혜'를 가르쳤는데, 여기서 인간의 등급은 빛의 등급과 동일하게 여겨진다. 유출의 연계사슬에 관한 알 수라와르디의 견해에 따르면, 모든 존재는 연속된 빛으로 존재한다. 상위에 있는 모든 빛은 모든 하위의 빛들을 자신 안에 포섭하며, 모든 하위의 빛들은 상위의 빛들에 대한 사랑으로 이끌어진다. 신은 최상위의 빛인데, 그는 다른 모든 존재들에게 빛을 주며, 다른 모든 존재들은 창조주 신에 대한 사랑에 의해 이끌린다.

비슷한 시기에 선(禪) 학파가 일본의 전통 종교와 불교를 종합하면서 새로운 전기를 마련하였다. 선은 중국으로부터 일본에 소개되었다. 불교는 이미 8세기에 일본의 국교가 되어 있었지만, 실제적으로는 토착적 다신교인 신토(神道, 신들의 길)와 공존하고 있었다. 이러한 융합은 신토의 신들(여기에는 일본 황실의 신성한 조상들의 후예들, 부족의 선조들, 자연의 정령들, 특별한 장소들의 정령들, 그리고 자연의 힘들이 포함된다)을 붓다 혹은 보살(菩薩, 지혜를 깨우친 자)의 현현으로 변화시키는 불교의 노력에 의해 용이해졌다. 선이 중국(중국에서는 선불교로 알려져 있음)으로부터 일본에 도착하였을 때는, 당시 발전하고 있던 일본의 봉건사회에서 전사계급인 사무라이들의 활동이 크게 두드러질 때였다(가마쿠라 시대, 1192~1333년).

선의 상대적인 단순함은 사무라이들을 사로잡았다. 선은 학문, 노동 및 금욕의 실행 등을 강조했던 이전의 일본 불교와는 달랐다. 선은 이런 것들을 중요시하지 않았으며 어떤 사람이라도 깨달음(일본어로 사토리(悟))을 얻을 수 있다고 가르쳤다. 필요한 것은 단지 일상적이고 논리적인 사고방식을 깨는 것뿐이었다. 선은 이런 목표에 도달하기 위한 수단으로서 명상을 요구한다. 하나의 전통적 방법은 공안(일종의 화두)을 사용하는 것이다. 이것은 하나의 단어나 질문이 될 수 있으며, 보통은 다음과 같은 수수께끼 형태를 취한다. "두 손이 부딪히면 소리가 난다. 그런데 한 손의 소리는 무엇일까?" 일상적인 사고(思考)로서는 그런 질문에 답하기가 매우 어렵기 때문에 명상의 과정을 통하여 그런 일상적인 생각들이 전복된다.

선이 나타내는 혁신적 의미는 이것의 단순성과 보편성을, 선이 나타나기 2~3세기 전에 살았던 세이 쇼나곤(966년 혹은 967~1013년)의 저작에서 명백히 드러나는 심미주의 및 엘리트주의와 비교해봄으로써 파악할 수 있다. 『쇼나곤의 일기』, 혹은 『베갯머리 책』은 일본 문학에서 가장 중요한 작품들 중의 하나이다. 서기 10세기의 마지막 10년에 쇼나곤은 황비의 시녀였다. 황비가 중요한 부분을 차지하고 있던 헤이안 왕조는 그 미학적 섬세함이 특히 주목할 만하다. 쇼나곤의 일기는 일상적인 사건들에 대한 인상, 그것의 일반화(종종 적절한 행동의 원칙 형태로 이루어져 있다), 그리고 다양한 미학적 범주들('자신의 힘을 잃은 사물들', '과거의 깊은 기억을 들추어내는 사물들', '불결한 것들', 그리고 '우아한 것들')에 관한 산만한 기록이다.

신토가 종교적으로 자연의 리듬과 아름다운 의식(儀式)을 강조하고 있음은 『쇼나곤의 일기』에서 명백히 드러난다. 그녀의 일기는 많은 신토 축제들에서 의식이 집행되는 과정을 기술하고 있다.[58] 쇼나곤의 『베갯머리 책』은 결코 체계적인 철학적 저작은 아니지만, 아름다움과 그에 대한 반성을 가치 있는 것으로 평가하는 철학적 통찰, 황실가족을 찬양하고 열등한 계급의 사람들과 그녀가 지적으로 열등하게 여기는 사람들을 경멸하는 정치적 엘리트주의를 반영한다. (『베갯머리 책』에서 우리는 또한 초기 형태의 페미니즘도 엿볼 수 있다. 쇼나곤은 분명 여성이 남성과 동등하며 경쟁도 할 수 있다고 느꼈다.)

아마도 초기 선불교의 가장 위대한 인물은 도겐(道元, 1200~1253년)일 것이다. 그는 선을 철학적 수련으로서 강조하였다. 그는 소토학파의 창시자로 여겨진다. 육체와 정신은 하나라는 사실을 확신한 도겐은 좌선(坐禪)으로 불리는 특별한 자세의 명상을 장려하였다. 이러한 실천의 목적은 심사숙고 이전 혹은 '무사유'의 정신상태로 들어가는 것이라고 도겐은 기술하였다. 모든 일상적인 범주화와 개념화로부터 정신을 비움으로써, 우리는 어떤 것도 '그 자체로는' 무(無)라는 불교적 통찰을 받아들일 수 있게 된다. 사물들은 단지 그들 이외의 다른 사물들과 맺는 관계 속에서만 존재할 뿐이다. 도겐에 의하면, 우리가 이러한 통찰을 얻게 될 때, 우리는 만물이 '무'(혹은 공[空])임을 보게 된다. 이런 의미에서 모든 것은 '비어 있다'. 존재하는 모든 것은 '붓다의 본성을 지녔으며', 그리고 이러한 본성을 지닌 모든 것은 붓다처럼 '깨달음'을 얻을 수 있다.

여러 선 학파들 사이의 차이는 모든 개인 속에 잠들어 있는 통찰력을 일깨우는 방법의 차이에서 유래한다. 좌선을 통해 정신을 고요하게 만드는 일이 중요하다고 강조하는 소토학파와는 대조적으로, 예를 들어 린자이학파는 우리의 일상적인 활동 가운데에서라도 '깨달음을 불러일으키는' 직관과 명상이 중요하다고 강조하였다. 평정과 자발성

---

58 신토 종교는 정교한 의식과 신화를 포함하고 있지만, 특별히 교리적인 종교는 아니다. 신토는 일본에서 유교의 영향 및 불교와 더불어 평화적으로 공존해왔다. 근대에는 신토가 국교로 되었으며 민족주의 감정을 강화하는 데 이용되었다. 제2차 세계대전 이래 신토는 더 이상 국교가 아니게 되었지만, 여전히 중요한 종교 현상으로 남아 있으며, 그 사당들과 축제들은 여전히 일본인들의 사랑을 받고 있다.

을 강조하는 정도는 달랐지만, 그들의 목표는 깨달음의 상태에 이르는 것으로서 공통된
다. 이런 상태는 일상적인 사유의 범주들이 침묵하게 될 때만 나타난다.

　종교의 통합 과정은 사상과 전망의 통합에 비해 철학적으로 더 폭넓은 의미를 갖는
다. 종교들이 통합되고 믿음과 의식(儀式) 면에서 서로 잘 대처하게 되면서, 사람들은 더
큰 이해와 관용으로써 서로를 대할 수 있게 되었다. 실로 새롭고 더 넓은 기초를 갖게 된
종교적 전망들의 혼합 속에서 '순수하고' '독창적인' 종교사상을 잃게 되었다고 슬퍼할
수도 있는 반면, 일어나기 마련인 갈등과 교파 간의 증오가 결과적으로 줄어든 것에 대
해 만족할 수도 있을 것이다. 하지만 종교철학은 결코 서로 간의 이해를 통해 통합되는
방향으로 나아가지 않았다. 그 반대로, 적어도 서양은 가장 중대한 종교적 분열을 곧 경
험하게 되었다. 그것은 고대 이래 있었던 '대분열'보다 훨씬 더 폭발적인 분열이었다.

● 종교개혁_ 루터와 그의 후계자

　동방교회와 서방교회 사이의 분열은 철학적 의견의 불일치보다는 정치적이고 문화
적인 긴장에 의해 야기되었을 것이다. 하지만 서방교회의 경우에는 더욱 상처 깊은 분열
이 일어났다. 그것은 바로 신교도에 의한 종교개혁이었다. 종교개혁의 중대성은 관찰자
의 관점에 크게 달려 있다. 어떤 사람들은 아직도 그것을 불행한 집안싸움, 불필요한 종
교적 통일성의 붕괴, 오해 혹은 걷잡을 수 없는 이의 제기 등으로 보고 있다. 또 어떤 사
람들은 너무 커지고 너무 강력해지고 너무 탐욕스럽고 너무 오만해진 교회조직의 피할
수 없는 자기붕괴로 볼 것이다. 대부분의 신교도들은 종교개혁을 그리스도교 내의 도덕
적 개혁 운동으로 본다. 이것은 당시의 다른 중대한 철학적 사회적 운동들을 반영하고
있다. 특히 인문주의(중세의 지나친 초자연주의적 세계관을 거부하였다)와 민족주의(문화적 역
사적인 변수들 내에서 큰 종교적 집단들을 규정하고 강화하는 역할을 수행하였다)가 그것이다.

　종교개혁은 아우구스티누스 수도회의 탁발수도승이던 마르틴 루터(1483~1546년)가

1517년 10월 31일 비텐베르크 교회의 문 위에 95개의 반박문을 내건 데서 시작되었다. 그의 이러한 행동은 교회당국과의 일련의 논쟁으로 단계적으로 확대되기 시작했다. 그는 교회로부터 그의 이단적인 견해를 철회하라는 명령을 받았지만 거듭 거절하였다. 결국 그는 파문당하였는데, 하지만 로마 가톨릭교회 밖으로 나온 그는 자신이 옹호한 원리들을 바탕으로 하는 새로운 그리스도교 교회가 형성되도록 했다.

루터의 가장 즉각적인 철학적 관심사들 중의 하나는 서양 전통의 영원한 문제인 악과 속죄의 문제였다. 사도 바울로 이래, 그리스도교에서 가장 관심을 끄는 문제는 죄에 대한 용서였다. 그러나 개인이 자신의 죄를 용서받았는지 어떻게 확신할 수 있는가 하는 점은 분명하지 않았다. 루터는 가톨릭교회가 너무 부패하여 그리스도교도들의 의혹과 두려움을 교묘히 이용해서 이른바 면죄부라는 것으로써 '용서'를 팔았다고 확신하였다. 루터의 95개 반박문은 특히 교회의 이러한 행태에 반대하기 위함이었다.

면죄부는 교회가 특정한 개인에게 죄의 사면(赦免)을 보장하는 것으로서, 때로 기도나 의식(儀式)을 수행하기 위한 것이었지만 흔히 성직자들에게 돈을 주기 위해 이용되었다. 교회에 따르면, 면죄부는 한 개인의 죄를 없애주기 때문에 천국으로 들어갈 수 있게 해주었다. (면죄부는 죽은 후에 연옥에서 일정기간 동안 죄에 대한 벌을 받아야 하는 비교적 선량한 사람들을 위한 대안이었다. 연옥은 지옥과 달리 영원히 머무는 것은 아니지만 호감가는 경유지는 아니었다.) 면죄부는 죽은 친척들의 죄를 없애는 데도 사용될 수 있었다. 면죄부를 주는 관행은 신도들에 대한 금품 착취로 타락하여, 성직자들을 배불리고 더욱 야심적인 건축계획들에 자금을 대는 데 이용되었다. 사람들은 자신과 사랑하는 이들의 구원을 염려했는데, 이는 실로 자금을 만드는 훌륭한 원천이었다. 루터는 이러한 관행을 타락하고 교리적으로도 건전치 못한 것으로 보았다. 면죄부 판매에 가정되어 있는 생각은 (기도를 낭송하는 것이든 자선을 하는 것이든) 인간의 행동이 그의 구원에 영향을 줄 수 있다는 것이다. 루터의 의견으로는, 이런 생각은 신에게 뇌물을 주거나 혹은 구원을 살 수 있다고 주장하는 것과 똑같았다.

아우구스티누스의 철학을 끌어들인 루터는 인간의 죄 많은 본성을 강조하였다. 인간은 마음대로 하게 내버려두면, 타락하여 선을 선택하지 않을 것이다. 루터에 따르면, 인간은 원래 육체적 욕망과 정신에 대한 갈망 사이에서 분열된 상태로 태어났다. 더욱이 그들은 죄인으로서 절대적으로 천벌을 받을 만하다. 신의 정의에 의해 그들은 지옥에 맡겨져야 한다. 중세의 가톨릭 신학과 비교하여, 루터는 죄의 심각성을 훨씬 더 강조하였으며 지상의 죄를 벌할 수 있는 신의 권리를 강조하였다. 루터에 따르면, 그리스도는 인간의 죄를 대신 받기 위하여 인간의 모습으로 태어났으며, 그리스도의 죽음은 인간의 누적된 죄악에 대한 벌이었다.

중세 세계는 신을 최고의 존재로 보았으며, 신의 영원한 지위는 절대적 실체라고 강조하였다. 많은 스콜라 철학자들은 신의 신성한 지성과 자연 세계에 대한 지성적인 고안(考案)을 역설하였다. 이와는 반대로 (중세의 사상가들인 둔스 스코투스와 오컴의 윌리엄처럼) 루터는 신의 의지를 강조하였다. 루터에게 신은 근본적으로 의지에 차 있는 존재이다. 따라서 루터는 『구약성서』가 그러는 것처럼 다시 신의 분노를 강조한다. 루터에 따르면, 인간 역시 의지에 차 있으며, 한 개인은 하나의 의지적 단일체이다.

그럼에도 사람은 두 가지 양상을 갖고 있다. 하나는 물질적인 '육체'로서 이것은 죽을 수밖에 없는 우리 인간의 자연적인 양상이며, 다른 하나는 '정신'으로서 이것은 자연을 초월하며 신의 이미지대로 만들어진 것이다. 우리는 우리의 초월을 경험한다. 하지만 또한 육체적 존재인 우리는 우리 자신의 의지를 표현하기를 원하며 신의 의지에 저항한다. 루터는 죄를 우리 자신의 유한성에 대한 의지적인 부정으로 보는데, 이러한 부정은 잘못 인도된 자기사랑으로 표현되고 신의 의지에 대한 도전을 제기한다. 죄는 일종의 타락한 자기우상화와 같다.

루터가 말한 육체와 정신의 내적인 전쟁은 종국에는 절망에 이른다. 루터는 신의 율법은 안내의 지침이라기보다는 오히려 죄인의 자만심을 부수고 그 절망을 견고하게 만드는 '망치'와 '모루'라고 주장하였다. 그러나 절망은 하나의 수단에 불과하다. 죄인이 절망 속에서 무너질 때, 신은 그 안에서 속죄를 행하게 한다. 은총은 바로 그 절망의 순간에 찾아온다. "'아니오'보다 더 깊은, 그리고 그 위에 있는, 깊고 신비로운 '네'." 그러므로 신의 분노에도 불구하고 신의 사랑이 솟아올라 세상을 지배하며, 그는 용서할 사람들을 자유롭게 선택하여 은총을 베푼다. 신의 용서 덕택으로 우리가 신과 화해될 때, 우리는 은총을 받는 상태가 된다.

구원에 대한 루터의 설명은 면죄부 관행에 대한 공격처럼, 인간 행위의 역할에 대하여 그리고 구원을 얻으려는 노력에 대하여 명백한 함축적 의미를 내포하고 있었다. 인간의 노력과 '선한 일들'은 구원에서 아무런 역할도 못하였다. 루터는 인간의 공덕이 신의 용서와 관계가 있다는 중세의 견해를 부정하였다. 우리는 구원을 '얻을' 수가 없다. 루터에 따르면, 인간은 오직 신앙에만 힘써야 한다. '신앙만이 가치가 있으며' '신앙이 축복을 만든다'는 구호가 루터 사상의 가장 기본적인 금언이다.

비록 선한 일들이 구원을 확신시켜주는 데 필요하거나 혹은 충분한 조건이라는 사실을 부정하였지만, 루터는 그리스도교도들이 그러한 일들을 하기를 기대하였다. 도덕적 행위와 자선 행위는 신앙에 필연적으로 뒤따른다. 도덕적 행위는 우리와 신과의 관계를 보장하지는 않지만, 신앙 속에 세워진 신과의 관계는 인간이 도덕적으로 행동할 것을 보장한다. 루터는 신이 신앙 속에서 영혼에 직접적으로 영향을 끼치며 죄를 극복하고 도덕적 삶을 살 수 있는 힘을 준다고 믿었다. 그리스도교인들은 타인들을 사랑하고 그들에게 봉사할 의무가 있다. 그러한 의무의 완수는 구원의 조건은 아니지만, 한 개인의 구원의 징표이다. 그리스도교도는 타인들을 사랑함으로써 신에 대한 사랑을 나타낸다고 루터는 주장한다. 『신약성서』에 언급된 '이웃에 대한 사랑'은 특히 의미심장한데, 왜냐하면 우리의 이웃은 이 세계 내에 존재하는 신의 존재의 표상이기 때문이다. 신앙을 가진 사람에게 이웃에 대한 사랑과 봉사는 '마음으로부터' 자발적으로 유도되는 것이지, 나중에 구원을 받으려는 욕구에서 나온 것은 아니다.

신앙만이 구원을 정당화시킨다는 사실을 주장하면서, 루터는 면죄부를 판매하는 사람들의 관행만을 거부한 것은 아니었다. 그는 정신적 실천이 그 개인에게 신과의 합일을 가져다준다고 믿는 (그리스도교와 이슬람교 양쪽 모두의) 신비주의적인 전통 전체를 거부하였다. 루터는 신과 인류 사이의 간극은 절대적인 것이라고 보았다. 신과의 합일은 인간에게는 부적절한 목표였으며, 신과의 개인적인 우정과 공동적인 교섭이 가능할 뿐이었다. 하지만 이러한 관계를 인간이 주도할 수는 없다. 신이 주도해야만 하는 것이다.

루터는 종교적 문제들에 대한 이성적인 논증의 중요성을 강조하는 스콜라 철학의 입장에 대해서도 반대하였다. 그는 아리스토텔레스를 좋아하지 않았으며, 특히 토마스 아퀴나스의 이성주의에 회의적이었다. 인류의 지위가 타락하면서 이성을 포함하여 인간의 모든 능력은 부패하였다고 그는 논증하였다. 루터는 이성이 종종 오만해져서, 이성의 능력으로는 침투해 들어갈 수 없는 신앙의 진리를 설명하려고 한다고 생각했다. 신앙에 대한 이성적인 옹호는 진정한 종교가 아니다. 진정한 신앙은 경험을 요구하지, 증명을 요구하지는 않는다. 게다가 이러한 경험은 누구에게나 가능한 일이다.

구원을 위해서는 신앙만이 중요하다는 루터의 주장은 또한 성사(聖事, 세례와 성찬 같은 성례(聖禮)를 말함)에 관한 가톨릭의 교리를 부정하는 것과 같다. 성사는 신부나 주교의 중재를 통해 수행되는 의식(儀式)으로서, 은총을 받으려는 사람들에게 은총을 부여하는 힘을 가진 것으로 믿어졌다. 가톨릭 교리는 성사가 은총을 받는 효과적인 수단이라고 여겼을 뿐만 아니라 구원에 중요한 것이라고 주장하기도 하였다. 루터는 가톨릭 교리의 이런 두 가지 특성을 부정하였다. 그는 의식만으로 은총을 자동적으로 받을 수 있다는 점을 부정하고, 은총을 받을 사람은 그럴 만한 올바른 내면적인 마음을 지닐 필요가 있다고 하였다. 여기서 다시 아우구스티누스의 사상에서 명백히 드러나는, '내면적인' 것의 강조가 종교철학 전면에 나타나게 되었다. 루터는 신앙을 표현하고 강화하는 성사의 가치를 받아들이긴 하였지만, 성사가 구원에 꼭 필요하다는 사실은 부정하였다. 신앙만이 요구될 뿐이었다.

루터는 성사와 관련된 또 다른 가톨릭 교리도 마찬가지로 거부하였다. 그것은 바로 고해성사에서의 신부의 역할이었다. 가톨릭교는 신부를 신과 개인 사이의 중요한 중재자로 여긴다. 예를 들어 고해성사에서 신부는 신의 특사로 여겨지며, 개별 신자가 고백하는 죄를 사면할 수 있다. 루터는 이러한 생각을 거부하였다. 개인의 영혼의 지위는 그 개인과 신 사이에 있다. 신부는 그와 아무런 관련이 없다. 그리하여 루터는 세례와 성찬식만을 제외하고 모든 성사를 거부하였다. 그럼에도 그는 때로 고해성사의 역할에 호의적인 모습을 보였다.

루터에 따르면, 신앙을 가진 사람은 신과 올바른 관계에 있게 되며, 그들의 죄에도 불구하고 신이 그들을 구원할 것이라는 확신을 갖게 되는 축복을 받는다고 하였다. 가톨릭 교리에 따르면, 구원받을 것을 가정하는 것은 주제넘은 행동을 하는 죄이다. 하지만 루터는 신앙에 차 있는 사람은 신의 자비를 신임할 수 있고 그리고 신임해야만 한다고 믿었다. 그러나 그는 그리스도교도는 자신이 그리스도교도라는 사실을 뽐내거나 자랑스러워해서는 안 된다고 생각하였다. 그리스도교도는 겸손함과 회개하는 태도를 언제나 유지해야 한다. 루터는 또한 오직 신만이 한 개인의 행동의 동기를 완전히 알 수 있다고 믿었다.

그러므로 그리스도교도는 자신의 덕행만 믿어서는 안 된다. 대신 신과의 좋은 관계를 유지하기 위해서 항상 경계를 늦추지 말아야 한다. 이것은 곧 구원이 외형적인 의식과는 별로 상관이 없다는 뜻이고, 신부와 교회에 덜 의존한다는 뜻이며, 또 성사의 중요성을 덜 강조한다는 의미이며, 외형적인 것들에 주의를 덜 기울인다는 뜻이다. 상대적으로 화려하게 장식된 교회들과 로마 가톨릭교의 예복과 달리, 루터는 예배를 검소하게 할 것을 요구하였다.

가톨릭교 안에서 굳어져버린 교회 조직의 성직자 계급으로부터 사제를 끌어내리기를 주장하였을 때, 루터는 구원의 보편적 가능성을 강조한 것이었다. 그는 그러한 위계질서의 필요성과 권위 모두를 부정하였다. 교황과 공의회 모두 종교적 문제들에 관해서 틀릴 수 있으며, 개인들은 신의 세계를 이해하기 위하여 사제들을 필요로 하지 않는다. 루터에 따르면, 다른 사람을 신과 조화되게끔 돕는 그리스도교도는 모두 사도들의 후계자이며, 사제가 아니라 오직 성서만이 종교적 문제들에 관한 궁극적인 권위일 뿐이다. 각 개인이 신과 관계를 맺도록 교육하는 데 도움을 주는 것은 교회라는 제도가 아니라 그리스도교 공동체이다.

루터는 사제직, 수녀원 혹은 수도원의 '종교적 삶'이 일반 신도의 삶보다 더 '높은'

형태의 종교적 삶이라는 생각을 거부하였다. 결혼은 종교로부터의 이탈이라는 가톨릭의 견해 역시 그는 부정하였다. 성직자는 독신이어야 한다는 가톨릭의 강요 또한 규탄하였다. 루터 자신은 이전에 수녀였던 여자와 결혼하였다. 그는 모든 그리스도교도들의 '소명'(召命)을 옹호하였으며, 그리스도교도들이 신이 개인들에게 요청하는 다양한 삶의 방식을 존중하기를 강력히 주장하였다.

프랑스의 종교개혁가인 장 칼뱅(1509~64년)은 루터와 달리, 교회제도와 신학체계의 중요성을 강조하였다. 그는 1530년경 종교개혁에서 중요한 세력이 되었다. 그때까지 종교개혁을 통한 가톨릭과의 분열은 새로운 교리들이 번성하는 결과를 가져왔으며, '내면적인' 것에 대한 새로운 강조와 더불어 몇몇 거친 개인주의들도 나타나게 되었다. 이러한 종교적 철학적 무정부 상태에 대한 응답으로서, 칼뱅은 프로테스탄트 교회 제도를 확립할 필요가 있다고 생각하였다. 이 제도는 종교적 진리를 이단으로부터 구분하는 데 필요한 명백한 기초를 제시한다. 칼뱅의 역작인 『그리스도교 강요(綱要)』는 그리스도교 교회의 조직에 상당한 주의를 기울이고 있으며, 그는 교회를 신이 임명한 구원의 수단으로 제시하고 있다.

칼뱅은 인간의 죄를 강조하는 데서 루터보다 한층 더 나아갔다. 그는 인간은 원죄에 의해 타락되어 있기 때문에 새로 태어난 아기들조차 벌을 받아야 한다고 하였다. 실로 칼뱅은 신의 은총을 행동으로 입증하는 매개체로서의 역할을 제외하고는 인간을 절대적으로 무의미한 존재라고 규정하였다. 칼뱅에 따르면, 신은 전능하며 절대적인 필연성에 의해 이 세계를 다스린다.

신의 의지를 중심적 가치로 보는 칼뱅의 믿음은 구원에 관한 그의 이해와 악의 문제에 대한 그 자신의 거친 답을 함축하고 있었다. 칼뱅에 따르면, 죄인들이 신의 의지에 저항하기는 하지만, 그들은 신의 의지에서 벗어나 있지 않다는 것이다. 그러므로 어떤 의미에서 신은 그들의 죄를 의도적으로 예정하였던 것이다. 칼뱅은 예정설에서 죄에 대한 신의 역설적인 관계를 조목조목 설명한다. 왜 다른 사람들은 아니고 어떤 사람들만이 신의 말씀을 듣느냐 하는 문제에 대해 설명하면서, 칼뱅은 신이 구원받을 사람들과 영원한 벌을 받을 사람들을 미리 선택해서 정해두었다고 주장하였다. 하지만 상대적으로 적은 수의 인간이 구원받는다고 하더라도, 죄지은 자들은 구원을 받을 만하지 않다. 신은 단지 그들을 용서하기를 선택하였다. 신의 용서는 신이 영원으로부터 정해둔 선민에게 주는 선물이었다.

칼뱅은 인간의 진정한 소명은 신을 아는 일이라고 생각하였다. 그는 스콜라 철학의 이성적 논증과 방법들에 대해 루터보다 더 공감했으며, 그의 예정설은 그 자체가 신의 주권이 함축하는 의미에 대한 이성적인 추론의 결과였다. 하지만 칼뱅은 신의 본성을 추론하려는 스콜라 철학자들의 노력을 부적절한 것으로 여겼다. 신의 본성은 우리로부터 너무 멀리 벗어나 있기 때문에 우리는 이해할 수가 없다. 우리가 관심을 둘 수 있고 또 관심을 두어야 하는 것은 우리와 신의 관계며, 이러한 관계는 성서 속에 명백히 드러나 있다. 그러므로 신을 아는 일은 성서에 쓰인 것을 알고 거기에 복종하는 데서 나온다. 성서는 모든 종교적 문제들에 대한 유일한 권위 있는 근거로 남는다. 칼뱅은 성서에 대한 미묘하고 우화적인 해석을 거부하였으며 신의 말씀을 표면에 나타난 그대로 보아야 한다고 주장하였다.

성서가 신이 선민의 죄를 대속해주는 중심적인 수단이기는 하지만, 칼뱅은 신의 은총을 위한 매개체로서 교회의 중요성을 강조하였다. 루터는 복음을 전파하는 수단으로서 조직의 가치를 알았지만, 그리스도교 공동체가 그 가시적인 조직체로서 교회를 요구한다는 사실은 부정하였다. 이와 달리 칼뱅은 교회를 그리스도의 가시적인 몸으로 보았다. (이 견해는 가톨릭교도들 역시 받아들인 것이지만, 칼뱅은 다른 교회를 생각하고 있었다.) 다시 한번 제도와 상징 사이의 관계가 종교 내에서 중요한 철학적 문제가 되었다.

칼뱅은 많은 점에서 친숙한 가톨릭 신학의 용어로 교회의 기능을 기술하였다. 그러나 그는 교회 내 구성원의 자격에 관한 결정적인 기반은 신의 선택이라고 보았다. 따라서 사제가 정신성을 위해 어떤 도움이 되는 역할을 하든, 사제는 자신이 성찬을 나눠주는 사람들 중 어떤 이들이 진정한 교회 구성원인지 알 길이 없다. 왜냐하면 사제들은 누가 선민인지 아닌지를 확실히 결정할 수가 없기 때문이다. 실로 그리스도교도 개인들 스스로도 자신이 선민인지 아닌지를 알 수가 없다.

칼뱅은 이런 점은 문제되지 않는다고 여겼다. 그는 루터와 마찬가지로 속죄를 받은 그리스도교인은 어떤 확신의 느낌을 가지게 될 것이라고 생각했다. 신앙에의 내적 부름으로서 경험하게 되는 그리스도와의 연대감을 갖게 되면, 우리는 우리가 선택된 사람이라는 확신을 갖게 된다. 칼뱅은 아우구스티누스를 따라서, 우리는 타인의 판단에 상관할 필요가 없으며 우리 자신의 정신적 신앙과 행복에 충실하면 된다고 하였다. 그럼에도 자신이 신에 의해 선택된 것을 알기란 분명 어려운 일이며 따라서 사람들은 어쩔 수 없이 자신을 남들과 비교할 수밖에 없다.

막스 베버는 이러한 선택의 교리는 '개신교도의 직업 윤리'가 발전한 결과라고 주장하였다. 칼뱅의 관점에서 본다면, 어떤 사람이 구원되었음을 보여주는 명백한 외부적인 증거는 그 사람의 행위뿐이다. 따라서 개신교가 인간의 노력과 선행을 중요시하지 않음에도, 많은 개신교도들은 일과 노력에 대해 거의 강박관념까지 가지게 되었다. 이제 일과 노력이 축복받았음을 드러내는 징표로 여겨지게 되었기 때문이다. 베버에 따르면, 근대의 자본주의는 이러한 근면에서 생긴 열매였다.

칼뱅은 좀더 작은 그리스도교 공동체는 더 큰 교회에 복종할 것을 주장하였다. 사실상 그는 가톨릭교를 대체할 새로운 보편교회를 구상하고 있었다. 그럼에도 그리스도교는 계속 분열되고 분화되었다. 영국에서는 헨리 8세가 로마 교회를 거부하였으며 자신을 영국교회의 수장으로 선언하였다. 이것은 종교문제에서 국가(그리고 개인)가 최고의 권위를 가진다는 사실을 알리는 것이었다. 영국 내에서는 청교도들에 의해 교회가 더욱 분열되었다. 청교도들은 그리스도교 내의 도덕적 개혁을 요구하였으며 영국교회가 가톨릭교에 매우 가깝다고 여겼다. 이는 영국국교도 가톨릭교와 마찬가지로 너무도 많은 도덕적 해이함을 표출하였기 때문이다. 다른 교파들도 새롭게 발전하고 있는 개신교 교회와 의견을 달리하였다. 재침례파, 퀘이커파, 그리고 메노파 같은 또 다른 교파들은 개인적인 종교 경험을 다시 강조하였다. 재침례파는 또한 (가톨릭교, 루터파, 칼뱅파 모두 공통적으로 받아들였던) 영아의 세례도 거부하였다. 이런 관행이 비성서적이고 비인격적인 것이라는 것이 그 근거였다. 다른 집단들은 국교를 신봉하는 관행을 거부하여 지역 종교 모임의 종교적 자유를 강조하였다. '오순절파'와 또 다른 '영적'인 교파 집단들의 예배의식은 성령의 내적인 빛이 개인의 영혼 속에서 작동될 수 있다는 전제를 바탕으로 했다.

● 반종교개혁, 에라스무스와 그 외 사람들

가톨릭교회는 종교개혁으로 공격을 받아 그 기초가 흔들렸다. 이후 가톨릭교회는 그 힘과 중요성이 축소된다. 말할 필요도 없이, 교황과 추기경들은 교회의 해체를 겁먹은 구경꾼들처럼 뒷전에 물러앉아 보고만 있지는 않았다. 그들은 복수를 위해 반격을 벌였다.

가톨릭교회는 종교개혁 이전에 이미 이교에 대항하는 공격적인 운동을 시작하였는데, 가장 두드러진 것이 에스파냐에서 있었던 종교재판이었다. 루터의 최초의 반란이 있은 지 불과 몇 년 후에, 가톨릭교회는 이그나시오 데 로욜라에 의한 예수회 창설을 후원하였다. 종교 문제에서 이성의 여전한 힘을 강조하는 '예수회'는 몇 세대에 걸쳐 잘 훈련되고 때로 철학적 정신이 강한 인물들을 배출하였다. 에스파냐에서는 프란시스코 수아레스(1548~1617년)가 스콜라 철학의 형이상학에 대한 철저하고도 체계적인 개론을 썼다. 여기에는 유대교 사상가, 이슬람교 사상가 및 르네상스 시대의 사상가 등의 논의도 포함되어 있다. 수아레스는 전반적으로 보아 토마스 아퀴나스의 철학적 견해를 따랐지만, 그럼에도 자신의 독창적인 견해를 발전시키기도 했다. 특히 그는 율법의 설립에서 의지의 역할을 강조하였던 중세 사상가들의 의견에 동조하였다. 수아레스는 자연의 법칙은 이성의 명령과 일치한다는 아퀴나스의 의견에 동의하였지만, 모든 경우에서 신의 권위가 중요하다고 강조하였다. 또 다시 인간의 이성은 원래 자리로 되돌아가야 했다.

반종교개혁은 철학적으로 스콜라 철학의 연속으로 나타났지만, 이제 이것은 능동적인 지성과 투쟁적인 날카로움을 지녔다. 소피스트들 이래 그 어느 때보다 논쟁과 논증이 철학의 중심적 활동이 되었으며 문제가 되어 있었다. 가톨릭교도와 개신교도 사이의 전쟁은 그 후 6세기 동안 유럽을 분열시켜놓았으며, 매우 공격적이고 많은 분야에서 충돌을 야기하는 학문으로서의 근대 철학의 출현은 이 쓰라린 시기로 거슬러 올라갈 수 있을 것이다.

종교개혁과 반종교개혁 사이에 극단적인 싸움이 벌어지는 혼돈 속에서도 당시의 광기와 잔인성에 휩쓸리기를 거부한 많은 이성적인 철학자들을 놓치기 쉽다. 그들 중 두 사람은 특별히 언급할 만하다. 그들은 (소크라테스에 비견될 만큼) 뛰어난 사상가들일 뿐만 아니라 이상적인 철학자의 가장 훌륭한 본보기가 되는 사람들이었다.

첫번째 인물은 네덜란드의 인문주의자인 데시데리우스 에라스무스(1466?~1536년)이다. 그는 독실한 신자이자 거침없이 말하는 종교개혁가였는데, 가톨릭교회와 싸웠지만 종교개혁에 참여하기를 거부하였다. 에라스무스는 성서가 평범한 사람들이 접근할 수 있게끔 만들어져야 한다(그러므로 일상어[당시 교회에서는 라틴어 성서를 썼다―옮긴이]로 번역되어야 한다)고 주장하였다. 그리고 그는 최초의 진지한 성서학자들 중의 한 사람으로서, 후세대 학자들이 성서를 더욱 세밀하게 연구할 수 있는 길을 열어놓았다. 에라스무스는 또한 기지에 넘치는 사회비평가이자 자유로운 정신의 소유자였다. 당시의 젠체하고 자만하던 사람들을 비꼼으로써 그는 강력한 적들과 끊임없는 찬미자들을 동시에 얻었다.

두번째 인물은 에라스무스의 좋은 친구였던 토마스 모어(1478~1535년)였다. 그는 악명 높은 헨리 8세 밑에서 대법관을 지냈다. 왕이 애인과 결혼하기 위해 왕비와 이혼하려고 로마 교회와 단절하고자 했을 때, 그는 이에 반대했다가 참수형을 당하였다. 그러나 그 역시 지혜를 추구해야 하는 철학자로서 훌륭한 모범을 남겼다.

에라스무스는 훌륭한 스콜라 학자였지만 그럼에도 스콜라 철학의 지루함을 싫어하였다. 그는 무엇보다도 먼저 인문주의자였고, 교회의 정신을 옹호했으며, 필요하다면 교회의 관행들을 거칠게 비판하기도 하였다. 그는 마르틴 루터와 같이, 면죄부 판매와 사제들의 보기 흉한 상업적 관행들을 비판하였다. 그리고 교황의 무오류성을 거부하였으며, 루터가 개혁 초기에 보인 개혁의 열정을 높이 찬양하였다. 그러나 루터와는 달리, 교회의 또 다른 분열을 야기하는 모험을 원하지는 않았다. 1524년 그는 루터를 반대하였고 둘은 신랄한 편지들을 주고받았다. 에라스무스는 예정설이라는 거친 개신교 교리를 거부하였으며, 보통 사람들의 이해능력을 옹호하였던 루터와는 달리, 그는 배우지 못한 무지한 사람들의 각별한 지지자는 아니었다.

그 자신도 사제였던 에라스무스는 동료 사제들의 무식함을 통렬히 비판하였다. 비록 스콜라 철학을 반대하였지만, 그는 열성적인 스콜라 학자였다. 그는 『신약성서』의 첫 번째 그리스어판을 준비하였고 새로운 라틴어 번역판도 준비하였는데, 이것들은 이후의 거의 모든 『신약성서』 연구의 토대가 되었다. 하지만 루터와 그의 종교개혁을 반대하고 교회의 단일성 유지를 단호히 주장하였음에도, 에라스무스는 많은 가톨릭교들로부터 루터가 낳은 알을 '부화' 시킨 사람으로 비난받았다.

세계시민이던 에라스무스는 옥스퍼드, 케임브리지, 그리고 런던과 파리, 프라이부르크 및 토리노 등지를 널리 여행하였다. 그의 인문주의는 그의 성격만큼이나 교조적인 것과는 거리가 멀었다. 그것은 사생아로서의 수수한 성장과정과 유럽의 여러 도시들에서 겪은 폭넓은 경험의 결과였다. 가장 오랫동안 사랑받는 그의 저작은 신랄하면서도 애정이 깃든 풍자를 담고 있는데, 이는 곧 그의 유머와 인문주의를 잘 보여준다. 그 저작은 바로 자화상적인 제목인 『우신예찬』(1549년)이다. 소문에 의하면 그는 이 책을 1주일 만에 썼다고 한다. 이 책은 중세 말의 가장 인기 있는 철학적 저작들 중 하나가 되었다.

그의 말로는 이 책이 '신랄한 풍자' 의 글이라고 하지만, 그럼에도 이는 커다란 연민과 해학을 보여준다. 『우신예찬』은 폴리(Folly, 어리석음)라는 이름의 화자에 의해 쓰였으며, 자화자찬은 예상하다시피 유머가 넘친다. 에라스무스는 '광우(狂愚)를 사랑하는 자들(foolosohpers)', 부자, 권력자, 교황, 의사, 노름꾼, 성인(聖人), 작가, 전쟁광, 신학자, 그리스도교도, 그리고 많은 다른 사람들에 대해서 익살스럽게 쓰고 있다. 그는 스토아학파가 고상한 삶에서 감동을 몰아내려 하였다며, 이들이 그들의 이론을 따르는 사람들을 '대리석 조각 같은 인간' 으로 만들었다고 비판하였다. 그는 플라톤의 『국가』에 대해 비숫하게 살 만하지 못한 곳으로서 풍자적으로 비판하였으며, 소크라테스는 아리스토파네스식(즉, 희극적)으로 풍자하였다. 에라스무스는 철학자-왕은 의심할 것 없이 가장 나쁜 통치자일 거라고 확신하였다. 에라스무스는 몸을 사리지 않았으며, 그래서 그와 그의 동료 '그리스애호가들' 은 비슷한 공격을 받았다.

재미 속에서 쉽게 잊혀지는『우신예찬』의 요점은 풍자와, (신중하게도) 이름을 밝히지 않는 대상들을 공격함으로써 지혜의 미덕을 옹호하고 그 한계를 지적하는 것이다. 그는 오직 신만이 지혜를 갖고 있다고 하였으며, 이런 점에서 분명히 소크라테스의 의견에 동의하고 있다. 하지만 실로 인간의 삶 그 자체는 많은 가치를 갖는데, 그것은 지혜로움 때문이 아니라 어리석음 때문이다. 만일 우리가 실제로 결과와 그 의미를 미리 내다볼 수 있는 지혜를 가졌다면, 누가 결혼하고 아이를 가지며 정치에 뛰어들고 사랑에 빠지고 철학자가 되겠는가? 에라스무스는 소포클레스에 동의하여 그를 인용하면서 매우 반철학적인 입장을 옹호한다. "가장 행복한 삶은 아무것도 모르는 삶이다." 그럼에도 에라스무스의 저작은 최고의 철학서로서 자유, 겸손, 고결함, 해학 등을 특히 소크라테스식으로 결합한 감동적이고 즐거우며 심오한 훌륭한 예이다.

토마스 모어는 에라스무스처럼 매우 종교적이었지만 아주 독립적인 인물이자 사상가였다. 그는 세속적 충성심과 이기심보다 자신의 신념과 청렴함을 더 중시한 것으로 유명하다. 그는 신앙심이 깊었지만, 상업에서 성공한 가정에서 자라나 사업에 참여하였으며 존경할 만한 정치 경력도 갖고 있었다. 모어는 에라스무스처럼 인문주의자이자 독실한 가톨릭교도였으나 교회의 이름으로 행해지는 광범위한 교권의 남용에 경악하였다. 하지만 영국의 그는 유럽 대륙을 분열시키고 있던 문제와는 전혀 다른 하나의 문제에 봉착해 있었다. 우리가 루터나 종교개혁에 대해서 어떻게 생각하든, 이들이 교회를 공격한 이유가 실로 종교적이고 정신적인 것이었다는 데는 의심의 여지가 있을 수 없다. 그러나 헨리 8세가 가톨릭교회와 단절하려 한 이유는 전혀 종교나 정신성 때문이 아니었다. 헨리는 아내 캐서린과 이혼하고 안 볼린과 결혼하려고 하였다. 그런데 오랫동안 헨리에게 지혜와 조언을 주었던 모어가 왕의 계획을 받아들이기를 거절하였다. 협박과 잠시동안의 (그리고 모어의 말에 따르면, 아주 즐거운) 투옥에도 불구하고, 모어가 굴복하기를 거부하자 헨리는 그를 처형하였다. 에라스무스는 런던에서 모어의 집(여기서 『우신예찬』을 썼다)에 머물렀는데, 모어를 '사계절의 사나이'라고 불렀다. 20세기에 모어의 삶을 그린, 이를 제목으로 한 연극이 만들어졌다(나중에 아카데미상을 받은 영화도 만들어졌다). 모어는 1935년 성인으로 추대되었다.

모어의 고전적인 작품으로는 『유토피아』(Utopia, 1515년)가 있다. 이것은 플라톤의 『국가』처럼 이상적인 사회에 대한 자세한 청사진을 그렸다. (유토피아[utopia]는 모어가 만든 말로, 재미있게도 '없는 곳'[u-topia]과 '좋은 곳'[eu-topia]이라는 두 가지 뜻을 갖는다.) 놀랍게도 모어가 마음속에 품었던 유토피아는 이성에 의해 통치되는 이교적인 공산주의 사회였다. 그 뒤에 따라올 수많은 사회철학자들처럼, 모어도 이성적인 삶을 단순한 이기주의에 대비시켰다. 그는 원래 결함이 있는 인간의 본성으로까지 거슬러 올라가 인간의 이기주의를 밝히고 있다. 모어는 『유토피아』에서, 지금도 여전히 화젯거리가 되고 있는 여성의 권리, 안락사 및 낙태, 결혼과 이혼 등의 문제들에 대해 숙고하고 있다.

모어는 에라스무스와 더불어 교회를 통일하려는 운동을 벌였으며 그리스도교의 학문적 연구를 그리스 고전의 지혜를 향해 열어놓았다. 하지만 좀더 일반적인 그리고 더 중요한 점은, 이들이 새로운 근대 세계의 폭력적인 종교적 차별에 인간적인 얼굴을 함께 부여해주었다는 사실이다. 다음 2세기 이내에 종교는 유럽인들의 삶을 지배하던 중심 역할을 잃게 된다. 근대의 더욱 세속적인 인문주의로 이행해가는 과정에서, 에라스무스와 모어보다 더 고무적인 예는 볼 수 없을 것이다.

● 아리스토텔레스 이후_ 베이컨, 홉스, 마키아벨리, 그리고 르네상스

종교개혁과 반종교개혁은 이미 르네상스에 의해 변화된, 개인이 강조되는 지적 배경에서 나타났다. 르네상스 혹은 '재생'은 르네상스를 열렬히 옹호하는 이들의 말처럼

'새롭게 시작된' 시대는 아니었지만, 확실히 재생, 열광, 그리고 실험의 시대였다. 특히 이 시대는 고대 그리스와 로마의 고전작품들을 재발견하거나 혹은 새로이 강조하였다. 르네상스 시대의 표어인 '인문주의'는 12세기부터 발전해온 개인의 존엄성에 대한 개념이었다. 18세기의 프랑스 역사학자였던 쥘 미슐레는 르네상스가 '세계의 발견과 인간의 발견'으로 특징지어지는 시대라고 평하였다. 재탄생과 발견에 대한 이러한 강조는 곧 르네상스 이전의 천년을 통째로 부정함을 뜻한다. 그런데 고대의 책들과 문학작품들에 대한 이러한 새로운 열광이 중세시대(이때부터 암흑시대로 불리기 시작하였다)에 대한 폄하를 정당화할 수 있는지 우리는 물을 수 있다.

그러나 역사적 문맥에서 우리는, 유럽 인구의 3분의 1을 앗아간 페스트(흑사병)가 지나가고 많은 것을 파괴한 영국과 프랑스 사이의 백년전쟁이 종식된 뒤에 따라온 흥분을 이해할 수 있다. 르네상스의 인문주의는 그토록 무시무시했던 시기에서 벗어나 제자리로 되돌아오는 시기로 볼 수 있다. 봉건제도는 거의 무너졌으며 새로운 상업주의와 모험심이 유럽을 지배하였다. 세련되고 교양을 갖춘 시민계급의 새로운 세속적 이상(理想)이 두드러지게 되었다. 그러나 인문주의는 그때나 지금이나 몇몇 복음주의적 논쟁자들의 비난과는 달리, 본질적으로 세속적이거나 무신론적이지 않았다. 르네상스는 여러 가지 점에서 중세적이었고 때로 신비적이었으며, 그리스도교와 유대-그리스도교 전통의 품속에서 태어나고 양육된 개인의 존엄성을 르네상스 시대에 와서 새롭게 강조하였다는 사실을 기억하는 것이 중요하다.

중세와 근대를 가르는 단 하나의 경계선이란 없으며, 르네상스가 양쪽 시대 사이에 딱 맞아 떨어지지도 않는다. 교과서들은 편의를 위해 1500년에 금을 긋지만, 르네상스라는 전환의 시기는 14세기 중엽부터 적어도 1600년까지 걸쳐져 있다. 우리는 이 시대의 철학상을 어떻게 분류하느냐 하는 실로 무익한 논쟁을 벌일 수도 있을 것이다. 르네상스는 우선 무엇보다도 하나의 문학예술 운동이었다. 가장 높이 평가되는 르네상스의 산물은 교양 시민이라면 누구에게나 요구되는 학문 분야인 '인문학'이었다.

그렇지만 인문학은 기술과 수학의 발전에 의해 촉진된 과학에 대한 새로운 관심도 포함하고 있었다. 따라서 르네상스는 가장 극적인 과학혁명으로도 정의되어야 마땅하다. 이 과학혁명이란 바로 우주의 중심이 지구가 아니라 태양이라는 코페르니쿠스의 견해를 말한다. 오랫동안 광범위한 신학 교리에 대해 하위적이고 명백히 종속적인 관계를 맺고 있던 과학 지식의 추구가 이제 빠르게 부상하기 시작하였다. 하지만 여전히 교회의 끈질기고 때로 거친 반대에 부딪히고 있었다. 1600년 조르다노 브루노는 이교도라는 죄목으로 화형당하였으며 그 후 곧 갈릴레오도 그의 코페르니쿠스적인 견해(1992년까지 가톨릭교회는 이 견해를 공식적으로 받아들이지 않았다!)를 철회하도록 강요받았다.

그러나 과학과 종교 사이의 지속적인 갈등을 과장하는 것은 그릇된 일일 것이다. 자연은 신이 '손수 만든 작품' (고대 히브리인들로부터 물려받았으며 그 후 토마스 아퀴나스가 옹호한 개념)으로 간주되었기 때문에, 과학이 계시의 한 방식, 신의 경이로움을 인식하는 한 수단으로 여겨졌다. 대부분의 경우에, 교회는 교리와 마찰하지 않는 한 기꺼이 과학을 용납하였으며, 과학에서도 루크레티우스의 재발견과 그에 대한 어느 정도의 열광이 있었지만 아직은 순수하게 기계론적인, 즉 신의 존재를 부정하는 우주관이 발전하지 못하고 있었다.

르네상스는 실로 고전과 고전철학으로의 회귀였다. 그럼에도 고대의 가장 유명한 인물, 즉 위대한 철학자인 아리스토텔레스에 대해서는 전반적으로 공격적이었다. 아리스토텔레스는 르네상스에서 중심적 관심사였으며 가장 의심스러운 인물이었다. 한편으로, 철학의 기본적인 용어와 세계관뿐만 아니라 르네상스로 '복원된 철학' 의 전체적인 경향이 전적으로 아리스토텔레스적이었다는 데는 의심의 여지가 없다. 다른 한편으로는, '이교도' 아리스토텔레스는 거의 사라지고 그에 관해 남아 있는 것은 대부분 스콜라 철학의 교리에 삽입된 것들이었다. 그의 철학은 성 토마스 아퀴나스에 의해 교회의 가르침 안에, 그리고 이븐 루시드를 통해 이슬람교 안에 통합되었다. 일부 통찰력 있는 사람들은 진정한 아리스토텔레스와 스콜라 철학적인 아리스토텔레스를 구별하였지만, 르네상스 사상가들은 일반적으로 단호히 아리스토텔레스에 반대하는 입장이었다. 짐작하듯이, 이는 플라톤의 극적인 재발견 및 그에 대한 옹호와 관련이 있었다. 이제 플라톤의 저작은 대중적인 라틴어판으로 널리 번역되었다.

아리스토텔레스는 1500년 동안 과학의 거의 모든 분야, 즉 물리학, 우주론, 생물학, 심리학 등을 지배하였다. 기원전 4세기에 상식으로 여겨졌던 이론과 가설들이 많은 경우 검증되지 않은 채 15세기와 16세기에도 여전히 세상을 지배하고 있었다. 갈릴레오의 간단하지만 유명한 실험, 즉 크기가 다른 두 개의 돌을 피사의 탑에서 떨어트려 각각의 가속도를 시험한 일은(아리스토텔레스의 예측과는 달리, 결과는 양쪽의 가속도가 동일하다는 것이었다), 새로운 과학자들이 아리스토텔레스를 안목 없는 경멸로써 대하고 있음을 압축적으로 보여준다. 아리스토텔레스가 오래전에 정의하고 확립한 '상식'이 이제는 더 이상 받아들여지지 않았다. 예를 들어, 아리스토텔레스는 (그의 동시대인들 대부분이 믿었던 것처럼), 지구가 이 세계의 중심이며 하늘은 지구 위에 있다고 믿었다. 이러한 관점은 나중에 프톨레마이오스의 견해로 일컬어지게 되었다. 무엇보다도 그러한 상식적인 믿음에 대해 심각한 문제가 제기되었으며, 묘하게도 인문주의를 태동시킨 광장이었던 르네상스는 부분적으로 인간과 인간이 살고 있는 행성이 더 이상 우주의 중심이 아니라는 놀라운 발견을 토대로 하고 있었다.

아리스토텔레스는 또한 정치학에서도 지배적이었고, 점차 사라져가는 그리스 도시국가에 대한 아리스토텔레스의 예찬은 그러한 사회가 실제적이었거나 혹은 가능했던 시대 이후에도 오랫동안 하나의 이상으로 남아 있었다. (유감스럽게도, 노예제도에 대한 아리스토텔레스의 옹호는 여전히 널리 받아들여지고 있었다.) 그러나 긍정적인 측면에서 본다면, 아리스토텔레스의 정치학의 중심사상은 (소크라테스나 플라톤의 경우와 마찬가지로) 국가와 정부당국의 일차적인 목적은 도덕적 인간을 양육하는 것이라는 주장이었다. 정치와 덕, 정치적 수완과 윤리학은 함께가는 것이었다. 하지만 이런 고귀한 견해가 거부된 것은 그다지 찬미할 만하지 못한 충격적인 르네상스의 한 특징이다. 이제 정치를 기껏해야 하나의 타협 아니면 노골적인 '더러운 거래'로밖에 보지 않게 되었다. 정치는 인간의 본성에서 가장 나쁜 것으로 비쳤다.

간단히 말해서, 르네상스가 재생이기는 하지만 이것은 종종 그리스도교 교회보다는 오히려 아리스토텔레스를 거부하였다. 아리스토텔레스에 대한 르네상스의 가장 유명한 비판가들 중에서 3명만 언급하면 프랜시스 베이컨(1561~1626년), 토머스 홉스(1588~1679년), 그리고 거의 1세기 전에 태어난 니콜로 마키아벨리(1469~1527년)가 그들이다. 이 세 사람이 아리스토텔레스의 반대자로 보일 수 있지만, 이들은 모두 (이들 자신은 인정하지 않더라도) 아리스토텔레스에게 엄청난 빚을 지고 있었다. 베이컨은 보통 근대 과학 전통의 창시자로 인정받고 있다. 이는 특히 그가 아리스토텔레스적인 전통과 관계를 끊고 순수하게 경험적이고 실험적인 방법으로써 '새로 시작' 했음을 의미했다. 홉스는 이 중의 중요성을 지닌다. 첫째는 베이컨의 친구이자 동료로서 새로운 과학을 위한 이정표를 만든 또 하나의 인물이자, 동시에 아리스토텔레스의 목적론적 우주론에 대하여 철저히 비판한 인물이라는 점이다. 둘째는 가장 영향력 있는 근대 정치이론을 설계한 사람들 중의 하나이자, 인간의 '자연적인' 사회성에 관한 아리스토텔레스의 견해를 거세게 반대한 인물이었다는 점이다.

마지막으로 마키아벨리라는 유명한 이름을 언급해야 한다. 그는 혼란스럽고 부패한 르네상스 시대의 이탈리아에서 근대 정치학을 위한 무대를 마련하였다. 그의 악명 높은 논문인 『군주론』은 정치에는 어떠한 도덕도 없다는 주장을 담고 있다. 『전쟁의 기술』에서 그는 전쟁을 국가들 사이의 관계에서 통상적인 것으로 보았다. 마키아벨리는 국가는 갑자기 사태가 돌발해서야 훈련받지 않은 군대를 성급히 모을 것이 아니라 지속적으로 준비하고 전략을 마련해두어야 한다고 하였다. 실로 마키아벨리와 홉스에 의한 아리스토텔레스의 정치학 및 윤리학과의 결별은 궁극적으로는 과학에서 베이컨이 시작한 반란보다 더욱 중요한 것이었다.

프랜시스 베이컨 자신은 과학자가 아니었다. 즉, 그는 코페르니쿠스, 갈릴레오 그리고 뉴턴과 같이 어떤 이론이나 발견으로 알려져 있지는 않다. 그는 오히려 과학이론들과 지식일반에 관한 이론들을 만들어내었다. 특히 실험적인 방법을 개발하였는데, 이것은 갈릴레오에게 지대한 영향을 끼쳤다. 주의 깊은 관찰과 통제되고 조직적인 방식의 실험을 포함하는 '과학적 방법' 의 교과서격이 된 것을 정식화한 사람이 베이컨이다. 이러한 과학적 방법은 고대인들이 답한 것으로 여겨지는 모든 문제들에 대해서 새로운 출발점을 제공하였다.

하지만 베이컨은 아리스토텔레스와 마찬가지로 여전히 경험보다 이성을 더 신뢰하였다. 그가 1500년이나 된 아리스토텔레스의 이론을 비판 없이 받아들이는 데 대해서 계속적으로 공격하고 있기는 하지만, 아리스토텔레스의 적이 아니라 간접적인 후계자라는 사실을 분명히 해두어야 한다. 과거의 독단론에 대항하여, 베이컨은 지식의 추구가 '그 자체로서' 정당함을 입증하려 하였다. 그런데 이것이 오늘날 자주 그렇듯이, 결과를 고려하지 않는 탐구만을 옹호하는 것으로 오해되어서는 안 된다. 베이컨은 정확히 이와는 반대, 즉 지식은 유용함을 주장하였다. 실제로 그는 그의 유명한 표어인 "지식은 힘이다!"를 선언하였다. 그는 또한 자연에 대한 인간의 궁극적인 지배권으로서 과학을 옹호하였다. 이는 「창세기」에서 약속된 바로서, 신의 작품인 자연에 대한 연구이자 계시의 한 원천으로서 마치 신의 말씀을 연구하는 것과 마찬가지로 정당한 일이었다.

베이컨은 과학에 평등주의적인 위상을 부여하였다. 즉 올바른 방법을 사용하기만 한다면, 누구나 진리를 발견할 수 있다는 것이었다. 과학은 천재들만을 위한 배타적인 왕국이 아니었다. 이것은 결코 적지 않은 중요성을 지니는 정치적 주장이 되었다. 하지만 이것이 단지 베이컨이 '상식'을 옹호한다는 말은 아니다. 그의 철학이 지니는 가장 위력적인 면모들 중의 하나는 적절한 과학적 탐구를 가로막거나 왜곡하는 인간 본성의 다양한 '우상들'에 대한 비판이다. 이러한 우상들로는, 우리가 선배들로부터 그대로 배워 의문을 제기하지 않았던 다양한 편견들과 잘못된 개념들이 있다. 인간의 믿음에는 본래 관성이나 보수적인 경향이 있어서, 편안하지만 거짓된 기성의 믿음을 포기하는 것은 어려운 일이다. 간절한 생각은 흔히 주의 깊은 인식과 '진정한 경험'을 가려버린다. 또한 우리의 감각이 언제나 믿을 만하지는 못하다는 위험이 있다. 이것은 베이컨이 고대의 사상가들이나 그의 후계자인 데카르트와 공유하는 견해이다. 마지막에 말하기는 하지만 아주 중요한 점은 베이컨이 아리스토텔레스의 '목적인', 즉 분명한 목적이 있다고 하는 식의 해석 또는 목적론적인 해석에 대한 믿음에 적지 않은 공격을 했다는 것이다. 자연이 움직이는 것은 사물들과 사건들이 어떤 목적을 갖고 있기 때문이 아니라, 그것들은 원인(질료인 혹은 '동력인')을 갖고 있고 자연적인 '형상'이나 법칙에 따르기 때문이다. 아리스토텔레스의 목적인에 대한 공격은 때로 부당하기도 한 아리스토텔레스에 대한 베이컨의 공격이 가장 손상을 주고 지속되고 있는 측면이다.

과학자가 아닌 형이상학자로서의 토머스 홉스는 세계에 대한 순수하게 물질주의적이고 기계적인 모델을 발전시켰다. 즉, 세계는 단지 '운동하는 물질'일 뿐이다. 이것은 아마도 데모크리토스와 고대의 원자론자들 이래 가장 비인격적이고 중립적인 우주일 것이다. 하지만 이와 같은 급진적인 움직임에는 언제나 이에 균형을 맞추는 평형추가 있기 마련이다. 홉스는 기계적인 우주의 존재를 믿었지만, 그렇다고 그것이 신이 없는 우주는 아니었다. 그는 신학을 배제하지 않는 우주론을 옹호하면서 그의 반평생을 보냈다 (그리고 실제로 그의 유명한 책 『리바이어던』[Leviathan]의 절반을 이 문제에 할애하였다).

그러나 홉스는 '자연상태', 즉 사회를 형성하기 '이전' 인간의 삶에 대한 혹독한 관점으로 가장 유명하다. 그는 『리바이어던』의 첫 부분에서 이기심이 지배적인 원리라고 기술하고 있다. 정의란 알려져 있지 않다. 따라서 삶은 "만인에 대한 만인의 투쟁"이며, 그 결과 삶은 전형적으로 "불쾌하고 시끄럽고 짧았다." 이렇게 서로 위험하고 투쟁하는 상황 속에서, 사람들은 상호 안전과 이익을 위해 모여서 '사회적 계약'을 맺었다. 사람들은 그들의 별로 크지 않은 권력을 '주권자'인 왕에게 양도하였으며, 왕은 신성한 권리에 의해서가 아니라 사람들의 동의에 의해서 그들을 통치하게 되었다. 그리고 이러한 동의와 함께, 인류는 더 나아가 정의라는 관념에 의해 보호받게 되었다. 정의 자체는 상호 계약적인 사회의 산물이지, 미리 가정되어 있는 것이 아니다.

홉스가 자신의 자연상태라는 모델을 말 그대로의 가설로서 의도했는지 아니면 근본적으로 새로운 사회에 대한 전망을 제시하기 위한 하나의 사유실험으로 의도했는지에 대해서는 여전히 논란이 있다. 일반적으로 동의하는 바에 따르면, 후자의 경우가 더 의미가 있다. 홉스 자신은 후기의 한 저작에서 인간의 본성이 자신이 말한 자연상태만큼 그렇게 추악하지는 않다고 하였다. 그러나 정치철학의 미래는 사회계약 사상(원래 스콜라 철학의 사상으로서, 그 근원은 그리스인들에게까지 거슬러 올라갈 수 있다)에 의해 지배되었다. 로크와 루소, 그리고 칸트까지도 다양하게 변주된 이 사상을 옹호하였으며, 물론 이것은 ('헌법'의 형태로) 우세한 정치적 사상이 되었다. 이는 다음 세기에 일어난 혁명들의 결과였다.

● '지리상의 발견' 이전_ 아프리카와 아메리카

    유럽이 당파적이고 교파적인 갈등 속에 분열되고 국가들 사이의 지속적인 전쟁을 통해서 강대국들이 등장할 무렵, 유럽인들은 '새로운' 세계를 향해 눈을 밖으로 돌렸다. 그들은 이 무한한 대륙들을 탐험하고 그 자원들을 개발하려는 열망에 차 있었다. 또한 신세계 원주민들을 개종시키는 데도 관심을 가져서, 신세계의 원주민들이 거의 고대 이집트에 비견될 정도로 장려(壯麗)한 많은 도시들과 문명들 그리고 풍부한 종교 전통을 가지고 있었음에도 그들이 하느님의 말씀을 박탈당했다고 생각하였다.

    그리 유쾌하지 못한 우연의 일치에 의해서, 1492년에 콜럼버스가 아메리카를 '발견'하던 당시 에스파냐에서는 종교재판이 시작되고 있었다. 곧 에스파냐의 사제들이 정복자들의 항해에 합류하여, 이 놀라운 '새로운' 제국들의 (개종 대상인) 영혼들과 전리품들을 포획하러 나섰다. 한편 프랑스의 가톨릭교도들과 개신교도들(혹은 '위그노파')이 서로 학살을 자행하는 동안, 프랑스의 탐험가들과 선교사들은 세인트로렌스 강을 따라 내려가고, 중국 주변 해안을 항해하였으며, 그리고 남태평양 쪽으로 내려갔다. 마찬가지로, 에스파냐인, 포르투갈인, 네덜란드인 그리고 일부 스칸디나비아인들도 탐험여행을 했다. 영국의 교회가 로마 교회로부터 떨어져 나가고 이후 10개 이상의 교파로 분열된 후에, 사실상 이 교파들 모두가 신세계 원주민들을 개종시키기 위하여 전 세계로 선교사들을 보내기 시작하였다.

    개종과 새로운 자원의 발굴과 교역을 위한 나라들 간의 경쟁은 빠르게 세계적인 규모로 확대되었다. 에스파냐와 포르투갈은 중앙아메리카와 남아메리카를 식민지화하였다. 영국인들은 버지니아와 매사추세츠에 정착촌을 세웠고, 네덜란드인들은 카리브해의 몇몇 지점과 인도네시아의 수백 개 섬들을 탈취하였으며, 프랑스인들은 동부 캐나다와 루이지애나를 취하였다. 사실상 그들 모두가 중국을 향해, 아프리카의 동부해안을 따라 내려갔다.

아프리카의 식민주의는 특히 부도덕했다. 유럽에서는 그리스도교의 발흥과 실로 중요한 봉건사회의 성립으로 인하여 노예제도가 축소되었다. 농노들이 장원에 얽매여 있는 한, 노예들은 불필요하였다. 하지만 농노제도의 종말과 더불어, 나중에 찾아온 산업혁명과 식민지 서인도제도에서의 플랜테이션의 확대로 인하여 노예제도의 필요성이 증가하였다.[59] 콜럼버스는 이를 염두에 두고서, 아메리카 인디언 500명을 노예로 쓰도록 에스파냐로 보냈다. (명예롭게도 이사벨라 여왕은 이들을 고향으로 돌려보냈다.) 그러나 아프리카가 가장 중요한 노예 공급지가 되었다. 16세기 초에 영국인들과 포르투갈인들이 처음으로 조직적으로 노예교역을 하였다. 아프리카 내에서 이미 어느 정도의 노예교역이 이미 있었음은 분명하며, 마찬가지로 고대 이래 전 세계적으로 노예교역이 있었던 것으로 보인다. 하지만 새로운 식민지 제도는 노예제도를 (전쟁의 부산물이 아니라) 하나의 산업으로 변모시켰으며 강제로 납치된 아프리카의 원주민들은 아프리카 대륙에서 가장 가치 있는 자원이 되었다.

식민주의는 물론 새로운 현상은 아니다. 고대 페니키아인들은 지중해 지역과 북아프리카의 많은 부분을 식민화하였고, 그리스인들은 소아시아를 식민화하였으며, 알렉산드로스 대왕 때는 아시아의 절반을 식민화하고자 하였다. 로마인들은 '제국주의' 라는 개념을 창안하였으며, 로마제국은 로마의 문화와 제도의 지배를 알려진 세계의 대부분으로 확장시켰는데, 그 규모가 야만적인 브리튼 섬에서부터 팔레스타인의 갈가리 분

---

[59] 예를 들어, 뉴욕시에서는 1828년까지 노예제도가 합법적으로 실행되었는데, 이는 남북전쟁이 있기 전 40년도 안 되는 때였다.

열된 땅에까지 이르렀다. 하지만 16세기와 17세기의 새로운 식민주의와 제국주의의 탐험과 확장에는 끝이 없는 것처럼 보였다.

이 '발견의 시대'의 주된 목표는 교역이었지만, 모험의 정신, 종교적 열정, 국가적 자부심과 같은 점을 과소평가해서는 안 된다. 유럽인들은 가는 곳마다 그들의 종교뿐만 아니라 문화와 통치제도를 함께 전파하였다. (또한 몇몇 치명적인 질병도 함께 가져갔다.) '발견'과 정복에 대한 표준적인 찬양에는 이 새로이 '발견된' 땅들에 이미 수백만의 사람들이 살고 있었으며 그들 중 많은 사람들이 위대한 문명을 세웠다는 핵심적인 사실이 빠져 있다. 유럽에서 소용돌이가 일고 있는 가운데 유럽과는 전혀 다른 문화와 종교를 가진 사람들과의 조우(遭遇)는 적어도 식민지 시대의 제국주의자의 태도와는 다른 어떤 반성을 자극하였다. 프랑스 철학자 미셸 드 몽테뉴는 부유하고 타락하고 불행한 유럽의 그리스도교도들과 대조적으로, 새로이 발견된 아메리카와 해외의 땅에는 건전하고 행복한 문명들이 있었다고 하면서 프랑스의 한 세대가 저지른 부끄러운 행위들에 대해 비난하였다. 몽테뉴는 그 땅들의 원주민들이 실제로 '인육을 먹는 사람들'이라는 점을 인정하였지만, 그들이 유럽인들의 사치, 기만, 심지어 성서의 가르침 없이 선량한 삶을 잘 살아왔다고 지적하였다.

뒤이은 몇 세기 동안에 발견된 새로운 사회들, 특히 남태평양 폴리네시아 군도는 그와 같은 많은 철학적 사색을 자극하였다. 자연과 조화를 이루면서 살고 있는 행복하고 '순진한' 부족사회는 전쟁으로 분열된 유럽인들에게는 분명 매력적이었으며, 그리고 성적 자유에 대해 널리 퍼진 풍문은 점점 더 성적으로 억압받던 유럽인들의 상상력에 불을 붙였다. 물론 대양 저쪽 사람들의 삶에 대하여 제대로 알고 있는 유럽인들은 아주 소수였으며, 철학과 많은 대중적 출판물 속에 제시된 많은 것들은 순전히 공상에 불과하였다. 하지만 사실은 유럽인들이 대서양을 건너고 사하라 사막의 이남으로 내려가고 태평양 전체를 훑고 다니면서 그 존재를 알게 되기 몇 세기 전부터 거기에는 이미 온전한 문명들이 있었다.

이 문명들은 어떠했을까? 고대 그리스인들과 로마인들은 이집트와 서아시아 그리고 북아프리카의 일부 지역에 대하여 이미 많은 것을 알고 있었다. 출애굽, 필론, 아우구스티누스 그리고 아랍인들에 대한 논의에서 언급했듯이, 바로 이 지역들에서 서양의 주요한 세 종교 전통들이 발전되었다. 확실히 헤로도토스와 투키디데스 및 그 이후 역사가들의 보고는 언제나 믿을 만한 것은 아니었으며, 히브리 성서나 복음서들도 그들의 전통에 대해서 일관성 있고 정확한 보고를 담고 있지는 않았다. 하지만 학자들은 다양한 문학적인 이야기들과 기록들을 통해 아시아와 북아프리카 문명의 사람들이 무엇을 믿었으며 그들의 삶은 어떠했는지 그럴법한 그림을 짜맞추었다.

이와 달리, 아프리카와 아메리카의 대부분 문화들은 그러한 기록 문헌이 전혀 없지는 않지만 거의 없어서 역사가들에게 문제를 안겨주었다. 몇몇 경우에는 기록된 문서들이 파괴되었으며, 종종 그 문명 자체도 함께 파괴되었다. 예를 들면, 멕시코의 아스텍 문명은 그 이전 톨테크 문명이 붕괴된 후 분명 유카탄 지역에서 우세한 지위를 차지하고 있었다. 이 문명에서 약 1100년경 틀라마티니메(tlamatinime, '사물들을 아는 사람들')라 불리는 철학파가 번창하였다. 하지만 남아 있는 것은 그들 가르침의 단편들뿐이다. 그 큰 이유는 그들을 정복한 에스파냐 정복자들이 고의적으로 아스텍 역사가 기록되어 있는 그림으로 나타낸 책들을 대부분 불태웠기 때문이다.

더욱 문제가 되는 것은 이러한 많은 문화들의 문학 전통들이 전적으로 구전적이라는 점이다. 그래서 이들 문화가 식민주의 정복자들에 의해 소멸하거나 압도당하면서 이러한 전통들도 대부분 사멸되었다. (만일 호메로스의 위대한 구전 작품인 『일리아스』와 『오디세이아』가 글로 옮겨지지 않았다면, 즉 대대로 구전되어온 그 상당한 텍스트를 여전히 기억과 전승에만 의존하였다면, 과연 우리가 그것들을 들어볼 수 있었을지 의심스럽다.) 문자로 기록된 전통이 없는 문화들은 문학적 철학적 전통이 없으리라는 생각은 전혀 정당화될 수 없다. 그렇지만 많은 경우에 그러한 전통들이 어떠하였는가를 알 길은 없다.

민속적인 설화와 전설을 통해 남아 있는 내용들이 몇 백 년 전에 저질러진 파괴적 침략 이전의 문화를 정확히 반영하고 있을 수도 있고 혹은 그렇지 않을 수도 있다. 우리가 유대, 그리스, 인도의 전통들에서 보는 것과 같이, 그러한 이야기들이 철학적 반성,

주석, 비평에 의해 얼마나 미화되었는지도 우리는 알 수가 없다. 하지만 우리는 아프리카와 아메리카에 살았던 수많은 부족들과 문명들 대부분이 세계와 그 기원, 그들 자신과 자연 및 다른 사람들 사이에서의 그들의 위치에 대해서 독특한 견해들을 갖고 있었다는 점을 이성적으로 확신할 수 있다.

문자로 된 기록의 부재는 학자들과 철학 역사가들에게 또 다른 곤란한 문제를 만들어놓기도 한다. 문자로 된 기록은 비록 부정확하더라도 고찰과 추론이 가능하다. 어떤 사실을 하나의 자료에서 찾을 수 없으면 다른 자료를 통해서 찾을 수도 있기 때문이다. 예를 들어, 아브라함과 모세에 관한 『구약성서』의 역사적 정보는 그 자체로는 역사가에게 큰 도움이 못 된다. 하지만 수메르, 바빌로니아, 이집트의 역사들과 비교하여 참고함으로써 상당히 정확한 연대를 알 수 있다. 또 다른 익숙한 예를 들자면, 탈레스의 역사적 실존은 그 자신이 어떤 저작도 남기지 않았음에도 다른 철학자들과 역사가들의 저작을 통해서 확인할 수 있다. 하지만 어떤 문헌도 없을 경우에는 하나의 문명이 얼마나 오랫동안 실존하였는지 말하기는 어려운 일이다. 이런 경우 문제는 철학자들과 역사학자들이 때로 그러한 문화들을 '비역사적인' 문화로 적당히 얼버무린다는 점이다.

철학의 역사도 일반 역사와 마찬가지로 변화를 반영하는 경향을 갖는다. 그래서 변화에 대한 기록이 없으면 역사에 대한 증거도 없는 것이 되고 만다. 에르난도 코르테스가 이끄는 에스파냐 정복자들이 1519년 아스텍의 수도였던 테노크티틀란에 들어가기 이전에 아스텍 문명은 얼마나 오랫동안 지속되고 있었을까? 중앙아프리카의 비 내리는 숲에 버려진 고대도시는 얼마나 오래되었을까? 나바호족, 호피족, 오지브와족, 아파치족, 세미놀족, 이로쿼이족, 그리고 수많은 다른 아메리카 인디언들은 얼마나 오랫동안 '신세계'에서 살아왔을까? 그런데 이 신세계는 유럽 열강들의 식민지정책과 또한 나중에 뛰어든 미국의 식민지정책이 서쪽으로 확장되면서 침략을 받았다. 이미 수천년 전에 북아메리카에 사람들이 살고 있었다는 것을 우리는 잘 알고 있다. 그리고 비록 인간 종(種)이 아시아보다는 아프리카에서 기원되었다는 주장이 아직도 정설로 받아들여지고 있지는 않지만, 수만년 전에 이미 아프리카 전역에 사람들이 살고 있었다는 점은 아주 명백한 사실이다. 아프리카와 아메리카의 이들 문화에 역사가 없는 것처럼 보이는 것은 그들에게는 문자 기록이 없으며 적어도 식민주의의 침략이 있기 전까지는 그들의 역사가 변화보다는 안정성에 의해 규정된다는 점을 반영한다.[60] 이런 점들이 어떤 사회의 후진성을 보여준다는 주장은 그 문화의 철학이 변화 개념에 사로잡혀 있어서 그것이 발전이든 비극이든 변화하지 않는 문화는 최악의 것이라고 믿는 그런 문화에서나 옹호될 수 있을 것이다.

그럼에도 우리는 이 다양한 세계의 문화들에 대해 점점 더 많은 것을 알아가고 있으며 그것은 매혹적인 일이다. 여기서는 몇 가지 일반적인 점들을 언급함으로써 이렇게 높아져가는 인식을 지적하는 것으로 그칠 것이다. 아프리카에 관해서 말하자면, 물론 거기에는 실로 수백 가지의 다른 문화와 언어들이 있지만, 식민지화되기 이전의 상당히 많은 아프리카 철학들을 부족의식과 특별한 의미의 자연과의 동일시라는 두 가지 개념을 빌려 규정할 수 있을 것이다.

부족의식은 개인의 정체성과 의미를 그가 속한 가족과 공동체 속의 한 사람으로서만 정립한다. 철저한 개인주의로 인해 그 같은 가족적이고 공동체적인 감정을 내던져버린 현재의 서양인들에게는 이런 생각이 충격적으로 들리겠지만, 그럼에도 언급할 가치가 있다. 하지만 그러한 철학을 가지고 살고 있는 사람들(여기에는 중국의 유교문화와 아메리카 및 남태평양의 많은 부족사회들도 포함될 것이다)에게는 구체적인 존재와 막연한 혈족관계에 의해 규정되지 않은 고립된 개인은 실로 죽은 것으로 이해될 것이다.

전통적인 아프리카의 부족들은 한 사람의 인격이란 시간에 따라 그가 속한 공동체의 일원이 되어감으로써 성취되는 것으로 보는 경향이 있다. 한 인간이 된다는 것은 하나의 성취이다. 탄생과 죽음이 그 사람의 시작과 끝을 나타내는 것이 아니다. 새로 태어

---

60 예를 들어, 비교적 최근까지 『브리태니커 백과사전』의 '아프리카의 역사'라는 긴 항목은 거의 전적으로 유럽의 (주로 영국의) 모험가들과 선교사들에 의해 행해진 19세기의 내륙 탐험에 대한 설명으로 이루어졌다. 그것은 아프리카 원주민의 역사가 알려지지 않은 것이 아니라, 마치 그들이 결코 존재하지 않은 것처럼, 즉 발견되기를 기다렸던 것처럼 기술되어 있었다.

난 아기는 아직은 하나의 인간이 아니며, 죽은 사람은 그의 육체적 죽음에도 불구하고 후손들의 기억 속에서 여전히 한 사람으로서 살아 있다. 성년의식은 대부분의 부족공동체에서 완전한 구성원의 자격을 얻는 데 중요하다. 마찬가지로, 개인의 전 인생에 걸쳐서 의식(儀式)과 예식은 개인의 삶을 공동체의 삶에 그 리듬을 맞추게 한다.

시간 개념도 부족의 정체성과 연관되어 있다. 예를 들면, 존 무룽기(John Murungi)는 아메루 부족은 시간의 시작을 부족의 기원으로 간주한다고 지적한다. 그들은 부족의 기원을 므브와(Mbwaa)에서의 포로상태로부터 벗어나 물을 건너 현재의 고향으로 이주한 때로 신화적으로 기술하고 있다. 시간은 이 부족이 강을 건너는 그 시점부터 시작된다. 무룽기는 또한 아프리카의 부족들은 전형적으로 각 부족의 기원을 독자적인 것으로 본다는 점을 관찰하였다. 그들은 여러 부족들의 이야기들을 하나의 종합적인 역사로 통합하려 하지 않는다. 그 대신, 그들 자신을 자기 부족의 전설에 결부시킨다.

각 개인의 개별적이고 원자적인 영혼이라는 서구적 개념은 대부분 전통적인 아프리카인들의 생각에는 낯설다. (현재는 주로 나이지리아에서 살고 있는) 요루바족과 (지금은 주로 우간다에서 살고 있는) 루그바라족과 같은 몇몇 부족들에서, 인격의 공동체적 토대는 복합적인 정신적 요소들로 구성된 존재로서의 인간 개념에 반영되어 있다. 그러한 정신적 요소들은 모두 한 사람의 삶에 필수불가결한 것들이다. 더욱이 요루바족에게 선조들의 영혼은 후손에게 다시 돌아올 수 있으며 때로는 거듭해서 돌아온다. 요루바족은 개인의 독립된 영혼에 대한 믿음과는 거리가 멀어서 방금 태어난 아기들조차 그 부모가 아직 살아 있을지라도 엄마 아빠의 영혼을 받아 태어났다고 믿는다.

이런 의미의 정체성으로 비추어보건대, 아프리카 부족의 구성원들은 전형적으로 조상숭배를 강조한다. 조상들은 정신세계에 살고 있는 주민들로 간주되며, 살아 있는 후손들을 도울 수 있는 능력을 갖고 있다. 이러한 관습 역시 근대적 개인주의자들에게는 '원시적'으로 보일지 모른다. 하지만 우리가 적절히 따져보아야 하는 문제는 다른 데 있는 것 같다. 어떤 사회가 과거와 더 이상 친밀성과 즉각적인 관련성을 느끼지 못할 때 얼마나 많은 것을 잃을 것인가? 부족의식에 문제가 있기도 하다는 것은 말할 필요도 없다.

특히 부족 간의 전쟁은 오늘날의 아프리카에서도 여전히 골칫거리이다(그리고 세계의 다른 많은 지역들에서도 종족의식은 개인의 정체성에 기본적인 것으로 간주된다). 하지만 식민지 시대에 유럽을 파괴하였던 서로 죽이는 종교전쟁을 생각해볼 때, 도대체 누가 타인들의 야만성을 비판할 수 있을까(도덕적으로 우위에 있다고 할 수 있을까)?

자연에 관한 아프리카인들의 태도(이것은 북아메리카와 남태평양의 많은 부족들에게도 적용된다)에 관해서는, 서구인이 이제야 겨우 이해하기 시작한 철학적 전망을 이미 수천년 동안 많은 사람이 받아들이고 있었다는 사실을 지적하는 것만으로 충분할 것이다. 이런 관점에서 본다면 인간은 이 지구에서, 「창세기」에서 약속되었고 프랜시스 베이컨이 반복하였던, 다른 모든 생명체들과 사물들에 대한 '지배권을 가진' 위치에 있지 않다. 서양 종교들 역시 인간이 지구의 관리자로 정해져 있다고 강조하였다. 그렇지만 도시와 인구가 증가하면서, 사회의 요구가 생태학적 감수성을 가려버렸다. 오늘날, 낭만화된 부족적 가치와 실제적인 필요가 결합하여 우리는 우리 자신이 지구의 일부라는 사실을 인정하게 되었다. 우리는 지구에 의존하고 있으며 그리고 지구도 우리에게 의존하고 있다. 우리는 환경을 보호할 책임을 가지며, 우리를 둘러싸고 있는 세계('자연')는 단지 자원의 원천이나 매혹의 대상만은 아니다.

아프리카의 부족사회들은 전형적으로 애니미즘(정령숭배)을 포용하고 있다. 이것은 자연의 모든 존재에 영혼이 있다고 믿는 신앙으로, 이 영혼은 종종 더 이상 개인적으로는 기억되지 않는 선조들의 영혼으로 생각되기도 한다. 대부분의 전통적인 아프리카인들에게 자연은 살아 있는 힘들로 가득 차 있다. 자연 속에는 정령들이 살고 있으며, 인간은 그들과 어느 정도 상호작용을 할 수 있다. 정령들의 힘을 이용하거나 그것을 다른 데 운용하는 방식으로 말이다. 그러나 정령들은 강력한 힘을 가진 것으로 간주되는데, 그들은 인간보다 더 직접적으로 신적인 것과 접촉하기 때문이다. 정령들은 사람들에게 나타날 수 있으며 이익이 되거나 해가 되는 영향을 끼칠 수 있다. 인간이 자연에 친밀하게 연결되어 있다는 아프리카인들의 믿음은 자연은 본질적으로 영적이라는 전통적인 믿음의 주요 부분을 이룬다.

아메리카 인디언 부족들도 마찬가지로 인간이 자연에 의존하고 있다는 점을 강조한다. 그들의 관점에 따르면 자연은 상호연관의 장(場)으로서, 그 안에서 모든 존재가 그 고유한 에너지를 가지며 이 에너지는 또 모든 다른 것의 에너지와 상호작용한다. 많은 부족들이, 이러한 상호연관이 외연(外延)적인 인과관계를 포함하고 있는 것으로 생각한다. 이 인과관계는 명백히 서로 떨어진 행동들과 사건들 사이에서 일어난다. 최근의 철학자들은 아메리카 인디언 원주민들의 환경론적인 세계관과, 현대의 많은 사상가들이 우리를 자멸의 경주로부터 벗어나게 할 수 있는 유일한 자연관으로 보고 있는 생태학적 의식 사이에는 공통점이 있다고 지적하였다.

흥미롭게도 아메리카 인디언들 중에서 수렵생활을 하는 부족들은 그들에게 음식을 제공하는 동물들에게 빚을 지고 있다고 보았다. 그들의 관점으로는, 다른 생명체들을 죽이는 것은 우리의 권리가 아니지만 우리에게 필요한 것으로서 우리는 마땅히 감사와 존경으로 그러한 필요성을 충족시켜야 한다. 기도를 올리고 사냥감에 대해 감사하는 일은 대부분의 슈퍼마켓 소비자들에게는 다소 기이한 것으로서 충격을 줄 수도 있겠지만, 다른 생명체가 자신을 위해 살해되었다는 사실을 의식하는 것은 최소한의 자비심을 표현하는 것으로 보는 것이 좋을 것이다. 적법한 음식에 대한 히브리의 규율(카슈루트)도 마찬가지로 우리가 동물을 죽였을 때 마땅한 존경과 감사의 표현으로 보는 것이 가장 좋은 해석일 것이다.[61] 추수감사절에 우리가 사냥한 동물들에 대해 기도하는 행위 역시 대부분 아메리카 인디언의 전통들에 공통되는 또 다른 특징, 즉 일상 생활을 신성하게 보는 경향을 반영하고 있다.

---

61 물론 거기에는 그러한 음식의 제한에 대한 정치적 의학적 설명들도 있다. 정치적으로, 음식에 관한 율법은 한 민족을 다른 민족과 구분하는 데, 즉 보통 '부정한' 민족으로부터 '정의의' 민족을, '깨끗하지 못한' 민족으로부터 '깨끗한' 민족을 구분하는 데 이용된다. 이러한 문제들에 대한 일반적인 논의는 메리 더글러스(Mary Douglas)의 『정결과 위험: 오염과 금기 개념에 대한 분석』(*Purity and Danger: An Analysis of Concepts of Pollution and Taboo*, 뉴욕, 프레거 출판사, 1970년)을 보라. 오늘날 '건전한 의식'이란 것도 어떤 사람들이 자신의 자기공정성을 정당화하는 데 이용한다. 물론 어떤 금지에 대해 의학적으로도 충분한 이유가 있을 수 있다. 하지만 만일 그러한 모든 규칙과 관습들을 잘못 이해된 의술로 격하시키려 한다면 잘못일 것이다.

자연에 신성한 힘들이 스며들어 있다는 환경론적인 세계관을 발전시키는 데서도, 중앙아메리카 및 남아메리카 원주민들의 생각은 이웃인 북아메리카의 원주민들의 그것과 비슷하다. 식민지 시대 이전 남아메리카의 사회들은 복잡하고 정교한 신앙체계들을 갖고 있었다. 그것들은 서양의 고대문명들에 비교될 수 있으며, 그것들이 파괴된 일은 인간 역사의 커다란 비극들 중의 하나이다. 유럽인들은 마야, 잉카, 아스텍의 위대한 문명들을 악마의 표상으로 보았으며 그것들을 이해하려는 노력은 조금도 기울이지 않았다. 실제로 (최근까지 유럽에서도 그랬던 것처럼) 이 고대 아메리카인들은 그들의 종교적 믿음과 무관하지 않은 체계적인 우주론과 과학적 세계관을 발전시켰다. (예를 들어, 마야 문명은 서기 1세기에 벌써 영[零]의 개념을 사용하는 수학을 발전시켰다.) 이 아메리카 문명들의 철학은 그리스 철학과 유럽 철학을 규정하는 의미에서 볼 때도 비교(秘敎)적이거나 추상적이지 않았다. 간단히 말해서 그들의 철학은 일상적인 삶에서 유리되지 않았던 것이다.

중부아메리카(멕시코와 중앙아메리카를 포함하는 지역) 철학의 핵심은 시간과 실재의 세 가지 수준, 즉 일상적 수준, 신비적 수준, 신적인 수준에 대한 믿음이다. 이러한 믿음은 신플라톤주의의 유출설이나 아랍의 몇몇 이미지들과 유사하지만, 결코 추상적이지는 않다. 현실의 신화적 신적 차원은 인간 경험의 일상적인 차원에 구체적인 영향을 끼치며, 그것도 미리 예측된 시간에 행해진다. 이런 믿음은 달력을 만들고 천문학적 관찰에 세밀한 주의를 촉구하는 계기가 되었다. 현실의 서로 다른 질서들 사이의 균형은 아주 불안정해서, 인간은 우주의 질서를 유지하는 책임을 맡아야 했다.

철학적으로 마야인들과 아스텍인들은 우주의 체계적인 통일성과 서로 반대되는 것들의 상호 의존관계를 믿었다(소크라테스 이전 철학자들의 믿음과 유사한 견해이다). 고대의 힌두인들처럼, 그들도 암수가 결합된 신들의 존재를 믿었으며 삶과 죽음을 시작과 종말로 보는 대신 연속되는 순환으로 보았다. 훨씬 북쪽의 부족들처럼, 중부아메리카인들도 지구에 대해 진지한 책임감을 가지고 있었다. 그들은 우주 자체의 지속적인 존재는 인간의 행동과 의식(儀式)에 달려 있으며, 특히 스스로 희생하는 인간의 자발적 의지에 달려 있다고 보았다.

이런 믿음들을 함께 고려해보면, 여기에는 아주 잘 알려진 무시무시한 고대 아스텍의 의식(대규모의 잔혹한 인신 공양) 이면에 있는 논리가 드러난다. 그와 비슷하게, 마야의 왕들과 여왕들도 정기적으로 자신의 몸을 찔러 피를 흘림으로써 종교적 통찰을 얻고자 했다. 그들은 이렇게 비교적 온건한 희생을 신들에 대한 보은(報恩)으로 이해하였다. 신들도 이 세상을 창조하기 위해 자신들을 희생하였기 때문이다. 아스텍인들의 희생은 훨씬 더 과격해서, 그들 사회의 가장 훌륭한 젊은이들을 포로로 잡은 적들과 함께 대규모로 죽여 신들에게 희생물로 바쳤다. 아스텍의 전사들이 에스파냐의 침략자들 앞에서 그리도 쉽게 무너진 이유들 중의 하나는, 에스파냐인들의 침략으로 절망에 빠진 아스텍인들이 자신들로부터 등을 돌린 것 같은 신들에게 그들의 가장 훌륭한 젊은 전사들을 너무 많이 죽여 희생물로 바쳤기 때문이라고 추정되었다.

탈레스와 고대의 바빌로니아인들이 세계는 본질적으로 물로 만들어졌다고 생각했던 것처럼, 마야인들과 아스텍인들은 세계가 본질적으로 피로 만들어졌다고 믿었다. 피는 삶의 근원적인 힘으로 이해되었다. 잉가 클렌딘넨(Inga Clendinnen)은 훌륭한 연구서인 『아스텍』에서 유혈의 희생의식에 대한 이야기를 복합적으로 구성하고 있다. 그와 관련된 관습들이 우리를 혼란스럽게 하기는 하지만, 이 책은 그것이 얼마나 일관되고 설득력 있는 철학과 잘 맞물려 있는지 알 수 있게 해준다. (우리는 종교적 목적을 위해 때로 자발적인 개인들을 돌칼로 대량 살해하는 이러한 참사를, 단지 이데올로기나 영토분쟁의 이유로 보이지도 않는 시민들을 장거리 미사일로 죽이는 현대의 참사와 대비하여 비교해보아야 할 것이다.)

아스텍인들과 마야인들처럼, 라틴 아메리카의 잉카인들도 지상의 지속적인 안녕을 보장받기 위하여 신에게 희생물을 바칠 필요가 있다고 믿었다. 그러나 잉카인들이 지상의 행복을 보장받는 방법은 창의적이었다. 그들은 신들에게 호소하는 방법뿐 아니라 그들 자신의 기술에 의해서 지상의 행복을 보장받고자 하였다. 그들은 농업을 발전시켰고, 다양한 문화들 중에서도 집산주의를 창안하였다. 그들은 많은 종족 집단들을 포함하는 방대한 제국을 구성하고 유지하는 데 성공하였다. 그들의 성공 비결은 정복한 부족들에게 경작방법을 가르쳐주고 그 대신 일정비율의 수확물을 매년 공물로 받는 것이었다. 잉카인들이 피정복 부족들에게 부과한 또 다른 요구는 태양신 인티(Inti)를 최고의 신으로 숭배하는 것이었다. 이 두 요구는 서로 잘 부합했다. 인티는 태양신으로서 농작물을 위한 자양분의 원천이자 인간의 운명을 주관하는 존재로 믿어졌다. 따라서 정복된 문화들은 잉카인들의 중심적인 신앙과 더불어 필수적인 기술을 함께 공유하게 되었다.

무시되어온 아프리카와 아메리카의 아주 다양한 철학들과 그들 사이의 미묘한 차이에 대해서 더 많은 것을 얘기할 수 있겠지만, 우리는 이 한정된 지면에서 실로 총체적인 철학사를 쓰고자 한다는 가식적인 주장은 하지 않을 것이다. 우리는 진정 인구통계학의 겸손함을 유지하고자 한다. 우리가 훈련받은 철학과 분석의 기술들은 세계 속에서 발견되는 엄청나게 다양한 방식의 철학들 중 하나의 조그만 예에 불과하며, 세계에는 우리 자신의 것과는 다른 많은 종류의 지혜들이 있다.

다음에서는 근대로 넘어갈 것이다. 우리는 종교개혁과 반종교개혁, 르네상스, 그리고 '새로운 과학'의 발전에 뒤따르는 소란스럽고 급격한 변화의 시기에 일어났던 유럽의 철학적 움직임을 요약할 것이다. 근대 초기부터, 세계적인 세력 범위, 넓어진 식민지, 그리고 피비린내 나는 국내외의 경쟁 속에 유럽의 도시들이 빠르게 성장하여 점차 국제화되어가면서 새로운 종류의 철학이 요구되었다. 그것은 아주 자기반성적인 동시에 심히 오만한 철학이기도 했다.

3
과학과 종교 사이_
근대 철학과 계몽사상

● 과학, 종교, 그리고 근대성의 의미

'현대'(놀랍게도 이 말은 오랜 역사를 가졌다)라는 말 자체는 투쟁의 시작, 약간의 오만함, 저항의 외침, 과거의 것에 대한 거부(그리고 파괴)의 몸짓 등을 의미했다. 알키비아데스 세대의 그리스인들은 그들의 길을 막고 있는 (좀더 민주적이었던) 구세대 정치인들에 반대하여 서슴없이 자신들을 '현대인'으로 불렀다. 중세의 아랍인들도 자신들을 고대인들과 구별하여 '현대인'(muta'akhirum)으로 선언하였다. 르네상스 시대 동안, 그리스와 로마의 고전들을 재발견했던 사람들은 중세에 고착되어 있던 사람들에 대하여 자신들을 '현대인'으로 불렀다. 스콜라 철학 시대 말기에 오컴의 윌리엄은 초기의 스콜라 철학을 반박한 까닭에 '현대인'으로 불렸으며, 18세기의 많은 민족주의자들은 그들의 혁명적인 활동 때문에 '현대인'으로 불렸다. 젊은 낭만주의자들은 여전히 고전에 빠져 있는 사람들에 대하여 자신들이 '현대인'이라고 강조하여 선언하였다. 아주 최근까지 모든 새로운 유행, 사상, 발명, 응용은 '현대적'인 것으로서 장려되었다. 여기서 '현대'는 '최근'이라는 뜻뿐만이 아니라 최신과 최상이라는 뜻을 또한 갖는다(이 장에서 다루고 있는 근대 시기의 사람들은 자기 시대가 이전 시대와 구분되는 새로운 특성을 현대성이라는 말로 지칭하겠지만, 오늘날 우리의 입장에서 그 시대를 인류 전체 역사의 맥락 속에 놓고 보면 그것은 근대성이다─옮긴이).

오늘날 모더니스트들은 그들의 수사적 스타일에서 '포스트모더니스트'로 진일보하였지만, 이것은 아직도 진행 중인 이야기이다. 중요한 점은 근대 철학이라는 이름 자체가 하나의 전쟁의 선포였다는 점이다. 그것은 단순히 기술(記述)적인 뜻만은 아니며, 또한 어떤 '시대'를 지칭하는 것만도 아니다. 특히 '근대 철학'은 그 이전 천년 동안의 중세 시대(이제는 암흑시대로 선언되었다)에 대한 공격과 거부를 의미한다. 이는 중세를 지배하고 종교적 사상을 강요하였던 교회에 대한 공격이다. 이것은 권위라는 개념 자체에 대한 공격으로서, 앞서 보았듯이 이전의 수세기 동안 굉장한 논쟁거리였다.

순전히 단순화를 위하여 그리고 고등학교 역사교과서 출판사들의 편의를 위하여, 근대는 보통 서기 1500년에서 10년을 전후한 시기에 시작되었다고 한다. 이는 이해될 만한 시기 구분이다. 이 멋대로 정해진 시기보다 10년 조금 전에, 크리스토퍼 콜럼버스가 '신세계'로 알려지게 된 땅에 도착하여 세계의 지리뿐만 아니라 세계의 정치를 영원히 바꾸어놓았다. 그 후 10년 만에, 마르틴 루터는 그의 95개 논제를 비텐베르크 교회의 문 위에 내붙여 종교개혁을 주창하였다. 이 일은 유럽을 수세기 동안 뒤흔들면서 그리스도교의 본성을 바꾸었으며, 마침내는 인간 본성에 관한 개념들을 바꾸어놓았다. 종교개혁과 더불어 중세 철학이 거부되었을 뿐만 아니라 '프로테스탄트 윤리'가 확립되고 근대 자본주의가 시작되었다. 르네상스의 결과로, 이미 고대의 철학이 소생하고 있었다. 다른 많은 사람들 중에서도 아우구스티누스와 아퀴나스가 완전히 흡수하여 이용한 플라톤과 아리스토텔레스는 이제 다시 도서관으로 들어갔다. 새로운 과학자들은 특히 아리스토텔레스를 비난했다. 이들은 그의 권위적인 가르침이 자유스러운 탐구와 지식의 추구를 방해하는 적이라고 보았다. 근대 서양 철학은 종종 고대 그리스 철학과 마찬가지로, 낡은 우주론의 몰락과 새로운 의미의 과학의 발흥과 더불어 시작된다고 이야기되곤 한다.

사실 1500년경 유럽과 유럽 철학의 무대 위로 커튼이 갑자기 걷어올려진 것은 아니었다. 우리가 개략적으로 묘사하였던 변화는 중세 후기부터 시작하여 르네상스를 거쳐 18세기와 19세기에 이르기까지 오랫동안 점진적으로 이루어졌다. 예를 들어, 종종 모더니즘을 보증하는 것이자 그리스도교에 대한 안티테제로 알려진 인문주의는 12세기에 그리스도교 사상 내에서 형성되었으며 18세기까지 지속적으로 발전하였다(이 발전이 항상 부드럽게 이뤄진 것은 아니었다). 가장 중요한 근대 철학자로 알려진 르네 데카르트는 중세 철학(스콜라 철학)에 깊이 빠져 있었으며, 가장 전위적인 실존주의자 중의 한 사람인 쇠렌 키에르케고르(1813~55년)는 자신이 정말로 원한 것은 '루터가 깨뜨리고 나온 수도원으로 다시 돌아가는 것'이었다고 주장하였다. 참으로, 근대 과학의 세계에서조차 그리스도교의 이미지와 은유가 우세했던 것은 놀라운 일이다.

앞서 언급했듯이, 근대 철학은 고대 그리스 철학처럼 과학의 발흥과 함께 시작되었다고 말할 수 있겠지만, 그리스 철학의 성공이 오직 과학의 발흥에만 그 기반을 두고 있었던 것은 결코 아니었다. 그리고 르네상스 시대 이전 천년 동안에 어떤 과학적 사유도 없었다고는 말할 수 없다. 과학이 신학에 비해 부차적이고 종속적이었던 것은 사실이며, 자연에 관한 모든 이론들이 종교의 법정에서 그 정당성을 증명하도록 요구받은 것도 사실이다. 16세기에 코페르니쿠스는 지구가 우주의 중심이 아니라고 많은 사람들을 설득하기 시작하였지만, 1세기 후에 갈릴레오는 이러한 학설을 제기한 데 대해 여전히 교회로부터 검열을 받았다. 15세기부터 18세기까지, 과학과 종교는 언제나 대립하였다. 그러나 이것은 영국과 스칸디나비아로부터 독일과 남쪽의 이탈리아로 한정되는 이 세계의 한 부분에서 일어나는 일일 뿐이었다. 인도, 아프리카, 중국에서는 과학에서 이처럼 급작스럽고 동시적인 유행이 일어나지는 않았다. 중동과 중국은 이미 과학과 기술에서 상당한 업적을 보여주었다. 아랍인들도 이슬람교의 빠른 성공에 뒤따르는 놀라운 생산성을 보여준 시기 동안에 그러한 업적을 이루었다. 그리고 아랍세계는 지식과 기술 혁신의 새로운 중심으로 인정받게 되었다. 하지만 오늘날 그와 같은 사회들에서 '근대성'이란 '서양의 침입', 즉 그들의 전통 문화들에 대한 위협을 의미하게 되었다.

우리는 근대 철학의 역사에서 근대 과학의 승리를 지나치게 강조해서는 안 될 것이다. 20세기의 과학적 정신을 지닌 철학자들의 관점에서 보았을 때는 그것이 매력적이고 자축할 일로 보일 수도 있겠지만 말이다. 15세기에서 18세기 사이의 과학적 진보가 근대 초기의 철학자들에게 영감을 주었다는 사실은 부정할 수없는 사실이다. 몇 사람만 언급하자면, 베이컨, 홉스, 그리고 데카르트 경우가 그런 영감을 받은 철학자들이다. 하지만 과학 이외의 영역에서 훨씬 더 많은 것들이 진행되었으며, 이것들은 철학에 더욱 많은 영향을 끼쳤다. 분명 철학적인 요소들만 철학에 영향을 끼친 것은 아니었다. 그 중에는 화폐의 광범위한 사용도 있었고, (꼭 철학적 다양성에 관한 것만은 아닌) 사색을 자극하는 이론적인 매개물도 있었다. 두려움과 혐오 역시 철학의 강력한 동기였다. 아리스토텔레스 이래 과학의 역사에서 가장 흥미진진한 시대였다는 사실에 덧붙여, 천년 동안 거의 내내 종교전쟁을 치른 후였음에도 16세기와 17세기는 가장 피비린내 나고 잔인한 시대였다. 그중에서도 최악의 경우는 이른바 30년전쟁으로 불리는 것으로서, 이 전쟁은 1618년부터 1648년까지 계속되어 그 피해자의 수가 14세기에 흑사병이 돌았을 때의 사망자 수와 비교할 만한 것이었다. 근대 철학이 어떠했으며 또 어떤 일을 했든 그리고 과학과 무슨 관련이 있었든, 근대 철학은 우선 당시의 혹독한 세계 상태 그리고 끝나지 않을 것 같은 종교적 반목과 불관용 및 과도한 상호비난 등에 대해 무언가 언급하지 않을 수 없었다.[62]

그렇다면 근대 철학은 무엇이며 모더니즘이란 무엇인가? 너무 단순화시킬 수 있는 위험을 무릅쓰면서 또한 말할 것도 없이 논쟁의 여지가 있다는 점을 인정하면서, 다음과 같은 몇 가지 기본적 특징으로 요약할 수 있다. 물론 이런 요약이 마땅히 유럽의 작은 지역 내에 한정됨에도 많은 예외와 변주가 가능함을 우리는 인정한다. 과학은 근대성과

---

[62] 예를 들면, 17세기의 사회철학자인 그로티우스(Grotius)는 전쟁에 관한 법에 관련된 논문인 『전쟁법』(De Jure Belli)을 다음과 같은 불평으로 시작하고 있다. "그리스도교 세계를 통틀어서 나는 전쟁에 관한 억제가 없음을 알았다. 그러한 야만적이기조차 한 종족들은……부끄러워해야 한다. 마치 일반적인 섭리에 따라 온갖 범죄를 저지르게끔 공공연하게 광란을 풀어놓은 것처럼 보인다." 이 구절은 로버트 L. 홈스의 『전쟁과 도덕성에 관하여』(On War and Morality, 뉴저지 프린스턴, 프린스턴 대학 출판부, 1989년), 153쪽에 인용되어 있다. 여기서 옹호되고 있는 시각은 스티븐 툴민(Stephen Toulmin)에게 빚지고 있는데, 그는 이 점에 대해 자신의 『코스모폴리스』(Cosmopolis, 뉴욕, 맥밀런 출판사, 1990년)에서 길게 논의하고 있다.

어떤 관련을 갖기는 하지만 근대 철학의 기초라든가 원인이라기보다는 오히려 그 결과이다. 과학은 단지 객관성에 대한 새로운 강조를 보여주는 하나의 징후에 불과하다. 희망과 확신이 폭발적으로 분출하면서 후기 르네상스 시대의 철학자들은 진정한 지식에의 접근이 가능하며, 진정한 지식은 그 자체로서 가치가 있을 뿐만 아니라 정치적 도구로서도 가치를 지닌다고 믿었다. '아는 것이 힘'이라고 프랜시스 베이컨은 주장하였는데, 근대의 지식인들은 그를 아주 중대하게 받아들였다.

아주 역설적이게도, 이러한 객관성의 원천은 한 사람의 주관성 안에서 찾아야 했다. 따라서 근대는 명백한 모순 위에 세워졌던 것이다. 우리는 '내부'를 들여다봄으로써 '외부' 세계를 알게 되었다. 하지만 주관성과 객관성 쌍방에 대한 이러한 강조가 갖는 미덕을 알아보기는 어렵지 않다. 새로운 철학자들은 주관성을 강조하면서 교회의 기성의 권위와 더불어 신성하게 임명된 정치적 지도자들을 무시하거나 부정할 수 있었다. 주관성에 대한 새로운 강조는 또한 훌륭한 평등주의로 가는 길을 열어놓았다. 즉, 이제 우리 중 누구나 진리를 세우는 일이 가능하게 되었다. 하지만 그와 동시에 우리가 이성과 경험이라는 적절한 방법을 사용하여 세우는 진리는 단지 우리 자신에게만이 아니라 세계에 대해서도 객관적으로, 심지어 절대적으로 참되어야 한다.

근대 철학은 주관성에서 나온 객관성이라는 역설로부터, 그리고 겸손해 보이는 자기반성과 결부된 맹렬한 지식욕으로부터 탄생하였다. 근대 철학은 또한 '발견'과 '신세계'의 식민지화와 극동의 오래된 세계의 정복 등과도 무관하지 않다. 물론 그렇게 유명한 주관성이라는 것도 분명히 유럽적인 주관성일 뿐이다. 그러나 그것이 주창했던 객관성은 세계적인 것이었다. 따라서 근대 철학의 이야기는 단지 과학의 발흥, 이성에 대한 숭배, 그리고 지식을 위한 지식의 추구만으로 이야기되어서는 안 된다. 그것은 또한 권력과 정치에 대한 이야기이기도 하다. 30년전쟁의 피비린내 나는 폭력으로부터 니체와 포스트모더니스트들의 말뿐인 폭력에 이르기까지, 거기에는 하나의 서사시가 있다. 그리고 근대 철학에 대한 전통적인 역사가들의 교묘한 겉발림에도 불구하고, 근대 철학은 전체적으로 보아 썩 기분 좋은 철학은 아니다.

● 몽테뉴_ 최초의 근대 철학자?

근대 철학의 기원을 추적하면서, 우리는 고대에서 '최초의 철학자'를 규명하면서 느끼던 것과 동일한 종류의 이론적인 (하지만 중요한) 딜레마에 직면하게 된다. 이것은 단순한 연대기적 탐색은 아니다. 즉, 누가 어떤 다른 사람보다 먼저 어떤 사상을 가지고 있었는지를 결정하고 몇몇 연대를 결정짓는 일 같은 것은 아니라는 말이다. 실로, 문제는 '어떤 사상인가' 하는 것이다. 그 사상들은 어떻게 소개되었을까? 어떤 전후관계 속에서 혹은 어떤 논의 속에서 형성되었을까? 그리스인들보다 몇 세기 앞섰던 고대 바빌로니아의 점성술사들은 철학자로 여겨졌을까? 탈레스보다 몇 세기 전의 헤시오도스와 호메로스 같은 시인들도 철학자로 여겨졌을까? 그보다 더 나아가, 우리는 한두 명의 인물과 함께 근대 철학의 시초에 관해 토의할 수도 있다. (물론 여기서 우리는 그들의 저작을 즉시 찾아볼 수 있다는 이점을 가지고 있다.) 마르틴 루터를 최초의 근대 철학자로 보아야 할까? 그는 후보자가 되기도 거의 어려울 것이다. 콜럼버스는 어떨까? (그럴 가능성은 없다.) 코페르니쿠스 혹은 갈릴레오는 어떨까?

몇몇 초기 그리스 철학자들에게서 철학을 과학과 구분하기란 아주 어려웠지만, 근대에서는 그러한 어려움이 없어 보인다. 코페르니쿠스, 갈릴레오, 그리고 뉴턴 등은 과학자이지 철학자가 아니었다(뉴턴이 인생의 반 이상을 신학책을 쓰는 데 바쳤지만 말이다). 홉스와 베이컨은 부정할 수 없는 철학자들이었지만, 역사가들은 이들을 근대보다는 르네상스에 위치시키는 것이 가장 바람직하다는 데 동의하는 편이다. 그러나 그들과 같은 시대를 살았던 르네 데카르트(1596~1650년)가 '근대 철학의 아버지'라는 점에 대해서는 거의 모든 사람이 동의한다.

그 이유를 확실히 물을 만하다. 데카르트는 올바른 의문을 제기하였는데, 돌이켜보면 그것은 철학자라면 (그리고 뒤에 철학교수가 된 사람이라면) 마땅히 답해야 한다고 느끼는 그런 의문이었다. 데카르트는 객관성에 대한 자신의 방법을 논증하기 위하여 주관성과 논리의 사용, 즉 '수학적 방법'으로의 동시적 전환을 가장 극적으로 주장한 철학자였다. 그는 자신의 방법에 대해 숙고하고, 이성의 규칙을 고안하며, 명백한 것을 의심한 다음에 입증하는 데 많은 시간을 보냈다. 견유학파라면, 명백한 것을 의심하여 증명하는 (혹은 반증하는) 그런 겉뿐인 유아론은 거의 모든 위대한 철학자들이 애호하는 놀이라고 말할 것이다. 실로 과학적 근대 철학의 회고적인 연구에서 데카르트라는 인물이 너무도 빛을 발해서, 근대 철학의 원래 관심사와 동기(動機)들은 거의 광채를 잃어라다.[63] 그래서 그를 비방하는 것으로 보일 수 있는 위험을 무릅쓰고서, 우리는 이 위대한 철학적 방법론자에 대한 논의를 뒤로 미루고 대신 모든 철학사가들에 의해 무시되곤 하는 초기의 인물인 미셸 드 몽테뉴(1533~92년)에게 관심을 돌리고자 한다.

몽테뉴는 모럴리스트(인간성에 대한 성찰을 주로 에세이, 격언집, 단장(斷章) 등의 형식으로 남긴 일련의 프랑스 작가들─옮긴이)였으며, 과학자나 수학자가 아니었다. 그는 방법론적인 논문이 아닌 『수상록』(隨想錄)을 썼다. 그는 인간의 지식이 아니라 인간의 광기에 대해 심사숙고하였다. 네덜란드 출신 선배였던 에라스무스처럼, 몽테뉴는 인간이 정의를 이해할 수 없거나, 좀더 중요하게는 정당하게 행동할 수 없는 것으로 보이는 것과 마찬가지로, 과연 진리를 발견하거나 비록 발견하더라도 인식할 수 있는지에 관해 의심하였다. 그는 감각과 이성 모두를 의심하는 옛 회의론자들의 후계자였다. 그는 우리 안에 성격으로 깊이 간직되어 있는 본성 개념을 강조하였다. 이는 고대인들로부터 물려받은 견해다.

철학과 교육의 일반적인 목적은 우리 자신의 자발적인 본성을 조명하고 고무시키는 일이었다. 몽테뉴는 스콜라 철학의 지적 훈련을 무의미한 것으로 생각하였으며, 어쩌면 성격에 해를 입힐 수도 있다고 보았다. 그렇지만 신의 계시는 확실히 받아들일 만

---

63 여기에 근대 철학이라는 표준적인 개념의 전형적인 예가 있는데, 이것은 철학자 앤터니 플루(Antony Flew)의 다음과 같은 생각에서 온 것이다. "철학의 역사를 시대별로 구분하는 일은 언제나 그리고 피할 수 없이 다소 인위적이다. 그러나 그러한 구분 가운데 가장 덜 자의적인 것 하나는 고대 철학과 중세 철학에 반대되는 것으로서의 근대 철학이 데카르트(1596~1650년)와 더불어, 더욱 정확히 말하자면, 그의 『방법서설』이 출판된 1637년부터 시작되었다는 것이다. 이 간결하고도 기막힌 선언문은 모든 점에서 앞으로 다가올 것들의 전조였다." 『서양철학입문』(Western Philosophy, 런던, 템스앤드허드슨 출판사, 1971년), 277쪽.

하며, 또한 신과 동물들 사이에 다리를 놓는 것은 우리의 순수한 동물적 본성이다. 인간 사회, 특히 철학은 아주 허망한 것일 뿐이다. (장 자크 루소는 당연히 몽테뉴의 사상에 깊이 감동했다.)

1580년 유럽을 돌아다니는 동안, 몽테뉴는 인간의 관습과 사상은 장소에 따라 매우 다르다는 자신의 견해를 확인하였다. 그것은 처해 있는 상황에 따라 '상대적'으로 변하였으며 시대에 따라서도 변하였을 것이다. 그의 여행이 스위스, 독일, 이탈리아에 국한된 것이긴 하였지만, 이렇게 한정적으로 '인간성'을 둘러본 것만으로도 논지를 입증하기에 충분하였다. 그러므로 몽테뉴는 데카르트와는 아주 사이가 나빴다. 데카르트는 오직 절대적이고 불변하는 진리만을 찾았으며, 그런 진리는 장소나 시간에 따라 달라질 수 없었다. 몽테뉴는 인간의 차이, 즉 인간의 믿음과 행위의 우연성에 매혹되었다(이따금 오싹해지기도 하였지만 말이다). 데카르트는 필연성, 영원성, 즉 다른 말로 하면 비인간적인 것을 추구하였다. 우리는 불쌍한 몽테뉴를 쉽게 상상할 수 있는데, 데카르트가 영리한 소크라테스 역을 맡았다면 그는 프로타고라스 역을 맡았다.

몽테뉴는 과학과 철학의 약속, 그리고 절대적 진리의 드러남에 열중하면서 필사적으로 낙관적이고자 하는 철학 세계에서 살았던 염세주의자였다. 지식은 힘이겠지만, 소크라테스도 알고 있었던 것처럼 자신의 지식의 부족을 깨닫는 것은 지혜일 수 있다. 절대적 진리에 대한 주장을 겸허하게 거부하는 것은 고난의 시대에 특히 중요한 또 다른 미덕으로 나아갈 수 있다. 그것은 관용이라 불리는 것이다. 근대 전체에 걸쳐 이러한 관용이 부족했는데, 보편주의자들은 그 반대를 주장하였다.

몽테뉴는 삶의 철학을 발전시킨 고대의 기술을 추구하였다. 불행히도 철학의 시대 정신이 나아가는 방향은 그쪽이 아니었다. 그는 영어권 철학사 속에 들어가지 않고 프랑스 문화 연보 속에 문단의 거성으로 남아 있었다. (우리는 그 앙갚음으로서, 오늘날 문학 비평가들이 철학과 특히 데카르트에 대해 행하는 무수한 파괴적인 공격이 얼마만큼이나 몽테뉴를 무시한 데 대한 보복으로 생각할 수 있을지 추측할 수 있을 뿐이다.)

● 데카르트와 새로운 과학

　　근대 서양 철학의 아버지로 인정된 데카르트는 스콜라 철학적인 예수회 전통 속에서 성장한 훌륭한 과학자이자 수학자였다. 데카르트 철학의 기본 주제들은 철학의 많은 부분 혹은 대부분을 규정하게 되었다. 여기에는 수학과 기하학의 이용, 방법론의 강조, 철학과 과학의 연계, '상식'에 대한 의심, 지적 겸손함('방법론적 회의')에 대한 주장, 확실성에 대한 탐구, 그리고 확실성은 수학과 기하학의 증명 어디서든지 발견될 수 있다는 확신 등이 포함된다. 물론 그는 훌륭한 수학자였다. 실제적으로 수학과 기하학을 연결하여 해석기하학이라는 하나의 학문으로 통합한 사람이 바로 데카르트였다. 그리고 이를 통해 물리학에서 몇몇 위대한 진보가 가능했다. 하지만 철학에서 수학을 이용하는 데 대한 그의 신념과, 그가 설정하여 뒤이은 수세기에 걸쳐 이어져온 협소한 철학의 패러다임에 대해 우리는 적절히 의문을 제기할 수 있다.

　　데카르트의 철학을 이해하기 위해서는 그가 저작을 저술했던 당시 상황의 세 가지 양상을 이해할 필요가 있다. 우선, 그는 종교 교육을 받았으며 가톨릭교회의 권위적인 특성이 여전했다는 점이 있었다. 데카르트의 철학이 혁명적이었는지는 몰라도, 이 혁명은 종교적 권위의 풍토 안에서 이루어졌다. 둘째로는, '새로운 과학'이 발흥하고 있었다. 데카르트는 어렸을 때, 갈릴레오가 망원경이라는 새로운 훌륭한 도구를 이용하여 목성의 달들을 발견하였다는 소식을 들었다. 그러한 발견은 자연스럽게 지식의 본성, 현상의 확실성, 세계에 대한 우리의 무지의 정도, 지식을 검토하고 확장하기 위해 사용하는 방법들에 대한 온갖 종류의 의문을 불러일으켰다. 새로운 과학은 감각에 대비한 이성의 상대적 신뢰성에 대한 오래된 의문을 제기하였으며, 이제 얼마나 많은 것이 알려지게 될 것인지에 대하여 새롭고 흥미로운 의문들을 제기하였다. 여기서는 데카르트의 과학에 대한 기여를 다루지 않겠지만, 새로운 과학을 둘러싼 흥분은 (그리고 이것이 종교적 권위와 갈등하게 될 가능성은) 데카르트의 성찰을 불러일으킨 골격을 이루는 한 부분으로 보아야 한다.

데카르트가 처해 있던 상황의 세번째 양상은 종종 무시되었다. 그의 저작들은 침착하고 방법론적이지만, 데카르트는 유럽에서 진행 중이던 종교전쟁에 격심한 혼란을 겪었다. 몽테뉴는 관용을 권하였고, 데카르트는 이성을 권하였다. 이성에 대한 차분하고 확신에 찬 증명들은 나라를 분열시키고 있던 피비린내나는 종교적 논쟁과 전쟁 당사자들에게 환영할 만한 대안을 제공하였다.

데카르트의 가장 중요한 명제는 우리가 오늘날 거의 당연하게 취급하고 있는 것이다. 그것은 교회의 권위와 그 자신이 받은 스콜라 철학 교육이라는 배경에 반항한 것이기는 했지만 실로 혁신적이었다. 그것은 바로 지적 자율성, 즉 우리 스스로 생각하는 능력의 중요성에 대한 강조였다. 그러나 그가 마음속에 갖고 있던 생각은 보통 상식으로 간주되는 것에 극히 반대되는 것이었다. 그가 풍자적으로 이렇게 설명하였다. 상식은 "세계에 널리 퍼져 있는 모든 것이다. 모든 사람들이 자신이 상식을 잘 갖추고 있다고 믿는다. 그래서 보통 모든 면에서 가장 부족한 사람들조차 자신이 가진 것 이상의 상식을 필요로 하지 않는다." (이 구절은 몽테뉴로부터 빌린 것이라는 점을 밝혀두어야 한다).[64] 상식은 바로 사람들이 공통적으로 갖고 있는 것으로서, 이것은 종종 무의미하다. "좋은 마음을 갖는 것만으로는 충분치 않다. 중요한 것은 그것을 잘 적용하는 일이다"고 데카르트는 쓰고 있다.

따라서 데카르트의 철학은 우리 각자에게 우리가 믿는 것의 진실성을 우리 스스로 확립할 것을 요구하는 데서 시작된다. 그리고 이것은 수학을 활용하여 확실히 진리를 세우라는 뜻이다. 그는 이런 목적을 위하여 근본적인 방법을 창안하였다. 그것은 방법적 회의(懷疑)로서, 그는 이런 회의 속에서 자신이 믿는 모든 것을 의심하며, 그것이 정당하다고 증명될 때까지 고대의 회의주의자들이 말하는 에포케(epoché, 판단중지) 속에 유보시켜놓는다. 데카르트는 우리가 자주 다른 사람들에게 속거나 혹은 잘못된 정보를 얻게

---

64 앤터니 플루가 이 점을 그의 (앞서 인용한) 『서양철학입문』, 277쪽에서 지적하고 있는 데 대해 우리는 감사한다.

되므로, 다른 이들의 권위에 대한 믿음을 유보할 것을 주장하였다. 그는 자신이 때로 자신의 감각에 의해 속았음을 깨닫는다(예를 들면, 막대기는 물속에서 휘어져 보인다). 그래서 그는 감각을 통해 얻은 모든 지식을 의심할 것이라고 주장하였다. 실제로 그는 때로 꿈 속에서 어떤 경험을 겪고 있다고 확신하기 때문에, 현재 자신이 꿈을 꾸고 있는 상태가 아니라고 확신할 수 없다고 하였다. 내내 꿈을 꾸면서, 자신의 마음속 깊은 곳에서 길을 잃어, 자신의 바깥에 세계가 있다는 사실에 대해 부정하는 것이 가능할까? 바꾸어 말하면, 그의 모든 경험이 잘못된 것일 수 있을까? 참으로 그가 가장 기초적이고 반론의 여지가 없는 지식(예를 들어, 산술의 기초적인 진리들)에 대해서도 틀릴 수 있을까?

이러한 문제들에 대한 데카르트의 매력적인 접근이 그의 가장 인기 있는 저작(많은 학생들을 위한 표준적인 철학 입문서)인 『제일철학에 대한 성찰』에 기술되어 있다. 이 『성찰』(1641)의 방식은 그의 초기 저작인 『방법서설』(1637)에서처럼 몽테뉴로부터 빌려온 것으로, 친밀하고 상냥하며 사적인 대담을 모방하고 있다. 몽테뉴가 우리를 그의 사적인 생각들로 초대하듯이, 데카르트도 우리를 자신의 연구에 초대한다. 그는 천천히 그리고 상당히 많은 예를 통해 우리에게 그와 함께 회의를 느껴보자고 요구한다.

비록 방식은 몽테뉴로부터 빌려왔지만, 데카르트는 정반대의 의도를 가지고 극적으로 다른 결론에 도달한다. 우리 자신의 무지를 올바르게 인식하고 그런 무지에 대해 인간적으로 겸손해지기 위하여, 몽테뉴는 우리에게 그를 하나의 거울로 삼아 우리 자신을 검토할 것을 제안한다. 데카르트는 우리에게 회의를 극한까지, 어리석다고 말해도 좋을 정도까지 밀고나가서 그것들이 반동을 일으켜 우리에게 의심할 수 없는 진리를 가져다주도록 할 것을 주장한다. 몽테뉴는 우리 손을 잡고서 자신의 반성을 함께 나누고자 한다. 데카르트는 그의 모든 논의 진행 과정을 점검하고 옹호하는 수고를 아끼지 않으면서 우리에게 엄격한 학문적 논의를 제시한다. 몽테뉴는 회의주의자로 보인다. 데카르트는 회의주의에 대한 자신의 승리를 선언한다. 그는 자신이 결코 틀리지 않았다고 결론짓는다. 실로 그는 결코 의심조차 하지 않았다.

데카르트는 우리에게 그의 앞에 있는 불 옆에 함께 앉기를 청하면서 『성찰』을 시작한다. 그는 실내복을 입은 채 안락한 서재에 앉아 있다. 그는 우리에게 조용히 다음의 사실을 고려해보기를 청한다. 좀 '혼란된' 사람들이 있다고 하자. 이들은 자신들이 왕이고 자신들의 머리는 유리로 만들어진 호박이라고 생각할 정도로 정신이 나간 사람들이다. 그러고서 그는 자신이 때로 꿈속에서 이와 같이 터무니없는 생각을 하며 실제로는 침대에서 자고 있으면서 서재의 불 옆에 있는 꿈을 자주 꾼다고 쓰고 있다. 바로 이 순간에 그가 자고 있는 것일 수 있을까? 그는 어떻게 말할 것인가? 그런 다음 데카르트는 우리에게 확실한 것을 제시한다. 꿈속에서도, 분명한 것들이 있다. 특히 산술과 기하학이 그러하다. '둘에 둘을 더하면 넷과 같다'는 사실은 꿈에서나 깨어 있을 때나 확실히 옳다. 모든 것이 의심스러운 것은 아니다.

이어서 그가 결코 진리를 발견할 수 없도록 신이 속인다고 가정하자고 데카르트는 제안한다. 아니면, 신은 필연적으로 선하고 '진리의 샘'이므로, '아주 강력하고 영리한' 일종의 '악령'이 '언제나 나를 의도적으로 속인다'고 가정해보자. 이 악령은 모든 종류의 나쁘고 잘못된 믿음을 우리 마음속에 즐겨 심어놓는다. 데카르트는 자신이 육체를 갖고 있고, '외부세계'가 있으며, 신도 있다는 믿음이 잘못된 것이라고 가정해보자고 제안한다. 그렇다면 그가 믿는 것일 뿐인 것과 그가 아는 것을, 또 거짓된 것과 옳은 것을 어떻게 구분할 수 있을까? 데카르트는 이렇게 불모지 같은 곳에서 출발하여 다시 한 번 자신의 앎의 확실성을 확립해나간다. 그래서 이제 그가 꿈을 꾸는 것이 아니라 세계가 '저기 바깥에' 실제로 있다는 것과 같은 기본적인 지식을 가지고서 시작한다.

이러한 기본적인 진리에 대한 데카르트의 증명은 수학적 방법을 사용하는 것으로 시작된다. 그것은 연역의 방법으로서, 이에 따르면 모든 원리는 다른 원리나 전제를 기초로 이미 확립된 그에 앞서는 원리로부터 이끌어내지고 '추론'되어야 한다. 궁극적으로 모든 원리들은 일련의 근본적인 정의(定義)들과 공리(公理)들로부터 유도되어야 한다. 즉, 사용된 용어의 의미를 단순히 상세히 설명하는 원리들이나 혹은 너무도 분명하여 '자명한' 원리들로부터 유도되어야 한다. 그렇다면 데카르트의 원대한 연역의 핵심은, 전제로 사용될 의심할 수 없는 공리일 것이다. 그 공리는 바로 (그의 『방법서설』에서 언급된 것으로서) 그의 유명한 명제인 "나는 생각한다, 그러므로 나는 존재한다"이다.

이 명제는 ("그러므로" 때문에) 하나의 논증처럼 보일지 모르지만, 이것은 실로 하나의 드러냄, 즉 나 자신이 존재한다는 사실에 대하여 내가 모를 수 없다는 자기확인의 구현이다.[65] 만일 내가 악령에 의해 기만당하였다면, 그럼에도 내가 존재해야만 기만을 당할 수 있다. 만일 내가 나 자신의 존재를 의심한다면, 그럼에도 내가 존재해야만 의심할 수 있다. 일단 전제, 즉 공리를 가지게 되자, 데카르트는 스콜라 철학의 방식으로 신의 존재를 증명하는 것으로 넘어갔다. ("우리 안에 있는 신의 개념이 신을 그 원인으로 갖지 않는다는 것은 불가능하다.")[66] 따라서 신의 존재를 외부세계의 존재를 입증하는 데 이용할 수 있다. 만약 사람을 속이지 않는 신의 존재를 확신할 수 있다면, 따라서 그가 '명석하고 판명하다'고 생각하는 것은 마땅히 옳다고 데카르트는 확신하였다. 그러므로 악령이 패배한 것이다.

이 논증을 포함하여 '명석하고 판명한 관념들'이라는 너무도 쉬운 개념, 사고하는 사람이 있어야 사고가 가능하다는 가정, 신의 존재에 대한 논증, 악령이 패배하였다는 성급한 확신 등에 대해 많은 반론들이 제기될 수 있다. 또한 데카르트가 그가 원래 주장한 대로 정말로 철저하고 완전하게 의심하였는지 물을 수 있을 것이다. 그는 사용된 낱말들의 의미에 대한 자신의 신뢰를 의심한다거나 그 자신의 언어가 그를 잘못 인도할 가능성을 의심하지는 않은 것 같다. 논리적 연역을 수행하면서 자신이 사용한 추론의 규칙들을 의심하지는 않았다. 우리는 이렇게 주장할 수 있을 것이다. 그는 이성의 확실성에 대해서는 그렇게 의심하지 않았거나, 혹은 의심했더라도 이성의 확실성을 증명하기 위하여 이성의 확실성을 가정하였다. 바로 이것이 그 유명한 '데카르트의 순환적 오

---

65 그의 『성찰』에서 "나는 있다, 나는 존재한다라는 명제는 내가 그것을 언명하거나 혹은 그것을 내 마음속에서 생각하는 경우에 언제나 필연적으로 진실하다"(『성찰』 2권, 로렌스 J. 라플뢰르[인디애나폴리스, 봅스메릴 출판사, 1960년], 24쪽). 만일 데카르트의 주장을 하나의 논증으로 받아들인다면, 이는 실은 2개의 주장으로 이루어질 것이다. 첫번째는 "나는 생각한다"로서 이것은 자명하다. 두번째, "나는 존재한다"는 "만일 내가 생각한다면, 나는 존재한다"라는 가정 아래서 첫번째 것으로부터 따라온다. 데카르트의 전제는 때로 간단히 '코기토'(라틴어로 '나는 생각한다'는 뜻)로 언급된다.

66 신의 존재에 대한 이 '우주론적' 논증은 제3성찰의 대부분을 차지한다. '존재론적' 증명은 제5성찰에 나온다.

류'[67]이다.

그럼에도 데카르트는 철학적 탐구를 위한 기초적인 규칙들, 즉 확실성과 의심의 면제에 대한 요구를 확립하였다. 이성 자체는 마땅히 그 타당성이 확인되어야 하며, 당연히 옳은 것으로서 여겨질 수 없다. 그러므로 데카르트의 '명석하고 판명한 관념들'이라는 개념은 필수적이다. 하나의 명석하고 판명한 관념이란 그것을 옳다고 믿지 않고서는 생각할 수 없는 관념이다. 다른 말로 하면, 그것은 의심될 수 없는 것이다. 그것은 우리가 저항할 수 없는 것이다. 그런 관념들은 수학과 기하학의 간단한 명제들 속에서 찾을 수 있다. "둘에 둘을 더하면 넷과 같다." "두 점 사이의 최단거리는 직선이다." "삼각형은 세 개의 변을 갖는다." (우리는 명석함과 판명함이라는 개념뿐만 아니라 '선천적인 이성의 빛'이라는 개념에서도 볼 수 있는 시각적 은유를 지적해야 한다.)

우리는 우리 자신의 존재 역시 하나의 명석하고 판명한 관념임을 알 수 있다. 또한 신의 관념도 마찬가지이다. 그러나 의문은 아직 남아 있다. 악령이 어떤 사람을 속여 그로 하여금 하나의 명석하고 판명한 관념을 가지게 만들거나 혹은 가진 것처럼 믿게 만들 수 있을까? 바꾸어 말하면, 우리가 우리 자신에 대해 완전히 확신하면서도 여전히 틀릴 수 있을까? 세부적인 점에서는 그럴 수 있을 것이다. 하지만 우리가 모든 것에 대해서, 심지어 우리 감각의 증거가 외부세계가 존재한다는 가정을 요구한다고 생각하는 우리의 자연스러운 경향조차 틀릴 수 있는 것일까? 따라서 세계가 존재한다는 것은 명석하고 판명한 관념이며, 이것은 지적 회의의 범위를 넘어서 있는 것으로 보인다.

혹은 이 모든 것이 터무니없는 것일 수 있을까? 방법적 회의 자체가 잘못된 것이어서, 일단 시작하기만 하면 빠져나올 수 없는 막다른 골목인 것은 아닐까? 어쩌면 우리가 지식의 '토대'로서 일련의 의심의 여지가 없는 (의심할 수 없는) 전제들을 필요로 한다는 생각 자체가 비합리적이고 불가능한 것일지도 모른다. 아마도 모든 지식은 몽테뉴가 말했던 것처럼, 기껏해야 그럼직하거나 혹은 적당하거나 혹은 활용할 수 있는 것일 뿐인

---

67 형용사 '데카르트의' 혹은 '데카르트적인' (Cartesian)은 '데카르트' (Descartes)의 라틴어 표기에서 나온 말로, 긴 역사를 가지며, 데카르트의 유명한 이론들에 사용되는 말이다.

지 모른다. 어쩌면 거기에는 어떤 '토대'도 없으며, 단지 수많은 상호연계, 즉 잘 확립된 체계가 아닌 하나의 망상조직만이 있을지 모른다. 몽테뉴 및 회의주의자들과 더불어, 우리는 (다소 사소하거나 특별한 경우를 제외하고는[68]) 우리의 지식이 결코 확실하지 않다고 주장할 수도 있을 것이다. 아마도 우리는 다음 사항을 주지해야 할 것이다. 고대 그리스 인들에게 그랬듯이, 수학을 지식의 패러다임으로 받아들이는 것이 데카르트와 그 추종 자들에게 큰 위험을 가져온다는 점을 말이다.

그러나 데카르트에 관해서 아주 새롭고 중요한 사실은 확실성에 대한 주장보다는 고대 회의론의 문제들을 다루는 그의 접근방법이다. 그가 사용한 많은 논증들은 스콜라 철학에서는 친숙한 것들이다. 예를 들면, 안셀무스의 '존재론적 증명'과 아퀴나스의 '우주론적' 논증을 변형한 것이 모두 그렇다. 하지만 이후 '주관성'이라 불렸던 것에 대한 데카르트의 강조는 실로 혁명적인 철학적 움직임이었다. 이는 곧 우리 자신의 생각과 경험이 확정된 교의나 다른 것들의 권위와 마찬가지의 권위를 갖는다는 것이었다. 하지만 결론은 흥미롭지 못했다. 신의 존재증명을 완료한 데카르트는 말할 필요도 없이 자신이 확립한 것, 즉 (철학 세미나 밖에서는) 누구에게나 명백해 보이는 그를 둘러싼 외부세계의 존재를 확신하였다. 하지만 주관성에 대한 강조와, 또한 보통은 간단히 당연하게 받아 들여지는 것을 증명하기 위하여 그가 사용한 수학적 방법은 그 다음 200년 동안 일어났 던 많은 주요한 철학적 움직임에 기초를 제공하였다.

주관성은 철학에서 너무도 자주 아주 다른 많은 방식으로 이용되었기 때문에, 지금 이것은 통찰이라기보다는 문제를 제기한다. 하지만 이것이 데카르트에게 적용될 때는 다음과 같은 여러 가지 의미 있는 특징들을 포함한다는 점을 지적해야 할 것이다. 첫째, 이것은 내면성, 즉 자기반성에 우선적 가치를 두는 것으로서, 곧 정신은 사유(이는 '정신

---

68 그러한 사소한 경우에는 '개는 동물이다'와 같은 단순한 정의(定義)의 문제들이 포함된다. 특별한 경우란 논리학과 수학에 속하는 것들이다. 하지만 이 특별한 경우들은 실로 논의의 여지가 있는 것으로 판명될 것이며, 그 것들은 아주 더 많이 있을 것이다. 예를 들어, 몽테뉴가 확실한 것으로 받아들일 수 있다고 여긴 신의 계시는 이 러한 '특별한 경우'의 하나로 간주되어야 할까?

적인' 것들, 즉 감정, 감각, 욕구 및 모든 종류의 관념들을 포함하는 좀더 광범위한 의미로 이해되어야 한다)를 담고 있는 내적 영역이라는 생각이다. 이 내면성 개념은 고대 초기 그리스 철학에서는 분명하지 않았지만, 피타고라스와 소크라테스의 영혼 개념과 아우구스티누스에서 절정을 이루었던 초기 그리스도교와 더불어 점차 더욱 그럴듯한 개념이 되었다. 그러나 내적 영역은 여전히 다소 제한되어 있었으며 데카르트 이전 중세를 통해 훨씬 더 발전하였다. 물론 불교는 이러한 내면성의 의미를 피타고라스와 소크라테스 이전에 벌써 발전시켰다. 불교 팔정도의 기본 관점들 중에는 올바른 마음과 올바른 명상이라는 것이 있다. 더욱이 계몽은 '내면적' 변화의 결과로서 나타난다.

데카르트에게 주관성 개념은 내면성 개념과 동일한 것이 되었다. 유감스럽게도 그 의미는 단 하나만이 아니었다. 주관성은 또한 단순한 의견, 객관적인 지식보다는 사적인 믿음을 가리키는 것으로 여겨졌다. 물론 이런 의미에서라면 이 개념은 고대인들에게까지 거슬러 올라갈 수 있다. (플라톤은 자주 진정한 지식과 단순한 의견을 구별하였는데, 비록 이러한 의견이 옳다고 판명되더라도 마찬가지였다.) 셋째, 주관성은 또한 어떤 전망과 그 한계를 내포하는 개인적 경험(이것은 마음 '안에' 있는 것으로 생각될 수도 있고 그렇지 않을 수도 있다)을 가리킬 수도 있다. 물론 데카르트에게 그것은 그러한 전망과 한계를 초월하는 것이었다. 넷째, 그리고 순수하게 주관성은 단지 하나의 특정한 시점, 즉 문학에서 말하는 '일인칭 시점'을 가리킨다. 이것은 단순히 하나의 스타일적인 장치(즉, 논문이라고 하는 대신 '명상록'이라고 하는 것처럼)로 여겨질 수 있지만, 이전의 세 가지 의미들과 다양하게 얽혀 있다.

마지막으로, 우리는 데카르트에게는 적용되지 않는 주관성의 한 가지 의미를 지적해야 하겠다. 그것은 감정적이고 정서적인, 그러므로 선입견에 의해 편향된 것으로서의 주관성 개념이다. 우리는 확실히 이러한 편향성을 방금 지적한 '한계들'의 한 양상으로 볼 수 있지만, 데카르트의 설명 내에서는 감정들을 신뢰하거나, 혹은 지식에서 (특히 종교적 믿음을 포함하는) 감정들의 역할에 대해 의문을 제기하는 일조차 거의 없다.[69] 그렇지만 그것이 다른 어떤 의미를 갖든, 데카르트의 주관성은 강한 개인주의의 형태이며 개인의 권위와 자율성을 옹호한다.[70] 그리고 혁명은 여전히 (그리고 필연적으로) 미완성일지 모르지만, 그것은 데카르트에게서 가장 강력한 추진력을 부여받은 것이었다. 철학의 권위는 이제 현자와 성서가 아니라 철학자의 개인 정신 속에서 찾아야만 한다.

데카르트가 제기한 부차적이지만 분명 중요한 문제들 중의 하나는 "나는 생각한다, 그러므로 나는 존재한다"라는 명제 속의 '나'로 지칭되는 종류의 존재에 관한 것이다. 데카르트는 자신의 유명한 명제를 검토하면서 정말로 자명하여 의심을 할 수 없는 나와 그렇지 않은 나를 구별해야 함을 알았다. 그는 그의 증명에 관한 한, 그 자신은 오로지 '생각하는 사물', 즉 사유하는 실체일 뿐이며, 그 육체(그리고 '그의' 육체에 대한 애착)는 의심할 수 있는 물질이라고 결론내렸다. 이것은 실체에 관한 고대의 아리스토텔레스와 스콜라 철학의 학설과 관련된 친숙한 문제를 제기한다. 한 개별적 인간은 하나의 실체, 즉 하나의 완전한 존재인가, 아니면 실체들이 연결된 것인가?

데카르트는 이 문제에 대하여, 한 개인은 정신과 육체라는 두 개의 서로 다른 실체의 결합이라는 의문스러운 명제로써 답하였다. 그런데 실체란 완전히 자기충족적인 것으로 정의되기 때문에, 정신과 육체의 상호작용이 난처한 문젯거리가 된다. 데카르트에 따르면, 우리는 우리의 정신이 생각하는 사물이라는 명석하고 판명한 관념을 갖고 있으며, 우리의 신체가 하나의 '연장(延長)'이거나 물질적인 것이라는 명석하고 판명한 관념을 갖고 있다. 하지만 데카르트는 우리가 단지 배에 탄 항해사처럼 우리의 육체에 살고 있는 것은 아니라고 주장한다. 그렇다면 이 둘은 어떻게 연결되는 것인가? 사유는 물질적 대상과는 분명히 다른 종류의 것이다. 그리고 (데카르트가 그랬듯이) 사유가 뇌와 어떤 관계가 있다고 가정한다면, 둘 사이의 연관, 즉 뇌가 사유를 야기한다거나 사유의 기반이라는 개념은 점점 수수께끼가 된다. 정신과 육체가 별도의 실체들이라는 명제는 '데

---

69 그렇지만 어떤 명석하고 판명한 관념, 그 중에서도 특히 신의 존재에 대한 믿음은, 우리가 그것에 감정을 쏟았다는 바로 그 이유 때문에 '의심할 수 없는' 것이라고 주장할 수도 있다. 그러나 데카르트는 감정을 무시하지 않았다. 그는 감정에 관한 고전적인 소론인 『정념론』(1645~46년)의 저자인데, 여기서 그는 열정을 '동물적 영혼의 육체적인 동요'로 분석하여, 열정을 이성으로부터 명확히 분리하였다.
70 개인에 관한 사상의 기원은 12세기경으로 거슬러 올라간다.

카르트의 이원론'으로 불리게 되었으며, 이것은 오늘날까지도 철학자들을 곤란하게 만들고 있다.[71]

종종 비난하듯이, 데카르트가 제멋대로 정신을 육체와는 다른 '실체'로서 구별짓고는 그 둘을 어떻게 다시 통합할지에 대하여 분명한 태도를 보이지 않았다고 보아서는 안 된다. 정신과 육체의 이원론은 수세기 동안의 지적 발전, 또 과학의 진보와 개인의 자율성에 대한 새로운 존중의 산물이었다. 정신과 육체의 구별은 물질 세계와 관련된 하나의 영역을 과학에 제공하였다. 그 결과 과학은 종교나 도덕적 연관성에 의해 방해받지 않고 인간의 정신, 인간의 자유, 물질적 현실을 '초월'할 수 있는 능력 등에 관련된 문제를 탐구해나갈 수 있게 되었다. 이 구분은 또한 종교와 과학에 의해 위협받지 않는 인간의 자유와 책임의 영역도 제공하였다. 이 세계가 아리스토텔레스에서부터 아퀴나스에 이르기까지는 주로 '자연 법칙'이라는 단 하나의 체계에 의해 규정되었다면, 새로운 근대 세계는 그것이 신이 제공했건 자연이 제공했건 간에 하나는 육체, 또 하나는 정신(하나는 사실 또 하나는 가치)과 관련된 두 가지 관심사를 가지고 요술을 부려야 했다. 데카르트로부터 사르트르에 이르기까지 이 둘을 통합하는 일은 이 둘을 확실히 분리하는 것만큼 중요한 문제가 아니었다.

● 스피노자, 라이프니츠, 파스칼, 뉴턴

'근대' 철학의 많은 부분이 신의 존재와 본성에 관련된 형이상학과 인식론, 실체 개념, 지식의 정당화에 대한 데카르트의 논증에 의해 규정되었다. 최근까지도 이렇게 형이상학과 인식론에 초점을 맞춘 철학 경향이 지배적이다. 이와 같은 일부 관심사들은 데카르트와 그의 철학을 추종하는 철학자들과 반발하는 철학자들을 동시에 끌어들였다.

---

[71] 여기서 기술적인 실체 개념 자체를 공격하는 것은 아무것도 없다. 우리는 이 문제를 완전히 현대적인 신경생리학적 심리학적 용어로 바꿔 말할 수도 있다.

특히 네덜란드 출신의 바루흐 스피노자(1632~77년)와 독일 출신의 고트프리트 빌헬름 폰 라이프니츠(1646~1716년)가 그 대표적인 경우였다. 이 둘은 데카르트를 따라 이성을 추구하여 상상적인 형이상학의 왕국으로 들어갔다. 스피노자와 라이프니츠는 데카르트의 아리스토텔레스적인 실체 개념을 무시하고서, 세계가 실제로 어떠한가에 대해 극단적으로 다른 결론에 이르렀다.

스피노자에 따르면, 실체는 그 자체의 본성상 완전히 자기충족적이기 때문에, 단 하나의 실체만이 있을 수 있다. 그 실체는 바로 신이다. 그러므로 신은 우주와 하나이며, 창조자와 창조물, 즉 '신'과 '자연' 사이의 구별은 착각일 뿐이다. (이런 입장이 곧 범신론이다.) 우리 자신을 포함하는 모든 개인은, 사실 오직 하나인 실체의 변형들이다.[72] 실체의 본질은 속성(屬性)이지만, 우리가 정신과 육체로서 알고 있는 것들 가운데는 무수히 많은 속성들이 있다.

그러나 라이프니츠에 따르면, 실체는 그 자체의 본성상 완전히 자기충족적이라는 그와 같은 전제는 세계가 무수히 많은 단순한 실체들로 구성되어 있다는 결론에 이른다. 이 단순한 실체들은 모나드(monad, 單子)로 불리는데, 각각의 모나드는 자기충족적이며 다른 모든 것들에 대해 독립적이다. 이런 관점에서 보았을 때 신은 수퍼모나드(超單子)이며, 모든 단자들의 창조자이다. 각각의 모나드는 하나의 작은 자아 혹은 영혼이다. 그것은 그 자신의 특정한 조망(다른 모나드들과의 상호작용으로 보이는 것도 포함하여)으로 세계를 지각한다. 그러나 어떤 모나드도 실제로 다른 어떤 모나드와 상호작용하지는 않는다. 실로 라이프니츠는 모나드에는 '창문이 없는' 것이 틀림없다고 주장하였다. 모나드의 '지각'은 통상적 의미의 지각이 아니라 오히려 내적 상태로서 이것은 신에 의해 확립된 '예

---

72 스피노자보다 1세기 전 페르시아의 물라 사드라(약 1571~1640년)도 이와 비슷하게 자연을 모든 존재를 통합하는 연속체로 설명하였다. 그는 사물들의 운동은 자연의 본성이며, 그러므로 자연은 본래 흐름 속에 있다고 주장하였다. 스피노자처럼, 물라 사드라도 자연에 대한 이러한 설명을 윤리적 전망과 연결시켰다. 모든 존재는 스스로를 완벽하게 하려는 선천적인 욕구를 가지고 있다고 그는 주장하였다. 이 욕구가 우리를 포함하여 모든 존재들에게 방향을 가리켜준다. 그 결과 자연은 질서를 유지하게 되어, 자연의 모든 부분들이 통합되고 상호 조화를 이룬다.

정된 조화' 속에서 다른 모든 단자들의 내적 상태들과 호응한다.

분명히 터무니없는 세계의 모습에 대한 만화 같은 캐리커처를 상상하지 않고서, 스피노자와 라이프니츠의 이러한 형이상학적 이미지들을 생각하기는 어려운 일이다. 아마도 이것은 엄밀한 형이상학적 문제가 실제 인간의 관심사 속에 놓여 있는 그 원천과 단절될 때 나타나는 현상일 것이다. 하지만 사실은 스피노자와 라이프니츠는 바로 인간의 문제들에 이끌린 열정적인 사람들이었다. '실체'를 가지고 하는 그들의 형이상학적인 놀음은 좀더 큰 노력을 요하는 어려운 질문들을 탐구하기 위한 매개물이었으며, 만일 그들을 이해하고자 한다면, 데카르트가 제기한 편협한 논쟁을 넘어서 새로운 휴머니즘이라는 좀더 넓은 전망으로 나아가야 한다.

이들 철학자들과 이 시대에 대해 좀더 폭넓게 그려나가면서, 형이상학의 아주 난해한 공식들에는 관심을 갖지 않고 삶에 대한 고래의 철학적 문제를 추구한 다른 철학자들(이런 철학자들은 많았다)에게는 무슨 일이 일어났는지 궁금할지 모르겠다. 그 한 예로서, 스피노자와 동시대를 살았던 블레즈 파스칼(1623~62년)을 들 수 있다. 그는 이전의 몽테뉴처럼 스콜라 철학의 지성에 대한 확신을 강하게 거부하였으며 "심장은 이성이 알 수 없는 그 자체의 분별력들을 갖고 있다"고 주장하였다. 그러나 그는 형이상학을 갖고 있지 않아 철학자로서 인정받지 못하고 무시된 전형적인 예이다. 하지만 그의 논증 가운데 단 하나 예외적으로 유명한 것이 있다. 이것은 진정한 딜레마라기보다는 하나의 수수께끼처럼 보인다. 그래서 이것은 주로 게임 이론가들과 신학자들의 관심을 끌었다.

그 논증은 파스칼의 '내기'로 알려진 것으로, 이에 따르면 신의 존재를 믿지 않는 것보다 신의 존재를 믿는 것이 (무한히) 더 이성적이다. 이 논증은 만일 신이 존재한다면 그 보답은 엄청나고, 존재하지 않는다면 잃을 것은 아무것도 없다는 논리에 근거를 두고 있다. (그러나 만일 우리는 그의 존재를 믿지 않는데 그가 존재한다면……) 믿음의 문제에서 이성의 역할을 무시하였던 파스칼이 이 논증을 얼마나 진지하게 의도했느냐 하는 점에 관해서는 엄청난 논쟁이 있으며, 그리고 분명 이것이 그의 신앙이나 철학적 접근을 대표하는 것은 아니다.[73] 그럼에도 그의 『팡세』에 보이는 개인적인 심오한 종교적 사유, 그리고 과학 및 수학에 대한 개척자적인 탐구는 파스칼이 17세기 최고의 지성들 중의 하나임을 보여준다.

파스칼은 천재였다. 우선 그는 신동으로서 10대에 놀라운 수학적 연구서를 출판하였으며, 오늘날의 컴퓨터의 선조격인 계산기를 발명한 몽상가이기도 하였다. 일류 과학자였고 비할 데 없는 철학적 종교적 저작가였다. 1646년 아직 20대일 때, 그는 엄격한 포르루아얄 운동 및 세상과 큰 거리감을 느끼던 얀센주의자들과 밀접한 관련을 맺게 되었다. 1654년 심오한 종교 체험을 한 그가 회심을 하면서 그에게 철학은 전혀 쓸모없는 것이 되었다. 그는 스콜라 철학과 '학구적인' 신학을 단호히 거부하였다.

그의 사후에 출판된 『팡세』는 그의 개인적인 심오한 종교적 사유와 그 시대를 규정하던 철학적 합리주의에 대한 그의 거부감을 잘 드러낸다. 비록 수학의 기초에 관한 가장 괄목할 만한 논문들을 쓰기는 하였지만, 그는 (에라스무스, 몽테뉴, 그리고 당시의 다른 인문주의자들은 제외하고) 철학자들이 종종 무시하던 인간적인 문제들의 중요성을 인식하였다. 그는 권태, 덧없음, 그리고 인간의 고통에 대해 고민하였으며, 감정의 진실성을 합리적인 논증으로 증명하려는 시도를 풍자하였다(아마도 이것이 『팡세』에 나오는 파스칼의 유명한 '내기'에 대한 좀더 뜻깊은 해석일 것이다).

그는 몽테뉴처럼 개인적인 계시를 가장 주요한 성찰의 기초로 보았다. 파스칼에 따르면, 철학은 그리므로 하나의 심심풀이이며, 바로 이런 이유에서 아마도 대부분의 철학자들이 그의 저작을 무시하거나 혹은 그를 '단순히 종교적인' 사상가로 치부해버리는 것 같다(물론 그는 훌륭한 과학자이자 수학자이기도 하였다). 그렇지만 파스칼은 (비록 무시되긴 하였지만) 가장 영향력 있는 근대 철학자들 중의 한 사람으로서, 그 자신의 겸손함에도 불구하고 이렇게 불릴 만한 자격이 충분하였다.

그러한 사소한 것들에 대한 비난은 아마도 대부분의 회계사들처럼 너절한 인간관계에 반대되는 깔끔하고 단정한 외양을 선호하는 철학사가들 탓이다. 이렇게 해서 역사

---

73 파스칼에 대한 방기의 대표적인 예는 D. W. 햄린의 말에서 볼 수 있다. "파스칼은 다른 방식으로 지식에 기여하기는 했지만, 실로 철학에서 주요한 인물은 아니다."

는 날조되었던 것이다. 인간의 이성에 대한 믿음에 의해 연관되고 실체에 대한 아리스토텔레스의 엄밀한 개념을 이해하느라 고심했던 세 철학자는 합리주의라고 불리게 된 하나의 전통을 형성하였다. 데카르트, 스피노자, 라이프니츠가 바로 이들 합리주의자들이다. 이러한 규정에 들어맞는 다른 철학자들도 있었지만, 그들을 포함시키는 것은 단정한 삼인조를 방해하는 일이 될 것이다.

세 명의 합리주의자들이 이른바 경험론자들이라고 불리는 다른 세 명의 철학자들과 깔끔하게 맞아떨어지면서 이러한 정리는 더욱 만족스러운 것으로 드러난다. 그들은 존 로크, 조지 버클리 주교, 데이비드 흄이었다. 간단히 말해서, 경험론의 주장은 모든 지식이 경험으로부터 유래한다는 것이다. 이러한 규정에 들어맞는 다른 철학자들도 있었지만, 다시 한번 단정함이 운명이다. 한층 더 매력적인 명단을 만들기 위하여, 잉글랜드, 아일랜드, 스코틀랜드에서 각각 한 사람씩 선발되었다. 그 결과 로크, 버클리, 흄이 안성맞춤으로 '대영제국의 경험론자들'을 이루게 되었다. 더욱이 합리론자 역시 마찬가지로 프랑스, 네덜란드, 독일에서 각각 한 사람씩 선발되었다. 그 결과 데카르트, 스피노자, 라이프니츠도 안성맞춤으로 '대륙의 합리론자들'로 묶였다. 이렇게 회계사처럼 딱 맞아 떨어지게 하려는 꿈이 근대 철학에 대한 우리의 이해를 얼마나 해치고 있는지는 말하기 어렵다. 이는 17세기와 18세기 사상의 복잡한 지형을 지나치게 단순화시킬 뿐만 아니라, 마치 이들 철학자들만이 몇 가지로 범위가 한정되어 있는 엄밀한 철학적 사유에 따라 서로 의견을 주고받은 것으로 보이게 한다. 또한 많은 사상가들 중 특히 몽테뉴, 파스칼, 루소 같은 교화(敎化)적인 인문주의자들을 모두 누락시킨다.

경험론자들에 대해서는 나중에 언급할 것이지만, 우리가 가장 먼저 지적하고자 하는 사실 중의 하나는 합리론과 경험론을 구분하는 것이 의미가 있는지 의심스럽다는 점이다. 하지만 우선 스피노자와 라이프니츠로 돌아가도록 하자. 우리가 이 두 훌륭한 인물을 실체 문제를 다룬 형이상학자 이상으로 볼 때 이들의 모습은 대부분 철학적 논평에서 제시하는 것과 아주 달라진다.

스피노자는 유대인으로 자유사상가였는데, 그의 회의주의는 정통 교회의 교우들에게는 그리 매력적이지 않았다. 그는 파문당하여 마침내 공동체로부터 추방당하였다. 불행한 생애 대부분 동안 은둔하여 살았는데, 렌즈를 갈아서 겨우 입에 풀칠을 하였다. (이렇게 유리의 먼지가루를 들이마신 것이 결국 그가 사망하게 된 원인이었다.) 스피노자의 주된 저작은 『윤리학』이다. 이 제목은 종종 독자들을 혼란스럽게 만들었다. 삶의 철학을 기대하면서 책을 펼치지만, 그 대신에 공리, 정리, 'Q.E.D'[74]로 가득 찬 철저한 기하학 논문처럼 꾸며진 신랄한 문장들을 발견하게 되기 때문이다.

그러나 겉으로 보이는 것만으로는 속임을 당할 수 있다. 데카르트는 독자들을 자신의 서재와 사유로 초대하여 성찰이라는 편안한 분위기 속에서 자신의 논리적 증명을 소개하지만, 데카르트의 철학은 결코 친밀하고 개인적인 것을 드러내는 것이 아니다. 반면에 스피노자는 개인적인 고뇌를 숨긴 채, 그가 제안하는 철학적 해결책을 가장 형식적이고 만만찮은 연역적 방식으로 가장하였다. 그 제목에 걸맞게 이 책은 삶에 대한 철학이자, 더 훌륭한 삶을 위한 진심어린 제안이며, 고독과 고립의 해결책이자, 삶의 고통과 환멸에 대한 답이다. 이 책은 역사적인 조망에서 볼 때 스토아 철학 텍스트의 오랜 혈통을 잇는 또 한 경우로서, 크리시포스, 에픽테토스, 마르쿠스 아우렐리우스의 전통과 매우 닮았다.

적절해 보이지 않는 스피노자의 기하학적 수학적 방법은 확실히 데카르트적인 방법을 수행하고자 한 것이었으며, 『윤리학』의 (5권 중에서) 처음 2권에서는 실로 무한히 많은 속성을 지닌 실체가 단 하나이며 단 하나일 수밖에 없다는 단 하나의 결론을 확립하고자 시도하고 있다. 사실 순수하게 기술(技術)적인 의미에서, 이것은 골치 아픈 정신-육체의 문제를 해결하고 있다(왜냐하면 정신과 육체는 더 이상 서로 다른 실체들이 아니라 하나의 동일한 실체의 서로 다른 양상일 뿐이기 때문이다). 그러나 스피노자의 주장은 더욱 많은 의미를 함축하고 있기 때문에 형이상학의 전문용어만으로는 이해될 수 없다.

이들 중 첫번째는, 스피노자의 전망에 따르면 서로 다른 개별자들 사이에는 어떤 궁

---

[74] Q.E.D.는 'Quod est demonstratum'을 나타낸다. 이 전통적인 라틴어 약자는 증명이 완료되었음을 가리킨다.

극적인 차이도 없다는 것이다. 우리는 모두 하나의 동일한 실체의 부분인데, 그 실체란 또한 신이기도 하다. 이것이 의미하는 것은 곧 서로 고립되어 있고 대립되어 있다는 우리의 느낌은 착각이며, 신으로부터 떨어져 있다는 느낌도 잘못임을 의미한다. 이러한 교화(教化)적인 전망은 19세기로 전환되는 시기에 하나의 강력한 이미지가 되었다. 당시는 그리스도교 철학자들도 사람들 사이의 이른바 '소외'와, 우리 '너머'에 있는 초월적 신에 대한 인간 소외를 극복하고자 노력하던 시기였다. (그 기원이 철학이 맨 처음 시작되던 때까지 거슬러 올라가는 신비주의자들도, 보통 논리적 도구를 사용하지 않았지만 스스로 그와 같은 전망을 주장하곤 하였다.)[75] 더욱이 유일한 실체는 언제나 존재해왔고 언제나 존재할 것이기 때문에, 우리 자신의 불멸성이 보장된다.

　　스피노자는 아리스토텔레스의 원인 개념을 자유롭게 사용하였으며, 아리스토텔레스가 신에게 적용한 '자기 원인'(causa sui, 혹은 제일 원인)이라는 개념도 널리 사용하였다. 스콜라 철학자들은 이 개념을 우주론적 증명에 사용하였으며, 스피노자는 이 증명의 한 형태를 (또한 존재론적 증명의 한 형태도 마찬가지로) 예언적으로 재생하였다. 그렇지만 스피노자는 또 다른 생각을 품고 있었다. 그것은 일반적으로 결정론이라고 알려진 명제를 옹호하는 것이었다. 결정론이란 주어진 원인에 따른 결과가 필연적이라는 것이다. 그렇지만 스피노자의 결정론은 과학과는 무관하며 오히려 우리가 숙명이라고 부르는 것에 더 가까운 것이다. 스피노자의 관점으로는, 우리에게 일어나는 일은 무엇이든 필연적인 것이다. 우주가 신이라면, 따라서 우리는 우리에게 일어나는 무슨 일이든 분명 어떤 이유 때문에 일어난다고 믿을 수 있다.

　　이러한 관점은 분명히 교화적이지만, 이것은 시작에 불과하다. 이 무대는 스피노자의 윤리적 처방을 위해 마련된 것이었다. 그는 우리 자신을 신 및 다른 사람들과 하나로 보고 우리의 삶을 필연적으로 결정된 것으로 보도록 권하였다. 스피노자는 이런 주장들을 수학적으로 증명하려고 시도하였지만, 삶의 세부들도 우리가 채택하는 철학적 전망

---

[75] 이러한 일반화에 인도의 신비주의는 하나의 예외를 제공한다. 우리가 보았듯이, 나가라주나와 같은 몇몇 인도의 신비주의자들은 신비주의가 들어설 자리를 마련하기 위하여 바로 논리와 논증이라는 도구를 이용하였다.

못지않게 중요하다고 믿었다. 삶의 세부들은 감정의 문제로 가장 잘 요약될 수 있다.

따라서 『윤리학』의 반 이상을 차지하는 나머지 3권의 책들은 감정의 연구에 바쳐졌다. 많은 주석가들은 이들을 그냥 넘겨버리는데, 제2권 끝에서 세워진 형이상학적 틀에 보탬이 되지 않기 때문이었다. 하지만 우리가 스피노자를 기술(技術)적인 형이상학의 마법사가 아니라 극히 철학적인 인간으로 본다면, 감정에 대한 그의 논의는 삶에 관한 그의 철학에서 필수적이다.

고대 스토아학파 역시 감정에 주의를 기울였다. 그들은 감정도 판단이긴 하지만 잘못된 판단으로서, 우리 자신과 세계에 대한 잘못된 이해를 바탕으로 하고 있다고 하였다. 우리는 스피노자가 이 점에 대해 얼마나 흔쾌히 동의할지 잘 이해할 수 있다. 그는 감정이란 '하나의 혼동된 관념'으로서, 이것을 통해서 정신은 그 힘을 확인하며, 우리의 신체를 통해 우리의 욕구에 영향을 끼친다. 우리는 우리가 가질 수 없는 것을 원하거나 혹은 우리가 이미 갖고 있는 것을 원한다(하지만 우리가 갖고 있다는 사실을 모른다)고 쓰고 있다. 스피노자의 전망은 우리가 갖도록 결정되어 있지 않은 것을 원하는 것은 적절하지 못하며 우리는 우리가 원하는 많은 것(다른 사람들과의 결합, 신과 하나가 되는 일)을 이미 갖고 있다는 사실을 우리에게 가르쳐준다. 우리의 대부분 감정은 욕구, 즉 전형적으로 육체적 욕구에 바탕을 둔 생각이며, 우리가 감정과 욕구의 노예인 한 수동적이며 자신을 통제할 수 없는 사람이 된다. 하지만 여기서 의미하는 '통제'는 궁극적으로 우리의 태도에 대한 통제이며, 수용이나 체념이 적절한 태도이다.

그렇지만 고대의 스토아학파와는 달리, 스피노자는 아파테이아를 위하여 감정 일반을 거부하지는 않았다. 그와 정반대로 그가 말하는 수용의 태도와 함께 오는 감정은 지복(至福)이며, 이것은 육체적 욕구의 만족에서 오는 순간의 느낌을 포함하여 다른 어떤 감정보다도 더 바람직한 감정이다. 힘을 획득하는 느낌, 자신을 통제하는 느낌은 도전에서 오는 것이 아니라 이러한 철학적 전망에서 오는데, 스피노자는 이것을 신에 대한 지적인 사랑이라고도 불렀다.

비평가들은 분명 '신=자연'이라는 이와 같은 공식이 정통적인 유신론이 아니라고 지적할 것이다. 실제로 스피노자의 저작은 금지되었고 그는 그 후 한 세기 반 동안 거의 무신론자로 낙인이 찍혔다. 비평가들은 또한 비록 그의 결정론이 사실이라 하더라도, 스피노자의 전망을 받아들이는 선택은 전혀 선택이 아니라고 주장할 것이다. 우리는 필연적으로 동의하든가 그렇지 않든가 할 뿐이다. 그러나 이런 의문 속에서 머뭇거린다면 스피노자의 전망과 매력을 통째로 놓치고 만다. '실체'에 관한 형이상학은 잊어버리자. 스피노자는 우리를 신과, 그리고 우리 서로를 합일시켜놓는다.

라이프니츠 역시 삶에 대해, 어떻게 살 것인가에 대해 고민하였지만, 스피노자의 외로운 삶과는 대조적으로 그는 오늘날의 제트족(자가용 제트기를 타고 다니는 부자들)으로 불릴 만한 부자였다. 라이프니츠는 유럽의 군주들, 모든 위대한 천재들을 알고 지냈다.(그는 스피노자를 만나기까지 하였다.) 그는 미적분학을 창안하였고(뉴턴과 동시에 발견했다), 과학자, 법률가, 역사가, 정치가, 학자, 논리학자, 언어학자, 그리고 신학자였다. (그가 일생동안 출판한 단 하나의 저작은 신학에 관한 책이었다.)

라이프니츠에게 철학은 하나의 꾸준한 취미였으며, 그는 일생동안 철학적 토론에 참여하고 서신을 통해 의견을 나누었다. 그는 신중함에선지 무관심에선지 출판한 글이 아주 적었는데, 그가 출간한 많은 것이 오해되었다. 라이프니츠는 철학적 관점에서 볼 때 우선 논리학자이자 형이상학자였다. 더욱 감동적인 것은 라이프니츠의 세계에 대한 낙관적인 전망이다. 이런 전망이 17세기 유럽을 황폐화시켰던 소름 끼치는 전쟁과 종교적 다툼 속에서 나온 것이라는 점을 염두에 두어야 한다.

라이프니츠가 모든 문제를 피를 흘리지 않는 합리적인 계산에 의해 해결할 수 있는 보편적 언어와 보편적 논리의 개발을 제안하였다는 것은 유명한 사실이다. 그는 자기 철학의 기초적 원리로 '충족이유율'이라 불리는 것을 옹호하였다. 이것은 스피노자처럼 어떤 것도 이유 없이 일어나지는 않는다는 점을 주장할 수 있는 근거를 제공하였다. 모든 이유는 신의 이유이며 신이 (모나드들과 그것들의 지각능력을 창조함으로써) 우주를 결정하기 때문에, 이러한 이유는 좋은 (혹은 선한) 이유이며 실로 가장 좋은 이유이다.

라이프니츠의 가장 잘 알려진 명제들 중의 하나인 이것은 아마도 볼테르가 지은

『캉디드』(Candide)에서 심히 조롱을 당하면서 가장 잘 알려졌을 것이다. 선택할 수 있는 서로 다른 가능한 세계가 무수히 많다면, 신은 그 중에서 가장 좋은 세계, 즉 모든 가능한 세계들 중에서 가장 좋은 세계만을 선택할 것이다. 라이프니츠의 논리는 논쟁의 여지가 있지만 그 전망은 논박의 여지가 없이 교화적이다. 환란의 시대에, 무슨 일이 일어나든 그 뒤에는 어떤 이유가 있다고 믿는 것은 언제나 하나의 위안이 된다. 그리고 여기에 오래된 악의 문제에 대한 또 다른 고전적인 답이 있다. 우리가 악으로 여기는 것은 오로지 우리의 전망이 한정적이라는 점, 즉 가능성들의 총합을 이해하지 못하는 데 기인한다. 오늘날과 같은 냉소적인 시대에 라이프니츠의 희망찬 믿음이 가진 진가를 이해하기는 어렵지만, 그렇다고 해서 그것을 믿는 사람들에 대해 그것이 갖는 힘을 무시하거나 그들의 전망을 단순한 논리적 퍼즐 놀이로 격하시켜서는 안 된다.

만일 근대 철학에 대해 이야기하면서 (많은 사람들이 가장 위대한 과학자로 부르곤 하지만 당시에는 위대한 물리학자였던) 아이작 뉴턴(1643~1727년)에 대해 언급하지 않는다면, 근대 철학에 대한 이야기는 시작조차 하지 않았다고 말할 수 있다. 뉴턴의 물리학은 이 책의 범위를 넘어서는 것이며, 그가 생애의 마지막 몇 십 년 동안 몰두했던 신학도 마찬가지이다. 하지만 뉴턴이 과학에 미친 영향과 세계에 대한 그의 모범은 18세기의 너무도 큰 부분이기 때문에, 그의 중요성을 인정하지 않고서는 어떤 철학적 해설도 가능하지 않을 것이다. 더욱이 뉴턴을 괴롭혔던 긴장, 즉 세계에 관한 물질적이고 기계적인 물리학 이론과 경건하고 정신적인 그리스도교 사이의 긴장이 당시의 모든 유럽을 휘어잡기 시작했다.

17세기 말까지, 과학은 간혹 종교당국에 성가신 대상이었지만, 아직 과학이 종교에 대해 큰 위협이 되는 정도는 아니었다. 오히려 종교에 대한 위협은 (추측건대) 종교 내부로부터 왔다. 사소한 신학적 문제들에 관한 (그리고 종종 중요한 영토나 정치적 이익과 관련된) 종파끼리의 싸움이 그것이었다. 그러나 과학이 자립하게 되면서 더 이상 단순히 골칫거리나 모순의 원천이 아니었다. 과학적 세계관은 기성의 종교적 세계관과 서로 머리를 맞대고 대치하게 되었는데, 이제는 더 이상 골리앗에 대항하는 다윗이 아니었다. 감수성이 예민하고 캐묻기 좋아하는 이들에게는 이 둘 사이의 이 명백한 갈등이 점점 더 참을 수 없는 것이 되었다. 뉴턴은 그런 인물들 중 한 사람이었다.

과학적 토론은 과학의 경계를 넘어 철학이라는 더 큰 세계로 흘러 들어갔다. 그러한 토론이 당시에 두드러진 인물이던 뉴턴과 라이프니츠를 끌어들였다. 그 토론의 주제는 바로 공간과 시간의 본성에 관한 것이었다. 뉴턴의 물리학 이론은 물체들의 운동과 상호간의 작용에 관한 것으로서, 이러한 다양한 운동과 상호작용이 일어나는 하나의 무대장치를 전제하였다. 그 무대는 바로 공간으로 이것은 무한하게 비어 있는 허공으로서, 행성에서부터 조약돌에 이르기까지 모두가 그 속에 자신의 자리를 차지하고 있다. 시간은 무한한 과거로부터 무한한 미래까지 끝도 없고 시작도 없이 펼쳐져 있다. 우리가 사용하고자 하는 시간의 측정기준이 무엇이든지, 그에 따라 다양한 사건들이 일어날 것이다.

라이프니츠는 전혀 다른 생각을 갖고 있었다. 공간 그 자체는 아무것도 아니며 시간도 마찬가지이다. 이런 주장은 그의 형이상학에 따른 것이었다. 즉, 모나드들은 정신적 실재로서 공간 속에 존재하는 것이 아니며, 시간도 모나드의 지각에 대해서 내재적이지 외재적이지 않다. 그러나 라이프니츠의 형이상학과는 별도로, '절대적인' 공간이라는 관념은 '공간이 어디에 있을까? 시간은 언제 시작되었을까? 혹은 만일 시간에 시초가 (혹은 끝이) 없다면 '시간의 어떤 차원 속에서 시간은 영원히 역행할까(혹은 진행할까)? 등과 같은 무의미한 의문들을 만들어내었다. 충족이유율의 관점에서 본다면, 우리는 '왜 신은 우주를 다른 어떤 곳이 아니라 바로 여기에다 만들어놓았을까?'라고 물을 수 있을 것이다. 라이프니츠에 따르면, 이러한 모든 의문들은 무의미한 것들이라고 한다. 하지만 이 무의미한 의문들은 어떤 깊은 개념적 문제를 드러내는 종류의 것이다. 라이프니츠에게 공간과 시간은 엄밀히 각각의 물체들과 사건들에 대해 '상대적'이다. 공간은 공존재이며 시간은 연속의 순서이다. 우주의 본성뿐 아니라 지식의 본성과 관련해서 이것이 의미하는 바는 이 세기말 무렵에 임마누엘 칸트의 철학 속에서 극적으로 나타나게 된다.

● 계몽사상, 식민주의, 동양의 몰락

　　과학의 발흥과 교회의 권위에 대한 과학의 두드러진 승리와 더불어, 유럽은 새로운 신앙, 즉 이성에 대한 신앙을 찬양하게 되었다. 이른바 계몽사상이라 불리는 것이 영국에서 처음으로, 아이작 뉴턴의 과학적 성취와 17세기 말의 비교적 피를 흘리지 않고 빠르게 진행된 정치적 변혁, 즉 명예혁명에 곧이어 나타났다. 그 뒤 이 운동은 프랑스로 전파되었다. 이것은 영국을 방문했던 볼테르 같은 젊은 지식인들에 의해 이루어졌으며, 이 운동은 1789년의 프랑스혁명에서 절정에 이르렀다. 그런 다음 이 운동은 에스파냐, 이탈리아 및 독일 등의 유럽 남부와 동부로 퍼져나갔다. 거기서 이 운동은 교회와 전통적 사고방식의 엄청난 반대에 부딪혔다.

　　그러한 계몽사상은 반종교적이지는 않았으며, 실제로 이 운동에 참여한 출중한 인물들 중 일부는 종교를 믿었다. 하지만 데카르트와 새로운 과학을 추종하는 계몽주의 철학자들은 자신들의 이성 능력과 경험 및 지적 자율성에 커다란 신뢰를 갖고 있었다. 바로 이 점 때문에 교회와 교회의 권위적인 가르침(계몽철학자들은 이를 '미신'이라고 불렀다)에 대해 반대할 수밖에 없었다. 계몽철학자들은 지난 수백년 동안에 걸친 유혈적인 파당싸움 대신에 '세계시민'이 될 것을 주장하였고 국가적 경계를 무시하고 파당적인 소속을 거부하였다. 그들의 진리는 보편적인 진리이며, 다른 사람으로부터 강요받지 않고 그들이 독자적으로 발견한 진리들이다.

　　특히 두세 명의 프랑스 철학자들은 무신론자이자 유물론자들로서, 사물의 합리적 질서 속에 권위주의적인 신이 끼어들 자리는 없다고 보았다. 모든 계몽철학자들이 동의하고 믿는 것은 바로 이성이었다. 그들은 이성을 통해서 과학으로써 자연의 근본적인 비밀을 건드릴 수 있을 뿐만 아니라 지상에 비참함과 불의가 없는 사회, 즉 지상 천국을 세울 수 있다고 믿었다.

지상 세계를 오염시키는 오류, 범죄, 불의 등을 한탄하는 철학자들에게 인류의 이런 견해가 얼마나 위안이 되었겠는가. 이제 인류가 속박에서 해방되어 숙명의 제국과 진보의 적들로부터 벗어나서 진리, 미덕 및 행복의 길을 따라 확고한 발걸음으로 전진한다는 이 견해가![76]

하지만 이 새로운 낙관주의와 번영에도 어두운 면이 있었다. 계몽사상을 가능하게 만든 부유와 풍요는 타인들의 노고로부터 왔다. 아리스토텔레스 시대 그리스의 귀족주의와 다르지 않게, 유럽 문화의 엘리트들은 노예제라는 배경 위에서 그들의 지위를 세웠던 것이다. 자연권의 위대한 옹호자인 존 로크조차도 노예들을 소유하고 있었다.

포르투갈인들이 아프리카 대륙에서 향신료와 금을 찾았던 1415년경에 아프리카에 대한 유럽의 침략이 시작되었다. 그들은 새 영혼들을 그리스도교로 개종시키고자 선교사들을 함께 데려갔다. 그러나 15세기 말 포르투갈인들은 아프리카인들을 잡아 노예로 팔았다. 16세기 초, 포르투갈인들은 아시아로 가는 해상 무역로를 개척하였는데, 이것은 이전에 아프리카인들, 아시아인들 그리고 중동의 무역상들이 다녔던 길이었다.

이내 다른 나라들도 포르투갈인들의 뒤를 따라 유럽 이외 지역들을 침략해 들어갔다. 그들은 그 땅들을 '소유자가 없는' 것으로 간주하여 자신들이 당연히 취할 수 있다고 여겼다. 에스파냐인들은 동양의 땅들과 향신료무역을 할 수 있는 독점권을 포르투갈인들에게 준 교황의 교서에 이의를 제기하였다. 하지만 그들도 크리스토퍼 콜럼버스를 시작으로 서쪽으로 원정대를 보내어 똑같은 시장을 얻고자 했다. 콜럼버스가 원래 의도했던 아시아에 도달하지는 못하였지만, 에스파냐인들은 단념하지 않고 그들이 발견한 새로운 부의 원천을 추구하였다. 그들은 1500년대 초에 아메리카 대륙에서 금과 은을 발견하였으며, 이것을 계기로 아스텍인들과 마야인들을 정복하였다. 에스파냐의 정복자들의 뒤를 따라 선교사들이 신대륙으로 왔으며, 그들은 피정복자들에게 그들의 문화

---

76 앙투안 콩도르세 후작이 프랑스혁명 기간 동안 감옥에 갇혀 처형을 기다리면서 쓴 『인간 정신의 진보에 대한 역사적 서술을 위한 스케치』(Sketch for a Historical Picture of the Progress of the Human Mind)에서.

를 버리고 그리스도교로 개종할 것을 강요하였다. 그들은 곧 이 낯선 땅을 '발견'하고 탐험하여 정복하는 것을, 이 '미개한' 영혼들을 구원하는 노력으로 합리화하였다.

최초의 식민지 개척자들의 최우선적인 관심사는 아메리카의 새로운 '식민지들'에서 귀금속과 원료를 착취하는 것이었지만, 이런 상품들의 꾸준한 공급은 신세계에서의 광산과 농업 시설의 발전에 의존하고 있었다. 아메리카의 포로들을 강제노역시켜 얻을 수 있는 노동력에 만족하지 못한 식민지 개척자들은 아프리카 노예의 공급을 위한 새로운 시장을 개척하였다. 결국에는 영국인, 네덜란드인, 그리고 프랑스인들 모두가 정복과 식민지 건설을 통해 부를 얻기 위해 에스파냐인들 및 포르투갈인들과 함께 식민지 개척에 뛰어들었다. 16세기 말 유럽의 강대국들은 식민지 개척에서 우위를 차지하기 위하여, 300년에 걸친 일련의 초기 형태의 세계대전을 시작하였다.

1660년 네덜란드인들은 아시아의 향신료무역을 장악하였다. 그들은 금, 은, 그리고 노예무역에서도 주도권을 잡고 있었다. 18세기 내내 영국인들과 프랑스인들은 북아메리카에 식민지를 개척하여 아메리카 원주민의 영토를 점점 침범해 들어가 아프리카 노예시장을 확대하였다. 프랑스인들은 18세기에 북아프리카와 인도 역시 침략하였지만 1760년대에 영국인들이 프랑스인들을 인도에서 몰아내었다. 1세기 후에 영국은 미국독립전쟁으로 인해 미국 식민지들을 잃어버렸지만 계속해서 식민지를 확장하여, 결국에는 호주, 뉴질랜드, 그리고 상당히 많은 태평양의 섬들을 식민지로 선포하였다.

그러는 동안 식민지로 착취당하지 않았던 땅들(예를 들어 중국, 일본, 그리고 중동)은 서양으로부터 자신들을 숨겼다. 이리하여 이들 지역은 '신비스럽고' '불가해한' 곳이 되었다. 이들 지역은 낭만적으로 묘사되었으며, 이국적인 지혜, 관능, 정신성의 상징이 되었다. 이렇게 하여 에드워드 사이드(Edward said)가 '오리엔탈리즘'[77]이라 부른 현상이 시작되었다. 몽테스키외(1689~1755년)의 저작인 『페르시아인의 편지』는 외국에 대한 이러한 태도를 보여준다. 하지만 많은 낭만적인 것들이 그런 것처럼 이러한 낭만적인 태도

---

[77] 에드워드 사이드가 『오리엔탈리즘』에서 이러한 현상에 대해 논의하고 있는 것을 보라(뉴욕, 랜덤하우스 출판사, 1978년).

도 결국에는 비뚤어지게 되었다. 그것은 타자를 덜 정신적인 것으로 묘사하였던 것이다. 이러한 태도는 서양의 그럴듯한 '보편주의'에 대한 보증서가 되었다. 그 예로 헤겔의 경우를 들 수 있다. 그는 『철학사』(1820년대에 출판)에서 중국 사회를 부정확하게도 이렇게 기술하고 있다. "그 사회의 두드러진 특징은 정신에 속하는 모든 것들, 즉 실천과 이론상으로 구속받지 않는 도덕성, 감정, 내면적인 종교, 이른바 과학과 예술로 부를 만한 것들이 그 사회에는 이질적이라는 점이다. ……우리가 하도록 요구받는 것이 내적인 도덕적 구속력에 의해 확인되기 때문에 그에 복종하는 반면, 그곳에서는 법이 이러한 주관적 연관성에 대한 요구 없이 본래 절대적으로 타당한 것으로 간주된다."

물론 동양은 전혀 '몰락'하지 않았으며, 실제로 달이 사라지는 것처럼 보이는 월식 현상 이상이 아니었다. 중동과 아시아의 많은 지역은 유럽인들이 더 이상 그들을 이해할 수도, 상관할 수도 없는 그런 식으로 선전되었다. 그들 자신의 편견을 지키는 것이 중요했던 것이다. '세계인'이란 말은 인류의 통일성과 보편성을 의미하는 것이었지만, 유럽적인 의미에서만 그러하였다.

● 로크, 흄, 그리고 경험론

영국의 철학계에서 존 로크(1632~1704년)가 이성에 대한 데카르트의 무비판적인 신뢰를 비판하였다. 그는 추상적인 이성과 사변 대신에, 감각을 통해 세계에 대하여 배우고 아는 능력과 경험을 신뢰해야 한다고 하였다. (젊은 볼테르가 파리로 돌아올 때 가지고 온 사상이 바로 로크의 철학이었다.) 로크와 더불어 영국 경험론의 지속적인 전통이 시작되는데, 이것은 플라톤 이전부터 서양에 지속되어온 감각에 대한 오래된 의심을 벗어던졌다. 로크는 '모든 지식은 감각으로부터 온다'고 하였으며, 이 점에서 아일랜드의 주교인 조지 버클리와 스코틀랜드의 철학자인 데이비드 흄이 그의 뒤를 이었다.

의사인 로크는 실천적인 사람으로서, 스콜라 철학 전통의 '애매한 용어들'과 지루한 논증에 할애할 시간이 거의 없었다. 그는 정치인이기도 하였다. 1683년 그는 영국의 정치에 연루되어 네덜란드로 추방당하였는데, 거기서 오랑주 왕가의 윌리엄과 메리의 친구로서 보호를 받았다. 그런데 이들이 (1688년 '무혈' 혁명 후에) 곧 영국의 왕위를 물려받았다. 그 결과 그는 플라톤의 『국가』이래 가장 영향력 있는 정부에 관한 논문을 2개나 썼다. 그러나 플라톤의 『국가』과 달리, 로크의 새로운 정치적 세계는 인간의 권리라는 비교적 새로운 개념에 의해 정의될 수 있다. 그 권리는 특히 사유 재산에 대한 권리였다.

　로크의 경험론은 모든 지식은 경험과 함께 시작된다는 다목적적인 단 하나의 원리 위에 세워져 있다. 그는 이것이 스콜라 철학의 불투명성과 합리주의자들(데카르트, 스피노자, 라이프니츠)의 복잡한 체계에 반대되는 '상식'의 문제라고 주장하였다. 그럼에도 로크는 데카르트의 중요한 은유, 즉 정신과 육체의 구별을 인정하였으며, 따라서 그는 지식이란 우선 정신의 검토에 관한 것이라고 주장하였다. 우리는 우리의 관념들을 점검(혹은 '자기반성')하여 그로부터 세계가 존재하는 방식을 추론한다. 풍부하고도 복잡한 정신의 구조를 인정하는 합리주의자들과는 반대로, 로크는 정신이란 하나의 '백지'(白紙)라고 보았다. 그 위에 우리의 일생 동안에 걸친 경험이 쓰이게 된다. 합리주의자들은 상당히 많은 타고난 혹은 '선천적인' 관념들이 있다고 주장하였다. 이와는 대조적으로, 로크는 정신이란 오히려 텅 빈 옷장 같은 것이며, 따라서 외부에서 들어오는 빛에 의해서만 조명될 수 있다고 하였다.

　경험이 우리에게 감각들을 가져다주며, 이 감각들에 대한 이해를 통해 이 감각들로부터 새롭고 더욱 복잡한 관념들을 다양하게 이끌어낼 수 있다는 것이다. 감각과 정신이 감각에 작용하는 방식에 대한 성찰로부터, 우리의 모든 지식을 이끌어낼 수 있다. 그러나 로크는 적어도 두 가지 결정적인 방식으로 그의 경험론을 절충하였다. 첫째, 그는 사물에 대한 경험과 별도로 사물 자체에 대하여 말하는 것이 필요하다는 생각을 받아들임으로써 그가 공격하였던 형이상학자들과 타협하였다. 이 점에서 로크는 오래된 아리스토텔레스의 실체 개념을 받아들였다. 로크 자신의 방법에 따라서, 우리는 그가 다음과 같은 결론을 내렸을 것이라고 생각할 수 있겠다. 우리가 일찍이 알 수 있는 모든 것은 사물의 감각적 속성 혹은 '성질'이다. 하지만 우리가 어떤 사물의 속성이라고 생각하는 감각 덩어리 외에, 우리는 그 사물에 대해 전혀 알 수 없는 것으로 보이는 문제를 제기한다. 로크의 결론은 우리가 사물 자체의 존재, 즉 실체를 추론한다는 것이다. 왜냐하면 우리는 어떤 대상과 무관한 속성 개념을 상상할 수 없기 때문이다.

로크는 두 가지 서로 다른 종류의 속성 혹은 성질을 구별하여, 경험론에서 두번째 타협을 하였다. 우리가 지각하는 사물의 모양이나 무게와 같이 사물에 내재하는 속성들이 있고, 우리가 우리 자신 안에서 지각하는 것들, 즉 사물이 우리에게 미치는 영향 속에서 우리가 지각하는 속성들이 있다. 색깔이 후자의 한 예이다.

로크는 지각 심리학의 선구자로, 시각기관과 눈에 대한 빛의 효과에 관한 우리의 이해를 상당히 진전시킨 사람들 중의 하나였다. 그는 빛이 우리의 눈과 마음을 일정한 방식으로 자극하며, 그 결과 우리는 색깔을 '보게' 된다고 결론내렸다.

(모양이나 무게와 같은 제2성질에 반대되는) 이러한 제1성질들은 '저기 바같의' 세계가 아니라 오히려 '우리 안에' 존재한다고 말할 수 있다. 그렇지만 만일 우리가 로크의 논증을 진지하게 받아들인다면, 그러한 개념이 정당화될 수 있는 한, 이는 모든 성질들에 대해서, 심지어 실체 자체에 대한 개념에 대해서도 적용되어야 한다고 결론내릴 수 있을 것이다. 우리가 경험하는 모든 것은 우리 마음 안에 있으며, '저기 바같'에 존재하는 세계에 대해 이야기할 필요도 없고 정당화할 이유도 없다고 주장할 수 있을 것이다.

바로 조지 버클리 주교(1685~1753년)가 순전히 경험적인 방법에 관한 로크의 주장으로부터 이 불편한 결론을 도출하였다. 버클리는 기꺼이 우리 마음속의 세계를 떠나 있는 어떤 실질적인 세계도 없다고 생각하였다. 세계는 실로 관념들로 이루어져 있다. 그 결과 이런 입장은 관념론으로 알려지게 되었다. 교회의 권위를 대변하는 한 사람으로서, 버클리는 이런 견해 속에서 신을 그의 철학의 핵심에 둘 수 있는 길을 보았다. 우리는 또한 무한히 많은 유한한 정신들로 둘러싸여 있는 그의 신 중심의 세계관이, 비록 '방법' 면에서는 아니지만 정신적인 면에서 라이프니츠의 '단자론'과 얼마나 유사한지를 지적해야 할 것이다.

로크는 종교적인 사람이기도 하였지만, 그의 인식론에서 다소 마음대로 신을 만들어냈다. 말하자면, 우리의 경험 어디에서 우리의 감각 너머에 있는 세계에 대한 그렇게 커다란 믿음의 근거를 찾을 수 있단 말인가? 신에 대한 자신의 믿음을 옹호하기 위하여, 로크는 전통적인 스콜라 철학의 논증, 예를 들면 무로부터는 아무것도 나오지 않는다는 논증으로 돌아간다. 우리가 존재하기 때문에 우리는 우리의 창조주인 신의 존재를 확신할 수 있다. 그러나 버클리는 신의 존재를 확립하는 다른 방법을 알고 있었다. 그것은 라이프니츠의 견해와 같으면서 또한 엄격한 경험론적 원리와도 양립가능한 것이었다.

만일 우리 감각의 원인이 되는 '외부' 세계가 없다면, 세계에 대한 우리의 감각과 관념은 어디에서 오는 것일까? 버클리는 신이 그것을 제공함에 틀림없다고 주장하였다. '존재하는 것은 지각된 것이다'고 그는 주장하지만, 그렇다면 존재하는 모든 것은 신에 의해서 내내 지각되어야 한다. (어떤 재치 있는 이가 버클리의 철학에 관한 오래된 방책을 정식화했다. "만일 숲 속에서 나무가 쓰러진다면…….")

아마도 가장 주목할 만한 점은 물질 세계의 존재를 부정하는 버클리의 철학이 단지 '상식(common sense)의 문제'라는 로크의 주장에 의존하고 있다는 것이다(철학에서, 상식에 호소하는 것이 얼마나 자주 터무니없는 일이던가). 영국의 존슨 박사는 버클리의 관념론을 상식의 문제로 볼 수 없다고 생각하여, 돌을 발로 차면서 자신의 친구에게 이렇게 말하였다. "그래서 나는 그를 반박하네." 물론 이것은 반박이 아니었지만, 상식과 철학적 허튼소리의 얽힘은 다시 한 번 용납할 수 없는 것이 되고 있었다. 한편으로는 정신과 경험 사이의 분열이, 다른 한편으로는 육체와 물질 세계 사이의 분열이 가져오는 불편한 결과가 명백해지기 시작했다.

데이비드 흄(1711~76년)은 이러한 불편한 결과를 완전히 공표하였다. 흄의 철학은 고대 이래 볼 수 없었던 완전한 회의론이었다. 실로 흄은 자신을 이교도로 여겼고 이런 점에서 상당한 명성을 얻어서, 파리에서는 계몽사상의 '유쾌한 친구'로 알려졌다. 에든버러에서는 그의 무신론 때문에 대학교수 자리에서 거부당했다. 반면 그의 대부분 동료들은 새로운 과학과 구시대의 종교가 교차하는 세계 속에서 성장했으며, 흄 자신은 젊은 시절에 고전에 깊이 빠져 있었다. 그는 정신에 관한 완전한 이론을 개발함으로써 아이작 뉴턴에 필적하기를 갈망하였지만, 과학적인 외양 이면에는 좀더 화를 불러오는 야망이 숨어 있었다.

흄은 계몽사상에 열광했던 가장 뛰어난 사람들 중의 하나였지만, 그는 또한 (과학적 방법과 더불어 더 넓은 의미의 합리성으로도 이해되던) 이성이 그 범위를 넘어섰다고 인정하였다. 흄은 이성이 할 수 없는 많은 것들, 곧 이성이 제공해줄 수 없는 확실성, 이성이 증명할 수 없는 것이 있음을 보았다. 역설적으로 흄의 회의론은 믿을 수 있는 자기반성적인 계몽주의 사상의 가장 분명한 예였다. 그의 결론은, 계몽주의 사상가들이 가능하리라고 생각한 것이 실은 최고의 사상가도 해낼 수 없는 일이라는 것이었다.

이교도임을 자임하는 흄은 이성이 할 수 없는 것을, 어쨌든 자연이 우리에게 해준다는 자연주의 경향을 띠었다. 이성은 우리에게 지식을 보장해줄 수 없지만, 자연은 우리에게 이 세상을 살아갈 수 있는 좋은 감각능력을 제공한다. 이성이 도덕을 보장해줄 수 없지만, 우리 인간의 천성은 서로에 대하여 이성적으로 행동할 수 있는 적절한 감정을 우리에게 부여한다. 그리고 이성이 신의 존재에 대한 믿음과 그에 따른 종교적 선입관들을 정당화할 수 없다면, 종교에 해로울 따름이다. 만일 스콜라 철학의 박식한 책들이 그러한 믿음을 위한 건전한 논증이나 좋은 증거를 제공하지 못한다면 "그 책들을 모두 불질러버려라"라고 말하여, 흄은 신학자들을 분노하게 만들었다. 다행히도, 그는 세계의 존재에 대한 우리의 믿음과 도덕의 중요성에 대한 믿음 같이 증명할 수 없는 다른 믿음들은 그처럼 무자비하게 취급하지 않았다.

흄의 회의론은 한 세기 동안 지속된 지식에 대한 토론을 통해 나온 일련의 이론들에 기초를 두고 있었다. 우선 흄은 스스로 인정하는 경험론자였다. 그는 거듭 모든 지식은 경험으로부터 온다고 주장하였다. 두번째, 정신과 육체의 이원론을, 경험과 이 경험이 의존하는 세계 사이의 구별을 받아들였다. 세번째, 사실에 근거한 논증과 순수히 연역적인 논증의 상호 배타적인 구별을 받아들였다. 흄은 종교적 논증들을 비난하였는데, 왜냐하면 이 두 가지 논증 어느 것으로도 입증할 수 없는 것이기 때문이었다.

그러나 우리의 가장 기본적인 믿음들, 즉 지식의 전제조건들 자체 역시 이 두 논증의 테스트를 통과하지 못한다. '외부' 세계의 존재에 대한 우리의 믿음이 (그리고 세계를 결합시키는 '접합제' 인 인과관계가) 경험에 의해 확립될 수 있을까? 그렇지 않다. 왜냐하면 데카르트가 한 세기 전에 논증했듯이, 우리는 기껏해야 그것을 상상할 수 있을 뿐이기 때문이다. 그래서 우리는 단지 그것에 대해 꿈을 꾸고 있는 것이다. 문제의 본질에 더 가깝게 말해보면, 버클리가 불과 몇 년 전에 논증했듯이 우리는 기껏해야 그것을 상상할 수 있을 뿐이며, 그렇다면 세계는 우리의 관념이 만들어낸 것일 뿐이다. 그러면 '외부' 세계의 존재에 대한 우리의 믿음이 (그리고 인과율이) 연역에 의해서 확립될 수 있을까? 그렇다면, 단순히 입증되지 않은 전제를 옳은 것으로 가정하는 일 없이, 어떤 전제로부터 연역적으로 입증할 수 있을까?

흄은 우리의 모든 지식이 근거로 삼고 있는 가장 기본적인 믿음이 이성에 의해서 확립될 수 없다고 결론지었다. 마찬가지로 도덕의 영역에서도, 흄은 회의적인 시각으로 다음과 같이 결론짓는다. "내 손가락을 찌르는 것보다 세계의 반이 파괴되는 것을 택하는 것은 이성에 반하지 않는다." 이성은 우리에게 그렇게 행동하게끔 정당화하거나 동기를 부여할 수 없다. 그럼에도 우리의 감정은 그렇게 할 수 있고 또 그렇게 한다. 우리 각자는 동정이라는 자연적 능력과 효용성에 대한 자연적 관심을 가지고 태어나며, 무엇보다도 이것들로써 정의와 사회에 대한 우리의 관념들을 구축한다.

마찬가지로, 우리는 미학적 가치들에 대한 존중과 더불어 아름다움에 감정적으로 반응하는 자연적 능력을 갖고 있다. "취미에 대해서 다툴 수는 없다"고 흄은 주장하였다. 그럼에도 그는 최고 예술작품이란 시간의 시험을 견뎌내고 그 작품이 제작된 시대를 넘어서 감상자들에게 미학적 감정을 자극하는 것이라고 주장하였다.

여기서 우리는 흄의 정치학에서처럼 계몽주의의 이성 대신에 전통에 호소하는 보수성을 보게 된다. 결국 이성은 한계를 지니는 것이었다. 흄은 (아리스토텔레스처럼) 개인적 성격, 즉 좋은 교육, 덕의 수양, 전통에 대한 존중의 중요성을 옹호하였다. 이성은 한계를 지닐지 모르지만 우리의 감정과 자연적인 상식은 사회의 전통을 통해서 양성되는 것으로서, 전적으로 과학적인 근대 철학의 분위기 속에서 너무 오랫동안 무시되어온 힘과 덕을 지녔다.

경험론자들은 경험의 강조와 더불어, 19세기로부터 전해진 도식화된 설명으로 가장 잘 기억되고 있다. 그들은 '합리주의자들'에 반대하였고, 이성이 세계에 대한 확실히 진실되고 분명한 지식을 제공한다는 합리주의자들의 신뢰에도 반대하였다. 합리주의자들은 '선천적인' 관념들(즉 문자 그대로 우리가 '타고난' 관념들을 말한다)이 있다고 믿었다. 경험론자들은 그와 같은 어떤 관념들도 부정하였다.[78]

근대 서양 철학과 대부분 근대 철학의 동향을 규정한다고 하는 이 논쟁과 관련해서 가장 묘한 점은 계몽사상에 대한 더욱 커진 열광과 시대풍조뿐 아니라 철학의 무한한 영역을 생각해볼 때, 이러한 논쟁이 극히 제한적이었다는 점이다. 더욱이 과학(특히 15세기와 16세기의 과학)에 가장 적게 노출된 경우라도 사실상 모든 과학적 가설이 수학적 지식과 사실에 관한 지식 모두를 요구하였는데, 그렇다면 이 둘 중 하나가 다른 것에 비해 더 중요하다는 사실을 옹호하는 데 왜 그렇게 애를 쓸까? (특히 베이컨은 과학적 지식의 경험적 측면과 수학적 측면 둘 다를 강조하였다.)

한편으로는, 합리론과 경험론의 싸움은 마치 가족의 싸움과 같았다. 서로 밀접하게 관련되는 이성의 두 가지 의미(추론으로서의 이성과 경험을 통한 확인으로서의 이성)는 선천적인 관념의 문제를 두고 이 두 이론이 서로 싸우게 만들었다. 하지만 다른 한편으로는, 정신이 지식과 경험을 획득할 수 있게끔 미리 준비된 능력 혹은 '재능'을 갖고 태어난다는 사실을 의심하는 사람은 없다. 진정한 문제는 우리가 어떤 특정한 능력들을 갖고 태어나는가 하는 것이며, 이것은 분명 많은 실험과 관찰에 달려 있는 것이지, 철학자들의 추상적인 논증에 달려 있는 것은 아니다.[79]

그렇지만 이 논쟁이 가진 진정한 영향력은 단지 선천적인 관념과 어떤 근본적인 믿음을 정당화할 수 있는 방법의 문제에 관한 것만은 아니었다. 그들은 발전을 저해하고

---

78 이 문제에 대한 고전적인 논쟁은 같은 시대에 살았던 라이프니츠와 로크 사이의 서신 교환을 통해 이루어졌다.

불관용을 부추긴 과거의 정치적 경제적 구조에 대해 공격의 포문을 열었다. 경험론자든 합리론자든, 그들은 수백만의 사람들을 죽이고 유럽 및 유럽인들을 갈라놓는 지역적 편견과 상호 적대감으로 싸우는 인간의 보편적 이성 능력에 대해 논의하였다. 근대 철학은 존재론, 인식론, 형이상학의 확장된 논의가 아니라 지독한 학살 대신 활발한 대화를 요청하는 것이었다.

그들의 진정한 공격 대상은 비합리성이었다. 계몽주의는 지식의 본성에 관한 것이 아니라 지식과 탐구를 옹호하는 것이었다. 독일 최고의 계몽사상가인 임마누엘 칸트는 "알고자 하는 용기를 가져라!"고 썼다. 이성과 경험 사이의 논쟁은 이러한 세계주의적인 움직임의 범위 내에서 행해진 전략적이고 기술적인 불화였다.

특히 철학자들이 사회의 본성과 인간의 권리에 관하여 행한 논쟁은 결코 이론적인 것이 아니었다. 정부에 대한 로크의 두 논문은 기본적인 권리에 관한 언어를 확립하였다. 표현의 자유, 종교적 관용, 그리고 사유재산의 자유로운 소유 등이 포함되는 이러한 권리들은 미국독립전쟁과 프랑스혁명의 핵심적인 주제였다. 자연권에 대한 로크의 이론은 특히 강력한 영향력을 가졌다. 왜냐하면 소유권, 상호 관용, 자유가 사람들 사이의 앞선 동의, 즉 '사회계약'의 결과물이라기보다는, 오히려 이런 권리들이 그러한 모든 동의들에 앞서 있기 때문이었다. 예를 들어, 한 사람이 재산에 대한 권리를 갖는 이유는 "그것에 그의 노동이 결부되어 있기" 때문이다. 헌법과 재산에 관한 법률을 포함하여 계약에 따른 동의는 그러한 권리들을 보장하기 위함이다. 하지만 그러한 권리들 자체는 자연적으로 우리에게 속한다. 그것들은 '양도할 수 없'다. 또한 포기할 수도 (혹은 팔아버릴 수도) 없다. (그러한 원리에도 불구하고, 로크는 이미 언급했듯이 노예들을 소유하였다. 이렇게 하여

---

79 이 논쟁은 오늘날까지 계속되고 있다. 몇 년 전, 매사추세츠 공대의 언어철학자인 노엄 촘스키와 하버드 대학의 철학자인 넬슨 굿맨은, 만일 그런 것이 있다면 특히 언어학적인 (구문론적인) 능력은 두뇌에 '타고나는' 것이라는 데 대해 활발한 논쟁을 벌였다. 한편으로, 만일 인간에게 이미 어떤 구조(혹은 규칙) 같은 것이 없다면, 어떻게 어린이들이 그렇게 빨리 또 그렇게 다양하게 말하기를 배울 수 있을까? 다른 한편으로는, 그렇게 많은 언어들이 있지만, 어린이는 그가 처한 언어 환경에 따라서 그 언어들 가운데 어떤 것을 배울 수 있는 것으로 보인다. 그리하여 촘스키는 모든 자연 언어들의 선천적인 형판(形板)이라고 할 수 있는 '보편문법' 개념을 제안하였다.

그는 일반적인 철학적 위선의 표본이 되었는데, 이런 위선은 다음 세기에 새로운 미합중국에서 더욱 명백해지게 되었다.)

한 개인이 법이나 관습에 의해서가 아니라 '자연권'에 의해 재산을 소유할 자격이 있다는 사상은, 나중에 자본주의로 불리게 될 것을 위한 확고한 기초를 제공하였다. 하지만 로크가 과도하고 무제한의 이익을 옹호한 것이 결코 아니라는 사실을 지적할 필요는 있다. 개신교의 혁명이 이미 '노동 윤리'를 제공하였는데, 이것은 세속적 성공을 강조하는 것을 정당화시켰다. 로크뿐만이 아니라 홉스, 그리고 그 후의 흄, 루소, 칸트 등 많은 철학자들이 '사회계약'으로서의 사회 개념을 옹호하였고, 더 나아가 ('신으로부터 받은' 통치자의 권리 같은) 전통적인 권위를 무너뜨렸으며 개인의 의지와 자율에 대한 새로운 강조를 지지하였다. 새로운 세계의 새롭게 이룩된 부(富)는 역사상 가장 커다란 경제적 혁명들 중 하나에 연료를 제공하였다. 모든 혁명들이 그런 것처럼, 그것은 철학적 사상에 의해 고무되고 박차가 가해졌다.

● 애덤 스미스, 도덕적 감정, 그리고 프로테스탄트 윤리

새로운 상업주의는 르네상스 이후 유럽의 모습을 변화시켰지만, 아직 뚜렷해지지는 않았다. 낡은 봉건제도는 구속과 물물교환의 자기폐쇄적인 체계와 더불어 오래전에 사라졌으며, 점점 개방되어가는 새로운 상업사회는 교환수단을 화폐에 의존하게 되었다. 이러한 방식은 경제뿐만 아니라 사회의 본성 자체도 크게 변화시키게 된다. 국제무역이 엄청난 부의 원천이 되었기 때문에, 대국(大國)들은 새로이 존중받는 '중산계급'의 은행가와 상인들에게 더욱 더 주의를 돌리게 되었다. 더욱 부유해진 국고를 가지게 된 영국, 프랑스, 네덜란드 및 에스파냐의 왕과 여왕들은 더 많은 배와 군대를 가지고 더 많은 탐험을 통해 더 많은 식민지를 가질 수 있게 되었다. 이것은 곧 이들이 더욱 많은 부와 더욱 강력한 힘을 가지게 되었음을 의미했다.

전반적인 상행위와 특히 (돈을 빌려주고 이득을 취하는) '고리대금'에 오랫동안 적대적이었던 교회조차 입장을 바꾸어 새로운 상업적인 의식을 받아들이고 (칼뱅의 개혁과 더불어) 고무시켰다. 하지만 중상주의(重商主義)로 불린, 국가 기반의 교역체계 자체는 새로운 경제 질서의 발전에서 하나의 단계일 뿐이었다. 국가뿐만 아니라 개인들 또한 제조업과 교역을 통해 엄청나게 부유하게 되었다. 영국의 산업혁명과 더불어 이미 한창 진행 중이던 새로운 경제 질서는 그에 맞는 적절한 철학을 필요로 하였다.

특히 칼뱅과 로크는 새로운 사업의 세계에 필수적인 사상을 자극하였지만, 이익을 순수한 사적 이익이라는 부도덕한 산물로 보는 견해가 여전히 널리 퍼져 있었다(소비에트 연방 해체 후의 러시아에서는 오늘날까지도 그렇게 여겨지고 있다). 돈, 부, 상업적 재산에 대한 태도가 정당화되기 위해서는 경제적인 사적 이익 역시 새로이 방어될 필요가 있었다. 국가의 부가 왕궁의 국고에 의해 규정되는 한, 개인들의 갈망은 공격받을 수밖에 없다. 그리고 상업이 품질을 보장하고 또한 경쟁을 최소화하는 길드 같은 사고방식으로 규정되는 한, 개인적 창의와 산업적인 협동은 방해를 받을 수밖에 없었다.

애덤 스미스(1723~90년)는 데이비드 흄의 가장 좋은 친구이자 가장 가까운 동료였다. 그가 지식의 문제에 대한 매혹과 회의론, 정신에 관한 일반적 이론을 개발하려는 뉴턴적인 야심, 그리고 논리적인 것과 경험적인 것에 한정된 집중(이것은 나중에 '논리실증주의'라는 비타협적인 철학으로 발전되었다) 등과 같이 완성된 '흄'을 구성하게 될 주제들에 대해 거의, 혹은 전혀 주의를 기울이지 않았다는 점은 의미심장하다. 스미스가 흄과 공유한 것은, 역사와 문학에 대한 애호와, 우리가 '사유재산'이라는 (논쟁의 여지가 있기는 하지만) 결정적인 제도와 더불어 오늘날 '자유주의' 사회라고 부르는 것의 본성에 대한 보수적인 관심이었다. 무엇보다도 스미스는 그의 친구 흄과, 윤리 및 인간 본성의 궁극적 중요성에 대한 깊은 인식을 공유하였다. 그럼에도 그는 자유기업 제도의 아버지로서 가장 잘 알려져 있으며, 몇몇 교회 법인에서는 지금도 여전히 숭배되고 있다. 1776년 스미스는 자본주의의 '성서'라고 할 수 있는 『국부론』(國富論, 국가의 부의 성질과 원인에 관한 고찰)을 출간하였다. 이것은 근대 경제학의 시초였으며 우리는 이것을 자유시장 체제에 관한 철학이라고 할 수 있을 것이다.

스미스는 『국부론』에서 '국부'의 의미를 처음으로 정의하였다. 이것은 왕의 국고에 있는 화폐의 양을 가리키는 것이 아니며, 국가 전체의 번영과 시민들의 복지를 가리키는 것이다. 더욱이 사적 이익은 다음과 같은 정교한 방법으로 옹호될 수 있다. 사회가 새로운 종류의 도구, 즉 새롭게 발명된 상품과 이미 대중적인 상품에 공통되는 문제점을 해결할 수 있는 도구를 필요로 한다고 가정해보자. 그러한 요구에 부응하기 위하여 발명가들과 제조자들은 적절한 제품을 시장에 내놓기 위해 노력할 것이다. 그들의 그런 활동은 이타주의에 의해 유발된 것이 아니라 사적 이익에 의해 유발된 것이다. 필요한 것을 처음으로 만들어낸 사람은 굉장한 돈을 벌고 또한 사회에도 중요한 기여를 하게 된다.

하지만 이제 시장에 그러한 제품이 여러 가지 나와 있다고 가정해보자. 그리고 어떤 제품은 다른 것들보다 더 좋고, 또 어떤 제품은 다른 것들보다 더 싸다고 하자. 자신의 사적 이익을 추구하는 소비자들은 같은 가격에 가장 좋은 제품을 살려고 할 것이다. 그래서 더 낮은 가격에 더 좋은 질의 제품을 생산한 제조업자는 부를 얻게 되며, 그 결과 제품의 질이 안 좋거나 효용성이 없는 제품을 생산한 제조업자들은 시장에서 퇴출된다. 아니면 좀더 바람직하게는, 제조업자들로 하여금 제품의 질과 효용성을 개선하게 만든다. 결국 전체적으로 보아 모두가 좋아진다. 이렇게 하여 수요와 공급 법칙은 시간과 더불어 가장 좋고 저렴한 제품들이 가장 값진 보상을 얻게 될 것이라는 점을 보장해주며, 그리고 소비자와 제조업자 모두의 총체적 이익은 최적화될 것이다. 이것은 단순하면서도 멋지고 혁신적인 사상이었다. 사적 이익은 공공의 선에 봉사할 수 있게 된 것이다.

그러나 이것이 곧 사적 이익이 이제 하나의 덕으로 간주되어야 함을 의미하는 것은 아니었으며, 애덤 스미스의 사상에 1980년대의 '부(富)'에 대한 끝없는 욕망은 좋은 것이다'는 식의 사고방식을 지지하는 내용은 아무것도 없었다. 2000년 동안 돈과 탐욕이 죄악으로 비난받아온 이후, 18세기 말의 시민들이 사적 이익이 단 한 사람이 아니라 모든 사람에게 이익을 가져다준다는 말을 들었을 때 분명 경험했을 속시원함이 어떤 것이었을지를 쉽사리 상상할 수 있다.

'시장의 요술'을 위한 열쇠는 바로 소비자인데, 소비자는 자신의 '주권'인 상업적 수요를 통해서 체계 전체를 움직인다. 또한 노동의 전문화가 새롭게 이루어져서, 여러 단계로 나누어 상품을 생산하고 그에 맞게 노동력을 조정함으로써 크게 효율을 높일 수 있었다. 이런 체계가 작동하려면 지금까지는 사실상 모든 주요한 상업 계약을 통제해 온 정부가 간섭하지 않는 것이 필요했다. '자유방임'(우리를 내버려두라)이 그 시대의 언어였다. 이는 또한 더 이상 길드와 같은 단체들이 산업을 독점할 수 없음을 의미하였다. 이제 기업은 '자유롭게' 되었다.

『국부론』을 기초로 스미스는 (주로 그를 읽지 않았던 사람들에 의해) 상업적 개인주의, 순수한 이기주의의 위력과 미덕, 이윤 추구의 즐거움과 상업적 사업세계의 경이로움에 대한 고전적인 옹호자로 널리 인용되어왔다. 사실 스미스는『국부론』을 쓰기 몇 해 전, 인간의 천성을 도덕적 감정의 용어로 설명하는 다른 책을 썼다. 흄의 경우처럼, 스미스도 인간의 고상한 감정들, 또 사람들을 사회 속에서 함께 살아갈 수 있게 만드는 동기들에 관심을 가졌다. 그는 윤리학에서 가장 중요한 것은 사람들이 함께 조화롭게 살아갈 수 있게 만드는 성품의 발달과 그들의 사회적 감정의 수양이라는 아리스토텔레스의 이상(理想)을 자신의 논의의 출발점으로 삼았다.

스미스는『도덕적 감정에 관한 이론』에서 다음과 같이 썼다.

일찍이 인간이 얼마나 이기적이었는가를 생각한다면, 그의 천성에는 분명 어떤 원리들이 있다. 이 원리들은 그로 하여금 타인들의 재산에 관심을 갖게 하고, 타인들의 행복을 필요하게 하지만, 그는 그것을 보는 즐거움 외에 아무것도 얻지 않는다. 이런 종류의 감정은 우리가 타인들의 비참함을 보면서 느끼는 감정, 곧 동정 혹은 연민이다. ……가장 나쁜 악당이나 사회의 법을 가장 위반하는 최고의 철면피에게도 이런 감정이 없지 않다.

이렇게 스미스와 흄은 홉스와 다른 사람들의 '이기주의' 이론들을 공격하였으며,

대표적인 도덕적 감정인 동정이 자연스러운 것임 논증하였다. 일반적인 말로 하면, 동정은 다른 사람에 대해 '가엾게 느끼는 것'을 의미한다. 스미스는 이를 '감정적 동의' 혹은 우리가 '감정이입'이라고 하는 뜻으로 사용한다. 따라서 이런 의미의 동정은 실제의 어떤 감정이라기보다는 다른 사람의 감정을 이해하는 하나의 방법으로서, '열렬한 동료의식'인 셈이다. 이것은 우리가 타인의 감정을 '그의 입장이 되어서' 이해할 수 있는 상상력의 행위이다. 이렇게 하여, 『국부론』의 멋진 명제에도 불구하고 사람들은 본질적으로 이기적이거나 사적 이익만을 추구하는 존재들이 아니며, 오히려 타인들을 위해서도 행동하는 본질적으로 사회적인 존재들인 것이다. 점잖은 자본주의 체제는 오직 이와 같은 사회 환경에서만 가능할 것이다.

수년전 흄은 동정과 정의에 관한 이론을 발전시켰는데, 이것은 스미스에게 지대한 영향을 미쳤다. 흄은 동정을 적어도 대부분의 경우에서 사적 이익을 극복하기에 충분한 힘을 가진 보편적 감정으로서 옹호하였다. 흄은 실제로 동정을 자선의 한 형태로 보는데, 이것은 우리의 동료시민들을 위하고 그들의 행복을 염려하는 감정이다. 하지만 흄이나 스미스에 따르면, 동정은 너무 자주 이기주의에 의해 저항을 받거나 압도당한다. 바로 이런 이유에서 한층 더 나아간 의미의 정의가 요구된다. 스미스는 이런 의미의 정의를 우리의 동료를 해치는 데 대한 자연스러운 반감으로 보았다. 흄은 그것을 '인위적인' 미덕으로 보았는데, 이것은 우리의 상호 행복을 위해서 이성적으로 구축된 덕인 것이다. 이런 감정들에서, 모든 사람들을 위한 일반적 선에 대한 우리의 느낌, 즉 '인류의 행복을 위하고 그들의 비참함에 분개하는 감정'보다 더 근본적일 수 있는 것이 무엇일까?

● 볼테르, 루소, 그리고 프랑스혁명

가장 유명하고 영향력 있는 프랑스 계몽사상의 두 철학자는 (그리고 18세기에 가장 중요한 두 사건은) 서양 철학에 관한 표준적인 설명에서 종종 생략되었다. 이러한 생략은 무언가를 말해준다. 미국독립전쟁과 프랑스혁명(각각 1776년과 1789년에 일어났다)은 둘 다 중대하고도 복잡한 대사건이었다. 그리고 적어도 부분적으로는 둘 다 이념의 혁명으로서, 이러한 봉기들을 유발한 원인으로는 나쁜 정부뿐만이 아니라 정의와 불의에 관한 이념들과 사회 및 인간의 본성에 관한 이념들이 있었다.

루소와 볼테르는 둘 다 자칭 계몽철학자였지만, 형이상학과 인식론에 대해서는 못 참아했다. 이들의 관심은 정치나 교육과 같은 덜 추상적이고 좀더 실제적인 문제들에 한정되어 있었다. 그 결과 이들은 당시의 소란스러운 시대에 지대한 영향을 미쳤다.

볼테르(1694~1778년)는 영국의 계몽사상과 특히 로크의 정치철학에 탄복하였다. 그는 영국에 갔다가 프랑스로 돌아오면서 두 가지 모두를 수입하였다. 그는 이것들로 프랑스 정부와 가톨릭교회를 공격하였다. 이 세련된 취미를 가진 자칭 철학자는 대부분 철학자들이 철학이라고 생각하는 것에 관해서는 쓰지 않았으며, 오히려 논쟁적인 시론, 정치 평론과 비평, 그리고 다양한 상상력 이야기를 통해 즐겨 자신의 생각을 표현했다.

볼테르는 무엇보다도 이성과 개인의 자율성을 옹호하였으며 당시의 가열된 형이상학과 신학을 자극하며 즐거워하였다. 그는 이런 점에서 그보다 몇 년 후배격인 흄을 위한 무대를 마련하였으며, 중산계급(혹은 좀더 정확히 말해서 부르주아)의 개혁에 대한 요구가 실행되도록 추진하여 프랑스혁명을 위한 무대를 마련하였다.

장 자크 루소(1712~78년)는 더욱 미묘하고 복잡한 사상가이다. 그는 볼테르와는 달리, 인간의 본성과 사회에 대한 큰 이론들을 피하지 않았다. 그는 초기 시론에서 '문명'이 이점을 가져다준다는 데 대해 이의를 제기했다. 이것이 그를 유명하게 만들었으며 안정되고 자기만족적인 유럽의 귀족사회를 뒤흔들기 시작하였다. 그는 『에밀』과 『사회계약론』 같은 책에서 인간의 본성이 '근본적으로 선' 하다는 이론과 인간 사회에 관한 이론을 정교히 하였다. 이에 따르면, 우리는 (홉스가 말한 것처럼) 서로 불안한 가운데 함께 뭉치지 못하는 것이 아니라, 오히려 함께 우리의 '더 높은' 도덕적 본성을 실현하게 된다. 자연 상태는 홉스가 말했던 것처럼 '불쾌하고, 시끄러우며, 열등한' 것이 아니다. 루소는 사회를 구성하기 이전의 인간은 본질적으로 행복하고 만족하는 상태였으며, 타인들에게 동정심을 갖지는 않았지만 중립적이었다고 하였다. 그는 어린이들은 그들의 타고난 기질을 바탕으로 더 높은 도덕적 감각을 발전시키기 위하여 그들 자신의 방법으로 그리고 그들 자신의 위치에서 '자연스럽게' 교육되어야 한다고 주장하였다. '시민' 으로서 그리고 사회의 '일반 의지' 에 참여하는 참여자로서, 우리는 우리 자신에게 자유롭게 법을 부과하고, 사회 속에서도 우리가 예전에 자연 상태에서 그랬던 것처럼 독립된 상태로 남아 있다. 하지만 루소는 만일 누군가가 이런 자연스러운 사회에 참여하기를 거부한다면 '그를 강제로 자유스럽게 만들' 필요가 있다고 험악하게 말하고 있다.

자연 상태는 비록 행복해 보일지는 모르지만 인간의 덕을 배양하고 훈련할 곳은 아니었다. 따라서 루소는 독립성에 대한 자연적 감각을 보유하는 동시에, 사회의 법을 만들어 그에 복종하기로 상호 약속하는 데서 어떤 모순도 발견하지 못하였다. 그럼에도 애초에 우리가 사회에 소속되는 것은 우리의 의지에 의한 것도 아니고 행복하지도 않다. 인류는 독립적이고 만족스러운 자연상태로부터 전락하였다. 이러한 재앙이 발생하여, 우리가 알고 있는 것과 같은 사회가 시작되고 동시에 우리의 불행이 시작된 것이었다. 어떤 사람이 땅 한쪽에 울타리를 쳐놓고 "이 땅은 내 거야!' 라고 선언하였다. 루소에 따르면, 인류의 역사에서 이보다 더 큰 범죄는 없었다. 인간의 삶을 지배해온 불평등과 불의에 대한 긴 탄식은 사유재산의 확립으로부터 왔다.

루소는 사유재산에 대해 이렇게 비난하면서 로크에 대해 크게 반대할 수 없었다. 하지만 두 사람은 유럽과 아메리카에서의 정신적 싸움에서 종종 적대적인 모습을 보였다. 이미 변호사, 농부, 사업가의 땅이 되어버린 아메리카에서 로크가 이기리라는 것은 자명하다. 프랑스에서는 적어도 짧은 기간 동안에는 루소가 유리한 고지를 유지하게 된다. 하지만 미국과 프랑스의 혁명에서 계몽사상의 가정은 자연권과 독립성의 실재성과 중요성이었다. 우리는 사회 속에서 이러한 권리와 독립성을 즐길 수 있지만, 그렇다고 해서 꼭 사회계약에 의하여 우리의 축복받은 천성을 희생시킬 필요는 없다.

물론 사회계약은 실제적인 역사적 사건은 아니었다. 그것은 철학적 허구이자 비유이며, 사회를 서로 동의할 수 있는 자발적인 집합체로 보는 하나의 방법이다. 따라서 사회계약이란 용어는 이상적인 사회를 규정하는 것으로서, 우리는 그 계약에 따라 기꺼이 우리 자신에게 법을 부과한다. 우리는 스스로 통치하며 자연 상태에서처럼 자유스럽고 독립적인 상태로 남아 있다. 이렇게 하여 개인의 자율성이라는 서양의 중요한 이상은 국가의 합법성과 양립가능하게 되었으며, 인간성의 타고난 선함이라는 이상이 인간의 '원죄'라는 옛 개념을 대체한다. 그러고서 미국독립전쟁과 프랑스혁명이 찾아왔다.

미국에서는 토머스 제퍼슨(1743~1826년)이 유럽의 개념들, 특히 로크와 스코틀랜드 계몽사상의 개념들을 많이 채택하였다. 그는 미국독립선언서의 제1저자로서 자명한 진리들(즉, 이 진리들을 볼 수 있는 위치에 있는 사람들에게 자명한)을 즐거이 선언문에 포함시켰다. 그러한 자명한 진리로는 도덕적-감정 이론가들의 동료의식에 대한 강조와 품성의 개발, 그리고 삶, 자유, 사적 재산, '행복의 추구'에 대한 권리를 포함하는 인간의 자연권에 대한 사상 등이 있다. 제퍼슨과 함께 정치철학자들이 새로이 창안한 '국민'이란 개념은 정치의 중심이 되었다. 자립(自立)은 시민의 첫째가는 덕이 되었고, 모든 사람이 자립적인 시민의 품성을 함양할 수 있도록 충분한 교육과 재산을 갖도록 보장하는 것은 정부의 책임이 되었다. 교육은 하나의 특권이 아니라 개인의 권리이며 정치적으로 필요한 것이다. 종교적 자유는 상호 관용의 문제일 뿐만이 아니라 권리와 사회적 평온함의 문제이기도 하다. 정부는 더 이상 신으로부터 받은 특권이나 혹은 단지 권력의 문제인 것이 아니라 대중적 적법성의 문제이다.

미국의 독립선언은 단지 영국의 식민지 통치에 대항하는 봉기로서만 정당성을 갖는 것이 아니었다. 그것은 또한 극적으로 계몽사상의 원리들을 확인하는 일이기도 했다. 이 혁명은 단지 '대표 없는 과세'에 대한 거부만은 아니었다. 미국인들은 대표가 있었어도 과세를 그리 좋게 생각하지 않았을 것이다. 이 혁명은 또한 완전히 새로운 형태의 정부에 대한 전망을 보여준 것으로서, 그 하나는 나중에 한 미국 대통령이 웅변적으로 요약했듯이 '국민의, 국민에 의한, 국민을 위한' 정부이다.

헌법과 권리장전은 독립전쟁 후에 작성된 것으로서, 진정한 사회계약의 첫번째 예일 것이다. 이때 사회계약은 허구도 아니고 비유도 아니었다. 그것은 하나의 실제적인 동의로서, 어렵게 타협되어 '국민들'과 그 대표들이 실제적으로 서명한 사회계약이었다. 정부와 권력의 분산을 위한 규칙들이 실제 헌법으로 '구성되었다'. 10개의 최초의 헌법 수정 조항으로 구성된 권리장전은, (연방) 정부가 시민들의 삶에 간섭하는 것을 명백히 금지하고 있다. 이 사상이 전혀 새로운 것은 아니지만, 그것의 실행은 실로 새로운 일이며 하나의 새로운 세계 모델이었다.

미국의 독립전쟁이 '혁명'이었을까? 혁명이란 것이 문자 그대로 사태를 뒤집어놓는 것이라는 의미에서 본다면, 그렇지 않았다. 그것은 이미 골치 아픈 신세계의 식민지에 대하여 다소 무관심해지고 뒤로 물러난 정부를 비교적 덜 충격적인 방식으로 물리친 사건이었다. 영국은 이웃의 프랑스와 백년전쟁에 말려 있었으며, 미국은 영국의 많은 관심사들 중의 하나일 뿐이었다. 따라서 미국 독립전쟁은 국제적인 전쟁의 한 장면일 뿐으로, 광대한 영국제국에 더해진 이 성가신 사건으로 프랑스, 네덜란드, 에스파냐가 이득을 보고 있었다.

권력의 완전한 교체는 없었다. 혁명을 주도했던 사람들은 이미 이전의 지도자들이었으며 그들은 혁명 후 설립된 정부에 그대로 남았다. 사람들은 7년간 전쟁이 벌어지는 와중에도 미국 식민지에서 살 수 있었으며 그 전쟁에 대해 거의 관심이 없었다(많은 사람들이 그랬다). 많은 미국의 사업가, 농부, 주부들에게는 식민지 통치, 반란, 독립 사이의 차이는 세부적인 차이일 뿐이었다.

이와는 대조적으로, 프랑스에서는 (귀족에게서 부르주아지 혹은 '중산층'으로의) 권력의 교체로 시작된 것이 불바람으로 변하였다. 삶의 모든 국면과 온 나라 안이 심각하게 피해를 입고, 찢겨지고, 위협을 받았으며, 약속들로 해서 부추겨졌다. 유럽 세계의 보수주의자들은 경악하였다. '제3계급(평민계급)'[80]을 포함하는 모든 계층을 대표하는 국민의 회의 창설은 계급간의 쓰라린 분열 대신 협동과 조화를 도입할 것을 약속하였지만, 이것은 이내 실패하였다.

---

[80] 처음의 두 '계급들'은 귀족과 성직자였다. 제3계급은 사실상 그 외의 모든 사람을 포함한다.

혁명은 권리선언으로 시작되었는데, 여기에는 삶의 권리와 억압에 저항할 권리도 포함되었다. 토머스 제퍼슨은 미국대사 자격으로 파리를 방문하여, 군주제의 점진적인 개선과 진정한 대표정부의 설립을 예언하였다.

그러나 제3계급은 그 자체가 새로 등장하여 부와 권력을 날로 키워가는 부르주아지 계층, 노동자들, 농민들, 소규모 가게주인들, 상퀼로트(sans-culottes, 프랑스혁명시대의 과격한 공화주의자들로 귀족의 옷인 짧은 무릎바지인 퀼로트를 입지 않고 긴 바지를 입은 데서 유래한 말―옮긴이)로 불렸던 도시 소작농들, 가난한 사람들, 무직자들, 그리고 거리의 각종 천민들 및 범죄자들 등의 여러 계층들이 뒤섞여 있었다. 괴롭게도 이러한 연합에 명백하게 균열이 생긴 것은 이 계층의 최초의 쉬운 성공과 거의 사용되지 않던 옛 바스티유 감옥에 대한 대대적인 상징적 공격이 있은 지 얼마 안 되어서였다.

1792년 혁명은 급격한 전환을 맞이하였다. '국민' 의 대표들은 지역 폭동을 조장하였으며 나라를 유혈사태로 몰고 갔다. 막시밀리앙 로베스피에르와 장 폴 마라는 루소의 헌신적인 추종자들로서, 그들 선도자의 '일반 의지' 개념을 처음으로 역사적 복수에 착수한 것으로 보이는 민중들에 대해 밀어부쳤다. 왕과 왕비는 단두대에서 처형당하였다. 그러고서 '공포정치시대' 가 잇따랐는데, 이것은 결국 그 시대를 이끈 루소 사상 기획자들의 목숨을 빼앗았다.

영국에서는 토머스 칼라일이 프랑스혁명의 극단적인 폭력성은 '그 연료가 다할 때까지' 끝나지 않을 것이라고 썼다. 혁명이 끝났을 때 나라는 황폐해 있었다. 단지 군주제가 폐지되었을 뿐이었다. 많은 옛 귀족계층들은 프랑스에서 달아났다. 1795년 나폴레옹 보나파르트라는 이름의 코르시카 출신의 젊은 장교가 나타났을 때, 프랑스는 내부적으로는 무정부 상태에 놓여 있었으며 이웃나라들이 침략해올 상황이었다. 1800년 계몽사상과 그 이상은 새로운 다른 장(章)을 시작할 참이었다.

● 임마누엘 칸트_ 과학을 구출하기

　독일로 되돌아가보면, 독일인들은 계몽사상을 약간의 의혹을 가지고서 환영하였으며, 프랑스혁명을 (안전한 거리를 두고서) 공포심을 가지고 보았다. 계몽사상은 정확히 보아 하나의 보편적이고 세계적인 철학이라기보다는 런던과 파리에서 지배적이던 사상, 즉 어느 정도 지적 제국주의의 투사로 볼 수 있겠다. 파리의 혁명은 철학의 승리가 아니라 오히려 혼돈의 분출로 보였다. 혁명의 열매가 독일인들에 심각한 영향을 주게 되기까지는 10년 이상이 걸렸다.

　그렇지만 흩어지고 분열되어 있던 독일로서는 방어적일 만했다. 그들의 언어와 문화는 아주 오랫동안 야만적이고 이류의 것으로 취급되었다. 예술은 주로 수입되었다. 지방의 젊은이들은 종종 무시되었다. 심지어 프로이센의 왕조차 주로 프랑스어를 썼다! 독일에서는 과학과 보편적 합리성으로부터 태어난 새로운 이상들이 일반적으로 부차적인 역할밖에는 수행하지 못했다.

　그렇지만 최고의 계몽주의의 철학자들은 독일인이었다. 예를 들어 라이프니츠는 능동적인 지지자일 뿐만 아니라 새로운 계몽사상의 정신을 극적으로 보여주는 한 예였다. 그는 신과학에 몰두하였고, 새로운 수학과 새로운 합리성의 선구자였으며, 최고 수준의 세계시민이었다. 그는 유럽 전체를 여행하는 데 많은 시간을 들였으며 각 나라의 학자들과 엄청난 양의 서신을 교환하였다.

　최고의 독일 계몽주의 철학자는 임마누엘 칸트(1724~1804년)로서, 그는 라이프니츠의 제자(크리스티안 볼프)의 제자이자 동시에 뉴턴의 물리학과 사회와 교육에 관한 루소의 급진적인 새 이론에 대한 열광적인 추종자였다. 그는 비록 프랑스의 공포정치 기간 동안 그로부터 멀리 떨어진 동프로이센의 안전한 곳에 있기는 했지만, 다른 대부분의 동포들과 달리 프랑스혁명을 열렬히 지지했다. 하지만 그로 하여금 계몽주의의 기획에 가장 깊이 관여하게 한 것은 그가 데이비드 흄의 회의론을 만나면서 시작된 또 다른 혁명이었다.

흄의 회의론은 칸트를 '독단의 잠', 즉 라이프니츠 형이상학의 무비판적 수용에서 깨어나게 했다. 칸트는 다른 모든 것들 중에서도 흄의 회의론에 답하고자 하였으며, 따라서 계몽사상을 계몽사상 자신의 끊임없는 의문으로부터 구해내었다.

그러나 칸트 역시 이성의 힘과 동시에 그 한계를 인정하였다. 그의 최고의 철학적 작업은 이성과 판단에 관한 세 개의 위대한 '비판'으로 구성되어 있다. 다소 제한된 측면에서 보았을 때, 우리는 칸트가 합리론과 경험론을 가장 잘 종합했다고 말할 수 있을 것이다. 동시에 그는 진정한 세계에 대한 우리의 지식이 경험으로부터 추론되거나 혹은 이성에 의해 발견된다는 기본적인 생각을 거부하였다. 이렇게 파악된 칸트는 한정적인 철학적 관심만을 지닌 인물로서, 동료 철학자들의 격렬한 논쟁에만 관여한 또 다른 지적 기술자에 지나지 않을 것이다.

칸트의 재능은 좀더 포괄적인 문제들, 즉 그가 '신, 자유, 그리고 불멸성'으로 요약했던 좀더 큰 사상들에 바쳐졌다. 좀더 역사적으로 본다면, 칸트는 중세 이래 더욱 첨예해지고 있던 종교와 과학의 대립에 결정적인 접점을 보여주었다.

계몽사상가들 중에는 종교를 유치한 미신으로 무시한 흄을 비롯하여 꽤 많은 수의 무신론자가 있었다. 볼테르는 한때 "나는 그리스도교를 만든 열두 사람에 관해 듣는 일에 지쳤다. 나는 누군가 그것을 파괴할 수 있음을 보여주고 싶다"고 자랑하였다. 프랑스의 홀바흐 남작은 고대의 데모크리토스처럼 세계는 오직 물질로만 구성되어 있다고 선언함으로써 신을 위한 여지를 남겨두지 않았다. 하지만 칸트는 루터교회 경건파의 독실한 그리스도교인으로서, 그의 신앙은 흔들릴 수 없는 것이었다. 또한 그는 아이작 뉴턴의 새로운 물리학에 대한 확고한 신봉자이기도 하였다. 그렇다면 이 둘을 어떻게 조화시킬 수 있을까?

물론 뉴턴 자신은 동일한 질문에 답하고자 애쓰면서 생애 후반을 보냈지만, 칸트에게는 답이 분명해졌다. 우리는 마땅히 '지식을 한정하여 신앙을 위한 여지를 두어야' 한다고 그는 선언하였다. 이는 데카르트가 확립해놓은 과학의 영역을 신앙과 자유의 영역으로부터 분리하려는 움직임과 맥락을 같이하고 있다. 그는 "두 가지 것이 나를 외경으로 가득 채운다. 별이 가득한 하늘과 내 마음속의 도덕률이 그것이다"라고 고백하였다. 칸트 철학의 기본적인 방향은 별이 가득한 하늘과 도덕률을 분리하는 일이었으며, 또 그 둘 안에 (그리고 너머에) 있는 이성을 찾는 일이었다.

그럼에도 과학도 종교도 자신의 분리된 영역 안에 한정되지 않는다. (흄이 자신의 회의론으로 의문을 제기한) 과학의 기본 원리는 선천적인 것으로 알려진 '보편적이고 필연적인' 것으로 보일 것이다. 외부세계의 존재는 그 인과관계와 과학적 설명 도구를 통해서 의심을 넘어 알려질 수 있다. 동시에 인간의 자유와 도덕적 의무와 더불어, 신의 영역과 인간 영혼의 불멸성은 과학과 타협되지 않는다. 인과율과 과학의 물질 세계는 우리의 경험 세계 속에 현상계(phenomena)로서 존재한다. 하지만 신, 자유, 그리고 불멸성(죽음 또한) 역시 그들 자신의 '지성적인' 세계에 존재한다. 이 세계는 경험에서 완전히 독립된 세계이지만, 그럼에도 마찬가지로 이성에 의해 지배되는 세계이다.

이성은 계몽사상의 표어로서, 칸트의 극히 이성적인 철학 속에서 실제로 제일 중요한 역할을 한다. 흄의 노력에도 불구하고 과학은 이성적으로 정당화될 수 있음이 증명된다. 도덕성은 보편적으로 지켜야 하는 도덕률로 구성되어 있음이 드러나고, 비합리성의 화신인 (아니면 적어도 이성을 넘어서는) 신앙조차 이성적인, 정당화될 수 있는 믿음으로 옹호된다.

무엇보다도 우선 칸트의 전략은 경험의 영역을, 우리가 보통 '형이상학'으로 부르는 경험을 초월하는 영역으로부터 구별하는 것이었다. 그는 형이상학의 문제는 해결될 수 없는 것처럼 보인다고 하였는데, 왜냐하면 지식의 한계는 곧 경험의 한계이기 때문이며 그리고 형이상학적 문제는 그 본성 자체가 경험을 초월하기 때문이다. 이런 문제들 중 어떤 것들, 특히 신, 자유, 불멸성에 관한 모든 중요한 문제들은 대답될 수 있기는 하지만, 그것이 지식의 문제는 아니라고 그는 주장하였다. 그것들은 이성의 문제이지만 실천적인 이성, 즉 '도덕의 선결조건'에 관한 문제이다. 그것들은 과학적 진리와 같은 문제가 아닌 것이다. (우리는 잠시 후에 이 문제로 되돌아올 것이다.)

일단 경험을 초월하는 형이상학의 문제들로부터 지식과 경험의 세계를 구별한 다음, 칸트는 이 두 영역의 본성에 대한 탐구로 나아갔다. 과학에서, 그는 인과관계와 과학적 설명 도구를 통해서 외부세계의 필연적 존재를 증명하였다. 도덕에서, 그는 도덕률에 대한 보편적 의무를 확립하여 이를 '정언명령'으로 불렀으며, 이것의 선결조건인 인간의 자유와 이성적 종교에 대한 기본적 믿음도 확립하였다.

지식과 과학의 기초에 관한 문제들은 많은 철학자들이 가장 뛰어난 철학서로 여기는, 1781년 처음 출판된 『순수이성 비판』에서 논의되었다. 우리가 알고 있는 현상계의 영역과 세계 안에서의 경험은 감성(혹은 '직관')과 오성을 전제하고 있다. 이런 '능력'은 상상력의 도움을 받아 우리의 감각들에 질서를 부여하고 또 감각들을 구성하면 그 결과 그것이 사물에 대한 경험이 된다.

칸트에 따르면, 우리는 직관을 통해 경험 대상들을 공간과 시간 속에서 그리고 다른 사물들과의 인과관계 속에서 '구성한다'. 칸트의 저 유명한 제안에 따르면, 오성의 개념 없이는 우리의 직관은 맹목적이 된다. 하지만 감각 없이는 우리의 개념은 공허해진다고 그는 말한다. 경험이란 언제나 감각들에 대한 오성의 적용이며, 그리고 우리가 알고 있는 이 세계는 바로 그 결과이다.

그러나 우리의 일부 개념은 경험에서 이끌어내어지는 것이 아니라 오히려 경험을 앞선다. 그것은 선험적인 것이다. 그것들은 타고나는 구조의 일부이거나, 혹은 인간 정신의 기본적인 규칙이라 할 수 있다. 이것은 '범주'라고 불린다. 예를 들어, 실체의 범주는 모든 인간 경험을 지배하는 규칙으로서, 이러한 경험은 우리가 물질적 대상을 경험하는 그러한 방식으로 감각이 구성될 것을 요구한다.

여기에 로크에 대한 칸트의 답이 있으며 그리고 더 일반적으로는 합리주의자들과 경험론자들 양쪽 모두에 대한 답이 있다. 실체는 속성들로부터 유추될 수 없다. 그것은 그에 따라 우선 그 속성으로부터 시작해서 사물을 경험하게 되는 구성의 원리이다. 승강이를 벌이는 동료 철학자들에게, 칸트는 이렇게 그들 주장의 종합을 이야기한다. 우리의 모든 지식은 경험과 더불어 시작되지만 (그리고 감각에 기초를 두지만), 우리 경험의 기본 범주들은 경험에서 얻어지는 것이 아니라 오히려 경험을 구성하는 선험적 원리로서 경험에 작용한다.

여기서 또한 칸트는 흄의 회의론에 대답한다. 외부세계는 우리의 경험으로부터 추론되지는 않지만 우리의 경험을 구성하는 데 (우리의 사고와 지각의 기본 범주로서) 매우 중요한 요소이다. 인과율이라는 또 다른 범주 역시 우리의 경험으로부터 유도되거나 추론되지는 않지만, 또 다른 지각의 기본 규칙들처럼 우리에게 부여되어 있다.

정신의 가장 기본적이거나 선험적인 구조들 모두가 개념이나 범주인 것은 아니다. 선험적인 '직관의 형식' 도 있는데, 이것은 모든 경험이 마땅히 갖고 있는 어떤 차원들이다. 이것은 특히 공간과 시간의 차원이다. 우리는 3차원적인 공간과 역행할 수 없는 1차원적인 시간의 경계 내에 있지 않은 어떤 경험도 할 수 없다. 여기서 칸트는 절대적-상대적 공간의 문제에 대하여 라이프니츠와 뉴턴에게 답하고 있다. 만일 우리가 공간을 모든 것들과 모든 경험이 벗어날 수 없는 틀이자 세계 그 자체만큼 실재하는 것으로 본다면, 공간은 '절대적인' 것이 된다. 그러나 만일 공간 그 자체를 세계의 한 속성이라고 보는 대신에 궁극적으로는 우리 자신의 주관성이 만들어낸 산물 내지는 세계를 보는 방식이라고 본다면 공간은 '상대적인' 것이 된다.

공간과 시간을 직관의 선험적 형식으로서 발견함으로써 칸트는 수학의 본성에 관한 좀더 급진적인 제안을 할 수 있었다. 수학이 갖는 필연성은 고대 그리스인들에게 깊은 인상을 주었으며 근대 철학자들은 수학을 당연히 '이성의 진리들' 로 구성된 것으로 여겼다. 칸트에 따르면, 수학과 기하학의 명제들은 필연적으로 옳은데, 왜냐하면 그것들은 사실상 각각 시간과 공간의 선험적인 구조에 대한 형식적인 기술(記述)이기 때문이다.

칸트의 새로운 '관념론' 은 말할 필요도 없이, 세계에 관한 우리의 지식에 대하여 극단적으로 혁신적인 관점을 제시한 것이었다.[81] 칸트는 우리가 실제로 이 세계를 창조했

---

[81] 버클리 주교 역시 그의 견해를 '관념론' , 특히 '주관적 관념론' 이라고 불렀다. 버클리의 견해로부터 자신의 견해를 구별하기 위하여, 칸트는 자신의 견해를 '초월적 관념론' 이라고 불렀다. 그는 '외부세계' 가 결국 실재적이라고 하였지만, 그럼에도 그것은 정신의 보편적이고 필연적인 법칙에 따라 구성된다고 하였다.

다고까지는 말하지 않고, 우리가 어떤 의미에서도 우리 '밖에 있는' 세계의 본성을 추론하거나 입증할 필요는 없다고 하였다. 우리가 이 세계의 근본적 본성을 구성하는 기본 규칙들을 부과하며, 따라서 이 세계가 이 세계에 대한 우리의 경험과 닮지 않았을 것이라는 회의적인 생각은 (혹은 순수하게 철학적인 의심도) 더 이상 어떤 의미도 가질 수 없게 되었다. 물론 우리는 세밀한 사항들에서 틀릴 수 있다. 잘못 지각하고 잘못 해석하며 잘못 계산하고 잘못 이해할 수 있지만, 데카르트가 방법적으로 의심하였으나 성공적이지는 못했고 흄이 이성 능력 너머에 놓여 있다고 주장하였던 기본 원리들에 관해서는 틀릴 수가 없다.

하지만 만일 우리가 우리의 세계를 조직하거나 혹은 '구성한다면', 우리가 하고 싶은 대로 할 수는 없을까? 4차원이나 5차원 아니면 어떤 차원의 공간이라도 지닌 세계를 우리 마음대로 선택할 수는 없을까? 시간을 거꾸로 흐르게 할 수는 없을까? 이 세계를 라이프니츠의 모나드(단자)로 된 세계나 버클리의 실체가 없는 관념적인 세계로서 우리 마음대로 선택해서 볼 수는 없을까? 칸트에 의하면, 대답은 전적으로 '아니오!' 이다. 우리는 우리 경험의 기본 재료를 형성하는 감각들을 선택하지는 않으며, 또한 3차원의 공간과 역행할 수 없는 1차원의 시간 대신 다른 어떤 것을 선택할 수 없다. 다른 종류의 범주, 우리의 경험에 대한 다른 방식의 조직, 해석 혹은 '구성'이란 있을 수 없다. 이것을 증명하기 위하여, 칸트는 굉장한 '범주들의 초월적 연역'을 우리에게 제시한다. 이를 통해 범주는 모든 경험에서 필요불가결한 것이며 또한 이 세계에 관한 어떤 다른 견해도 가능하지 않음을 보여준다. 그것은 세계에 관한 우리의 상식과 과학적 견해에 대한 근본적인 재고(再考)와 보수적인 지지를 훌륭하게 결합시키고 있다.

그럼에도 논의는 여기서 멈추어질 수 없다. 칸트의 이런 논의로부터 따로 떨어져 조용히 남아 있는 신은 어떻게 되는가? 신은 감각을 통해 이 세상을 알지는 않으며, 확실히 제한적인 오성의 규칙에 얽매여 있지 않다. 신은 이 세계를 (감각과 개념을 통하지 않고서) 즉각적으로 안다. 신은 세계 그 자체를 있는 그대로 알고 있으며, 현상으로 그리고 우리의 경험에 관한 제한된 규칙에 따라 아는 것이 아니다. 더욱이 '세계 그 자체'라는 이런 관념은 우리 자신의 사유 속에서 하나의 제한적인 개념으로 여전히 존속하고 있다. 결국 우리가 이 세계를 우리의 경험 속에서 구성된 것이라고 확신을 가지고서 말할 수 있다면, "우리 경험의 특이성을 벗어나 있는 세계는 과연 어떤 세계일 수 있을까?" 라는 의문을 피할 수 없을 것이다.

더욱이 우리 자신의 감각을 우리가 선택하는 것이 아니라고 가정하면, 우리에게 어떤 것이 주어지며('데이터' 혹은 '기지[既知]의 것'), 무엇이 우리 안에 이런 감각을 야기하는가? 그것은 (로크가 논증했듯이) 객관적 사물 자체일까? (버클리와 라이프니츠의 논증처럼) 신일까? 하지만 여기서 인과율 개념은 적절하지 않음을 주의하라. 인과율은 범주들 중의 하나로서 우리의 경험에서 일어나는 모든 관계들을 지배한다. 우리의 경험과 세계 그 자체 사이에는, 즉 우리의 경험 바깥에는 인과율을 적용시킬 수 없다. 그럼에도 '세계 그 자체는 무엇인가?' 라는 성가신 문제가 남는다.

또한 칸트의 자아 개념 문제도 있다. 그는 이 세계가 우리의 경험 바깥에 존재한다는 사실을 부정하지만, 이 세계의 사물들이 우리의 경험 안에, 즉 '우리 안에' 있다는 점 역시 부정한다. 사물로서의 그것들의 본성에 의해, 그것들은 자아 밖에 있다. 그렇다면 자아란 무엇인가? 자아란 무엇보다도 하나의 활동이거나 혹은 일련의 엄청나게 많은 활동으로서, 받아들인 감각에 대하여 범주들을 부과하여 이 세계를 이해하게 된다. 이런 자아는 하나의 사물, '영혼' 또는 하나의 '정신' 이 아니라 초월적[82] 자아이다. 그리고 비록 자아 자체는 결코 경험될 수 없다고 하더라도, 자아의 활동은 모든 종류의 경험 속에 내재하며 인지될 수 있다. 데카르트는 자아를 잘못 생각하여 '생각하는 사물' 로 인식하고 그것을 자기 자신이라고 생각하였다.

또한 더욱 일상적인 자아 개념도 있다. 이것은 자아를 하나의 개인으로, 즉 하나의 육체를 지닌 감정적인 지성체로서 특성, 친구, 역사, 문화, 상황 등을 지닌 존재로 보는 개념이다. 이것을 칸트는 경험적 자아라고 부른다. 그것은 세상의 모든 다른 사물들처럼

---

82 여기서 중요한 단어인 '초월적' (transcendantal)은 모든 경험 가능성에 본질적임을 의미한다.

경험을 통해서 알려진다. 하지만 초월적이고 경험적인 자아 외에 우리가 대충 '자아 그 자체'라고 부를 수 있는 것도 있다. 이것은 동작의 주체로서 행동하는 자아이고, 심사숙고하고 행동하는 자아이며, 도덕적이거나 비도덕적인, 책임이 있거나 없는 자아이며, 또 실천적인 세계의 한가운데에 살고 있는 자아이다.

세계 그 자체(그리고 자아 그 자체)에 관한 칸트의 개념이 (그의 후계자들 중 몇몇이 그렇게 생각하는 것처럼) 단지 하나의 뒷궁리, 즉 일관성 있는 그의 철학에서 붕 떠 있는 문제에 불과한 것이 아니라는 사실을 아는 것이 중요하다. 그것은 매우 중요한 기능을 한다. 만일 과학과 지식이 현상세계에 한정되어 있다면(하지만 그 안에서는 무제한적이다), 현상세계 바깥, 즉 자체로서의 세계 안에는 자유를 위한 여지와 신을 위한 무한한 자리가 있을 것이다. 이들이 바로 칸트가 두번째 비판서인 『실천이성 비판』에서 논의했던 주제들이며, 처음의 두 비판서를 마지막 비판서인 『판단력 비판』과 연결시켜주는 주제이다.

칸트의 도덕 철학과 세 번째 비판

칸트는 이 세계와 우리의 자아는 우리가 경험하는 것에 더하여 어떤 실재(實在)를 갖는다는 점을 공통점으로 인정하였다. 그는 이 실재를, 우리가 경험하는 바의 세계인 '현상계'와 대조적으로 '예지계'로 불렀다. 또한 그는 우리의 경험을 넘어서 있는 실재를 '물자체'(物自體)라고 불렀다. 그는 이것을 남다르게 사용하여, 우리가 그것을 직접 접하기는커녕 그 구성요소로 분석할 수도 없다는 사실을 일깨워준다. 이와 같이 현상계와 예지계 사이의 구분을 명확하게 함으로써, 칸트는 우리 지식의 절대적인 경계를 확립하였다. 우리는 오직 우리가 경험하는 세계만 알 수 있을 뿐이다. 우리 경험의 영역 밖에 있는 그 어떤 것에 대해서도, 또 '그 자체'로 존재하고 있는 실재에 대해서도 우리는 알 수 없다.

그렇지만 칸트가 우리의 경험 밖에 있는 실재를 넌지시 암시하고 있음을 우리는 이미 보았다. 왜 칸트는 이것이 상호 모순된다고 생각하지 않았을까? 이 질문에 답하기 위하여 칸트로 하여금 경험적 자아와, 이와는 다른 실천적이거나 혹은 '지성적인' 자아 그리고 그들 '두 세계'를 구별하게끔 이끌었던 문제로 다시 돌아가야 한다. 그것은 우리가 법칙과 같은 자연의 규칙성에 종속되어 있는 세계 속에서 도덕적으로 얼마나 자유로울 수 있는가에 관한 문제이다.

이 문제는 지난 몇 세기 동안 점점 더 긴급한 것이 되었다. 과학은 점점 더 자연계 안의 사건들을 예견하고 통제할 수 있는 능력을 가진 것처럼 보였다. 이러한 발전은 많은 사람들에게 똑같은 통제가 인간의 행위에 관해서도 가능할지 모른다는 생각을 하게 만들었다. 결국 인간도 자연의 일부이다. 그렇다면 많은 새로운 기계들처럼, 인간 역시 통제가 가능하지 않을까? 데카르트와 그의 선배들은 이러한 무서운 결정론을 피하기 위하여, 자아를 자연으로부터 철저히 구분하였다. 그러나 몇몇 계몽 철학자들은 열렬히 결정론을 받아들였으며, 또한 '인간 기계'라는 유추도 받아들였다.

칸트는 우리가 경험하는 세계는 필연적으로 그리고 보편적으로 인과율에 의해 구성된다고 주장하여 결정론에 대한 이러한 관심을 강화시켰다. 인간의 행위도 현상계 내에서 일어나기 때문에, 그 역시 인과율에 지배를 받는 것처럼 보일 것이다. 하지만 만일 인간의 행위가 어떤 원인에 의한 결과라면, 그것은 이미 결정되어 있는 것처럼 보이며 따라서 우리는 자유롭지 않다. 그렇지만 만일 우리가 행위에서 자유를 행사하지 못한다면, 우리의 행동에 대해 책임을 질 필요가 없거나 혹은 도덕적 선택을 할 능력이 없는 것처럼 보인다.

칸트는 이 문제를 두번째 비판서인 『실천이성 비판』에서 논의하였다. 그는 우리가 현상계의 일부이기도 하며 동시에 도덕적 선택을 자유롭게 할 수 있다고 주장하였다. 그는 명백히 서로 양립할 수 없는 이런 주장의 문제를, 우리가 현상계와 예지계에 모두 속하는 존재라고 함으로써 해결한다. 우리 각자는 자연계의 일부로서, 즉 경험적 자아로서 인과적 영향에 지배를 받는다. 이런 영향은 욕망, 기분, 정서적 욕구, 그리고 감정들 속에 잘 나타나 있는데, 칸트는 이것을 묶어서 '경향'으로 불렀다. 성향은 '자연적으로'

행동으로 이끌어진다. 만일 한 사람이 (마지막으로 식사를 한 후에 시간이 흘렀기 때문에) 음식을 원하고 그리고 먹고 싶은 음식이 그의 앞에 놓여 있으면, 그는 그 음식을 먹고 싶은 기분을 느끼게 될 것이다.

그러나 모든 행동이 어떤 성향에 의해서 동기를 부여받는 것은 아니다. 사람들은 의지 능력을 지녔다. 사람들은 '의지력'을 갖고 있으며, 이 의지는 자유롭다. 의지는 현상계의 일부가 아니다. 각 개인은 예지계에 속하는 존재, 즉 지성적 자아를 갖고 있으며, 이것은 현상적인 원인에 의해 결정되지 않는다. 지성적 자아는 성향들에 저항할 수 있다. 그래서 우리는 먹고 싶을 때라도 먹지 않을 수 있다. 예를 들어, 먹고 싶은 그 음식에 독이 들어 있는 것으로 생각되거나 혹은 단식투쟁 중에 유혹의 목적으로 그 음식이 제공되었을 때, 우리는 먹지 않을 수 있다.

우리 존재가 예지계에도 속하기 때문에, 우리는 자연적인 힘의 수동적인 인질이 되지는 않는다. 우리는 우리 자신의 법칙에 따라 우리의 행위를 규제할 수 있다. 이 법칙은 이성이 스스로 구축한 것으로서, 곧 도덕법칙을 말한다. 칸트에 따르면, 우리가 이러한 도덕법칙에 따라서 행동할 때 우리는 우리의 자유를 정확하게 명시할 수 있다. 반면에 우리가 단순히 자연의 인과적 명령에 따를 때 우리는 자유롭지 못하다.

칸트는 우리가 우리 안에 똑같은 이성 능력을 갖고 있기 때문에, 도덕에 관해서 똑같은 결론에 도달할 수 있을 것이라고 확신한다. 일반적으로, 우리가 비슷한 상황에서 다른 사람이 동일한 유형의 행위를 하는 것을 수긍할 수 없다면 우리는 마땅히 우리의 성향에 저항해야 한다고 이성은 말한다. 그것을 모든 사람들에게 받아들여질 수 있는 행위 원칙으로 여기지 않는 한, 우리는 다른 사람의 접시에 있는 음식을 취하지 말아야 한다. 도덕 원리는 이러한 형태의 비개인적인 보편화를 허용하는 것이다. 더 나아가, 도덕성은 타인의 합리성, 즉 그들의 본질적인 인간성 혹은 우리가 때로 그들의 존엄성이라 부르는 것을 우리가 존중할 것을 요구한다. 다른 말로 도덕성이란 지식과 마찬가지로 선험적인 양상을 갖는데, 이것은 어떠한 특정한 상황보다도 우선하는 생각인 것이다.

칸트는 도덕법칙의 기초를 그가 '정언명령'이라 부른 기념비적인 명제로 공식화하였다. 이 유일무이한 명령은 인간 행위의 전 범위에 걸쳐 적용된다. (사실 그는 그와 같은 명제들을 많이 공식화하였지만, 이것들이 궁극적으로는 서로 같은 것이며, 동일한 도덕적 결론을 지시하는 것이라고 주장하였다.) 가장 잘 알려진 공식에 따르면, 이 정언명령은 "그대의 의지의 준칙이 동시에 보편적 입법의 원리로서도 타당할 수 있도록 행동하라"고 단언하고 있다.

정언명령에 대한 또 다른 칸트의 공식은 도덕법칙을 "너 자신이나 다른 사람의 인격을 항상 목적으로 다루고 결코 수단으로 다루지 말라"와 같이 요약된다. 바꾸어 말하면, 타인을 단지 자신의 목적을 이루기 위한 도구로 이용하는 것은 언제나 나쁜 일이라는 것이다. 그렇게 하는 것은 사람을 '이용하는' 것이며 그러므로 그 개인의 존엄성에 무례를 저지르는 일로서, 이 존엄성은 그 개인이 이성과 도덕성이 지시하는 것과 조화를 이루면서 자유롭게 행동할 수 있는 능력이 있다는 사실로부터 유도된다.

칸트의 윤리론은 인간의 자유를 강조하면서, 도덕을 종교적 용어로 설명하지 않는다. 실제로 칸트는 도덕이 그 자신의 정당성을 마땅히 제공하여야 하며 종교적 원천이나 제재에 의존하지 말아야 한다고 단호하게 주장하였다. 이리하여 칸트 자신은 아주 종교적이었으나, 그의 도덕론은 세속적이거나 무신론적인 전망과 양립가능하였다. 그러나 칸트는 자유와 함께 신앙을 위한 여지를 확립하고 싶어했다. 그렇지만 종교적 신앙이 어떻게 칸트의 도덕론과 조화될 수 있을까?

칸트에 따르면, 우리가 도덕률을 인식하기 위하여 신앙을 필요로 하지는 않지만, 그럼에도 도덕률에 복종하게 하는 합리적인 동기를 부여하는 데 신앙은 꼭 필요하다. 이것이 바로 칸트의 영웅이었던 루소가 '세계의 도덕적 전망'이라고 불렀던 바의 것이다. 우리의 신앙과 더불어, 불의에 대한 우리의 경험은 우리가 도덕으로부터 멀어지지 않도록 한다. 우리는 매우 도덕적인 사람이 고통 받는 반면에, 악행을 저지른 사람은 행복해 보이는 것을 본다. 우리를 계속 도덕성에 의탁하기 위해서는, 도덕적 행위가 궁극적으로는 행복을 이룬다고 믿을 필요가 있다. 그리고 이것이 '간절한 생각'인 것만으로는 충분하지 못하다. 도덕 그 자체와 마찬가지로, 그것은 이성적인 믿음이어야만 한다.

이러한 고찰들은 우리로 하여금 신의 존재와 인간 영혼의 불멸성 및 사후의 세계를 '가정'하게 한다. 이를 통해 우리는 도덕적 선과 행복은 궁극적으로 '보상'으로서가 아니라 합리적 필연성으로서 서로 같다. 비록 우리가 이러한 '실천이성의 전제들'에 대하여 어떤 지식도 갖고 있지 않더라도, 그것들이 우리의 경험 밖에 있는 세계에 속한다는 점에서, 도덕법칙을 지시하는 실천이성은 이러한 개념들을 요구한다. 비록 이런 믿음들을 지식으로 간주할 수는 없지만, 그럼에도 그것들은 이성적인 것들이다. 지식이 아닌 이성이 우리를 종교적 신앙으로 이끈다.

칸트는 우리의 정신 능력과 자연세계 사이의 관계를 추구하였지만, 그것은 세번째 비판서인 『판단력 비판』에서 전혀 다른 방법으로 행해졌다. 여기서 그는 미적 경험, 특히 아름다운 것에 대한 우리의 경험의 본성을 고찰하고 있다. 그는 미적 취미에 대하여 일반적으로 지지되는 두 가지 견해 사이의 갈등을 고찰한다. 한편으로는, 취미에 대한 논쟁을 판결할 어떠한 방법도 없는 것처럼 보이는데, 왜냐하면 그것들이 순수하게 '주관적인' 것으로 보이기 때문이다. 다른 한편으로, 우리는 일반적으로 취미에 대한 우리의 판단에 타인들이 동의하기를 기대한다. 어떤 것을 아름답다고 주장하는 사람은 타인들도 그것을 아름답게 보기를 기대한다.

미적 경험은 보편적으로 주관적이라고 주장함으로써 칸트는 둘 사이의 긴장을 화해시킨다. 개인적 경험으로서의 미적 경험은, 상상력과 오성의 '자유로운 유희'에 의해 야기된 주관적 경험이다. 지식의 추구에서 상상력은 감각자료를 통일된 대상 속으로 통합하는 한편, 오성은 이러한 대상물을 자신의 개념으로 해석한다. 오성은 우리로 하여금 어떤 것을 알게 할 뿐만 아니라 그것이 어떤 종류의 사물인지 인식하게도 해준다. 그러나 미적 경험에서는 상상력과 오성이 협조하는데, 어떤 대상을 분명하게 분류시켜주는 보통의 목적을 위해서가 아니라 대상과의 '유희'에 의해 다양한 면에 일시적인 초점을 맞추게 한다. 이런 활동은 타고나면서부터 즐거운 것이며 심오한 것이기도 하다. 이것은 우리가 하는 다른 대부분의 활동처럼 정신에 그것 이상의 목적을 가지고 착수되는 활동이 아니며, 단순히 그것 자체를 위한 활동일 뿐이다. 누구든지 자신의 인식능력을 이런 식으로 사용할 수 있기 때문에, 아름다움에 대한 우리의 미적 경험은 보편적인 양상을 지닌다고 생각해도 무방하다.

칸트는 미의 인식 외에 다른 양태의 미적 경험도 고찰하였다. 특히 그는 숭고에 대해 분석하였는데, 이것은 대상의 미적 매력이 너무도 크고 역동적이어서 인간의 능력으로는 충분히 이해할 수 없는 것이다. 어두운 밤하늘의 셀 수 없는 별들 혹은 나이아가라 폭포를 가까이서 보는 경우가 그런 예이다. 칸트는 이런 경우들에서 우리의 즐거움은, 우리의 상상력이 그런 장관을 받아들이기에는 부적합하지만, 이성만은 무한성과 총체성을 인식함으로써 그 휘어잡을 수 없는 '대상들'을 지배할 수 있다는 우리의 인식에 기반을 둔다. 우리는 이런 방식으로 이성적 존재로서 더 한층 존엄성을 획득하게 되며, 그와 동시에 사물들의 자연적 구도 속에서 우리가 상대적으로 보잘것없는 존재임을 경험한다. 이렇게 하여 우리는 장대한 바다의 풍경에 '압도당하며', 이것이 우리에게 우리가 이해할 수 없는 무한성을 일깨워준다.

미(美)가 궁극적으로는 '도덕의 상징'이라고 칸트는 말한다. '자유로운 유희'에 참여하기 위해 필요한 태도를 생각하면서, 우리는 '이해관계를 떠나게' 된다. 바꾸어 말하면, 우리는 우리가 가진 어떠한 실천적인 동기나 경향을 무시하게 되며 대신에 우리의 욕구에 의해 산만해지는 일 없이 대상을 관조하게 된다. (우리는 생생한 그림 속에 묘사된 과일을 먹으려 하지는 않을 것이다.) 그러므로 어떤 의미에서는 우리가 아름다운 대상에 대해 취하는 자세는 우리가 그들의 존엄성을 존중할 때 다른 인간들에 대해 취하는 자세와 흡사하다.

아름다운 것도 큰 의미에서는 도덕적인 것의 상징이다. 그것은 우리에게 자연과 우리 자신이 훨씬 더 큰 구도의 부분임을 믿게 한다. 아름다운 대상 안에 있는 이러한 질서에 대한 감각은 하나의 공식이나 방법으로 번역될 수 없다(이런 이유로 칸트는 천재야말로 예술적 창조성에서 본질적인 것이라고 주장하였다). 더 큰 구도의 개념, 현상계의 모든 양상이 더 큰 목적 안에 제자리를 차지하고 있다는 목적론[83]에 대한 믿음이, 우리의 사유를 초감성적인 실재로 이끈다. 칸트는 궁극적으로 자연의 질서정연함과 우리의 능력과 자연의 조화가 훨씬 더 심오한 종교적 전망, 즉 이 말의 일상적인 의미에서 지식과 자유, 혹은 신념에 한정되지 않는 세계에 대한 인식으로 우리를 안내한다고 믿는다. 그것은 우주적 조화의 의미로서, 아마도 아리스토텔레스와 그를 그리스도교적으로 해석한 이들을 연상시키는 것이 아니라, 19세기의 가장 극적인 철학적 전망들을 예견하는 것이었다.

● 역사의 발견_ 헤겔

헤겔(1770~1831년)이 열아홉 살이었을 때 프랑스혁명이 일어났다. 혁명은 그의 고향인 슈투트가르트에서 멀지 않은 국경 바로 너머에서 시작되었다. 독일의 많은 청년들처럼, 그는 계몽운동과 프랑스 내의 사건들을 주의 깊은 열정으로 주시하였다. 세상은 변하고 있었다. 세계는 '현대적'으로 변하고 있었다. 헤겔이 철학적 명성을 얻기 시작하고 첫번째 저작을 마쳤을 때인 1806년, 나폴레옹은 권력의 절정에 올라 유럽 통합을 약속하며 (보기에 따라서는, 위협하며) 새로운 국제주의의 시대를 창도하고 있었다. 사실 나폴레옹의 가장 위대한 전투는 당시 헤겔이 가르치고 있던 예나라는 도시에서 발발하였다. 헤겔은 예나 전투에 승리한 후의 나폴레옹을 실제로 보고서 나중에 '말 잔등 위에 앉은 세계 역사'라고 썼다.

헤겔은 철학적으로 칸트를 대단히 숭배하였으며 칸트와 경쟁하였지만, 그의 철학이 갖는 의의는 당시 칸트가 남긴 족적 내에서 벌어지고 있던 학문적 투쟁을 훨씬 넘어서 있었다. 헤겔은 자기 시대의 상처와 행복한 도취를 요약하였다. 그는 국제정치뿐만 아니라 이제 철학 자체 내에서도 나타나고 있는 새로운 세계의 탄생을 알렸다. 이제 '세계정신'(Weltgeist)이 이 새로운 시대로 들어가려 하고 있었으며, 철학 역시 역사와 인류

---

83 '목적론' 개념의 기원은 아리스토텔레스까지 거슬러 올라간다. 그도 마찬가지로 이것을 우주에 좀더 커다란 목적이 있는 것으로서 논의하였다.

에 대한 포괄적인 이해라는 최후의 목표를 달성하려 하고 있었다.

종종 헤겔이 철학의 기획에 새로운 하나의 차원, 즉 역사를 덧붙였다고 한다. 확실히 다른 철학자들은 아낌없이 혹은 비판적으로 선배 철학자들을 참조하였지만, 철학의 진정한 역사라는 개념, 즉 하나의 진보로서, 그리고 하나의 유기적인 기획으로서의 철학 개념은 새로운 시대의 흥미진진한 개념이었다. 헤겔의 철학은 과거 2500년 동안 철학을 정의하였던 다양한 구별들과 투쟁 진영들을 넘어서려는 의식적인 시도였다. 그와 같은 모든 구별들을 세계정신이라는 더 큰 문맥 속에서 보아야 한다고 헤겔은 주장하였다. 즉, 그런 구별들이 결정적인 차이이기보다는 지역적인 싸움과 의견의 불일치라는 것이다. 세속주의와 일신교, 과학과 정신, 이성과 감정, 개인과 공동체, 이 모든 것들이 어떤 맥락에서는 유용할 수도 있고 어떤 유익한 방법으로 충돌을 일으킬 수도 있는 개념으로서 각자 제자리를 갖는다는 것이다.

헤겔 철학의 결론은 비록 때로 '절대'라는 오만한 언어로 표현되기는 하였으나, 일종의 커다란 철학적 겸손과 우리는 모두 우리 자신보다 더 큰 어떤 것의 부분이라는 자각을 동시에 제시하는 것이었다. 지식과 진리에 대한 우리의 개인적인 기여는 결코 최종적일 수 없으며 오히려 언제나 불완전하고 '간접적이며' 부분적이다.

칸트의 뒤를 따랐던 독일의 철학자들은 자신들을 '관념론자들'이라고 불렀다. 이것은 우선 그들이 칸트의 사상에 충실하였다는 것이고, 다음으로 세계는 우리에 의해 구성되었으며 이성에 의해 조정된다는 공통된 견해를 갖고 있다는 점을 가리키는 것이었다. 하지만 세계의 구성에 관한 칸트의 이론이 정확이 무엇인지 그리고 그 이론이 그의 전체 철학적 견해에 어떻게 들어맞는지는, 여전히 때로 신랄하게 진행되고 있는 논쟁의 대상이었다. 칸트가 아직 살아 있던 18세기 말에, 십수 명의 젊은 철학자들이 칸트의 진정한 후계자가 되기 위해 서로 다투었다. 이들 중 두드러진 인물은 요한 피히테(1762~1814년)와 헤겔의 대학친구인 프리드리히 셸링(1775~1854년)이었다. 이들은 칸트의 그늘 속에서 '칸트의 체계를 완성'하고자 노력하면서 명성을 얻었다.

'체계'(system)라는 개념은 칸트로부터 왔다. 칸트는 통합적이고 모든 것을 포괄하는 '학문' 으로서의 철학을 제공하려 했으나 피히테와 셸링 그리고 칸트를 크게 숭배하였던 다른 몇몇 철학자들에 의하면, 칸트는 이를 이루지 못하였다. 오히려 그는 단편적인 철학만을 남겼으며, 그 철학이 아무리 훌륭하더라도 인간 경험의 통일성을 보여주는 데는 실패하였다. 특히 칸트는 그의 지식 개념과 도덕론 사이에 심연의 간극을 남겼으며, 그 결과 마치 인간 정신이 둘로 균열된 것처럼 남겨놓았다.

더욱이 물자체라는 칸트의 개념은 이것이 사실상 그의 철학의 중심이긴 하지만, 이 칸트 이후의 철학자들은 이를 칸트가 간과해버린 점이자 실수이며 비판철학의 전체 기획을 전복시킬 수 있는 하나의 결함으로 여겼다. 예를 들어, 사물을 현상으로서(즉 우리가 경험하는 것으로서)가 아니라 사물 자체를 알 수 있다는 생각은 회의론자들에게 '우리가 어떤 것을 정말로 안다는 사실을 우리는 어떻게 알 수 있단 말인가?' 라는 쐐기를 박는 도전적 물음을 던지게 만드는 여지를 남겼다.

그래서 헤겔은 자신의 철학에서 회의론의 이해가능성, 우리가 알고 있는 사물과 구별되는 사물 그 자체의 이해가능성, 그리고 인간의 경험을 서로 비교할 수 없는 서로 다른 영역으로 나누는 데 반대하여 논증하였다.

피히테는 프랑스혁명에 대한 급진적이고 무모한 지지자로 유명하여 후에 무신론자로 고발되었으며(하지만 그는 맹렬히 부인하였다) 상당한 추문을 불러일으켰다. 또한 그는 나중에 독일 민족주의의 가장 위대한 대변인들 중의 하나가 되었다. 그러나 그는 철학적으로는 서로 싸우는 칸트 철학의 여러 파당들을 화해시켜 그들의 사상을 하나의 통합된 체계로 종합하는 데 착수하였다.

칸트는 예상대로 그에 반대하여 자신의 철학은 이미 완전하고 통일되어 있다고 말하며, 이 젊은 열렬한 지지자들의 어떤 도움도 필요로 하지 않았다. 하지만 피히테는 첫 번째 비판(『순수이성 비판』)의 매우 과학적인 정신을 지닌 철학과 두번째 비판(『실천이성 비판』)의 도덕적 철학을 거론하면서, 사실상 우리는 이 둘 중의 하나를 선택해야 한다고 선언하였다. 피히테가 속되고 '독단적' 이라고 보았던 과학적 세계관은, 그가 권장하는 선택은 아니었다. 그가 '관념론' 으로서 열렬히 권장했던 도덕적 관점이야말로 훨씬 더 좋은 선택이었다. "한 사람이 선택하는 철학의 종류는 그 사람이 어떤 종류의 사람인가에 달려 있다"고 피히테는 도덕적으로 설명하고 있다.

첫번째 비판(『순수이성 비판』)으로부터 자유로이 사상을 빌려오면서, 피히테는 우리는 세계를 하나의 도덕적 무대로 구성하는데 그 무대 위에서 용기와 덕을 드러낸다고 주장하였다. 세계는 실로 우리의 범주들의 산물이지만, 이 범주들이 본질적으로 지식에 제일 먼저 관련되어 있다고 생각하는 것은 잘못이다. 그것들은 우선 우리의 행동과 자유에 관련되어 있으며, 우리는 세계 안에서 우리 자신을 입증하기 위하여 세계를 '긍정적으로 가정한다'.

이것은 의심할 것 없이 극적인 칸트에 대한 해석이다. 물론 칸트는 궁극적으로 이러한 해석을 거부하였다. 젊은 셸링은 그러한 해석에 탄복하였지만 그 한계를 인정하였다. 특히 피히테의 철학은 과학뿐만이 아니라 자연까지도 무시하였다. 모든 것이 행동일 뿐이며 어떤 실체도 없다. 그래서 셸링은 칸트의 철학을 '완성하기' 위하여 자신의 철학을 발전시켰다. 그는 자연의 중요성과, 특히 우리가 그것을 통해 자연을 구성하고 이해하는 다양한 개념들의 중요성을 강조하였다.

셸링은 피히테처럼 칸트의 '구성' 개념을 (그리고 실로 그의 철학 전체를) 옛 관념론자들이 나아가고자 했던 것보다 훨씬 더 멀리 밀고 나갔다. 셸링에게는 (그리고 피히테에게도) 우리가 실제로 우리의 세계를 창조한다는 인식이 있다. 하지만 좀더 그럴듯하고 어렵게도, 이것은 우리가 개인적으로 할 수 있는 일로 보이지는 않는다. 오히려 우리 모두가 하나의 통일된 '의지' 혹은 '정신'으로서, 세계를 창조하는 것으로 보인다. 셸링은 조심스럽게 이 통일된 창조자를 신과 동일시하였다. (낭만주의 철학자들은 이러한 제안을 좋아하여 셸링을 그들의 최고 철학자로 받아들였다.)

'칸트의 체계를 완성한다'는 생각이 새로운 세기로 전환되는 시기의 철학을 지배하였다. 헤겔의 첫번째 전문적인 논문(그가 셸링과 함께 편집하고 있던 잡지에 실렸다)은 피히테의 체계와 셸링의 체계를 칸트의 철학에 비추어 비교한 것이었다. 헤겔은 젊었을 때 신학교에서 교육을 받았지만, 어떤 종교적 영감도 받지 않은 듯했다. 그가 쓴 초기의 철학적 소론들은 다소 기이했고 그리스도에 대해 불경스럽게 공격하고 있다. '예수의 생애'라는 제목을 가진 글에서 그는 예수를 보통 사람으로 만들기 위하여 비상한 노력을 기울였다. 여기서 헤겔은 산상수훈에서 예수를 칸트의 정언명령을 신봉하는 별난 도덕론자로 만들고 있다.

불행히도 젊은 헤겔은 철학적 재능도 별로 많지 않았던 것 같다. 그의 친구인 셸링은 헤겔이 진지하게 글을 쓰기 시작하기 전에 이미 세계적으로 유명하였으며, 헤겔의 최고 사상들은 그의 또 다른 대학친구인 시인 프리드리히 횔덜린한테서 직접 빌려온 것들이었다. 실제로 아직도 때로 헤겔의 철학은 궁극적으로는 횔덜린의 정신적인 시들을 독일 철학의 까다로운 언어로 번역한 것으로 간주되고 있다.

헤겔의 (출판되지 않은) 초기 소론들은 불경스러움에 더하여, 놀랍게도 읽기가 쉬웠다. 문체는 명쾌하고 구체적이며 풍자적이었다. 거기에는 종잡을 수 없거나 불명료한 말은 두드러지게 찾을 수 없었다. 바꾸어 말하면, 초기의 헤겔은 칸트와 칸트의 새로운 학구적 스타일을 모방하려 하지 않았다. 하지만 철학적으로 성공하는 길은 칸트를 모방하는 것이었던 것 같다. 그의 천재적 재능이나 그의 사상이 아니라, 그의 지루하고 답답하며 때로는 괴로운 스타일의 모방 말이다. 칸트와 더불어 이제 철학은 확고히 하나의 학문적 훈련이 되었다. (철학은 이로부터 결코 돌이키지 못하였다.)

1807년 헤겔은 많은 사람들이 그의 가장 위대한 저작이라고 말하는 첫번째 저작인 『정신현상학』을 출판하였다. 이것은 인간 의식의 가장 기초 개념에서부터 가장 포괄적이고 복잡한 개념에 이르기까지 우리를 이끄는 장대한 구상의 대여정을 보여준다. 이 책에서 언급하고 있는 목적은 진리, 즉 '절대' 진리에 도달하는 것이지만, '절대'라는 용어는 '최종의 완성된' 것을 의미하지 않으며, '진리'라는 용어 또한 '사실'을 가리키는 것이 아니다. 헤겔이 추구했던 것은 하나의 포괄적인 전망이며, 이것은 지식의 본성에 관한 다양한 철학적 이론들뿐만 아니라 종교, 윤리학, 예술 그리고 역사 등의 분야도 포함한다.

『정신현상학』의 중심 관심사는 '정신'(Geist)의 본성으로서, 이것은 우리 모두와 모든 자연을 포괄하는 우주적 영혼이다. 『정신현상학』의 결론에서 실로 '절대적'인 것은 이러한 모든 것을 포괄하는 정신의 의미이다. 이것은 모든 의견의 불일치가 해결되고 모든 논쟁이 종식되며 모든 문제들에 대해 답이 얻어지는 것은 아니다. 오히려 이러한 의견의 불일치가 아무리 대처하기 어렵고 이런 논쟁들이 아무리 신랄하며, 이런 문제들이 아무리 대답하기 어려운 일이라 하더라도, 우리 모두가 함께 이 안에 놓여 있다는 것이다. 나폴레옹은 세계를 통합하려는 포부를 품었을 뿐이었다. 하지만 헤겔은 실제로 (물론 이론적인 면에서) 그렇게 하였다. 그러나 그럼에도 모든 것을 포괄하는 의식이라는 생각은 그것을 성취하기 위한 첫걸음이다.

『정신현상학』의 첫번째 부분은 지식의 문제에 관한 것으로서, 이는 데카르트에서 칸트에 이르기까지 근대 철학을 괴롭혔던 문제였다. 사실상 헤겔은 "이것으로 충분하다"고 말하였다. 그는 칸트의 이론을 회의론에 대한 반박으로 받아들였다. 철학이 지식의 문제에만 너무 치중하여 다른 분야, 즉 인간의 역사, 문화, 예술, 윤리, 종교, 그리고 행복 등에 관한 문제들을 소홀히 한 것에 대해 비난하였으며, 칸트에게서도 지식을 (그리고 다른 모든 것들도) 비시간적으로 취급하고 범주들을 비시간적으로 개념화한 것을 거부하였다.

헤겔은 지식은 발전하는 것이라고 주장하였다. 그는 아리스토텔레스처럼 물리학과 수학이 아니라 생물학과 유기체를 자신의 패러다임으로 택하였다. 의식 역시 비시간적인 것이 아니며, 의식이란 그로부터 혹은 그 속에서 우리가 세계에 대한 지식을 얻는 초월적인 조망 같은 것만도 아니다. 의식도 성장한다. 의식은 새로운 개념들과 범주들을 발전시킨다. 의식은 자신이 하나의 '의식 형태'와 다른 의식 형태 사이에서 분열되어 있음을 발견하며, 그 둘을 조화시키거나, 또는 어쨌든 그 둘을 넘어서는 것을 배운다. 의식과 지식은 모두 역동적이다. 그것들은 변증법적이다(제1부를 보라). 그것들은 단순한 관찰과 이해를 통해서가 아니라 대립과 투쟁을 통해 성장한다.

헤겔은 『정신현상학』의 시작 부분에서 그가 '감각의 확실성'이라고 부르는 지식을 이해하는 능력인 '상식'에 대해 고찰한다. 이것은 (이를 이론으로 부를 수 있다면) 우리가 사물을 단순히 지각한다는 이론이다. 이것은 사물은 단지 거기에 있으며 우리에게 있는 그대로 보이고 들리고 만져진다는 상식적인 견해이다. 우리는 사물을 감각을 통해 알며, 우리가 그 존재를 확신할 수 있다는 사실도 안다. 철학 이론의 수준으로 올라가더라도, 우리는 어떤 기술(記述)과 이해에 앞서서 우리가 경험하는 것이 무엇인지를 안다. 즉, 우리의 경험은 즉각적이며 매개되지 않는 것이라는 말이다.

헤겔은 지식에 관한 그러한 개념화가 완전히 부적절하며, 더욱 포괄적이고 정교한 개념화(혹은 '의식의 형식')에 의해 대체될 필요가 있음을 논증한다. 이러한 더 포괄적이고 정교한 개념화는 우리의 모든 지식이 실은 간접적이라는 사실, 즉 개념에 의해 걸러지고 부분적으로는 감각에 의해 이미 결정된 것이라는 사실을 인정한다. 이런 식으로 몇 단계의 과정을 거쳐서, 헤겔은 라이프니츠와 몇몇 경험론자들의 주요한 성찰들을 알 수 있는 많은 이론적 변주를 통하여, 우리를 '소박한 실재론'으로부터 지식이 오성의 매개된 형식임을 보여주는 칸트의 첫번째 비판(『순수이성 비판』)까지 데리고 간다.

하지만 이것으로 충분하지 않다. 지식은 그 자체가 불충분하다. 우리가 서로 다른 경쟁하는 일련의 범주들을 가진다고 가정해보자고 헤겔은 제안한다. 혹은 칸트의 중심 테제들 중 하나에서 빌려와서, 그럼에도 우리가 알고 있는 세계와 세계 그 자체를 명료하게 구별할 수 있다고 가정해보자. 실재의 세계, 즉 세계 그 자체는 우리가 경험하는 세계와는 정확히 반대되는 속성들로 구성되어 있다고 가정해보자고 헤겔은 장난스럽게 제안한다. 즉, 검은 색은 하얗고 선은 악이고 하는 식으로 말이다. 그렇다면 우리는 이러한 제안을 어떻게 이해할 수 있을까? 한 세계에서는 의지를 발휘하고 다른 세계에서는 실제로 사물을 변화시키는 행위의 개념을 칸트는 어떻게 옹호할 수 있을까? 그러므로 '두 세계'의 개념은 무의미한 것으로 환원된다고 헤겔은 결론 내린다.

이와 비슷하게, 두 개의 서로 다른 현상적인 시각, 두 개의 서로 다른 범주 체계, 혹은 두 개의 반대되는 이론들(예를 들어, 세계에 관한 라이프니츠와 뉴턴의 생각)의 가능성에 대해서는 어떻게 말할 수 있을까? 헤겔의 답은 아주 현대적이고 실천적 고려에 대한 호소로서 읽힐 수 있다. 칸트의 첫번째 비판(『순수이성 비판』)은 두번째 비판(『실천이성 비판』)

에 뜻을 굽히고, 지식의 문제는 스스로 삶에 대한 관심 및 욕망의 명령과 직면해 있음을 발견하게 된다. 그는 이론들 사이에서의 선택은 실천적이며 이론에만 바탕을 둘 수 없다고 하였다.

여기서 의식은 자기의식으로 발전하며 『정신현상학』은 돌연히 '자기확신'으로 돌아선다. '감각의 확실성'에 관한 장(章)처럼 이것도 하나의 상식, 즉 절대 확실한 자아 개념과 함께 시작된다. 이런 경우 바로 데카르트의 금언인 '나는 생각한다, 그러므로 나는 존재한다'가 될 것이다. 헤겔은 계속하여 데카르트적인 자아가 전혀 확실한 것이 아니라는 사실을 보여준다. 현대적인 관점에서, 헤겔은 더 나아가 자아란 사회적으로, 즉 개인들 간의 상호작용 속에서 사회에 의해 만들어진다고 주장하였다. 이전 장에서처럼, 헤겔은 소박한 견해로부터 더욱 복잡하고 정교한 철학적 관점으로 우리를 데려간다. 자아는 욕망의 혼란 속에서 자신에 대해 엄청나게 혼란스러워진다. 이러한 혼란은 마침내 절망이 '절대적인' 자기확신으로 가는 길을 발견할 때까지 계속된다.

자아의 문제는 『정신현상학』 속에서 가장 잘 알려지고 가장 극적인 하나의 장에서 '주인과 노예'라는 비유로 다루어지고 있다. 가장 적나라한 최소한의 언어로 얘기된 이 비유에서, 두 개의 '자기의식'은 서로 대립하며 상호 인정을 위해 싸운다. (거의) 목숨을 건 싸움에서 하나는 승리하고 다른 하나는 진다. 하나는 주인이 되고 다른 하나는 노예가 된다. 이렇게 각자가 인식되고 따라서 타자의 눈을 통해 자신을 확인한다.

헤겔은 우선 자아란 내성(內省)을 통해서가 아니라 오히려 상호 인정을 통해서 발전한다는 것을 보여주고자 한다. 즉, 자아란 본질적으로 사회적이며 단지 심리적이거나 인식론적인 것만은 아니라는 말이다. 헤겔은 또한 개인 간에 이루어지는 어떤 종류의 관계의 본성을 보여주는 데 관심을 가졌다. 이런 관계는 많은 철학자들(예를 들어, 홉스와 루소)이 '자연 상태'에 관한 그들의 가설 속에서 가정하였던 것들이다. 통상적인 가정에 따르면, 인간은 무엇보다도 먼저 개인들이었으며 그런 다음에야 상호 동의에 의해서 사회의 구성원이 된다. 헤겔은 이런 가정이 넌센스라고 생각한다. 왜냐하면 개별성은 오직 개인들 간의 상호관계 안에서만 생겨나기 때문이다. 사람들이 기본적으로 원하고 필요로 하는 것은 안전과 물질적 안락뿐만이 아니라 또한 타인들로부터 자신을 인정받는 일이다. 인간 본성에 관한 다른 어떤 견해도 인간 존재의 본질적인 복잡성을 놓치게 될 것이다.

헤겔은 『정신현상학』을 통해서 여러 가지 의식 형태들의 부적절함을 드러내며, 지속적인 '변증법'으로 우리를 하나의 견해 또는 태도에서 또 다른 견해 또는 태도로 이끈다. 주인/노예 비유의 불행한 결론(이 비유의 결론은 주인과 노예 모두 비참해진다는 것이다)으로부터, 우리는 여러 가지 철학적 전략을 통해서 인생의 어려운 문제들을 처리하거나 혹은 피할 수 있는 길로 인도된다(스토아 철학, 회의주의, 금욕주의, 그리고 몇몇 형태의 그리스도교). 마침내 『정신현상학』의 (매우 긴) 절정의 시작인 '정신'에 도달하였을 때, 우리는 다음의 사실을 이해하게 된다. 우리는 우리가 행하는 역할과 상호 인정을 통해 우리 자신들을 상호 규정할 뿐만 아니라, 우리 자신의 정체성을 모두 함께 관념적으로 확인하게 된다. 우리 자신들이 하나의 도덕적 공동체라는 느낌 속에서 그렇게 하는 것이며, 종교를 통한 세계 및 우리 자신에 대한 개념화 속에서 그렇게 한다. 우리는 궁극적으로 모두 하나의 '정신'이며, 이 매우 중요한 진리가 헤겔 철학의 '절대' 목표라는 사실을 알게 된다. 우리는 정치적으로 변증법의 목표가 자유라는 사실을 이해할 수 있는데, 이것은 단순히 속박으로부터의 자유가 아니라 우리가 하나의 개인, 그리고 그 이상의 존재가 되는 자유를 말한다.

그럼에도 『정신현상학』의 변증법은 대립과 투쟁을 통해 나아간다. 우리는 주기적으로 모순에 부딪히며, 경우에 따라서는 막다른 곳에 이른다. 예를 들어, 비극은 의식의 한 형태가 다른 형태의 의식과 서로 모순될 때의 참을 수 없는 갈등을 예증한다. 헤겔이 좋아하는 예는 소포클레스의 연극인 「안티고네」이다. 여기서 오빠를 장사지내 가족에 관한 신성한 법에 따라야 하는 안티고네의 의무가 그러지 못하도록 하는 왕 및 시민사회의 명령과 갈등을 빚는다. 연극의 결론은 화해와 종합을 보여주지만 이러한 결론은 이미 죽은 안티고네에게는 아무런 도움도 되지 못한다. 변증법은 단순한 개인들보다 더욱 크며, 그것은 희생을 요구한다.

헤겔은 막다른 경우의 예로서 프랑스혁명을 들고 있다. 여기서 헤겔은 통제되지 않는 '부정적인' 자유가 어떻게 오직 자기파괴로만 끝나는가를 보여주려고 하였다. 헤겔은 이 과도한 개체성에 대한 반작용으로서 더욱 '공산사회적인' 정신적 감수성으로 방향을 돌려 이로부터 자신의 정치철학을 발전시킨다.

헤겔은 『정신현상학』을 더 큰 철학적 체계의 '서론'으로서 의도하였다. 『정신현상학』은 절대 지식에 관한 견해를 확립한 것으로 간주되었는데, 이로부터 체계 자체, 즉 칸트에 의해 시작된 작업의 '완성'이 공식화될 수 있었다. 실로 헤겔은 그가 '역사의 종말'로 찬양하는 새로운 시대를 장려하기조차 하였다. 역사의 종말이란 곧 보편적 자기인식의 오랜 발전의 끝을 의미하는 것이었다. 그는 나머지 생애 동안 그러한 과제에 전념하였다. 『정신현상학』이 서론에 불과하였던 헤겔의 철학 체계는 그의 『논리학』에서 계속된다. 이것은 형식적이고 수학적인 의미에서의 논리학이 아니라 오히려 '존재', '생성' 및 '무'와 같은 기본적인 철학 개념들의 상호관계와 '연역'에 관한 체계이며 지식에서의 개념의 역할과 상호작용에 관한 광범위한 논의에 관한 체계이다.

특히 헤겔은 칸트가 모든 지식의 선험적인 기초로 규정한 개념들 혹은 '범주들'의 기본 체계에 초점을 맞춘다. 칸트가 엄격히 질서를 잡아 깔끔하게 규정한 범주 체계에 대하여, 헤겔은 그러한 개념들의 '유동성'과 상호 규정성을 논증한다. 개념은 언제나 맥락에 달려 있다. 그 의미는 그것들 간의 대조와 보완에 의존한다. 그리고 개념들은 궁극적으로 오직 경험의 바탕 위에서만 이해될 수 있다. 맥락에서 떼어내어 단순히 공식화하는 것만으로는, 그것들은 어떤 실제적인 의미도 갖지 못한다.

헤겔의 『논리학』은 겉보기에 만만찮음에도 불구하고 여러 면에서, 맥락에 의존하고 그 양극성이 항상 정밀한 검토를 필요로 하는 서로 대립하는 것들의 상호 의존 체계로서의 상식적인 지식 개념을 지지하고 있다. 예를 들어 '주관적인 것'과 '객관적인 것'의 첨예하고도 의심스러운 철학적 구별은 맥락에 따라 바뀌는 하나의 대립쌍으로 보아야 한다는 것이다. 실로 이 작업의 전체적인 요점은 궁극적으로 객관적인 실재와 지식으로부터 주관적인 경험을 구별할 것을 주장하는 근대 철학의 움직임이 무익함을 보여주는 것이다. 이 점은 사실상 현대 물리학의 성과에 의해 오늘날 확인되고 있다.

칸트는 객관적인 실재가 어떻게 주관성에 의해 구성되는가를 긴 설명을 통해 보여주었지만, 주관성과 객관성의 구별은 손대지 않은 채로 놔두었다. 헤겔은 가장 어려운 철학 책들 중의 하나에서, 우리가 어느 정도까지 객관적 실재를 경험하는가를 보여주고 싶어하였다. 하지만 우리는 그에 대해 수많은 서로 다른 방식으로 그에 대해 생각하며, 이런 다양한 방식들은 대비되고 비교되고 하나의 단일하고 총체적인 사유체계로 결합될 수 있다.

만년에 독일 내에서 가장 유명한 철학자이자 베를린 대학의 교수가 되었을 때, 헤겔은 이러한 체계에 대한 그의 개념을 강의를 통해 확장하고 보완하였다. 그는 셸링(당시 셸링은 그의 가장 지독한 적수가 되어 있었다)을 따라서 자연 철학을 발전시켰다. 그는 그의 논리학을 단순화하여 이것을 포괄적인 철학사에 더하였다. 헤겔은 그의 '정신 철학' 을 더욱 발전시켜서, ('주관적인 정신' 으로서의) 심리학과 새로운 학문인 인간학에서부터 (각각 '객관적이고' '절대적인' 정신으로서의) 정치학과 종교에 이르기까지 모든 것을 포함하였다.

아마도 현대적인 사회 개념에 대하여 헤겔이 기여한 가장 중요하고도 가장 논쟁의 여지가 있는 것은, 바로 개인은 국가에 비해 이차적인 중요성밖에 가지지 않는다고 보는 견해일 것이다. 그의 목표는 홉스와 계몽사상까지 거슬러 올라가는 사회적 정치적 사유의 전 역사였다. 하지만 때로 그렇게 말해지곤 하는 것처럼, 그의 견해는 전체주의적이거나 권위주의적인 것이 아니다. 헤겔을 그 후의 몇몇 철학자들(예를 들어, 이러한 개념을 악용하였던 레닌과 무솔리니 같은)과 혼동해서는 안 된다. 헤겔의 요점은 개인에 관한 우리의 개념이 아주 특별한 종류의 사회, 즉 그가 '시민사회' 라고 불렀던 사회의 산물이라는 것이었다. (헤겔이 영국의 정치경제학자들, 특히 애덤 스미스의 책들을 열광적으로 읽었던 사람이라는 점을 언급해두어야 하겠다.) 그의 요점은 개인이 중요하지 않다는 것이 아니라 오히려 개인의 중요성은 그가 살고 있는 사회의 정황에 달려 있다는 점이다.

헤겔의 정치학은 그가 세기의 전환기에 예나에서 처음으로 강의했던 시절로 거슬러 올라간다. 당시 나폴레옹이 유럽을 가로질러 진군하면서 분열된 독일의 나라들에 혁명을 부추겼다. 헤겔의 정치학과 사회이론은 『정신현상학』에 제시되었으며, 1821년 짧막한 저작인 『법철학』에서 모습을 드러내었다. 이 책은 나폴레옹이 몰락하고 단지 6년 뒤인, 유럽 역사에서 이른바 '반동기'로 불리는 안정되었지만 강압적이었던 시기에 씌어졌다. 헤겔의 견해는 말할 필요도 없이 그렇게 소용돌이치는 역사에 영향을 받았지만, 후기의 정치적 견해에 대해서는 그렇지만도 않았다. 초기의 『정신현상학』은 상당한 정도로 해방에 관한 책이자, '새로운 세계의 탄생'을 알리는 책이었으며, 나폴레옹의 혁명이 성공할 것을 예견하는 '취하여 떠들어대는 축연'이었다. 이와는 대조적으로, 철학의 '회색'과 황혼 이후 날으는 미네르바(로마의 지혜의 여신)의 올빼미에 대한 이야기로 시작되는 『법철학』은 철학이란 이미 일어난 일을 사후적으로 평할 뿐이라고 말한다.

역사 및 관념의 유동성과 역동성에 관한 주장에도 불구하고 헤겔의 최종적인 체계는 새로운 격변, 즉 새롭고 더욱 역동적인 변증법, 다시 말해 관념을 물구나무 세우는 새로운 전환을 권하는, 확정되고 비활성적인 개념이 된다. 1831년 전염병인 콜레라에 감염된 헤겔이 갑자기 죽은 후에, 루트비히 포이어바흐가 이끄는 혁명적인 정신을 지닌 젊은 헤겔주의자들 그룹이 베를린 철학계에 나타났다. 그들 중의 하나가 카를 마르크스라는 이름의 젊은 낭만적인 시인이었다.

● 철학과 시_ 합리주의와 낭만주의

19세기 전환기에 철학은 인간 지식의 가능성으로 시작해서 '절대적인 것'에 대한 추구와 최종적인 파악으로 끝나는 몇몇 큰 문제에 몰두해 있었던 것 같다. 하지만 우주적이기는 하지만 빈약한 그 틀 안에서 '성마른 철학교수들' 뿐만 아니라 당시의 가장 재능 있는 시인들과 예언자들 사이에서 많은 활발한 논쟁이 있었다. 그들은 모두 새로운 독일의 '시인'(Dichter)이 되기를 원하였다. 독일어에서 '시인'이란 문장가, 현대의 음유시인, 시를 짓는 사람 이상의 인물을 가리킨다. 그는 (혹은 그녀는) 또한 현명하고 실로 현자 같으며 시대정신의 대변자이다. 이러한 경쟁은 성마른 철학교수들뿐만이 아니라 철학자들과 시인들, 이성과 절대적인 것에 대한 대변자들과 영혼의 해설자들 사이에서도 벌어졌다. 고대 플라톤의 시인에 대한 반목이 독일에서 되살아났으나, 이 시기에는 예외적으로 철학자들이 수세였다. 시인들은 '현대적이고' 공격적이었으며, 진리는 이성의 연역적 추론이나 과학의 탐구가 아니라 개인의 천부적 재능에 도움을 받은 순수한 영감을 통해서 발견된다고 주장하였다.

이렇게 이성의 객관성을 위한 힘든 투쟁은 정열과 천부적 재능에 대한 근대의 숭배에 사실상 자리를 내주었다. 이 기형적이지만 열광적인 움직임이 우리가 일반적으로 낭만주의라고 알고 있는 것이다. 독일에서는 계몽사상이 영국과 프랑스에서처럼 그렇게 우위를 차지하지 못하였다. 대신 칸트의 이성주의 철학이 그의 실제 이웃이던 요한 하만의 신비주의와 나란히 불편한 관계를 유지하고 있었다. 독일인들이 계몽사상을 서쪽에서 찾았다면, 그들을 각성시킨 사람은 흄이 아니라 자연상태의 독립성에 대한 그의 몽상이 위안을 주는, 온화하고 다정다감한 루소였다.

새로 등장한 독일 정신의 옹호자는 칸트가 아니라 요한 헤르더(1744~1803년)라는 시인이었다. 그는 철학자이기도 하였다(그리고 우리는 철학과 시인의 차이를 과장하는 함정에 빠지지 않도록 주의해야 한다). 하지만 그는 아주 기질이 다른 철학자였다. 칸트와 계몽사상은 '세계주의'와 보편성을 주장하였다. 헤르더는 젊었을 때도 그러한 철학이 자신에게는 '고향이 없는' 느낌을 준다고 불평하였다. 그에게는 (부분적으로는 그 때문에) 독일 문화와 특히 독일 사상이 세계 무대에서 특별한 위치를 차지할 권리를 가지고 있는 것이었다.

이성에 대한 옹호자인 칸트와 계몽사상가들과 달리, 헤르더는 감정과 즉각적인 경험 혹은 감각을 강조하였다. 우리는 감정을 통해서 세계와 하나가 되는데, 이를 통해 우리는 우리 자신의 '생명력'을 인지하게 된다. 그런데 우리는 객관성과 지식을 추구하는 가운데 의식을 통해서 또한 가장 중요하게 언어를 통해서 그런 본래의 통합을 반성적으로 단절시킨다. 이것은 그 자체로서는 나쁜 것은 아니며, 자주 그러하듯이 우리는 일반적으로 아주 다르다고 인정하는 사상가들 사이의 차이를 과장해서 말하는 것을 경계해야 한다. 세계로부터 의식을 반성하고 개념화하여 구별하는 우리의 능력이 우리를 '해방된' 최초의 신의 창조물이게 한다고 헤르더는 주장하였다. 하지만 반성적인 삶은 한정된 삶이다. 감정에 따른 삶, 즉 시에 의해 포착된 질풍노도(Strum und Drang)는 (단지 세계에 대해서 아는 것만이 아니라) 전인적 인간이 되고 세계와 하나가 되는 데 필요불가결한 것들이다.

결국 보편적이고 비시간적인 필연적인 진리를 추구했던 칸트 및 계몽사상과는 달리, 헤르더는 헤겔보다 몇 십 년 앞서서 역사의 존재를 믿었다. 이런 점에서 그는 독일의 잠바티스타 비코(1668~1744년)였다. 이탈리아인인 비코는 또 따른 무시된 천재였다. 비코는 헤르더가 태어난 해에 죽었다. 헤르더와 비코는 모두 사실상 철학 전체의 성과에 대항하였는데, 철학이 역사와 문화를 무시하고 진리를 무시간적인 변화 없는 실재로 취급하였다는 것이다.

비코는 데카르트를, 그의 합리주의를, 그리고 그의 연역적 방법을 신랄하게 공격하였다. 비코는 헤르더처럼 삶에서 비이성적인 것의 중요성을 통찰하였으며 철학적 반성에는 반대되지만 사회생활에서는 필수적인 요소로서 종교적 신앙과 복종의 역할을 강조하였다. 헤르더와 비코 둘 다 기술(技術)에 반대하였으며, 혹은 기계에 대한 새로운 찬양을 매우 불편하게 느꼈다. 그들은 루소처럼, 인간의 삶을 개선시키는 과학과 기술을 칭찬하는 계몽사상의 분별에 이의를 제기하였다.

비코는 같은 이탈리아인인 마키아벨리의 저작에 환호하는 젊은 열기에 고무되어, 인생은 이성이 아니라 오히려 불일치, 갈등, 변화 등에 의해서 규정되는 경향이 있다는 슬프지만 명백한 사실을 인정하였다. 그래서 비코는 역사에 대한 진화론적인 전망을 옹호하였다. 즉, 사회의 성장 단계는 개인의 성장 단계와 매우 흡사하다는 것이었다. 사회 역시 한 개인처럼 타락하고 쇠퇴하며 그리고 죽는다. 헤르더도 이와 동일한 유추를 택하였지만 그는 약간의 독일 관념론을 포함시켰다. 그 역시 합리성을 역사에 대비시켰지만, 그는 또한 '더욱 높은 차원에서의 통일'을 주장하였다. 이것이 바로 낭만주의의 결정적인 이미지가 되었다. 이는 곧 불일치와 갈등을 넘어서는 통일, 특수성을 벗어나는 보편성, 일상적 삶의 복잡성과 혼란으로부터 발산되는 신과 절대적인 것을 가리킨다.

이성의 승리라는 말로 인해, 헤겔은 낭만주의 진영에 어정쩡하게 위치하게 되었다. 그의 입장은 나중에 한 헤겔주의자(미국의 철학자인 조시아 로이스)가 그랬듯이, '정열의 논리학'이었다. 그것은 '연역'이 아니라 인간 마음의 변화와, 관념과 다른 형태의 의식들의 변증법에 대한 찬양으로서, 이 모든 것은 우여곡절을 거쳐 하나의 궁극적인 이성적 통일로 이끌어진다.

그러나 헤겔은 자신이 낭만주의자들에게 빚을 진 점과 그들의 중요성을 인정하기를 거부하였다. (한때 친구였으나 곧 라이벌이 된 프리드리히 셸링이 분명 이들 중의 하나였다.) 그는 계몽사상과 낭만주의가 모두 '지나치게 제한적이고' '지나치게 일방적'이라는 이유로 거부하였다. 하지만 그 시대의 많은 위대한 정신들 역시 그러하였다. 여기서 돌이켜 볼 수 있는 이점이 우리에게 허락하는 한 가지 진리가 있다면, 독일의 합리주의와 낭만주의의 근본적인 유사성을 이해할 수 있다는 점이다. 이들 형제간의 경쟁 자체가 이들이 공동으로 모더니즘을 출현케 했음을 말해주는 징표임을 알 수 있다.

합리주의자들과 낭만주의자들 모두 그 사상을 칸트에 기반을 두고 있다. 그는 통속적인 오행시를 좋아했으며 음악 취향은 일요일 오후의 군악대 연주에 만족하는 편이었다. 그러나 낭만주의자들을 고무시킨 칸트는, 흄에 의해 각성되고 뉴턴 물리학의 기초를 열렬히 옹호한 칸트가 아니었다. 또한 정언명령과 도덕법칙의 보편성을 옹호한 칸트도 아니었다. 그보다는 세번째 비판서의 칸트였는데, 세번째 비판서인 『판단력 비판』은 미적 판단, 세계의 합목적성을 다룬 저작으로서 낭만주의자들을 매우 고무시켰다.

독일의 젊은 낭만주의 시인들의 오만(hubris)과 상상력을 사로잡은 것은, 세계의 목적은 과학이 아니라 예술에서 찾아야 하며 진정한 영감은 체계적인 방식의 이성이 아니라 천재의 즉각적인 충동에서 찾아야 한다는 칸트의 명백한 제안이었다. '천재는 규칙 너머에 있다'는 말은 어떤 열정적인 젊은 모더니스트 시인보다도 더 많은 것을 선언하는 것이었다. 비극적이라고는 할 수 없겠지만, 많은 조악한 시들이 이러한 사상의 필연적인 결과로 나타나게 되었다.

당시의 탁월한 시인은 요한 볼프강 폰 괴테(1749~1832년)였다. 그는 가장 영향력 있는 시대의 대변자일 뿐만 아니라, 독일의 정신과 자아상을 가장 잘 표상하고 있기도 하였다. 그는 또한 창조적인 감수성과, 싸우는 두 진영을 갈라놓는 심연을 넘어서는 매우 명예로운 지혜의 전언들을 펼쳐 보였다. 초기 저작에서 그는 종종 이성, 엄격함, 명료함 같은 고전적인 이상들을 추구하였다. 그는 낭만주의가 '병들었다'고 선언하였다. 그러나 그의 후기 걸작인 희곡『파우스트』는 위대한 낭만주의적 천재의 특징을 드러내었다. 괴테는 칸트를 읽기는 하였지만 철학에는 관심이 없다고 고백하였다. 그럼에도 그는 칸트의 세번째 비판에 깊은 감명을 받았으며, 괴테의 사상은 독일 사상에 대해 철학자들 못지않게 큰 영향을 끼쳤다.

괴테의 가장 친한 친구이자 문학적으로 필적하는 프리드리히 실러(1759~1805년)는 칸트를 읽었을 뿐만 아니라 칸트에 대해 통달해 있었다. 그는 (거의 동시대인이던) 헤겔처럼 자신을, 그가 칸트 철학에서 부적절하게 본 것에 대한 '교정자'로 여겼다. 그의 『미적 교육에 관한 편지』에서, 실러는 칸트가 도덕의 중요성을 강조한 점과, 세번째 비판에서 미를 찬양한 것을 매우 진지하게 받아들였다. 그리고 덕성을 기르는 길은 실천이성의 추상적 규칙들이 아니라 오히려 예술과 미학에 의해서 이루어진다고 주장하였다. 실러는 괴테처럼 낭만주의에 관한 논쟁에서 벗어나 있었다. 그럼에도 이 둘은 모두 뒤이은 새로운 세기의 전반부를 활기차게 만든 철학적 시인들의 세대에 비록 혼란스럽기는 해도 심대한 영향을 끼쳤다. 젊은 낭만주의자들에게는 진정한 낭만주의 철학자가 아직 없었는데, 그는 칸트의 천재를 따르면서도 그들의 우주적이며 대체로 비극적인 감수성에 어울리게 세계를 재단하는 그런 사람이어야 할 것이었다. 하지만 그가 비딱한 유머 감각을 또한 가지고 있더라도 그리 해가 되지는 않을 것이었다.

● 낭만주의 서양이 동양을 만나다_ 쇼펜하우어

아르투어 쇼펜하우어(1788~1860년)가 바로 그런 철학자였다. 쇼펜하우어는 비관론과 심술궂은 스타일로 유명하다. 헤겔에 대한 그의 반감은 매우 깊어서 헤겔이 가르치던 같은 때에 같은 대학에서 강의하기를 고집하였다. 헤겔의 인기 때문에 쇼펜하우어의 강의를 듣는 사람은 적었으며 그래서 그의 강의 경력은 일찍 끝나버렸다. 다행히도 그는 독립적으로 살만큼 부유하여 집필에만 전념할 수 있었다. 그는 자신의 책 속에서 자주 '허풍적인 사기'를 암시적으로 언급하였는데, 이것은 그가 각주에서 분명히 설명했듯이 헤겔을 의미하는 것이었다.

쇼펜하우어가 헤겔에 대해 가장 경멸하는 점은 헤겔의 낙관론, 즉 인류가 진보하고 있다는 의식이었다. 그와 달리 쇼펜하우어는 대부분 시대의 대부분 사람들이 완전히 속았으며, 이 점은 인류가 시작된 이래 크게 변하지 않았다고 생각하였다. 칸트를 열렬히 숭배했던 그는 인간의 무지의 원천을 설명하기 위하여 예지계와 현상계에 대한 칸트의 구별을 이용하였다. 자연 세계의 일부인 우리는 우리의 경향성에 의해 행동의 동기를 자극받는다. 우리는 우리 자신이 사물들과 우리가 서로 인과적으로 연결되는 체계의 일부임을 알고 있으며, 그래서 우리는 수많은 실천적인 기획들과 계획들과 욕망들로 바쁘다.

그러나 쇼펜하우어에 따르면 이 현상계는 환영(幻影)의 세계일뿐이다. 우리가 우리 자신을 세계의 일부분으로 생각하는 한, 우리는 현상계를 밑에서 떠받치고 있는 심오한 실재, 예지계, 사물 그 자체를 무시하게 된다. 이런 점에서 그의 생각은 칸트에 아주 가깝다(비록 칸트는 현상계가 '환영'이라는 점에 동의하지 않겠지만 말이다). 경험과 경향성의 세계가 한쪽에 있고, 다른 쪽에는 의지인 세계 그 자체가 있다. 물론 칸트에게 의지란 본질적으로 합리적이고 자유를 전제한다. 그렇지만 그것은 예지계로서, 경험될 수도 알려질 수도 없다. 쇼펜하우어는 의지의 합리성을 부정하는 점에서, 우리가 사물 그 자체를 의지로써 경험할 수 있다고 하는 점에서 칸트로부터 떠나고 있다.

쇼펜하우어에게 의지란 인간에게만 특유한 것이 아니며, 또한 각 개인이 각자의 고유한 의지를 갖는 것도 아니다. 거기에는 오직 하나의 의지만 있으며, 이 의지가 만물을 떠받치고 있다. 현상계의 모든 존재는 그 나름대로의 방식으로, 즉 자연적인 힘으로, 본능으로, 혹은 인간의 경우에는 지적으로 계몽된 의지력으로서 의지를 표명한다. 각각의 경우에서 동일한 내적 실재가 표현되며 모든 경우에서 만족은 있을 수 없다. 쇼펜하우어의 의지는 궁극적으로 목적이 없으며 따라서 의지는 만족될 수 없는 것이다. 하나의 동물이 태어난다고 하자. 그것은 살아남기 위해 투쟁한다. 짝을 짓고 새끼를 낳으며 그리고 죽는다. 그것의 자손들도 그와 똑같이 할 것이며, 순환은 세대가 바뀌어도 반복될 것이다. 이 모든 것의 목적은 무엇인가? 그리고 합리적인 생명체인 우리는 동물과 어떻게 다른가?

우리는 일반적으로 우리 자신이 자연계의 다른 존재들과 똑같이 목적 없는 실재를 공유한다고 생각하지 않는다. 우리의 삶은 의미를 가진다고 우리는 가정한다. 우리의 행위에 의해 우리의 욕망은 합리적인 방식으로 충족될 것이라고 우리는 공상한다. 그러나 실제로는 결코 그렇지 않다. 어떤 특정 욕구가 충족되면, 우리는 다음 욕구로 이동하거나 혹은 그러기 전에 지루해진다(따라서 만족하지 못한다). 우리의 근본적인 본성은 의지에 차 있다. 어떤 상황의 변화나 어떤 일시적인 만족도 우리의 끝없는 갈증을 가시게 하지 못한다. 이리하여 쇼펜하우어는 의지에 찬 실재의 본성을 보게 된다. 이 실재는 그의 유명한 비관론의 근거로서 어떤 목적도 없고 만족될 수 없다.

불교의 사성체를 따라서, 쇼펜하우어는 모든 삶은 고통이라고 주장하였다. (쇼펜하우어는 아마도 아시아의 가르침을 통째로 수입한 첫번째 위대한 철학자일 것이다.) 고통은 욕망에 의해서 야기되며 우리는 고통을 완화시킬 수 있는데, 그것은 부처의 가르침대로 '욕망을 종식시킴으로써' 가능해진다. 쇼펜하우어에 따르면, 우리에게 가장 일반적인 완화제는 미적 경험이다. 쇼펜하우어는 칸트의 미학적 틀과 형이상학적 틀을 모두 빌려와서, 미적 경험은 '이해관계를 떠난 무사(無私)'의 경지를 가져온다고 하였다. 비록 우리가 으레 욕망의 노예가 되기는 하지만, 또 언제나 우리가 원한다고 상상하는 것을 얻기 위해 어떤 방식으로 애쓰기는 하지만, 우리는 미적 관조 속에서 우리의 욕망을 잊을 수 있다. 이러한 상태는 우리에게 '의지에 대한 괴로운 굴종으로부터의 안식'을 허용한다.

쇼펜하우어는 천재적인 예술가는 이런 무관심한 관조의 태도를 취하고 그것을 다른 사람들에게 전할 수 있는 재능을 갖고 있다고 믿었다. 미적 경험에서는, 감상자와 대상 모두 변형된다. 어떤 의미에서는, 현상계의 인과적 연관성 안에서 개별자로서 행하는 그들의 역할을 벗어난다고 할 수 있겠다. 관찰자는 '지식의 보편적인 주관'이 되며 일상적인 개인의 관심으로부터 완전히 결별한다. 또한 대상은 보편적 원형의 현현(顯現)이 되는데, 쇼펜하우어에 따르면 이것은 곧 '플라톤의 이데아'이다.

그러나 미적 경험은 이기적인 갈망의 현혹으로부터 잠시 벗어나는 것일 뿐이다. 가장 나쁜 것은 우리의 이기심이 우리의 갈망을 충족시키기 위한 경쟁에서 타인이 우리와는 분리되어 있으며 우리에게 적대적인 존재라는 잘못된 생각을 만들어낸다는 점이다. 하지만 그는 실은 타인들도 우리와 똑같은 근본적인 실재들이라는 사실을 표명하고 있다. 우리가 단지 타인들이 우리와 분리되어 있다고 상상하고서 그들을 희생시켜서라도 우리 자신의 의지의 목표를 추진할 수 있다고 상상할 뿐이다. 그러나 결과적으로 우리의 욕망이 서로를 해치는 쪽으로 우리를 이끈다. 궁극적으로, 그것은 우리 자신을 해치게 된다. 타인에게 해롭도록 자신의 의지를 악하게 행사하는 사람 역시 고통을 받게 된다. (악한 사람의 얼굴은 이러한 내면의 고통을 드러낸다고 쇼펜하우어는 말하고 있다.) 그럼에도 우리가 현상계의 전망에 한정되어 있는 한, 우리 모두는 타인들에 대항하여 우리의 의지를 주장하기를 계속할 것이며, 그 결과 인간 경험이 갖는 총체적인 고통에 그만큼의 고통을 더하게 될 것이다.

쇼펜하우어는 불교의 성찰로 다시 돌아와, 구원을 위한 다른 길을 제시하고자 하였다. 욕망에 의해 야기된 고통을 제거하는 유일한 길이 욕망을 제거하는 것이라면, 인간 조건의 비참함으로부터 성공적으로 벗어나는 유일한 길은 체념, 즉 욕구의 완전한 포기이다. 윤리적 성찰, 즉 모든 존재는 동일한 통일체의 한 부분이며 우리는 타인을 희생하여 어떤 이득도 얻을 수 없음을 인식하는 것이 체념을 유도한다. 특히 성인들은 의지의 행위를 멈추는데, 왜냐하면 그들은 욕망의 충족을 통해 아무것도 얻는 것이 없다는 사실을 알기 때문이다. 그들은 금욕적인 삶의 방식을, 자기부정의 삶을 택하며, 그 속에서 그들 의지에 대한 신체의 경향성조차 제거한다. 현상계의 관점에서 볼 때, 그러한 개인들은 무(無)의 삶을 택한 것처럼 보이지만 그들은 '지복(至福)'의 삶을 택한 것이다. 불교는 이렇게 독일로 옮겨졌다.

비평가들은 쇼펜하우어가 그가 하는 말과는 달리 전혀 금욕적이지 않았다는 점을 지적하였다. 버트런드 러셀은 쇼펜하우어가 좋은 와인과 화려한 저녁을, 그리고 여자들을 즐겼다는 사실에 즐거워하였다. 실제로 그는 개인적으로 매우 의지적이었으며, 성미가 고약한 것은 말할 것도 없어서 한번은 늙은 여인을 밀어 계단 아래로 굴러 떨어지게 해 그녀의 생활비를 평생 책임져야 했던 일도 있었다. 그러나 이것은 우리가 이전에 접했던 당혹스러운 경우의 극단적인 예일 뿐이다. 철학자와 철학은 다르다. 둘 사이의 관계가 언제나 단순하고 유쾌하지만은 않다.

쇼펜하우어는 서양 철학에서 하나의 새로운 기획을 시작하였다. 서양 전통이 스스로 발견하였던 지혜보다 더 나은 가치를 지닐 수 있는 어떤 종합을 희망하면서 비서구의 철학을 진지하게 도입하려고 노력하였다. 쇼펜하우어는 서구 사상에 더욱 직접적으로 커다란 영향을 끼쳤다. 낭만주의자들은 예술과 미적 인식을 (비록 일시적이기는 하지만) 구원의 방법으로서 아주 진지하게 강조하였다. 만년의 쇼펜하우어는 낭만주의의 철학적 연인이 되었다. 니체와 프로이트는, 흔히 무시되고 있는 인간이란 근본적으로 의지하는 존재라는 쇼펜하우어의 전제로부터 그들의 철학적 심리학적 전망을 발전시켰다. 루트비히 비트겐슈타인은 쇼펜하우어의 형이상학에 깊은 영향을 받아 『논리철학 논고』에서 '그림' 이론을 발전시킨다.

쇼펜하우어는 인간성에 대한 비학구적인 비판자로서, 거칠지만 상상력 넘치는 몽상가로서, 개성이 강한 괴짜로서 오래된 철학자의 역할을 유지하였다. 그 자신이 신랄하게 지적했듯이, 그는 철학의 정도(正道)를 벗어났는데, 그 정도를 이제는 독일 관념론의 칸트 이후의 '사기꾼' 들이 점령하였다. 하지만 그럼으로써 그는 새로운 종류의 철학자를 위한 길을 열어놓았다. 이들은 이전의 어떤 철학자들 못지않게 불손하고 불경한 철학자들이었다.

● 헤겔 이후_ 키에르케고르, 포이어바흐, 마르크스

쇼펜하우어가 헤겔의 철학에 반대한 유일한 철학자는 아니었다. 죄렌 키에르케고르(1813~55년)도 헤겔의 철학에 반대했다. 키에르케고르는 코펜하겐에서 태어나 성장하였다. 이곳에서는 칸트와 헤겔의 합리주의의 영향력이 루터교회를 완전히 압도했고, 루터교회는 덴마크인의 생활 전체를 지배하고 있었다. 키에르케고르는 젊었을 때 독일에 잠깐 머문 것을 제외하고는 일생을 덴마크에서 보내면서, 두 위대한 독일 철학자들의 합리주의의 영향과 싸웠다. 그리고 다른 한편으로는 오류 없이 자기만족적인 루터파의 부르주아지들 속에서, 평생 동안 소크라테스 같은 쇠파리(끈질긴 논쟁자) 역할을 하였다.

종교적 신앙이라는 개념을 합리적이고 이성적으로 재건하려는 칸트에 반대해서, 키에르케고르는 비이성적인 본성을 갖는 신앙은 하나의 열정이지 증명할 수 있는 믿음은 아니라고 주장하였다. 인류, 자연, 신 모두를 하나의 단일한 '정신' 으로 종합하는 헤겔의 전체주의에 반대하여, 키에르케고르는 '개인적인 것' 이 우선하며 신의 심오한 '다름' 을 주장하였다. 그리고 그들의 사업을 일상적인 것으로 수행하고 교회에 가는 것을 매주 행하는 의식(儀式)의 일부로 여기는 세속적인 루터파 교도들에 반대하여, 키에르케고르는 엄격하고 열정적이며 고독하고 비세속적인 종교를 설파하였다. 이것은 적어도 '루터가 부수고 나온 수도원으로 다시 돌아가는 것' 을 말하는 것이었다. 키에르케고르는 인생에서 자신이 할 일은 소크라테스처럼 '그리스도교도가 된다는 것은 무엇인가' 를 다시 정의하는 것이었다.

이렇게 그리스도교의 새로운 의미를 다시 정의하면서, 키에르케고르는 진부하게 여겨질 수도 있는 '실존' 개념에 대하여 극적인 해석을 부여하였으며, 당시의 코펜하겐에서 인기가 높았던 합리주의 철학에 반대하여 정열, 자유 선택 및 자기규정의 중요성을 강조하였다. 키에르케고르에 따르면, 실존이란 단지 '거기에 있는 것' 이 아니라 열정적으로 살고 자기 자신의 실존을 선택하며 어떤 방식으로 자신의 삶을 산다는 것이다. 바로 여기서 '실존주의' , 즉 '실존철학' 이 시작되었다. 그는 대부분의 사람들이 단지 익명적인 '대중' 의 일부에 지나지 않기 때문에 그러한 실존은 드물다고 말한다. 이들에게는 습관적인 순응과 '분별' 이 규칙인 반면, 열정과 헌신은 예외적인 행위로 취급된다. 그는 『결론적인 비학문적 후기』에서 진정한 실존을 종마를 타는 것에 비유하였으며, 반면에 '이른바 일상적인 실존' 을 건초를 실은 마차에서 잠자는 것에 비유하였다.

키에르케고르 자신이 선택한 삶의 방식은 그리스도교였다. 그는 '그리스도교도들' 의 약화된 믿음과 사회적 관성에 대해 심한 풍자와 야유를 던지면서, 진정한 그리스도교를 그들이 믿는 그리스도교와 구별하였다. 키에르케고르에 따르면, 그리스도교도이거나 그리스도교도가 되기 위해서는, 열정적으로 그리스도교적인 삶에 전념하여야 하며 종교적 주장들의 '객관적인 불확실성' 앞에서 '신앙의 도약' 을 해야 할 필요가 있다. 우리는 신이 존재하는지를 알 수 없거나 혹은 증명할 수도 없다. 우리는 열렬히 신을 믿어야 한다.

키에르케고르 철학의 중심에는 개인적인 것에 대한 강조와 그와 관련된 '주관적인 진리' 의 개념이 있다. 그의 주된 공격 대상에는 헤겔 철학과 덴마크의 루터파 교회가 포함되었는데, 이 둘 모두는 합리성과 집단적 정신의 중요성을 강조하였다. 키에르케고르는 이들에 대항하여, 개별적 인간과 그의 특정한 삶을 규정하는 결정에 주의를 기울일 것을 주장하였다. 이렇게 하여 그는 헤겔을 (헤겔의 장구한 역사에 대한 전망과 모든 것을 포괄하는 '정신' 의 개념을 포함하여) '실존하는 윤리적 개인' 을 완전히 무시한 '추상적인 사상가' 로 비판하였다.

헤겔은 역사의 진행과 인간 사상을 규정하고 그러는 가운데 여러 긴장과 갈등을 해결하는 '변증법' 을 공식화했다. 하지만 키에르케고르는 예를 들어 결혼을 할 것인가 혹은 아닌가와 같은 개인의 구체적 선택의 중요성을 강조하였다. 이런 결정은 그 개인 자신의 생애에서 극적이고 지속적인 역할을 하는 것이었다. 헤겔은 그의 변증법에서 키에르케고르가 '양쪽 / 모두'라 불렀던 철학, 즉 화해와 종합의 철학을 발전시켰지만, 키에르케고르는 '이것 아니면 저것'의 철학의 불가피성을 주장하였다. 이것은 총체적인 합리성보다는 오히려 선택과 개인적인 책임을 강조하는 '실존적인 변증법'이다.

'주관적인 진리'라는 개념이, 그러한 모든 선택들이 하나의 합리적이거나 혹은 '객관적인' 해답을 갖는다는 생각에 반대하여 논쟁적으로 공식화되었다. 예를 들어, 종교적 삶을 선택하는 데서 궁극적으로는 어떤 합리적 이유도 없으며 오직 주관적 동기, 개인적인 필요성 그리고 열정적인 헌신만이 주요한 이유라고 키에르케고르는 주장한다. 마찬가지로, 윤리적 삶을 선택하는 것은 (즉 말하자면, 실천이성의 원리에 따른 행동을 선택하는 것은) 그 자체가 합리적인 선택이 아니다. 주관적인 진리라는 개념이 '나에게' 참인 진리를 의미하는 것으로 보일 수 있지만 그렇지 않다. 그것은 오히려 객관적으로 알려지지 않은 것들 앞에서의 결단이다. 예를 들어, 신의 존재라든가 덕과 행복의 궁극적인 균형에 관한 칸트의 관심 같은 것이 그러한 것으로, 그에 관해서는 어떤 적당한 논의나 증거가 있을 수 없다고 키에르케고르는 주장한다.

키에르케고르는 열정적인 신앙, 합리성 대신 헌신, 그리고 그가 노골적으로 '그리스도교 도당'이라 불렀던 사람들 대신 개인을 강조하였다. 이는 종교의 근대화에 반대하는 심한 반발뿐만 아니라, 감정의 궁극적인 중요성, 불가피한 불확실성, 인생에서 비합리적이지만 열정적이고 언제나 개별적인 선택의 위상에 대한, 마찬가지로 심오하고 진취적인 주장이었다. 그의 극적인 '신앙의 도약'은 일반적인 삶의 행위에도 적용되는 것이었다. 칸트가 주장했듯이 비록 도덕법칙이 '실천이성의 명령'이라 하더라도, 우리가 자동적으로 혹은 자연적으로 도덕적이 되거나 도덕법칙에 매이는 것은 아니다. 우리는 삶의 윤리적인 길, 즉 또 다른 '신앙의 도약'을 선택해야 하며 이 선택은 결코 합리적으로 정당화되거나 보증되는 것은 아니다. 이성의 심사숙고는 도덕의 영역 안에서 일어나는 것이지, 도덕적 삶을 선택하는 행위 이전에 일어나는 것은 아니다.

물론 우리는 쾌락, 욕구와 그것의 충족, 예술과 그 계발에 힘쓰는 삶을 택할 수도 있다. 하지만 이러한 '심미적인' 삶은 대부분 철학자들이 생각한 것처럼 그렇게 자연스러운 삶의 상태가 아니었다. 키에르케고르는 비록 위험스러운 선택이긴 하지만 그것 역시 하나의 선택이라고 하였다.

젊은 시절에 (그의 좋은 친구이자 작가였던 한스 크리스티안 안데르센과 함께) 다소 방종하고 극히 불행한 시기에 그러한 삶에 뛰어들었던 키에르케고르는 그러한 선택에서 오는 죄책감과 허탈감을 충실히 기술하고 있다. 이러한 삶을 가장 성공적으로 살았던 돈 주앙조차 지루해져 절망에 빠질 때가 있었다. (모차르트의 오페라 「돈 조반니」는 키에르케고르가 가장 좋아하는 음악 작품이었다.) 그 명백한 매력에도 불구하고, 심미적인 삶은 자체의 위험성, 즉 그 고유의 불만족, 다시 말해 '지루해질' 위험성을 갖고 있었다. 이는 실로 윤리적인 삶에서도 마찬가지였다. 일반적으로 부당하고 전반적으로 비도덕적인 인류의 행위를 고려해보건대, 어떤 사람이 도덕적으로 더욱 민감하고 충실한 삶을 살려고 할수록 어쩔 수 없이 더욱 절망에 빠지게 되는 것은 피할 수 없는 일이다.

실망과 절망이라는 이중의 위협에 대한 해답은 무엇일까? 키에르케고르에 따르면, 무엇보다도 우선 윤리적 삶이나 심미적 삶이나 그 어떤 선택도 나쁜 것이 아니라는 점을 강조하는 것이 중요하다. 최초의 실존주의자로서, 키에르케고르가 그런 선택들을 찬양하거나 비난하는 것으로 해석되어서는 안 된다. 그는 오히려 '여기 당신의 선택이 있다. 그 결과는 당신의 책임이다'라고 주장하는 것으로 해석되어야 할 것이다. 철학자들이 할 수 있는 것이란 글을 쓰고 설득하고 감언이설로 달래는, 아마도 독자를 '유혹하는' 일일 것이다. 철학자는 어떤 방식의 삶이 옳거나 그르며, 합리적이거나 비합리적이라고 선언할 위치에 있지 않다. (키에르케고르는 칸트와 헤겔에 반발하여 비딱하게 자신은 철학자가 아니라 '일종의 시인'이라고 주장하였다.)

그렇지만 세번째의 선택이 있는데, 이것은 심미적 삶과 윤리적 삶 모두에서 오는 실망과 궁극적인 절망을 초월하는 삶이다. 물론 그러한 삶은 종교적 삶으로서, 키에르케고르는 이를 통해 그리스도교에 대한 그 특유의 개념을 의미하고자 한 것 같다. 그것은 신앙의 궁극적인 도약인데, 그 이유는 많은 철학자들과 신학자들이 확신하는 것과 달리, 신의 존재를 알 수 있는 어떤 증거도 어떤 가능성도 없기 때문이다. 우리는 단지 믿거나 혹은 믿지 않을 뿐이다. 하지만 만일 우리가 믿음을 선택한다면, 우리가 믿는다는 것은 우리가 지속적으로, 직접적으로, 불가항력적으로 전지전능한 인격적인 어떤 존재의 현존 속에 있다는 것이다. 우리가 믿는 것이 무엇인가 하는 점보다 더 중요한 것은 우리가 그것을 얼마나 믿느냐, 즉 얼마나 열정적으로 '두려움'을 가지고서 믿느냐 하는 점이다. 키에르케고르는 철학사를 통해 그렇게 많이 이야기되어온 차분한 숙고에 반대하여, 또 이성과 합리성에 대한 찬양에 반대하여 불안과 열정을, 미지의 '도약'을, 삶의 비합리성을 찬양하였다.

다시 독일로 돌아오면, 철학에서 또 다른 격변이 시작되고 있었다. 흔히 그렇듯이, 먼저와는 정확히 반대되는 방향, 혹은 당시에 애호되던 비유를 써서 말하면 다시 한번 완전히 거꾸로 뒤집힌 방향으로 나아가고 있었던 것이다. 프랑스와 영국에서 일어났던 계몽사상의 때로 지독한 유물론에 반대하여, 독일 철학자들은 사실상 모두가 이런저런 종류의 관념론자나 낭만주의자가 되어 있었다. 홉스주의자들과 뉴턴주의자들 그리고 프랑스의 자연과학자들이 물질의 운동에 관하여 얘기하는 동안, 독일인들은 정신성을 강조하였다. (물론 뉴턴과 홉스를 포함한 대부분의 프랑스 및 영국 철학자들도 정신성과 종교의 중요성을 주장하긴 했지만, 이러한 통속적인 '다른 면'이 철학적 경쟁의 본성이 되어왔다.)

19세기 중엽에는, 철학에서 관념론의 다른 대안이 없는 것처럼 보였다. 세계는 관념으로 이루어져 있으며, 따라서 그것이 (쇼펜하우어에서처럼) 환영이든 혹은 (칸트에서처럼) 초월적으로 객관적이거나 또는 (헤겔에서처럼) 절대적이든, 조잡한 유물론은 영국과 프랑스의 통속적이고 빈곤한 정신성의 또 다른 예로서 추방되거나 조롱당하였다.

이러한 독일 철학계에 루트비히 포이어바흐라는 이름의 우상파괴자가 나타났다. 그는 그리스도교를 거칠게 비판한 책 때문에 처음에는 악평을 들었다. 포이어바흐의 현실적인 유물론은 그의 유명한 명제인 (그리고 악명 높은 말장난인) '인간은 그가 먹는 것이다'에 잘 요약되어 있다. 세계의 관념적 구성은 물건너간 것이었다. 철학자가 저녁으로 먹는 것이, 좀더 일반적으로 말해서 한 사람이 세계와 어떻게 물질적으로 관계하느냐가 그의 삶을 규정한다는 말이다. 관념이란 단지 그 뒤에 따라오는 것에 불과한 것이 된다.

1831년 헤겔이 죽은 뒤, 그의 철학은 포이어바흐의 새로운 혁신적인 유물론과 결합하여 정치적으로 반항적인 새로운 세대의 학생들에게 영감을 불어넣었다. 이들은 헤겔의 변증법에 대한 포이어바흐의 해석 속에서 역사와 정치적 갈등을 이해하는 하나의 방식을 보았다. 이들 젊은 유물론적 헤겔주의자들 중에서 가장 유명한 사람이 카를 마르크스(1818~83년)였다.

그는 낭만적 시인으로서 그리고 논쟁적인 저널리스트로서 경력을 시작하였지만, 곧 헤겔의 관념적 변증법을 경제적 지배력에 관한 이론으로 개조하는 데 착수했다. 여기서는 헤겔의 세계정신 대신에 생산력이, 서로 대립하는 관념들 대신에 경쟁적인 사회경제적 계급이 들어서게 되었다.

역사는 언제나 '가진 자들' 과 '가지지 않은 자들' 의 계급 갈등으로 채워져 있다고 마르크스는 말한다. 이것은 고대의 주인-노예 관계, 봉건시대 장원의 영주-농노 관계에서는 옳았다. 근대의 산업시대에서 그것은 소유주 혹은 '기업가들' 과 그들이 고용하는 노동자들, 즉 부르주아지(유산계급)와 프롤레타리아(무산계급) 사이의 갈등으로 변하였다. 하지만 헤겔이 하나의 사고방식이나 삶이 어떻게 그 내적 모순으로 인해 실패하는가를 보여주었던 것과 똑같이, 마르크스는 소수의 부유한 산업가들을 착취당하며 생계유지에 급급하는 다수의 노동자들에 대립시키면서 자본주의적 생활방식이 그 내적 모순으로 인해 붕괴된다고 주장하였다. 마르크스는 궁극적으로 이러한 붕괴의 결과는 '계급 없는 사회' 로 나타날 것이며, 거기서는 노동과 그에 대한 보상이 정당하게 공유되며 어떤 착취도 없고 빈곤으로 고통을 받지 않게 될 것이라고 보았다.

마르크스의 이상향적인 전망은 결국 가장 강력한 이데올로기들 중의 하나가 되었으며, 1990년대에 전 세계적인 공산주의의 몰락에도 불구하고 살아남았다. 우리가 애덤 스미스가 옹호한 자유기업 체제와 비교하여 마르크스의 이상을 어떻게 생각하든(그리고 이 두 이론이 때로 어떤 점에 관해서는, 예를 들어 인간 노동의 내재적인 가치에 관해서 그리고 독점

기업가들을 공통적으로 경멸하는 점에서는 동의하고 있다는 사실을 과소평가해서는 안 된다), 세속적인 경제학의 세계와 더욱 역동적인 유물론은 다시 철학으로 되돌아가는 길을 확실하게 발견하였다.

● 밀, 다윈, 니체_ 소비자 중심주의, 에너지 및 진화

나폴레옹은 1815년 워털루 전투에서 패배하여 평생 동안 국외추방되었다. 헤겔의 젊은 낙관론도 요란하지만 반동적인 19세기 중엽에 그와 비슷하게 무너졌다. 실제로 역사가들은 종종 1815년부터 19세기 중엽까지를 '반동'의 시기로 불렀다. 당시의 억압적인 시대 분위기 속에서, 헤겔의 철학은 더욱 조심스럽고 보수적으로 변하였고, 또 '현시대'의 권태로움에 대한 키에르케고르의 모반이 시작되었으며, 마르크스와 그의 동지들은 당시 정치경제적 구조에 대한 공격을 위해 힘을 모으고 있었다. 19세기 중엽에는 대부분 헛된 수많은 혁명들이 유럽을 휩쓸고 있었다. 하지만 중요한 혁명들은 좀더 조용하고 명백히 덜 파괴적인 방식으로 일어나고 있었다.

영국에서는 산업혁명이 새로운 세기에 이미 서서히 진행되고 있었다. 상업이 융성하였고 지금까지는 경제학의 세계에서 영향력이 적었던 소비자 중심주의가 세상을 바꾸고 있었다. 개인의 만족에 대한 새로운 강조는 개인 행복의 극대화야말로 궁극적인 목표가 되는 새로운 철학을 제시하였다. 이 철학은 공리주의로 불렸으며, 그 뿌리가 이전 시대에 (산업혁명 초기에) 있었으나, 이것은 가장 대표적인 대변자인 존 스튜어트 밀(1806~73년)의 철학 속에서 사실상 발전을 보게 되었다.

데이비드 흄도 일종의 공리주의자였다. (그는 모든 윤리는 그 기초를 '효용성'에 두고 있다고 주장하였다.) 제레미 벤담(1748~1832년)은 이 운동에 대해 공리주의라는 이름과 더불어 최초로 공식적으로 상세히 언급하였으며, 존 스튜어트 밀의 아버지 제임스 밀(1773~1836년)은 열렬한 공리주의 대변자들 중의 하나였다. 하지만 존 스튜어트 밀이야말로 공리주의를 가장 명석하게 옹호하여 가장 매력적으로 소개하고 결정적으로 공식화하였다.

벤담은 효용성의 본질적인 원리는 쾌락을 극대화하고 고통을 극소화하는 것이라고 주장하였다. 그러면서 이런 점을 바탕으로 무엇보다도 먼저 영국의 형벌체제를 진지하게 개선할 것을 제안하였다. (범죄자는 그에게 가해지는 고통의 양이 그가 저지른 범죄에서 얻는 이익보다 많은 정도로 처벌받아야 하는 것이었다. 그의 이론에 따르면, 형벌의 유일한 목적은 범죄의 저지이지, 범죄에 대한 '앙갚음' 이 아니다.)

밀은 이렇게 거친 양적 쾌락이론에 쾌락의 질 문제를 추가하였다. 그는 단순한 쾌락주의의 관점에서 진흙 속에서 벌이는 레슬링과 볼링이 좀더 섬세한 즐거움을 접하지 못했던 사람들에게는 훨씬 더 큰 즐거움을 줄 수도 있다는 사실에도 불구하고 시와 철학의 중요성을 강조하였다. 하지만 공리주의는 혁명적인 소비심리를 완벽하게 사로잡았다. 그것은 약간의 저항과 함께 프랑스에 전파되었다. 물론 미국에도 전파되어서, 거기서 가장 열광적인 환영을 받았다. 독일에서 공리주의는 여전히 매우 통속적인 사상으로 여겨졌으나, 독일에서는 거의 산업혁명이 시작되지도 않았다. (니체의 가장 예리한 명제들 중의 하나는 "사람은 쾌락을 위해서 살지는 않는다. 영국인들이나 그렇다" 이다.)

밀은 공리주의, 초기에 정교화한 '자유 기업' 의 미덕과 더불어, 또한 개인의 권리에 관한 강력한 이론을 옹호하였다. 그의 견해는 전통적으로 '자유주의' [84]로 불리는 것에 대한 고전적인 언명으로, 이는 그가 명백히 존 로크로부터 물려받은 것이었다. 밀은 나중에 사회주의에 더 가까워졌지만, 전체 경력에 걸쳐 그는 개인의 자유를 맹렬히 옹호하였다. 그는 어떤 사람의 자유를 제한하는 유일한 이유는 다른 사람의 자유를 보호하기 위함이라고 주장하였다. 특히 말의 자유가 중요했다. 철학을 통털어 수많은 철학자들이 그랬던 것처럼, 밀도 진리란 오직 개방적인 토론과 논의를 통해서만 나온다고 믿었다.

---

84 '자유주의' 는 가장 남용되는 용어들 중의 하나였으며, 따라서 현재의 정치적 어휘에서 가장 쓸모없는 용어들 중의 하나가 되었다. 특히 최근의 미국 정치에서는 이 말이 대충 '낭비가 심한 멍청이다' 는 뜻과 같은데, 이것은 고전적인 의미와는 완전히 반대된다. 이 용어의 고전적인 의미는 오늘날 '보수적인' 사고라고 불리는 것과 공통되는 점이 많다.

어느 누구도 타인에 대한 검열을 정당화할 수 없으며, 검열을 받아 금지된 견해가 실제로는 옳을 수 있기 때문에 어떤 형태의 검열도 비난받아 마땅하다. 그렇지만 개인의 자유는 더 나아가 개인성과 자아실현의 가치에 호소함으로써 정당화될 수 있다. 사람은 자유가 없이는 자신의 재능과 행복을 실현할 수 없다. (후에, 초기에 열렬히 지지했던 자유시장 이론에 관해 생각을 바꾸면서, 밀은 경제적 안락함 또한 자유의 중요한 조건이라고 주장하였다.)

밀의 철학 역시 혁명적이었거나, 영국이 인식론에서 이룬 이전의 혁명을 좀더 급진적으로 지속한 것이었다. 그는 (그가 그렇게 말하지는 않았지만) 영국의 경험론을 혁신시켰다. 이는 부분적으로는 그의 윤리학에서와 마찬가지로, 독일 관념론의 압도적인 영향에 대한 반동에서 온 것이었다. 그는 실로 철저히 모든 지식은 경험에서 온다고 주장하여, 심지어 수학 역시 (칸트의 주장처럼) 선험적이거나 (플라톤이 말한 것처럼) 영원한 이데아의 세계에 있는 것이 아니라 경험의 문제라고 하였다. 계산, 형태 등에 대한 우리의 경험으로부터 이루어진 아주 높은 차원의 일반화와 추상화의 체계가 바로 수학이라는 것이었다.

밀의 경험론은 과학에서 새로 시작된 움직임과 관련해서 시기적절했다. 언제나 철학의 한 측면이었던 심리학은 (그것이 완전히 구별되는 한) 이제 하나의 '경험적인 과학'으로서 극적인 발전을 이룩하고 있었다. 사회학과 인류학은 사회과학으로 확립되었다. 물리학은 여러 번에 걸쳐 크게 도약하며 발전하였다. (그 결과, 세기말경에는 몇몇 걸출한 물리학자들이 물리학의 모든 문제들은 해결되거나 혹은 곧 해결될 것이라고 선언하였다.)

그러나 '물리학'으로 생각되었던 학문은 장차 (아마도 쥘 베른과 H. G. 웰스는 제외하고) 어느 누구도 상상할 수 없었던 놀라운 함축을 가진 극적인 변화를 겪고 있었다. 그 변화는 그리스 시대 이래 '유물론'을 규정해왔던 전통적인 물질 개념을 중요하게 여기지 않는 것이었다. 그리고 에너지(예를 들어, 전자기파 및 중력장의 발견과 그것의 수량화)에 대한 새로운 강조는 물리학뿐만 아니라 지식의 모든 영역에서도 새로운 가능성을 열어놓았다.

이 새로운 대담한 경험론은 이론은 불충분하지만 관찰 자료는 풍부했던 생물학에서 가장 큰 영향력을 행사하였다. 물론 아리스토텔레스 이래 (그리고 실천적인 이유 때문에 그보다 훨씬 전부터) 사람들은 무수히 많은 종의 동물들과 식물들의 다양한 특성들에 대한 정보를 수집하여 그 상호작용을 기록하고 차이점들을 구별하였다. 분류법에 대해서는 지속적인 논쟁이 있어왔으며('고래는 물고기일까?'), 물론 낯설고 새로우며 주목할 만한 예들이 계속해서 발견되었다. 하지만 하나의 과학으로서의 생물학은 주로 설명적이었으며 이론적이지 않았다.

특히 추론적인 성향의 자연과학자들이나 신학자들은 왜 그렇게 많은 생물종(種)들이 있으며 그것들이 어떻게 환경에 그렇게 잘 적응하느냐 하는 문제를 추적하였다. 하지만 대부분의 사람들에게는 「창세기」에 주어진 전통적인 답, 즉 '왜냐하면 신이 그것들을 그렇게 창조하셨기 때문에' 라는 답만으로도 충분한 것 같았다. 19세기 중엽 (치열하게 경쟁하던) 두 명의 자연과학자인 앨프레드 러셀 월리스(1823~1913년)와 찰스 다윈(1809~82년)은 자연 개념 자체를 바꾸는 이론을 제안하여 일부 성서 연구가들 사이에 소동을 불러일으켰다.

그것은 생명의 종들이 수천만년 혹은 수억년에 걸쳐 임의로 지구상에 나타났다는 진화론이었다. 그것들은 환경 적응능력에 따라 살아남아 번식하거나 혹은 사라져버렸다. 물론 이런 주장이 난처한 점은 인간 역시 진화되어왔음을 암시한다는 것이었다. 어떤 사람들은 인간의 먼 조상이 원숭이라는 점에 심히 분노하였다. 다른 이들은 생명의 종들을 만든 것이 신이 아니라 행운과 우연이라는 생각을 신성모독으로 여겼다. 그렇지만 다윈처럼 인간이 진화해왔다는 생각에서 아무런 문제를 발견하지 못하는 사람들도 자신들이 중요한 문제에 봉착해 있음을 발견하였다. 인류는 여전히 진화할 수 있는 걸까? 만일 그렇다면, 어떻게? 실로 우리 역시 '더 하등한' 동물들과 더 고등하고 뛰어난 혹은 어쨌든 우리 인간보다 더 잘 적응하는 생명체들 사이에서 그저 잠깐 동안 중간 단계의 존재로서 살아가는 것일까?

19세기 말경 이러한 문제들은 가장 충격적이고도 도발적인 대답을 얻게 되었다. 독일의 철학자 프리드리히 니체(1844~1900년)는 현란하고 허구적인 서사시를 썼다. 이것은 차라투스트라(제목을 의도적으로 페르시아의 예언자인 자라투스트라 혹은 조로아스터의 이름을 따서 지었다. 조로아스터는 선과 악의 우주적 힘에 대해서 말하였다)라는 이름을 가진 한 인물의 교육적인 공훈을 추적하고자 하였다. 『차라투스트라는 이렇게 말했다』에서, 니체는 인간이란 원숭이와 초인 사이에 놓여 있는 다리에 불과하다는 놀라운 말을 하였다. 이제 '인간 본성'의 미래에 대해 의문이 제기된 것이었다.

니체는 동일한 저작에서 그와 다르게 '최후의 인간'이라는 한 인물을 소개하고 있다. 이는 진화의 '끝'에 대한 놀라운 (혹은 관점에 따라서는 위안을 주는) 가능성을 암시하는 것이다. 최후의 인간은 최고의 부르주아지이자 확신에 찬 공리주의자이며 아주 게으르고 비활동적인 인물이다. 최후의 인간은 "우리는 행복을 찾았어"라고 말하며 어리석은 만족 속에서 눈을 깜빡인다. 니체는 이 역시 우리에게 가능한 미래 중의 하나라고 경고한다. 우리는 계속해서 안락함을 소비하며, 위험을 최소화하고, 신비롭고 미지의 것을 무시하며, 창조성을 무력화시킨다. 그래서 결국 세계가 너무도 안락하여 우리는 '개벼룩처럼 뿌리 깊은' 관성에 빠져들게 된다. 또는 우리는 '너무도 인간적인 인간' 이상의 어떤 존재가 되기 위해 애쓰며 초인을 갈망할지도 모른다. 그러나 초인이 어떤 것인가를 이해하기 위해서, 우리는 서구 역사 전체를 다시 검토해야 할 것이다. 그래서 우리가 누구인지 그리고 우리가 어떻게 현재의 우리가 되었는지를 알아야 할 것이다.

우리가 무엇인지 그리고 무엇일 수 있는지를 알기 위하여 역사를 되돌아봐야 한다고 주장하면서, 니체는 다윈뿐만 아니라 헤겔, 비코, 헤르더에 대해서도 숙고하였다. 서구 사상의 진화를 추적하면서, 그는 초기 그리스도교, 고대 그리스의 철학자 소크라테스와 호메로스와 소크라테스 이전의 극작가들까지 돌아보았다. 고전 문헌학자로 교육을 받은 니체는 서양의 그리스적 유산이 유대-그리스도적인 배경과 상충함을 알았다. 그는 결국 그리스도교의 역사 전체를 통하여 발전되어온 이 둘의 '종합'을 거부하였다.

예를 들어, 니체는 인간의 고통에 접근하는 방식에서 두 전통이 보이는 차이에 충격을 받았다. 유대-그리스도교 전통은 인간의 불행을 죄에서 찾았던 반면(니체의 견해로는, '희생자를 비난하는' 접근방식), 고대 그리스인들은 인간의 깊은 고통을 인간 삶의 근본적인 비극성의 징후로 보았다. 니체의 첫 저작인 『비극의 탄생』은 아테네의 비극 예술을,

극단적으로 취약한 인간 삶의 의미에 대해 직시한 그리스인들의 깊은 사유의 결과로서 분석하고 있다. 니체에 따르면, 비극은 인간 고통의 불가피성에 대한 이러한 단호한 인식과, 이상화라고도 할 미화(美化)로부터 발생하였다.

니체는 『비극의 탄생』에서 두 개의 서로 다른 관점, 즉 아폴론 신과 디오니소스 신에 관한 아테네인들의 관점을 반영하는 그리스인들의 비극관에 대해 사색하고 있다. 디오니소스는 포도주, 정욕 및 환락의 신으로서 존재의 역동적인 흐름, 운명의 수용, 창조적인 혼돈 등을 표상한다. 이런 전망에서는 개인이 그리 중요하지 않다. 하지만 개인은 야성적이고 거침없이 돌진하는 삶에 참여함으로써 깊은 만족을 찾을 수 있다. 사실상 디오니소스적인 전망에 따르면 개인의 실존은 하나의 환영에 불과하며, 우리의 진정한 실재는 전체적인 삶에의 참여에 있다.

이와는 대조적으로, 태양의 신인 아폴론은 미(美)와 질서에 대한 아테네인들의 매료를 반영한다. 아폴론적인 관점에서는, 개인의 실존은 부정할 수 없는 실재이며 인간의 취약성은 실로 참담한 것이다. 그러나 아폴론적인 관점은 이러한 실재를 아름답게 보이도록 만들며, 우리의 취약성을 당분간은 잊게끔 해주고, 또한 이 세상에서의 유한한 우리의 삶을 있는 그대로 사랑할 수 있게 해준다.

니체에 따르면, 아테네의 비극이 훌륭한 것은 관중에게 이 두 가지 전망을 동시에 일깨워준다는 점이다. 비극은 관중들에게 분명 인간 존재의 공포를 일깨우기는 하지만, 그런 공포를 다스리는 수단을 또한 제공한다. 그리스의 비극은 그리스의 종교로부터 나온 성찰을, 경험에 의해 강화한다. 그럼에도 우리는 삶의 아름다움에 경탄할 수 있으며, 우리의 진정한 실존은 우리의 개인 삶이 아니라 인생과 역사의 드라마에 참여하는 데 있다.

니체는 악의 문제의 해결책으로서 죄악으로부터의 구원이라는 유대-그리스도교적인 해결책보다 이러한 비극적인 해결책을 훨씬 더 선호하였다. 그는 또한 자신의 철학 영웅이던 쇼펜하우어의 반동적인 비관론보다도, 그리고 비극을 무시하고 우리와 관련된 모든 문제들을 기술을 통해서 교정할 수 있다고 주장하는 근대 과학의 낙관론보다도 아테네인들의 해결책을 선호하였다. 니체는 그리스인들이 윤리적 전망을 가졌다는 점에서 그들을 찬양하였다. 이 윤리적 전망은 운명에 맞서는 인간의 우월성과 고상함을 발전시킬 것을 강조한다. 이는 우리가 알고 있는 죄와 죄의식이라는 유대-그리스도교 전통의 암울한 강박관념과는 대조적이다.

플라톤과 아리스토텔레스는 여전히 좀더 고대적인 전망의 흔적을 보여주지만, 니체에 의하면 그들은 이미 '데카당트' 했다. 니체가 탄복했던 그리스인들은 소크라테스 이전 시대의 극작가들과 이들이 묘사한 전사(戰士)적인 영웅들이었다. 니체에 따르면, 소크라테스는 이성의 이상적인 점을 너무 엄격하게 옹호함으로써 자연적 충동에 대하여 이성이 '폭군' 으로 군림하게 만들었다. 한편 아리스토텔레스는 덕을 옹호하였지만, 그것은 오직 예를 들어 호메로스의 영웅들에게서 발견되는 숙명론적인 미덕에만 어렴풋이 관련될 뿐이다.

그러한 고대의 그리스인들을 언급하면서, 니체는 이렇게 공상에 잠겼다. "그들은 어떻게 살아야 하는지를 알았다!" 그들이 '도덕' 을 갖고 있다면 그것은 건강한 자기확신에 바탕을 두고 있는 것이지, 자기비하와 본능적인 것에 대한 부인(否認)에 바탕을 둔 것은 아니었다. 니체의 사상에는 다른 어떤 철학자들보다 더 에너지에 관한 새로운 물리학이 침투되어 있었다. 이는 그의 놀라운 저작 능력뿐만이 아니라 인간 본성의 개념 자체에도 그러하였다. 니체는 전통적으로 '정신의 평화' 와 아파테이아(apatheia, 부동심)를 강조하는 데 대해 질렸던 것이다. 우리의 이상은 마땅히 역동적이고 창조적인 이상이어야만 한다.

니체도 쇼펜하우어처럼 인간과 자연의 다른 존재들도 본질적으로 의지적이라고 주장하였다. 하지만 니체는 한발 더 나아가 우리에게는 (그리고 모든 자연의 생명체들에게는) '힘(권력)에의 의지' 가 있다고 주장하면서, 그것은 우리 생명의 활력과 힘을 팽창하려는 욕구에 의해 추동된다고 하였다. 니체는 생존은 이차적인 것이라고 덧붙였다. 삶의 의미에 대한 쇼펜하우어의 비관론에 반대하여, 니체는 생명의 활력 그 자체가 삶의 의미이며 철학의 결론은 삶에 대한 거부와 '단념' 이 아니라 삶에 대한 그러한 긍정이어야 한다고 주장한다.

영웅적이고 우월적인 고대 아테테인들의 도덕과는 대조적으로, 그리스도교의 도덕은 유순하고 평범한 사람을 도덕적 모범으로 여긴다. 그리스도교의 도덕에 따른 세계관에서 가장 나쁜 것은 사람들에게 현세의 삶보다 사후의 삶을 더욱 중요시하게끔 하는 것이다. 그리스도교의 도덕관은 현세적인 의미에서의 자기 개선을 유도하는 대신에, 그러한 '이기적인' 관심으로부터 벗어나야 한다고 강조하고 있다. 그리스도교의 견해로는, 본질적으로 현세의 삶과는 무관하게 '죄악'을 피한 사람들만이 천국에 들어갈 자격이 있으며, 반면에 그러한 '무리'를 따르는 것을 거부한 창조적인 사람은 '비도덕적'으로 간주된다. 니체는 이에 반대하여 이것은 인간성의 퇴보이며, 인간종을 몰락으로 이끌 것이라고 (그리고 이끌었다고) 하였다.

니체에 따르면, 유대-그리스도교(와 칸트의) 윤리학이 금지하는 대부분의 것은 나약하고 평범한 사람들을 유리하게 하고 더 재능 있고 더 강한 정신을 소유한 이들을 불리하게 만드는 '평준화' 장치들이다. 니체는 선과 악을 넘어서, 우리 자신과 타인들의 행위에 대하여 도덕적 판단을 내리려는 우리의 성향을 넘어서, 더욱 창의적인 심리학적이고 자연주의적인 전망으로 나아가는 견해를 옹호하였다.

니체는 초월적인 세계 관념 자체를 질책하며 부정함으로써, 현상 뒤에 있는 실재, 이 세계와 다른(이 세계보다 좋은) 그러한 초월적인 세계에 도달하려는 오랜 과정의 시도로 보였던 것에 종지부를 찍었다. '다른 세계'에 대한 니체의 공격은 유대-그리스도교 전통 속에서 가장 명백한 대상을 발견하였는데, 그것은 바로 현실세계 뒤에 있는 전능하고 자비로운 신성이라는 관념이었다. 따라서 그는 인간의 에너지를 현세의 삶으로 다시 돌릴 것을 요청하였다. 인간의 삶을 단순히 일직선적으로 사후의 삶으로 향하는 것으로 취급하며 초시간적인 '영원한 세계'를 현세보다 더 중요한 것으로서 찬양하는 그리스도교적 세계관에 대한 해독제로서, 니체는 영원한 회귀라는 고대의 견해를 회복할 것을 주장한다. 시간은 그 자체가 순환적으로 반복한다는 것이다. 만일 우리가 이러한 영원한 회귀의 이미지를 진지하게 받아들여서 우리 삶이 계속해서 다시 반복된다고 생각한다면, 즉 똑같은 방식으로 살고 똑같은 즐거움, 고통, 성공, 실패를 반복해서 맛보게 된다면, 그렇지 않으면 그저 한 '순간' 으로 여겨지던 것에 갑자기 굉장한 무게가 실린다. 그것이 바로 현세의 삶이며, 이 현세적 삶만이 무엇보다도 중요한 것이다.

니체의 고발은 그리스도교를 넘어서 플라톤에까지 이른다. 그는 플라톤 역시 '다른' 세계가 현세보다 더 중요하다는 견해를 지지한다고 보았다. 실로 니체의 공격은 사실상 서구 철학 전통 전체에 대해 행해졌다. 그는 때로 '진리' 라는 관념 자체를 거부하기까지 하면서, 우리가 진실로 여기는 관념들이 단지 유용하다고 입증된 우리의 믿음일 뿐이며 또한 거짓된 것일 수도 있다고 하였다. 그는 또한 '원근법주의' 의 개념을 옹호하였다. 우리의 모든 '진리' 는 우리의 특정한 시각(전망)에 따라 상대적이며, 이런 특정한 시각은 역사적으로나 개인적으로나 우연한 것으로서 우리는 거기서 벗어날 수가 없다.

니체는 당시의 철학자들과 사회 사상가들에 반대하여, 삶에서 유리된 진리와 위선적이고 그저 사람들을 평준화시키는 도덕성이 아니라, 우리가 현재 살고 있는 삶의 생기를 우선 강조하는 쪽으로 돌아올 것을 요구한다. 그는 언제나 철학적 사유가 잘 살고자 하는 우리의 노력에 속하는 것이지, 그 반대가 될 수는 없다고 주장하였다.

● 미국의 초기 철학

'신세계' 는 (이제는 '구세계' 인) 유럽에서 굉장한 철학적 사색의 주제였다. 독일의 위대한 시인인 괴테는 신세계에 대한 자신의 공상을 이렇게 요약하였다. "그대는 우리의 낡은 세계보다 더 나은 세계를 가졌도다." 칸트는 다소 열광적으로 아메리카를 보았다. 유럽에서의 '역사의 종말' 을 선언한 헤겔은 (그의 가장 유명한 학생들이 품었던 야망과 달리) 철학자들은 미래를 예측하려 해서는 안 된다고 주장하였다. 그럼에도 그는 세계정신의 다음 무대는 대서양 건너편이 될 것이라고 예측하였다. 하지만 대서양 건너편의 미국 철학의 정신은 여전히 주로 유럽에 열중해 있었다. 미국 철학에서 가장 융성한 학파들 중의 하나는 미국의 중심에 위치한 미주리 주 세인트루이스의 헤겔주의자들이었다. 하버드 등지에서는 독일과 영국의 철학 모델이 지배적이었다. 오늘날에도 뉴욕에서 캘리포니아에 이르기까지, 프랑스에서 수입된 철학이 유행하는 반면 미국의 토착 사상들은 학술지에나 실리는 것이 고작이다.

초기의 식민지 이주자들은 실재의 궁극적 본성보다 더 걱정해야 할 일이 많았다. 초기의 정착은 종종 위험한 일이었으며, 즉각적인 실천을 요구하는 현실은 피할 수 없는 걱정거리였다. 따라서 미국 철학을 규정하는 것은 언제나 현실적이고 실천적이거나 '실용적인' 감수성이었다. 19세기에 산업과 아메리카 내 도시들이 팽창하면서, 철학자들은 이러한 팽창에 반대하여 자연의 아름다움이 지닌 더욱 장엄한 면모를 찬양하였다. 반대로 20세기의 미국 철학은 거의 전반적으로 과학에 매료되었다. 유럽에서 지난 12세기 동안에 걸쳐 서로 얽히거나 대립해 있던 몇 가지 지속적인 철학 주제들을 우리는 쉽사리 추적할 수 있다. 하지만 미국 철학은 그 자체가 확실히 규정되지 않고 여기에 열광했다가 저기에 열광했다가 하는 식이다.

신세계 (특히, 뉴잉글랜드 지역의) 철학의 역사는 주로 종교적 다툼과 분리주의자의 운동으로 시작되었다. 초기의 많은 정착민들은 종교적 자유와 관용을 찾아서 유럽을 떠났지만, 흔히 그렇듯이 그들이 원하던 것을 찾은 다음에 그들 자신들은 덜 관용적으로 되었다. 뉴잉글랜드의 초기 역사는 종교적 추방과 망명의 역사였으며, 또한 이따금씩 이교와 마법에 대한 심판의 역사이기도 하였다. 이러한 종교적 광신은 새로운 미국적 기질과 많은 관련이 있었을 것이다. 로마 가톨릭교회는 이미 1500년 이상 지속되었다. 하지만 어떤 뉴잉글랜드 교회들의 잠깐 동안의 번영기는 대략 몇 개월인 것으로 보였다.

미국 철학의 초기 동기들 중의 하나는 종교적 운동을 확립하고 안정시키려는 욕구였다. 최초의 미국 문학작품은 청교도 교리를 굳건히 하려는 시도였다. 마이클 위글스워스(17세기 뉴잉글랜드 출신의 시인)의 『최후의 심판일 혹은 위대한 최후의 심판에 관한 시적 묘사』(1662)는 발라드 스타일의 장시(長詩)로, 출판 첫해에 1800부나 팔렸다. 이것은 곧 미국의 대중들이 계시록적인(즉, 종말론적인) 교화(敎化)를 갈구하고 있었다는 사실을 나타낸다. 뉴잉글랜드 청교도 교회의 성직자인 조너선 에드워즈(1703~58년)의 설교도 그와 마찬가지로 종교적 교리를 지지하기 위한 목적으로 행해졌다. 에드워즈의 가르침은 많은 식민지 이주자들에게 그가 개신교의 기초적인 성찰로서 보았던 것을 일깨우는 데 도움이 되었다. 그것은 우리가 '타락한 상태로 태어났으며' 오직 신의 은총 속에서만 구원을 찾을 수 있다는 가르침이었다. 에드워즈에 따르면 구원은 무엇보다도 우선 경험을 포함하는데, 최고의 신에 대한 통찰은 신의 행위, 신의 정의 및 미리 정해진 운명 등에 대한 모든 근심을 몰아낼 것이다.

대부분의 뉴잉글랜드 사상가들처럼, 에드워즈는 자신의 철학을 공식화하면서 영국의 철학 전통에 의존하고 있었다. 그는 이성과 경험이 그리스도교 교리를 확인시켜주리라고 믿었다. 특히 존 로크를 추종하였던 에드워즈는, 신은 그 자신을 자연을 통해서 드러내며, 우리의 감각을 통하여 우리에게 지식을 준다고 주장하였다. 그러나 더욱 중요한 점은, 신이 독실한 신도들에게는 영광된 신을 조망할 수 있게 해주고 구원을 보장하는 '지식'을 제공하는 추가적인 감각을 부여한다는 것이다.

에드워즈는 신앙부흥운동을 고무시키는 데 일조했다. 이 종교적 부흥운동은 1740년에서 1742년까지 아메리카 식민지를 휩쓸었다. 신앙부흥운동은 개심을 추구하는 방식에서 남달랐다. 그것은 강렬한 감동에 의한 각성이었다. 에드워즈는 집회에서 자신의 설교를 통하여 사람들을 '굴복시키기를' 바랐다. 하지만 그는 지나치게 극적인 술책을 사용하고 추종자들로 하여금 몸을 비틀며 신음하게 만드는 것 때문에 동료 목사들로부터 배격을 당하였다. (위대한 각성이 가져온 하나의 중요한 결과는 미국 개신교에서 침례교 운동이 발전한 점이었다. 이것은 종교적 개심의 경험적 본성과 그리스도교도의 삶에서 예수 그리스도의 개인적 역할을 강조하였다.)

비록 종교적 철학이 식민지 초기를 지배하였지만, 시민사회의 성립은 정치철학과 사회철학에 아주 다른 (그리고 언제나 양립 가능한 것만은 아닌) 관심사를 제공하였다. 새로운 나라를 설립하는 일, 마을과 경우에 따라서는 도시를 세우는 일, 번영을 가져다주는 멋진 플랜테이션 농장을 만드는 일, 그리고 일반적으로 돈을 버는 일 등은 그리스와 유럽, 그리고 동방의 여러 철학자들의 삶의 특징이었던 여가와 반성적 경향 어느 것도 허용하지 않았다. 도시들과 플랜테이션 농장들이 정착되고 돈을 벌고 난 후에도 철학 분야는 여전히 바쁜 사업가와 '황무지'로 진출하여 나중에 작가들이 위대한 아메리카 제국이라 부른 것의 씨앗을 뿌린 원기왕성한 농부들의 관심을 거의 끌지 못하는 것 같았다. 그럼에도 철학적 재능을 가진 많은 사상가들이 있었는데, 그들은 주로 법률가와 사업가들이었다. 그들 중 토머스 제퍼슨(1743~1826년)은 독립선언문의 주요 입안자였으며, 벤저민 프랭클린(1706~90년)은 계몽주의의 혁명적인 사상들 속에서 새로운 국가를 세우는 데 도움을 줄 이념(혹은 더 정확하게 말하면, 복합적인 이념 체계)을 발견하였다.

이렇게 하여 미합중국은 사상의 땅이 되었다. 미국은 어쨌든 최초로 헌법 위에 세워진 가장 잘 알려진 근대적 모범국가가 되었다. 18세기 중엽에는 계몽사상이 아메리카 동부 연안의 주(州)들을 따라 확고한 기반을 가지고 있었다. 필라델피아에서는 다음과 같이 선언되었다. "모든 사람은 동등하게 창조되었고 그들의 창조주로부터 양도할 수 없는 권리를 부여받았는데, 여기에는 삶의 권리, 자유의 권리 및 행복을 추구할 권리 등이 포함된다"(재산을 소유할 권리는 말할 필요도 없었다). 독립선언과 미국 헌법의 전제는 바로 정부는 피통치자의 동의를 통한 계약에 의해 결정되었으며, 정부가 인민의 의지를 반영하지 않는다면 정부 역시 대체될 수 있다는 것이다. 18세기 말에는 그런 원리들이 실행되었다. 하지만 새로운 국가를 규정했던 로크 철학의 가장 혁명적이면서 여전한 초점은 개인의 '양도할 수 없는' 권리에 대한 강력한 주장이었다. 이것은 헌법의 수정조항들에서 규정되고 강화되었다. 이렇게 정부가 언론의 자유, 종교의 자유, 그리고 기본적인 사법적 자격부여와 같은 개인 권리를 존중할 것을 공식적으로 결정적으로 보장한 사회는 미국 외에 없었다.

하지만 미국의 정치철학은 초기의 종교사상가들이 장려한 감동에 대한 찬양과 결코 분리된 적이 없었다. 그 결과, 정치철학이 아마도 미국에서처럼 그렇게 열정적으로(비록 언제나 합리적으로는 아니었지만) 논의된 곳은 없었을 것이다. 미국에서는 정치적 광신주의가 유럽의 종교전쟁을 대신했던 것 같다. 실로 미국은 사실상 언제나 온갖 주제들을 선동하는 정치가들로 가득했으며, 그들 대부분이 초월적인 주장들을 갖고 있었다. 그럼에도 유럽 철학을 규정하던 그렇게 많은 학구적이고 인식론적인 논쟁들은 신세계의 이 대담한 새로운 관념론자들의 관심을 끌지 못하였다. 그래서 이른바 철학이라 불리는 많은 것들이 크게 무시되었으며, 옛날의 학구적이고 인식론적인 논쟁에 여전히 매력을 느끼는 사람들의 활동은 대학의 상아탑 속에만 머물러 있었다. 따라서 미국 철학은 격리되기는 하였지만 대학에 확고한 자리를 유지하고 있었다. 반면에 그 바깥에서는 반지성주의와 더불어 철학을 무시하는 경향이 교양 있는 대중 사이에서 점점 더 일상화 되어버렸다.

그러나 대학 밖에서는 위대하고 독창적인 몇몇 철학자들이 있었다. 의미심장하게도, 그들은 보통 자신을 철학자로 여기지 않았으며, 또한 학구적인 문제들에 의해 엄밀히 규정된 주제의 역사에서도 이들이 철학자로 등장하지 않았다. 조너선 에드워즈는 자신을 신의 대행자로 보았다. 위대한 미국의 시인인 월트 휘트먼도 그러했으며, 여성을 포함하여 억압받는 사람들을 위한 다양한 대변자들과 기인들도 그러했다. 또한 정치가들이 철학적 메모를 남기기도 하였다. 여기에는 대통령이었던 토머스 제퍼슨과 에이브러햄 링컨, 그리고 알렉산더 해밀턴과 유진 매카시 등의 몇몇 뛰어난 대통령 낙선자들이 포함되어 있었다.

미국 정치인들의 철학사상 가운데는 사실상 단지 이론적인 관심에만 관련된 것은 없었다. 대중적인 철학은 '실천적'이어야 했으며, 당시의 실생활과 정치에 실질적인 영향을 주는 것들이어야 하였다. 이런 사상들 중의 일부는 새로운 나라의 복리를 지속적으로 가로막는 장애물들은 고발하는 것이었다. 예를 들면, 영국의 과세에 반대하는 식민지의 분개는 영국인들이 떠난 후에도 멈추지 않았다. 몇몇 미국 철학자들은 어떤 종류의 과세에도 반대하는 정교한 논증을 발전시켰고, 그런 논증은 대중의 의식에 쉽사리 영향을 미쳤다. 몇몇 새로운 사상들은 위험했다. 이런 실천적인 사상들 중에서 가장 해로운 것 중의 하나는 '명백한 운명'이라는 개념으로, 대중매체에서 만들어낸 이 신조어는 미국 정치인들과 더불어 인기를 얻게 되었다. '명백한 운명'이란 드넓은 공간을 가진 아메리카 대륙은 유럽인들의 식민지 확장에 사용될 수 있을 뿐만 아니라 이는 운명에 의해 결정되어 있었다는 주장이다. 이 이론은 신대륙에 대한 강탈과 그 원주민들을 예속시키는 일을 철학적으로 합리화하는 데 이용되었다.

아직도 '새로운' 나라라는 점을 근거로 스스로 변명하는 나라에서, 억압된 소수민족 출신의 몇몇 위대한 철학자들이 나왔다는 점은 그리 놀라운 일이 아니다. 우리는 아메리카 토착 인디언의 철학이 갖는 풍부한 구전 전통의 많은 부분을 상실하였다. 하지만 우리는 아프리카-아메리카 철학의 훌륭하지만 과소평가된 정전(正典)을 갖고 있다. 이것은 분명한 항의의 외침과 인간 본성에 관한 깊은 사유를, 그리고 새로운 미국의 번영으로 가장 크게 고통받는 사람들과 미국인들을 보호하는 권리의 장전에 포함되지 않은 사람들이 제기하는 인간관계 및 제도의 불의(不義)에 대한 깊은 사유를 기록하고 있다.

예전에 노예였던 프레데릭 더글러스(1817~95년)는 노예폐지운동을 이끄는 지도적인 연설자가 되었다. 그는 나중에 이전의 노예들과 여성들의 시민권을 옹호하는 개혁운동가가 되었다. 더글러스는 『프레데릭 더글러스의 삶과 시대』(1845년 초판, 1882년 개정판)라는 제목의 자서전을 써서 자신이 예전에 노예였던 데 비하면 웅변을 너무 잘한다는 소문을 잠재우고자 하였다. 이는 미국적인 삶과 가장 비열한 제도인 노예제도에 대한 아주 대담하고 날카로운 반성을 보여주는 책들 중의 하나이다. 더글러스의 기품 있는 웅변은 1860년에서 1865년 사이에 치러진 미국의 남북전쟁에서 분출된 도덕적 감정(덜 고상한 이유들을 가진 다른 많은 사람들도 있었지만)을 예비하였다.

헨리 제임스는 W. E. B. 뒤 부아(1868~1963년, 그는 자신의 검은 얼굴에 신경 쓰지 않은 채 전 세계를 여행했던 것 같다)를 그 세기 전체에서 언급할 만한 작가로 인용하였다.[85] 뒤 부아의 유명한 저작인 『흑인들의 영혼』(1903)은 아메리카 흑인들의 정체성의 의미가 갖는 복

---

85 '제임스는 자신의 저작 『미국의 풍경』(American Scene, 1907년)에서 이러한 논평을 하였다. 뒤 부아의 저작은 다방면에 걸쳐 있었으며 『흑인들의 영혼』(The Souls of Black Folk, 1903년)과 『새벽의 어스름: 인종 개념의 자서전에 관한 소론』(Dusk of Dawn: An Essay Toward an Autobiography of a Race Concept, 1940년)을 포함하고 있다.

합적인 특성을 분석하고 있다. 인종차별을 없애려는 지성적인 노력이 갖는 효과에 대하여 처음부터 확신하였던 뒤 부아는 정치적 행동주의 역시 필요함을 믿게 되었다. 그는 점진주의 전략, 즉 상황이 호전되어가는 한 현재의 차별을 받아들이자는 미국 흑인들의 주장을 거부하였다. 뒤 부아는 나중에 '흑인의 자존심'이라 불렸던 것을 대변하는 초기의 인물이었다. 그는 또한 아프리카의 후손인 흑인들은 자신들을 일련의 독특한 공통된 정치적 관심사에 의해 통합된 동맹자들로 보아야 한다는 범아프리카주의 개념을 옹호하였다.

더글러스와 뒤 부아는 함께 아메리카의 시민권 운동을 활성화하였다. 사람들은 (아마도 많은 동일한 생각과 관심사들로부터 탄생한 여성운동은 제외하고) 미국 내 좀더 중요한 철학적 동향이 실용적인 정치학이라고 생각하게 되었다. 우리는 이들을 잇는 이후의 노력을 더듬어볼 수 있다. 마틴 루터 킹(1929~68년)은 완전히 통합된 사회에 대한 사상을 옹호하였으며, 말콤 엑스(1925~65년)와는 전혀 다른 분위기의 저작을 썼다. 하지만 이제 우리는 이야기를 계속 진행시켜야하는데, 19세기의 사회적 정치적 압력에도 불구하고 정치가 철학의 유일한 관심의 초점은 아니었기 때문이다.

유럽적 특징과는 다른 환경은, 오래전 유럽인들이 신대륙에 도착한 이후 아메리카의 영구적인 관심사였다. 아메리카의 토착 철학은 철저하게 우리를 둘러싸고 있는 세계, 즉 그것이 주는 축복과 위험성 및 경이에 관한 철학이었다. 좀더 최근에 신대륙에 도착한 일부 유럽인들 역시 자연이 유럽 제국주의의 유혹 대상이 아니라 정신적 생활의 원천이라는 데 초점을 맞춘 철학을 발전시켰다. 아메리카가 더욱 산업화되고 도시화되면서, 낭만주의적인 정신이 부활하여 안락과 소비를 거부하며 단순한 삶을 추구하였다. 그리고 아메리카의 도시들이 점점 더 커지고 인구도 늘어나면서 더욱 많은 문제들이 생겨나자 미국의 대중적인 사상에서는 거듭 어떤 환상이 나타난다.

헨리 데이비드 소로(1817~62년)는 자급자족 방식의 환경론적인 은자의 오랜 계보에서 가장 유명한 인사였다. 소로는 저 유명한 매사추세츠 주 월든 호숫가의 쾌적하고 편리한 곳(그의 친구인 에머슨의 소유)에 주거를 정하였다. 정식 직업이 없는 무정부주의자인 소로는 그의 많은 동시대인들을 매료시킨 상업적인 도시생활을 넘어 자연과 개인적으로 교감하는 소박한 삶을 찬양하였다. 그는 하나의 국가적 이데올로기(이는 물론 다른 많은 이데올로기와 경쟁하였다)가 되는 것, 즉 도시생활과 '문명'을 거부하고 '자연스러운' 것과 자연으로 다시 돌아갈 것을 주장하였다.

지나치게 문명화된 사회를 혐오한 소로는 주요한 사회 개혁을 성취하는 평화적인 수단으로서 부당한 법과 실천들에 단호하게 비협조할 것을 주장하였다. 그의 수필 『시민의 불복종』은 사회에 지속적인 영향을 끼쳤다. 이것은 간디와 마틴 루터 킹에게 영감을 불어넣어 제국주의와 인종적 억압에 대항하는 운동을 전개하게 하였다.

소로는 별난 인물이기는 하였지만, 의식적으로 1836년부터 1860년까지 번성하였던 뉴잉글랜드 초월주의라는 좀더 폭넓은 철학적 운동에 참여했다. 위대한 뉴잉글랜드의 '초월주의자들'은 칸트와 헤겔의 직접적인 후예들이었다. (에머슨은 박사학위논문을 칸트에 대하여 썼다. 소로는 헤겔을 연구하였으며 칼라일을 숭배하였다.) 초월주의는 계몽사상과 유럽의 낭만주의로부터 온 사상과 점진적인 사회 개혁 사상을 결합시켰는데, 사회 개혁은 특히 노예해방과 여성의 투표참정권을 실현하는 것이었다. 초월주의자들은 낙관론자들이었고, 인간의 생래적인 선량함을 확신하고 있었으며, 그 가능성들을 열렬히 지지하였다. 그들은 또한 거의 신비주의적인 성향을 가지고 있었으며, 인간과 자연의 결합과 논리적 추론을 넘어선 직관적인 성찰의 중요성을 강조하였다.

소로 외에 가장 유명한 초월주의자는 랠프 월도 에머슨(1803~82년)이었다. 그의 수필은 미국 문학의 고전들 중의 하나이며 또한 미국의 실용주의자들에게 중요한 영향을 주었다. (그는 니체에게도 깊은 영향을 끼쳤다.) 에머슨은 정신적 생활의 원천으로 자연의 중요성을 강조하였다. 그도 헤겔을 따라서 인류는 직관적인 도덕적 지침을 제시하는 집단적인 '거대한 영혼'에 의해 연결되어 있다고 믿었다. 에머슨은 자립을 궁극적인 미덕으로 장려하고 또 대중화시켰다. 그의 견해로는, 확신은 직관에 의해 인식되는 자아의 일부이며 삶의 성취를 얻기 위한 가장 훌륭한 기초이다.

에머슨은 유니테리언 교회(종교의 통일을 강조하며 공식적인 경전을 가지지 않은 개신교의 일파)의 성직자로서 경력을 시작하였다. 그러나 에머슨은 그와 같은 종교 제도의 가치를 의심하기 시작하면서 결국 목사직을 사양하였다. 조직화된 종교는 인간이 더욱 직접적인 종교적 경험을 얻는 데 실패했음을 드러내는 징후라고 그는 결론내렸다. 그러한 경험은 자연에 대한 명상 속에서 특히 가능한 것이다. 에머슨은 이런 그의 종교적 감수성으로부터 세속적인 휴머니즘이란 철학을 발전시켰는데, 이 철학은 때때로 당시의 복음전도자들로부터 비난을 받았다. 하지만 휴머니즘이 그 기원을 그리스도교 교회의 문맥에 갖고 있는 것과 마찬가지로, 세속적 휴머니즘은 종교적 감수성에 바탕을 두고 있었다. 그것은 현세의 삶에서 인간이 누려야 할 행복에 초점이 맞추어진 철학으로, 사후세계에서의 구원에 주로 관심을 갖는 종파의 접근방식과는 반대되는 철학이었다.

초월주의는 명백히 유럽 낭만주의자들과 아울러 독일 관념론자들의 영향을 받았다. 하지만 이러한 유럽에의 지적 의존은 바로 다음 세기에 미국적 삶과 관련해서 미국의 지식인들을 고민하게 만들었다. 이러한 미국인들은 유럽적인 것과 크게 구별되지 않는 것들을 의식적으로 거부하고 그들 자신의 독창성과 창안에 자부심을 느꼈다. 그리하여 사람들은 진정한 미국 철학의 필요성을 느끼게 되었다.

진정한 미국 철학은 유럽의 학구적이고 형이상학적인 반성과는 아주 다른 것이어야 하였다. 그것은 실용적이고 실제적인 사고, 즉 미국적 경험에 대한 반성이라는 전적으로 미국적인 스타일을 포함하는 것이어야 했다. 이러한 철학은 프래그머티즘이라는 반형이상학적인 학파에서 발전되었다. 이 운동에는 윌리엄 제임스와 존 듀이 같은 선각자들이 포함되어 있었다. 프래그머티즘 철학은 미국에서 발전한 실용적인 정신에서 자라났다. 이러한 정신은 원래 유럽 이민자들이 이국 땅에서 새로운 삶을 건설하기 위해 도전하면서 요구되었다. 따라서 미국의 프래그머티즘은 어떤 이론의 가치에 대한 궁극적인 평가는 그 실천적 유용성에 있다는 확신에 의해 고취된 것이었다. 많은 전통 형이상학들과는 달리, 사람들은 프래그머티즘과 더불어 실제로 어떤 일을 착수하고 실제로 행할 수 있었으며 세상을 바꿀 수도 있었다.

프래그머티즘의 실천적 접근은 미국인들의 정신에 호소력이 있었다(그리고 계속해서 호소력을 가지고 있다). 따라서 이것은 19세기 유럽인들의 지배로부터 흔히 이른바 '미국의 세기'로 불리는 것으로의 이상적인 이행이었다. 그러한 전환이 이루어지는 동안에, 오래된 유럽 나라들 사이의 해묵은 유혈사태에도 불구하고, 놀랍게도 새로운 20세기가 시작되기 전 85년간 유럽은 상대적으로 평화롭고 안정된 시기를 보냈다는 점을 지적할 필요가 있겠다. 하지만 이러한 사정은 곧 바뀌게 되고 프래그머티즘 철학은 전 지구적 전쟁과 혁명의 시대에도 미국적 낙관론을 계속해서 배양하게 된다.

프래그머티즘은 19세기 말부터 20세기로 들어서는 시기에 전개된 철학이었다. 그래서 우리는 다음의 제4부에서 실용주의의 역사를 다룰 것인데, 프래그머티즘은 거북하게도 유럽 철학과 심리학의 더욱 과학적인 새로운 경향과 뒤섞이게 된다. 그렇지만 19세기 전반에 걸쳐 아메리카에서는 여전히 철학이 침체되어 있었다. 미국 철학을 대변하는 인물들, 예를 들어 몇몇 유럽 철학자들과 특히 니체 같은 사람이 찬양하였던 시인 월트 휘트먼과 에머슨 같은 사람들이 있기는 하였지만, 아메리카는 여전히 진정한 독자적인 철학을 만들어내야 하였으며, 20세기의 전환기에도 서구 철학의 중요한 변화는 주로 유럽에서 일어나고 있었다.

4

모더니즘에서 포스트
모더니즘으로_ 20세기

● 관념론에 대한 거부_ 공포의 세기

니체는 1900년 8월에 죽었다. 명석함을 드날렸던 시기의 마지막 즈음에, 그는 새로운 세기에 대한 끔찍한 예언을 하였다. 이 새롭고 무서운 시대는 '신의 죽음'이 실현되는 무시무시한 경험, 즉 근대적 퇴폐와 불신의 고통, 분개한 군중의 도덕성에서 나온 폭력적인 결과, 그리고 결국에는 '진리'가 아닌 알기 힘든 진리 등을 경험하게 되리라는 것이었다. 니체는 사람들은 새로운 신을 찾거나 혹은 그러지 못하면 절망적으로 지도자를 찾을 것이라고 예언하였다. 또한 이때까지 세상에서 보지 못했던 그런 전쟁을 치를 것이라고도 하였다. 불행하게도 역사는 그의 주장이 옳았음을 곧 증명하게 된다.

20세기는 그 자체로 볼 때, 전통적 진리의 붕괴와 극단적인 공포의 시대로 정의되어야 할 것이다. 물론 거의 모든 시대가 이와 같은 식으로 기술되어왔다. 17세기의 종교전쟁은 확실히 끔찍하였다. 봉건 세계의 붕괴와 중세 말기의 다양한 전염병은 이 세계에 종말이 온 것처럼 보였다. 종교개혁은 확실히 많은 가톨릭교도들에게는 천년 전 로마제국의 몰락처럼, 안정된 문명에 종말이 온 듯한 충격을 주었다. 산업시대의 도래, 자본주의의 성공, 민주주의와 사회주의를 향한 운동들은 20세기 중엽의 사람들에게 (소크라테스 시대의 그리스에서 이와 비슷한 운동들이 그랬듯이) 질서에 대해 혼돈이 승리하는 듯한 충격을 주었음에 틀림없다.

그럼에도 20세기는 전대미문의 세계대전이 두 번이나 일어나는 무서운 폭력의 시대였다. 이는 한편으로는 전쟁의 세계적 규모 때문이었으며, 다른 한편으로는 새로운 기술 때문이었다. 제1차 세계대전에는 탱크, 비행기, 독가스, 잠수함 등이 동원되었으며, 전쟁 무대는 유럽에서 시작하여 아프리카를 거쳐 동아시아에 이르기까지 펼쳐졌다. 더군다나 어떤 위대한 승리나 결정적인 전투도 없었다는 사실을 통해 이것이 증오스럽고 환멸스러우며 쓸데없는 전쟁이라는 점이 드러났다. 이 전쟁에서는 불과 몇 야드의 진흙지대에서 수만 명의 생명이 희생되었다. 그것은 소모전이었으며 그저 파괴를 위한 전쟁이었을 뿐이다.

제2차 세계대전은 원자폭탄의 도입으로 전쟁 개념 자체를 바꾸어놓았다. 그것은 갈등의 범위를 모든 섬과 빙하, 그리고 모든 사막과 지구상의 모든 도시와 마을 한복판까지 넓혀놓았다.

마찬가지로, 20세기로 넘어가는 전환기에 생겨난 상대주의는 이전의 그 어떤 것보다도 훨씬 더 정교한 것이었다. 상대주의는 니체의 논쟁적인 '원근법주의'에서 생겨나기 시작하였지만, 20세기 초에 다른 영역에서도 나타났다. 여기에는 물리학의 새로운 시대를 예고하는 젊은 앨버트 아인슈타인과 그 동료들의 눈부신 과학 저작도 포함된다. 우리는 분명 이러한 사유의 선구자들을 찾을 수 있다.

철학자 라이프니츠는 뉴턴에 반대하여 공간과 시간은 절대적이 아니며 오히려 관계의 문제, 즉 '상대적'이라고 하였다. 그리고 소피스트인 프로타고라스는 소크라테스에 반대하여 '인간은 만물의 척도이다'라는 상대적인 명제를 주장하였다. 그렇지만 아주 복잡한 논의들과 결부되는 이 세기 전환기의 고도의 불확실성과 혼란으로 인해, 상대주의는 거북한 회의적인 독백이 아니라 다루어질 만한 하나의 명제가 되었다.

상대주의는 20세기의 중심적인 관심사가 되었다. 지난 세기의 시작을 알렸던 관념론, 즉 그 초월적이고 때로 절대적이기까지 했던 확신을 이 세기에서는 찾아볼 수 없었다.

이러한 불확실성, 혼란, 그리고 이해관계는 솔직히 부분적으로는 정치적인 것이었다. 세계는 두드러지게 점점 좁아졌다. 통신과 교통수단이 크게 발전한 결과, 몇 세기 전만 하더라도 서로 떨어진 문명들이 다른 문명의 존재를 알기 어려웠으나 이제 세계는 종종 적대적인 민족·국가들과 이미 과밀한 인구로 가득 차게 되었다. (1850년의 세계 인구는 10억 명, 1900년 15억 명, 1990년 50억 명 이상, 2000년 60억 명 이상으로 추산된다. 그렇다면 2050년의 세계 인구수는?)

사람들은 살기 위한 더욱 많은 공간(생활공간)을, 더욱 많은 자원과 새로운 시장들을 필요로 하였다. 유럽의 관점에서 본다면, 한때 끝없이 확장될 것 같았던 정복과 탐험의 대상인 새로운 식민지와 대륙들이 고갈되었다. 식민지를 개척한 강대국들은 아프리카와 아시아에서 포획한 소유물들을 놓고 서로 싸웠으며 더 이상 '신' 세계는 없었다. 그들은 상당히 산업화되어서 아주 가치 있는 유럽의 좁은 땅덩어리를 놓고 시샘에 차서 쟁탈전을 벌였다. 그러는 한편 동양의 중국과 일본은 새로운 야심을 키우고 있었으며 태평양 주변에서 두드러지는 새로운 위력을 드러내었다.

그럼에도 제국주의 시대는 빨리 그 막을 내렸다. 민족주의 이념이 널리 퍼졌으며, 민족주의와 작은 나라들이 확산되면서 엄청나게 혼란스럽고 끊임없이 유동하는 보호동맹의 망상조직이 나타났다. 민족주의의 경쟁이 가장 만발하고 가장 격앙되었던 무대 중의 하나는 일반적으로 발칸반도로 알려진 지역이었다. 그곳의 사라예보에서, 그릇된 명칭이기는 하지만 '모든 전쟁을 종식시키기 위한 전쟁'의 최초의 결정적인 총성이 울렸다.

● 프레게, 러셀 및 후설_ 산술, 원자론, 현상학

철학은 아무리 추상적인 것이거나 혹은 비록 스스로를 '영원' 하거나 '비시간적' 이라고 선언할지라도, 그것이 발생한 시대와 장소로부터 분리되거나 혹은 그에 관해 무관할 수가 없다. 철학은 예언적일 수 있고 과거에 대한 회상일 수 있으며 또한 단지 문화에 대한 반성과 거울로서 기능할 수도 있다. 하지만 철학은 생각보다 더 많이, 관념화되고 추상적인 용어를 통해서 사회의 이상과 열망을 표현한다. 플라톤의 국가론은 아테네인들의 이상화된 모델이었다. 여기서 이상화란 논쟁을 제기하는 정치적이고 철학적인 전망에 따른 이상화라는 말이다. 대부분의 중세 철학은 그것이 아무리 '학구적' 혹은 현학적이었다 하더라도, 당시의 엄연한 신앙 표현이었다. 계몽사상은 무엇보다도 우선 세계에 대하여 배울 수 있고 평화와 번영을 보장하는 사회를 창조할 수 있는 인간의 이성 능력에 대한 희망과 낙관론 및 믿음을 표현하는 것이었다. 철학의 세부화, 엄밀한 인식론, 상상력 넘치는 형이상학, 이 모든 것은 계몽사상에서 온 넘치는 확신 내에서 이해되어야 했다. 19세기의 관념 철학은 역시 새로운 세계적인 이상주의를 표현하는 것이었다. 그의 경고에도 불구하고, 니체조차 자신을 분명 앞으로 다가올 좋은 것들에 대한 예고자로 보았다.

이와 비슷하게, 종종 현학적이며 때로 끈질기고 매우 학구적이며 전문적인 20세기 초의 유럽 철학 역시 시대의 산물이며, 아마도 후퇴 혹은 절망의 증상이다. 그렇지만 저작 속에서는 어떤 특징도 즉각적으로 명백하게 드러나지는 않는다. 우리가 20세기 초 영국과 유럽의 가장 중요한 철학 저작들의 성격을 규정짓고자 한다면, 그 핵심적인 특징은 명료함과 풍부함일 것이다. 그것들은 대담하고 자신에 차 있었으며 건방질 정도로 반항적이었다. 절망과 자기의심의 징조는 전혀 보이지 않았고, 실로, 삶에 대해서는 거의 말하지 않았다.

그 지배적인 주제는 논리와 수학이었다. 20세기 철학의 주요 목표는 수학의 '토대'를 발견하는 일이었으며, '둘 더하기 둘은 넷이다'와 같은 기초적인 방정식이 정말로 진실이라는 점을 증명하는 것이었다. 이들 중 세 명의 주요 인물이 극히 보수적인 독일의 수학자인 고트로프 프레게(1848~1925년), 극히 자유로운 정신의 소유자인 영국 귀족 버트런드 러셀(1872~1970년), 그리고 한 가지에 극히 몰두하고 명하니 얼이 빠져 있기로도 유명했던 체코-독일의 수학교수인 에드문트 후설(1859~1938년)이었다.

순수 논리에 대한 관심은 19세기에 이미 일어나고 있었다. 하지만 그것은 언제나 몇몇 비범한 재능을 지니고 형식에 관심이 있는 철학자들만이 깊은 관심을 갖는 주제였다. (매우 많은 학문 주제들이 그랬던 것처럼) 아리스토텔레스와 더불어 시작된 논리학은, 스토아학파의 몇몇 철학자들, 가장 창의적인 아랍의 철학자들, 12세기 파리의 피에르 아벨라르두스, 14세기 영국의 둔스 스코투스와 오컴의 윌리엄, 그리고 17세기와 18세기의 독일 철학자들인 라이프니츠와 칸트 등에게도 열렬한 관심의 대상이었다. 또한 논리 개념은 다양했는데, 예를 들어 고대 중국 철학과 인도 철학의 풍부한 문헌에서 발견되는 논리는 서양 철학의 논리와는 다른 것이었다. 헤겔 역시 결정적으로 비형식적인 (아마도 반형식적이기까지 한) 논리를 공식화하려고 시도했지만, 아무튼 서양 철학에서 계속해온 그런 논리적 방식은 아니었다.

19세기에 영국의 존 스튜어트 밀과 몇몇 독일 철학자들과 수학자들은 새로이 과학이 강조되는 경향의 영향 아래서, 일상 언어를 최소화한 논리의 형태로 서술하기 위하여 순수하게 형식적인 기법을 개발하기 시작하였다. 그러한 기술의 원형은 물론 수학이었으며, 수학과 논리학의 결합은 20세기 철학의 결정적인 업적들 중의 하나였다. 이것은 아마도 3세기 전 산술학과 기하학을 결합시킨 데카르트의 업적에 견줄 수 있겠다.

그러나 논리와, 논리학과 산술학의 관계에 대한 새로운 관심을 가장 자극한 사람은 프레게였다. 아리스토텔레스 이래 논리학 영역을 지배해온 명제들 간의 관계에 대한 연구('명제논리학')를 넘어서는 방향으로 논리학을 움직인 사람이 바로 그였다. 프레게는 ('모든', '몇', '아무것도' 등의 범주와 관계가 있는) '양화논리'를 창안하였다. 이것은 오늘날 철학자들이 가장 잘 알고 또 사용하고 있는 것이다. 사실 돌이켜 생각해보면, 이 간단해 보이는 혁신이 어떻게 거의 죽어버린 주제를 회생시키고 변형시켰는지 상상하기 어려운 일이다. 좋건 나쁘건 간에, 데카르트가 근대 철학을 인식론의 왕도로 인도하기 시작한 것처럼, 프레게는 현대 철학을 논리학의 왕도로 인도하였다고들 한다.

이 이야기의 전반부에 대해서는 머뭇거릴 필요 없이 말할 수 있다. 젊은 러셀은 프레게를 읽으면서 산술학의 기본 명제가 논리만을 사용하여 증명될 수 있음을 입증하고픈 마음이 들었다. (그가 여기에 관심을 갖도록 처음 자극을 받은 것은, 이 반항적인 어린 천재가 아직 산술제표에 대해 의문을 말하는 대신 그저 암기하기만 했던 11세 때였다고 한다.) 그는 그와 기질이 비슷하고 더 나이가 많은 수학자인 앨프레드 노스 화이트헤드(1861~1947년)와 팀을 구성하였다. 러셀과 화이트헤드는 1903년 『수학의 원리』(Principles of Mathematics)를 출간하였으며 이어서 더욱 훌륭한 3권으로 된 수학의 고전인 『수학원리』(Principia Mathematica, 1910~13년에 출판)를 집필하였다. 영미 철학의 중요한 강박관념은 이렇게 자리를 잡게 되었으며, 오늘날까지 수학적 논리만이 '진정한' 철학이라고 간주하는 철학자들이 있다.

한편, 에드문트 후설은 존 스튜어트 밀의 입장과 매우 닮은 경향을 지닌 독일 경험론자들의 영향 아래서 『산술철학』을 썼다. 러셀과 화이트헤드와는 확연히 다르게, 후설은 산술학의 기본 명제들은 논리에 (혹은 선험적인 것에) 근거하는 것이 아니라 오히려 경험으로부터 매우 추상적으로 일반화한 결과라고 주장하였다. 그런데 이런 주장은 몇십 년 전 밀의 이론과 매우 흡사한 것이었다. 프레게는 후설의 책을 살펴보고 나서 그 중심 명제를 확실하게 반박하였다. 그 결과 철학자로서는 거의 보기 힘든 경우인 정도로, 후설은 완전히 마음을 바꾸었다(그러면서 그는 반대하지 않는 것은 그것이 자신의 이론임을 거부하지 않는 것과 같다는 뜻의 괴테의 말을 인용하였다). 그런 다음 후설은 19세기에서 20세기로 바뀌는 시기에 고심하여 쓴 일련의 책들인 『논리학 연구』를 출간하였다. 여기서 그는 러셀과 화이트헤드와 마찬가지로 산술학은 실로 선험적인 학문이라고 주장하였다. 그렇지만 양자 간의 유사성은 이것이 전부였다. 러셀과 화이트헤드가 분석의 근거를 논리에 두었던 반면, 후설은 그와 같이 필연적이거나 혹은 선험적인 진리들의 본성에 관한 완전히 새로운 방법을 발전시켰기 때문이다.

이것이 철학과 무슨 관계가 있는지 물을 수 있을 것이다. 물론 무엇보다 먼저 수학의 본성과 위상은 철학적 문제의 가장 오래된 주제들 중의 하나이다. 그리고 많은 초기의 고대 그리스 철학자들이 철학에 마음이 끌린 것은 수학에 대해 경탄하면서였다(가장 두드러진 사람이 피타고라스였다). 명백한 무오류성을 갖는 수학의 진리는 또한 근대 철학자들에게 지식의 세계를 논리적 진리와 경험적 사실로 나누어야 하는 대단히 난감한 문제를 제기하였다.

(로크, 라이프니츠, 흄 같은) 어떤 철학자들은 수학적 지식을 자명한 것으로 취급하여 그러한 진리는 스스로를 규정하며 또 선험적인 것으로 보았다. 하지만 그렇다면 명제들의 이러한 추상적인 체계는 어떻게 세계와 연관될 수 있단 말인가? (존 스튜어트 밀과 젊은 후설 같은) 몇몇 대담한 철학자들은 산술학의 명제들이 경험으로부터 얻은 것에 대한 추상적 일반화의 결과라는 대안을 제시하였다. 하지만 그렇다면 그 명제들의 필연성을 어떻게 설명할 수 있을까? 칸트는 수학이 경험의 기초이면서 동시에 선험적이라고 주장하였다. 그렇지만 수학의 위상은 어떠한 통합적인 인식론(인식론은 오늘날 많은 철학자들이 철학으로 간주하는 것의 기초가 되었다)에서도 여전히 하나의 문제로 남아 있다.

우리 시대의 서양 철학을 일으킨 철학적 작업은 이전의 그것보다 훨씬 더 정교하고 복잡하며 전문적인 것이었다. 하지만 그럼에도 그것은 삶의 의미, 인간의 조건, 조화에의 욕구, 그리고 세계 이해에 관한 내심의 철학적 의문들에 전적으로 무관심하지 않았다. 라이프니츠는 일찍이 삶의 문제들은 보편적 계산법에 의해 해결될 수 있을 것이라고 하였고, 라이프니츠에 열광했던 러셀은 어쨌든 그와 비슷한 해결책을 기대하고 믿었음에 틀림없다.

하지만 이 시점에서 『수학원리』와 『논리학 연구』에 동기를 부여하였던 프레게의 논리나 다소 전문적인 주제들을 깊이 파고드는 것은 현명하지 못한 일이다. 일반적으로 말해서, 이 두 저작은 근심으로 가득 차 있는 세계에서 난해한 문제들을 제기하고 있다. 20세기의 첫 10년 동안에 유럽은 예전에 없었던 평화로운 세기가 끝나가고 있음을 깨달았다. 이 평화로운 시기는 짧지만 쓰라렸던 1870~71년의 프랑스-프로이센 전쟁에 의해 잠깐 중단되었을 뿐으로, 이 전쟁에서 독일은 주요 세계강국이 되었다. (예를 들어, 젊은 막스 베버 같은) 독일의 지식인들은 동유럽의 타락한 귀족주의를 공격하였으며, 특히 빈 같은 몇몇 대도시들은 자아도취와 자기혐오적인 대규모 카니발을 즐기면서 '좋았던 옛 시절' 에 대한 애가를 불렀다.

그러나 눈에 보이는 대격변이 곧바로 나타나지는 않았고, 폭발 직전에 있는 유럽의 조용하게 격리된 연구실들에서 가장 독창적인 지적 작업이 진행되고 있었다. 아인슈타인은 상대성이론을 만들고 있었으며, 그리고 그의 저항에도 불구하고 양자역학이론의 첫 단계가 진행되고 있었다. 러셀과 화이트헤드는 철학의 모습을 바꾸고 있었으며, 한편 쇤베르크와 베베른은 빈에서 그리고 야수파들은 프랑스에서 예술을 혁신하고 있었다. 오래된 제국들이 깔고 앉은 영역과 영토는 사실상 무수한 집단들과 종파, 그리고 작은 세계로 분할되어 있었다. 그것은 라이프니츠의 모나드로 이루어진 사회적인 우주였다. 이 속에서는 크고 작은 나라들, 두드러지거나 영락한 가문들, 지식인과 예술가의 무리들이 각자 따로따로 삶을 영위하고 있었다.

엄밀히 파악하더라도, 철학에서의 변화는 논리에서의 특별한 성취와 수학철학이 제안하는 것보다 훨씬 더 빠르고 훨씬 더 멀리 나아가고 있었다. 이러한 변화를 만들어내는 두 주요한 인물은 아마도 러셀과 후설이었을 것이다. 비록 이들이 새로운 철학 세계를 출범시킨 것보다 더 많은 일을 했다고 생각하는 것이 잘못일지는 모르겠지만 말이다. 사실 이들의 훌륭한 제자들이 이 둘을 곧 넘어서서 이들의 작업을 매우 다른 방향으로 이끌어갔다.

그렇지만 이들이 기여한 바는 기념비적이지는 않더라도 중대한 것이었다. 이 둘은 모두 엄청난 양의 저작을 썼다. 러셀은 사실상 모든 종류의 철학적 작업, 전쟁과 볼셰비키 사상에 반대하는 신문 사설, 사랑과 결혼에 대한 논문, 그리스도교에 대한 공격과 인식론과 형이상학에 관한 책들을 출간하였는데, 그것은 매일 수천 단어를 써야 할 양이었다. 후설은 천천히 출간하였지만, 열정적으로 생각하고 약 5만 페이지 정도를 저작하였다. 그런데 그 대부분은 아직 출간되지 않았으며 몇몇 후설 연구학자를 제외하고는 누구도 읽어보지 못했다.

비록 그들 자신은 이런 사실을 몰랐지만(또한 그들은 서로를 몰랐다), 러셀과 후설은 공통의 적(敵)을 가지고 있었다(두 사람은 사실 이 적을 알지 못하였다). 그 적은 바로 영국과 유럽대륙 양쪽에서 여전히 철학에 강력한 영향을 미치고 있었던 헤겔이었다. 그렇지만 러셀과 후설은 헤겔 철학의 서로 다른 면들에 대해 반대하였다. 러셀은 이 세계가 (어떤 의미에서는) 튼튼하고 단단하며 과학적인 물질이 아니라 관념들로 이루어져 있다고 확신하는 헤겔의 관념론에 반대하였다. 러셀은 이렇게 평하였다. "[G. E.] 무어가 항거에 앞장섰으며, 나는 해방감을 가지고서 그 뒤를 따랐다. ……풀이 초록색이고, 비록 우리가 인식하지는 못한다 하더라도 태양과 별들이 존재한다는 사실을 우리는 믿는다. 지금까지 빈약하고 논리적이던 세계가 이제 풍요롭고 다양해졌다." 러셀의 철학은 따라서 완전히 과학적이었다. 그의 저명한 선배인 데이비드 흄과 같이 (그리고 논리학에서 그의 영웅이었던 라이프니츠와는 달리) 그는 영국의 훌륭한 경험론자였다. 그는 과학자였으며 유물론자였다.

반면에, 후설은 헤겔의 변증법적 다원론에 반대하였다. 후설은, 철학자들이 철저하게 과학적이지 못하는 경우를 제외하고는, 이 세계를 서로 갈등하는 전망들의 충돌로 보지는 않았다. 또한 후설은 자신을 과학자로 보았다. 하지만 그 또한 세계는 의식으로 이루어져 있다고 믿는, 관념론자의 자질을 많이 가진 인물이었다. 이 점에서 그와 러셀은 달라진다. 후설은 한순간도 물질세계의 존재를 의심하지는 않았다. (물론 헤겔도 그랬다.) 그 이전의 데카르트와 칸트처럼, 그리고 도버해협 건너에 있는 러셀처럼, 그는 우리가 의식을 통해 세계를 접하고 우리의 모든 지식은 올바르게 이해된 경험으로부터 온다고 주장하였다.

러셀에게 이러한 주장은 고전적인 경험론의 기초 명제였다. 그러한 감각에 대하여 반성하면서 우리는 세계를 이해할 수 있다. 러셀의 이론에서 특히 지적할 만한 것은 그 이론의 기초 구조로서, 적어도 제1차 세계대전 전의 여러 해 동안 그가 옹호하였던 이론은 그 시대의 성향에 부합하는 것이었다. 러셀은 그의 선배였던 흄과 같이 당당한 원자론자였다. 즉, 그는 언어의 간단한 조각들, 즉 문장들(혹은 더욱 정확히 말해서, 명제들)은 단편적인 현실, 다시 말해 사실들에 의해 야기되는 단편적인 경험, 즉 감각들을 언급한다고 믿었다. 새로운 인식론에서나 논리에서나, 러셀은 대단한 최소주의자였다. 그는 세계와 세계에 대한 우리의 경험의 복잡성을 가장 단순한 '원자적인' 단편들로 축소시키고자 하였다. 그가 설립을 도운 학파에 따르면, 철학은 마땅히 분석의 방법을 통해 진행되어야 하는데, 분석이란 대상을 조각들로 분해하여 그것들이 어떻게 함께 들어맞는가를 이해하는 일이다. (영국의 헤겔 철학자들은 이와 반대로, 모든 것은 다른 모든 것들에 연결되어 있으며 부분들은 전체에 대한 참조 없이 이해될 수 없다고 주장하였다.)

따라서 우리의 언어 역시 단순화시켜야 하고 개선되어야 하며 이상화되어야 한다. 우리는 문법을 이 세계의 구조를 더 정확히 반영하게끔 형식논리의 형태로 다시 만들어야 한다. 러셀은 간단한 영어의 관사인 'the' 를 분석하는 몇 개의 소론을 썼다. 문제는 일상적인 용법에서 단어 'the' 는 언제나 어떤 것을 지칭하는 것 같다는 점이다. 하지만 그러한 지칭을 가지지 않는 용법을 생각해보자. 러셀이 제시하는 예는 다음과 같은 문장이었다. "현재 프랑스 왕은 대머리이다(The present king of France is bald)." (실은 현재 프랑스에는 왕이 없다.) 이 문장은 옳을까 그를까? 분명히 이 질문은 '옳다' 혹은 '그르다' 로 정확히 답할 수 있는 질문이 아니다.

단어 'the' 가 지칭 기능을 갖지 않는, 문제의 대상이 되는 문장은 마땅히 그 논리적인 구조로 분석되어야지 일상적인 문법의 형태로 분석되어서는 안 된다. 논리적 형식은 이 문장이 하나가 아닌 3개의 원자적인 문장들('프랑스에는 현재 왕이 있다' '프랑스에는 오직 한 사람의 왕만이 있다' '그는 대머리이다')로 분해됨을 보여준다. 이와 같은 존재론적 철저함은 새로운 논리학의 눈부신 도구들과 결합되어 영국과 미국의 철학을 바꾸어놓았다. 그러한 논리적인 요구와 최소주의적 경향은 여전히 남아 있다. 실로 많은 전문 철학자들에게, 이 게임으로 극적으로 변화한 유일한 것은 그 위치이다. 한때 주무대는 (영국의) 케임브리지였는데, 이제는 (미국 매사추세츠의) 케임브리지, 피츠버그, 시카고, 버클리로 무대가 이동하였다.

러셀은 평생토록 철학자 중의 철학자였으며, 완전한 지성의 전형이었다. 그는 논리학과 인식론의 문제들과 싸웠고, 그의 이상적 언어를 완벽하게 하기 위하여 노력하였으며, 20세기 대부분에 걸쳐서 매 10년마다 자신의 정신을 변화시켰다. 하지만 무시무시한 전쟁은 그로 하여금 더 이상 추상적 관념들의 '빈약하고 진부한' 세계(혹은 그의 가장 강한 상대인 헤겔 철학자인 F. H. 브래들리가 '무혈의 범주들이 벌이는 이 세상의 것이 아닌 발레' 로 불렀던 것) 속에서 살아갈 수 없게 만들었다. 전쟁이 벌어지고 있는 동안, 그는 그의 평화주의로 인해 감옥에서 수개월을 보냈으며, 그 후에는 그가 그 명예를 옹호하고자 했던 국민들로부터 비방을 받았다. 섹스와 결혼에 대한 그의 저작은 오늘날의 기준으로는 아주 평범한 것이지만, 처음에는 영국에서 그 다음에는 뉴욕에서 추문을 불러일으켰다. 뉴욕에서는 치욕을 느낀 군중들이 거세게 항의한 결과 그는 뉴욕 시립대학의 교수직을 거부당하였다.

1940년대에는 러셀의 사상과 그의 철학적 접근방식은 이미 낡은 것이었다. (철학의 비시간성에 대한 주장에도 불구하고, 실제의 철학은 언제나 변하기 쉬웠으며 유행에 민감하였다.) 러셀은 더욱 세속적인 다른 문제들, 예를 들어 자신이 빈손이라는 사실에 관심을 돌렸다. 그리하여 그는 1945년 자신의 베스트셀러인 철학사를 썼으며, 1927년 『왜 나는 그리스도교도가 아닌가?』를 펴낸 데 이어 그리스도교와 조직화된 종교 일반에 대하여 지속적으로 논쟁적인 공격을 하였다. 그는 나중에 '자유 연애'로 불리게 되는 것을 공공연히 옹호하였지만, 사실 그는 성적 책임에 대한 솔직한 지지자였다. 그럼에도 그가 결혼 전 섹스를 옹호하고 혼외정사에 대해 무비판적인 태도를 보이는 데 대해 위선적인 군중은 분개하였다. 그는 군국주의를 반대하는 연설을 계속하였고, 반핵운동의 창설을 도왔으며, (장 폴 사르트르와 함께) 베트남전에 대한 미국의 군사적 개입을 처벌할 '전쟁범죄' 재판소를 설립하였다.

긴 생애의 마지막에 그는 격조 있고 담담한 자서전을 썼다. 여기서 그는 자신의 정치 참여, 철학에 대한 사랑, 마땅히 정중하게 그의 사랑에 대한 애호라고 불러야 할 것 등에 대하여 결정적으로 기록하고 있다. 아주 묘하게도 러셀의 철학이 세상의 문제에 완전히 몰두하게 되자 그의 철학 동료들은 그를 떠났다. 대부분의 철학자들이 '세상은 끔찍하다'는 러셀의 매우 비관적인 견해를 반박하지 못하였다. 그들은 러셀과 안전한 거리를 두고서 특히 그가 죽은 후에, 플라톤이 소크라테스를 옹호하듯이 그를 진리를 위한 순교자로, 별 의미 없는 경쟁상대로서 충실히 옹호하였다. 하지만 일반적으로 그들은 그의 논리적 최소주의를, 그의 건전한 영국적 회의주의를 선호하였다. 아마도 이런 이유에서 오늘날 그는 자주 무시되는 것 같다.

반면, 후설은 최소주의자가 아니었다. 그의 철학은 새로운 개념, 새로운 구분, 새로운 시각들로 넘쳐흘렀다. 후설은 논리에 열광했지만, 단순히 논리학을 받아들이기를 원하지 않았거나 혹은 어떤 논리적 공리체계를 (그것이 아무리 명백한 것이라 할지라도) 액면 그대로 받아들이지 않으려고 하였다. 논리도 산술학처럼, 설명이 필요한 것이다. 그런 점에서 후설은 러셀보다 더욱 근본적이었다(적어도 '뿌리'를 지칭하는 이 단어의 어원적 의미에 호소한다면 말이다). 다른 시각에서 보면 아주 반동적이었지만, 그 역시 자신을 근본적이라고 보았다.

후자의 특징을 먼저 살펴본다면, 후설은 철학에서 일어난 것으로 보이는 변화들에 대하여 확고하게(어떤 사람들은 독단적이라고까지 말하기도 한다) 반대하였다. 니체뿐만 아니라 다른 많은 독일 철학자들은, 철학이란 단 하나의 전망으로 환원될 수 없고, 철학적 문제들에 대하여 단 하나의 답만이 있다고 할 수 없으며, 민족이나 종족이나 개인의 심리에 따라서도 상대적일 수밖에 없다고 하였다. 그와 같은 어떤 상대론에도 반대하여, 후설은 철학이 하나의 단일하고도 엄격한 과학이라고 주장하였다.

실제로 『논리학 연구』의 주요 주제들 중의 하나는 심리주의에 반대하는 긴 논의였다. 심리주의란 곧 진리는 인간 마음의 특이성에 의존하며, 우리의 철학은 심리학으로 환원된다는 이론이다. 다른 말로 하면, 이것은 산술철학에 관한 그의 첫번째 책에서 그 자신이 주장한 이론에 반대하는 논의였다.

하지만 후설의 철학은 결코 부정적인 철학이 아니었다. 그가 아무리 상대론에 대해 분개했는지는 몰라도, 그는 진리를 발견하고 보증하는 방법을 발견하는 데 지속적으로 노력을 기울였다. 그러한 방법이 바로 그의 현상학이었다. '현상'이란 단어는 그리스어에서 직접 유래되었는데, '나타남'을 뜻한다. 칸트는 우리가 경험하는 세계를 지칭하는 데도 같은 단어를 사용하였다. 후설도 비슷한 의미로 사용하였지만, 한 가지 결정적인 사실은 예외였다. 그에게 현상이란 외관과 그 근본적인 실재, 즉 현상계와 예지계 또는 '사물 그 자체' 사이의 대비를 의미하는 것이 아니었다. 후설에 따르면, 우리가 경험하는 것이 진리가 아니거나 아닐 수 있다고 가정하는 데서 (그것이 순수한 철학적 회의의 과정일 뿐이라 할지라도) 문제가 시작된다.

후설은 현상학을 의식의 본질적 구조에 대한 과학적 탐구로 정의한다. 후설은 그러한 기술을 통해서 철학이 늘 추구해왔던 확실성을 찾을 수 있다고 약속한다. 후설은 이를 위하여 특히 현상학적인 관점을 취하기 위한 하나의 방법, 혹은 지속적으로 수정되는 일련의 방법을 기술하고 있다. 이것은 본질적이지 않은 모든 것을 '괄호 치는 것'으로서 그렇게 함으로써 기초적인 규칙들 혹은 구성적인 과정을 이해하게 되며 이를 통해 의식은 세계를 이해하는 수단이 된다.

후설 현상학의 중심 이론은 의식이 지향성을 갖는다는 이론이다. 그것은 곧 의식의 모든 작용은 어떤 대상 혹은 다른 물질적 대상이나 (수학에서처럼) '관념적인' 대상을 지향하고 있다는 것이다. 이렇게 하여 현상학자는 의식의 내용을 통해 규정되는 의식의 지향적인 작용과 의식의 지향 대상을 구별하고 기술할 수 있다. 여기서 중요하게 지적할 사항은 우리가 의식의 내용을 기술할 수 있다는 점으로서, 따라서 의식 대상의 실재나 존재에 특별히 관여하지 않고도 그것을 기술할 수 있다는 점이다. 이렇게 하여, 우리는 소설의 한 장면이나 창문으로 보이는 광경을 기술하는 똑같은 방식으로 꿈의 내용을 기술할 수 있다.

현상학자가 관심을 갖는 것은 의식의 내용물이지, 있는 그대로의 자연계의 사물이 아니다. 그리하여 『관념들 : 순수현상학에 대한 개론』(1931년 출판)에서 후설은 자연적 관점과 현상학적 관점을 구별하였다. 전자는 우리의 일상적인 관점이자 자연과학이 사물과 사태를 기술하는 일상적인 태도이다. 반면 후자는 현상학자의 특별한 관점으로서, 그는 사물이 아니라 사물에 대한 우리의 의식에 초점을 맞춘다. (이 점은 때때로 현상학자는 '사물 자체'에 주의를 기울여야 한다는 후설의 주장과 혼동을 일으킨다. 그가 말하는 '사물 자체'는 자연적 대상이 아니라 현상이나 혹은 사물에 대한 우리의 의식적 관념을 의미한다.)

현상학적 관점은 현상학적 '환원'을 통해 얻어지는데, 이 '환원'이란 우리 경험의 어떤 측면들을 우리의 고려로부터 제거하는 것을 말한다. 후설은 환원에 대한 몇 가지

이론들을 공식화하였고 그 강조점은 그의 생애 내내 바뀌었지만, 그 중 둘은 특별히 언급할 가치가 있다. 가장 잘 알려진 첫번째 것은 에포케(epoché) 혹은 '판단 중지'로서, 그는 『관념들』에서 이에 대하여 기술하고 있다. 현상학자는 진리나 실재에 대한 모든 의문들을 '괄호 치고' 의식의 내용을 단순히 기술한다. ('괄호 친다'는 단어는 고대 회의론자들과 데카르트로부터 빌려왔다.) 두번째 환원은 (혹은 일련의 환원들은) 의식의 단순한 경험 내용을 제거하고 의식의 본질적 특징, 즉 그 의미에 초점을 맞춘다. 이리하여 후설은 일상적인 '경험' 개념과는 다르고 그보다 더 특별한 '직관' 개념을 옹호한다. 어떤 직감들은 직관적인데, 즉 그것들은 단지 자연세계의 우연성만이 아니라 필연적인 진리를 드러낸다는 것이다. 이것이 현상학의 요점이다.

『관념들』에서 후설은 강력한 실재론적 입장, 즉 의식에 의해 지각된 사물들은 단지 의식의 대상이 아니라 사물 자체로 취급되어야 한다는 입장을 옹호한다. 10년쯤 후에 후설은 사물들에 대한 의식의 지향성으로부터 의식의 본성으로 강조점을 옮겼다. 후설의 철학이 자아와 그 본질적인 구조에 대한 연구로 옮겨감에 따라, 그의 현상학은 점점 더 의식적으로 데카르트적인 철학이 되어갔다. 1931년 후설은 파리의 소르본 대학으로부터 강연 초청을 받았고, 이 강연을 바탕으로 『데카르트적 성찰』이란 책을 출간하였다. (『파리 강연』 역시 몇 년 후 출간되었다.) 그는 여기서 "모나드적으로 구체적인 자아는 현실적이고 잠재적인 의식의 삶 전체를 포함한다"고 주장하였으며 "이러한 자기구성의 현상학은 (대상들을 포함하는) 하나의 전체로서의 현상학과 일치한다." 이러한 언명은 그의 후기 철학에 나타나는 매우 강한 관념론적 경향을 암시한다. 자아는 곧 세계이다. 혹은 어쨌든 자아는 우리에게 세계를 드러내준다.

생애의 막바지에 독일에서 국가사회주의가 팽배해지고 세계가 다시 한 번 전쟁을 준비하고 있을 때, 후설은 어쩌면 예견 가능한 또 다른 철학적 변화를 겪었다. 그것은 인간 지식의 실천적이거나 좀더 '실존적'인 것으로 불릴 수 있는 차원으로의 이동이었다. 맹렬한 상대주의와 비이성주의에 기초를 둔 유럽 문명의 '위기'를 경고하면서(같은 시기에 빈의 논리실증주의자들도 이러한 경고를 제기했다), 후설은 『유럽 철학의 위기』(1937년)를 출간하였다. 여기서 사회적 실존의 본성과 '생활세계'에 초점을 두었는데, 이런 주제들은 산술철학과 개인 의식의 본성 같은 초기의 탐구에서는 거의 역할을 하지 않던 주제들이었다.

후설이 비난해 마지않았으며 현상학을 그에 대한 해독제로 공식화하였던 상대주의와 '비이성주의'는 더 이상 지성적인 사상들이 아니었다. 그것들은 사회의 실제적인 힘들이었다. 그는 철학이 사회를 구원할 수 있다고 믿었다. 우리가 보게 될 것처럼, 무시무시하던 시기인 1930년대 또는 사실상 근대 독일 철학 전체에 걸쳐서 이러한 견해는 유다른 생각이 아니었다. 이러한 관심은 후설을 뒤따르는 현상학자들에게는 중요하게 여겨졌다. 특히 『존재와 시간』을 이미 10년 전에 출간한 마르틴 하이데거와, 당시 자신의 현상학적 작업을 발전시키고 있던 프랑스의 장 폴 사르트르에게는 그러하였다.

다른 주제로 옮겨가기 전에 마지막으로 언급해야 할 것이 있다. 오늘날 한편으로 '분석' 철학으로 불리는 것과 다른 한편으로 '대륙' 철학이라고 불리는 것이 지나치게 대비되고 있으며 이 둘이 상충하는 것으로 여겨진다. 하지만 원래 이 대비는 잘못되었다고 지적해야 할 것이다. 왜냐하면, '분석'은 (러셀이 크게 자극한) 하나의 방법을 가리키지만, '대륙'이란 어떤 장소, 즉 유럽 대륙을 가리키기 때문이다. '대륙'이란 보통 독일과 프랑스만을 뜻한다는 사소한 사실과 '분석 철학'이 상당수의 대조적이고 상호 경쟁적인 방법론들을 포함한다는 더욱 흥미로운 사실들을 떠나서, 둘 사이의 기본적인 대비조차 잘못된 것이거나 오도하는 것이라는 점이다. '분석 철학'은 종종 논리와 언어에 대한 관심으로 정의되지만, 우리가 보았듯이 그러한 관심 자체는 독일에서 처음으로 (특히 프레게와 더불어) 생겨났으며, 20세기의 '대륙 철학' 운동의 창시자인 에드문트 후설은 이 점에 대해 충분히 공감하였다.

나중에 우리는 '분석' 전통의 중요한 철학자이자 20세기의 탁월한 철학자들 중의 하나인 루트비히 비트겐슈타인을 보게 될 것이다. 그 역시 오스트리아에서 영국으로 왔으며, 그 자신의 '대륙적인' 뿌리를 결코 버리지 않았다. 진실을 말하자면 이렇다. 서로 꼬이고 얽힌 학파들, 방법들, 철학 방식들이 많이 있지만, 그것들이 영국해협이라는 좁은 물길에 의해 쉽사리 구별되지는 않으며, 혹은 그런 점에서 대양에 의해서도 마찬가지일 것이다. 철학의 다양한 방식들 사이에서 그리고 그 안에서 일어나는 움직임들이 철학의 역사를, 그리고 미래를 만들 것이다.

● 참호 속의 차라투스트라_ 합리성의 한계

1911년 빈의 오래된 가문 출신으로 열정적이고 명석하며 부유한 한 귀족청년이 케임브리지 대학의 러셀 앞에 나타났다. 루트비히 비트겐슈타인(1889~1951년)은 이론의 여지가 없는 천재로, 오래지 않아 러셀은 자신이 이 젊은 논리학자에게 가르칠 것을 모두 가르쳤다고 인정하게 된다. 비트겐슈타인은 새로운 논리를 모두 습득하고서 스승의 최소주의적이며 원자론적인 세계관을 채택하였다. 그리고 그가 전혀 의도하지는 않았지만, 몇 년 안에 그는 철학을 바꾸어놓게 된다.

비트겐슈타인은 (80쪽도 채 안 되는 간결한 책에서) '그가 말해야 할 것을 모두' 말하고 제1차 세계대전의 참호 속에서 싸운 뒤 철학을 떠났다. 그는 초등학교에서 수학을 가르쳤고, 누이를 위해 집을 지었으며, 음악 몇 곡을 작곡하였고, 그러고서 철학계에서 사라졌다. 하지만 1929년 그는 케임브리지로 다시 돌아왔고, 자신이 했던 모든 것에 대해 다시 생각하면서 철학의 새로운 논리 형식들과 씨름하며 이상적인 과학적 언어를 탐구하였을 뿐만 아니라 인간 사유의 전 역사에 대해서도 숙고하였다. 그는 자신이 스토아학파와 선배 철학자인 쇼펜하우어와 니체가 관심을 가졌던 괴롭고 고통스러운 문제들과 씨름하고 있음을 발견하였다. 하지만 그러한 주제들은 케임브리지와 다른 곳에서 그가 고무시켰던 철학 논의들에서는 사실상 거론되지 않던 문제들이었다. 그는 케임브리지에서 '바보 같은 직업'인 교수직을 맡았다. 그러나 그것을 '살아 있는 죽음'으로 판단하고서 그는 다시 한 번 학계를 떠났다.

하지만 우리는 이야기를 계속해보자. 1920년대에 비트겐슈타인이 케임브리지에 모습을 나타내었을 때, 그가 떠나온 빈은 새로운 세계가 빚어지고 있는 소용돌이의 도가니였다. 빈에서는 유럽의 어느 다른 곳보다도 낡은 귀족사회의 몰락, 중산계급의 불안, 새로운 세대의 예술가, 작가, 비평가들의 분노가 두드러지게 그 모습을 드러내고 있었다. 비트겐슈타인 자신은 낡은 귀족사회를 표방하고 있었다(비록 그가 자신의 모든 재산을 포기하여 더 이상 귀족사회와 관련이 없었지만 말이다). 그는 당시의 불안을 공감하고 있었다. (그의 세 형제가 자살하였으며, 그는 다른 사람들과 마찬가지로 옛 도덕적 질서의 붕괴를 분명히 보았다.) 그는 빈 학파의 예술가, 작가, 비평가 그룹에 속하였다. 아르놀트 쇤베르크는 그의 가족 친구였다. 아주 급진적인 저널리스트였던 카를 크라우스는 초창기의 동료였지만, 그의 저작은 억제할 수 없는 긴장으로 인해 사실상 몸부림을 치는 비트겐슈타인의 저작과는 대조적이었다. 빈 사람들은 수많은 소소한 정치적 음모들을 볼 수 있었고 그것들이 곧 세계대전을 발발시키게 된다. 그곳에서는 유럽의 안녕을 침해하는 병리현상들도 볼 수 있었다. 이 불행한 천재 비트겐슈타인의 훌륭한 공적을 살펴보기 전에, 우리는 그가 살았던 시대의 신경증과 그와 유럽을 전복시키고 있던 병리현상을 살펴보아야 할 것이다.

우리는 빈에서 저 무시무시한 결론으로 나아가는 분석을 추구하고 있던 뛰어난 의사를 발견할 수 있었다. 그는 자신이 발견할 수 있는 가장 예민한 주제로서 자기 자신을 선택하였다. 지크문트 프로이트(1856~1939년)는 보통 철학자로 여겨지지 않는데, 이는 확실히 철학의 손실이자 수치이다. 좋건 나쁘건 간에, 프로이트의 사상은 마음(혹은 정신), 인간 본성, 인간 조건, 그리고 인간 행복의 전망 등에 관한 20세기의 사유를 위한 틀을 세웠다. 우리가 종종 우리 자신의 마음속에서 무슨 일이 벌어지는가를 알지 못하고 또 알 수 없다는 그의 반(反)계몽주의적 사상은 몇 세대의 철학자들과 사회사상가들에게 전제(혹은 적어도 문제)가 되었다. 다른 한편으로 그는 마음(혹은 정신)이란 궁극적으로는 물질적 실재(즉, 뇌)로서 신경학과 에너지 회로 등에 의해 분석될 수 있으며 물리학적 용어로 심리과학을 규정할 수 있다는 아주 계몽주의적인 생각을 갖고 있었다. 그래서 모든 것, 즉 사소한 '실수'와 '말실수', 망각이나 꿈조차 설명될 수 있다는 그의 사상은 20세기의 인기 있고 세련된 모든 사상의 근본적인 가설로 남아 있다.

늘 그렇듯이, 우리는 이러한 사상의 선구자들을 찾을 수 있다. '무의식' 적인 것은 합리주의자인 라이프니츠와 칸트까지 포함하여 몇 세대의 독일 철학자들의 논의의 주제였다. 스피노자는 정신과 뇌는 하나라는 사상을 옹호하였으며 그에 앞서 데모크리토스 이래 수세대의 물질주의자들이 이를 옹호하였다. 그리고 모든 것은 설명될 수 있다는 사상은, 어떤 의미에서 단지 충족이유율의 또 다른 적용일 뿐이며, 또한 모든 사건에는 원인이 있다는 선험적인 요구이다. 하지만 프로이트는 세계가 설명에 갈급해 있을 때, 이 모든 철학을 예전에 볼 수 없었던 대담함으로 한꺼번에 통합하여 제시하였다. 그는 최면술 경험, 그가 받은 유대인 교육, 그리고 당시의 임상실험을 자신의 철학에 결부시켰다. 그런 다음 그는 인간 행위의 근본적 본성은 비열하고 잔인하며 근친상간적인 동기들에 바탕으로 두고 있다는 매우 듣기 거북한 설명을 제시하여 세계를 분개시켰다. 인간 존재는 근본적으로 선하다는 계몽적인 이론은 이제 발붙일 데가 없었다. 성적 욕구는 도처에 있었으며 도처에서 억압되었다. 불행은 피할 수 없으며 문명 자체가 그 불행의 원인이다.

의사로서 프로이트의 이론은 신경증을 가진 환자들을 치료하기 위한 실천적인 노력에서 나온 것이었다. 그의 환자들이 가진 몇몇 문제들이 종종 그들이 어렸을 적에 받았던 고통스러운 경험에서 유래하였다는 사실을 발견하면서, 프로이트는 어린 시절의 성장과정에 대한 분석을 근거로 하나의 심리학 이론을 발전시켰다. 영아들은 쾌락에 대한 욕구와 더불어 삶을 시작한다. 프로이트는 이것을 쾌락원칙이라고 불렀다. 한 영아가 외부세계가 자신의 쾌락을 추구하기에 언제나 적절하지는 않다는 사실을 감지하게 되면, 자신이 욕구하는 쾌락을 얻기 위하여 주위와 협력할 필요를 인식하게 된다. 이러한 발견은 현실원칙에 대한 인정을 요구하는데, 이 원리는 종종 실제에서 쾌락원칙과 대립하게 된다.

어린이는 성장 과정에서 쾌락원칙에 대한 요구를 현실원칙에 종속시키는 법을 배운다. 우리는 '심리적 장치' 에 의해 그렇게 할 수 있으며, 그것은 내부적인 검열 기제를 발전시킴으로써 가능하다. 이에 따라 위험하거나 부적절한 욕구들이 의식에서 제거된다. 프로이트는 이것을 억압이라 불렀다. 특히, 심리적 억압은 우리의 많은 성적 욕구들에 대하여 행해지는데, 그 욕구들은 본성상 종종 정도를 벗어난 것들이기 때문이다.

욕구들은 일단 억압되면 '무의식' 속에 강제로 들어박히게 되며, 거기서 의식적으로는 불분명하지만 심리적으로는 여전히 활동한다. 그렇지만 신경증을 지닌 개인들의 경우, 어떤 억압된 욕구들과 기억들이 사회적으로 용납될 수 없는 것임에도 표출되기를 요구한다. 검열 기제가 이런 욕구들과 기억들을 거부하였기 때문에, 그것들은 왜곡된 형태로 단지 단편적으로만 느껴지거나 기억될 뿐이다. 그리고 이런 상태는 비정상적인 행위와 혼란스러운 생각들과 충동들 그리고 의미심장한 꿈들로 나타나게 된다. 꿈속에서 우리는 종종 우리가 보기를 거부했던 것을 '본다'. 다른 한편으로, 프로이트에 따르면 히스테리에 의해 발작적으로 눈이 멀게 된 환자는 의식의 영역으로 튀어 들어온 억압된 욕구를 말 그대로 '보지' 않으려고 한다는 것이다.

신경증 증상은 욕구를 뒤범벅된 방식으로 표현한다. 정신분석학자의 일은 이 뒤범벅된 것을 풀어내는 것이며, 신경증을 유발시킨 억압된 욕구를 드러냄으로써 신경증 문제의 원천을 찾아내는 것이다. 프로이트는 그런 일을 하면서, 또 행위로부터 그런 행위를 유발하는 잠재적인 생각으로 옮겨가면서 여러 방법들을 개발하였다. 프로이트는 꿈은 위장된 형태의 욕구를, 즉 명백한 내용을 보여준다고 생각하였다. 그리고 우리는 꿈을 풀이해서 꿈속에 숨겨진 메시지 혹은 잠복된 내용을 발견할 수 있다. 그의 견해로는, 신경증 증세는 공공연한 혼란스러운 행위가 의식적으로는 용납되지 않는 욕구를 암호화한 위장이라는 점에서 꿈과 비슷하다. 기호에 대한 철학이, 정신에 대한 철학과 마찬가지로 대대적으로 부상하게 되었다.

프로이트는, 우리가 '정신 건강'이라 부르는 것과 근본적으로 다른 것으로 취급한 것이 아니라 정상적인 발전에서 부분적으로 이탈한 것으로서 정신장애를 취급했다는 점에서 혁명적이었다. 프로이트와 더불어 '정상 상태'의 개념은 심각하게 의문시되었으며, 프로이트와 더불어 '일상적 삶의 정신병리학'이라는 생각이 확립되었다. 프로이트에 따르면, 모든 사람이 성장과정에서 도전적인 장애물에 직면한다. 어떤 사람들은 그 장애들을 극복하는 데서 다른 사람들보다 단지 좀더 운이 좋았을 뿐이다.

예를 들어, 네댓 살의 남자 어린아이는 프로이트가 오이디푸스 콤플렉스라고 부른 심리적 문제에 직면한다. 처음 태어나면서부터 몇 년 동안 엄마에게 매여 있던 어린이는 아빠를 엄마의 관심에 대한 경쟁자로 보게 된다. 프로이트는 (그들이 자신의 부모인지도 모른 채) 자신의 아버지를 죽이고 자신의 어머니와 결혼한 그리스 비극의 주인공인 오이디푸스의 이름을 따서 이러한 조건에 이름을 붙였다. 그 이후의 성장은 이 콤플렉스를 해결하는 데 달려 있는데, 그것은 어머니에 대한 애착을 포기하고 아버지의 권위를 받아들이는 것이다. 어떤 남자들은 이런 문제를 충분히 해결하지 못한 결과 성인이 된 후 그들의 어머니 곁에 있는 사람들과 애정 관계를 형성하거나 혹은 권위에 복종하는 데서 어려움을 겪는다.[86]

프로이트의 만년의 저작들은 뚜렷하게 어두운 색조를 띠고 있다. 『문명과 불만들』(1930년)에서 프로이트는 사람들이 문명 안에서 살 수 있으려면 욕구를 억압하고 많은 본능적인 만족을 삼가야 한다고 하였다. 불행하게도, 더욱 문명화될수록 우리는 더욱 우리 자신을 억제해야 하며, 우리 자신을 억압할수록 신경증의 가능성이 더욱 높아진다. 이렇게 하여 문명의 대가로 행복을 희생해야 한다. 프로이트는 또한 『쾌락원리를 넘어서』(1920년)에서 인간은 쾌락으로 (그리고 이와 연관된 '생의 본능' [주로 성적인 것이다]으로) 향하는 충동 외에 죽음으로 향하는 충동도 갖고 있다고 하면서 이 원리를 '타나토스'(Thanoatos, 그리스어로 '죽음'을 뜻함)라고 불렀다.

이 말이 우리 모두가 문자 그대로 자살 충동을 갖는다는 의미는 아니었다. 타나토스의 원리는 본질적으로 에너지 보존의 원리로서, 이것은 모든 유기체 내의 긴장을 최소화시키려고 한다. 하지만 결과는 모든 유기체는 죽음, 곧 삶의 순환의 끝을 지향한다는 것이다. 이 음울한 생각은 또한 다른 독일 사상가들에게 영감을 주었다. 프로이트는 궁

---

[86] 프로이트의 기본 이론들은 남성의 성장에 초점이 맞추어져 있으며, 여성의 성장은 주로 남성의 경우가 변형된 형태로서 논의되고 있다.

극적으로 우리의 삶은 사랑과 죽음의 우주적 원리에 의해 인도된다고 하였다. 죽음은 개인적 삶을 종식시킬 것이지만, 사랑은 종(種)들 속에서 삶이 계속되는 것을 본다. 그렇지만 사랑이 프로이트가 살던 빈에서 그리도 찬양되던 낭만적 연애는 아니다. 그것은 이제는 유명해진 프로이트의 냉소적인 구절로서, '교양이라는 시련을 더한 욕망'이다.

프로이트의 이론들은 비판을 받았다. 그 첫번째 것은 프로이트의 제자인 카를 구스타프 융(1875~1961년)의 비판이다. 융은 프로이트가 신경증의 기초로서 성(sex)의 중요성을 지나치게 강조하였다고 생각하였다. 또한 프로이트가 개인의 일신상의 이력 내에서 마음의 상처의 중요성을 너무 많이 강조하고 있다고 생각하였다. 융은 적어도 대부분의 무의식적인 삶은 그 종(種)에 공통된 심리적 양식들 혹은 심리적 원형들에 의해 통제된다고 주장하였다. 융에 따르면, 신경증적인 행위의 공통적인 한 원인은 그 개인이 알아차리지 못하는 가운데 이루어지는 어떤 원형적인 심리 양식(어떤 삶의 상황에 대처하는 전형적인 방식)의 활성화이다. 개인은 그러한 상황에서, 상황의 특수성을 무시하고 의식의 관점에서는 부적절한 방식으로 '자동적으로' 행동한다. 융은 또한 이상적인 정신 건강에 대해서도 이론화하여 이를 '개체화'(individuation)로 기술하고 있다. 이것은 곧 성숙되고 균형 잡힌 견지로서, 그 안에서 우리는 자신의 특성, 즉 약점들과 강점들을 받아들이는 것을 배우며 그것들을 삶의 방식 속에 통합한다. 이러한 삶의 방식이란 개인적으로 그리고 독특하게 실현된다. (융은 니체를 많이 읽었다.)

독일에서는 다른 운동이 프로이트의 작업을 보충하게 되며, 여전히 활동 중인 비트겐슈타인은 충분히 이해되지 못하고 있었다. 막스 베버(1864~1920년)는 사회학자였지만 (실제로 그는 오늘날 사회학이라고 알려진 분야를 창안하였다) 또한 사상의 보고(寶庫)이기도 하였다. 특히 철학이 애호하는 주제와 태도 중의 하나인 합리성과 관련해서 그러하였다. (다시 한번, 인위적인 학문 분야의 구분은 철학으로서는 손실이다. 얼마나 많은 철학이 진리를 있는 그대로 보여주기보다는 특정 사회 구조를 은연중에 드러내는가? 그리고 얼마나 많은 사회학이 철학을 감추고 있는가?)

젊은 시절의 베버는 독일 민족주의와 제국주의를 관대히 옹호하였다. 좀더 나이가

들어 존경받는 학자가 된 베버는 전쟁을 추구하는 제국주의와 독일의 신우파 모두를 용감히 반대하여 이들의 심히 가증스러운 사상들을 고발하였다. 사회학에서의 그의 엄청난 지위는 그가 주창하였던 엄격한 방법들과 많은 관련이 있지만, 더욱 영향력 있는 그의 공헌은 그의 분석에 있으며, 좀더 프로이트적인 표현을 쓴다면 현대사회에 대한 진단에 있다.

그러한 것들 중 두 가지가 여기서 특히 우리의 관심을 끈다. 첫번째는 베버의 유명한 이론으로서, 즉 자본주의는 그리고 결과적으로 근대 서구사회의 구조 자체는 개신교의 산물이라는 것이다. 『프로테스탄티즘의 윤리와 자본주의의 발흥』이라는 저작에서, 베버는 칼뱅파의 조잡한 그리스도교 철학이 그 중심이론인 예정설과 더불어 수백만 사람들을 해결될 수 없는 불안으로 몰아넣었다고 주장한다. 사람들은 자신이 '선민' 인지 아닌지를 확실히 알 수가 없다. 그래서 이승의 삶에서 자신의 가치를 '입증' 하는 것이 필요하다고 느끼면서 열심히 일하고 금욕적으로 살게 된다. 물론 아무리 크게 성공하더라도 이와 같은 열렬한 기업가정신을 자극한 동기인 불안을 가라앉힐 가능성은 없지만, 근면함과 금욕적인 실존 사이에서 결과적으로 많은 돈, 즉 자본이 생겼다. 불안을 줄이려는 성공할 수 없는 시도 속에서, 자본은 더욱 많은 돈을 버는 데 사용될 수 있었다. 그 결과는 더 한층의 노력과 더 많은 돈 등등이었으며, 궁극적으로 만족될 수 없는 탐욕의 시대가 되었다. 이러한 탐욕이 현재 우리 경험의 많은 부분을 규정한다.

이러한 진단을, 문명 자체가 우리의 피할 수 없는 불행에 책임이 있으며, 우리가 필연적으로 경험하는 불행은 우리의 내부 깊숙이 존재하지만 금지된 욕구들이 우리 인간 본성의 부분이자 일부라는 사실 때문이라는 프로이트의 견해와 연결시키는 것은 어렵지 않다. 하지만 프로이트와 달리, 베버는 그 자신의 경험과 그가 속한 사회의 구조로부터 일반화하는 함정에 쉽사리 빠지지는 않았다. '인간 조건' 을 결정하는 사회 구조는 단지 문명 자체의 산물이 아니라 오히려 특정한 문명들, 특정한 믿음과 욕구들의 산물이라고 그는 보았다.

이리하여 베버는 합리성이라는 개념에 관심을 갖게 되었다. 고대로부터 철학자들은 합리성을 신이 준 선물로 보았다. 이 특이하고도 굉장한 능력은 수학과 철학의 즐거움은 말할 것도 없고, 인간으로 하여금 지구상의 모든 생명체들 가운데에서 유일하게 자신의 즉각적인 경험을 초월하여 먼 미래를 응시하고 먼 과거를 탐구하게 만들고 천국을 일별하게 한다. 철학자들은 종종 이성이 미칠 수 있는 영역에 도전하였는데, 예를 들어 중세에는 신에 다가가는 데서 이성과 신앙 간의 기나긴 논쟁이 있었으며 근대에 와서는 (예를 들면, 로크, 흄, 칸트 등이) 이성을 '비판' 하고 그 한계를 짓고자 하였다. 그렇지만 베버는 '이성' 과 '합리성' 에 여러 다른 의미들이 있음을 인식하였다. 그리고 현대의 삶에서 합리성으로 간주되었던 많은 것들이 실은 인간적이고 정신적인 감정이 빠진 아무런 가치도 없는, 단지 사유의 '도구적' 형태일 뿐이었음을 인식하였다.

한 마디로 말해서, 합리성이란 관료제(bureaucracy)를 의미하게 되었다는 것이다. (로마인들이 창안하고 나폴레옹이 완성한) 한때는 공정하였던 정부 정책은 법률을 위한 법률이 되었으며, 실제로 삶을 의미 있고 가치 있게 만들었던 모든 가치들 대신에 (관료주의가 얼마나 비효율적인가 하는 점과는 상관없이) 효율성만 강조하게 되었다. 한때 베버의 스승이었던 니체가 몇 십 년 전에 말했던 것처럼, 이성은 폭군이 되었다. 이성은 더 이상 자신의 한계를 인정하지 않았으며, 또한 이성이 봉사하는 것으로 여겨지던 가치들도 더 이상 인정하지 않았다.

말년에 베버는 일종의 신낭만주의자가 되었다. 니체로부터 자신의 사상을 빌려온 베버는 '카리스마' 개념을 정신적 영감에 의한 지도력으로 분석하였다. 하지만 그는 이것을 니체보다 좀더 관습적으로 종교적인 방식으로 받아들였다.

이제 다시 비트겐슈타인으로 돌아가보자. 비트겐슈타인은 제1차 세계대전 동안 오스트리아 군대에 복무하기 위하여 케임브리지를 떠났고, 병사와 지도자로서 두드러졌다. 하지만 주위의 대부분 병사들이 니체의 『차라투스트라는 이렇게 말했다』를 배낭에 가지고 다녔던 반면, 그는 자신의 철학 원고들을 가지고 다니면서 그에 대해 연구하곤 하였다는 점에서 달랐다. 『차라투스트라는 이렇게 말했다』처럼, 비트겐슈타인의 책도 산에서 내려와 혼란에 대해 사람들을 벌하고 그들의 그릇됨을 단호히 바로잡아주려는 예언자처럼, 전쟁 중인 인류에게 다가왔다. 이 책의 제목은 『논리 철학 논고』(짧게는 그냥 『논고』라고 부른다)가 되었으며, 마침내 1921년 옛 스승인 러셀의 주선으로 출간되는 즉시 이 책은 철학의 고전으로 인정받았다.

『논고』는 니체의 일부 책들처럼 세심하게 정돈되고 많은 경구들로 이루어진 함축성 있는 간결한 책이다. 하지만 언제나 자문하는 형식의 니체의 책들과는 달리, 이 책은 뻔뻔스러울 정도로 단정적이며 독선적이기까지 하다. 이것은 우선 논리에 관한 책 또는 그렇게 보이는 책이며, 과학적 합리성에 대해 단호히 옹호하는 책, 혹은 어쨌든 그렇게 보이는 책이다. 이 책의 대부분은 고전적인 논리적 원자론에 대해 표명하고 있다. 즉 이것은 비트겐슈타인에 따르면 최소한으로 단순한 문장으로 된 그림으로서, 최소한의 단순한 사실을 '그리고 있다'. 그는 "세계는 사실들의 총체이다"라고 말한다. 나머지 대부분은 문장들이 (혹은 더 적절하게 말하자면, 명제들이) 어떻게 세계를 그리는가 하는 문제에 대해 답하고 있다.

하지만 철학적 관점에서 볼 때 이 책의 가장 흥미로운 부분들은, 이성이 할 수 없는 것과 관련이 있다. 여기서 그가 쇼펜하우어와 니체, 그리고 여러 세대의 독일 낭만주의로부터 많은 영향을 받았음이 분명해진다. 이성이 시도하지만 불가능한 것은 이성 자신을 탐구할 수 없다는 점이다. 이성은 자신의 한계를 설정하거나 자신의 한계에 대해 기술(記述)할 수 없다. 이성은 자기 자신을 기술할 수도 없다. ("나는 내 세계 속에 있지 않다. 나는 내 세계의 경계이다.") 우리는 그러한 한계 너머에 무엇이 있는지도 말할 수 없다. 우리는 '말할 수 없는' 것에 대해서는 말할 수 없다. 모든 가치의 문제들, 긴급한 윤리적 문제들, 신과 종교의 본성 자체는 과학적인 합리성의 한계 밖에 놓여 있다. 비트겐슈타인은 『논고』의 끝에서 이렇게 지적한다. "말할 수 없는 것에 관해서는 침묵해야 한다." 이것은 단순한 동어반복이 아니라 심오한 신비주의로서, 철학의 경계 너머와 이성의 한계 너머에 놓여 있는 수많은 경험들 쪽으로 우리를 조용히 이끈다.

비트겐슈타인의 저작이 끼친 영향들 중의 하나는 '논리실증주의'라고 불리게 된 빈의 철학적 움직임을 자극한 사실이다. 빈의 논리실증주의자들은 『논고』의 몇몇 중심

테제들을 취하였다. 여기에는 논리적 형식에 관한 중심적인 논의뿐만 아니라, 좀더 문제적인, 말해질 수 없는 것에 대한 최종적인 진술도 포함되어 있었다. 이러한 동향의 발전과 연구가 영국과 미국에서 널리 영향력을 미침에 따라, 이것은 점점 더 철학과 삶의 가장 중요한 측면들, 즉 윤리학, 미학 및 종교를 '무의미한' 것으로서 기각해버리는 것 같았다. 이렇게 생기를 잃은 관점에 따르면, 철학이란 논리학이며 논리학만이 철학이다. 하지만 논리실증주의자들이 무엇을 하는 사람들인지 그리 쉽사리 요약할 수는 없다. 비트겐슈타인은 분명 그러한 어떠한 관점도 받아들이지 않았다. 그에게 윤리학, 미학, 종교는 과학의 논리적 언어로 파악하기에는 너무도 중요한 것들이었다. 하지만 비트겐슈타인은 철학을 떠났으며, 그가 10년 뒤에 다시 돌아왔을 때는 매우 다른 사상을 갖고 있었다.

● 미국적 경험의 철학_ 프래그머티즘

갈등에 찬 20세기에 대한 미국 철학의 응답은 지난 세기의 반형이상학적인 정신을 지속하는 것이었다. 그러한 정신의 가장 좋은 예는 프래그머티즘으로 불렸던 극히 미국적인 철학이었다. 최초의 두 프래그머티즘주의자들은 찰스 샌더스 피어스(1839~1914년)와 소설가 헨리 제임스의 형인 윌리엄 제임스(1842~1910년)였다. 피어스는 프래그머티즘으로써 당시의 과학적 방법에서 그가 보았던 어색함과 모호함을 교정하고자 하였다. 제임스는 이를 철학화하였다. 이 철학의 특징은 경험에 대한 새로운 강조였다. 그것은 '근본적인 경험'으로서, 이전의 경험론에 대해 어떤 타협도 하지 않았다. '경험의 흐름'이라는 말을 만든 이는 제임스였다. 그는 또한 유럽에서 '현상학'으로 불리던 것을 완전히 미국식으로 확립하여 구세계와 신세계를 연결하기도 했다(경험 과학). 그는 프로이트의 사상들에 깊이 공감했다. (이 두 사람은 제임스가 죽기 직전에 서로 만났다.)

하버드 대학의 철학자인 찰스 피어스는 우선 논리학자였다. 그는 기호와 그것들의 상호관계에 관한 이론을 개발한 것으로 가장 유명한데, 이 이론은 그의 프래그머티즘과 비교적 관련이 없다. 그는 이러한 과학에 관한 관심의 기반 위에서 실용주의를 발전시켰다. 피어스는 생물학자들의 자연주의적 설명을 숙고하면서, 습관이야말로 사실상 모든 동물 종에서 생존의 핵심이라고 확신하였다. (이렇게 하여 초기 프래그머티즘이 집착한 것은 신경학과, 윌리엄 제임스와 존 듀이를 사로잡은 문제인 '반사궁'[반사와 관계 있는 신경경로로서의 척수 반사로 반사호라고도 한다―옮긴이]에 관한 것이었다.)

대부분의 동물들은 본능을 통해서 그들의 습관을 얻지만, 인간에게는 습관을 발전시킬 필요가 있다. 특히 인간은 행동을 위한 전제조건이 되는 신념을 획득할 필요가 있었다. 하지만 피어스의 견해로는, 신념이란 잠정적이고 우연한 것이다. 그것들은 변할 수 있으며 상황에 따라 종종 변해야 한다. 사실 주위 상황과 우리 자신의 행동은 끊임없이 우리의 신념을 순화시킨다. 신념은 언제나 변하기 마련이며, 수학이나 논리학과는 달리 '영원하고' 또한 선험적으로 증명될 수 있다고 하는 신념들은 거의 확실히 실제적인 쓸모가 없다. 우리는 지속적으로 우리 신념의 확실성을 시험하며, 그런 시험에 실패한 신념들을 버린다.

피어스는 이와 비슷하게 과학 용어들도 오직 우리가 실제로 경험하는 실재와 연결되어 있는 한에서만 의미를 갖는다고 주장하였다. 그는 정의(定義)들이 인지될 수 있는 결과에 초점을 두는 한, 이론적 구축이 과학에서 정당한 요구라고 옹호하였다('조작적 정의'). 그는 구세계의 비경험적인 철학적 사변을 단호히 거부하였으며, 이런 신념에서 하버드 철학과의 한 일원이었던 윌리엄 제임스와 의견을 같이하였다.

제임스는 오늘날 철학과 심리학의 경계(흔히 격차)에 해당하는 분야를 연구한 과학자였다. 그는 신경학이라는 새로운 과학에 흥미를 가지게 된 최초의 미국인들 중의 하나였으며, 2권으로 된 그의 『심리학』은 비록 시대에 뒤떨어지는 것이 분명하지만, 심리학 분야에서는 여전히 고전의 하나로 여겨지고 있다. 그러나 제임스는 자신의 과학적 관심을 넘어서 우선 일상의 삶이라는 문제에 관심을 가졌다. 그가 바로 프래그머티즘을 처음으로 대중화시킨 사람으로서, 하버드 대학의 강의실에서 그것을 가지고 나와 미국의 지적 삶의 주류로 만들었다. (피어스는 제임스 식의 프래그머티즘의 대중화를 경멸했으며, 자신의 작업을 그것과 구별하기 위해 '그 누구도 사용하지 않을 심술궂은 말'인 '프래그머티시즘'으로 명명하였다.)

제임스는 우리의 사상이란 그것이 오직 '현금 가치'를 가질 때만 유용하다고 주장하였는데, 다시 말하면 그것이 오직 실용적인 용도로 쓰일 때만 실제로 유용하다는 것이다. 좋은 사상이란 어떤 것을 위해 좋은 것이다. 하지만 이러한 실용적인 강조에도 불구하고, 제임스는 종교와 도덕적 신념을 버리지 않았다. 실은 종교적 경험을 우리의 경험에서 필요불가결한 한 측면으로 간주하였다. 종교적 경험은 종교적 교리보다 더 중요하였다. 하지만 제임스는 도덕적 신념과 종교적 신념도 만일 그것들이 우리의 삶에 의미를 부여하고 우리의 삶을 영위하는 데 도움을 준다면, '현금 가치'를 가질 수 있다고 하였다. (유럽의 비평가들에게는 이러한 천박한 은유가 효과가 없었다.)

미국 철학 내 혹은 오히려 철학 밖에서 제임스가 지속적인 호소력을 갖는 것(그는 철학자들보다는 역사가, 기자, 문학비평가들로부터 더 찬사를 받았다)은 경험의 강조라는 맥락에서 이해할 수 있다. 20세기의 미국은 온통 '경험'에 관심이 쏠린 것 같은데, 이는 새로운 대중매체로부터 '체험 산업'(단지 여흥을 위한 것뿐만이 아니라, 상상으로 대신 경험하는 모험과 모든 종류의 위험을 안전하게 즐겨보는 것까지 포함한다)에 이르기까지 전 분야에서 그러했다. 철학에서는 이러한 경험의 강조가 만일 우리의 경험에서 어떤 차이도 만들어내지 못한다면 그것이 아무리 엄밀하게 논증되거나 선험적으로 설득력을 가졌더라도 의미를 가질 수 없다는 상식적이고 실용적인 주장으로 전락하였다.

이러한 경험의 강조는 무엇보다도 다양한 종교적 경험이 정신적 삶을 규정하는 종교에서 두드러지고 호소력을 가졌다. 보수적인 카리스마파들과 남부의 침례교도들에서부터 캘리포니아의 빅서에 있는 에살렌 협회(뉴에이지 운동의 일환으로 만들어진 인간 잠재력을 다루는 단체로, 종교, 철학, 과학, 교육 분야의 추세를 탐구한다―옮긴이)의 지도자에 이르기까지, 종교는 종종 정교한 신학적 교리가 아니라 개인적이고 주관적인 경험으로서 인식되었다. 제임스(결국 그는 의사였다)는 종교를 의심, 우울, 불안 등에 대한 일종의 치료로 보앗으며, 그것을 교리가 아닌 치료법으로 처방하였다. 프래그머티즘 이론은 종교와 더불어, 세계 속에서 경험하고 살아가는 방법은 다양하다는 다원론의 메시지를 담고 있었다. 그것은 야망과 모험심을 가진 이민자들로 이루어진, 점점 다문화성을 띠어가는 사회에는 완벽한 철학이었다.

흥미롭게도 제임스의 가장 열렬한 학생 중의 하나였던 키타로 니시다(1870~1945년)라는 일본 철학자는 제임스가 찬양하는 '순수한 경험'을 일본에 퍼뜨렸다. 물론 니시다가 뜻하는 '순수한 경험'은 실용주의자들이 이해하는 것과는 달랐다. 니시다가 이해하는 순수한 경험이란 자연과 만물의 통일이 즉각적으로 경험되는 선(禪)적인 명상의 이상적인 경험에 더 가깝다. 순수한 경험은 제3자의 관점에서는 포착될 수 없는 것임을 주장하면서, 니시다는 경험하는 주관의 반성 이전의 생생한 경험을 그의 이론의 기반으로 삼았다. 니시다의 순수 경험은 주관과 객관에 대한 어떠한 구분보다 앞서는 것으로서, 그 속에서 우리는 자신과 대상을 동시에 모두 만나게 된다. 순수 경험 속에서 우리는 자신의 개체성을 초월하며 그 속에서 (지성적으로나 감성적으로나) 자아와 우주가 하나가 되는 진정으로 보편적인 궁극적 실재를 만나게 된다.

역사적으로 보아 비록 미국의 프래그머티즘이 피어스와 제임스의 반형이상학적인 정신에서 시작되기는 했지만, 제2세대의 프래그머티즘주의자들은 위대한 독일의 형이상학자인 헤겔의 영향을 받았다는 사실은 이해할 만하다. 사유가 가장 어려운 상황을 통제할 수 있다는 확신을 가지고서 당시의 허무주의적인 경향에 도전한 조시아 로이스(1855~1916년)는 제임스의 하버드 대학 동창 중의 한 사람이었다. 그는 프래그머티즘과 헤겔 철학을 연계시켰으며 전체론적인 절대진리 개념을 옹호하였다. 제임스는 '진리'를 다소 신중하게 다루었는데, 때로는 진리라는 말이 가장 유용한 이론을 지칭한다고 하였다가, 다른 때는 우리가 구체적인 정황 속에서 진리를 효율적으로 사용함으로써 진실한 어떤 것을 만들어낸다는 훨씬 더 급진적인 이론을 제안하기도 하였다. 다른 한편으로 로이스는 프래그머티즘주의자들까지 포함하는 모든 철학자들이 절대적 진리에 호소하며, 그것을 부정할 때조차 그러하다고 주장하였다. 로이스는 근대 철학의 '정신'은 돌이킬 수 없을 정도로 관념적이었다고 주장하면서, 제임스가 강조한 경험과 독일 관념론자들의 역동적이고 초월적인 범위를 자신의 사상 속에 통합시켰다. 아주 기묘하게도, 제임스의 프래그머티즘과 니시다의 선 사상은 헤겔의 '경험의 학문'이라는 공통의 기반 위에서 만나고 있다.

많은 미국인들은 어떤 철학자의 출신에 큰 관심을 두지 않는 경향이 있다. 이는 아마도 미국인들이 매우 빠르게 움직이고 한 곳에 머무르는 일이 거의 없기 때문일 것이다. 하지만 철학에 대한 로이스의 두드러진 공헌 가운데 하나는 그가 캘리포니아 출신이라는 배경과 전망에서 유래하였다. 그는 한 책에서 자신이 태어난 캘리포니아 주에 대하여 대단한 열정을 표현하였다. 이것은 오늘날까지 캘리포니아 정신을 규정하는 유물론, 정신주의, 건강부회, 그리고 통속성이 기묘하게 혼합된 가장 훌륭한 분석들 중의 하나이다. 로이스가 경험과, 그가 '의지주의'로 불렀던 것을 강조하였던 점은, 바로 이러한 전망에서 볼 때 특히 적절하다. 로이스의 의지주의는, 비합리성과 염세주의를 강조한 쇼펜하우어의 의지가 말하는 의지주의와는 아무런 상관이 없다. 그것은 잘 알려진 캘리포니아적인 낙관론에 의해 규정되는 의지주의로서 모호하지만 강렬한 목적의식을 담고 있으며, 더 큰 공동체 속에서 갖는 '정신적' 정체성이라는 헤겔적인 추상적 의미도 포함하고 있다. 자신이 가진 이러한 배경을 매우 가치 있게 본 사람에게는 적절하게도, 가장 중요하지만 진가를 인정받지 못하고 있는 로이스의 윤리 사상 가운데 하나가 충성 같은 미덕이 인간의 삶에서 하는 중심적인 역할에 관한 것이다. 그것은 유감스럽게도 공동체적 삶 속에서, 그리고 좀더 비극적으로 가족적 삶 속에서 미국인들의 윤리에서 사라진 미덕이다.

20세기 프래그머티즘의 중심인물이자 결정적인 미국의 철학자는 존 듀이(1859~1951년)였다. 듀이 역시 헤겔의 전망이 갖는 역동성에 영향을 받았다. 그는 젊은 철학자로서 말하자면 복음을 전파하는 헤겔 철학자 같은 사람이었다. 비록 헤겔로부터 로이스가 옹호한 추상적인 관념론으로 돌아서기는 하였지만, 듀이는 헤겔로부터 물려받은 역동적인 통합의 개념 위에 자신의 철학을 확립하였다. 그는 평생토록 모든 과장적인 이원론, 즉 정신과 육체의 이원론, 필연적인 명제와 우연한 명제의 이원론, 원인과 결과의 이원론, 세속적인 것과 초월적인 것의 이원론 등에 반대하였다. 그의 견해로는, 이런 이원론은 경험을 명확하게 하는 대신 오히려 분열시키며 철학적인 발전을 불가능하게 만드는 것이었다. 그는 반(反)환원주의로 (논리적 원자론자들의 그것과 같은) 최소주의보다 풍부한 이론들과 관점들을 선호하였다. 게다가 그는 정적이고 추상적인 분석보다는 '이것은 어떻게 작용하는가', '이것은 어떻게 조화되는가' 와 같이 항상 기능적인 이해를 추구하였다.

　　듀이는 이런 총괄적인 태도에 어울리게, 과학과 논리에 대한 피상적인 강조(피어스의 경우)와 주관적 경험에 대한 지나치게 개인적인 강조(제임스의 경우)와는 거리를 둔 프래그머티즘을 추구하였다. 듀이는 특히 수없이 증가하는 명백하고도 심각한 사회 문제들에 철학을 적용시키는 데 관심을 가졌다. 그는 자신을 무엇보다도 민주주의 철학자로 규정하면서 자신이 결코 민주주의에 관하여 말하는 단순한 이론가는 아니라고 주장하였다. 그의 철학의 주된 목표는 민주주의를 작동시키는 것이며, 이것은 그의 인식론과 교육론의 목표임은 물론 그의 정치적 사회적 이론들의 솔직한 목표이기도 하였다. 사회 참여에 대한 듀이의 관심은 광범위한 기반을 가진 사회적 행동주의가 되었으며, 또한 프래그머티즘을 성숙시켰다. 그는 사회 참여를 설파하였을 뿐만 아니라 직접 실천하여 미국의 몇몇 두드러진 제도에 지울 수 없는 흔적을 남겼다.

　　듀이 식의 프래그머티즘은 도구주의로 불렸다. 이것은 사상을 실천적인 문제들과 씨름하는 우리의 노력에 쓰이는 도구로 취급하였다. 듀이는 다른 어떤 실용주의자들보다도 실천을 강조하였다. 실천이란 곧 우리가 그것을 행하면서 어떤 일을 하는 것을 배우게 되는 현실적인 방식이다. 그래서 그의 교육이론은 '자유방임적인 성격' 때문에 종종 조롱을 받았다. 이는 우선 어린이들은 단지 듣고 읽으면서 배우게 되는 것이 아니라 행하면서 배운다는 견해이다. 듀이는 어느 정도는 프래그머티즘주의자인 로이스를 포함하여, 실제로 참여하지는 않고 단지 지켜보기만 하는, 즉 이해하기만 하는 것으로 인간 지식을 한정하는 견해를 가진 동료 철학자들에 할 말이 많았다. 이렇게 방법과 그 결과를 강조하는 전통적 과학철학 대신, 듀이는 그의 전망을 확장하여 연구와 학습의 본성을 탐구하였다.

듀이의 견해로는, 지식에 대한 추구는 '진리'에 대한 추상적인 탐구로 간주되어서는 안 된다. 연구가 시작되는 이유는 우리가 구체적인 실천적 문제들에 의해서나 혹은 우리가 '호기심'이라 부르는 더욱 복잡하고 모호한 일련의 감정들에 의해서나 긴장, 곧 실제적인 불편함을 느꼈기 때문이다. 우리가 처한 상황은 우리가 처리해야 하는 문제들을 드러낸다. 그런 문제들은 아무데서나 나타나는 것이 아니다. 학문 탐구는 언제나 실제적인 문제들을 교정하고 부적절함을 바로잡는 데 초점을 맞추어야 한다. 이런 관점에서, 과학과 윤리학은 본질적으로 경험된 조건들의 개선이라는 동일한 목표를 갖고 있다. 다시 한 번 경험은 듀이의 프래그머티즘 철학의 핵심 용어가 되었는데, 이것은 하나의 역동적이고도 실용적인 개념으로 이해된 경험을 말한다. 이는 단지 올바른 인식과 이해만이 아니다. 경험은 문제를 해결하고 참여하며 직접 관여하는 것을 말한다.

많은 유럽인들이 듀이의 프래그머티즘을 풍자하였지만, 그것을 경험의 '현금 가치'(제임스는 이를 비유적으로 사용하였다)에만 관심을 갖는 천박한 미국식 공리주의로 보아서는 안 될 것이다. 듀이는 이러한 점을 분명히 하기 위하여 독창적인 책을 출간하였다. 이 책은 명백히 비실용적인 (그리고 아주 문명화된) 주제인 예술과 미학에 관한 것이었다. 『예술과 경험』은 그의 도구주의적 방법을 예술 대상을 보는 데 응용하였다. 듀이는 미적 경험은 우리가 의미 있다고 보는 방식으로 우리의 경험을 구조화하는 데 도움을 준다고 하였다. 미적 경험들은 비범한 명료성으로써 모든 경험의 구조를 드러낸다. 즉 긴장을 만족스러운 통합으로 해결하는 것이다.

철학자들도 종종 사회화 과정의 한 부분으로서 교육에 관심을 표명하였지만, 플라톤과 루소를 제외하고는 듀이만큼 이 주제를 강조한 사람은 아직껏 없었다. 듀이는 전 저작에서 넓고 융통성 있는 관점의 중요성을 강조하였다. 그는 당시의 엄격한 구성의 교과과정을 거부하였으며, 그것이 배움에 도움을 주는 대신에 오히려 방해가 된다고 주장하였다. 그는 참여, 문제해결, 실천, 경험을 강조하였으며 무엇보다도 배움이라는 환희에 찬 경험을 강조하였다.

듀이는 또한 학교는 기성 제도와 종류가 다르거나 또는 달라야 한다는 생각도 거부하였다. 학교란 무엇보다도 우선 어린이들이 민주적인 시민이 되도록 배우는 장소이다. 그러므로 학교 자체는 민주주의의 모델이 되어야 한다. 그리고 비록 학교가 과거의 문화와 전통을 보존하고 전달하는 기능을 가졌다 하더라도, 학교는 변화하는 미래 또한 예상해야 한다.

올바르게 이해된 교육이란 일생 동안의 추구이며, 또한 우리의 경험을 의미 있는 방식으로 구조화하려는 우리의 노력 전체를 포함한다. 여기서 다시 우리는 듀이의 미국적 낙관주의를 제1차 세계대전 전후에 유럽을 병들게 하였던 쓰라린 냉소주의 및 절망과 비교할 수 있다. 유럽이 스스로의 비극적인 파괴를 애도하고 있었다면, 아메리카는 흥미진진한 미래를 고대하고 있었다.

조지 산타야나(1863~1952년)는 생애 대부분을 미국에서 보낸 에스파냐 출신의 철학자로서, 조시아 로이스의 학생이었다. 그의 철학은 듀이처럼 헤겔 철학과 프래그머티즘을 뒤섞은 것이었으며, 경험을 강조하였다. 또한 듀이와 마찬가지로 반환원주의자였고, 특히 반데카르트적이었으며, 무엇보다 유럽과 아메리카에서 매우 영향력을 가지게 된 다양한 형태의 원자론과 경험론 속에서 우세해졌던 정태적이고 환원주의적인 모델의 철학을 거부하였다. 산타야나는 유럽(예를 들어, 현상학)과 영국 및 미국의 '분석' 철학이 그렇게 몰두한 방법론에 대한 학문적인 강조를 특히 싫어하였다. 그는 그 대신 훨씬 더 개인적이고 문학적인 스타일의 철학을 주장하였다. 산타야나에게 철학은 극히 인간적인, 인문주의적인 노력이었다.

그러나 어떤 점에서 산타야나는 듀이와 그의 스승인 로이스의 관점들에 반대하였다. 그는 민주주의와 미국의 '할 수 있다'는 문화에 대해 냉담했다. 그는 지중해적인 것을 선호하였다. 19세기의 많은 독일인들처럼, 그는 고대 그리스인들에 대하여 향수(鄕愁)를 느꼈다. 그는 하버드에서 귀족 같은 인물이 되었는데, 자신이 유산을 물려받았음을 알고는 그 자리에서 하버드 대학 교수직을 사임하고 교실을 떠났다는 일화는 유명하다.

산타야나의 철학은 로이스의 헤겔 철학처럼 역동적인 경험 혹은 그 둘 모두가 '초월적'이라고 불렸던 경험에 우선 가치를 두었다. 하지만 산타야나는 로이스처럼 우리가 단번에 실재를 '직관'할 수 있다는 데서 더욱 체계적이고 합리적인 과정이 요구된다는 것으로 생각을 바꾸었다. 하지만 산타야나에게 이 '초월적 주관성'은 결코 완전히 이성적일 수 없으며 철학적으로 '증명'될 수 없다. 오히려 우리는 궁극적으로 우리의 자연적인 감수성을 믿어야 하며 스스로를 위태롭게 만드는 증명할 수 있는 확실성에 대한 철학적 요구를 포기해야 한다. 그의 훌륭한 책들 중의 하나인 『정신의 영역』에서 산타야나는 다음과 같이 쓰고 있다.

동물적인 영혼 속에서 열정들은 서로 쫓아다니거나 혹은 최고의 지위를 차지하기 위해 싸운다. 그리고 산만한 정신이 그들 사이에서 허둥지둥 뛰어다니는데, 그 정신들 각각이 스스로 제공하는 궤변적인 논의는 인상적이다. 하지만 만일 영혼이 완전하고 이성적으로 성장한다면, 그것의 중심인 정신의 기관(器官)이 우세하게 되어서, 그러한 모든 풍부한 열정들은 비교되고 판단되기 시작하며, 그 가능한 결말이 미리 알려져 도외시될 것이다. 파도는 여전히 잔잔해지지 않을 것이지만, 이제 바위를 때릴 것이다. 그리고 내적 확실성과 더불어 내적 명료성이 두드러진다.

산타야나는 자신의 열렬한 자연주의('카스티야적인' 혹은 좀더 일반적으로 말해서 에스파냐적인 자연을 말할 것이다)를 위하여 형이상학의 그럴듯한 주장들을 폭로한다. 하지만 그럼에도 그는 종교에 중요성을 부여한다. 종교는 자연에 대하여 신비적이거나 시적인 해석을 부여한다. 그리고 문자 그대로 진실하지는 않더라도, 종교는 삶에 의미를 부여하는 데 본질적으로 중요하다. 종교는 우리의 경험을 조직하는 것을 도우며 사물들을 도덕적 전망 속에서 보게 도와준다. 종교는 결코 완벽하지 않으며, 다른 어떤 종류의 지식에서 그러는 것처럼 확실성과 '절대적 지식'을 종교에서 찾는 것은 심각한 잘못이다. 그럼에도 우리의 종교적 견해는 우리의 다른 문화처럼 우리 자신의 정체성을 구성하는 중요한 부분으로서, 발전이나 실용성의 이름으로 추방되거나 품위가 손상되어서는 안 된다. 이렇게 산타야나는 철학의 몇몇 중요한 문제들에 관하여, 그의 동료 프래그머티즘 주의자들의 견해로부터 벗어나고 있다.

● 변화하는 실재_ 과정의 철학

러셀과 함께 『수학원리』의 저술을 마친 후, 앨프레드 노스 화이트헤드는 아주 다른 방향으로 나아갔다. 영국에서 하버드 대학으로 옮긴 그는 『수학원리』에서 아주 잘 드러나는 완고한 형식적 개념의 철학으로부터도 멀어졌다. 그는 비트겐슈타인이 그랬던 것만큼이나 서구 철학의 대표적 철학자들을 깊이 의심하기 시작하였다. 그는 나중에 철학의 목적은 신비주의를 합리화하는 것이고, '우주의 무한함을 유한한 언어로 표현하는' 것이며 '아직까지 말해지지 않은 깊은 곳으로의 직접적인 성찰'을 얻는 것이라고 주장하였다. 이는 러셀과 함께 『수학원리』를 공동 저술하였던 철학자이자 수학자의 언어나 감정이 분명히 아니다. (러셀은 나중에 화이트헤드의 새로운 철학을 한마디도 이해하지 못하였다고 고백하였다.)

화이트헤드의 새로운 '과정'의 철학에 따르면, 대부분 서구 전통에서 철학자들이 사용한 대부분의 방식과 은유는 한 종류였다는 것이다. 그것들은 정적인 방식이며, 영원과 무시간성의 은유였다. 이러한 방식과 은유는 화이트헤드가 러셀과 공유하였던 것과 같은, 수학의 논리적 기초에 관한 관심이나 혹은 고대 그리스 철학자들을 사로잡았던 산술학과 기하학의 무시간적인 진리에 이끌린 좀더 일반적인 매혹에 의해서만 강화되었다. 서구 철학은 '실체', '본질', '대상' 등과 같은 범주들에 기초하고 있다. 그 이상은 영원성과 논리적 필연성이다.

하지만 화이트헤드는 또 다른 은유, 곧 서양 철학사를 통해 역류하는 흐름 또한 보았다. 그것은 변화, 진보, 진행에 대한 은유이다. 우리는 그것을 헤라클레이토스에게서 발견하고 아리스토텔레스에게서도 발견한다. 근대에 와서는 헤겔, 다윈, 니체에게서 그 것을 발견한다. (여기서 러셀이 반대했던 영국의 '헤겔 철학자들'은 헤겔 철학의 이러한 각별한 중 요성을 놓치거나 무시하였다는 점을 지적할 만하다. 실제로 그들 중 일부는 '시간은 비실재적이다' 라는 아주 비헤겔적인 생각을 헤겔의 첫번째 주장으로 취급하였다.)

20세기의 이탈리아 철학자 베네데토 크로체는 특히 말년에 헤겔 철학을 충실히 옹 호하였다. 그러나 실재에 대한 이러한 과정적 관점을 발전시키는 데 단일 인물로서 가장 큰 영향을 준 사람은 프랑스의 철학자인 앙리 베르그송(1859~1941년)이었다. 베르그송 의 철학은 변화하는 실재인 지속(duration)이라는 개념에 흥미를 가졌다. 그 요점은 (푸른 색이 붉은색으로 변하거나 새 것이 낡은 것이 된다거나 하는 식으로) 단지 사물의 특성이 변화한 다는 것이 아니라, 오히려 삶 자체의 본질이 변화한다는 것이다. 반면에 개념들은 정적 이고 일방적이다. 어떤 것을 분석하려할 때면, 우리는 결국 그것을 왜곡하고 변형시키 게 된다. 하나의 관점 외에 다른 관점은 얻지 못한다. 시간이라는 개념 속에 사물을 고착 시키며 사물의 성장, 발전, 삶을 이해하지 못한다. 분석은 생명력을 가지지 못하며 기껏 해야 연속적인 시점만을 취하면서 나아갈 뿐이다. 하지만 그것은 필연적으로 언제나 불 만족스러운데, 거기에는 무한한 시점들과 끝없는 순간들만이 있을 뿐이기 때문이다.

우회적이기는 하지만, 베르그송 역시 러셀의 논리적 원자론과 분석적 방법을 반대 한다. 하지만 영국의 (그리고 오스트리아의) 반대자들과 달리, 베르그송은 단순히 분석의 방법과 언어에 대한 적절한 철학적 개념을 수정한 것이 아니었다. 그는 철학에서 분석과 언어 모두를 거부해야 한다고 주장하였다. 그는 형이상학이야말로 그런 상징들이 불필 요한 학문이라고 말한다. 그러므로 형이상학자는 표현할 수 없는 것을 표현해야 하는 난 처한 입장에 빠진다. 더욱이 베르그송은 단순한 사실, 사물, 감각이라는 개념을 거부하 였을 뿐만 아니라, 철학에서도 단순한 사실, 사물, 그리고 감각이라는 개념을 거부하였 다. 그의 기본적 존재론은 변화의 존재론으로서, 여기서 변화란 이 사물이나 저 특성이 변화하는 것을 말하는 것이 아니라 그 자체로서의 변화, 전체로서의 변화를 말한다.

베르그송에 따르면, 분석을 대체할 수 있는 것은 직관을 통해 '사물 내부로부터 파악' 하여 사물을 총체적으로 파악하는 것이라고 하였다. 여기서 그는 헤겔을 떠나 낭만주의자들과, 표현할 수 없지만 포괄적인 직관이라는 그들의 생각과 연결된다. 우리는 직관을 통하여 사물들을 총체적으로 그리고 시간 속에서 보게 된다. 우리는 그것들이 어떻게 대립하는 것들을 구현하며 대립하는 관점들을 정당화하는가를 보게 된다. 우리는 고정된 순간들을 넘어서서 삶, 즉 사물들의 생명력을 인지하게 된다. 삶에 대한 이러한 직관은 순수한 지속으로서의 우리 자신의 삶에 대한 직관보다 더 즉각적이고 더 중요한 것은 어디에도 없다. 우리의 욕망과 행동은 순간적이지 않다. 그것들은 우리의 전 과거를 함께 지니고 있다. (이와는 대조적으로, 우리의 사고는 더 선택적이다.) 우리 자신을 통해서 우리는 세계에 대한 진리를 인식한다. 세계는 지속이다. 세계는 진화이다. "우리는 우리 자신을 무한히 확장한다. 그리고 우리는 우리 자신을 초월한다." 우리가 '물질'이라고 부르는 것은 경험의 반복일 뿐이다. 그런 변화와 발전이 무엇인가를 묻는 것은 요점을 놓치는 일이다. 실로 베르그송 철학의 전체 목표는 정체와 실체를 선호하는 경향을 가진 그러한 질문들로부터 벗어나는 일이다.

베르그송 철학이 갖는 더욱 매력적인 특징들 중의 하나는 그 타협하지 않는 낙관론이다. 이 점과 진화론에 대한 열광이라는 점에서, 그의 철학은 그와 동시대를 살았던 테이야르 드 샤르댕(1881~1955년)의 대중적인 철학과 다소 조심스럽게 비교될 수 있다. 예수회 신학자였던 샤르댕은 진화론의 수용과 그리스도교 신앙이 양립할 수 있다는 것을 증명하는 데 관심을 쏟았다. 샤르댕은 인류가 정신적 통일체(그가 그리스도로 기술한 통일체)를 향해 진화하고 있다고 하였다. 이 진행 과정에서, 종(種)들은 그것들이 진화해 나온 것과 동일한 진화과정을 계속한다. 샤르댕에 따르면, 진화의 마지막 단계에서 놀라운 변형이 일어나는데, 이 변형은 신체적 모습과 유기체의 생리적 특성보다는 인간의 의식 속에서 더 많이 일어난다.

베르그송의 낙관론은 세계대전 시기와 그 전후의 불안과 공포에 찬 수년 동안에 형성된 것이라는 점을 감안할 때 더욱 놀랍다. 실제로 그 무시무시한 몇 해 동안에 베르그송은 의무와 법칙으로 이루어진 칸트적인 도덕에 반대하여 사랑과 자유의 철학을 옹호하였으며, 정태적이고 폐쇄적인 종교보다 오히려 동적이고 열린 종교를 옹호하였다. 그는 이러한 낙관론을, 1941년 허약한 노인으로서 파리의 다른 유대인들과 한 줄로 늘어서서 새로운 나치의 명령을 감수해야 했을 때도 끝까지 유지했던 것 같다. (독일인들은 포로인 그를 사면시켜주었다.)

화이트헤드는 베르그송과는 달리, 수학을 선호하고 '영원불변하는 대상'이라는 플라톤주의를 견지하였으며, 특히 새로운 물리학에 관심을 갖고 있었다. 하지만 전통 철학을 공격한 점에서 두 사람은 비슷했다. 그는 철학의 범주들은 17세기의 과학으로부터 물려받은 것이라고 불만을 터뜨렸다. 범주들은 생기 없는 물질적 대상들에 초점이 맞추어져 있고 정태적이며 '비지속적인' 순간들을 개념화하고 우리의 경험을 왜곡한다. 그것들은 '시간에 무관심하다.' 화이트헤드는 베르그송처럼 철학이 일련의 새로운 범주들을 채택해야 한다고 주장한다. 대상들 대신 사건들에 초점을 맞추어야만 하는데, 사건이란 정태적인 순간이 아니라 ('스냅사진' 같이) 오히려 실현의 과정 속에 있는 순간들로 여겨지는 것이다.[87] 화이트헤드는 생기 없는 대상 대신에 유기체 개념에 집중한다. 유기체란 '양식을 통해 존재하게 되는 하나의 사건'이다. 하나의 유기체는 하나의 기계가 아니다. 유기체는 시간을 통해 작용한다. 이들의 양상은 '진동하며' 정태적이지 않다. 화이트헤드는 오래된 낭만주의적인 범주, 곧 창조성이라는 범주를 20세기 철학에 소개하였다. 그것은 단지 철학자가 창조적이고 '사변적이며' 상상력이 풍부해야 한다는 것이 아니다. 자연 자체는 연속적으로 창조적이고, 새로우며, 상상력이 풍부하다. 따라서 철학자는 이상 언어를 창안해야 하는 것이 아니라 실재가 진화하는 양식을 파악하기 위하여 지속적으로 새로워지고 변화하는 언어, 곧 시적 언어를 창안해야 한다.

---

[87] 비슷한 시기에 후설도 동일한 문제를 탐구하고 있었으며, 그의 현상학을 통해 비슷한 결론에 도달하였다. 예를 들어, 하나의 음악 선율은 원자적인 순간들로 쪼개질 수 없다. 아무리 짧은 동안의 선율이라도 이전의 음표를 동반하고 있으며 또 다가올 음표들을 예견한다.

● 우나무노, 크로체, 하이데거_ 삶의 비극적 의미

　제1차 세계대전은 끝났다. 어떤 의미에서는 아무것도 변하지 않았지만, 그럼에도 세계는 달라졌다. 독일은 일부 영토를 잃었으며(전 영토의 10퍼센트가 채 안 된다), 1917년 연합국에 가담한 미국은 세계적인 강대국이 되었다. 하지만 세계대전은 어떤 것도 해결하지 못하였다. 옛 연합국들은 예전에 그랬던 것처럼 변덕스럽게 입장을 이리저리 바꾸면서 제자리걸음을 하고 있었다. 유럽은 독일과 화해하지 못하였다. 그들 사이의 적대관계는 오히려 더욱 심해지고 복수심에 차게 되었다. 베르사유 조약(1919)의 내용들은 믿기 어려울 정도로 혹독하였다. 독일에 전쟁의 책임을 물어 시민들이 입은 재난과 손실에 대한 '보상'으로 300억 달러 이상을 요구하였다.

　독일의 경제는 파탄할 지경에 이르렀다. 대제국들은 동요하였으며, 그 중 몇몇은 붕괴되었다. 그러나 가장 고통스러운 당장의 변화는 계몽사상은 끝장났다는 무서운 철학적 인식이었다. '인간성의 완전성'이라는 개념은 인간의 도덕과 정신은 진보한다는 것으로서, 840만 명 이상의 사람을 죽이고 유럽을 폐허로 만든 전쟁으로 인해 산산이 깨어져버렸다. 문명세계는 얄팍한 공명심과 자부심에서 비롯된 민족주의의 이름으로 이익을 추구하면서 스스로 비이성적이고, 자신의 근본적인 가치들을 알아보지 못하며, 지옥이나 디스토피아임을 입증하였다.

　군사 강대국이었던 (혹은 베르사유 조약에서 군사강대국이라고 주장했던) 독일은 파괴되었다. 독일에는 적은 규모의 군대만 남아 있었고 어떤 군수품도 생산할 능력이 없었다. 하지만 다소 자유스러웠던 바이마르공화국은 재정 부담의 압박과 독일인들의 비통함과 분노 아래서 붕괴되었다. 하나의 새로운 힘이 유럽 전체를 휩쓸고 있었으며 이 힘이 전쟁으로 가장 큰 타격을 받은 나라들을 단단히 지배했다. 국가사회주의와 파시즘의 기치 아래 독일, 이탈리아, 오스트리아가 다시 결집했다. 아돌프 히틀러와 베니토 무솔리니는 자국민들에게 새롭고 무시무시한 철학을 강제하기 시작하였는데, 모든 국민들이 마음 내켜하지 않는 희생자들만은 아니었다.

파시즘은 잃어버린 위대함과 강대함을 되찾는다는 국수주의적인 수사법 속에 자신을 은폐한 복수와 원한의 철학이었다. 1935년 독일은 잃어버린 영토의 일부를 도로 강탈했으며, 이탈리아는 에티오피아를 탈취하였다. 세계는 탈진한 채로 뒤로 물러서서 아무것도 하지 않았다. 히틀러가 체코슬로바키아를, 이어서 1939년 폴란드를 침공하였을 때는 이미 사태를 수습하기에 너무 늦었다. 세계는 불황에 빠져 있었다. 세계는 또 다른 전쟁을 향해 나아가고 있었다.

제1차 세계대전 이후의 유럽 철학은 무엇보다도 원한의 철학이었다. 사람들은 일부 논리적 원자론의 텍스트들과 현상학적 방법의 새로운 응용에서 이를 직접 읽어내지는 못하였지만, 아무리 추상적인 철학이라도 러셀이 '세계는 무시무시하다'라는 말로 표현한 사실을 잊을 수는 없었으며, 그러한 사정은 더 나아지지 않았다. 러셀 자신도 철학과 논리학을 하나의 피난처로 즐기면서, 사람이 살 만한 곳은 없다고 불평하였다. 영미의 대학을 점령하고 있던 '분석' 철학의 반응은 그들 철학에 포함하지 않은 주제들을 경시하거나 무시하는 것이었다. 옥스퍼드와 케임브리지의 대부분 철학자들은 인간의 본성과 삶의 의미에 대하여, 윤리에 대하여, 미(美)와 정치철학에 대하여 더 이상 목소리를 높여 이야기하지 않았다. 실로 그와 같은 주제들은 무의미하거나 혹은 단순히 시시한 웃음거리로 취급되어 논의에서 제외되었다. 세계의 대공황과 공포와 같은 실제적인 문제들도 피상적이고 빈약하며 형식적인 논리와 언어분석의 관심에서 제외되었다.

한편, 프랑스에서는 철학이 거의 죽었고 베르그송의 낙천적인 낙관론에 의해서만 경우 명맥을 유지하고 있었다. 1941년 프랑스는 독일인들에게 철저히 패배함으로써 완전히 사기를 잃었다. 하지만 영국과 프랑스 밖의 다른 철학자들은 더욱 직접적으로 문제와 부딪히는 방식으로 시대와 싸우고 있었다. 그 좋은 예를 보려면, 아마도 우리는 철학 풍조의 전횡이 덜하고 정치적 경제적 상황이 더욱 나쁜 유럽의 가장자리에서 시작해야 할 것이다.

미구엘 데 우나무노(1864~1936년)는 아마도 에스파냐의 가장 위대한 철학자일 것이다. 그는 자신의 철학이 특히 에스파냐적이라는 사실에 커다란 자부심을 가지고 있었다. 시와 소설에서나 철학적 소론과 문학적 논평에서나, 그는 '삶의 비극적 의미'에 대하여 품격 있는 글을 썼다. 그는 유럽 북쪽의 철학자들이 가진 새로운 야망에는 관심이 없었으며, 불안, 폭력, 실망으로 가득 차 있는 삶을 타개하는 문제들에 관심을 가졌다. 그는 이러한 아주 개인적인 목소리를 가진 사람들 중의 하나로서 정직과 성실을 위해서 열렬히 목소리를 높였다. 그가 '실존주의자들'(특히 인간이 처한 구체적 상황과 인간의 책임에 관심을 가진 철학자들의 운동) 중의 한 사람으로 꼽힐 수 있는 것은 당연하다.

키에르케고르는 우나무노의 철학적 영웅이었다. 우나무노는 객관적인 과학과 이성이 삶의 문제들에 답하는 데 실패한 사실을 슬퍼하며 주관적 진리를 옹호하였다. 삶에서 중요한 것은 열정과 헌신이지, 이성과 합리성이 아니다. 이성은 필연적으로 회의론으로 이끌려지며 회의론은 절망으로 이어진다. 이와는 대조적으로, 신앙은 그것이 '단지' 주관적인 보장일지라도 그 자체의 보장을 제공한다. '전부 아니면 아무것도'라고 우나무노는 말할 것이다. 인간이 원하는 것은 그 어떤 것도 아닌 불멸성이다. 이성과 과학은 그것은 불가능하다고 우리에게 말한다. 신앙은 그러한 궁극적인 요구를 충족시킨다. 그리고 신앙을 통해서, 열정적인 헌신을 통해서, 삶의 불안은 삶에 완전히 몰두하여 살아가는 방향으로 돌려질 수 있다. 우리는 '살기 위해서 철학을 하는 것이지', 다른 어떤 것을 하기 위해 철학을 하는 것이 아니다.

우나무노는 완전히 충실한 삶을 살았는데, 이런 점은 종종 그에게 어려움을 안겨다 주었다. 그는 제1차 세계대전에서 독일에 대항하여 연합군을 지지하였으며, 전쟁 후에는 군사독재에 반대하여 이 때문에 결국 망명길에 올랐다. 몇 년 후에 그는 다시 돌아왔으며 새로운 파시스트 독재자인 프란시스코 프랑코에게 분개하여 반대했다. 그는 자택에 연금되어서 그 얼마 후에 죽었다. 그러는 동안 에스파냐 내란(1936~39년)은 세계에 닥쳐올 어떤 기미를 보여주었다. 독일인들과 이탈리아인들 그리고 에스파냐 공화국을 옹호하는 전 세계인들이 야만적인 세기에 가장 야만적이고 비극적인 갈등 중의 하나로 기억될 싸움에 참여하고 있었다.

베네데토 크로체(1866~1952년)는 비코 이래 가장 위대한 철학자였다. 에스파냐 철학처럼, 이탈리아 철학은 영어로 쓰인 것들은 예외로 하더라도 종종 역사적 고려에서 제외되었다. 왜냐하면 이탈리아는 케임브리지와 하이델베르크를 사로잡고 있었던 새로운 전문적인 동향에 상대적으로 관심이 적었기 때문이다. 한때는 로마제국이 번성했던 이탈리아는 19세기 말에 와서야 개편에 의해 어느 정도 통합되었다. 이러한 통일은 그보다 몇 년 전에 통일이 이루어진 독일의 경우에서처럼, 통일을 위한 예언자와 철학자 및 도덕적 지도자를 요구하였다. 그는 이탈리아가 가장 암울했던 시절에 민주주의와 성실 그리고 자유와 자유주의를 위한 대변자였다.

크로체의 철학은 언제나 정치적이었지만 자신은 정신의 철학으로서 표명하였다. 그의 철학적 스승은 헤겔이었다. 그는 종종 헤겔을 면밀히 연구하였으며,『헤겔 철학에서 살아 있는 것과 죽은 것』(1907)에서 상당히 길게 헤겔에 대해 주석하였다. 헤겔의 철학은 정신이 역사를 통해 어떻게 영고성쇠를 거듭하는가를 추적했던 철학으로서, 갈등들을 종합하고 화해시키며 혹은 어쨌든 갈등들을 포용하는 철학이었다. 그 중심 명제는 언제나 총체적이고 조화로운 통일 속에서 개별적인 차이들을 포용하는 정신적 성장이었다.

크로체의 철학은 헤겔의 철학처럼 철저하게 역사와 문화에 대한 철학이며, 시간의 내적 역동성이 연구대상이었다. 크로체는 초기 저작에서 비코가 그랬던 것과 매우 비슷하게, 하나의 정밀한 발전 체계를 옹호하였다. 하지만 나중에 이탈리아가 자신의 정체성을 찾기 위한 싸움을 벌이고 세계는 전쟁으로 치닫고 있을 때, 그는 더욱 융통성 있는 사상을 창안하였다. 이제 그는 역사는 결정된 것이 아니라고 주장하였다. 역사는 자발성과 예측불가능성을 드러낸다. 역사는 자유와 자유로운 개인들의 작품이다. 역사는 구조들을 발견한다기보다는 오히려 창조한다.

크로체는 헤겔처럼 궁극적으로 인류의 역사는 자유를 위한 투쟁이며 자유의 출현을 위한 투쟁이라고 결론내렸다. 따라서 무솔리니가 권력을 잡았을 때, 크로체는 용감하고 솔직한 반파시스트였다. 무솔리니가 몰락한 후 크로체는 국민적 영웅이 되었으며 이탈리아의 도덕적 스승이 되었다. 철학자는 궁극적으로 하나의 본보기가 되어야 한다는 니체의 요구를 그는 놀라울 정도로 실행하였다. 그의 철학은 세상 속에서 활동하는 철학의 훌륭한 본보기였다. 그는 러셀과 사르트르와 미국의 존 듀이에 비견될 수 있으며, 또한 철학을 편리한 경력 수단이 아니라 지혜에 대한 용감한 사랑으로 생각했던 모든 고대 철학자들에게도 비견될 수 있다.

마르틴 하이데거(1889~1976년)는 후설의 제자였지만, 그의 스승과는 달리 철학적 방법이나 수학과 '형식적 과학들'에 대한 후설의 냉철한 탐구에 우선적인 관심을 두지 않았다. 그는 현상학자가 되기 전 신학을 공부한 학생이었다. 그의 질문들은 어떻게 살아야 하며 또 어떻게 '진정으로' 살 것인가 하는 실존적인 것이었다. 즉, 이것은 복잡하고 혼란스러운 세상을 어떻게 진정하게 살아갈 것인가 하는 문제였다. 하이데거는 이런 목표를 위하여 도발적이지만 종종 모호한 일련의 제안을 하고 있다.

하이데거의 철학은 하나의 기념비적인 성취로서, 20세기의 가장 강력하고 영향력 있는 철학들 중의 하나이다. 하지만 우나모노와 크로체에게 적용시켰던 실존주의자 평가 기준에서 볼 때 하나의 본보기로서, 하이데거는 훌륭하게 여겨지지는 않는다. 우나무노와 크로체가 파시스트들을 고발하여 위험에 처했을 때 그는 1933년 나치당원이 되었다. 그는 유대인 교수들을 해고하고 히틀러와 나치의 이상을 찬양하는 연설을 하였다. 다음해에 총장직을 사임하였지만, 그는 결코 국가사회주의에 대한 유감을 표현하지 않았다. 그는 단지 자신이 계속해서 옹호하였던 나치가 그들의 철학을 이루지 못한 것에 대하여 불평을 했을 뿐이다.

하이데거의 경우는 우리가 적절히 대응하기 어려운 문제들을 야기한다. 이 책 전체를 통해서 우리는 '철학은 문화와 개인을 어떻게 표현하는가? 라는 질문을 던졌다. 우리는 철학을 그 철학자로부터 완전히 분리시킬 수는 없다고 주장해왔다. 물론 이러한 연관성은 언제나 '다소' 당면한 사회 문제나 생활과 관련되어 있다. 우리는 어떤 관념, 어떤 명제, 어떤 사상 체계 전체를, 그것을 만든 사람에 대하여 이야기하지 않고도 언급할 수 있다. 그리고 우리는 많은 철학 전기(傳記) 작가들처럼 어떤 철학자의 삶을, 그의 철학에 대하여 많이 언급하지 않고도 기술할 수가 있다. 그럼에도 양자는 상호 깊은 영향을 끼친다.

하이데거에 대한 비평가들은 그의 어려운 텍스트와 때때로 모호한 결론들을 샅샅이 훑으면서 나치에 대한 그의 공감이 그의 철학 속에 스며든, 혹은 어쩌면 그의 철학에 동기를 부여했을지도 모를 증거를 찾아내려고 하였다. 다른 한편으로, 하이데거의 옹호자들은 우리가 그 개인을 혹독하게 비판할 수는 있겠지만, 그의 작품은 오점 없이 뛰어나다고 주장하였다.

우리는 이 두 극단적인 입장이 모두 무의미하다고 말하고 싶다. 철학은 삶의 방식을 지시하고 삶의 방식은 철학을 지시한다. 물론 우리는 위선과 자기기만을 인정하는 여지를 남겨두어야 하겠지만, 또한 한 개인의 이상과 행동 사이의 어긋남도 마땅히 허용해야 한다. 여전히 하이데거는 진정 다루기 힘든 문제로 보인다. 그것은 부분적으로 정확히 그의 철학이 그 자신이나 나치와 관련이 있는지, 아니면 달리 연관되는 것이 있는지 결코 분명치 않기 때문이다.

하이데거의 철학은 비트겐슈타인의 철학처럼 두 시기로 나누어진다. 현상학자로서의 그의 초기 작업은 그의 위대한 저서 『존재와 시간』(1928년 작)에서 절정에 이르렀다. 그 결과 하이데거 역시 '실존주의자들' 중의 한 사람으로 생각될 만하였다. 그도 키에르케고르처럼 진정한 실존의 의미, 죽음의 중대성, 세계 속에서 그리고 다른 사람들 사이에서 우리가 차지하는 위치 등에 대하여 탐구하였다.

하이데거의 후기 작품들은 다른 방향으로 나아갔다. 하이데거는 스승인 후설이 그랬듯이, 자신의 전체 철학을 통해서 아무런 '전제 없이' 무(無)에서 출발할 것을 주장하였다. 하지만 나중에 그는 자신의 초기 작품이 여전히 전통적인 형이상학의 전제들 속에 빠져 있음을 알게 되었다.

철학이 플라톤과 형이상학 그리고 데카르트와 주관성에 오염되기 전 고대 그리스 철학자들의 작업으로 되돌아가서, 하이데거는 실로 전제 없는 전체론적인 철학을 보여주고자 하였다. 이러한 철학은 새로운 개방성, 새로운 수용성, 세계와 하나가 되는 것 등을 포함하게 된다. 이것은 좀더 알려진 말로 표현하자면 급진적이거나 '심오한' 많은 생태학자들의 강령과 상당히 일맥상통한다. 여기서 하이데거는 자신이 그가 속한 철학 전통이 갖고 있는 이원론과 오만한 인간성에 의해 어지럽혀지지 않은 몇몇 비서구적인 문화들과 같은 입장임을 발견하였다.

우리는 하이데거의 초기 '실존주의' 철학에만 초점을 맞출 것이다. 특히 두 가지 주제가 하이데거의 초기 저작을 규정한다. 우선 하이데거는 반데카르트주의를 표방하는데, 이 강경한 일체주의는 정신과 육체에 관한 모든 이원론, 주관과 객관의 구별, 그리고 '의식', '경험', '정신' 등에 대한 언어적 분리를 거부한다. 두번째, 하이데거의 초기 철학은 주로 진정성, 혹은 본래의 모습으로 이해할 수 있는 '본래성'(Eigentlichkeit)이라는 것에 대한 탐색이었다. 진정성에 대한 탐구는 우리를 자아의 본성과 삶의 의미에 관한 익숙하지만 영원한 물음들로, 그리고 하이데거가 다소 음울하게 표현한 '죽음을 앞둔 존재'로 우리를 이끈다. 이것은 또한 하이데거로 하여금 전통과 '역사성' 그리고 자신의 문화에 대한 단호한 헌신의 중요성을 찬양하게 한다. 하이데거의 정치적 활동을 비판한 몇몇 비평가들은 이러한 점에서, 비록 국가사회주의(나치)를 직접적으로 지향하지는 않았지만 적어도 독일적인 국수주의를 지향했던 그의 철학적 경향의 증거를 보았다.

하이데거의 반그리스도교주의는 '의식', '경험', '정신'이라는 말에 대한 거부와 더불어 시작된다. 그는 현상학자이지만, 하이데거에 따르면 현상학자가 된다는 것은 오직 자신의 특정한 관점에서 출발함을 뜻한다. 이는 관념들이 출현하는 정신이 있다거나, 혹은 그 자체가 세계를 겨누는 하나의 광선 같은 의식으로서의 어떤 사물이나 활동이 있다고 하는 형이상학적인 전제를 요구하지 않는다.

이 출발점의 중립성을 확실히 하기 위하여, 또 우리의 일상 언어에서 아주 완전히 침투해 있는 데카르트의 언어에 빠지지 않기 위하여, 하이데거는 (많은 새로운 용어들 중 최초의 것인) 하나의 새로운 용어를 제안한다. 현존재(Dasein, 문자 그대로, '거기 있음')란 그의 전망으로부터 이 모든 것이 기술되는 그 존재의 이름이다. 이 현존재는 그가 인식하는 세계와 구별되지 않는다. 현존재는 그것이 존재하는 세계로부터 분리될 수 없다. (이러한 주장을 비트겐슈타인이 『논고』에서 주장한 것과 비교할 수 있을 것이다. "나는 내 세계 속에 있지 않다. 나는 내 세계의 경계이다.") 현존재는 간단히 말해서 '세계 내 존재'로서, 하이데거는 이것이 하나의 '단일한 현상'이라고 주장한다.

더욱이, 우리의 세계 내 존재는 우선, 많은 근대 철학에서 그렇게 가정되었던 것처럼 세계에 대해 알거나 의식하는 작용이 아니다. 과학은 이와 거리가 멀다. 즉각적으로 떠오르는 패러다임은 오히려 장인(匠人)의 그것으로, 또한 고대 그리스인들은 덕을 이 이미지로 보았다. 장인은 확실히 '자신의 재료를 알고 있다.' 하지만 그것을 다른 사람들에게 설명해주지 못한다. 그것을 어떻게 보여주어야 할지도 모른다. 그가 할 수 있는 것(그가 하는 것)은 그의 손기술로 하는 것이다. 그는 자신이 어떻게 이런저런 일을 하는지를 보여준다. 하이데거는 이와 같이 어떻게 하는지를 아는 것이 그것을 아는 것보다 앞선다고 한다.

사실상 우리의 세계는 본질적으로 하나의 확장된 공방으로서, 우리는 그 속에서 여러 가지 일들을 수행하고, 이따금씩만 (일이 잘 돌아가지 않을 때는 자주) 멈추어서 우리가 하고 있는 일에 대해 반성하며, 그리고 우리의 도구들을 대상들, 즉 사물들로 본다. 그것들은 무엇보다도 공방에 있는 도구(혹은 재료)에 불과하며, 우리는 당연히 그런 의미로 그것들을 생각하고 별다른 관심 없이 그대로 믿는다.

우리는 이러한 세계에 대한 원초적인 견해를 출발점으로 해서 지식의 역할과, 우리를 세계로부터 분리시키는 '의식' 및 '경험'에 대해 말하고 싶은 위험한 유혹을 이해해야 한다. 실제로, 하이데거의 초기 철학의 중심개념들 중의 하나는 기분 개념이다. 우리가 세계에 조율되는 것은 우리의 기분 속에서이지, 멀리 떨어져 관찰하는 인식의 관점에서가 아니다. (하이데거는 독일어로 말장난을 하고 있다. 의도적으로 '기분[또한 '조율']의 뜻을 지닌 독일어 'Stimmung'과 '조율하기'를 뜻하는 'Bestimmen'을 사용하고 있다.) 기분은 또한 자아의 본성과 우리가 누군지를 이해하는 출발점이다.

우선, 현존재 개념은 정신과 육체의 이원론이나 혹은 주관과 객관의 구별을 허용하지 않는다. 그와 같은 모든 구별은 '의식'이라는 말을 전제한다. 그리하여 하이데거는 확고한 일체주의를 옹호한다. 여기서 자아는 데카르트에서처럼 육체적 존재로부터 구별되는 '생각하는 사물'일 수 없다. 하지만 그렇다면 자아란 무엇인가? 그것은 우선 다른 사람들이 내게 부여하는 아들, 딸, 학생, 샐쭉해진 놀이동무, 영리한 친구로서의 나의 역할에 불과한 것이다. 그러한 자아, 즉 그들(Das Man, 혹은 세인[世人])의 자아는 사회적으로 구축된 것이다. 거기에는 진정한 자아, 나 자신의 자아는 없다. ('Das Man'은 하이데거가 만든 또 다른 신조어이다. 이는 구어의 관용구 'Man ist……', 즉 익명의 '사람은 ……이다'에서 유래한 것이다.)

이와는 대조적으로, 진정한 자아는 심오하고 유일한 자기인식의 순간에, 특히 우리가 우리 자신의 죽음에 직면하게 될 때 발견된다. '우리 모두 죽을 것이다'는 사실을 인정하는 것만으로는 충분치 않다. 하이데거에 따르면, 그것은 단지 객관적인 진리일 뿐 진정한 진리가 아니다. 여기서 문제되는 죽음은 우리 자신의 죽음이고, 따라서 우리의 '고유함'은 우리 자신의 죽음에 정면으로 대면하게 되는 '죽음에의 존재'가 된다. 우리는 이와 비슷한 명제를 우나무노에서 보았으며, 그리고 적어도 그런 의미에서 하이데거 역시 '삶의 비극적 의미'를 인정한다. 유감스럽게도, 그는 특히 그가 무시할 수 없는 역할을 한 독일의 비극에 대하여 올바르게 인식하거나 인정하지 않았다.

막스 셸러(1874~1928년) 역시 후설의 학생이었지만, 그 또한 현상학을 명백히 다른 더욱 열정적인 방향으로 이끌었다. 셸러는 열렬한 성격의 소유자로서, 그가 철학에 공헌한 바는 여전히 유럽대륙을 지배하던 전적으로 형식적인 칸트의 윤리 개념에 감정을 도입한 데 있다. 그는 '동정'에 대해 쓴 책에서, 도덕감 이론을 되살렸으며, 윤리학에서 사랑과 증오와 같은 정서에 중요한 지위를 부여하였다. 그는 철학자들은 정서를 단지 '주관적인' 것으로 이해하였지만, '인식적인' 관점에서 감정은 지식의 원천으로 여겨질 수 있다고 주장하였다. 철학자들이 소홀히 했던 감정에도 하나의 보편적이고 필연적인 상태가 있는데, 그것이 바로 선험적 정서라고 그는 주장하였다.

셸러는 양차대전 사이 시기의 주제를 자신의 저작 『원한』에서 요약하였다. 여기서 그는 근대의 도덕은 '노예의 도덕'이자 원한의 도덕이라고 비판한 니체의 사상을 발전시켰다. 하지만 니체가 그리스도교를 비난한 반면 셸러는 자신의 종교가 무고함을 밝히고 대신 유산계급으로 비판의 화살을 돌렸다. (그 후 반세기 동안 유산계급은 엄청난 곤욕을 치르게 되는데, 특히 유럽의 유산계급 자본이 그러하였다.)

셸러의 현상학은 후설의 것과는 달리 우선 가치, 특히 감정들 안에 있는 가치의 원천에 관심을 가졌다. 현상학(좀더 일반적으로 유럽 철학)에서는 엄격성의 완화, 형식성의 거부, 인간 실존의 좀더 '비이성적인' 양상들에 대한 이해의 수용과 시도가 분명해졌다.

이런 점에서 우리는 마지막으로 마땅히 동유럽으로 논의를 옮겨가야 할 것이다. 동유럽에서도 세계는 급속히 변화하고 있었다. 러시아는 20세기 초의 20년 동안 혁명으로 고통을 받았는데, 1917년 볼셰비키 혁명에서 그 정점에 달하였다. 블라디미르 일리치('니콜라이') 레닌은 철학자로는 이류지만 혁명가로는 일급이었다. 그는 아직도 봉건적이던 그 나라를 전위적인 마르크스주의(혹은 마르크스-레닌주의) 국가로 바꾸어놓았다. 레닌의 사후, 요세프 스탈린이 정권을 이어받아 나라를 잔혹한 철권(鐵拳) 통치로써, 사회주의의 이름 아래 수천만의 자국민을 학살한 것으로 추정된다.

철학이란 이름 아래 저질러진 그와 같은 극단주의는 러시아에서는 새로운 것이 아니었다. 이렇게 말하는 것이 러시아를 무시하는 것처럼 보인다면, 19세기의 적지 않은 기간 동안에 그리고 공산주의가 도래하기 오래전에, 러시아 대학들에서 철학은 전복활동을 하는 무법자로 여겨져 추방되었다는 사실을 떠올려야 할 것이다. 아마도 러시아 철학의 열광적이고 사회 전복적인 경향은 이러한 금지의 원인이 아니라 오히려 그 결과로 나타난 것이었다. (모든 권위에 대한 공격으로 이해되는) 니힐리즘 개념은 러시아에서 만들어졌으며, 이는 유럽을 사로잡았던 새로운 유령을 이르는 적절한 꼬리표로서 뿌리내렸다. (이 용어는 이반 투르게네프[1818~83년]가 쓴 소설 『아버지와 아들』(1862년작)에서 사용되면서 대중화되었다.)

다른 한편, 러시아 사상이 사회의 전복에만 사로잡혀 있지는 않았다. 두 명의 위대한 러시아 소설가이자 철학자인 표도르 도스토예프스키(1821~81년)와 레오 톨스토이(1828~1910년)는 절망, 정신성 및 사랑에 대한 훌륭한 철학적 이야기들을 썼다. 도스토예프스키는 타산적인 공리주의와, (가톨릭교와 함께) 러시아를 잠식하는 것으로 보았던 사회주의를 경멸하였다. 실존주의의 고전인 그의 『지하생활자의 수기』(1864년작)에서, 그는 우리에게 한 인물을 소개한다. 그는 '자신의 이익을 추구하는' 철학에 심히 반대하여, 그 분풀이로 어떤 짓도 할 수 있는 사람이다. 그것은 단지 자신의 복리를 기계적으로 추구하는 것이 아니라, 오히려 자유와 존엄성이 자신에게 '가장 유익한 이익' 이라는 사실을 증명하기 위한 것이었다.

『카라마조프가의 형제들』(1889년작)에서, 도스토예프스키는 근대 러시아의 철학적 긴장을 세 명의 형제들, 그들의 이복형제와 아버지의 괴벽스러운 개성들 속에 추출해 넣었다. 니체를 추종하는 무신론자로서 '신이 없다면 어떤 것도 허용될 것이다' 라고 선언하는 형 이반은 그의 무신론이 갖는 함축적 의미를 이해하고자 애쓰고 피할 수 없어 보이는 세계의 불의(不義)와 타협하고자 시도하면서 문자 그대로 미칠 지경에 이른다. 한편, 그의 동생들인 미챠와 알료샤는 그를 돋보이게 하는 역할을 한다. 전자는 상스럽고 때로 폭력적인 이기주의자이고, 후자는 양심적이고 순진하며 독실한 그리스도교도 청년이다. 이와 비슷하게 『백치』(1869년작)에서도 도스토예프스키는 상트페테르부르크의 타락한 사회에서 '완벽히 선량한 사람' 의 이미지를 만들어내고자 하였다. 이러한 인물은 당연히 탐욕스럽고 낡아빠진 사회 환경과 조화될 수 없다.

도스토예프스키가 개인의 내면적 가치와 존엄성에 우선적인 관심을 두었다면, 톨스토이는 사회의 불평등과 야만성에 더욱 관심을 가졌다. 그의 종교적 경향은 사회적 윤리로 발전하였다. 부족함 없는 귀족으로 자란 그는 자신의 소설에서 러시아 귀족의 겉치레와 허영을 날카롭게 비판하였다.

그는 농부들을 동정하였다. 쇼펜하우어의 학생이었던 그는 당시 세계의 비합리성을 너무도 잘 인식하고 있었지만, 그 역시 윤리에서 동정이 갖는 궁극적인 중요성에 대한 쇼펜하우어의 주장에 공감하였다. 톨스토이가 헤겔로부터 받은 영향도 명백한데, 특히 그의 걸작 소설인 『전쟁과 평화』(1869년작)에 잘 나타나 있다. 거기서는 나폴레옹조차 단순한 개인들에게는 거의 관심이 없는 세계정신의 희생물이자 도구에 불과한 것으로 묘사되고 있다.

　　그러나 톨스토이가 그의 서사시 속에서 재창조한 소용돌이는 20세기에 몰아닥칠 소용돌이에 대한 예견에 불과하다. 혁명의 폭력성에 따라, 스탈린은 무시무시한 살육을 시작하였다. 그런 다음 히틀러와의 알량한 평화협정에도 불구하고, 독일군은 서부전선으로부터 다시 한 번 러시아의 스텝을 가로질러 상트페테르부르크(나중에 레닌그라드로 불렸다가 다시 상트페테르부르크로 불린다)로 진격하게 된다. 러시아는 유럽의 다른 어떤 나라보다 더 자초한 삶의 비극적 의미를 예증하게 된다. 이를 러시아의 철학자 니콜라이 베르댜예프(1874~1948년)는 역사의 '심각한 오류'로 부르게 된다.

● 히틀러, 대학살, 실증주의, 실존주의

　　제2차 세계대전은 1939년 히틀러의 침공으로 시작되었지만, 세계는 사실상 1919년 베르사유 조약 이래 오랫동안 서사시적인 대결을 위해 준비해왔다. 독일은 혹독한 대가를 치렀으며 경제가 파탄을 맞이하였다. 바이마르 공화국은 붕괴되었으며, 광신적인 아돌프 히틀러는 1930년대 초에 반유대주의의 광기 어린 물결을 타고서, 유성과도 같이 나타나 권력자로 부상하기 시작하였다.

　　유럽의 유대인들에 대한 나치의 대학살을 뜻하는 쇼아가 언제 시작되었는지는 정확히 말하기 어렵다. 유대인 시민의 자유는 1933년 히틀러가 권력을 잡은 후에 바로 박탈되었다. 유대인들은 1935년 제정된 법에 의해 전부 추방명령을 받았으며 1938년에는 재산이 몰수되었다. 1938년 11월 크리스탈나흐트('수정의 밤'이라는 뜻으로 1938년 11월 9일 나치 대원들이 독일 전역 수만 개에 달하는 유대인 가게를 약탈하고 250여 개 유대교회당에 방화했던 날—옮긴이) 때 게슈타포는 독일에 있는 유대교회당의 대부분을 파괴하였으며 거의 10년 동안 계속되고 확산된 반유대인 테러 통치를 전면적으로 시작하였다. 오스트리아와 이탈리아는 이 숙청에 기꺼이 동참하였으며, 몇 년 뒤에는 독일에 의해 점령당한 프랑스도 가담하였다.

분명 다른 목소리를 낼 수 있었던 교황도 아무 말이 없었다. 사실 가톨릭교도, 집시, 동성애자 및 또 다른 소수집단들이 함께 수용소, 처형을 맡은 군대, 가스실의 공포를 겪었다. 어떤 사람들은 그 근거가 빈약함에도 세계 대부분의 지도자들과 이러한 숙청에 연루된 나라들의 대부분 국민들이 이 대량학살을 모르고 있었다고 주장하였다. 루스벨트 대통령도, 그가 무슨 생각을 하고 어떤 느낌을 가졌든 간에, 일본인들이 하와이의 진주만을 공격하여 전쟁의 빌미를 제공한 1941년 말까지는 아무것도 하지 않았다. 제1차 세계대전의 공포를 포함하여 세계는 일찍이 이같이 끔찍한 사건, 즉 근대적인 기술과 경영의 효율성을 활용하여 한 민족을 계획적으로 쓸어버리려 한 일을 그렇게 명백하게 그리고 그렇게 가까이서 목격한 적이 없었다. 전쟁으로 유럽의 가장 오래되고 가장 위대한 문화들의 존재 자체가 위협받았다.

북유럽에서는 나치의 발흥과 전쟁의 굉음이 두 가지 급진적인 철학 동향을 자극하였다. 그 중 하나는 모든 형태의 비합리성을 정면으로 공격하였으며, 다른 하나는 비합리성을 인간의 조건으로 포용하였다. 논리실증주의로 잘 알려진 전자는 비트겐슈타인의 초기철학에 느슨하게 기초하고 있었으며 과거의 흄과 영국의 경험론자들에 맥이 닿아 있었다. 논리실증주의는 완고하고 과학적이며 어떤 무의미도 허용하지 않는다는 점에 자부심을 가졌다. 후자는 실존주의로서, 키에르케고르와 니체로부터 유래한 이 사상은 후설의 현상학을 방법론으로서 사용하였다. 이들의 차이가 어떠하든, 두 동향은 모두 야만적인 경험, 전쟁의 공포, 대규모의 비합리성에 기초하고 있었다. 둘 다 실제로 정당하고 비감정적인 합리성을 지지하였지만, 둘 모두 특히 윤리학에서의 비이성적인 것의 역할에 관해 이론을 정립하였다.

과학적이고 논리적인 엄밀함을 주장하고 질색을 하며 비난하던 독일 낭만주의를 거부한 논리실증주의는 윤리는 옆으로 밀쳐두었다. 『논고』의 마지막에서의 비트겐슈타인처럼, 그들도 그러한 윤리적인 문제들에 관해서는 어떠한 지성적인 말도 할 수 없다고 주장하는 것 같았다. 러셀처럼, 그들은 윤리란 단지 주관적인 것이고 감정의 문제이며, 논리와 합리성의 문제는 아니라는 생각에 만족하는 것 같았다. 하지만 이러한 견해는 윤리학의 지위를 의심스럽거나 혹은 기껏해야 부수적인 것으로 남겨두었다. 만일 철학자들이 세계의 죄악을 거론할 위치에 있지 않다면, 누가 그렇단 말인가? 논리실증주의자들은 계몽사상이 제1차 세계대전 중에 소멸해버렸음에도, 그것을 지키기 위하여 싸웠다. 그러는 대신 그들은 철학으로부터 윤리를 사실상 제외시켜버렸다.

아주 기묘하게도, 아마도 20세기의 철학들 중에서 가장 도덕적이거나 아니면 가장 도덕적인 반성을 행하는 철학인 실존주의 역시, 윤리를 회피하는 것 같았다. 니체는 서구의 도덕은 노예의 도덕이라고 주장하였으며, 기쁘게 도덕성의 무덤 위에서 춤추는 것에 관하여 썼다(『즐거운 지식』[1882년작, 1887년 수정판]). 하이데거는 자신은 어떠한 윤리학도 제시하지 않을 것이라고 강조해서 주장하였으며, '거짓된 가치의 바다에서 고기잡이하는' 사람들에 대하여 거듭 경멸적으로 말했다. 탁월한 도덕가였던 사르트르조차, 그의 위대한 저작인 『존재와 무』(1943년작)의 '현상학적인 존재론의 기술' 뒤에 윤리학이 뒤따를 거라고 약속하였음에도, 하이데거를 따라 그의 실존주의는 윤리 철학이 아니라고 주장하였다. (윤리에 대한 사르트르의 공책이 실제로 불과 몇 년 전에 간행되었다.)

실존주의자들이 거부하고 있었던 것은 '부르주아'적인 도덕의 개념이었는데, 그것은 우리 손을 깨끗하게 유지하고, 빚을 지불하며, 추문을 피하는 데 급급한 종류의 윤리였다. 실존주의자들의 철학이 내거는 표어는 진정성(authenticity, 여러 실존주의자들에 의해 서로 다른 방식으로 표현되었다)이었다. 이것은 무엇보다도 성실에 대한 요청이고, 책임에 대한 요청이며, 영웅주의에 대한 요청이기도 하였다. 진정성이란 전통적인 철학 및 과학의 합리성으로는 평가하기가(혹은 기술되기도) 거의 어렵다. 이렇게 하여 실존주의자들은 문학, 예언, 장황한 얼버무림, 팸플릿 등, 세계를 야만적이고 무책임한 행위로부터 일깨우는 데 필요한 온갖 수단에 의지하였다.

아마도 유대인에 대한 위협이 가장 심했던 오스트리아에서는, 대부분 유대인 출신인 일단의 뛰어난 철학자들이 '빈 학파'라는 이름의 논리실증주의자 집단을 결성하였다. 빈 학파는 무엇보다도 먼저 비합리주의에 대한 응답이었다. 초기의 많은 실증주의자들은 물리학자들과 수학자들이었으며 동시에 철학자들이었다. 그들은 심히 과학에 경도되어 있었으며, 그들의 방법론은 과거의 흄을 따랐지만 좀더 이후에는 합리성의 패러다임으로서 논리와 과학을 심히 애호하는 러셀과 비트겐슈타인의 논리적 원자론을 따랐다. 이러한 방법론은, 우선 사실과 가치의 거친 구분, 그리고 의심스럽기는 하지만 그렇게 거칠지는 않은 논리적 진리와 경험적 진리 사이의 또 하나의 구별과 함께 시작되는 것이었다. 논리적 진리란 수학의 진리를 포함하여, 모두 일련의 기초적이고 사실상 하찮은 공리들로부터 연역된 것들이었다. (이 점은 러셀과 화이트헤드에 의해 증명되었다.) 반면에, 경험적 진리란 경험, 실험, 관찰에 기초를 두었다. 철학자들은 이러한 진리를 발견할 어떤 특별한 통찰이나 재능 혹은 장비를 갖고 있지 않았다. 그보다도 실증주의자들은 진리를 발견하는 사람들을 위하여 세계를 확실히 하는 것이 이 세계에서 자신들의 역할이라고 보았다. 그들은 합리성과 논리를 옹호함으로써 그렇게 하고자 하였다.

실증주의자들의 첫번째 관심사는 과학적으로 의미가 있다고 간주될 수 있고 또 간주되어야 하는 가설들을, 의미 없고 시간 낭비이며 해결될 수 없는 불일치의 원천일 뿐인 것들로부터 분리하는 일이었다. 그들은 그들의 표준, 즉 절단 도구를 검증가능성이란 개념에서 찾았다. 하나의 가설(이것은 곧 어떤 문장을 포함하는 쪽으로 확장되었다)은 오직 그것이 증거에 의해 검증받을 수 있을 때만 의미가 있다는 것이다. 그래서 '이 방에는 12마리의 토끼가 있다' 는 문장은 (비록 그것이 사실이 아니더라도) 의미가 있는 문장이다. '이 방에는 탐지할 수 없는 12명의 천사가 있다' 는 의미 없는 문장인데, 그것이 사실이건 거짓이건 간에 탐지할 수 없는 천사를 알아보고 셀 수 있는 가능성이 전혀 없기 때문이다.

검증가능성이라는 표준은 곧 어떤 논리적 수선(修繕)이 필요하였다. 예를 들어, 어떤 가설들은 (어떤 문장들은) '원리적으로는' 마땅히 검증될 수 있지만 실제적으로 현재로서는 검증될 수 없다는 사실이 명백하기 때문이다(예를 들어, '다른 태양계의 몇몇 행성에는 생명체가 있다'). 일부 실증주의자들 역시 그것을 다소 당황스러운 문제로 간주하였는데, 검증가능성의 원리가 경험적인 검증에는 적합하지 않은 것처럼 보였기 때문이다.

그럼에도 기본적인 생각은 충분히 명료하였으며 그 성격은 아주 확고하였다. 이 세상에는 매우 많은 무의미한 것들이 있다고 실증주의자들은 주장하였다. 또 그들은 더 이상 그런 무의미한 것이 없도록 능력이 닿는 대로 최선을 다하여 확실히 하는 것이 철학자의 일이라고 하였다.

실증주의자들은 때때로 그렇게 생각되는 것처럼, 그렇게 협소한 정신의 과학 광신도들과 논리적 재단사들이 아니었다. 그들은 무엇보다도 불건전하게 돌아가는 세계에서 건전함을 추구하는 투사였다. 그럼에도 무의미한 것을 근절시키려는 노력 속에서 그들은 철학에서 매우 중요한 많은 것들을 또한 제거하였다. 윤리적 발언들(혹은 '가치 판단들')이 과학적으로 검증될 수 없다는 점에서, 실증주의자들의 윤리는 정당화될 수 없는 주관주의 혹은 더 정확히 말해서 정서주의(emotivism)라 불리는 철학이 되었다. 좀더 정교한 설명에서도, 정서주의는 찬성(그리고 불찬성)의 말로 설명되었다. '이것은 좋은 일이다'는 정서주의자에게 '나는 이것에 찬성한다. 당신도 그렇게 하기를 나는 원한다' 라는 의미이다.

이런 관점에서는 좋음(혹은 나쁨)에 대한 어떤 증거나 논증이 있을 수 없다. 윤리적 '논증' 은 그저 설득의 문제일 뿐이다. 더욱 급진적인 정서론 옹호자, 예를 들어 후기의 A. J. 에이어(1910~89년)에 따르면, 윤리적 발언들은 실제로 '우우!' (경멸, 야유의 소리)나 '만세!' 같은 감탄사보다 더 의미 있는 것이 아니다. 비록 그것이 화자와 청자에게 아무리 중요한 것일지라도, 그러한 윤리적 발언은 문자 그대로 '무의미' 하다. (그의 정서주의에도 불구하고, 에이어는 프랑스의 도덕가인 볼테르의 저작과 용기를 추켜세우고 찬양하는 저작으로써 자신의 경력을 마무리지었다.)

1941년에 히틀러가 파리에 입성하면서 자부심에 차 있던 도시의 점령이 시작되었다. 지금 우리는 파리 시민들이 겪었던 모멸감, 공포, 그렇게 매일매일 존재하는 도덕적 압박감 등을 단지 상상할 수 있을 뿐이다. 매일 유대인들과 체제전복자들이 검거되었으며, 일부 용감한 프랑스인들은 독일인에 대항하여 지속적인 '저항운동' 을 벌였다. 매일의 삶이 '누가 용감하게 자신의 목숨을 걸었는가?', '누가 지조 없이 배신을 하고 비겁하게 점령군에 부역했는가' 와 같은 의문을 제기했다.

　이러한 전시(戰時) 상황에서 실존주의는 최고조에 달했다. 우리는 실존주의를 여러 번 언급하였으며, 그것을 철학 동향으로 생각하는 것이 마땅할 것이다. 여기에는 키에르케고르가 포함되고, 니체도 포함될 것이며, 우나무노와 하이데거도 포함된다. 그리고 도스토예프스키와 체코의 작가인 프란츠 카프카도 추가해야 할 것이다. 이 동향의 연원은 보통 키에르케고르까지 거슬러 올라가지만, 일부 열광적 지지자들은 때로는 그 연원이 소크라테스까지 거슬러 올라간다고 주장한다. '실존주의' 란 용어는 치열한 전쟁과 점령의 와중에 장 폴 사르트르(1905~80년)가 만들었다.

　'실존 철학' 이라는 표현은 일찍이 정신과 의사였던 칼 야스퍼스(1883~1969년)가 사용했다. 그 역시 이 전통에 속해 있었다. 야스퍼스는, 키에르케고르와 니체가 서로 매우 다른 인물이지만(하나는 그리스도교 근본주의자이고 다른 하나는 무신론자) 보기보다 훨씬 더 비슷함을 처음으로 알아보았다. 그는 키에르케고르로부터 빌려온 '실존' 이라는 특정 용어를 사용하여 인간 실존을 규정하는 데 (비록 주어진 조건에서 객관적인 제한을 갖는 자유이기는 하지만) 자유가 중심적인 역할을 함을 요약하였다. 야스퍼스 자신은 과학자였고 과학적 합리성과 객관성을 옹호하였지만, 실증주의자들의 일차원적인 관점에 반대하였으며 인간 조건의 본성에 대한 (꼭 '주관적' 일 필요는 없지만) 비객관적인 성찰에 적절한 지위를 부여해야 한다고 주장하였다.

　사르트르의 철학은 보통 실존 철학의 모범적인 본보기로 여겨지며, 다른 인물들은 사르트르의 어떤 주제들, 즉 극단적인 개인주의, 자유와 책임에 대한 강조, 그리고 우리의 삶에 의미를 부여하는 것은 세상이 아니라 우리 자신이라는 주장 등에 동조하는 한에서 실존주의자로 여겨진다. 하지만 실존주의자들은 서로 매우 다르다는 점을 분명히 하도록 하자. 개인주의를 강조한다는 점에서 볼 때, 그들 중 많은 이들이 어떠한 '동향' 에도 말려들기를 거부하였다는 점은 전혀 놀라운 일이 아니다. 키에르케고르는 독실한 그리스도교도였다. 니체는 무신론자였고, 우나무노는 자유스러운 가톨릭교도였다. 장 폴 사르트르는 마르크스주의자였으며, 하이데거는 나치 당원이었다. 사르트르는 의지의 자유를 열광적으로 주장하였고, 니체는 그것을 부정하였으며, 하이데거는 그에 대해 아무런 언급도 하지 않았다.

그럼에도 실존주의가 근대(근대 후기) 대중사회에 특히 적합한 어떤 태도를 보여준다고 말한다고 해서 그리 틀린 말은 아닐 것이다. 잠시 일반화를 한다면, 실존주의자들은 개인과 개인적 책임에 대하여 관심을 공유하고 있다고 할 수 있을 것이다. 그들은 더 큰 공공집단과 힘에 개인을 함몰시키는 데 회의를 품거나 적개심을 드러내는 경향이 있다. 그래서 키에르케고르와 니체는 모두 '무리'를 공격하였으며, 하이데거는 단순한 사회적 실존과 '진정한 실존'을 구별하였다. 사르트르는 자유스러운 개인적 선택의 중요성을 특히 강조하였다. 이 개인적 선택의 자유는 우리의 욕구와 신념 및 결정에 영향을 미치고 강요하는 타인의 힘에 개의치 않는 자유이다. 여기서 특히 그는 키에르케고르를 따르는데, 케에르케고르에게는 열정적이고 개인적인 선택과 헌신이 진정한 '실존'에 필요불가결한 것이었다.

키에르케고르의 저작이 20세기의 영향력 있는 (폴 틸리히, 마르틴 부버, 카를 바르트, 가브리엘 마르셀을 포함하는) 종교적 실존주의자들의 학파를 자극하기는 했지만, 실존주의자의 태도는 흔히 무신론적인 사상가들과 관계가 있었다. 그들에게 종교적 믿음이란 비겁한 행위, 혹은 알베르 카뮈가 말한 대로 하자면 '철학적 자살'로 보였다. 그리스도교와 그리스도교적인 도덕에 대한 니체의 공격은 종교가 약자들에게 버팀목과 무기를 제공한다는 그의 비난에 기초를 두고 있다. 『차라투스트라는 이렇게 말했다』에서 니체의 가장 유명한 이미지는 흥미진진하지만 모호한 초인의 이상을 소개한다. 이상이 모호하기는 하지만 그럼에도 니체의 목표는 분명하다. 그 목표는 평범하고 순종하는 삶보다 개인의 특유성을 추구하게 만드는 것으로서, '이 세상에 만족하는' 대신 더 나은 '다른' 세계를 갈구하는 태도를 자극한다.

20세기의 실존주의는 현상학에 크게 영향을 받았다. 현상학은 원래 후설에 의해 만들어졌으며 그의 제자인 하이데거에 의해 실존주의의 영역 속에서 추구되었다. 현존재의 '존재론적' 문제는 우리가 누구이며 어떻게 처신해야 하며, 혹은 니체가 말했듯이 어떻게 우리 자신이 되어야 하는가를 발견하는 것이다. 하이데거에게 현상학은 '(자신의) 존재를 드러내는' 데 사용되는 방법이 되었다. 사르트르는 후설과 하이데거 모두를 따르면서, 인간은 본질적으로 자유롭다는 그의 중심 명제를 옹호하기 위하여 현상학적 방법을 사용하였다.

의식에 관한 데카르트적인 관점에 대한 하이데거의 공격을 다시 다루면서, 사르트르는 의식('대자존재'로 묘사됨)이란 언제나 자유롭게 선택하고 세계의 주어진 미래를 자유롭게 '부정하는'(혹은 거부하는) 그런 방식으로 존재한다. 우리는 비겁하거나 부끄러워할 수도 있다. 하지만 그런 행위도 언제나 하나의 선택이며 그리고 우리는 언제든지 변화를 결정할 수 있다. 우리는 유대인이나 흑인, 프랑스인이나 절름발이로 태어날 수 있지만, 우리 자신을 어떻게 만들 것인가 하는 문제, 즉 타고난 점을 약점으로 만들 것인가 혹은 이점으로 만들 것인가, 그리고 약점을 극복하기 위해 도전할 것인가 아니면 아무것도 하지 않을 핑계로 삼을 것인가 하는 것은 열려 있는 문제이다. 사르트르의 철학은 특히 전쟁과 점령의 공포 한가운데에서 통렬한 것이었다.

전쟁 후에, 사르트르보다 젊은 그의 동료 모리스 메를로퐁티(1908~61년)는 사르트르가 그의 후기 저작들에서 여전히 자유와 책임에 대해 주장하더라도, 자유에 대한 '절대적인' 주장은 수정해야 한다고 수긍하게 했다. 메를로퐁티는 자유와 본질적으로 육화(肉化)되어 있는 인간의식의 본성에 대하여 자신의 고유한 방식으로 수정한 현상학을 발전시켰다. 알베르 카뮈(1913~60년)는 하이데거로부터 세계에 '내던져진' 존재라는 의미를 빌려왔으며, 사르트르와는 세계가 개인에게 의미를 주지는 않는다는 의미를 공유하였다. 하지만 사르트르가 우리 스스로 의미를 만들어야 한다고 주장하며 하이데거에 합류한 반면, 카뮈는 이 세계가 '부조리'하다고 결론지었다. 이 부조리라는 용어는 전체 실존주의자들의 생각을 대표하는 것처럼 되어버렸다.

실제로, 실존주의에 대한 대중적 이해에서 끈질긴 하나의 착오는 세계의 '무의미성'에 대한 강조와 절망 혹은 '존재의 불안'에 대한 옹호를 혼동하는 것이다. 카뮈도 부조리가 곧 절망을 허용하는 것은 아니라고 주장하였으며, 니체는 '즐거움'을 장려했다.

키에르케고르는 '즐거운 소식들' 에 대하여 썼으며, 하이데거와 사르트르에게 그 유명한 불안은 인간 조건에 본질적인 것이긴 하지만 그것은 자유와 자기인식의 징후이며 절망할 이유는 아니었다. 특히 사르트르에게 실존주의의 핵심은 음울함이나 절망이 아니라 인간으로 존재한다는 의미에 대한 새로운 신뢰이다. 잠시 후에 그의 철학과 카뮈의 철학을 다시 다룰 것이다.

'진정성' 이란 개념은 새로운 것이 아니다. 다양한 모습으로 나타나는 그것은 철학의 중요하고 확실히 아주 영향력 있는 관심사이다. 소크라테스는 자아의 진정성, 즉 사고와 행동의 진정성, '영혼의 좋음' 에 관심을 둔 학자로 여겨질 수 있다. 그는 단순한 의견이 아닌 지식을, 특히 자신에 대한 앎을 추구하였으며, 단지 올바른 행동이 아니라 '자신에 대하여 진실한' 미덕을 실천할 것을 요구하였다. 아우구스티누스는 욕망과 육체의 거짓된 요구에 반대되는 '진실한' 자아의 정신적 본성에 관심을 가졌다. 장 자크 루소는 사회에 의해 강요된 '부패' 와 대조되는 '자연적인' 자아의 본질적인 선량함을 단호히 주장하였다.

최초의 실존주의자인 키에르케고르는 진정한 자아란 개인적으로 선택된 자아로서, 이것은 우리의 대중적인 혹은 '집단' 정체성과는 다른 것이라고 하였다. 니체는 진정한 개인과 대중 혹은 '집단' 의 이러한 대립을 다루었으며, 키에르케고르와 니체는 마르틴 하이데거에게 영향을 주었고, 하이데거의 고유성의 개념은 현대 실존주의 사상을 지배하였다. 장 폴 사르트르는 테오도르 아도르노가 나중에 '진정성의 은어' 라고 부른 것을 자신의 '불성실' 개념 속에서 사용하였다. 이것은 자기기만으로서, 자신의 행동에 대해 핑계를 만듦으로써 책임을 회피하려는 것이다. 이 개념은 분명 하이데거의 비진정성이라는 개념에 기초하고 있다. 그러나 진정성('성실성')이라는 긍정적인 개념이 사르트르에게는 하나의 문제로 남았으며, 또한 실존주의가 지속적으로 비판을 받는 점들 가운데 하나는 진정성이라는 이상이 갖는 모호성과 외견상 정의하기 어려워 보이는 점이다. (이것이 '원죄' 의 흔적은 아닐까?)

● 출구 없음_ 카뮈, 사르트르, 보부아르의 실존주의

알베르 카뮈는 전쟁으로 피폐해진 알제리에서 태어나 성장했다. 그의 가장 잘 알려진 저작들은 표면상으로는 정치적이지 않지만, 내란의 쓰라린 경험이 일찍이 그가 쓴 모든 것을 채웠다. 제2차 세계대전이 시작되자마자, 그는 『이방인』(1942년작)이라는 소설과 『시지프스의 신화』(1942년작)라는 수필집을 출간하였다. 그는 이 두 책으로 삶의 '부조리'에 정면으로 맞서는 새로운 근대적 도덕의 대변자가 되었다. 카뮈는 이것을 '우리 시대의 감수성'이라고 쓰고 있다. 그렇지만 부조리란 일상적 삶의 단순한 불합리나 어리석음과 구별되어야 한다. 부조리는 하나의 형이상학적인 전망으로서, 한편으로는 우리 자신과 그리고 합리성과 정의에 대한 우리의 요구 사이의 대립을 의미하며, 다른 한편으로는 우리 자신과 '무관심한 세계' 사이의 대립을 뜻한다.

그의 이름이 『시지프스의 신화』의 제목으로 쓰인 시지프스는 고대 그리스의 신화에 나오는 인물이다. 그는 산 위로 바위를 영원히 굴려 올려야 하는 벌을 받았는데, 바위는 산의 정상에 도달하자마자 그 자체의 무게 때문에 다시 밑으로 굴러 떨어지게 된다. 카뮈는 이것이 우리 모두의 숙명이라고 하였다. 우리는 우리 존재의 무게를 무익함과 환멸에 대항하여 밀어붙이면서 우리의 모든 에너지를 소모한다. 우리는 시지프스가 죽지 않는다는 사실에 의해 이러한 실존의 부조리가 더욱 고통스러워진다는 점을 지적해야 한다. 따라서 카뮈는 주요한 철학적 문제를 삶이란 살 만한 가치가 있는 것인가, 달리 말해 우리는 자살을 해야 하는가 말아야 하는가 하는 문제로 제시하고 있다. 그는 첫번째 질문에 대해 열렬히 긍정적인 답을 하였으며, 두번째 질문에 대해서는 도덕적으로 부정하는 답을 하였다. 카뮈의 시지프스는 교훈적으로 무의미한 계획에 자신을 던진다. 하지만 그렇게 함으로써 삶을 의미 있게 만든다. "우리는 시지프스가 행복하다고 생각해야 한다"고 카뮈는 결론짓는다. 그러므로 또한 우리 자신의 삶이 갖는 부조리 속으로 우리 자신을 던짐으로써 그리고 그것을 인정함으로써 우리는 행복할 수 있을 것이라고 그는 결론지었다.

『이방인』의 주인공은 이와는 대조적인 방식으로, 부조리에 대해 깊이 생각하지 않은 채 부조리를 받아들인다. 그는 어떤 판단, 특히 도덕적 판단을 하지 않는다. 그는 가장 불쾌한 인물들을 자신의 친구로서 받아들인다. 그는 어머니의 죽음과 자신이 누군가를 살해한 것에 대해 아무런 동요도 하지 않는다. 그는 범죄로 인해 처형에 직면하여, 아무런 회한도 없이 "그의 마음을 우주의 상냥한 무관심을 향해 열어놓는다." 그 역시 행복하기를 주장한다. 하지만 소설은 씁쓸하고 충격적인 문장으로 끝을 맺는다. 유죄 선고를 받은 주인공은 재판과 투옥에 의해 자신의 인간적 본성과 삶의 부조리를 갑자기 깨닫게 되면서, 처형장의 군중들이 자신을 "증오의 부르짖음으로" 맞이해줄 것을 바란다. 마찬가지로 시지프스도 그의 헛된 숙명을 받아들이지만, 그는 부분적으로 신들을 '비웃으면서' 스스로 만족한다. 그렇다면 부조리를 받아들이는 일은 쓰라림과 원한의 빛깔을 띠고 있는 것일까? 카뮈는 용인과 반항 사이에서 분열된 것으로 보인다.

『페스트』(1947년작)와 『반란』(1951년작)에서도 비슷한 주제들이 다루어졌다. 『페스트』에서는 카뮈의 반항이 사회적 차원으로 확대된다. 알제리의 한 도시에서 사람들이 극심한 전염병과 밀실공포증을 유발하는 격리소에 대항하여 집단적으로 투쟁을 벌인다 (아마도 나치의 점령에 대한 은유일 것이다). 카뮈는 『반란』에서도 '반항'이라는 그의 주제로 다시 돌아간다. 여기서 그는 비정치적인 말로써 우리는 부조리에 저항해야 할 뿐만 아니라 이런저런 이데올로기의 이름으로 사람들을 학살하고 거짓말을 하는 모든 사람들에 대해서도 저항해야 한다고 하였다. (이 점에서 마르크스주의자인 사르트르는 카뮈와의 우정을 끝냈다.)

카뮈의 마지막 소설인 『전락』(1956년)에서 장 바티스트 클라망스라는 타락한 인물은 카뮈의 이전 작품들 속 인물들과 그의 수필들 속에서 카뮈 자신이 거부하였던 비통함과 절망을 간파하고 있다. 클라망스는 『이방인』의 주인공처럼 사람들을 판단하기를 거부하지만, 뫼르소(『이방인』의 주인공)가 판단을 할 능력이 없었던 반면, 클라망스(그는 한때 변호사였다)는 그러한 무능력을 하나의 철학적 원리로 만들고 있다. '우리 가운데 죄 없는 사람이 누구인가? '판단하지 말지어다, 그러면 그대도 판단받지 않을 것이로다' 가 그의 좌우명이지만, (극히 매력적인 화자인) 그의 전략은 결국 우리로 하여금 우리 자신을 판단케 만드는 것이었다. 유죄성과 무죄성에 관한 이러한 질문은 처음부터 끝까지 카뮈의 철학에서 중심적인 역할을 하고 있다. 부조리한 세계에서 우리가 어떻게 무죄일 수 있을까? 그러한 세계 속에서 한 개인이 어떻게 민감하고 책임이 있을 수 있을까?

만능의 자유 개념과 타협할 수 없는 개인적 책임의 의미는 장 폴 사르트르 철학의 핵심이다. 나치 점령 하의 억압적인 조건 속에서 그리고 제2차 세계대전의 와중에서, 사르트르는 어떤 조건에 놓여 있든, 즉 전쟁과 죽음 앞에서조차 모든 사람은 자신이 무엇을 하는지 그리고 자신이 어떤 사람이 되는지 혹은 '자신을 만드는 일'에 대해 책임이 있다고 주장하였다. 30년 후에, 사르트르는 (죽기 몇 년 전에 한 인터뷰에서) 자신은 "결국 사람은 자신이 만들어진 바에 대하여 언제나 책임이 있다"고 믿지 않은 적이 없다고 하였다. 이는 그가 초기에 부르짖은 "사람은 스스로 자기 자신을 만든다"는 좀더 성급한 구호를 약간 수정한 것이다.

헤겔과 마르크스의 제자로서 (그리고 신체적 불구그는 사팔뜨기였다—옮긴이와 비극적인 전쟁에 의해 시달린) 사르트르는 인간의 자유에 많은 제한과 장벽이 있음을 잘 알 수밖에 없었다. 하지만 그는 데카르트 철학의 신봉자로서, '인간 의식은 자유로우며 그것이 살고 있는 물리적 세계와 날카롭게 구별된다'는 데카르트의 고전적인 인간 의식의 초상에서 결코 벗어난 적이 없었다. 우리는 우리의 '상황'으로부터 결코 자유롭지 못하다고 사르트르는 말한다. 그렇지만 우리는 그러한 상황을 '부정할' 자유를, 그리고 그러한 상황을 바꿀(바꾸려고 시도할) 자유를 언제나 갖고 있다. 인간이 된다는 것은, 즉 의식이 있다는 것은 자유롭게 상상하고 자유롭게 선택하고 그리고 자신의 삶에 책임을 지는 일이다.

사르트르는 초기 저작에서 에드문트 후설의 현상학을 따랐으며, 그 이후에 따라올 많은 부분의 기초를 마련하였다. 사르트르는 현재와는 다른 세계를 상상할 수 있는 우리의 자유를 찬양하였고, 자아가 의식 '안에' 있다는 사실을 부정하여 자아는 의식과는 많이 다르다고 하였다. 그는 세계에 대한 우리의 지각에는 언제나 상상력이 침투되어 있으며, 그러므로 우리는 선택과 대안을 늘 의식하고 있다고 주장한다. 사르트르는 자아가 '타인의 자아와 마찬가지로, 세계 속에' 놓여 있다고 하였다. 그것은 세계 속에서 진행 중인 기획으로서, (데카르트가 "나는 생각한다, 그러므로 나는 존재한다"라는 명제로써 말하고 있는 것과 같은) 단순히 자기의식 자체가 아니다. 이러한 자유에 대한 예비적인 옹호와 자아 및 의식의 분리는 사르트르의 가장 뛰어난 철학 논문인 『존재와 무』(1943년작)에 틀을 제 공하였다.

당시 사르트르는 하이데거로부터 강력한 영향을 받았지만 『존재와 무』는 당당한 데카르트적인 (즉, 데카르트의 철학과 같은 종류의) 작품이다. 한편에는 의식('대자존재')이 있고, 다른 한편에는 단순한 사물('즉자존재') 존재가 있다. 사르트르는 의식을 '사물이 아닌' '무'로서 기술하고 있으며, 의식은 항상 대상을 지향한다는 후설의 '지향성' 개념을 지지하였다. 사르트르는 의식 '안에' 있는 사물에 대한 논의를 일절 피하였으며 의식이 인과적 질서의 일부이거나 혹은 일부일 수 있다는 사실을 부정하였다. 의식은 '사물'이 아니다. 의식은 세계의 인과적 질서의 바깥에 놓여 있다. 오히려 의식은 '미지의 곳으로부터 세계 쪽으로 부는 바람'이다. 의식의 무(無)를 통해서 부정(否定)이 세계 속으로 들어오며, 또한 우리로 하여금 현재와 다른 세계를 상상할 수 있게끔 해주고 필연적으로 현재의 우리 자신으로 보이는 것과는 다른 우리 자신을 상상할 수 있게끔 해준다. 이렇게 하여 의식은 "언제나 그것이 아닌 바의 것이며, 그것인 바의 것이 아니다." 이는 우리는 언제나 우리 자신을 '초월하는' 과정 속에 놓여 있다는 재미있는 역설이다.

사르트르는 그의 존재론을 즉자존재와 대자존재의 대립으로 규정하고 있다. 개인들로서의 우리 안의 이러한 대립은, 우리는 언제나 스스로 선택하지 않은 일단의 사실들에 의해 규정된 특별한 상황 속에 자신이 놓여 있음을 발견하게 된다는 '사실성'과, 이러한 사실성을 초월하여 상상하고 선택하는 우리의 능력이 갖는 초월성 사이의 긴장 속에서 명백히 드러난다. 우리는 자신이 어떤 사실들(나쁜 건강, 전쟁, 나이듦, 혹은 반유대적인 사회 속에서 유대인의 혈통을 타고났다는 사실들)에 직면하고 있음을 발견하게 된다. 하지만 이런 사실로부터 자신을 어떻게 만들어가고 그런 사실들에 대하여 어떻게 반응하느냐 하는 것은 언제나 우리에게 달려 있다. 우리는 경찰관이나 웨이터 같은 특정한 사회적 역할을 담당할 수도 있다. 하지만 우리는 언제나 그 이상의 무엇이다. 우리는 언제나 그러한 지위들을 초월해 있다. 그렇지만 우리가 우리의 역할과 동일하거나 혹은 우리가 처한 상황의 포로인 체하려 한다면, 우리는 '불성실 (자기기만)' 한 인간이다. 우리 자신을 어떤 일이나 혹은 '인간 본성' 에 의해 규정되는 고정되고 확립된 어떤 존재로 보는 것은 불성실한 것이다. 모든 선택들이 그 속에서 이루어져야 하는 언제나 제한된 사실들과 상황들을 무시하는 것 역시 불성실이다. 우리는 항상 우리 자신을 규정하려 하지만, 우리 자신은 늘 '열려 있는 문제' , 즉 아직 완성되지 않은 자아이다. 그래서 사르트르는 우리가 '신이 되려는' , 즉 즉자적 존재인 동시에 대자적 존재가 되려는, 한정되었으면서도 자유로워지려는 좌절된 욕망을 갖고 있다고 말한다.

사르트르는 또한 자신이 대타존재라고 부르는 세번째 존재론적 범주를 규정한다. 타인들에 대한 우리의 지식은 타인들의 행위로부터 (예를 들어, 유추에 의한 논증에 의해서) 추론된 것이 아니다. 타인에 대한 우리의 경험은 무엇보다도 우리 자신이 타인들에 의해 보여지는 경험이지, 구경이나 호기심이 아니다. 누군가 '행위하는 우리를 보고', 우리는 우리 자신이 '타인에게' 보여지는 대로 우리 자신을 동일시하며 그들의 관점에서 우리 자신을 규정한다. 냉소적인 제목의 『성 주네』(1953년작)에서, 사르트르는 열 살의 장 주네가 도둑질을 하다가 다른 사람의 눈에 발각되어 도둑과 타락자가 되는 것에 대해 묘사한다. 마찬가지로, 우리는 또한 우리가 내리는 판단 속에서 서로를 '파악한다' . 그리고 이러한 판단들은 우리의 자아감에서 빠트릴 수 없는 요소가 된다. 이들은 또한 아주 근본적인 불일치에 이르게 한다. 사르트르는 그의 희곡 『출구 없음』(1943년작)에 나오는 한 인물로 하여금 "지옥은 바로 타인들이다" 라는 유명한 말을 하게 한다.

『변증법적 이성 비판』(1958~59년작)에서, 사르트르는 실존주의 원리들에 따라서 점차 정치와 마르크스주의를 옹호하는 쪽으로 돌아섰다. 그는 마르크스의 유물론적 결정론을 거부하였지만, 정치적 연대(連帶,『존재와 무』에서는 없었던 개념)는 진정성을 위해 가장 도움이 되는 조건이라고 주장하였다. 그리 놀랄 일이 아니게도 사르트르는 그러한 연대를 혁명 참여에서 찾았다. 그의 혁명적인 원리에 따라, 사르트르는 1964년 노벨상을 거부하였다. (카뮈는 1960년 노벨상을 받았다.)

시몬 드 보부아르(1908~86년)는 철학적인 소설가로서, 사르트르와 의견을 같이하여 자유 그리고 우리의 사람됨과 우리 자신을 만들어가는 데 대한 우리의 책임을 강조했다. 『모호성의 윤리학』(1947년작)에서 그녀는 사르트르 철학의 윤리적 함축성에 대하여 사르트르보다 훨씬 더 명쾌하게 설명하였다. 보부아르는 상황의 모호성은 '옳고' '그른' 답을 요구하는 바람직한 사고를 언제나 위태롭게 만든다는 (메를로퐁티와 공유하는) 중요한 명제를 진전시켰다. 보부아르는 언제나 사회가 민감한 주제들에 대하여 망각하거나 저항한다는 사실에 매료되었으며, 따라서 그녀는 당대에 가장 논쟁적인 작가들 중의 하나였다. 특히 그녀는 자신이 살고 있는 사회가, 그리고 사실상 모든 사회들이 인류의 일부인 여성을 괴롭히는 불평등과 제문제들에 거의 관심을 두지 않는 점에 몸서리를 쳤다. 비슷하게 만년에 그녀는 불가피한 노화에 대한 냉담한 무감각을 공격하였으며, 이 주제에 관한 두 권의 책, 즉 『아주 편안한 죽음』(1964년)과 『노년』(1970년)을 썼다.

보부아르가 철학과 사회사상에 기여한 가장 항구적인 공로는 대부분의 철학사를 통해서 결정적으로 무시되어온 한 주제, 즉 여자로 태어난 것이 의미하는 바에 대해 혁명적으로 논의한 것이다. 『제2의 성』(1949년)에서, 보부아르는 현대 철학에서 가장 열렬히 논의되는 주제들 가운데 하나인 성의 의미에 대한 논의를 시작하였다. 그렇지만 철학에서 여성 문제는 아직은 논의에 포함되지 않았으며, 특히 영국으로 가보면 (매우 뛰어난 몇몇 여성 철학자들이 있었음에도) 더욱 그러하였다.

● 이상 언어에서 일상 언어로_ 케임브리지에서 옥스퍼드로

20세기 후반 영미철학에서 도발적인 문제들 중의 하나는 비트겐슈타인이 그의 초

기 저작과 후기 저작에서 얼마나 변화했느냐 하는 것이었다. 분명 그가 자신의 초기 작업을 공격하고 방향을 바꾼 뛰어난 철학자의 유일한 경우는 아니다. 하지만 그의 전향은 전대미문의 극적인 것이었다. 의심할 것도 없이, 그는 카리스마적이고, 최면을 걸듯 매혹적인 선생이었으며, 교수라기보다는 정신적인 지도자에 더 가까웠던 까닭에 그의 전향은 더욱 극적이었다. 그의 제자들은 (그리고 그 제자의 제자들도) 그의 격렬함을 흉내내었으며 (때로는 다소 우스꽝스럽게) 그의 특징적인 고뇌를 모방하였다. 그의 바로 앞에 앉아 강의를 듣던 사람들에 따르면, 비트겐슈타인의 강의는 아주 심오한 어떤 것이 고통스럽게 탄생하는 현장이었다고 한다. 문제는 생전의 비트겐슈타인 자신을 포함하여, 어느 누구도 그것이 무엇인지 정확히 확신할 수 없었다는 점이었던 것 같다.

『논고』 이후의 비트겐슈타인의 철학은 그의 세미나, 노트, 그리고 다양한 '의견들' 속에서 서서히 드러났다. 이들은 마침내 정리되어서 한 권의 두꺼운 책으로 출간되었는데, 여기에는 경구, 명상, 일화, 의제들이 큰 연관성 없이 함께 담겨 있다. 이 책의 제목은 『철학적 탐구』로, 그가 죽은 뒤에야 출판되었다. 이 책은 놀랍도록 많은 문제들을 다루었는데, 그 많은 부분이 언어와 그것의 세계에 대한 지칭에 관한 것이었다. 비트겐슈타인은 의미에 대한 '그림' 이론을 명백히 거부하였다. 하지만 이제 그는 논리적 원자론의 세부사항에 관심을 가졌으며, 지식을 인지하는 정신의 본성, 그것의 감각, 정서, 지각, 경험들을 검토하였다. 여러 가지 내용이 섞여 있는 책이라는 점을 생각해보면 이 책의 내용은 쉽게 요약될 수 없다. 그럼에도 어떤 주제들은 분명히 드러난다.

그 첫번째는 의미와 관련된다. 『논고』에서 의미는 문장의 정확한 논리적 형태와 그것의 세계에 대한 '그림' 혹은 지칭과 연관되었다. 그런데 『철학적 탐구』에서 의미는 용법이다. 바꾸어 말하면, 한 문장의 의미는 어떤 것을 하기 위해 그것이 어떻게 사용되는가에 달려 있으며, 그리고 그 어떤 것이란 결코 세계를 구성하는 사실들에 대한 과학적 기술(記述)에만 한정되는 것은 아니다. 한 단어의 의미는 문장 속에서의 그것의 용법에 달려 있으며, 우리는 대화 속에서 의사소통하고, 질문하고, 이의를 제기하고, 농담을 하고, 버터를 요구하고, 철학에 대하여 언급하고, 유혹하고, 주장하고, 선언하고, 공표하기 위하여 문장들을 사용한다. 이리하여 언어의 근본적인 단위는 단일한 문장(그리고 그것이 그리는 단일한 사실)이 아니라, 좀더 큰 언어게임이다. 이것은 하나의 '삶의 형태'로서, 얼마든지 목적과 목표를 가질 수도 있으며 그 중 많은 것들이 과학적 진리의 탐구와는 별로 상관이 없다.

후기의 비트겐슈타인은 원자적 문장(또는 진술) 개념뿐만 아니라 원자적 사실 개념도 공격하였다. 세계는 단지 '사실의 총체'가 아니라, 우리의 이해관계, 행위들, 즉 우리의 '언어게임'에 의하여 규정된다. 사물과 그 이름이 당연한 짝인 것처럼 보이지만, 실은 사물은 본질을 갖고 있지도 않다. 실제로 게임 개념을 예로 들며, 비트겐슈타인은 게임에 대한 어떠한 단일한 정의(定義)도 없으며, 모든 놀이들에 공통되는 것도 없다고 하였다. (어떤 게임은 목적이나 목표점을 갖고 있지 않다. 어떤 게임은 홀로 한다. 어떤 게임은 규칙이 없거나 게임이 진행되면서 규칙이 만들어진다. 어떤 놀이들은 재미가 없다[그리고 재미가 목적이 아니다]. 기타 등등). 플루타르코스의 한 표현을 빌려서, 비트겐슈타인은 거기에는 단지 '가족 유사성', 상사성, 그리고 비교를 위한 명백한 근거들만이 있을 뿐이라고 말한다. 그리고 어떤 것이 게임(혹은 다른 어떤 것)으로 간주되느냐 하는 것은 궁극적으로는 오직 어떤 특정한 문맥 속에서만 결정될 수 있을 뿐이다.

두번째, 『논고』에서는 철학에 대하여 상당한 존경심을 (그리고 숭배심마저) 가지고 있었던 반면, 『철학적 탐구』에서는 철학이 일종의 지적인 병이 되고 있는 듯하다. 그 때문에 다행스럽게도 혹은 불행하게도 오직 더 많은 철학만이 그 치유책이 될 수 있는 것으로 보인다. 비트겐슈타인은 철학이란 '언어가 휴가를 떠나는 것'이라고 쓰고 있는데, 이것은 곧 그 언어가 일상적인 용법의 문맥으로부터 그리고 정상적으로 기능하는 '게임'으로부터 벗어나 있음을 말한다. 여기서 우리는 『논고』의 결정적인 주제들 중의 하나를 알아볼 수 있지만, 그것은 더 이상 말할 수 있는 것과 말할 수 없는 것에 의해 공식화되지 않았다. 그는 이제 중요한 것은 언어가 어떻게 실제적으로 기능하는가를 알아보는 일이라고 말한다. 잘못된 언어의 사용을 허용하고, 어떤 적용을 다른 것으로 혼동케 하며, 어떤 문제가 어떤 하나의 문맥 또는 삶의 형태에서 의미를 가지므로 다른 문맥이나 삶의 형태에서도 의미를 가질 것이라고 생각하게 함으로써, 철학은 우리에게 함정을 놓는다.

세번째, 비트겐슈타인은 데카르트 철학과 경험론에서 중요한 '정신 상태'라는 개념에 대해 문제를 제기한다. 아마도 『철학적 탐구』에서 가장 뛰어난 (그리고 가장 많이 이야기되는) 하나의 예는, 우리가 어떤 감각에 대해 '알릴' 때 우리가 무엇을 하는 것인지에 대한 분석이다. 우리가 어떤 이에게 순간적인 고통을 느꼈다고 말할 때를 예로 들어 생각해보자. 혹은 우리가 (비철학적인 문맥에서) '그것은 붉다'라고 말하는 경우를 예로 들 수도 있겠다. 그런데 이 경우에 러셀 같은 훌륭한 논리적 원자론자는 이를 '나는 붉은 것을 감각한다'는 문장으로 이해할 것이다. 비트겐슈타인은 그러한 감각들에 대해 알리고 지칭하는 개념에 이의를 제기한다. 이것은 차례로, 우리가 그것들을 '감각한다'고 말하는 것이 무슨 의미인가 하는 문제를 제기한다. 여기서 비트겐슈타인의 논의는 결코 명확하지 않다. 그리고 많은 철학자들이 그로부터 다소간에 무의미한 결론을 이끌어내었다. 어쨌든, 이는 '사적(私的) 언어에 대한 논의'로 불리게 되었으며, 이를 좀더 신중히 설명해보면 다음의 내용으로 보인다.

그것이 무엇이든 어떤 것을 지칭하려면, 화자는 그 사물을 확인하기 위한 어떤 '판단 기준들'을 가지고 있어야 하며, 그 결과 그 사물을 재차 확인할 수 있게 된다. 이러한 기준은 차례로 더 큰 언어게임의 일부임에 틀림없으며, 그리고 이는 무엇보다도 이러한 기준들이 공적으로 이해하기 쉬운 것이어야 함을 의미한다. 하지만 감각들은 본래 '사적'이다. 그것들은 오직 한 사람에 의해서만 지각될 (느껴질) 수 있다. 그러므로 언어가 그런 감각들을 지칭할 방법이 없는데, 그렇게 지칭할 수 있는 어떠한 공적인 판단 기준이 없기 때문이다.

그렇지만 물론 우리가 사용할 수 있는 다른 판단의 기준들이 있다. 우리는 일반적으로, 다양한 감각 경험들을 포함하여 모든 종류의 심리적 상태들이 타인들에게서 기인하는 것으로 본다. 그러한 판단 기준들은 상황(' 나는 당신이 방금 양탄자 위의 날카로운 압침 위로 발을 디딘 것을 본다')과, 특히 한 사람의 행위(' 나는 당신이 주춤하며 아픈 소리를 내면서 발을 움켜잡는 것을 본다')를 포함한다. 그래서 감각이 사람들에게 기인한다고 보는 것은 사적인 어떤 것을 지칭하는 것에 대한 문제가 아니라 이야기하는 방식에 관한 문제이다. 여기서 우리 지식의 기초가 되는 것은 그들의 사적인 내면적 삶이 아니라 그들의 행위이다.

이로부터 어떤 이는 솔깃하지만 바보 같은 결론, 즉 감각이란 전혀 없는 것이거나 혹은 있을 수 없는 것이라는 결론을 내릴지도 모른다. (비트겐슈타인은 만일 사적인 경험이 있다면, 그것은 '기계장치에서 빠져나온 바퀴'일 것이라고 빈정거렸다.) 비트겐슈타인의 '행동주의'는 타인의 감각에 관해서는 그럴듯하게 들릴 수 있지만, '자기 자신의 경우'에는 거의 이해하기 어렵다.

예를 들어, 한 사람이 자기 자신의 고통을 알릴 때, 그것은 무엇을 의미하는 것일까? 여기서 비트겐슈타인은 곤란해진다. 그는 그것은 알리는 것이 아니라고 말한다. 거기에는 ('나는 고통스럽다'라는 발언을 포함하여) 오직 뒤따르는 고통의 행동만 있을 뿐이다. 고통과 다른 감각들은 언어게임에서는 아무런 역할도 못한다.

여기에 예를 든 것은, 우리의 정신에 대한 우리의 지식에 관련된 당혹스러운 논제일 뿐만 아니라(이는 프로이트와 더불어 이의가 제기된 논제이다) 언어의 본성에 관한 심오한 논제이기도 하다. (젊은 비트겐슈타인이 조심스럽게 찬성했던) 러셀의 모델에서, 단일한 문장은 단일한 감각에 대응하며, 우리는 그러한 원자적 문장과 원자적 사실들을 함께 묶음으로써 세계에 대한 그림을 구축한다. 하지만 후기의 비트겐슈타인에 따르면, 어떠한 단일한 문장도 없으며 오직 전체적인 대화와 삶의 형태들이 있을 뿐이다. 그리고 만일 단일한 감각(혹은 통속적으로 불리는 것처럼, '감각자료')이 있다면, 그것은 아마도 우리의 지식을 구축하는 블록이 될 수 없을 것이다.

비트겐슈타인은 탐구할 만한 점들을 훨씬 더 많이 가지고 있다. 하지만 이제 그가 미친 '영향'을 살펴보기로 하자. (철학의 국면을 한 번도 아니고 두 번씩이나 바꾼 철학자가 몇이나 될까?) 비트겐슈타인이 케임브리지를 떠난 후 곧 영어권 철학의 중심은 옥스퍼드로 옮겨갔다. 『철학적 탐구』가 옥스퍼드 철학자들의 교과서는 될 수 없었겠지만(그들 대부분은 자신을 충실한 아리스토텔레스 신봉자로 생각하기를 좋아했다), 일상 언어에 대한 비트겐슈타인의 강조는 분명 당시 사람들의 마음을 사로잡았다. 옥스퍼드 철학자들의 학장이었던 J. L. 오스틴(1911~60년)은 『말의 사용법』(How to do things with words)이라는 책에서 새로운 정신성을 요약하였다. 그도 (여류 소설가 제인 오스틴의 소설 제목 『감각과 감수성』[Sense and Sensibility]으로 말장난을 해서 『감각과 감각가능한 것들』[Sense and Sensibilia]이라고 교묘하게 제목을 붙인 책에서) 비트겐슈타인처럼 일상 언어에 대하여 새로운 분석방법을 사용하고 세심한 주의를 기울여 감각들과 감각자료들에 대한 논리적 원자론자들의 논의를 분쇄하고자 하였다. 오스틴은 처음에는 옥스퍼드에서, 그 다음에는 미국에 추종자들을 거느렸다.

한편 오스틴의 동료였던 길버트 라일(1900~76년)은 '내면적 삶'이라는 개념과 기계적인 신체와 구별되는 정신이라는 데카르트의 개념을 공격하여 이를 '기계 속의 유령'이라고 빈정거렸다. 그는 『정신 개념』(Concept of Mind)이라는 책에서, 정신적인 '경련, 가려움 및 울림 등'에 대한 모든 논의를 다양하게 약화시키고 조롱하면서, 정신에 대한 그러한 모든 언급은 본질적으로 다양한 '행동 성향'에 대한 언급이라고 주장하였다. 그러므로 화가 난다는 것은 어떤 것을 '느끼는' 것이 아니며, 하나의 사적인 내적 경험을 갖는다는 것은 더더욱 아니다. 오히려 그것은 상황에 따라서 여러 가지 독특한 방식으로 행동하려는 경향을 갖는다는 것이다. 만일 우리가 우리 지역의 국회의원에 대해 화가 나면, 우리는 '화가 난' 편지를 쓴다. 만일 우리가 우리의 사장에게 화가 나면, 우리는 냉수기 주위를 돌면서 몹시 중얼거릴 것이다. 만일 고양이에게 화가 나면, 고양이를 밖으로 던져버린다. 그러나 거기에는 어떠한 화도 없다. 거기에는 행위가 있을 뿐이다. 이러한 행동을 우리 내면에서 '불가해하게' 발생하는 것에 기인한다고 본다면 '범주 착오'를 범하는 것이며, 어떤 종류의 것을 다른 종류로 오해하는 것이다.

'정신'에 관해서는 이쯤 해두자. 이에 대한 논쟁은 끝이 없다. 오스틴과 라일이 영국에서 앞서와 같은 견해들을 발표하고 있는 동안, 유럽대륙에서는 현상학자들이 급속히 늘어났다. 물론 현상학의 전제도 바로 경험에 대한 접근가능성이었다. 20세기 중후반까지, 양쪽은 거의 합쳐지지 않았다. 저 유명하고 다소 당혹스러운 토론회에서, 프랑스의 현상학자 모리스 메를로퐁티가 라일에게 이렇게 물었다. "하지만 우리는 같은 일을 하고 있는 것이 아니오?" 여기에 라일은 옥스퍼드 출신에게 전형적인 빈정거리는 투로 이렇게 대답했다. "나는 그러지 않기를 바랍니다!" 그러나 사실 라일은 이미 후설을 읽고 검토하였으며, 메를로퐁티도 라일이 (그의 부정에도 불구하고) 언제나 연관되어 있던 행동주의자들의 저작에 이미 몰두하고 있었다. 이렇게 하여 오래되고 종종 위선적인 오해가 정의하기 애매한 두 학파 사이에서 시작되었는데, 불행히도 이 오해는 오늘날까지도 풀리지 않고 있다.

'언어철학'과 '정신철학'으로 불리게 된 이 두 분야 모두 현대 철학에서 번성하고 있지만, 엄청난 논쟁이 오갔다. 아마도 이 두 분야(이 둘은 거의 서로 떨어진 적이 없다)에 가장 극적인 영향을 미친 것은 컴퓨터의 확산이었다. 그 결과 이 두 철학 분야는 컴퓨터 모델, 컴퓨터 은유, 컴퓨터 언어의 영향을 받게 되었다. 이들 분야에서 일어난 지적 폭발은 이 책의 범위를 넘어서는 것이다. 여기서 우리는 아주 다른 종류의 연구작업에 대한 희망찬 소개로서, 철학자, 언어학자, 컴퓨터 과학자, 신경생리학자, 심리학자의 새로운 협력이 미래의 철학사에 새로운 하나의 장(章)을 약속하리라는 사실만 간단히 언급해두도록 하자. 그런데 이것은 고맙게도 철학이 오늘날처럼 편협하거나 폐쇄적으로 전문화되지 않았던 예전의 역사 시기로 되돌아감을 말한다.

하지만 그럼에도 아직 완성되지 않은 우리의 역사로 되돌아가보자. 실제로 몇몇 가장 중요한 장들이 뒤를 잇는다. 이들은 얼마간 중요하다. 왜냐하면 이것들이 어디로 가고 있는지 혹은 어디서 어떻게 끝날 것인지 혹은 끝날 것인지 어떨 것인지 알 수 없기 때문이다.

● 여성과 사회적 성_ 철학의 여성화

주의 깊은 독자라면, 단순한 의문이지만 생각해보면 깜짝 놀랄 만한 이런 의문을 진작에 품었어야 했다. '여자들은 모두 어디로 갔단 말인가?' 프랑스 실존주의에 대한 논의에서 등장한 시몬 드 보부아르를 제외하고는, 3천 년 철학의 역사에서 사실상 단 한 명의 여성도 눈에 띄지 않았다. 이런 일이 어떻게 가능했단 말인가? 여자들도 남자들만큼 생각하고 고심하며 명확히 표현하고 쓴다. 왜 그들은 철학의 역사에 포함되지 않았을까? 여성의 철학은 남성의 철학과 동일할까? 여성의 철학사는 남성의 철학사와 아주 비슷할까, 아니면 매우 다를까? 만일 여성 철학자들이 더 많았다면, 철학이 지금과 같은 모습일까? 공평성의 문제(어째서 여성 철학자들은 남성 철학자들처럼 저작을 출판하고 인정을 받을 수 없었을까?)를 떠나서, 중대한 (하지만 전통적으로 제기되지 않은) 문제들이 철학의 양상에 대하여 공식화될 수 있다. 실제로 철학은 다소 익숙한 남성적인 모습일까? 만일 그렇다면, 철학이란 일반성과 보편성이라는 자신의 기준에 미치지 못하는 것이 아닐까?

서구 철학은 역사적으로 여성들을 논의의 주제로서 다루거나 혹은 포함시켰다. 아마도 기껏해야 정신의 문제에서는 여성이 본질적으로 남성과 동일하다는 사실이 인정되었을 것이다. 따라서 그에 대한 특별한 언급이 필요치 않았다. (그럼에도 우리는 '어째서 이런 사실이 여성들의 견해와 논평을 보여주는 실제 기록에 의해 확인되지 않는 걸까' 하는 질문을 해야 할 것이다.) 유감스럽게도 흔히 철학에서 여성이 누락되는 것은 단순한 무시가 아니라, 여성은 비정상이거나 혹은 부차적인 인간이며 남성이 인간종의 모범으로 이해되는 데 근거한 것이었다. (많은 예들 중에 하나를 든다면, 로마어의 '덕' [virtue]은 남자를 나타내는 어근인 'vir'에서 파생된 말이다. 더욱 분명한 예는, 'man'과 'mankind'라는 단어가 전통적으로 인간종의 모든 구성원을 가리키는 데 사용되고 있는 것이다.) 그리고 여성은 비정상적이고 부차적인 인간일 뿐만 아니라 남성에 비해 열등하다고 조작되기도 했다(서양 역사 속에서 이런 경우가 한두 번이 아니었다). 그리고 단지 여성은 아이를 낳고 남성은 그렇지 않다는 생물학적 사실과 관련이 있을 뿐인 여성들의 타고난 다른 능력에 근거하여 그들의 사회적 종속이 '정당화'되었다.

특히, 여자는 남자에 비해 덜 합리적이고 더 감성적이라고 여겨져왔다. 그래서 여성은 철학에 덜 적합하다는 것이었다. 물론 첫번째 의문은 이런 주장이 과연 옳은가 하는 것이다. 만일 이런 주장이 참인 요소를 담고 있다면, 두번째 의문은 남자와 여자의 차이가 어떻게 생겼느냐 하는 문제이다. 예를 들어 여성이 남성보다 더 감성적이라면, 왜 그럴까? 여성에 대한 대우와 교육이 그들로 하여금 '더 감성적'이게끔 북돋우거나 요구하는 것일까?

일부 철학자들이 그렇게 했듯이, 우리는 좀더 깊은 차원에서 감성과 이성의 구별에 대하여, 그리고 이성에 대한 전통적인 강조와 배타적인 신뢰에 대하여 그 정당성에 의문을 제기해야 할 것이다. 아마도 대부분 남성 철학자들이 합리성을 과장하고 감성을 조직적으로 배제하고 있는 것은 하나의 장애이고 결함의 한 증세이며 하나의 문제이다. 일부 여권주의자들은 '철학'이 우리의 문화에 의해 고무된 모범적인 '남성적' 스타일에 적합한 방법들을 선호하게 되었다고 하였다. 만일 논쟁과 대립이 철학의 기본 방법으로 여겨진다면, 여성보다는 남성이 이 분야에서 훨씬 더 편하게 느끼리라는 것은 놀라운 사실이 아니다. 이는 사회적으로 남성들은 선호하지만 여성에게는 용기를 잃게 하는 방식이기 때문이다.

철학이 어떤 것이든, 그것은 언제나 힘든 육체노동, 생계유지, 청소와 가사일로부터 (이런저런 방식으로) 자유로운 사람들이 우선 즐기는 하나의 피난처이자 사치였다. 그런 이유에서, 우리가 논의해온 대부분의 사람들과 위대한 철학자들은 (특히 소크라테스는 제외하고) 독신의 귀족들(혹은 때로 성직자들)이었다. 따라서 그들 대부분은 가족에 대해 거의 언급하지 않았으며, 철학의 역사에서 일반적인 개인들 간의 관계는 놀랍게도 거의 역할을 하지 못하였다. (특히 마르크스와 애덤 스미스를 제외하고는) 대부분의 철학자들은 노동이나 생계에 대하여 거의 혹은 입발림으로라도 말하지 않았다. 일부 위대한 철학자들은 교회와 공동체의 보살핌을 받았다. 어떤 철학자들은 일하지 않고도 독립적으로 살 수 있을 만큼 부유하였다. 일부는 교수였거나 자신의 교육기관을 운영하였다. 그렇지만 그들은 거의 모두가 특권적인 지위에 있었으며, 그리고 그들은 마루를 닦을 필요가 없었기 때문에 하늘을 상상할 수 있었다.

철학은 하나의 특권이다. 철학은 또한 하나의 성취로서, 이 성취의 성공여부는 재능만이 아니라, 동료, 교사, 청중, 출판사, 독자, 미래의 학생들 모두에게 달려 있다. 유감스럽게도 사실상 모든 수준의 철학적 달성에서 여자들이 소외되어온 것이 사실이다. 철학에 관심을 갖는 것조차 비교적 극소수 여성들에게만 허용되었다. 이 세기 이전에는 소수의 여성들만이 적절한 학교에 입학하는 것이 허용되었으며, (예를 들어, 플라톤과 피타고라스의 몇몇 여성 제자들처럼) 철학을 공부하도록 허용된 여성들도 더 크게 성장하도록 허용된 경우는 거의 드물었다. 한 여성이 자신의 사상을 가까스로 퍼뜨려 추종자가 생겼다고 해도, 그녀는 '철학 동료들 중 하나' 로 인정받지 못할 것이며 아마도 그녀의 사상은 출판되지도 알려지지도 않을 것이다. 그리고 만일 그녀의 사상이 책으로 출판되었다 하더라도, 그녀의 책은 파기되는 것으로부터 살아남지 못할 것이다. 이러한 파괴로 많은 독창적인 텍스트가 은폐되고 선택된 소수 부분만이 남을 것이다. 철학에서 여성의 부재는 재능의 부족 때문이 아니라고 확신한다. 하지만 소크라테스가 플라톤 같은 제자를 두었던 것과 같이, 자신의 전설을 후세에 전해줄 플라톤 같은 제자를 둔 여성 철학자는 없었다. (비록 플라톤 같은 제자가 있었더라도, 여성 철학자의 철학은 결코 출판되지 않았을 것이다.)

여성도 남성과 똑같이 중요하며 남성과 똑같이 철학을 할 수 있음을 전제하는 페미니즘 철학은, 서구의 전통 전체에 도전장을 내밀고 있다. 페미니즘 철학자들은 역사에서 여성이 다루어지는 방식(혹은 누락)은 그 자체가 전통의 한계를 드러내는 하나의 증상이라고 주장하였다. 철학은 자신이 총괄적이고 보편적임을 주장하는 반면에, 바로 이웃에 있는 여성을 포함시키거나 고려하지도 않았다. 그리고 철학이 여성들의 시각이 다른지 어떤지에 대해 묻거나, 남성 철학자들과 같은 방식으로 동일한 문제들에 대해 묻지 않았다는 점은 확실하다.[88]

페미니즘은 철학에 하나의 새로운 차원을 더하였다. 왜냐하면 이 사상은 한 개인의 성(性)이 그가 세계에 접근하는 방식을 결정적으로 조건짓는다고 주장하기 때문이다. 페

---

88 예를 들어, 주느비에브 로이드, 『이성적 인간: 서양 철학에서 '남성' 과 '여성' 』(*The Man of Reason: 'Mane' and 'Female' in Western Philosophy*, 미니아폴리스, 미니아폴리스 대학 풀판부, 1984년)을 보라.

미니즘은 니체가 '원근법주의'라 부른 것을 매우 진지하게 다룬다. 페미니스트들은 다른 모든 사람들처럼 철학자도 사회적 역사적 상황 속에 놓여 있으며, 또한 철학적 문제를 공식화하는 데서 중요할 수 있는 생물학적 상황 속에 놓여 있다고 하였다. 물론 이 점은 남성들에게도 마찬가지로 해당되는 얘기다. 하나의 철학 이론은 그것이 나오게 된 관점에 비추어 평가되어야 한다. 또한 그런 관점이 감추고 있는 고려들에 비추어 평가되어야 한다. 거기서 어떻게 그 사람의 성과 생물학적 특성을 배제시킬 수 있겠는가?

여기서 페미니즘 철학이나 혹은 여성의 철학이 결국에는 남성적인 혹은 남성의 철학과는 선험적으로 다르다고 주장하는 것은 전혀 아니다. 실로, 지속적인 대화를 시작하는 것이 목표인 한, 우리는 상호 수렴과 상호 이해가 증진되기를 기대한다. (물론 여기서 덧붙일 것은, 모든 페미니스트들이 이것을 목표로 삼고 있는 것은 아니라는 점이다.) 그러나 상호 수렴이 이루어지거나 혹은 그런 점에서 대화까지 이루어지든 아니든, 현재 여성들이 대거 철학의 분야로 진입하고 이 분야에서 가장 중요한 몇몇 저작을 출판하고 있다는 사실은 매우 의미심장하다. (이 점은 아메리카와 유럽에서만 그런 것이 아니다. 비록 일부 아주 완고한 '오래된 남성 철학의 네트워크'가 여전히 눈에 띄기는 하지만 아시아, 중동 그리고 아프리카와 라틴 아메리카에서도 마찬가지이다.) 일단 여성들이 철학에서 정당한 위상을 완전히 규정하고 차지하게 되면 남성과는 다른 관심, 사고, 접근방법에서 과연 어떤 실제적인 차이가 있을 것인지는 두고 볼 일이다.

최근의 연구에 의해 전 철학사에 걸쳐서 상당히 많은 여성 철학자들이 밝혀졌지만, 그들의 작업이 출판된 적이 없고 오랫동안 무시되어 잊혀졌던 이들을 부활시키는 일, 그리고 여성 철학자들과 함께 작업하고 그녀들의 사상을 빌려 유명해졌을 수도 있는 남성 철학자들의 기여로부터 여성 철학자들의 기여를 구분하는 일은 결코 쉬운 일이 아니다. 아마도 고대 철학사에서 가장 유명한 여성인 히파티아(370~415년)조차 그녀 자신의 (신플라톤주의) 철학보다 그녀의 끔찍한 죽음(폭도에 의해 살해되었다)으로 더 잘 알려져 있다. 따라서 우리가 철학에서 그리고 페미니즘 철학에서 여성에 대하여 말할 수 있는 것은 주로 아주 최근의 것이다.[89]

페미니즘 철학의 최초의 근대적 저작 중의 하나는 영국의 여류작가 메리 울스턴크래프트(1759~97년)가 쓴 『여성의 권리에 대한 옹호』(1792년)였다. 울스턴크래프트는 여성도 교육, 정치, 일 그리고 그 외의 많은 점에서 남성과 동등하게 대접받아야 한다고 주장하였다. 존 스튜어트 밀은 『여성의 종속』(1869년)이라는 제목의 논문에서 여성은 남성과 동등하며 정치적 결정에서도 여성들을 포함시키도록 사회에 요구해야 한다고 주장하였다. (몇몇 페미니스트들은 밀이 그 논문과 다른 저작들에서 표현한 많은 사상들을 그의 오랜 동반자였던 해리엇 테일러에게 빚지고 있다고 주장하였다.) 여성의 권리에 대한 이와 같은 철학적 옹호는 19세기 유럽과 아메리카에서 여권신장운동을 발전시키는 정치적 결과를 가져왔다. 특히, 이러한 운동들은 여성의 참정권을 추구하였는데, 이는 여러 해 동안의 투쟁 후에야 겨우 성공하였다. 미국에서는 1848년 여성 참정권 운동이 조직되었지만, 미국 여성들은 1920년까지도 투표권을 얻지 못했다. 영국 여성들은 1928년 선거권을 획득했으며, 프랑스 여성들은 1944년에야 겨우 선거권을 획득하였다.

1949년에 이루어진 시몬 드 보부아르의 『제2의 성』의 출판과 더불어 철학적 페미니즘의 새로운 시대가 도래하였다. 보부아르는 실존주의 운동에 가담하였으며, 그녀가 일생 동안의 동반자였던 사르트르의 철학에서 어느 정도까지 사상을 빌려왔는지 그리고 사르트르가 유명해진 자신의 사상에 그녀의 사상을 어느 정도까지 빌려왔는지에 대한 문제는 최근 논쟁 대상이 되고 있다. 보부아르는 소설가로, 그 다음에는 페미니스트로도 유명해졌다. 그녀는 실존주의와 페미니즘을 결합하여, 철학에서 성의 문제와 성별의 차이에 대한 토론을 위한 최초의 철학적 교두보를 마련하였다. 보부아르는 여성에 대한 고찰을 통해 여성이 스스로를 진정하고 자율적인 한 인간으로 확인하는 것을 막는 장애

---

89 우리는 이 책에서 생존하는 철학자는 포함시키지 않는 것을 원칙으로 삼았다(이 원칙은 몇몇 다루기 어려운 개인적이고 정치적인 문제들을 회피하기 위한 자의적인 공평이다). 물론 각주에서 우연히 포함되는 경우를 제외하고는 말이다. 그런 이유 때문에 현대 페미니즘의 세부사항에 대하여 많은 것을 제공할 수 없을 것이다. 물론 그런 세부사항은 많은 출판물들에서 풍부하게 찾을 수 있다. 몇몇 무시되고 있는 역사적 인물들에 대해서는, M. 애서턴(Atherton)이 편집한 『근대 초기의 여성 철학자들』(*Women Philosophers of the Early Modern Period*, 인디애나폴리스, 해킷 출판사, 1994년)을 보라.

들에 대하여 강조하여 설명한다.

무엇보다도 재산, 권위, 선거, 대중 앞에서의 발언, 공직 출마, 동등한 임금 등에서 여성의 권리를 부정하는 법적 장애물들이 있어왔다. 하지만 법적 장애물 외에도, 보부아르는 여성의 자유를 제한하는 작용을 하는 심리적인 '현상학적' 구조들을 분석한다. 그녀는 "여성은 여성으로 태어나는 것이 아니다"라는 유명한 주장을 했다. 대신 여성은 남성에 대하여 '타자'의 입장을 취하도록 사회화되었다고 보부아르는 주장한다. 여성은 이런 사회적 요구로부터 자신을 해방시켜야 하며, 그로부터 유래한 내적 제약으로부터도 해방되어야 한다. 실존주의 경향에 따라, 보부아르는 한 개인으로 하여금 그의 자유를 표현하기 어렵게 만드는 사회구조는 다른 모든 사람의 자유에도 해를 입힌다고 주장하였다. 그러므로 남성 역시 여성의 해방에 이해관계를 갖고 있다고 그녀는 결론짓는다. 여성의 해방은 또한 남성의 해방이기도 하다.

여성의 사회적 동등성에 대한 심리학적 장애물을 분석한 보부아르의 작업은 사회화가 성차별을 지지하고, 하나의 성을 다른 성에 비해 편파적으로 선호하는 방식에 대하여 새로운 관심을 갖도록 자극하였다. 여성은 '만들어진다'는 그녀의 주장은 생물학적 성(sex)과 사회적 성(gender)의 구별이 페미니즘 논의에서 기본적임을 암시하고 있다. 생물학적 성은 한 개인의 생식체계의 해부학적 특징을 가리킨다. 이와 달리 사회적 성은 이러한 해부학적 특징을 기초로 할당되는 사회적으로 확립된 행위와 역할을 지칭한다. 이런 구별은 생물학적 성의 특징이 원래부터 한 사람을 그 사람이 살고 있는 사회가 '자연스럽다'고 간주하는 사회적 성 역할에 알맞도록 확정하는 것이 아니라는 사실을 인식하게 한다.

페미니스트들은 생물학적 성과 사회적 성의 구별을 통해 생물학적 결정론, 즉 '생물학은 숙명이다'는 관점을 공격하였다. 이러한 관점은 대개 여성은 어떤 종류의 신체를 타고 났기 때문에 (어머니의 역할 같은) 어떤 역할을 마땅히 해야 한다는 점을 암시하는 것으로 받아들여졌다. 실제로 오늘날에는 생물학적 신체가 '주어지는 것'이라는 점도 의문시되고 있다. 해부학은 궁극적으로 하나의 '사회적 구성물'일 수 있지 않을까?

보부아르의 작품은 페미니스트들이 여성들로 하여금 남성들과 동일한 능력으로 사회적 역할을 맡지 못하게 막는 내적 장애들을 인식하는 데도 도움을 주었다. 1960년대 후반 유럽과 미국에서 일어난 대규모 좌파운동의 일부분이었던 페미니스트 운동은 특히 여성을 종속시키는 사회적 심리적 구조를 전복하는 데 관심을 두었다. 이 시대의 가장 두드러진 논쟁들 중의 하나는 여권의 해방이 결혼제도나 이성애(일부 페미니스트들은 이것들이 여성에게 종속적인 역할을 떠맡게 만든다고 보았다)와 양립할 수 있느냐 하는 문제였다. 또 다른 중심적인 주제는 여성이 이류가 아닌 일류로서 사회에 참여하지 못하게 막는 여성의 정신 내부에 있는 심리적 장애(예를 들어, 사회적으로 길들여진 '실패의 두려움')를 어떻게 극복할 수 있느냐 하는 문제였다.

철학적 페미니스트들은 성차별적인 생각이, 의식하지 못하는 사이에 중립적인 역사적 개념들에 명백히 영향을 끼치는 방식을 분석하였다. 특히 페미니스트들은 계몽사상의 이상이었던 보편성, 객관성, 이성 등을 비판하였다. 보편성이라는 태도는 의심스러운데, 왜냐하면 순응에 대한 요구를 쉽사리 위장하기 때문이다. 객관성과 보편성을 주장하는 사람들은 흔히 그것들 자체의 특성만을 강조하여 상상하였다. 결과는 서구 철학의 '객관적인' 입장은 백인 남자의 입장이었다. 여성과 소수집단의 관점에 특유한 특징들은 '보편적' 관점에 대한 요구에 의해서 조직적으로 말살되었다. 그리하여 '객관성'은 또한 종종 '가치중립성'으로 규정되었다. 이는 제거되거나 무시되는 것에 대해 아무런 고려도 하지 않음을 말한다.[90]

여성과 소수집단의 누락을 바로잡으려는 하나의 시도는 페미니스트 존재론과 페미니스트 인식론에 대한 요구로 나타났다. 이것은 어쨌든 여성들의 관점이 발전하였을 때, 그것이 실재를 알고자 하는 기획들에 독특하고 중요한 공헌을 할 수 있다는 가정과

---

90 샌드라 하딩(Sandra Harding)의 『페미니즘에서의 과학 문제』(*The Science Question in Feminism*, 이타카, 코넬 대학 출판부, 1986년)를 보라. 또한 헬렌 E. 롱기노(Henlen E. Longino)의 『사회적 지식으로서의 과학: 과학 탐구에서의 가치와 객관성』(*Science as Social Knowledge: Values and Objectivity in Scientific Inquiry*, 뉴저지 프린스턴, 프린스턴 대학 출판부, 1990년)을 보라.

더불어 시작한다. 이와 비슷한 가정에서 출발하는 일부 페미니스트들은 이는 과학의 어떤 기획들을 추진할지 결정하고 경험적인 발견들이 어떤 의미를 갖는지 결정하는 데 여성들의 관점에 의지하는 페미니즘 과학철학을 발전시키고자 하였다.[91] 사회과학과 의학 연구 분야는 분명 그런 영향을 받을 것이며, 일부 페미니스트들은 그 영향력이 더 확대될 것이라고 주장한다.

1960년대 후반에 발전한 페미니스트 운동은 프랑스혁명을 고무시켰던 계몽철학자들이 옹호한 '형제애'에 비교될 수 있는 '자매애' 의미를 발전시키고자 하였다. 여성들 사이의 우정은 이러한 여성들에 대한 '찬양'의 일부분을 이루는 것으로서 강조되었다. 일부 여성들은 여권분리주의를 옹호하였는데, 이는 전적으로 여성들에 의해 건설되고 통치되는 다른 방식의 사회 질서를 발전시키자는 취지이다. 초기의 페미니즘이 이성애적인 경향으로 발전한 점을 우려한 일부 이론가들은 페미니즘의 중심에 여성 동성애자들을 두고자 하였다. 최근의 일부 페미니스트들은 생물학적 성도 사회적 성도 성적 욕구가 특정한 방향을 취한다는 사실을 의미하는 것으로 생각되어서는 안 된다는 점을 인식할 것을 요구하였다. 이성애는 사회가 여성들에게 요구해온 사회적 성 역할과 밀접하게 관련되어 있다고 그들은 주장한다. 또한 우리는 '욕구'를 '생물학적 성'과 '사회적 성' 모두로부터 구별해야 한다고 그들은 주장한다. 이러한 것들은 사회적으로 인가된 일괄적인 가치들에 따를 필요가 없다.[92]

페미니즘이 더 큰 사회 속에서의 정치적인 쟁점들을 놓치지 않는다는 점에 관심을 둔 많은 페미니스트들은 다른 학파들의 사회철학 및 정치철학, 그리고 다른 정치 운동들

---

91 거기서 페미니즘이, 예를 들어 과거의 과학적 업적들과 발견들을 거부 혹은 제거하거나 하나의 대안적인 물리학을 창안하기를 열망한다고 생각해서는 안 된다. 페미니즘의 요구는 오히려 과학을 확장하며 더욱 많고 다른 종류의 증거들을 고려하려는 것이다. 특히 조직적인 편견이 충분히 드러나는 사회과학에서 그러하다. 최근의 몇몇 학자들이 그러한 주장을 하였는데, 여기에는 샌드라 하딩, 스티븐 제이 굴드(Steven Jay Gould), 로버트 프록터(Robert Procter) 등이 포함된다.

92 예를 들어, 주디스 버틀러(Judith Butler)의 『성 분쟁: 페미니즘과 정체성의 전복』(Gender Trouble: Feminism and the Subversion of Identity, 뉴욕, 라우틀리지 출판사, 1990년)을 보라. 또한 같은 저자의 『문제되는 신체들: '성'의 추론적 한계에 대하여』(Bodies that Matter: On the Discursive Limits of 'Sex', 뉴욕, 라우틀리지 출판사, 1994년)을 보라.

과 이론적인 동맹을 맺고자 하였다. 어떤 사람들은 페미니즘과 정신분석 이론을 이론적으로 종합하려는 기획을 세웠다(동시에 이들은 전통적인 특히 프로이트적인 정신분석학을 거세게 비난하였다).[93] 미국에서는 이러한 노력에서 때로 어린이들에 대한 정신분석학적인 설명을 이용하여, 여자들에게 일찌감치 아이를 양육하는 역할을 할당하는 것이 어떻게 성차별적인 태도를 발전시키는가를 보여주고자 하였다. 프랑스 페미니스트들은 (프로이트에게는 신비로움으로 남아 있던) 여성의 육체적이고 모성애적인 경험을 특히 강조하면서, 페미니스트 관점에서 정신분석학 이론을 다시 써야 한다는 점을 더 강조하였다.

심리학을 가져와 철학에 영향을 주려는 노력은 윤리에 대한 페미니스트적인 접근에도 영향을 끼쳤다. 심리학 연구들에 따르면, 여성이 윤리적 난제(難題)들을 해결하는 데서 그와 관련된 원리들을 찾으려는 경향이 있는[94] 남성보다 더욱 상황적으로 윤리적 문제에 접근한다. 따라서 일부 페미니스트들은 도덕성에 대한 '여성적' 접근을 강조하는 페미니스트 윤리학을 공식화하려고 노력하였다. 이것은 원리보다는 관계에 초점을 맞추고, 또한 더욱 많은 일관성을 갖도록 보살피는 데 초점을 맞추는 것이다. 예를 들어, 칸트가 도덕성으로서 옹호한 것은 이런 문맥에서는 남성이 비인격성과 냉정함을 두드러지게 선호하는 것으로 드러난다. 그러나 다른 페미니스트들은 여성들이 '다른' 종류의 도덕성을 갖는다는 제안이, 이중적인 윤리 기준에 대한 지지와 남성에 비해 여성이 덜 '이성적'이라고 생각하는 퇴행적인 경향을 고무시킬 것이라고 염려한다.

일부 페미니스트들은 자매애의 강조를 의문시하게 되었다. 그들은 획일적인 '여성그룹'에 대한 이러한 강조가 이 운동을 주도하는 중산층 백인 여성들과는 다른 많은 여성들을 과소평가하게 될 것을 우려한다. 이들은 여성 동성애자들과 유색인종의 여성 혹은 경제적으로 불우한 처지에 있는 여성들을 포함한다. 그 결과로서, 페미니스트 철학

---

93 예를 들어, 재니스 G. 레이먼드(Janice G. Raymond)의 『우정: 여성의 애정에 관한 철학을 위하여』(A Passion for Friends: Toward a Philosophy of Female Affection, 런던, 여성 출판사, 1985년)을 보라.
94 캐롤 길리건(Carol Gilligan)의 『다른 목소리로: 심리학 이론과 여성의 성장』(In a Different Voice: Psychological Theory and Women's Development, 매사추세츠, 케임브리지, 하버드 대학 출판부, 1982년)를 보라.

의 '제3의 물결'이 발전하게 되었다.[95] 페미니즘이 유복하고 이성애의 백인 여성들의 운동이라는 불평에 답하여, 현재의 페미니즘은 여성들 사이의 다양성에 대한 인식과 덜 특권적인 사회계급과 문화에 속하는 여성들에게 특별한 관심을 보이고 있다.

현재로서는, 주로 중산층 출신이던 초기 페미니스트들의 저작에서 불충분하게 표현되었다고 느끼던 소수집단과 제3세계의 여성들의 관점에서 페미니즘이 새롭게 고려되고 규정되는 움직임이 활발하다. 페미니스트들은 '여성' 또는 '사회적 성'을 문화 교차적인 범주들로 보는 언급조차 과연 적절한지를 묻는다. 그들은 페미니스트들이 그들이 발견하는 바와 같은 지역적 문제들에 더욱 관심을 가져야 하며, 반면에 모든 곳의 여성들의 상황에 대한 이론적인 설명을 발전시키는 일은 그리 관심을 쏟을 만한 일이 아니라고 한다. 하여튼 페미니즘 철학은 페미니즘 자체가 폭로하고자 하였던 서구 사고 속에서의 억압적인 방식을 피함으로써 초기에 많은 여성들을 과소평가한 점을 시정하고자 시도하고 있다.

● 억압된 이들의 귀환_ 아프리카, 아시아, 아메리카

20세기 후반에는 서로 다른 문화집단들 사이에서 전례가 없을 정도로 많은 상호작용, 뒤섞임 그리고 조우가 있었다. 세계는 더욱 좁아지고 있으며, 교통수단은 더욱 용이하고 값싸졌다. 자연적 지리적 경계들은 더 이상 만만찮은 것이 아니다. 경제적인 이유든 정치적인 이유든 개인적인 이유든 혹은 문화적인 이유든 간에, 대륙 간의 이민과 이동이 어마어마하게 일어났다. (세계의 대부분 부유한 사회들에는 피난민들이 쇄도하고 있으며, 복합적이면서 언제나 행복하지만은 않은 문화적 조우가 잇따르고 있다.)

---

95 제1세대 페미니즘은 합법적인 의미에서 여성의 동등한 권리를 획득하는 데 초점이 맞추어졌다. 제2세대 페미니즘은 일류의 사회 참여를 달성하는 데, 그리고 보호 법안이 있지만 그러한 참여를 가로막는 심리적 사회적 장애물들에 관심을 끌어들이는 데 초점을 두었다.

식민지 통치와 경제적 착취를 종식시키려는 제3세계의 고투, 미국 내의 지속적인 시민권 운동(지금은 운동들), 유럽과 그 외 모든 지역에서의 민족주의 움직임들, 이 모두가 문화집단들이 함께 살 수 있는 그리고 함께 살아야만 하는 방식에 관한 관심이 증가하고 있음을 반영한다. 좀더 작은 인종적 문화적 공동체들은 더욱 큰 규모의 사회집단과 사회들에 의해 삼켜질 위험에 맞서 절박하게 그들의 정체성을 주장하고 유지하려고 하고 있다. 반면 그들 사회의 더 큰 구조를 확인한 공동체들은 그들이 사회 분열을 위한 압력으로 보는 것에 의해 위협받고 있다고 느낀다. 이러한 상호 위협의 가장 명백한 결과들 중의 하나는 시민전쟁과 혁명이 극적으로 증가하고 있다는 점이다. 작은 인종 집단이 좀더 큰 주류 집단들로부터 자신들을 구별하기 위해 싸우는 것처럼, 이런 전쟁과 혁명들은 전형적으로 인종적이거나 민족주의적인 기원을 갖고 있다. 종종 보편적 권리라는 말로 주어지지만 지역적 상황에 조심스럽게 적응하고 있는 철학은, 이러한 싸움들에서 사용되는 많은 무기들 중의 하나이다.

이런 목적으로 사용된 가장 대중적인 철학은, 적어도 최근까지는 마르크스주의였다. 제2차 세계대전이 끝나자 이내 마호쩌둥은 중국의 전통적인 정부를 타도하였다. 이 '농민 폭동'은 전 세계적으로 억압받는 모든 사람들의 관심을 끌었다. 마르크스주의는 (수십 년 전 러시아에서 레닌의 주도하에 이루어진 것처럼) 지역 전통들 및 개념들과 성공적인 종합을 이루어, 더욱 강력한 힘을 발휘하게 되었으며, 그리고 (만일 우리가 원래의 마르크스로 돌아가 그의 저작을 읽는다면) 사실상 이해하기 어려운 것으로 변하였다. 한(漢) 제국의 (기원전 3세기에 시작된) 철학이던 고대의 유교는, 개인적 권위와 가족적 권위에 최고의 가치를 두었는데, 이제 마호쩌둥 수령과 더불어 '공산주의' 중국이라는 새로운 가부장적인 구조를 지닌 형태가 채택되었다. 어떤 의미에서는, 중국인들의 삶과 외형적인 정치는 분명 전복되었지만. 많은 중국학자들이 마호쩌둥 시대의 중국 정부가 이전의 다른 전통적인 전제적 중국 정부들보다 더 전제적인 것 같다고 계속해서 언급하고 있다.

마호쩌둥의 새로운 중국은 많은 혁명 정부들처럼, 이전 정부들의 많은 최악의 억압 성향을 가졌으며 1960년대 중반에 있었던 '문화혁명'은 이 나라를 사회적 경제적 혼란

속으로 빠트렸다. 1990년 소련의 붕괴와 더불어, 마르크스주의적인 마호쩌둥주의는 우리가 비즈니스 사회라고 부르는, 또 다른 유서 깊은 고대 중국의 유교 전통에 자리를 양보하였다. (중국의 자본주의를 재미있다는 듯이 쳐다보는 사람들은 중국이 세계에서 가장 오래되고 가장 경험이 많은 비즈니스 사회들 중의 하나라는 사실을 기억할 필요가 있다.) 그럼에도 마호쩌둥주의 혁명이라는 멋진 사례는 전 세계적으로 가난하고 억압받는 민족들에게 유혹의 손짓을 계속 보내고 있다. 비슷한 맥락에서, 20세기에 가장 많이 팔린 철학서들 중의 하나인 프란츠 파농(1925~61년)의 『대지의 저주받은 사람들』은 아마도 마호쩌둥의 『작은 붉은 책』에 견줄 수 있는 유일한 경우일 것이다. 이 책은 모든 지역의 억압받는 사람들에게 그들의 박해를 종식시키기 위해 폭력을 사용할 것을 요구하였다. (그러나 마호쩌둥의 폭력적인 혁명과는 대조적이지만 마찬가지로 멋진 현대의 사례는, 영국의 인도 통치에 '비폭력'으로 저항한 마하트마 간디의 경우이다. 이에 대하여는 간단히 논의할 것이다.)

하지만 철학은 세계의 이러한 흐름과 관심에 의해 영향받지 않을 수 없었다. 증가하는 문화적 접촉과 집단 간의 갈등은 중대한 철학적 문제들을 제기하였다. 정말로 모든 문화들에 적합하고 적절한 기준과 표준이 있을까? (1948년 유엔 선언문의 초점이던 '인간의 권리'라는 말은, 실은 최초의 세계적 윤리를 제3세계의 민족들에게 강제적으로 적용하려는 시도일까? 시카고와 하이델베르크에서 유효하듯이 중국과 나이지리아에서 동시에 유효한, 단일한 지식 개념이 존재할까? (물리학이 연구하는 실재는 진정 실재적이고 보편적인 걸까? 아니면 언어와 물리학의 방법에 기인하는 물리학 이론에 대한 동의에 불과한 것일까?) 모든 종교들의 기초가 되는 단일한 종교나 혹은 단일한 의미의 정신성이 있을까? (아니면 '선교'라는 개념 자체는 토착문화를 파괴하려는 시도일까?) '인류'라는 그런 범주가 존재할까? 혹은 오직 인간의 다양한 집합들이나 문화들만 있는 것일까?

더욱이 철학적 문제의 일부로서, 문화 집단들이 어떻게 확인될 수 있는지 우리는 자문해야 한다. 이 문제가 전통적으로 철학적인 깊이를 갖는다고 인정되고 있지 않은 사실은, 철학자들이 문화적 관점에서 말하지 않고 또한 그들 자신은 특정한 사유 방식을 구현하지 않는다는 무비판적인 가정을 반영한다. 오늘날 아프리카 철학에서는, '아프리카인이라는 것은 무엇을 뜻하는가? 라는 문제가 현재 진행 중인 논쟁의 중심에 놓여 있다 (전통적으로 '유대인이라는 것은 무엇을 뜻하는가? 라는 문제가 유대 철학의 중심 문제들 중의 하나 였던 것처럼 말이다). 철학과 문화 사이의 구별은 분명 과거의 일이다.

두드러지는 문화적 특성이라는 개념은 사람들이 세계를 알게 되는 방식을 매개하는 데서 건전한 역할을 할 수 있다. 우리 모두에게 공통되는 인간적인 무엇이 있다는 생각 에 맞서 균형을 맞추는 역할 말이다. 레오폴 세다 셍고르(1906~2001년, 프랑스의 식민지였던 서아프리카의 국가 세네갈의 대통령[1960~80년]이자, 시인, 작가 및 정치가였다─옮긴이)는 그 중 에서도 특히 이러한 문제에 답하고자 한 20세기의 새로운 유형의 철학자들을 대변하는 인물이었다. 일단의 아프리카─프랑스 작가들이 처음 제안한 '흑인문화에 대한 자각' 운 동은, 아프리카인들은 그들 특유의 환경에 대한 그들의 독특한 반응에서 발전한 하나의 집단적인 인종적 특성을 갖는다는 견해를 발전시켰다.

셍고르에 따르면, 아프리카적 특성에서 두드러지는 것은 '정서적인 참여'이다. 이 것은 유럽 철학은 쉽사리 친숙해질 수 없는 특성으로서, 대상들과 정서적인 연관을 맺는 것이다. 아프리카의 예술과 음악은 이 정서적인 연관을 특히 잘 예증하고 있으며, 따라 서 아프리카 철학도 다를 수밖에 없다.

셍고르의 견해는 미국의 철학자인 W. E. B. 뒤 부아(1868~1963년)와는 두드러지게 대조된다. 뒤 부아는 아프리카 출신의 미국인이 갖는 '이중적인 의식'에 관한 영향력 있 는 이론을 발전시켰다. 뒤 부아에 따르면, 아메리카 흑인들은 스스로를 언제나 그들을 판단하는 백인들의 세계관에 따라 바라보는데, 여기에 그들 고유의 자아의식이 추가된 다. 뒤 부아의 설명은 사실상 모든 미국의 소수집단들과 흑인 소수집단 사이의 깊은 불 화를 고통스럽게 이해하면서(이것은 대대적인 납치와 노예화와 식민주의의 오랜 역사에 의해 생 겨나고 확대된 균열이다) 아프리카 출신의 미국인이 처한 특유의 상황을 강조한다.

셍고르의 견해는 다른 아프리카의 철학자들로부터 명백하게 비판을 받았다. 그 이 유는 그의 견해가 아프리카인들은 본질적으로 유럽인들과는 다르다는 생각을 강화시킨 다는 것인데, 이러한 생각은 흔히 식민주의를 정당화하는 데 사용되었다. 이런 경향을 반박하는 노력으로서, 일부 아프리카 철학자들은 아프리카의 전통 사상도 유럽의 전통 속에서 고려되었던 것들과 비슷한 문제들(예를 들어, 개인의 천성이나 정신과 육체의 문제)을 제기하고 있음을 증명하고자 하였다. 또 다른 철학자들은 아프리카 철학은 그들에게 독자적인 의제를 갖고 있다고 주장한다. 그 이유는 그들이 본질적으로 유럽인들과 다르기 때문이 아니라, 아프리카의 역사적 상황(특히 식민주의)이 아프리카 특유의 관심사들을 만들어내었기 때문이라고 하였다. 그렇지만 분명한 의미에서 아프리카 철학은 철학 이야기에서 빼놓을 수 없는 일부인데, 다른 철학 전통들과의 차이와 유사성 때문에 그러하다.

하나의 주어진 민족 혹은 인종 공동체에 대해 대가연하며 이야기할 수 있을까? 그리고 그러한 문화 내에서 권위의 역할을 하는 것은 무엇인가? 서구 철학에서의 비판에 대한 강조는 많은 권위적인 문화들에서는 의심스럽게 받아들여진다. 그런 문화들에서는 합의와 진리를 열망하는 격렬하고 사회적으로 파괴적인 '변증법'의 추상적인 (그리고 아직 증명되지 않은) 전제들보다 복종과 순종이 훨씬 더 중요하고 설득력 있는 것처럼 보인다.

그러한 정치적 문제들은 민감한 정치적 쟁점들을 건드린다. 소수집단 내에서 의견을 달리하는 사람들을 위하여 어떤 보호가 이루어져야 할 것이며, 그리고 다른 주권국들에 관해서는 어떤 정책들이 채택되어야 할까? 국내의 정책과 그 실행을 비판하고 그리고 그것들과 충돌할 수도 있는 '인간의 권리'의 범위는 어디까지일까?(예를 들어, 그들의 정치적 혹은 종교적 신념 아니면 부족의 관계 때문에 민간인들을 살해하는 것을 고려해보자. 또한 전통적인 의식[儀式]과 통과의례에서 그 한 절차로서 젊은 남성과 여성들에게 상처를 입히는 일아프리카에서 행해지는 음핵제거 의식과 같은—옮긴이]이나 혹은 언론의 침묵을 고려해보자.) 예를 들어, 검열은 권력의 조직적인 산물일까, 혹은 정부의 제재보다는 수요자들의 무관심의 산물일까? 종교라는 이름으로 이루어지는 검열은 어떻게 보아야 할까? 그리고 어떤 종교가 더 이상 '정당한' 종교가 아니라 정치적으로 억압하는 잠재적인 힘일 때는?

부활하는 '근본주의' 세력은 이러한 의문들을 제기한다. 이러한 문제들은 때로 상호 증오와 폭력이라는, 너무도 익숙한 언어로 공식화되었다. 우리는 서로를 어떻게 이해해야 할까? 철학자들이 상호 이해 불가능한 '대안적인 개념적 틀' 의 이해가능성에 대하여 논의하는 것은 아주 좋고 잘하는 일이다. 하지만 더 절박한 철학적 문제는, 우리가 실제로 서로 다른 개념적 문화적 틀들을 대면할 때 그것들을 다루는 방법이다. 철학은 (아마도 언제나 그랬던 것처럼) 마땅히 정치적이어야 한다. 철학은 마땅히 사상들 사이의 관계에 관심을 가져야 할 뿐만 아니라, 이 사상들에 대한 신념을 유발하는 강한 이해관계와 영향을 확인하는 노력도 경주해야 한다. 분리주의와 폭력은 단순히 거부해버릴 수 없다. 분리주의와 폭력을 옹호하는 이들에 대해 충고해야 한다. 그렇지 않으면, 철학은 시대에 뒤지는 무의미한 것이 될 것이다(혹은 이미 그렇게 되고 있다).

소수집단들과 더 큰 사회들 사이의 최적의 관계는 어떠한 것일까? 예를 들어, 뉴질랜드에서 유럽계 백인들과 토착 마오리족은 서로 다른 재판법을 갖고 있다. 한쪽은 개인의 죄에 대한 문제에, 다른 쪽은 가족의 책임이라는 전제 위에 기초해 있다. 범죄로 고발된 뉴질랜드의 백인 시민은 기소된 다음 원래 영국 식민개척자들이 부과한 법체계 아래서 재판을 받는다. 범죄를 저지른 마오리족 시민은 그의 가족 전체가 도덕적이고 정서적인 (아마도 또한 재정적인) 빚이라는 정교한 체계 속에 휘말려들게 된다. 어떤 사람들은 어떤 단일한 법체계가 법과 책임에 대한 이 서로 다른 두 관점을 수용할 것인지를 물었다. 비슷한 물음들이 전 세계 나라들에서 제기되고 있다. '법을 존중하라' 고 주장하는 것은 좋은 일이지만, 어떤 법을 존중하란 말인가? 그리고 '법' 이 아니라 종교적인 권위나 혹은 다른 어떤 권위에 기초하고 있는 사회들에 대해서는 뭐라고 할 것인가?

마찬가지로, 모든 '다문화' 국가의 모든 소수집단에는 동화와 분리 중 어느 것이 여러 문화들의 차이를 조정할 수 있는 이상적인 수단일까 하는 문제가 적용된다. 아프리카 출신의 미국인과 에스파냐계 남미인, 독일의 터키계, 일본 내의 한국인 혹은 라틴 아메리카의 잉카족 후예들 중 어느 경우라도, 가장 기본적인 공평성의 문제를 피할 수 없게 되었으며, 이런 문제들은 엄청나게 복잡해졌다. 정부와 교육기관은 민족적 연대의식을 어느 정도까지 독려해야 할까? 민족 간 협동과 혼합 그리고 민족적 유대의 완화를 어느 정도까지 권장해야 할까? 물론 이 논쟁의 중심은 극히 정치적인 언어의 문제이다. 언어가 인간의 주요한 의사소통 방식일 뿐만 아니라 사회계급과 경제적 전망의 조정자이기도 한데, 국내 정책에서 '공식적인 언어'가 갖는 역할은 어떤 것이어야 할까? 그리고 그 대신에 혹은 그와 함께 토착 언어를 어느 정도까지 권장해야 할까? '용광로' 문화라는 미국적 이상과 '모자이크' 문화라는 캐나다적 이상 중에서 어느 것이 더 바람직할까? 아니면, 더 큰 사회집단은 소수집단에 최소한의 순응과 지지만을 요구하면서 그들로 하여금 그들 스스로 선택하는 대로 발전하게끔 내버려두어야 할까?

이런 문제는 확실히 존재와 생성 같은 전통 형이상학의 문제가 아니며, 또한 데카르트가 말하는 완고한 의심을 자극하는 전적인 회의론도 아니지만, 이제 마땅히 이런 문제들 자체가, 아주 난해해서가 아니라 오히려 그것들이 실천적인 지혜 및 그 문화의 일상적인 관심사로부터 면밀히 분리되어 있기 때문에 해결하기 어려운 지역적 특색인 것은 아닌지 물어야 한다. 또는 다른 시각에서 볼 때 서양 철학의 가장 추상적이고 가장 '기본적인' 문제와 개념으로 여겨지는 것들이 잘못된 것은 아마도 다른 대안을 고려하는 데 실패한 것이었다. 문제의 범주들이 그렇게 필연적이거나 전혀 기본적인 것이 아닐 가능성도 있는 것이다.

예를 들어, 중국의 사상은 안정된 근원적인 질서의 의미를 지닌 로고스 같은 개념을 갖고 있지 않다는 사실이 종종 지적되고 있다. 따라서 중국인들은, 서구인들이 세계의 근원적인 법칙과 구조를 발견할 수 있는 학문으로서 생각하는 과학에 대한 믿음을 공유하지 않는다. 마찬가지로, 인류 역사에서 일부 위대한 과학적 발견이 중국에서 일어났음에도, 중국에는 과학적 발전을 포함하여 강한 발전 개념 같은 것이 없었다. 최근까지 대부분 서양 철학자들은 중국적 관점을 경멸하여 간단히 물리쳤다. 그러나 서구의 가장 유명한 몇몇 철학적 기획들이 붕괴되면서, 그리고 자연과학에서 새롭고 놀라운 발전이 이루어지면서 서양 철학자들은 대안적 실재 개념을 매우 우호적으로 대하고 있다. 과학에서도, 서양의 인식적이고 문화적인 전통을 단순히 반복하거나 강화하는 것이 아니라 다른 철학들에 대한 관심이 증가하고 있다.

아프리카인, 아시아인, 그리고 미국의 철학과 문화로부터 오랫동안 배제되어온 미국 원주민들로부터 철학적 요구(또한 정치적 경제적 요구)가 일면서, 전문화된 미묘한 철학적 관심사들은 점차 무의미하고 애매해 보인다. 최초의 철학자들은 실재로부터 벗어나 있지 않고 그것을 이해하고자 하였다. 그들은 지혜라는 언어를 만들어냈는데, 이는 세계의 많은 혹은 대부분 문화들에 공통되는 언어가 된다. 지혜는 잘 사는 것, 그리고 오늘날 함께 잘 사는 것과 관련이 있다. 아프리카 출신 미국인들의 철학과 아프리카에 기반을 둔 철학이 지적 세계에서 자신의 탁월함을 호령하고 있고 서구 철학자들은 중국, 일본, 인도의 철학들에 대해 새로운 관심과 존경심을 갖게 되었으며 미국 원주민의 철학이 미국 내에서 더 널리 알려지고 논의되고 있는 지금, 공통된 지혜를 만들어낼 기회가 온 것이다. 이것은 차이에 대한 존중과 문화적 지적 상호작용의 역동성에 대한 이해를 상당부분 포함할 것이다.

철학 전통들, 즉 고대와 현대, 기록된 것과 구전된 것, 종교적이고 세속적인 전통들의 광범위한 파노라마를 훑어보면서, 우리는 그 유사성과 차이점, 한 문화의 사고가 다른 문화에 대해 미치는 미묘하거나 그렇게 미묘하지 않은 영향들에 대하여 어렴풋이 알게 되기 시작한다. 어쩌면 '순수한' 문화나 전통은 없을지 모른다. 어쩌면 민족주의와 '문화'라는 개념조차 또 다른 철학적 신화였을지 (그리고 여전히 신화일지) 모른다. 어쩌면 그 자체도 더 작은 많은 집단과 주체로 이루어진 스와비아, 바바리아, 프랑코니아, 프로이센만이 있을 뿐, 독일이라 불리는 것의 실체는 존재한 적이 없을지 모른다.

지금도 독일은 여전히 나누어져 있다. 스스로 독일 태생이라고 선언하는 독일인들과 수백 가지 다른 종류의 독일인들 (예를 들어, 독일 태생의 터키인들과 독일 태생의 슬라브인들)은 서로 언어와 이해관계가 매우 달라서 이들을 익히거나 이해할 수 없다. 이들 각 집단은 하나의 철학, 뚜렷한 전망, 일련의 중대한 문제들을 가지고 있다. 때로 이것들이 우연히 일치하거나 중첩되기도 한다. 그리고 때로는 완전히 다르고 서로 대립되기도 한다.

비교문화적인 시각에서 볼 때, 아마도 이 모든 것들 중에서 가장 매력적인 철학은, 일본의 철학으로서, 우리가 지금까지 검토해온 서구 철학과 비교해서 어떤 점에서는 매우 비슷하지만 심오한 점에서는 아주 다르다. 일본을 방문해본 서구인이라면 어느 누구도 두 문화 사이에, 서로와 세계에 대한 사고방식과 태도에서 심대하고도 이해될 수도 없는 차이가 있음을 부정할 수 없을 것이다. 다른 서구 이외 문화들처럼, 일본도 서구에 문호를 개방하면서 충격과 상처로 고통을 받았다. 실제로, 일본의 훌륭한 근대 철학자들 중의 한 사람인 니시타니 케이지(1900~90년)는 책 한 권 전체에서 그가 '허무주의'(니체로부터 빌려온 용어)라고 불렀던 영속적인 문제에 대하여 썼다. 이 허무주의는 여전히 일본의 문화에 스며들어 있는데, 그것은 문화적 타협과 손실에서 오는 원초적 충격의 결과라고 그는 주장하였다.

그 자체로서 이해된 '철학'은 일본에서는 새로운 것이었으며, 철학이란 단어(tetsu-gaku) 자체는 특히 서구 스타일의 사고를 지칭한다. (예를 들어, 일본의 대학들은 칸트와 헤겔 그리고 독일 관념론자들에 대하여 엄청나게 많은, 실로 독일 밖에 있는 어떤 대학들보다 더 많은 강의를 하고 있다.) 그렇게 수입된 철학에 더하여, 일본인들은 그들 자신을 이해하는 독특한 방식도 갖고 있다. 이는 매우 논리정연하고, 철학이란 말이 갖는 어떤 의미심장한 뜻에서도 충분히 '철학적'이며, 또한 어느 철학만큼 체계적이다. 이 철학은 전통 문화, 일본의 선불교, 그리고 이전의 봉건주의 사회 관습에서 생겨났다. 이것은 대학의 학문적인 철학 속보다는 일상의 삶, 노(能, 일본의 고전 음악극―옮긴이) 연극과 같은 다양한 활동, 화훼술, 그리고 일본인들의 비즈니스 방식에서 더 잘 드러난다.

물론, 비즈니스는 일본의 최후의 승리(종종 말하듯이, 제2차 세계대전에서는 그들을 피해 갔던 승리)이다. 일본의 전자기술과 (한때는 미국이 지배했던) 자동차 산업은 현재 세계에서 가장 성공적인 사례가 되었다. 일본의 은행들은 세계에서 가장 크며 그리고 그들이 사는 작은 섬들 밖에서 이루어지는 해외투자는 믿어지지 않을 만큼 놀랍다.

자본주의 자체는 근대의 보편성 논의에서 증거물 제1호이다. 하지만 일본의 경제는 단순한 자본주의가 아니라 일찍이 미국에서 실천된 것과는 매우 다른 형태의 자본주의이다. 일본의 회사들은 전통적인 미국의 회사들처럼, 정부의 원조와 지지에 반대하지 않는다. 그리고 일본의 회사들이 다른 회사와 관계 맺는 방식은 미국의 회사들의 그것과 다르다. 일본의 비즈니스 관계는 미국의 비즈니스 관계와는 다르다. 일본의 자본주의는 미국, 영국, 독일의 자본주의와는 다르다. 그리고 뛰어난 연구들이 보여주듯이, 타이완, 이탈리아, 스칸디나비아의 자본주의들도 모두 다르다.[96] 다시 말해 자본주의와 그 문화는 복잡하고 다양하며, 근대적 비즈니스를 가능하게 한 관념들과 가치들도 그러하다. 차이점들은 미묘한 동시에 심대하다. '비즈니스는 비즈니스이다' 라는 미국인들의 오래된 상투어가 통용된다. 하지만 진실을 말하자면, 비즈니스는 서로 많이 다르며, 그리고 여기서 그 유사성뿐 아니라 차이점 또한 우리를 매혹시킨다.

바라건대, 철학은 다른 전통들을 참고함이 없이, 또한 더 큰 세계의 지도 위에 있는 자신을 보지 않고 오직 '내부로부터' 자신을 탐구해야 한다는 생각은 이미 시대에 뒤진 생각이다. (이삼십 년 전 많은 미국인들이 아시아 철학에 대해 생각했던 것처럼) 반드시 다른 문화와 사상이 더 낫다는 것도 아니다. 하지만 철학은 본질적으로 문화 안에 묶여 있으며, (무엇보다도) 자신의 문화적 관점과 한계를 '넘어서' 뻗어나가는 대신 오직 자신에만 관심을 갖는다는 생각 역시 잘못이다.

예를 들면, 20세기 인도의 두 걸출한 철학자들은 전통적인 베단타 철학과 훌륭한 영국의 교육을 결합하여 그들의 지역적 태생을 크게 초월하였다. 물론 그중 한 사람은 모한다스(마하트마, '위대한 군주') 간디(1869~1948년)로서, 그는 인도에서 영국의 통치를 비폭력적으로 몰아내는 데 사티야그라하('영혼의 힘')의 기술과 자신의 금욕적인 삶의 방식을 적용하였다. 그의 삶, 신념, 방법들은 그의 정치적 성공과 도덕적 모범으로 인해 수백만의 사람들에게 영감을 주었다.

다른 한 사람은 고제(스리) 오로빈도(1872~1950년, 스리[sri]는 지존이나 성자에 붙이는 경칭―옮긴이)이다. 그는 간디에 비해 덜 알려져 있지만 인도 내뿐만 아니라 전 세계의 추종자들에게 여전히 존경심을 불러일으킨다. 그는 인도 사상에서 공통적인, 세계는 환영(illusory)이라는 주장과 이런 믿음에 동반되는 세계 부정을 거부하였다. 따라서 그는 금욕

---

96 예를 들어, 마코 오루(Marco Orru)의 미간행 연구논문 「자본주의 경제의 제도적인 유형론」(Institutional Typologies of Capitalist Economies)을 보라.

주의 역시 거부하였다. 그는 힌두교와 그리스도교를 화해시키고자 하였으며 종교적 신비주의와 일상의 삶이 통합되는 공동체(혹은 아슈람)를 설립하였다.

서양에서 철학은 최근까지 유일하게 서구 전통으로만 취급되어 왔다. 그러나 철학은 이런저런 형태로 거의 세계 도처에서 나타났다. 그리고 우리는 다양한 철학 전통들 사이의 차이점과 유사성에 대해서도 마음을 열어야 한다. 물론 이전의 철학사에서도 간간이 교환과 상호참조가 있었지만, 대부분 경우에는 서로 무시하고 배제해왔다. 하지만 이제 서양에서 철학이란 학문은 그 관심을 세계적인 범위로 확장하고 있다. 왜냐하면 정치적 환경적 압력이 우리로 하여금 우리 자신을 각자 나라의 시민뿐만 아니라 전 지구의 시민으로 여기지 않을 수 없게 한다.

세계적인 문맥에 대해 이렇게 증가하는 인식이 낳은 한 가지 결과는 다문화적이고 비교적인 철학 쪽으로 향하는 강력한 움직임이다. 다른 문화 출신의 학자와 교사들이 이미 오래전부터 영국, 유럽, 미국의 일류학교에서 공부하여 그 시대에 유행하는 철학을 가지고 돌아갔다. 이제는 그 영향력의 방향이 바뀌어, 서양 철학자들이 서구 이외 지역에서 발전되어온 철학을 배우고 가르치고자 하는 경우가 증가하고 있다. 공통의 관심사라는 의미가 철학 속에 스며들기 시작하고 있다.

미국 원주민과 아프리카인들의 신앙체계로부터 고대 그리스의 신앙체계에 이르기까지 다양한 원천들로부터 사상을 이끌어내면서, 철학 분야는 새로운 종류의 문제들을 찾아내었다. 이런 문제들은, 예를 들어 환경철학이 발전하게 하였다. 환경철학은 현재 세계에 살고 있는 사람들의 행복한 삶을 유지하면서 동시에 미래의 삶(인간과 인간 아닌 생명체들의 삶 모두)을 유지하기에 충분한 지구 자원을 보존하려는 전 지구적 차원의 문제들에 관심을 가진다. 이 철학 동향에 속해 있는 일부 철학자들은 (그리고 그 바깥의 많은 철학자들도) 인류는 그 도덕적 책임의 의미를 인간뿐만 아니라 동물에게도 확장시켜야 한다고 주장한다. 좀더 큰 규모에서, 많은 '뉴에이지'(New Age) 철학자들과 환경 문제에 민감한 철학자들은 모든 것을 포괄하는 유기체적인 '가이아'(Gaia, 그리스어로 '지구') 철학의 중요성을 역설하고 있다. 우리 자신을 격리된 개인, 격리된 공동체나 사회로 생각하는 대신, 또한 인류를 특별한 존재로 생각하고 다른 생명체들과 지구 자원에 대하여 '지배적인 위치'에 있다고 생각하는 대신, 이 철학은 세계는 하나의 살아 있는 전체로 여겨져야 한다고 주장한다.

바꾸어 말하면, 초기의 애니미즘으로부터 더욱 기계적이고 과학적인 세계관으로 이동해온 25세기 동안의 노력 후에, 우리는 결국 원을 한 바퀴 돌아서 고대의 물활론자들과 이른바 원시인이라는 사람들이 공유했던 믿음으로 다시 돌아오게 되었다. 예술처럼 철학도 현대 미술이 했던 것과 똑같이 자신의 원초적인 '뿌리'로 돌아가는 길을 찾을지도 모른다. (피카소는 아프리카의 가면들을 전통 서구 예술의 도상학 속으로 가져와 파리에서 전시회를 열어 모더니즘을 창시하였다.) 어쩌면 철학자들 역시 우리 자신의 비교(秘敎)적인 정교함과, 좀더 일상적이고 흔히 통찰력 있는 관념과 느낌들을 구별할 것을 더 이상 주장하지 않을 날이 올 것이다. 또한, 아마도 지구 차원 혹은 초지구 차원의 철학도 어느 날엔가는 엄밀히 인간적이고 지구적인 철학의 한계를 넘어설 것이지만, 그러한 사색은 분명히 현재 우리의 관심사를 넘어서는 모험이 될 것이다.

● 포스트모더니즘에서 뉴에이지로

페미니즘 철학과 다문화적인 철학이 빠르게 부상하고 전통적인 철학 문제들에 대한 회의가 증가하면서, 우리는 전통 철학 내부에서, 전통을 넘어 나아가려는 노력, 포괄에 대한 이런 다양한 요구들을 포용하려는 노력, 차이를 인식하고 존중하려는 노력, 종종 폭력을 도구삼아 서양의 '보편적'이고 '객관적'인 범주들을 세계의 나머지 지역에 강요한 점을 인정하려는 노력 등을 기대할 수 있다. 물론 이러한 움직임은, 제2차 세계대전과 냉전으로 인한 파괴의 잔재가 말끔히 치워지고, 마지막으로 말하지만 아주 중요하게 오랫동안의 이성에 대한 계몽주의적 신뢰와 이를 장려한 철학 전통이 피폐하게 되고, 이해할 수 없게 전문화되었으며 기술적으로나 개념적으로나 파탄에 빠지게 되면서 이 세계의 분열과 혼란으로부터 큰 이득을 보았다.

하지만 이러한 움직임은 뭐라고 불리게 될까? 이것은 하나의 도당(徒黨)이 될 수는 없었다. 그렇게 되면 모든 것을 포괄하고자 하는 이러한 움직임의 목표를 좌절시킬 것이기 때문이다. 동시에 이것이 공격했던 '모더니즘'과 다르게, 이것은 그 자체가 중립적이되고자 할 수 없다. 겉치레의, 바로 이러한 움직임이 모더니즘에서 거부하고자 했던 것이기 때문이다. 이것은 단순히 전통적일 수만은 없다. 하지만 그럼에도 이것은 분명히 전통을 참조할 수밖에 없다. 이것은 지나치게 편협할 수도, 지나치게 정치적일 수도 없다. 물론 이것은 성차별적이고 인종차별적이거나 혹은 '정치적으로 부정'(이 유명한 구절 자체가 새로운 지적 도덕주의를 반영한다)할 수 없다.

이것을 포스트모더니즘으로 부르는 건 어떨까? 이 운동의 발의자들은 결국 모더니즘(또한 데카르트 및 신과학과 더불어 시작된 너무 배타적이고, 지나치게 서구적이며, 실망스럽게 편협했던 운동)은 그 생명을 다하였다고 말한다. 하나의 절대 진리를 추구하는 철학은 더 이상 존재하지 않는다. 오직 철학들이 있을 뿐이다. 더 이상 진리도 없고 단지 '담론'만이 있을 뿐이며, 사람들은 이야기하고 생각하고 쓰고 방송할 뿐이다. 여기에는 어떠한 중심도 없으며, 오직 그 가장자리가 빠르게 확장될 뿐이다.

아마도 포스트모더니즘은 가장 상상력이 부족한 이름이다. 이는 더 이상 '너머'나 '여기'가 아니라 '이후'(post-)를 암시할 뿐이다. 따라서 포스트모더니즘은 전통적인 철학의 관심사와 주장들에 대한 일련의 반대, 고발, 패러디, 및 풍자를 상징하게 되었다. 이것은 대체로 부정적이고, 거의 긍정적이지 않으며, 철학의 종언을 찬양하지만 어떠한 새로운 것도 명료히 부각시키지 않는다. 이것은 이전 철학의 확실성과 단정을 거부한다(비록 대부분의 포스트모더니스트들은 그들의 겸손함과 소심함으로 잘 알려져 있지 않지만 말이다). 포스트모더니스트들은 사실상 어떤 것도 주장하지 않으며, 또한 주장들을 곧 철회한다(그들이 옹호하는 많은 주장들 중의 하나는 '지우는 중'이다).[97]

---

[97] 자크 데리다의 교묘한 이미지로서, 그는 무엇을 써내려간 다음 그것을 지우는데 이것은 주장과 철회 모두를 암시한다.

그럼에도 '포스트모더니즘'의 주제들은 계속 생겨나고 되풀이된다. 그것들이 발기자들에 의해서조차 진지하게 받아들여지든 아니든 말이다. 무엇보다도 포스트모더니즘은 어떤 포괄적이고 '총체적인' 관점은 없으며 어떤 순수한 '객관성'도 없다(따라서 이렇게 말하는 것 자체가 객관적인 진리를 주장하는 것일 수 없다)고 주장하는 경향이 있다. 대부분의 포스트모더니스트들에 따르면, 오직 해석들만이 있을 뿐이다(이는 니체로부터 자유로이 빌려온 명제이다). 그리고 서로 다른 많은 해석들이 있으며(일부 포스트모더니스트들에 의하면, '무한히 많기'도 하다), 그들 사이의 차이는 일부 사람들이 말하곤 하는 영향력 이외에는 판정될 수 없다. (또 다른 사람들은 서로 다른 견해들은 '같은 표준으로 잴 수 없으며' 상호 이해 불가능하다고 말할 것이다.)

많은 포스트모더니스트들에 따르면, 유일하게 유익한 지적 태도는 강한 회의론, 즉 '의혹의 해석학'이라고 한다. 포스트모더니스트들에게는 데카르트 식의 이원론만이 아니라 사실상 그것이 무엇에 관한 것이든 모든 종류의 이원론과 양극성에 대해 각별히 의혹을 갖는 경향이 있다. (그들의 일부 최초의 분노는 구조주의자인 레비스트로스에 반대하여 표출되었는데, 레비스트로스 역시 그 자신의 적수였던 사르트르처럼 보편적인 이분법에 탐닉하였다.)

그렇게 일관성 있지는 않았지만, 결국 포스트모더니스트들은 세계 속에 일반적인 분열을 찬양하거나 혹은 어쨌든 진단하고자 하는 것 같다. 문화들의 분열, 의미의 분열, 정치와 윤리와 정의의 분열, 그리고 가장 기본적인 자아의 분열 혹은 자아의 상실. 더 이상 "나는 생각한다, 고로 나는 존재한다"가 아니며 "우리는 존재한다"도 아니다. 포스트모더니스트들은 '자아'를, 우리에게 우리의 삶을 안정되게 지지하는 어떤 것으로서 확신시키기 위하여 가정된 하나의 공상으로 생각하는 경향을 갖는다. 그래서 포스트모더니즘의 저작은 당혹스럽게도 아주 개인적인 심지어 고백적인 경우에도 (전형적인 포스트모더니즘 식으로 말해) 두드러지게 비인격적이고 초점이 없다. 실로 비인격적인 개인적 고백은 하나의 정통적인 관행 같은 것이 되었는데, 여기에는 직접적으로 기술된 절대 진리에 관한 서구의 오랜 전통(예를 들어, 소크라테스와 데카르트)의 견지에서의 어떤 작은 호기심도 없다.

아마도 다소 과장된 이 테제들이 아주 꺼림칙해 보이기 때문에, 포스트모더니즘은 서구 전통이 갖는 통상의 젠체하고 우울한 철학 스타일을 거부하려는 경향이 있다. 포스트모더니즘은 자신의 다소 유다르지만 여전히 젠체하고 우울한 철학 스타일을 선호한다. 포스트모더니스트들은 '장난스러움', 스타일상의 실험, 진지함의 완전한 결여에 대한 분명한 선호를 보여준다. 그들은 증명과, 확실성을 가진 독단주의의 강박관념을 강조하는 논증 방식을 거부한다. 그래서 포스트모더니스트들은 논증하거나 증명하지 않는다. 포스트모더니즘은 실로 자신의 논제가 진지하게 받아들여지는 것을 거부하면서, 종종 감정에 호소하는 공격, 주변적인 논평, 통렬한 정치적 비판에 의존한다. 포스트모더니즘의 '담론'(이들이 애호하는 말이다)은 괄호치기, 하이픈 긋기, 슬래시 넣기, 그리고 다른 파괴적인 구두법들에 빠졌다. 이들의 논증에는 종종 최종 결론이 빠져 있는데, 하지만 이것이 바로 일관된 포스트모더니스트가 주장하는 것이다.

포스트모더니즘은 길고 종종 모호하며 젠체하는 철학의 역사에 거의 비할 데 없이 모호하고 젠체한다. 포스트모더니즘은 독단을 공격하면서 흔히 독단적이 된다. 포스트모더니즘은 스타일을 주장하면서 흔히 '스타일화' 되고 순응적이 되며 지루하다고 말해도 좋을 정도로까지 상상력이 없어진다. 실로 때로 포스트모더니즘은 철학의 의론을 지나치게 전개하고자 하는 것처럼, 최악의 결점을 확대하여 단호히 철학을 끝내려는 것처럼 보인다. 서구 전통을 거부하면서, 포스트모더니즘은 열광자들과 추종자들을 끌어들였다. 이들은 그러한 전통에 대해 아무것도 모르고 알 필요도 없다고 보았지만, 뛰어난 포스트모더니즘의 지지자들[98]은 그러한 전통을 잘 아는 학자들이었다. 그렇지만 포스트모더니즘에 의미와 중요성을 부여하는 것은 포스트모더니스트들의 비판과 역사 전통 사이의 상호작용이다.

포스트모더니즘은, 그것이 무엇이든 틀림없이 서구 전통의 지속이다. 이것은 서구 전통 내내 때로 잠복하기는 해도 활발한 움직임을 보여왔던 주제들, 즉 회의론, 다원론,

---

98 예를 들어, 자크 데리다와 리처드 로티는 둘 다 현재 생존해 있으므로 여기에 포함시키지 않았다.

스타일과 아이러니와 간접적인 담론에 대한 강조, '진리' 와 '존재' 와 같은 추상적 개념에 대한 의심, 다른 문화와 전통에 대한 관심 혹은 매혹 등을 드러낸다. 이것은 철학에서 정치적 중요성을 갖는 권위로부터 거리를 두고 그에 대해 의심을 품었다. 동시에, 이것은 인위적으로 학구적인 상태로 남아 있는데, '손을 더럽히는 데' 대한 전통 철학의 두려움에 아주 익숙함을 느끼며, 자신의 옹호자들 외의 사람들에게는 대부분 이해될 수 없는 채로 남아 있다는 사실에 대해 당혹스러워하지 않는다.

포스트모더니즘은 좀더 지속적인 지적 고향을 프랑스가 아닌 미국에서 발견하였으며, 포스트모더니즘의 논제들도 미국에서 훨씬 더 많이 문화 속으로 침투하는 것으로 보였다. 포스트모더니스트들은 유럽 대륙의 몇몇 인물들, 곧 독일의 니체와 하이데거, 또한 급속하게 잠시 동안 유행한 일련의 프랑스 철학자들로부터 영감을 얻었다. 예를 들어, 윌리엄 제임스와 존 듀이 같은 미국의 지식인들이, 좀더 절실한 필요에 의해 형성될 수 있었고 실제로 그랬던 프랑스 철학에 그렇게 자꾸 눈을 돌리는 것은 미국과 새로운 영국의 지속적인 불안(이는 젠체하는 태도가 전도된 것이다)의 징후이다. 여기서 우리는 포스트모더니즘의 아주 짤막한 역사를 개략적으로 기술하려 할 뿐이다(이는 부분적으로 살아 있는 저자들에 대한 논의를 피하려는 우리의 결심 때문이며, 또 부분적으로는 포스트모더니즘의 진정한 의미를 아직은 결정할 수 없기 때문이다).

이 이야기는 실존주의 이후의 프랑스에서, 프랑스 철학의 아버지에 해당하는 인물인 장 폴 사르트르에 반대하는 반란(좀더 프로이트적인 경향을 가진 이 운동의 지지자들은 이 반란을 '오이디푸스 콤플렉스에 기초한' 반란으로 기술할 것이다)과 더불어 시작되었다. 당시 사르트르가 아무리 급진적이었다고 하더라도, 제2차 세계대전과 나치의 프랑스 점령 이후 수년 동안, 사르트르는 의식과 세계의 이원론, 헤겔적인 역사의 의미, 세계의 '현존'에 대한 무비판적인 가정, 그리고 불변하는 지식의 가능성에 대한 믿음 등 전통적인 데카르트 철학과 관념론적 철학의 많은 중요한 특징들에 완고하게 매달렸다. 그는 계몽철학자로, 또 굳건한 보편주의자로 남았다.

사르트르를 가장 거칠게 비판한 사람들 중의 하나는 인류학자 클로드 레비스트로스로, 단명했지만 강력한 운동인 구조주의를 창시하였다. 레비스트로스는 제일 먼저 사르트르 철학의 편협성, 즉 본질적으로 파리의 지성인의 의식은 어떤 것인가를 파악하려 하고, 그리고 그러한 범주들을 모든 인류에게 확장하려는 그의 시도에 관심을 가졌다. 레비스트로스는 정신의 보편적 구조가 존재하는 가능성을 부정하지 않았다. 실제로 구조주의의 기본 요점은 엄밀히 말해서 모든 문화들에서 발견되는 그러한 기본적인 특징과 대비되는 점을 연구하는 것이었으며, 그것들이 실제로 인간 정신의 고유한 규칙 혹은 구조일 수 있다는 것이었다. (칸트도 이와 비슷한 제안을 하였다. 하지만 어떤 범주들의 보편성으로부터 그 개연적인 고유성으로 논증해가는 대신, 범주들의 선험적 필연성[그러므로 보편적일 수밖에 없다]으로부터 논증하였다는 점이 다르다.) 사르트르에 대한 레비스트로스의 공격은 효력이 있었다. 새로운 세대로 하여금 철학 전통 전체에 대한 공격의 초점이 된 결점에 눈을 뜨게 만들었던 것이다.

이러한 공격을 유발시킨 일부 자극은 마르틴 하이데거의 후기 저작으로부터 나왔다. 그는 자신의 초기 저작에 대하여 의문을 갖게 되거나 어떤 경우에는 수정을 하게 되었으며, 그것을 사르트르의 실존주의와는 아주 다른 방향으로 밀고 나갔다. 그는 사르트르의 실존주의를 다소 경멸적으로 거부하였다. 사르트르의 데카르트주의, (의식으로서의) 주관에 대한 강조, 강한 의지주의(선택에 대한 강조), 자유에 대한 강조, 이 모든 것이 하이데거에게 아주 잘못되었다는 생각을 갖게 했다.

실로 당시의 하이데거는 서양의 형이상학 전통 전체를 하나의 엄청난 오류로 보게 되었다. 그런 오류는 플라톤에서 시작하여 니체에까지 계속되었는데, 그는 니체를 (진의가 분명치 않게) '마지막 형이상학자'로 해석하였다. 하이데거의 불안은 새로운 세대의 프랑스인들에게 영감을 주었다. 이들 대부분은 여전히 생존해 있기 때문에, 여기서는 (생존해 있지 않은) 한 사람만 언급할 것이다.

미셸 푸코는(1926~84년) 역동적인 신니체사상가로서, 한때는 (그는 부정하였지만) 구조주의자로 보였지만 그 후에 뛰어난 역사학자가 되었다. 그의 주된 논제는 역사란 하나의 커다란 환영이라는 것이다. 푸코도 니체처럼 인간의 모든 활동과 관계에서 무시되고 있는 권력의 역할을 날카롭게 의식하였다. 하지만 그는 무엇보다도 지식, 특히 역사적 지식에서의 권력의 역할에 주목하였다. 푸코는 지식을 '객관적인' 것으로 받아들이기를 거부하고 사회적 조작의 도구의 일부로 보았다. 그는 지식의 범주들은 구별, 차별, 격리, 죄 씌우기, 처벌하기 등의 사회적 기능을 위해 봉사한다고 주장하였다. 그것들은 결코 '도덕적으로 중립적'이지 않다. 그는 그 예로서, 보통은 철학자들이 완전히 무시하는 사회적 존재의 좀더 주변부의 측면, 곧 감옥, 정신병동, 성욕 도착자들에 초점을 맞춘다. 그의 취지는 이런 '주변부'가 실제로 어떻게 권력의 언어와 '담론'에 의해 만들어지는가를 보여주는 것이다. 명료하게 진술되지는 않았지만, 그의 사상이 함축하는 것은 그러한 문제들에서 '진리'란 사회적 상황과 정치의 기능일 뿐이며 사실상의 '사실들'이 아니다.

푸코에 따르면, 역사에 대해서도 마찬가지로 얘기할 수 있다. 역사란 대부분 우리 자신이 만들어낸 사건이다. 역사는 또 다른 사회적인 구성물이다. 역사라는 장치에 의해 이야기는 다소간에 편리하게 선택된 일련의 가상적인 '사실들'로 짜맞추어진다. 일반적으로 역사가들은 역사의 연속성을 강조한다. 푸코는 역사의 불연속성, 즉 이야기에서의 단절, 통상적이고 직선적이며 '객관적인' 의미의 어떠한 실제적인 역사도 없다는 점을 강조한다. 따라서 철학의 역사, 즉 '전통' 역시 하나의 편리한 허구, 즉 또 하나의 '담론'으로 여겨진다. 이는 세계를 이해하고 받아들일 수 있게끔 하기 위하여 우리가 구성한 이야기이다. 철학의 역사와 관련하여, 우리는 우리 자신의 동업자들을 전통의 보호자와 상속자로 조장한다. (이 책을 돌이켜보면, 사실 이 점에 관해서 그가 틀렸다고 말할 수 없다.)

그러나 푸코의 가장 거친 공격은 그가 스스로 고백한(하지만 거의 언급되지 않았다) 그의 스승 장 폴 사르트르를 겨냥한 것이었다. 사르트르는 자유를 의식의 본질로, 또한 인간 주관의 필연적인 본성으로서 옹호하였다. 하지만 그는 자신의 철학의 핵심 개념들, 즉 자유와 의식의 개념들 자체가 사회적으로 구성된 것, 즉 반성적으로 혹은 자연적으로 선험적인 것들로서 발견되는 것이 아니라 문화와 언어에 의해서 구성된 것일 수 있다는 가능성을 무시하였다.

만일 이 점이 사실이라면, 이제 자유는 사르트르가 주장하듯이 인간 실존의 존재론적 핵심일 수가 없고 어떤 종류의 사고의 특정 산물일 뿐이다. 더욱이 주관(혹은 의식(대자 존재))은 우리 모두에게 본질적인 것이 아니며, 의식 또한 구성되는 것으로서 문화와 언어에 의해 만들어지거나 상상되기도 하는 것이다. 포스트모더니스트들은 어떤 주관도, 의식도, 자유도 '실제로는' 없고, 다만 '힘들 간의 상호작용' 만이 있을 뿐이며, 우리의 '자아' 는 단지 이런 힘들의 시험적인 접속일 뿐이라고 하였다.

그렇다면, 이제 철학은 어디에 있단 말인가? 포스트모더니즘은 철학이 아니다. 그것은 기껏해야 생각하는 하나의 방식이며, 어쩌면 하나의 절망의 외침일지도 모른다. 그것은 세계의 철학에 대하여, 많은 문화들의 철학에 대하여 적절히 이야기한다. 하지만 그와 같은 이야기 자체는 철학이 아니다. 그러는 한편으로 학구적인 철학이 (미국, 영국, 네덜란드, 독일에서, 또한 비포스트모더니즘적인 프랑스에서, 일본과 아르헨티나 및 인도에서도) 철학은 끝났다는 포스트모더니즘적인 의식 없이 계속되고 있다. (실제로 포스트모더니즘의 철학자들은 종신재직권을 계속해서 유지하고 있다. 이들은 이따금씩 이러한 아이러니에 대한 인식을 인정할 뿐이다.)

단조롭고 지루한 잡음을 내는 '주류' 철학에서는 중세 후기의 학파들만큼 점점 더 기술적이고 난해한 철학 또는 철학들이 계속되고 있다. '인식 과학' , '인공 지능' 관련 산업을 대량 성장시킨 컴퓨터 연구에서 이루어진 최근의 약진에도 철학의 위기는 철학의 경직화를 촉진하였다. 포스트모더니즘은 이미 새로운 세대의 종신재직권을 가진 학자들을 탄생시켰으며, '전통' 을 옹호하는 친위대들(그리스어 및 라틴어 원전으로 고대 저작을 읽어야 할 필요가 있다고 굳게 믿고 있는 사람들, 데카르트주의와 경험론을 포기하지 않고 새로운 경향에 반감을 갖는 사람들)은 '진정한 철학' 이라는 이름으로 완고한 전쟁을 벌이고 있다. 이들은 동료들뿐 아니라 서로 사이가 나쁘다.

무엇이 '진정한' 철학인지에 대한 이 혼란스럽고 궁극적으로 무의미한 논쟁에서 실로 피해를 입는 사람들은 물론 학생들이다. 이들은 배타적인 학파들 중 하나에 들어가기 위해서가 아니라, 동일한 오래된 의문에 대한 답을 얻기 위하여, 혹은 다양한 의문들에 대해 자기 나름대로의 답을 얻기 위하여, 즉 삶의 의미와 잘 사는 법에 대하여, 그리고 그들의 신념이 그들이 하는 일이나 전공과 양립가능한가에 대한 답을 얻기 위하여 철학에 입문한 것이다. 그리고 피해를 입는 사람들 중에는 여전히 철학적 통찰, 즉 세속적이고 때로 지극히 판에 박은 것 너머에 대한 '일별'을 갈망하지만 아카데미한 철학에서는 거의 자양분을 얻을 수 없거나 아카데미한 철학의 철벽을 거의 벗어날 수 없는 일반사람들이나 상당수 지성인들도 포함된다는 사실을 덧붙여야 한다.

하지만 인간의 정신은 공허한 것을 혐오한다. 전통 철학이 가기를 꺼려하는 곳에서, 새로운 다른 철학들은 그러한 소심함을 보이지 않는다. 우리가 때로 뉴에이지(New Age) 철학이라는 꼬리표를 단 현상을 고려해야 하는 것은 이러한 맥락에서이다. 뉴에이지 철학은 건전하고 전 지구를 생각하는 사상에서부터 어리석고 내용이 텅 빈 변두리 사상에 이르기까지 망라하는 놀라운 생각들의 더미이다. 호기심 많은 탐구자는 여기서 환경과, 때로 성실한 대체의학에 관한 호기심을 돋우는 논문에서부터 비행접시에 의한 납치에 대해 늘어놓는 이야기들과 20세기 후반의 희극 여배우 같은 고대 이집트인들(전형적으로 통치계급)의 기이한 부활(혹은 '영계와의 접속')에 이르기까지, 온갖 종류의 것들을 보게 될 것이다. 이 생각들의 더미를 하나의 단일한 '운동'으로 취급하는 것은 분명 심각한 오독(誤讀)이 될 것이다. 하지만 이러한 뉴에이지 현상이 드러내 보여주는 철학에 대한 분명한 갈망은, 일부 포스트모더니스트들이 최후의 심판일을 경고하고 현대 철학의 많은 부분을 규정하는 의심할 수 없어 보이는 무기력에도 불구하고, 철학의 중요한 예후를 보여준다. 전통들로부터 남은 것은 지금은 새로운 전 지구적인 인식에 의해 많이 복잡해진 철학에 대한 갈망이다. 편협하게 교육받은 철학교수들은 자신들의 편협한 탐구를 안전하게 추구해갈 것이다. 하지만 그 이상의 어떤 것에 대한 요구가 절박하며, 이러한 요구는 (좋든 나쁘든) 자유로운 기획이 증가하고 있는 우리의 세계 속에서 충족될 것이다.

● 세계 철학_ 약속 혹은 허세

우리는 우리의 한계 내에서 철학에 대한 '짤막한' 역사를 쓰려고 시도하였다. 이것은 세계의 모든 철학은 아니더라도 적어도 철학의 광범위함과 복잡성에 대한 인식을 담고 있다. 우리는 '서구의' 전통을 다루면서 우리 자신의 입장을 너무 명백하게 드러내지 않도록 노력하였다. 하지만 이 역사가 나아가는 방향에 관하여 우리가 감격과 불안을 동시에 가지고 있다는 점은 틀림없다.

우리 자신이 철학자라는 점에서, 당혹스러울 정도로 다양한 사상들, 역동적으로 진행되는 대립, 그리고 때로 다소 추상적인 철학 용어로 표현된 사회적 감수성의 심오한 표명 등에 우리는 흥분하지 않을 수 없다. 하지만 그와 동시에, 지혜의 오래된 이상, 즉 철학이 특정 전문 기술인 하나의 활동이라기보다는 특히 인간적인 것이라는 생각이 자취를 감추었다는 사실에 우리는 혼란스러워진다. 특히, 철학은 점점 더 지나치게 다듬어졌다. 대화는 제한되고 배타적이며 소수 같은 생각을 가진 전문가들에게만 허용되고 있다.

물론 새로운 전 지구적 철학이 훨씬 더 전문화될 수도 있다. 예를 들어, 인도와 중국 철학이 다른 문화들을 풍요롭게 만드는 데 도움을 주는 대신에, 산스크리트어 학자나 혹은 만다린어 학자에 의해 전적으로 전유되는 것을 상상할 수도 있다. 우리의 통찰을 다른 분야와 직업과 신분의 동료들과 나누는 대신, 철학이 점점 더 기술적으로 되기만 해서 결국에는 '전문 분야' 바깥의 어느 누구도 관심을 갖지 않는 그리고 지지를 주장하지도 않는 또 하나의 전공 학문이 되리라는 것도 상상할 수 있다.

우리는 그것은 하나의 비극이라고 생각한다. 하지만 많은 재능 있는 철학자들이 바로 그러한 방향으로 부지런히 움직이고 있다. 철학은 경이롭다. 문자 그대로 경이로움에 가득 차 있다는 뜻이다. 철학은 사치일지도 모르지만, 모든 이가 접근할 수 있는 사치이다. 실로 철학은 의심과 분쟁 혹은 혼란의 시대에 꼭 필요한 것인지 모른다. 때로 철학이 (정당한 이유에서) 만들어낸 모호한 문제들과 철학을 혼동하는 것은 철학 전체를 오해하는 것이다.

  우리가 필요로 하는 것은 완고함이 아니라 인간미와 개방성이다. 우리는 뛰어난 논쟁자가 아니라 더 나은 청취자가 되는 것이 필요하다. 우리는 최근의 몇몇 페미니즘 이론가들의 심오한 통찰, 즉 서구가 '객관성'으로서 추구해온 것은 가치중립성이나 비인격성이 아니라, 사회적이고 지적인 책임이라는 고상한 의미를 갖는다는 통찰을 인정할 필요가 있다. 결국 그것이야말로 철학이 항상 관심을 가져온 것이다. 그것은 '저 너머에', 곧 우리 자신의 한계 저 너머에, 또한 세계와 타인들을 편향되게 볼 수밖에 없는 우리의 관점 저 너머에 도달하려는 노력이다. 이것이 바로 아리스토텔레스가 철학은 '경이감'과 더불어 시작된다고 (그리고 경이감으로서 지속된다고) 주장한 이유이다. 그렇지 못한 그 어떤 것도 철학이라는 이름에 어울리지 않는다.

옮긴이 후기

우선 옮긴이는 로버트 솔로몬과 캐슬린 히긴스가 공동 저작한 『세상의 모든 철학』(원제: A Short History of Philosophy)을 번역하면서 느낀 이 책의 특징에 대하여 몇 가지 중요한 점을 지적하고 싶다.

첫째, 이 책은 철학사로서는 원제 그대로 비교적 '간략한' 분량을 지녔다는 점이다. 약 500쪽이 넘는 분량은 철학개론서에 해당하는 분량으로서, 너무 간소하거나 너무 지루하지 않게끔 양에서 중용(中庸)을 지키고 있다고 볼 수 있다. 이보다 적은 양이라면, 중요한 핵심들을 다 다루지 못하거나, 아니면 논의의 깊이가 떨어질 수 있다. 반대로 이보다 양이 많아져 통상의 철학사들처럼 1,000쪽에 달하게 되면, 그때는 애독서가 아닌 참고서로 전락하여 내용의 전개가 지리멸렬해지기 쉽거나 혹은 읽기가 지루해져서 자주 참조하지 않게 된다. 따라서 이 책의 분량은 독자가 철학의 전 역사의 사상적 파노라마에 대한 총괄적인 조망(perspective)을 비교적 용이하게 얻을 수 있는 적절한 양이다.

둘째, 기존의 수많은 철학사들이 거의 대부분 '서양 철학의 역사' 이거나 아니면 그것에 치중되어 있다. 물론 이 책도 서양 철학을 중심으로 기술되고 있음에는 틀림없다.

그럼에도 이 책은 결코 '서양 철학사'가 아니며 간략하나마 '세계 철학사'임이 분명하다. 저자들은 가능한 한 광범위한 세계의 철학사상을 담으려고 노력하고 있으며, 여러 다른 철학사상들에 대하여 어떠한 편견과 선입관도 갖지 않으려는 중립적인 태도를 취하고 있다. 이들은 인도의 브라만교 철학, 불교 철학, 자이나교 철학을 매우 간략하지만 조리 있게 정리하여 설명한다. 거기에 중국의 유교 철학 및 도교 철학의 사상을 균형 있게 소개하며, 한편으로는 아랍과 중동지역의 다른 철학들, 그리고 심지어는 아메리카 인디언 및 기타 소수집단 문명권의 사상들도 간단히 소개한다.

이 책의 이런 특징은 철학에 관한 지금까지의 우리의 학교교육이 특정한 철학사상 쪽으로 편향되어 있어서 철학을 배우는 사람들이 사상적 균형을 이루기가 상당히 어렵다는 점을 상기시켜준다. 철학을 가르치는 사람이나 배우는 사람이나 가릴 것 없이 모두, 한쪽에서는 데카르트와 칸트 및 헤겔과 하이데거 등에 의해 대표되는 대륙의 합리적 관념론만이 최고의 철학인양 신봉하며 온갖 현학적인 어려운 전문용어를 사용하여 '절대적 진리의 확실성'이라는 고지를 향해 매진하면서 다른 종류의 철학을 내면으로는 무시하는 사람들이 있는가 하면, 다른 한편에서는 비트겐슈타인(Wittgenstein, 옮긴이는 대학에서 철학을 처음으로 배울 때, 이 철학자의 독일어 이름 뒷부분을 이루는 단어 'Stein'[돌멩이]과 한글로 표기한 이름의 앞부분 '비트겐'을 조합하여 '돌멩이를 비틀어'라는 풍자적인 이름을 지어준 적이 있었다. 왜 이런 풍자를 하게 되었는가 하면, 그의 신봉자들이 그의 철학이 굉장한 새로운 철학인양 찬양—숭배하는 것과는 상관없이, 그의 철학적 사상은 당시 옮긴이의 눈에는 애들 장난처럼 보였기 때문이다. 그는 처음에는 모든 것을 언어와 논리로 검증할 수 있다고 공언하였으나 나중에는 죽기 전 "알 수 없는 것에 대해서는 침묵해야 한다"고 고백했다. 이것은 결국 그가 철학에 대해서 아무것도 기여한 것이 없고 또 아무것도 몰랐다는 것을 뜻한다. 그래서 역자는 주위 철학도들에게 '돌멩이를 비튼다고 뭐가 나올까요?'라고 농담을 했던 것이다)에 의해 대표되는 영미의 언어철학과 분석철학만이 철학의 아방가르드인양, '전혀 새로운 확실성'이라는 혜성과 같이 나타난 교주를 신봉하는 교인들이, 마치 영성기도를 드리는 개신교도들처럼 우리의 철학계를 온통 광란의 장으로 몰고 간 적이 있었다. 그런 후에 또 다른 한편에서는 포스트모더니즘 사상의 유럽 철학자들이 무슨 새로운 교주라도 되는 양 떠받들면서 우리 사회에 대한 적응(혹은 적용)가능성도 타진해보기 전에 유행부터 시키면서 몇 년을 떠들다가 이제는 아예 일언반구도 없이 사라져버리게 되었던 것이다. 또한 386세대는 그 세대대로 마르크스주의가 유일한 철학인양 그 계통의 사상서가 아니면 사상서로 취급도 못 받을 정도로 한 시대를 풍미하였다. 과연 우리가 앞으로도 이와 같은 교조주의적인 철학의 유행을 맞이할 것인지 지금으로서는 예측할 수 없는 일이다. 철학도 영양학과 같아서, 한 가지 영양소만으로는 사람이 살 수 없듯이, 철학을 구성하는 다양한 요소들과 다양한 시각들을 이해하지 않으면 우리의 철학은 영양의 균형이 깨어진 몸처럼 결핍된 철학이 될 것이다. 이런 관점에서 볼 때, 이 책이 다른 문명권에서 발전된 철학사상들을 간략하지만 비교적 공정하게 다루고 있는 점 때문에 철학에 대한 매우 바람직한 안내서가 될 수 있는 것이다. 저자들은 각 문명이 발생하는 단계에서 형성된 철학사상들에서부터 여권신장론과 환경론 및 생태철학 그리고 최근의 이른바 '뉴에이지 철학'에 이르기까지 광범위한 철학의 스펙트럼을 보여준다.

셋째, 저자들은 철학의 특성을 규정하는 데서 철학의 어떤 특정한 성격에 얽매이지 않는다는 점이다. 저자들은 철학에 대한 어원학적인 정의를 지지한다. 즉, 철학(philosophie = philos[사랑] + sophia[지혜])을 근본적으로 '지혜에 대한 사랑'으로 본다는 것이다. 그와 동시에 철학을 실재세계의 다양한 현상들과 삶의 복잡다단한 상황들에 대한 반응과 대응으로 보고 있다. 이런 시각에서 볼 때, 플라톤의 '이데아의 절대세계'나, 후설의 '(수학과 같은) 엄밀한 과학으로서의 철학'이나, 러셀과 논리실증주의자들 및 비트겐슈타인의 '이상적인 인공언어' 같은 철학의 목표들은 모두 하나의 난센스에 불과할 뿐이다. 형이상학적인 진술들과 윤리학적 진술들이 하나의 개짓는 소리에 불과한 난센스라고 말했던 논리실증주의자들의 생각과는 달리, 오히려 현실적으로 철학은 다양한 윤리적 문제와 형이상학적 문제들에 직면해 있다. 따라서 저자들의 그와 같이 균형잡힌 철학에 대한 생각은 독자들로 하여금 철학에 대한 어떠한 독단적인 정의나 규정에 빠지지 않게 하는 데 도움을 준다. 이 책의 위와 같은 특징들은 역자로 하여금 다음과 같은 생각을 문득 떠오르게 하였다. "내가 처음 철학을 배울 때 이런 종류의 철학 안내서가 있었다면, 얼마나 좋았을까!"

이 책이 지닌 이와 같이 균형잡힌 특징들을 다시 살펴보는 일은 옮긴이로 하여금 철학에 대한 전망을 다시금 생각하게 만들었다. "과연 철학이란 어떤 것이어야만 하는가?"

앞에서도 언급했듯이, 저자들의 생각처럼 철학이란 근본적으로 실재세계와 삶에 대한 이해라고 할 수 있다. 따라서 철학은 실재세계와 삶이 가지는 본질적인 특성들을 올바르게 파악할 필요가 있다. 이런 파악과 이해를 바탕으로, 그 다음에 우리는 앞으로 어떻게 삶을 보람 있게 살아갈 것이며, 어떻게 실재세계 속에서 조화롭게 존재할 것인가를 결정할 수 있을 것이다. 우리는 이 책을 통해서 편향되고 독선적인 사상들이 얼마나 무서운 역사를 만들어왔는가를 보게 된다. 중세의 종교적 불관용에 의한 피비린내 나는 싸움, 나치즘에 대한 광신이 빚어낸 대학살, 공산주의라는 유토피아적인 이상에 대한 신봉이 불러온 또 다른 광기와 대학살 등등을 돌이켜보면, 우리는 인간의 역사를 피로 물들인 것은 전쟁이라기보다는, 오히려 인간의 잘못된 관념(이데올로기)에 대한 맹목적인 신념이었던 것으로 생각하게 된다. 그러므로 우리가 균형잡히고 올바른 관념과 신념을 갖는 것이 얼마나 중요한 것인가를 새삼 『세상의 모든 철학』을 통해서 배우게 되는 것이다.

그렇다면, 이러한 올바르고 균형잡힌 시각, 관념 및 신념은 어떻게 얻어질 수 있을까? 그것은 조화롭게 균형잡힌 올바른 철학을 통해서 우리가 실재세계와 삶을 이해하고 그에 대응해나가는 일일 것이다. 따라서 철학은 이러한 실재를 이해하고 그에 상응하는 행동과 결정에 대한 지침을 제공해야만 한다. 가장 좋은 예로서, 오늘날의 환경문제를 들 수 있겠다. 산업개발의 초기에는 전혀 예상하지 못했던 생태환경의 파괴는 오늘날 실재세계가 보여주는 가장 뚜렷한 특징들 중의 하나이다. 우리의 생존 자체를 위협하는 이러한 실재세계의 새로운 국면에 직면하여, 인류는 재화의 생산과 소비의 패턴, 욕망과 소유에 대한 개념, 인간과 인간 사이의 윤리뿐만 아니라 인간과 환경 사이의 윤리, 그리고 인간과 다른 동물들 사이의 윤리, 지구 행성과 인간과의 관계 등에 관해서 새로이 성찰하지 않을 수 없게 되었다. 이러한 사태는 당연히 인류로 하여금 새로운 윤리학과 새로운 존재론에 대한 고려와 사색을 유발시킬 것이다. 그러기 위해서는 우선 실재세계(삶까지 포함하여)가 갖는 특성을 올바르게 이해하고 정의할 필요가 있다. 옮긴이의 소견으로는 실재세계는 대략 '연속성'(continuïté), '반전성'(réversibilité), '예측불가능성'(imprévisibilité), '초월성'(transcendance) 등으로 특징지을 수 있다고 본다.

우선 '연속성'의 경우, 예를 들어 우리는 손에서 '손등'과 '손목' 그리고 '팔'의 경계들을 엄밀히 구분할 수 없다. 즉 어디까지가 정확히 손등이고, 어디까지가 정확히 손목이며 그리고 손목과 팔 사이의 정확한 경계가 어딘지 우리는 도저히 알 수 없는 것이다. 왜냐하면, 손등과 손목과 팔은 우리의 신체 위에서 연속되어 있기 때문이다. 이처럼 언어 속에서는 분명히 구분되고 그 범주가 뚜렷해 보이는 것도 실재세계 속에서는 그 경계를 구분짓기 어렵게 모든 것이 연속적으로 맞붙어 있다. 그러므로 실재를 이해하기 위하여 어차피 언어에 의존해야 하는 우리는 언어의 정의에 얽매이기 쉬운 법인데, 바로 그런 언어적 규정에 집착하지 말아야 한다. 그렇다고 해서, 손등이나 손목이나 팔이 없어지는 것이 아니다. 그것들은 우리의 신체 위에 엄연히 존재하며, 그리고 우리는 개략적으로 어디가 손등이고 어디가 손목이며 어디가 팔이라고 얼마든지 말할 수 있다. 이에는 철학의 많은 정의들과 범주 및 개념들에 대하여 우리가 어떻게 생각하고 또 어떻게 그것들을 취급해야 할지 암시해준다.

다음으로, '반전성'의 경우, 우리는 '양(陽)이 극하면 반드시 음(陰)으로 반전하고 음이 극하면 반드시 양으로 반전한다'는 도가 철학의 가변적인 이원론적 명제를 반추해 볼 필요가 있겠다. 실재세계와 삶 속에서 우리는 종종 사물과 사태의 극단에서 이루어지는 상태의 반전들을 보고 또 경험한다. 이런 의미에서 "시간이 퇴화한 형태가 공간이며 정신이 그 생명력을 잃고 퇴화한 것이 물질이다"는 다소 신비로운 주장을 한 앙리 베르그송의 형이상학은 음미해볼 가치가 있을 것이다. 시간과 공간, 정신과 물질, 음과 양과 같은 전통적인 이원론(dualisme) 내지는 이분법(dichotomie)에서도, 이 두 실체들 혹은 범주들의 상호 경계가 뚜렷하게 지어져 있다기보다는 오히려 이 두 실체가 상호 연속적으로 연계되어 있다고 보아야 할 것이다. 따라서 실재세계가 갖는 이런 반전성의 원리를 이해함으로써 우리는 삶과 세계에 대한 우리의 이해와 태도 및 결정 등을 올바른 방향으로 이끌어갈 수 있을 것이다.

이어서 예측불가능성은, 이미 20세기 초 물리학 분야에서 물질세계에 대한 연구의 결과에서 얻어진 원리라는 사실을 우리는 알고 있다. 하지만 이른바 생(生)철학자들이라 불리는 철학자들도 그와 같은 실재세계의 예측불가능성을 논의하였다. 현대 물리학에서도 물질에 대한 정의가 점점 더 확실성과 명확화의 반대방향으로 가고 있음을 보여준다. 어쩌면 정신이 애당초 물질에서 진화한 것일지도 모른다. 우리는 모리스 메를로퐁티의 '신체–주관'이라는 개념화 속에 녹아 있는 세계관 내지는 존재론이 암시하고 있는 내용을 주시할 필요가 있을 것이다. 물질이 생명력을 얻게 되면 살아 있는 물질인 육체(신체)가 되고, 바로 이 신체 속에서 의식과 정신이 발생하거나 존재한다. 그렇다고 해서 이미 발생된 의식과 정신을 역으로 물질에 종속시키거나 환원시켜서는 안 된다. 즉, 정신이 비록 물질에서 진화되어 발생된 것이라 하더라도 물질과 같은 것일 수는 없다. 생명의 기원 또한 현대 생물학의 연구결과에 의해 자연상태에서 무기체에서 유기체가 발생한다는 것이 입증되었다. 다시 말해서 무생물에서 생명력이 발생한 것이다. 이렇듯이 실재세계 속에서 이루어지는 분화와 진화는 과학의 전 분야에서 매번 신비한 경이로움으로 그 모습을 드러내고 있다. 과학과 철학의 모든 분야에서 미래에 새로이 등장할 새로운 현상과 원리 및 관념들이 어떤 것인지는 천문학적인 발견의 경이로움에 비유될 수 있는 것으로서, 그것들이 과연 어떤 것들인지는 지금으로서는 도저히 알 수 없는 것이다. 하지만 그러한 새로운 현상, 관념 및 원리들은 분명히 미래 인류의 사고와 세계관 및 생활양식을 바꿀 원동력이 될 것임에는 틀림없다.

마지막으로, 초월성은 플라톤의 이데아에서와 같이 정태적이고도 관념적 의미로서의 초월성이라기보다는, 오히려 구체적인 극복 내지는 지양을 가리키는 동태적인 의미로서의 초극(超克)이라 볼 수 있다. 철학의 역사는 매 시대마다 이전 시대의 구태의연한 기존의 관념들과 원리들을 지양하고 초극하여 왔음을 증언하고 있다. 철학도 다른 학문 분야에서와 마찬가지로 결코 영원불변한 원리와 진리를 갖춘 이상적이고도 절대적인 고정된 세계가 아니다. 철학도 그야말로 요즘 유행하는 통속적 표현인 '열린' 성질을 지닌 학문이어야만 한다. 그럼에도 그와 동시에 철학이 '지혜에 대한 사랑'이 되기 위해서는, 다시 말해서 지혜를 획득하는 방편이 되기 위해서는, 현실성과 속세성을 넘어서는 통찰(insight, 이 책의 저자들은 이 단어를 자주 사용하고 있다)로 끊임없이 초월해가지 않으면 안 된다. 바로 이 초월의 길만이 철학이 '지혜'(통찰, 해탈)라는 최후의 목표를 향하는 수단이 될 것이다. 그렇지 못할 경우, 우리는 현실과 속세의 유행하는 관념(이데올로기)과 원리 및 가치들로부터 벗어나지 못하는 우(愚)를 범할 것이다. 종교적 불관용, 나치의 광기, 공산주의의 획일주의와 파괴성, 특정한 이데올로기에 대한 확고부동한 신념에서 유래한 수많은 교조주의적인 행태 등은 바로 그러한 우(愚)의 생생한 예들일 것이다.

결국 우리는 역사의 증언을 통해서만 구체적이고 실질적으로 지혜를 배울 수 있다. 그렇지만 그 역사의 증언이 편향되고 편협하다면 우리는 지혜를 배우는 대신에 지식과 편견 및 광기만을 배우게 될 것이다. 이런 점에서 이 책은 철학의 역사에 대한 하나의 조화롭고 올바른 증언을 우리에게 들려주는 모범적인 안내서라고 말하지 않을 수 없다.

西紀 2006年 12月, 北漢山 山寺에서, 朴昌豪 識

선택된 도서 목록

서양 철학

〈일반 개론서〉

Copleston, Frederick. *The History of Philosophy*. 9 vols. Rev. ed. Wesminster, Md.: The Newman Press; 1946-74.
Durant, Will and Ariel. *The Story of Philosophy*. 9 vols. New York: Simon and Schuster, 1935.
Flew, Antony. *An Introduction to Western Philosophy*. London: Thames and Hudson, 1971.
Jones, W. T. *A History of Western Philosophy*. 4 vols. New York: Harcourt, Brace, Jovanovich, 1969-75.
Parkinson, G. H. R., and S. G. Shanker, eds. *The Routledge History of Philosophy*. 10 vols. London: Routledge, 1993-.
Russell, Bertrand. *History of Western Philosophy*. New York: Simon and Schuster, I945.
Solomon, Robert C. *Introducing Philosophy*. 5th ed. Fort Worth: Harcourt Brace, I993.
Tarnas, Richard. *The Passion of the Western Mind*. New York: Harmony, 1991.
Whitehead, Alfred North. *Adventures of Ideas*. New York: Macmillan, 1933.

— 1부 —

이집트

Glanville, Stephen. *The Legacy of Egypt*. Oxford: Clarendon, 1947.
Steindorff, Georg, and Keith C. Seele. *When Egypt Ruled the East*. Chicago: University of Chicago Press, 1957.

고대 그리스

Barnes, Jonathan. *Aristotle*. New York: Oxford University Press, 1982.
Burnet, J. *Early Greek Philosophy*. 4th ed. London: Black, 1930.
Cornford, Francis M. *Before and After Socrates*. Cambridge: Cambridge University Press, 1932.

---

*수업 교재는 소개하지 않았는데, 다양한 판본으로 널리 구할 수 있기 때문이다. 여기에 소개해 놓은 도서 목록은 철학의 역사에 대해 좀 더 알고 싶어 하는 사람들을 위해 추천하는 책이다.

Dodds, Eric Robertson. *The Greeks and the Irrational*. Berkeley: University of California Press, 1951.

Farrington, Benjamin. *Greek Science*. Harmondsworth, Eng.: Penguin, 1944.

Findlay, John Niemeyer. *Plato and Platonism*. New York: Times Books, 1978.

Guthrie, W. K. C. *Greek Philosophy*. London: Methuen, 1950.

Kirihan, P. D. *Pre-Socratics*. Indianapolis, Ind.: Hackett, 1994.

Kirk, G. S., and J. E. Raven. *The Pre-Socratic Philosophers*. Cambridge: Cambridge University Press, 1957.

Kraut, Robert. *Socrates and the State*. Princeton, N.J.: Princeton University Press, 1984.

Mourelatos, A. P. D. *The Pre-Socratics*. Princeton, N.J.: Princeton University Press, 1993.

Ring, Merrill. *Beginning with the Pre-Socratics*. Mountain View, Calif: Mayfield, l987.

Ross, W. D. *Aristotle*. 5th ed. London: Methuen, l949.

Stone, Isidor F. *The Trial of Socrates*. Boston: Little, Brown, 1988.

Taylor, Alfred E. *Aristotle*. Mineola, N.Y.: Dover, 1955.

_____. *Socrates*. Garden City, N.Y.: Doubleday, 1953.

Vlastos, Gregory, ed. *The Philosophy of Socrates*. New York: Doubleday, 1971.

— 2부 —

조로아스터교

Boyce, Mary. *Zoroastrians: Their Beliefs and Practices*. London: Routledge and Kegan Paul, 1979.

Malandra, William W. *An Introduction to Ancient Iranian Religion*. Minneapolis: University of Minnesota Press, 1983.

유대교

Jacobson, Dan. *The Story of the Stories: The Chosen People and Its God*. New York: Harper and Row, 1982.

Katz, Steven T. *Jewish Philosophers*. New York: Bloch, 1975.

Kent, Charles Foster. *History of the Hebrew People*. New York: Charles Scribner's Sons, 1905.

Phillips, Anthony. *God B.C.* Oxford: Oxford University Press, 1977.

Scholem, Gershom G. *On the Kabbalah and Its Symbolism*. Translated by Ralph Manheim. New York: Schocken Books, 1965.

그리스도교

Chadwick, Henry. *History and Thought of the Early Church*. London: Variorum Reprints, 1982.

Cross, F. L., and Elizabeth A. Livingstone, eds. *The Oxford Dictionary of the Christian Church*. London: Oxford University Press, 1958.

Pelikan, Jaroslav. *The Christian Tradition: A History of the Development of Doctrine*. Chicago: University of Chicago Press, 1971-89. Vol. 1: *The Emergence of the Catholic Tradition* (100-600). Vol. 2: *The Spirit of Eastern Christendom* (600-1700). Vol. 3: *The Growth of Medieval Theology* (600-1300). Vol. 4: *Reformation of Church and Dogma* (1300-1700). Vol. 5: *Christian Doctrine and Modern Culture* (since 1700).

Walsh, Michael. *Roots of Christianity*. London: Grafton, l986.

이슬람교

Cragg, Kenneth. *The House of Islam*. 2nd ed. Belmont, Calif.: Wadsworth, 1975.

Hourani, Albert. *A History of the Arab Peoples*. Cambridge, Mass.: Harvard University Press, 1991.

Lewis, Bernard. *Islam and the West*. New York: Oxford University Press, 1993.

Ormsby, Eric. "Arabic Philosophy." In *From Africa to Zen: An Invitation to World Philosophy*. Edited by Robert C. Solomon and Kathleen M. Higgins. pp. 125-50. Lanham, Md.: Rowman and Littlefield, 1993.

Phillips, Stephen H. *Classical Indian Metaphysics*. La Salle, Il: Open Court, 1995.

Rahman, Fazlur. *Islam*. 2nd ed. Chicago: University of Chicago Press, 1979.

_____. *Major Themes of the Qur'an*. Minneapolis, Minn.: Bibliotheca Islamica, 1980.

Sepasi-Tehrani, Homayoon, and Janet Flesch. "Persian Philosophy." In *From Africa to Zen: An Invitation to World Philosophy*. Edited by Robert C. Solomon and Kathleen M. Higgins. pp. 151-86. Lanham, Md.: Rowman and Littlefield, 1993.

중세 철학

Bainton, Roland H. *The Medieval Church*. New York: Van Nostrand, 1962.

Copleston, Frederick, S.J. *Thomas Aquinas*. New York: Harper and Row, 1955.

Goodman, L. E. *Avicenna*. New York: Routledge, 1992.

Grunebaum, Gustave E. von. *Medieval Islam*. Chicago: University of Chicago Press, 1966.

Knowles, David. *The Evolution of Medieval Thought*. London: Longman, 1962.

Netton, Ian Richard. *Al-Farabi and His School*. New York: Routledge, 1992.

Runciman, Steen. *The Eastern Schism: A Study of the Papacy and the Eastern Churches During the Eleventh and Twelfth Centuries*. Oxford: Clarendon, 1955.

Vignaux, Paul. *Philosophy in the Middle Ages: An Introduction*. Translated by E. C. Hall. New York: Meridian Books, 1959.

종교개혁

Kittelson, James M. *Luther the Reformer: The Story of the Man and His Career*. Minneapolis, Minn.: Augsburg, 1986.

Whale, J. S., D.D. *The Protestant Tradition: An Essay in Interpretation*. Cambridge: Cambridge University Press, 1955.

르네상스

Cassirer, Ernst. *The Individual and the Cosmos in Renaissance Philosophy*. Translated by Mario Domandi. New York: Barnes and Noble, 1963.

Copenhaver, Brian P. *Renaissance Philosophy*. New York: Oxford University Press, 1992.

Kristeller, Paul Oskar. *Renaissance Thought and Its Sources*. Edited by Michael Mooney. New York: Columbia University Press, 1979.

McKnight, Stephen A. *Sacralizing the Secular: The Renaissance Origins of Modernity*. Baton Rouge: Louisiana State University Press, 1989.

Seung, T. K. *Cultural Thematics: The Formation of the Faustian Ethos*. New Haven: Yale University Press, 1976.

— 3부 —

Allison, H. E. *Kant's Philosophy of Freedom*. Cambridge: Cambridge University Press, 1990.
Beck, Lewis White, ed. *Eighteenth-Century Philosophy*. New York: The Free Press, 1966.
_____. *Early German Philosophy: Kant and His Predecessors*. Cambridge, Mass.: Harvard University Press, 1969.
Berlin, Isaiah, ed. *The Age of Enlightenment: The Eighteenth-Century Philosophers*. New York: Oxford University Press, 1979.
Breazeale, Daniel. "Fichte and Schelling: The Jena Period" In *The Age of Geman Idealism*. Edited by Kathleen Higgins and Robert Solomon. pp. 138-80. London: Routledge, 1993.
Cassirer, E. *Kant's Life and Thought*. New Haven, Conn.: Yale University Press, 1981.
Cottingham, John. *The Rationalists*. Oxford: Oxford University Press, 1992.
Gardiner, Patrick, ed. *Nineteenth-Century Philosophy: Hegel to Nietzsche*. New York: The Free Press, 1969.
Guyer, Paul, ed. *The Cambridge Companion to Kant*. Cambridge: Cambridge University Press, 1992.
Hamlyn, D. W. *Schopenhauer*. London: Routledge, 1980.
Hampshire, Stuart, ed. *The Age of Reason: The Seventeenth-Century Philosophers*. New York: Braziller, 1957.
Higgins, Kathleen. *Nietzsche's Zarathustra*. Philadelphia: Temple University Press, 1987.
Higgins, Kathleen, and Robert Solomon, eds. *The Age of German Idealism*. London: Routledge, 1993.
Hooker, M., ed. *Descartes*. Baltimore, Md.: Johns Hopkins University Press, 1978.
Kenny, Anthony. *Descartes: A Study of His Philosophy*. New York: Random House, 1968.
Körner, Stephan. *Kant*. New Haven, Conn.: Yale University Press, 1955.
Mackey, Louis. *Kierkegaard: A Kind of Poet*. Philadelphia: University of Pennsylvania Press, 1971.
Miller, James. *Rousseau and Democracy*. New Haven, Conn.: Yale University Press, 1984.
Nehamas, Alexander. *Nietzsche: Life as Literature*. Cambridge, Mass.: Harvard University Press, 1985.
Nola, Robert. "The Young Hegelians: Feuerbach and Marx." In *The Age of German Idealism*. Edited by Kathleen Higgins and Robert Solomon. pp. 290-329. London: Routledge, 1993.
Schacht, Richard. *Nietzsche*. London: Routledge, 1983.
Skorupski, John. *English-Language Philosophy, 1750-1945*. Oxford: Oxford University Press, 1992.
Solomon, Robert C. *Continental Philosophy Since 1750: The Rise and Fall of the Self*. Oxford: Oxford University Press, 1988.
_____. *In the Spirit of Hegel*. New York: Oxford University Press, 1983.
Tanner, Michael. *Nietzsche*. Oxford: Oxford University Press, 1995.
Taylor, Mark. *Journeys to Selfhood: Hegel and Kierkegaard*. Berkeley: University of California Press, 1980.
Toulmin, Stephen. *Cosmopolis: The Hidden Agenda of Modernity*. New York: Macmillan, 1990.
Werhane, Patricia. *Adam Smith and His Legacy for Capitalism*. New York: Oxford, 1978.
White, M. *The Philosophy of the American Revolution*. New York: Oxford, 1978.
Woolhouse, R. S. *The Empiricists*. New York: Oxford University Press, 1988.

4부

Barnes, Hazel. *Sartre*. Philadelphia: Lippincott, 1973.

Charlesworth, Max. *The Existentialists and Jean-Paul Sartre*. London: Prior, 1976.

Dreyfus, Hubert L., and Raul Rabinow. *Michel Foucault: Beyond Structuralism and Hermeneutics*. 2nd ed. Chicago: University of Chicago Press, 1983.

Fogelin, Robert. *Wittgenstein*. London: Routledge, 1983.

Guignon, Charles, ed. *The Cambridge Companion to Heidegger*. Cambridge: Cambridge University Press, 1993.

Hylton, Peter. *Russell, Idealism, and the Emergence of Analytic Philosophy*. Oxford: Oxford University Press, 1990.

Janik, A., and S. Toulmin. *Wittgenstein's Vienna*. New York: Simon and Schuster, 1993.

Magee, Bryan. *Modern British Philosophy*. Oxford: Oxford University Press, 1988.

Miller, James. *Michel Foucault*. New York: Simon and Schuster, 1993.

Myers, Gerald. *William James*. New Haven, Conn.: Yale University Press, 1986.

Schroeder, William. *Sartre and His Predecessors*. London: Routledge, 1984.

Skorupski, John. *English-Language Philosophy, 1750-1945*. Oxford: Oxford University Press, 1992.

Sluga, Hans. *Heidegger's Crisis*. Cambridge, Mass.: Harvard University Press, 1993.

Solomon, Robert C. *From Rationalism to Existentialism: The Existentialist and Their Nineteenth-Century Backgrounds*. New York: Harper and Row, 1972.

Spiegelberg, H. *The Phenomenological Movement*. The Hague: Martinus Nijhoff, 1962.

Weitz, Morris, ed. *Twentieth-Century Philosophy: The Analytic Tradition*. New York: The Free Press, 1966.

비서구 철학

〈일반 개론서〉

Douglas, Mary. *Purity and Danger: An Analysis of Concepts of Pollution and Taboo*. New York: Praeger, 1970.

Deutsch, Eliot, ed. *Culture and Modernity: East-West Philosophic Perspectives*. Honolulu: University of Hawaii Press, 1991.

Smart, Ninian. *The Long Search*. Boston: Little, Brown, 1977.

Smith, Huston. *The Religions of Man*. New York: Harper and Row, 1958.

Solomon, Robert C., and Kathleen M. Higgins, eds. *From Africa to Zen: An Invitation to World Philosophy*. Lanham, Md.: Rowman and Littlefield, 1993.

_____. *World Philosophy: A Text with Readings*. New York: McGraw-Hill, 1995.

아프리카 철학

Abimbola, Wande. *Ifa: An Exposition of Ifa Literary Corpus*. Ibadan, Nigeria: Oxford University Press, 1976.

Abraham, W. E. *The Mind of Africa*. Chicago: University of Chicago Press, 1962.

Appiah, Kwame Anthony. *In My Father's House: Africa in the Philosophy of Culture*. New York: Oxford University Press, 1992.

Fanon, Frantz. *The Wretched of the Earth*. New York: Grove Press, 1968.

Fløistad, Guttorm, ed. *Contemporary Philosophy*. Vol. 5: African Philosophy. The Hague: Martinus Nijhoff, 1987.

Gyekye, Kwame. *An Essay on African Philosophical Thought*. New York: Cambridge University Press, 1987.

Hountondji, Paulin. *African Philosophy: Myth and Reality*. Translated by Henri Evans, with Jonathan Reé. Bloomington: Indiana University Press, 1983.

McVeigh, Malcolm. *God in Africa: Conceptions of God in African Traditional Religion and Christianity*. Cape Cod, Mass.: C. Stark, 1974.

Makinde, M. Akin. *African Philosophy, Culture, and Traditional Medicine*. Athens: Ohio University Press, 1988.

Mbiti, John S. *African Religions and Philosophy*. Garden City, N.Y.: Doubleday, 1969.

Mudimbe, V. Y. *The Invention of Africa: Gnosis, Philosophy and the Order of Knowledge*. Bloomington: Indiana University Press, 1988.

Murungi, John. "Toward an African Conception of Time." *International Philosophical Quarterly* 20:4 (December 1980): 407-16.

Okere, Theophilus. *African Philosophy: A Historico-Hermeneutical Invention of the Conditions of Its Possibility*. New York: University Press of America, 1983.

Oruka, H. Odera. "Sagacity in African Philosophy." *International Philosophical Quarterly* 23:4 (December 1983): 383-94.

Senghor, Léopold Sédar. *Prose and Poetry*. Translated by Clive Wake and John Reed. London: Oxford University Press, 1965.

Serequeberhan, Tsenay, ed. *African Philosophy: The Essential Readings*. New York: Paragon House, 1991.

Trimier, Jacqueline, "African Philosophy." In *From Africa to Zen: An Invitation to World Philosophy*. Edited by Robert C. Solomon and Kathleen M. Higgins. pp. 187-219. Lanham, Md.: Rowman and Littlefield, 1993.

Wiredu, Kwasi. *Philosophy and an African Culture*. New York: Cambridge University Press, 1980.

Wright, Richard A., ed. *African Philosophy: An Introduction*. Lanham, Md.: University Press of America, 1984.

미국 인디언 철학

Allen, Paula Gunn. *The Sacred Hoop*. Boston: Beacon, 1986.

Brown, Joseph E. *The Spiritual Legacy of the American Indian*. New York: Crossroad, 1984.

Crow Dog, Mary. *Lakota Woman*. New York: HarperCollins, 1990.

DeMallie, Raymond J. *The Sixth Grandfather: Black Elk's Teachings Given to John G. Neihardt*. Lincoln: University of Nebraska Press, 1984.

Erdoes, Richard. *Lame Deer: Seeker of Visions*. New York: Simon and Schuster, 1976.

Jennings, Francis. *The Invasion of America*. New York: Norton, 1975.

Josephy, Alvin. *Now That the Buffalo's Gone: A Study of Today's American Indians*. Norman:

University of Oklahoma Press, 1984.

Nelson, Richard. *Make Prayers to the Raven*. Chicago: University of Chicago Press, 1983.

Overholt, Thomas W., and J. Baird Calicott. *Clothed-in-Fur and Other Tales: An Introduction to an Ojibwa World View*. Washington, D.C.: University Press of America, 1982.

_____. "Traditional American Indian Attitudes Toward Nature." In *From Africa to Zen: An Invitation to World Philosophy*. Edited by Robert C. Solomon and Kathleen M. Higgins. pp. 55-80. Lanham, Md.: Rowman and Littlefield, 1993.

Underhill, Ruth M. *Red Man's Religion: Beliefs and Practices of the Indians North of Mexico*. Chicago: University of Chicago Press, 1965.

Vescey, Christopher. *Imagine Ourselves Richly: Mythic Narratives of North American Indians*. New York: Crossroad, 1988.

중국 철학

Allan, Sarah. *The Shape of the Turtle: Myth, Art, and Cosmos in Early China* Albany: State University of New York Press, 1991.

Allinson, Robert E., ed. *Understanding the Chinese Mind*. Hong Kong: Oxford University Press, 1989.

Ames, Roger T. *The Art of Rulership*. Honolulu: University of Hawaii Press, 1983.

Ames, Roger T., and David L. Hall. *Thinking Through Confucius*. Albany: State University of New York Press, 1987.

_____. "Understanding Order: The Chinese Perspective." In *From Africa to Zen: An Invitation to World Philosophy*. Edited by Robert C. Solomon and Kathleen M. Higgins. pp. 1-23. Lanham, Md.: Rowman and Littlefield, 1993.

Bodde, Derk. *Chinese Thought, Society, and Science*. Honolulu: University of Hawaii Press, 1991.

Fung Yu-Lan. *A Short History of Chinese Philosophy*. Edited by Derk Bodde. New York: Macmillan, 1948.

Graham, A. C. *Disputers of the Tao: Philosophical Argument in Ancient China*. La Salle, Ill.: Open Court, 1989.

Mote, Frederick W. *Intellectual Foundations of China*. New York: Alfred A. Knopf, 1971.

Wing-Tsit Chan, ed. *A Source Book in Chinese Philosophy*. Princeton, N.J.: Princeton University Press, 1963.

인도 철학

Basham, A. L. *The Origins and Development of Classical Hinduism*. Boston: Beacon, 1989.

Bilimoria, Purusottama. *The Self and Its Destiny in Hinduism*. Geelong: Deakin University Press, 1990.

Daniélou, Alain. *The Myths and Gods of India: The Classic Work on Hindu Polytheism from the Princeton Bollingen Series*. Rochester, Vt: Inner Traditions International, 1991.

Deutsch, Eliot. *Advaita Vedanta*. Honolulu: East-West Center Press, 1969.

Koller, John. *The Indian Way*. Albany: State University of New York Press, 1982.

O'Flaherty, Wendy Doniger, ed. and trans. *Hindu Myths: A Sourcebook Translated from the Sanskrit*. Baltimore, Md.: Penguin Books, 1975.

Phillips, Stephen H. *Aurobindo's Philosophy of Brahman*. New York: E. J. Brill, 1986.

_____. "Indian Philosophies." In *From Africa to Zen: An Invitation to World Philosophy*. Edited by Robert C. Solomon and Kathleen M. Higgins. pp. 221-66. Lanham, Md.: Rowman and Littlefield, 1993.

Potter, Karl. *Guide to Indian Philosophy*. Boston: G. K. Hall, 1988, pp. 221-266.

Zimmner, Heinrich. *Myths and Symbols in Indian Art and Civilization*. Edited by Joseph Campbell. Bollingen Series VI. Princeton, N.J.: Princeton University Press, 1946.

일본 철학

Benedict, Ruth. *The Chrysanthemum and the Sword: Patterns of Japanese Culture*. Boston: Houghton Mifflin, 1946.

Dumoulin, Heinrich. *Zen Buddhism: A History*. 2 vols. Translated by James W. Heisig and Paul Knitter. New York: Macmillan, 1989-90.

Kasulis, T. P. *Zen Action/Zen Person*. Honolulu: University of Hawaii Press, 1981.

Nishitani Keiji. *The Self-Overcoming of Nihilism*. Translated by Graham Parkes, with Setsuko Aihara. Albany: State University of New York Press, 1990.

Parkes, Graham. "Ways of Japanese Thinking." In *From Africa to Zen: An Invitation to World Philosophy*. Edited by Robert C. Solomon and Kathleen M. Higgins. PP. 25-53. Lanham, Md.: Rowman and Littlefield, 1993.

Ryusaku Tsunoda, ed. *Sources of Japanese Tradition*. New York: Columbia University Press, 1958.

Sei Shonagon. *The Pillow Book of Sei Shonagon*. Translated and edited by Ivan Morris. New York: Penguin Books, 1967.

Suzuki, Daisetz T. *Zen and Japanese Culture*. Princeton, N.J.: Princeton University Press, 1959.

Varley, H. Paul. *Japanese Culture*. Honolulu: University of Hawaii Press, 1973.

라틴 아메리카 철학

Aquilar, Luis, ed. *Marxism in Latin America*. Rev. ed. Philadelphia: Temple University Press, 1978.

Clendinnen, Inga. *Aztecs*. Cambridge: Cambridge University Press, 1991.

Crawford, William Rex. *A Century of Latin American Thought*. Cambridge, Mass.: Harvard University Press, 1944.

Dascal, Marcelo. *Cultural Relativism and Philosophy: North and Latin American Perspectives*. New York: E. J. Brill, 1991.

Dussel, Enrique. *Philosophy of Liberation*. Translated by A. Martinez and M. Morkovsky. New York: Orbis Books, 1985.

Gracia, Jorge J. E. *Latin American Philosophy in the Twentieth Century*. Buffalo: Prometheus, 1986.

Jorrin, Miguel, and John D. Martz. *Latin-American Political Thought and Ideology*. Chapel Hill: University of North Carolina Press, 1970.

León-Portilla, Miguel. *Aztec Thought and Culture: A Study of the Ancient Nahuatl Mind*. Translated by Jack Emory Davis. Norman: University of Oklahoma Press, 1963.

_____. *The Broken Spears: The Aztec Account of the Conquest of Mexico*. Boston: Beacon Press, 1966.

Sahagún, Fr. Bernadino de. *The Florentine Codex: General History of the Things of New Spain*. 12 books in 13 vols. Translated by Arthur J. O. Anderson and Charles Dibble. Santa Fe: School of American Research and the University of Utah Press, 1950-82.

Valadez, Jorge. "Pre-Columbian and Modern Philosophical Perspectives in Latin America." In *From Africa to Zen: An Invitation to World Philosophy*. Edited by Robert C. Solomon and Kathleen M. Higgins. pp. 81-124. Lanham, Md.: Rowman and Littlefield, 1993.

Zea, Leopoldo. *The Latin American Mind*. Translated by J. H. Abbot and L. Dunham. Norman: University of Oklahoma, 1963.

환경

Blackstone, William, ed. *Philosophy and Environmental Crisis*. Athens: University of Georgia Press, 1974.

Callicott J. Baird. *In Defense of the Land Ethic: Essays in Environmental Philosophy*. Albany: State University of New York Press, 1989.

Elliot, Robert, and Arran Gare, eds. *Environmental Philosophy: A Collection of Readings*. University Park, Pa.: Pennsylvania State University Press, 1983.

Leopold, Aldo. *A Sand County Almanac: And Sketches Here and There*. New York: Oxford University Press, 1977.

Regan, Tom, and Peter Singer, eds. *Animal Rights and Human Obligations*. 2nd ed. Englewood Cliffs, N.J.: Prentice-Hall, 1989.

Regan, Tom, *Earthbound: Introductory Essays in Environmental Ethics*. Prospect Heights, Ill.: Waveland Press, 1984.

Sadler, Barry, and Allen Carlson, eds. *Environmental Aesthetics: Essays in Interpretation*. Victoria, B.C.: University of Victoria Press, 1982.

Sagoff Mark. *The Economy of the Earth: Philosophy, Law, and the Environment*. Cambridge: Cambridge University Press, l988.

Singer, Peter. *Animal Liberation*. 2nd ed. New York: Random House, 1975.

Vandeveer, Donald, and Christine Pierce, eds. *People, Penguins, and Plastic Trees*. Belmont, Calif.: Wadsworth, 1986.

페미니즘

Beauvoir, Simone de. *The Second Sex*. Translated by H. M. Parshley. New York: Knopf, 1953.

Butler, Judith. *Gender Trouble: Feminism and the Subversion of Identity*. New York: Routledge, l990.

Chodorow, Nancy. *The Reproduction of Mothering: Psychoanalysis and the Sociology of Gender*. Berkeley: University of California Press, 1978.

Dinnerstein, Dorothy. *The Mermaid and the Minotaur*. New York: Harper and Row, 1977.

Firestone, Shulamith. *The Dialectic of Sex: The Case for Feminist Revolution*. New York: Bantam Books, 1970.

Gilligan, Carol. *In a Different Voice: Psychological Theory and Women's Development*. Cambridge, Mass.: Harvard University Press, 1982.

Harding, Sandra. *The Science Question in Feminism*. Ithaca, N.Y.: Cornell University Press, 1986.

Hooks, bell. *Feminist Theory: From Margin to Center*. Boston: South End Press, 1984.

Lloyd, Genevieve. *The Man of Reason: "Male" and "Female" in Western Philosophy*. Minneapolis: University of Minnesota Press. l984.

Nicholson, Linda J., ed. *Feminism/Postmodernism*. New York: Routledge, 1990.

Noddings, Nel. *Caring: A Feminine Approach to Ethics and Moral Education*. Berkeley: University of California Press, l984.

Raymond, Janice G. *A Passion for Friends: Toward a Philosophy of Female Affection*. London: Women's Press, 1985.

Ruddick, Sara. *Maternal Thinking: Toward a Politics of Peace*. Boston: Beacon Press, 1989.

Tuana, Nancy. *Woman and the History of Philosophy*. New York: Paragon. 1992.